“十三五”国家重点出版物出版规划项目

◉ 陈卫东 著

中国刑事诉讼权能的变革与发展

中国当代法学家文库

陈卫东法学研究系列

Contemporary Chinese Jurists' Library

中国人民大学出版社
·北京·

前　　言

刑事诉讼程序是刑事诉讼活动展开的过程，诉讼活动的主角是办案的司法机关与可能被追究刑事责任的犯罪嫌疑人、被告人及其他诉讼参与人。在公安、司法机关追究犯罪嫌疑人、被告人刑事责任的过程中，公安、司法机关行使的是国家权力，犯罪嫌疑人、被告人行使的是个人权利，公安、司法机关必须依照法定程序行使权力追究犯罪嫌疑人、被告人的刑事责任，犯罪嫌疑人、被告人及其委托的辩护人同样必须依照法定的程序行使自己的诉讼权利，来维护自己的合法权益。这里的权力与权利，是交织的甚至是冲突的。这样的一种权力与权利的交织，构成了刑事诉讼的显著特点，也是一个国家刑事诉讼文明的象征。因此，我们研究刑事诉讼法学，必须关注权力与权利，从权能的视角切入。在法学研究中，权能主要在法理学或者民商法学中研究得比较多，而刑事诉讼法学甚少从权能的角度来研究。正是基于这样的考虑，笔者一直在思考能否把公安、司法机关的权力与公民个人的权利结合起来，也就是研究刑事诉讼权能的问题，这就构成了写作本书的本意。对于刑事诉讼权能应该如何理解，目前还没有一个统一的表述，有人把权能作为权利与义务本身，也有人把权能作为权利义务的下位概念，体现为裁判权、检察权、侦查权、辩护权等。在本书中，作者主张，权能实际上指的就是权力与权利。

本书首先对权能作了理论上的探索，分析了权能的概念、特点、基本原则，以及权能相互之间的关系；然后从人民法院审判权的角度，对审判权进行了探索。人民法院作为国家的司法机关，行使的是司法裁判权，结合当前正在进行的司法改革，本书探索了人民法院在行使裁判权的过程中，如何进一步提升理念，用全新的理念指导权能的实现，主要体现在从过去片面地打击犯罪转变为打击犯罪与人权保障并重，从过去过于强调实体公正过渡到实体公正与程序公正的并重，从过去过于强调言词证据的证明转向注重实物证据的证明，以及强调公正与效率的兼顾。应当如何依法公正、独立地行使审判权，这是学界多年来关注的一个焦点、一个敏感话题，本书对影响审判机关依法独立行使职权的外部环境因素进行了全面的梳理，回应了司法机关依法独立办案与社会效果、政治效果的关系，提出了应以法律效果为主要考虑的因素，过度强调社会效果、政治效果往往导致对法律效果的忽视。结合司法责任制改革，对改革后司法权的独立行使进行了深入探索。本书作者还特别关注了放权以后，司法机关在没有外部干预，在内部没有院长、庭长审批监督的情况下，完全放权于法官，裁判权如何能够公正行使的问题。这是一个令人担忧的问题，极有可能成为未来中国司法不公的一大隐患。在我们启动司法责任制改革之初，如果不对这一问题有一个清醒认识并未雨绸缪，后果将不堪设想。当下亟须探讨如何加强对裁判权的监督。如何建立全方位的监督，是一项刻不容缓的重要课题。对此，笔者提出了一些不成熟的方案，例如，专项检查、定期抽查、专家评查、判例推送、错案追责探讨等，其中，探索新形势下加强院庭长的监督亦是重要环节。在探讨司法裁判权时，笔者也谈到了司法审查机制的问题，应当说，这是司法权不可或缺的有机组成部分，或者说是司法权的应有之义，同时也是世界范围内司法权的共同特征。我国没有确立法院的司法审查权，而是把相关职能赋予了检察机关，如审查批准逮捕权。在普遍承认检察机关的司法属性前提下，不能不说这就是一种另类司法审查。问题是检察机关所处的刑事诉讼的控诉地位与其担当的中立的司法审查职能角色是冲突的，如何保证审查的正当性及公正性，就成为一个疑问。为此，本书从以下四个方面作了分析：诉讼形式的本质特征要求实行对审前程序的司法控制，司法权的性质是司法审查机制具有天然合理性的理论基石，现代宪政国家的建立是司法审查机制产生的政治基础，现代刑事诉讼构造是司法审查机制存在的制度保障。

检察权是我国刑事诉讼权能中最为复杂也最具中国特色的权力，自我国20世纪70年代检察制度恢复重建以来，有关检察权的争议就没有停止过。长期以来，关于检察权的性质在学术界一直存在不小的争论。本书概括分析了行政权说、司法权说、行政司法双重性说和法律监督权说四种学术观点；认为对检察权、监督权等概念在研究层次上的语焉不详，使得在检察权性质这一问题上，学界长期陷入纷争之中。澄清“检察权”在理论上的纷争，就必须运用语义分析方法，找出同一词语、概念、命题的语义差异，并使同一词语所表达的实际思想内容的差别尽可能缩小，确认要回答什么问题，而不是什么问题以及这个问题是否真的存在。有些争论是可以避免或得到澄清和解决的。笔者从检察职能入手解构我国的检察权，对检察机关所享有的职权，即检察权的内涵予以区分，由此得出检察权的概念其实有广义和狭义的区别：广义上的检察权概念是指法律赋予检察机关的诉讼职权及诉讼监督职权等的总称，主要适用于我国宏观的司法体制层面；狭义上的检察权概念专指法律赋予检察机关的诉讼职权的总称，主要适用于诉讼结构层面。狭义上的检察权在我国诉讼结构中的性质为行政权，这一点也能在西方尤其是英美法系等国家的检察实践中得以印证。然而，如果从广义的层面讨论检察权的性质，将检察机关（检察官）的诉讼职权、诉讼监督职权和司法救济权等权能进行整体考虑，此时作为广义上的检察权，其性质就有可能发生变化。这是因为，通过考察检察权的概念我们可以得知，检察权是法律赋予检察机关的各种职权的总称。从中我们可以获得两点启示：其一，检察权是检察机关职权的总称，检察权的性质由职权内容的性质决定。职权内容发生变化，检察权的性质也有可能发生变化。其二，赋予检察机关职权的主体是“法律”，在此，“法律”应当指实然法，因而不同国家或地区的法律赋予检察机关（检察官）的职权不同，检察权的性质亦有区别。由此可见，检察权的性质这一课题，既是一个理论（应然）问题，又是一个实践（实然）问题；就世界范围而言，这既是一个共性问题，又是一个个性问题。

当下，国家的司法改革快速推进，特别是涉及司法体制的改革不断深入。日前，中共中央印发了推进国家监察体制改革的文件，并在北京、山西和浙江三省市先行试点，2018年在全国全面铺开。在国家监察机关行使贪腐案件的立案调查权后，检察权面临新的重大课题。笔者坚持监察体制改革后检察权并未发生实质性变化，其批捕、起诉、监督乃至侦查的权能都没有改变，改变的是侦查的案件范围。为此我们应当以改革为背景，深入探讨检察权的发展变化，增强应变能力，把检察权能切实构建好、履行好。尽管国家监察体制改革和司法改革给检察机关带来非常大的冲击和影响，但从宪法和刑事诉讼法来看，检察机关作为法律监督机关的地位和属性没有改变，所以，职务犯罪侦查权的剥离，并不会降低检察机关在国家法律体系中的地位。但是，一旦排除了法律监督权，检察机关就只能成为代表国家承担控诉职能的公诉人，因而在当前的形势下，检察机关应当牢牢把握住法律监督权这条主线，加强和改进法律监督工作。为此，笔者有以下几点建议：

一是监督的范围。传统的监督主要集中在诉讼领域，但随着依法治国的推进，特别是十八届四中全会作出决定，对检察监督范围进行拓展，使检察机关的监督从诉讼监督扩展到了非诉讼监督。《决定》明确指出，“检察机关在履行职责中发现行政机关违法行使职权或不行使职权的行为，应当督促其纠正”，这使检察机关对行政权进行监督获得了较为明确的依据。有人将这种监督解读为自上而下的监督，将使检察机关的法律地位和法律监督权威得到提升，甚至在某种意义上高于行政机关，这将使检察机关法律监督的内涵进一步丰富。目前，检察机关的法律监督依然集中在司法权领域，对于行政权的监督，相关的法律法规和改革实践明显不足，检察机关不仅面临权力被剥离的境况，对被赋予的新的权力也没有牢牢把握。因此，检察机关在对该问题进行探讨的同时，适当时候要拿出改革的方案，由最高人民检察院报全国人大批准后开展试点。检察监督的范围能否涵盖国家监察委员会，这个问题已经引起有关方面的重视。目前监察法草案中没有这个规定，监察法草案规定监察委员会监督包括自我监督、社会监督和党的监督，没有专门的法律监督，但是无论如何始终存在一个二者之间的衔接及制约关系，这是需要我们认真研究的一个问题。另外，关于民事行政还有公益案件的监督，这也是检察监督新的增长点。笔者认为，目前行政诉讼案件大量上升，检察机关相应的行政诉讼监督没有有效跟进。公益诉讼亦如此，很好地体现检察机关作为国家公益的代表，检察机关对此要给予重视。相反，我不是很赞成对民事诉讼的监督，因为这是公权对私权的介入，我始终认为，由公权帮助一方去“对付”另外一方是存在问题的。检察机关的监督重点应该放在行政诉讼、公益诉讼这一块，当然，检察机关的民事监督也是由民事诉讼法规定的。

二是监督的方式和路径。以往的法律监督没有成型的办案组织和程序，法律监督的方式具有一定的任意性和不规范性。在重庆市举办的一次检察改革推进会上，笔者曾提到监督方式改革的问题，主要是提出法律监督办案组织这样一个问题。法律监督不是个人的行为，检察监督是检察院整体实施的，作出的决定就是检察院的决定，不可能由一个独立的或者独办的检察官去完成，而是要由一个组织去完成，要有一个办案组织。这种办案组织表明了监督不是检察官的个人行为，而是代表检察机关行使的。同时，要运用调查思维办理监督案件，使监督事项案件化，用办案的思维来办理法律监督，有专门的组织，构建专门的监督程序，对监督线索开展调查、核实细节。

三是丰富监督手段。可以借鉴监察委员会的监督手段，如约谈、讯问、询问等措施，在法律监督中都要使用，现在的法律监督没有这些手段，多年来没有把法律监督案件化、程序化、规范化研究深、研究透。要建立检察机关诉讼职能与监督职能适当分离机制。笔者非常赞成湖北省的做法。诉讼职能和监督职能为什么要分离？诉讼职能很多带有司法属性，办案的方式不一样；监督职能则带有非常强的行政属性。不能由一个人来行使两项职能，因为办案人员只重视诉讼职能而忽视监督职能，主要去办案，没有去监督。如果分开了，一些人专门去办案，另一些人可以主动积极地去监督。

四是强化监督实效。法律监督怎样才能有实效呢？过去法律监督，无论是检察建议还是纠正违法通知，抑或是其他方面的监督，被监督的人置若罔闻，检察人员又没有办法，笔者认为应该寻找解决办法。笔者从研究《刑事诉讼法》第263条得到启发，该条规定：“人民检察院认为人民法院的减刑、假释的裁定不当，应当在收到裁定书副本后20日以内，向人民法院提出书面纠正意见。人民法院应当在收到纠正意见后一个月以内重新组成合议庭进行审理，作出最终裁定。”这是2012年新增加的，是人民检察院监督的最新形式，这种形式就是检察院提出监督意见后，被监督的单位要启动审查监督意见的专门程序，必须要有一个程序，不像以前对公安机关的监督，下一步应积极和公安机关、看守所等联合探讨明确监督以后如何启动审查程序的问题，这是一个创新，是监督的必由之路。我们也要研究进一步执行监督意见的法律后果，确保对违法行为作出的监督决定的贯彻落实，要使我们的监督具有实质的拘束力。一旦违法行为被发现，并提出纠正意见，作为被监督对象的侦查等机关及其相关人员应当作出纠错回应，否则将产生相应不利的后果。这种不利后果或者责任可以包括：（1）对拒不执行检察机关监督建议的，检察机关可以建议公安机关或者监察机关，追究相关人员的责任，情节轻微的限期纠正或者给予行政处分，情节严重的应当进行刑事案件的移送并建议追究刑事责任。（2）将违法监督执行情况作为公安民警办案质量和执法规范化考核的重要参考，只有这样才能督促违法者认真执行监督意见或者决定。（3）在关乎案件能否顺利开展的时候，检察机关可以建议有关单位更换办案人员。为了使监督更加有效，应尽量减少口头监督的方式，采用书面方式，全程留痕，使监督具有拘束力。

五是检察机关的内设机构问题。机构设置与检察机关职责的履行非常有关，中央高度重视机构设置问题。目前，笔者认为上海市机构改革的方案具有可复制与可推广性。最高人民检察院规定省级检察院内设机构不能超过18个，上海市是17个，分成四大块：第一块是司法办案部门，包括：（1）刑事检察一部（审查逮捕部），设立若干审查逮捕检察官办公室，负责审查逮捕案件办理及其指导。（2）刑事检察二部（公诉一部），设立若干公诉检察官办公室，负责普通刑事案件和死刑案件等公诉案件办理及其指导。（3）刑事检察三部（公诉二部），设立若干公诉检察官办公室，负责职务犯罪、金融犯罪、知识产权等专门刑事案件的公诉业务办理以及指导。（4）刑事检察四部（刑事执行监督部）。（5）刑事诉讼监督部，设立若干检察官办公室，负责立案监督和两法衔接、公安派出所监督、审判监督程序中的抗诉案件、类案监督重大线索调查核实和监督跟踪、监督的文书归口管理等。(6) 民事检察部，设立若干检察官办公室，负责民事诉讼监督。(7) 行政检察部，设立若干检察官办公室，负责行政诉讼监督、行政违法行为和行政强制措施监督、行政公益诉讼业务办理及指导。(8) 未成年人检察部，设立若干检察官办公室，负责未成年人案件的办理和指导。(9) 控告申诉检察部（检察服务中心），设立若干检察官办公室，履行原控诉申诉处职能，审判监督程序抗诉案件划归诉讼监督部负责。第二块是综合业务部门，包括：(1) 业务管理部，设立若干检察官办公室履行原案管处职责。(2) 研究室，履行原研究室职能，可设检委会秘书办公室负责检委会运行。第三块是检察辅助部门，包括：(1) 信息技术部；(2) 司法检察总队。第四块是司法行政部门，包括：(1) 政治部；(2) 监察室；(3) 检务保障部。笔者认为这些部门设置得很好，但同时提出修改意见：一是不能用 12345 这样的序号形式表示，人民群众不能理解，职能是什么就取名什么部。二是监督要合一，不能太复杂，刑事执行监督和刑事诉讼监督可统一合并为刑事诉讼监督。三是民事检察部、行政检察部要改为民事检察监督部、行政检察监督部。这种设置把批捕和公诉分开、诉讼职能和监督职能分开，非常符合笔者的想法。上海市强调设立这个部门的主旨是检察官办公室是一种办案主体，检察官过去叫命名检察官，现在叫检察官办公室，这实际上是办案组织的问题。内设机构问题也是一门学问，指导思想是精简、扁平化、科学化，而且需要因地制宜，不要搞上下对应、左右看齐，要根据院的大小、根据案件的情况灵活设置。上面所说的是省一级的设想，地、市和基层的检察院内部机构怎么设，50 人以下怎么设，30 人以下只能设多少，中央都有原则规定，细节还需要研究。

此外，中国侦查权之大在世界上恐怕是无与伦比的。一方面，我们国家的刑事侦查没有强制侦查与任意侦查之分，公安机关办理刑事案件进行侦查时都是无条件的，没有任何商量余地，所有的侦查都是强制的；另一方面，我国的侦查由实施侦查的公安机关自行决定，大多数强制措施及强制性侦查措施都是自己决定自己执行，没有国际上通行的司法审查制度。坊间曾流行一句玩笑话：“当警察一定要到中国去。”警察的侦查权之大是法律规定的，无论是《人民警察法》还是《刑事诉讼法》都赋予办案警察以较大的而且往往不受制约的权力，主要源于我国对社会治安、社会稳定的高度重视，强调对社会的有力控制。此作，这也源于我们多年来过多强调打击犯罪、惩罚犯罪，而疏于对被追诉人的权利的保障。但我们必须正视的现象是，自 1996 年刑事诉讼法修改以来，国家的立法者已经开始对侦查权不断加以限缩与规制，特别是 2012 年刑事诉讼法修改对强制措施的适用对象、条件、程序都作了严格限定，讯问的时间、地点、录音录像，不得强迫任何人证实自己有罪，非法证据排除以及违法侦查行为投诉处理机制等，无不彰显了对侦查权的规制。

本书特别关注侦查与人权保障的关系，基于侦查对人权限制的基本特征，以国际公约对侦查活动的规范与共识为基点，探讨了中国语境下如何最大程度实现对侦查权的有效规制，概括起来有三方面：一是强化制约，即依据法定的公检法三机关互相制约的原则，纠正过往只讲配合不讲制约的做法，发挥检法对侦查的制衡作用；二是发挥检察机关对侦查的专门法律监督作用，不但对侦查机关的侦查活动是否合法进行监督，更应强调对犯罪嫌疑人的合法权利侵犯的监督；三是倡导建立司法对侦查的控制，建立司法审查机制。在我国，学者对能否建立司法审查制度一直有不同认识，这一方面缘于我们对法院在诉讼中的地位定位，没有将其视作中心或核心，更多的是定位于与公安机关、检察机关分工负责、配合制约；另一方面，我们的制度设计是把检察机关作为法律监督机关，由检察机关行使司法审查的功能。在全面推进依法治国的背景下，司法改革提出了以审判为中心的诉讼制度的改革，因此，强调法院在整个诉讼过程中的决定性作用，重新思考司法审查机制，并探讨制度的构建路径就显得十分必要。

与公检法的公权力不同，刑事诉讼中还存在另外一种权能形态，即犯罪嫌疑人、被告人及其辩护律师的诉讼权利。客观来讲，我国司法机关的公权力从来就不缺乏，甚至十分强大，而犯罪嫌疑人、被告人及其辩护律师的权利相对单薄，甚至非常弱势，这些年随着刑事诉讼法的不断完善，特别是持续推进的司法改革，公民的人权保障状况得到了很大程度的改善与提高，刑事诉讼中的人权保障，仅从制度规定层面看与国际标准亦不存在实质性差别，但从司法实践层面看差距还是较大。在本书中，笔者回避了犯罪嫌疑人、被告人的权利，而专门针对律师的辩护权展开研究，不是前者的权利不重要，相反，这些正是我们权利保障的重中之重，这主要是考虑到本书的结构是围绕追究犯罪嫌疑人、被告人刑事责任过程中各个参与主体的权能形态来展开分析的。辩护律师的权利保障多年来主要集中在会见难、阅卷难、调查取证难这所谓的“三难”方面，2012 年刑事诉讼法修改后这些问题已有明显改善，但问题依然突出；与此同时，又出现了发问难、质证难、非法证据排除难的新“三难”。本书对这些新老问题均进行了全方位的研究，偏重细节，注重对策，较以往的探讨更为深入。

当前，在深入贯彻以审判为中心的刑事诉讼改革精神以及实施认罪认罚从宽制度试点方案过程中，辩护律师的重要性愈发凸显，最高人民法院、司法部最近提出了刑事辩护全覆盖的实施意见，限于篇幅及时间，本书没有对改革中涉及的法律援助即值班律师问题进行探讨。法律援助律师与值班律师是一种什么样的关系，值班律师的诉讼地位、诉讼权利义务是什么，等等，都需要我们今后继续研究并给出答案。

本书最后一章是刑事诉讼中其他诉讼主体的权利研究，包含鉴定人、证人、被害人以及违法所得没收特别程序中的利害关系人。这一部分人都属于诉讼参与人，可以说，案件的公正处理离不开他们的积极有效参与。以往的研究或多或少关注的是他们的作证义务或应当履行的诉讼职责，有意无意地忽视了他们的诉讼权利，如片面强调鉴定人的公正鉴定及出庭义务，抱怨证人一般都不出庭作证，但对于确保履行职责必要的权利保障缺乏有效研究。本书从侧重权利保障的视角提出了保障权利的相关建议，目的在于一则引起对此问题的关注，二则提出建议供同行商榷。

有目共睹的是，中国的刑事诉讼权能架构正在发生深刻变革，公权与私权日趋平衡与合理，公权在不断限缩，私权在不断扩张，然而最终的边界在哪里，却是一个无法回答的难题。在本世纪初，笔者在访美期间与美国一位教授谈论这一话题时，他的回答令我印象深刻。他说，这两者就好比两个走路的人，走到前面的人往后走，落到后面的人往前赶，等到两个人碰到一起时，或许就是我们要达到的边界。这一不无幽默与智慧的比喻，表达了公权与私权合理的边界是二者共振、调试、磨合的结果，需要时间的经过、实践的探索。而我国持续不断的刑事诉讼法的修改、司法改革的推进，实际上正是这样的探索过程。

本书得以顺利出版，十分感谢中国人民大学出版社，我的一些学生也提供了大量资料，有些章节是与他们共同研究的成果，在此一并致谢！

陈卫东

2018 年 1 月 9 日于明德法学楼

目　录

第一章

刑事诉讼权能基础理论

自人类社会放弃血亲复仇、私力救济，进入国家刑事诉讼时代之后，刑事诉讼领域内权力的不断分化和权利的不断拓展就成为这一诉讼制度演进的主线。犯罪嫌疑人、“被告人的诉讼角色经历了从仅仅是一种诉讼客体到一种能够积极参与和影响诉讼进程的刑事诉讼主体的变化，由于拥有了逐渐增多的权利保障，而其中每一项权利的范围又不断扩大，被告人作为诉讼主体的诉讼角色也同时得到了巩固”[①]。而刑事诉讼中的国家公权力也经历了一个由诸权不分到侦查、起诉、审判互相独立的演变过程，呈现为“不断扩张同时又不断分解的一个自我矛盾的过程”[②]。在这一过程中，权利和权力关系这一针对“个体的诉讼参与人与国家刑事司法机关之间的互动关系而提出的范畴具体表现为，国家机关的权力与诉讼参与人的权利之间的此消彼长”[③]。日渐分化的权利（力）之间的博弈生动地展示了人类刑事诉讼立法发展的脉络，也将是未来刑事诉讼发展进步的内在驱动力所在。然而在此前有关刑事诉讼领域内权利（力）关系的研究中，更多地强调权利与权力之间，尤其是控诉权与辩护权之间的对抗。不容否认的是，在现代刑事

---

① 陈瑞华：《刑事审判原理论》，221 页，北京，北京大学出版社，1997。

② 李蓉：《刑事诉讼分权制衡基本理论研究》，11 页，北京，中国法制出版社，2006。

③ 刘涛：《刑事诉讼主体论》，31 页，北京，中国人民公安大学出版社，2005。

诉讼关系中，控诉权与辩护权之间的关系无疑是界定诉讼模式的一个重要指标，但正如美国学者格里菲斯所指出的，无论是所谓的犯罪控制模式，还是正当程序模式，其实质都是建立在将控诉权与辩护权之间的斗争作为程序的主要内容，即所谓争斗模式下。① 然而，当我们抛开对控辩之间对抗偏执般的关注之后，不难发现，整个刑事诉讼实质上是一个由不同的权利（力）共同作用的“场”，这当中，虽然控诉权与辩护权是天然的主角，但是决不能忽视审判权、被害人及其他诉讼参与人的诉讼参与权等其他重要权利（力）类型。这就要求我们拓展刑事诉讼权利（力）研究的视野，从更为宏观、全面的角度对诉讼程序中所涉及的权利（力）类型及其相互关系进行剖析。唯有如此，才可以在充实具体权利（力）的同时，避免因“只见树木不见森林”，导致诉讼整体结构的失衡与紊乱。

当揭去覆盖在刑事诉讼领域内控诉权与辩护权互相对抗这一面纱之后，浮现在我们面前的是各种权利和权力在对抗、协作、制衡等相互作用过程中所形成的刑事诉讼法律关系体系，而构成这一关系的是所有诉讼参与主体的诉讼行为，而诉讼行为则是建立在行为主体具体的刑事诉讼权能基础之上的。从权能的角度出发，有助于消除因权力和权利主体不同所导致的偏见与歧视，从而真正从诉讼运作规律的角度出发，探讨刑事诉讼领域内权利和权力运行机制的优化与完善。

第一节　刑事诉讼权能概述

一、刑事诉讼权能的内涵

刑事诉讼权能作为一个新概念，在此前的研究中并未对其展开深入的探讨，为避免后续的探讨因概念不同义而陷入自说自话的尴尬境地，有必要对其内涵进

① See John Griffiths，*Ideology in Criminal Procedure*，79Yale Law Journal，1359（1970）.

行解读，以确定其概念体系，从而使对这一问题的研究建立在共同的客体基础之上。

（一）刑事诉讼权能的概念

“我们都是通过概念来思考、对话和讨论的，有些没有先行澄清概念的争论其实是无意义的，因为可能争论者使用的虽然是同样的概念，他们对这一概念的理解却很不相同，他们不是在同样的层面上争论，没有形成真正的交锋，这样的争论是一种不会使知识增值，倒可能使知识贬值的争论。”① 刑事诉讼权能这一概念的提出，所面临的首要挑战就是对其概念的界定。对于刑事诉讼领域而言，权能是一个新概念，但是在法理学和民法学领域，对这一概念的研究和使用已经取得了一定的经验和成果。因此，刑事诉讼权能概念的界定首先应当从对权能概念的梳理展开。

1. 权能的概念梳理

所谓权能，其基本词义是由法律规定或授予的权利之职能。从语义学角度上，它包括权威，威力；权力与职能；权利的要素，是权利的具体内容，是指权利的作用或实现的方式，是权利人为实现其权利所体现的目的利益依法所能采取的手段，是体现权利人的意思支配力的方式三种解释。这一概念此前在刑事诉讼法学界的受关注程度并不高，主要是在法理学界和民法学领域研究中有所涉及。法理学作为对法学基础理论和概念进行研究的学科，认为对权能的概念界定是一件非常困难的事情，这是因为权能这一“概念并无——甚至毫无——疑问地遍布于日常生活之中。可是一旦人们着手分析这个概念，一切都显得那么可疑。就此处而言，疑问的主要原因在于，权能这一概念内在地与其他基本法律概念——如规范、效力、义务、主观权利、权威以及自治等概念联接在一起。对于权能概念的分析因而必然是对整个概念网络的分析，又因为所有这些概念都属于基本的法律概念，所以一种权能理论也就涵盖了一种法律本性理论的本质要素”②。就这一含义而言，在权能和权利之间是可以画等号的，二者在本质上并不存在明显的

① 何怀宏:《公平的正义——解读罗尔斯“正义论”》，41页，济南，山东人民出版社，2002。

② ［德］罗伯特·阿列克西:《阿尔夫·罗斯的权能概念》，冯威译，载《比较法研究》，2013（5）。

区别。

有观点认为，“权能乃是一种在法律上得到证立的，通过并依据对相关效果的宣示，从而创制法律规范（或者法律效果）的能力”①。权能的概念界定实质上包括可能性、规范性和处分性三个方面，是一个与权利息息相关的概念。法理学界通常将权能作为权利的下位概念使用。例如有学者提出了“权利的权能”概念，认为权利具有防御权能、受益权能和救济权能三大基本权能。“权利的权能范畴，是对权利的基本权益和功能的统一概括，可以更好地表达权利涵盖的基本内容及其力量。主张以权能这一概念表达权利涵盖的要求——义务关系及其能力。”②

在民法领域，对权能的研究一般特指对所有权和其具体权能关系的研究。“所有权的权能与所有权是何种关系，在学说上有两种不同的看法，一是权利集合说，二是权利作用说。所有权的权能是由所有人享有的、构成所有权内容的权利。所有权权能是指所有权人在实现其权利的各种可能性，其本身并不是一种独立的权利。所有权的内容就是指所有权的权能，包括积极的权能和消极的权能。积极的权能就是指所有权的内容。消极的权能就是指所有权在受到侵害以后所产生的物权请求权，它是指所有人在遭受损害的情况下，对所有权进行保护的权利。”③

通过以上对权能这一概念在法理学和民法学领域中的含义的分析，不难发现，根据权能与权利（力）之间的关系不同，权能在部分情况下是指权利（力）的下位概念，专门指称具体的权利和权力类型；部分情况下，权能就是权利和权力的同义词，是二者的综合体，用于统一指称权利和权力。因此，权能的概念应当被界定为，权利和权力所包含的能够产生法律效果的具体资格和能力。具体而言，权能实质上就是权利和权力发挥作用的具体形式和方法，是将权利和权力转

① Ross, Directives and Norms, 1968, 130. 转引自［德］罗伯特·阿列克西：《阿尔夫·罗斯的权能概念》，冯威译，载《比较法研究》，2013（5）。

② 訾从进：《权利制约权力论》，248页，济南，山东人民出版社，2008。

③ 王利明：《物权法研究》（上卷），399页，北京，中国人民大学出版社，2007。

化为主体行为的过渡性环节要素。

2. 刑事诉讼权能的概念界定

在刑事诉讼领域内，对权能这一概念的使用已有许多[①]，但在相关研究中，即使使用了权能这一名词，对其具体含义也并未进行过深入的分析与研究。通过对相关研究成果的分析发现，我国刑事诉讼法学界对权能这一名词的使用主要存在两种不同的观点，一是将权能作为权利（力）的下位概念，用以指称构成检察权、辩护权、审判权的具体权利（力）类型；另一种是将权能作为权利（力）的同义词使用，将其作为超脱于权利和权力的中性概念。其中前者对权能这一概念的使用更为符合民法学界对权能的认知，将侦查权、检察权、辩护权和审判权等内涵丰富的权利（力）加以拆分和细化，从而更符合实践中权利（力）的运行模式。

而后一种用法之所以出现，也有其特殊的原因。在刑事诉讼领域，权利（力）根据主体身份的不同被严格地区分为权利和权力，其中权利特指国家机关之外的诉讼参与主体所享有的权利，尤其是诉讼权利；而权力则专指国家机关所享有的侦查权、检察权、审判权以及执行权。而且在刑事诉讼理念中，权利与权

① 相关文献参见徐阳：《法官刑事诉讼指挥权的权能解构》，载《人民法院报》，2004－04－14；张朝霞、刘涛：《公诉权能的多元化与专业化》，载《国家检察官学院学报》，2008（6）；吕端胜、陈娟娟：《公诉权与其他诉讼权能关系之调适》，载《中国刑事法杂志》，2010（6）；陈富：《公诉权之侦查权能及其实践初探——以检察官客观性义务为视角》，载《法制与经济》，2010（8）；陈祖德：《检察权能的再审视——以新刑诉法“尊重和保障人权”为视角》，载2012年《第八届国家高级检察官论坛论文集》；王戬：《论“监督”语境下的检察权能》，载《中国刑事法杂志》，2010（12）；顾叶青：《论裁判者的主动性及其权能形式》，华东政法学院2004年硕士毕业论文；李金栓：《论检察权的性质、权能界定及合理配置原则》，载《黑龙江政法干部管理学院学报》，2000（4）；肖金明：《论检察权能及其转型》，载《法学论坛》，2009（6）；苟红兵：《论检察视野下的律师辩护权能完善——以修订的〈律师法〉为视点》载《中国司法》，2008（1）；王学成、朱国平：《论我国检察权能的优化配置》，载《政法学刊》，2010（5）；宫万路：《论侦查监控权主体的确立及其权能划分》，载《中国刑事法杂志》，1999（5）；盛斌：《试论职务犯罪侦查权的权能属性——以检察体制改革为视角（上）》，载《法制与社会》，2010（9）；龚瑞、郑在义：《完善律师辩护权能促进检察权正确行使》，载《检察日报》，2005－12－19（003版）；孙本鹏：《我国刑事侦查程序中律师辩护权权能的重构》，载《法律适用》，2005（7）；乐绍光、苟红兵：《刑事和解原则下的检察权能重构》，载2007年《第三届国家高级检察官论坛论文集》；张平、张明友：《侦查监督权能配置之完善》，载《国家检察官学院学报》，2008（5）；伍光红：《中越检察院在刑事侦查阶段的权能比较研究》，载《广西民族大学学报》（哲学社会科学版），2009（3）。

力之间存在巨大的分野。对权力采取的是制约与平衡的基本价值倾向，而对权利采取的则是保障与彰显的基本价值倾向，这种情况下，为了在研究中消除因权力和权利先天对抗所导致的紧张与冲突局面，就选择通过权能这一跨越权利与权力鸿沟的概念，实现研究的中立与兼容。

对权能的两种不同使用方式都有其合理的理由，但是如果不能对刑事诉讼权能这一概念进行统一、规范的界定无疑会在研究过程中平添困惑和误解。根据权能的一般含义和刑事诉讼特殊的制度情境，笔者认为，刑事诉讼权能应当界定为作为兼容权利与权力的概念，指称刑事诉讼领域内所有诉讼主体的权利和权力。

之所以作出这一解释是因为，首先，侦查权、检察权、审判权、辩护权等典型的刑事诉讼权利（力）类型实质上都是由一系列权力和权利组成的共同体，当需要在同一场合下进行表述时，分别采用权利（力）和权能的概念，可能造成语义上的混乱。例如，对于公诉权而言，在诉讼结构中，其与审判权同为诉讼核心权力，但在我国的诉讼权力体系下其从属于检察权，如果据此将其称为公诉权能，无疑会造成原本同一位阶的权力却出现“高下之分”，这对于准确表述诉讼权利（力）之间的关系是没有益处的。其次，此前按照权利（力）主体的不同，诉讼主体被分为权力主体和权利主体分别进行研究，虽然有助于体现制约权力、保障权利的诉讼理念，但是这种人为的敌对化分，不利于对诉讼权利和权力的共性研究。无论是诉讼权利还是诉讼权力，都共处刑事诉讼这一范畴之内，不可避免地具有一定的共性，例如出庭权，对于检察机关而言是一种权力，对于被告人而言则是一种权利，通过权能这一概念则可以避免拘泥于权力和权利的分野而无法对控辩双方出庭权进行整体研究的难题。再次，分析此前刑事诉讼领域内对权能这一名词的使用，不难发现，这一名词绝大多数情况下都是与检察权联系在一起，之所以出现这一情况，与我国检察权本身在定位上的模糊有直接的关系。①通过用权能这一概念指称可以避免因检察权中所包含的法律监督权，与司法权、侦查权等其他国家权力之间的关系所引发的理论争议。最后，使用权能这一概念

① 当前关于检察权的属性，我国存在司法权说、行政权说、司法行政双重性说和法律监督权说等多种观点。参见陈卫东：《程序正义之路》，第一卷，163页以下，北京，法律出版社，2005。

的目的在于弥补因机械区分诉讼权利与诉讼权力所造成的概念鸿沟，如果仅将其定位于具体的权利（力）类型，显然无法完成这一任务。只有将权能作为权利和权力的综合体，中立地代表权利和权力方可有效地对刑事诉讼运作过程中不同诉讼主体之间的权利（力）关系进行价值无涉的研究。

（二）刑事诉讼权能的分类

刑事诉讼制度是由不同的诉讼权利和权力架构而成的，正是不同的权利和权力主体的诉讼行为构成诉讼法律关系。我国刑事诉讼领域内的核心权利和权力类型包括侦查权、检察权、审判权、辩护权、诉讼参与权和执行权等。根据诉讼主体的不同身份，将其在刑事诉讼领域内的资格或自由区分为权利和权力，虽然简便、明确且凸显对不同诉讼主体的保护急迫性，却可能出现机械分割所导致的僵化与缺乏整体性。刑事诉讼权能这一概念的引入目的在于改变这一局面。在这一概念体系下，刑事诉讼领域中的权能类型依据不同的分类标准，可以被划分为不同的权能结构体系。

1. 控方权能、辩方权能、裁判权能、辅助权能

根据权能的内容不同，刑事诉讼权能可以分为控方权能、辩方权能、裁判权能和辅助权能。刑事诉讼权能类型的这一划分是针对不同权能在刑事诉讼中所承担的诉讼角色的不同进行的。具体而言，控方权能包括侦查权和公诉权，辩方权能主要是指辩护权，裁判权能则是指审判权，而辅助权能则包括检查监督权、执行权、其他诉讼参与人的诉讼参与权等。这一分类方式打破了权力与权利之间的分野，按照刑事诉讼的经典结构，凸显了控诉权、审判权和辩护权在刑事诉讼权能结构体系中的基础性地位，并且理顺了诉讼监督权与控诉权之间的关系，对检察权进行了必要的拆分和解构。伴随着刑事诉讼的不断前进，刑事诉讼中的权能类型不断丰富，例如作为被害人权利保障运动发展的成果，被害人的程序参与权成为刑事诉讼权能类型之一；2012 年刑事诉讼法修改又增添了有专门知识的人诉讼参与权这一全新的权能类型。但是这一切都不足以撼动控诉权、审判权和辩护权在刑事诉讼权利（力）结构体系中的基础性地位，也意味着控辩审三方依然是刑事诉讼的主导性角色。将辩方权能与控方权能和审判权能列为同一位阶的权

能类型有助于提高其在刑事诉讼权能体系中的重要性，对于实现实质意义上的控辩平等对抗具有促进作用。

此外，需要注意的是，辅助权能是当前刑事诉讼权能领域发展的重点，也是取得成果最为丰富的领域。例如，在刑事诉讼法修改中，证人的诉讼参与权的保障问题就作为一项重要内容加以修改和完善。刑事诉讼控辩审三方博弈的主体结构依然如故，但是辅助性权能主体在诉讼过程中的权能行使行为同样应当受到足够的关注，其受保障程度同样应当予以提高。

2. 权力性权能、权利性权能

根据权能主体的不同以及权能属性的不同，刑事诉讼中的权能可分为权利性权能和权力性权能。这一划分看似与传统的权利和权力分类没有差别，但是社会权力的引入将会形成对传统刑事诉讼权利（力）关系的重大突破。具体而言，权利性权能主要是个人诉讼参与主体的诉讼权能，权力性权能则包括公权力权能和社会权力权能。在这三类权能中，权利性权能和公权力权能在一直是刑事诉讼法研究的重点，在此不予赘述。社会权力权能作为新型刑事诉讼权能类型，是社会权发展在刑事诉讼领域的体现，其具体表现形式是公民参与司法的蓬勃发展。[①]伴随着改革开放的深入，我国的市民社会不断发育成熟，社会公众对刑事诉讼的参与积极性不断提高，除了传统的陪审制的参与方式之外，舆论监督、媒体监督等新型的参与方式使社会公众的诉讼参与权不断拓展。因此，将其作为刑事诉讼权能划分的组成部分，凸显了对这一权能的重视，有助于其继续发展和进步。

（三）刑事诉讼权能的特点

在刑事诉讼领域内引入权能这一概念，首要的目的在于打破传统权利和权力对立的对抗式研究出发点，这决定了刑事诉讼权能必然与传统的刑事诉讼权利和权力存在一定的区别，其特点实质上也是刑事诉讼权利（力）综合体的特征。

1. 主体的多元性

传统的刑事诉讼权利和权力划分中，主体是决定性因素，国家机关对应的即

① 公民参与司法的相关内容，可参见陈卫东：《公民参与司法研究》，北京，中国法制出版社，2011。

为权力，自然人和私法人对应的即为权利，二者之间泾渭分明。这种分区方式虽然简单明了，有助于对公权力的制约与监督和对权利的平衡与保障。但是这种划分方式，难免造成公权力与权利对抗的印象，不利于准确定位审判权与侦查权及检察权的关系，也不利于平衡控辩双方的力量对比。而刑事诉讼权能作为刑事诉讼权力与权利的综合体，本身对权能主体并没有明确的指向，只要诉讼主体在诉讼程序中享有一定的权利和权力，都可以被视为刑事诉讼权能的主体，同时这也造就了刑事诉讼权能在主体上的多元性。从某种程度而言，诉讼权利和权力是主体参与诉讼法律关系，实施诉讼行为的根基所在，因而，所有的诉讼参与主体在刑事诉讼领域均享有相应的诉讼权利和诉讼权力，这决定了在刑事诉讼权能体系下，所有的诉讼参与主体均是诉讼权能主体。如此多元的主体范围使刑事诉讼权能这一概念具有广泛的代表性，能够将刑事诉讼领域内纷繁复杂的法律关系纳入统一的概念体系下进行研究和分析，避免因权力主体和权利主体的分类所导致的对立性。

2. 内容的复合性

刑事诉讼权能作为刑事诉讼领域内权利和权力的集合体，其包含的内容呈现出复合性，不仅包括国家机关的公权力，也包括诉讼参与人的权利，还包括社会公众的社会权力。关于何谓权利，当前存在多种学说[①]，而关于权力同样是众说纷纭，例如，德国古典社会学家马克斯·韦伯认为，权力意味着在即使他人反对的情况下仍然可以具有某种左右他人的意志的能力，即“行动者在一个社会关系中，可以排除抗拒以贯彻其意志的机会，而不论这种机会的基础是什么”[②]。即“强制他人之意思而束缚其自由之力也”[③]。所谓社会权力，即社会主体以其所拥

① 张文显在《法学基本范畴研究》一书中系统地介绍了影响最为广泛、最具代表性和主导性的八种权利本质学说，即资格说、主张说、自由说、利益说、法力说、可能说、规范说、选择说。参见张文显：《法学基本范畴研究》，300页以下，北京，中国政法大学出版社，2001。

② ［德］马克斯·韦伯：《社会学的基本概念》，顾忠华译，72页，桂林，广西师范大学出版社，2005。

③ ［日］奥田义人：《法学通论》，卢弼、黄炳言译，131页，东京，政治经济社，1935。

有的社会资源对国家和社会的影响力、支配力。[①] 就其属性而言，社会权力具有公私二重属性。也就是说，从权力的外部规定性来看，具体的社会权力相对其他组织、群体乃至国家和整个世界，具有私人性；从权力的内部规定性来看，相对于其成员，社会权力则具有公共性，是成员权力的有机集合。[②] 这三类不同的权利（力）类型聚合到刑事诉讼权能这一范畴之内，决定了刑事诉讼权能的内容的复合性。这一特点要求在对刑事诉讼权能进行研究时必须采取更为全面的视角，不能被传统的权利和权力观念所束缚。

3. 种类的开放性

伴随着刑事诉讼参与主体的增多和权力（利）类型的分化，刑事诉讼权能所包含的具体权能类型体系一直处于拓展状态当中，其具体内容不断丰富。刑事诉讼权能体系中所包含的具体权能类型不仅包括侦查权、检察权、审判权、辩护权等传统的权利（力）类型，社会权力作为新兴的权力类型在刑事诉讼权能体系中也逐渐占有一席之地，例如媒体的监督权能、公众对刑事诉讼的监督权能等的重要性不断提升。相较于早期的控审合一，审理对象客体化情况下的审判权垄断的权能结构，当前的控辩审“三足鼎立”，都使当前刑事诉讼领域内的权能类型获得了极大的丰富。伴随着社会权力在当前社会整体权利（力）义务机构关系中的重要性不断提升，刑事诉讼领域内，社会权力作为一项重要的权能类型，必将会在刑事诉讼权能体系中占据更加重要的地位。此外，“被害人运动”[③] 的兴起使刑事诉讼领域内被害人的权利保障愈加受到重视，因此，被害人的权能也被纳入刑事诉讼权能的范畴。

4. 效力的差别性

刑事诉讼权能的主体的多元性、内容的复合性和种类的开放性共同决定了刑事诉讼权能的类型必然复杂多样。需要明确的是，无论各权能之间如何博弈，最

---

① 参见郭道晖：《社会权力与公民社会》，54页，南京，译林出版社，2009。

② 参见王宝治：《当代中国社会权力问题研究——基于国家—社会—个人三元框架分析》，河北师范大学博士毕业论文，2010。

③ 刘学敏、刘作凌：《论犯罪被害人保护的国际发展趋势》，载《司法改革评论》（第八辑），2008。

终刑事裁决的结果都是依靠审判权为强制力基础的。而且，为实现惩罚犯罪与保障人权的平衡，刑事诉讼法对不同的权能所采取的保障力度和重视程度亦有所差别。这决定了刑事诉讼权能根据其在诉讼运行中的重要程序的不同，其效力亦有所差别。对刑事诉讼权能效力进行差别化配置的根本原因在于保障刑事诉讼的顺利运行，从而实现刑事诉讼公正、效率等基础价值。刑事诉讼法是一部授权法，也是一部限权法，无论是对于权利，还是对于权力，法律对其效力等级均进行了明确的划分。在当前加强人权保障的时代背景下，针对我国长期存在的重打击犯罪、轻人权保障的诉讼氛围，应当强调权利意识，尤其是辩护权的效力等级，平衡其与国家权力，尤其是与控诉权之间的平等关系。另外，针对我国当前司法权威不足的现状，必须强调审判权在权能效力体系中的主导地位，明确其最高权威性。

二、刑事诉讼权能主体

根据前文对刑事诉讼权能概念和特点的分析，所有的刑事诉讼参与主体因其在刑事诉讼程序中都享有一定的权利和权力，因而都应当被视为刑事诉讼权能的主体。在传统刑事诉讼理论中，刑事诉讼主体可以分为权力主体和权利主体两类。[①] 这意味着刑事诉讼权能主体既包括侦查机关、检察机关和法院等权力主体，同时也包括犯罪嫌疑人、被告人及其近亲属，被害人及其近亲属，被害人的代理人，附带民事诉讼当事人及其代理人，鉴定人，证人，见证人等。关于这些主体所享有的权利和权力，以及其在刑事诉讼程序中所承担的诉讼角色，学界已然对其进行过深入的研究与探讨，在此不予赘述。下文将结合当前刑事诉讼主体领域的理论研究前沿和当前刑事诉讼实践，探讨几类特殊的刑事诉讼权能主体。

① 所谓权力主体是指“在刑事诉讼中享有国家法律所赋予的侦查权、检察权、审判权的公安机关、检察机关和审判机关”。所谓权利主体是指“在刑事诉讼中享有一定的诉讼权利、负有一定诉讼义务的除国家专门机关工作人员以外的人”。陈卫东主编：《刑事诉讼法学研究》，42页，北京，中国人民大学出版社，2008。

（一）看守所、监狱和社区矫正机构的刑事诉讼权能主体地位

看守所、监狱和社区矫正机构等作为辅助性刑事诉讼权力机关，此前一直处于刑事诉讼法学研究的边缘地带，然而近年来，伴随着社会公众对超期羁押、看守所内非正常死亡、减刑假释保外就医被滥用以及社区矫正的快速发展的关注程度不断提高，看守所、监狱和社区矫正管理部门在刑事诉讼领域内的受重视程度不断提高。尤其是随着刑事诉讼法的修改，涉及看守所、监狱和社区矫正机构的条文在修改内容中占据了较高的比例，其在刑事诉讼程序中享有的权力和承担的职责进一步明确。

1. 看守所的刑事诉讼权能主体地位

看守所作为专门的未决羁押场所，是重要的诉讼保障主体，在服务诉讼和人权保障领域承担着不可替代的职责。基于我国当前审前羁押率较高的司法现状，对于多数犯罪嫌疑人、被告人而言，看守所是其在判决前的主要活动场所；此外，作为被侦查对象的法定羁押场所，看守所也是侦查机关开展侦查活动，获取证据的重要“战场”。由于看守所的运行具有较强的封闭性，长期以来并未受到刑事诉讼法学界的重视，但自 2009 年发生的“躲猫猫”事件以来，看守所内所出现的数起非正常死亡事件，引发了社会公众对这一场所内人权保障问题的高度关注。在刑事诉讼法修改过程中，与看守所相关的立法修改亦受到广泛的关注。其直观表现就是相较于 1979 年《刑事诉讼法》和 1996 年《刑事诉讼法》看守所在立法中只出现 1 次，2013 年《刑事诉讼法》中直接涉及看守所的法条数量达到 8 条。[①]

强调看守所在刑事诉讼的权能主体地位，一方面是为其授权，确认其在审前羁押执行方面所享有的权力，但是对于国家机关而言，权力即意味着职责，因此，确认看守所的权能主体地位有利于加强审前羁押阶段的人权保障。具体而

① 经梳理，在 2012 年《刑事诉讼法》中，看守所这一名词出现的频次为 10 次，分布于 8 条条文当中，分别是第 37、83、91、116、253、254、255、257 条。其中第 37 条规定的是看守所内的律师会见，第 83 和 91 条规定的是逮捕和拘留后应及时送看守所，第 116 条规定的是讯问应当在看守所内进行，第 253、254、255 条和第 257 条规定的是看守所在刑事执行活动中的相关规定。

言，刑事诉讼法修改涉及看守所的主要内容包括犯罪嫌疑人、被告人被逮捕和拘留之后应当及时送看守所；非特定案件[①] 48 小时内安排律师会见；讯问应当在看守所内进行等。虽然这些规定规范的对象主要是侦查机关的侦查行为，但是对于看守所而言，其作为法定的审前羁押场所，应当赋予其相应的权能确保上述规定的执行。例如，对于拘留后超过 24 小时送看守所的犯罪嫌疑人、被告人，看守所应当有权要求移送的公安机关说明理由，否则可以向驻所检察官反映，或者向上级公安机关反映。

看守所权能主体地位的确定，有助于改变其单纯的羁押机关的角色定位，促使其在保障犯罪嫌疑人、被告人权利方面发挥更大的作用。同时，权能主体地位的确认也意味着其在刑事诉讼领域应当承担更多的职责，尤其是要通过完善基础设施和管理规章制度，为方便律师会见，进行讯问全程录音录像，防止刑讯逼供提供必要的硬件设施和实施环境。

2. 监狱的刑事诉讼权能主体地位

刑事诉讼是一个实现国家刑罚权的过程，侦查机关、检察机关和法院通过一系列诉讼行为证明案件事实，适用法律的最终目的是确认被追诉人的刑事责任。根据我国当前的刑罚体系，自由刑仍然是主要的刑罚种类，因此，监狱依然是最主要的刑罚执行机关。在刑罚执行过程中，根据刑事诉讼法的规定，监狱在执行期间认为服刑人员确有悔改或者立功表现，应当依法予以减刑、假释的时候，由执行机关提出建议书，报请人民法院审核裁定。对于符合条件的服刑人员，监狱应当提出书面意见，报省级以上监狱管理机关。实践中，法院和监狱管理部门是否予以减刑、假释和暂予监外执行的决定都是在监狱提交的材料的基础上作出的，因而监狱的建议在这一领域发挥着举足轻重的作用。

减刑、假释、暂予监外执行制度，对落实惩办与宽大相结合的刑事政策，激励罪犯改过自新，促进罪犯回归和融入社会，最大限度地化消极因素为积极因

① 特定案件指的是《刑事诉讼法》第 37 条规定的危害国家安全犯罪、恐怖活动犯罪、特别重大贿赂犯罪案件。

素，发挥了重要作用。同时，当前减刑、假释、暂予监外执行工作中也存在一些问题，有的罪犯以权或者花钱“赎身”、逃避惩罚或者减轻惩罚，严重践踏法律尊严，损害执法司法公信力。尤其在犯有职务犯罪、破坏金融管理秩序和金融诈骗犯罪、组织（领导、参加、包庇、纵容）黑社会性质组织犯罪等罪犯中，违法违规减刑、假释、暂予监外执行相对突出。[①] 对此，中央政法委出台了《关于严格规范减刑、假释、暂予监外执行，切实防止司法腐败的指导意见》，要求执行机关严格减刑、假释和暂予监外执行的适用。[②] 对此，监狱作为减刑、假释和暂予监外执行的具体实施机关，在行使刑事诉讼法所赋予的权能的同时，应当强化减刑、假释和暂予监外执行权力行使的规范性。其刑事诉讼权能主体地位的确认既是对其诉讼主体角色的认可，同时也意味着检察机关作为诉讼监督机关应当加强对其监督。

此外，监狱的权能主体地位还体现在其侦查主体的角色上，根据《刑事诉讼法》第 290 条的规定，监狱对于发生在监狱内部的案件享有侦查权，因而其权能内容还应当包括侦查权能。

3. 社区矫正机构的刑事诉讼权能主体地位

社区矫正，亦称“社区矫治”，是一种不使罪犯与社会隔离并利用社区资源改造罪犯的方法，是所有在社区环境中教育改造罪犯方式的总称。通过将符合条件的罪犯置于社区内，由专门的国家机关在相关社会团体、民间组织以及社会志愿者的协助下，在法定期限内对其实施矫正，并促使其顺利回归社会的非监禁刑罚执行活动。[③] 根据刑事诉讼法的规定，对被判处管制、宣告缓刑、假释或者暂予监外执行以及被剥夺政治权利的罪犯，依法实行社区矫正，由社区矫正机构负责执行。这标志着社区矫正机构成为正式的刑事诉讼权能主体，其在诉讼程序中要承担执行权能。它不仅负责对被矫正人的监督考核，还要负责对其进行矫治，

---

① 例如原健力宝集团董事长张海减刑案，以及职务犯罪领域的减刑、假释和暂予监外执行等都引发社会公众的广泛关注。

② 最高人民检察院于 2014 年 3 月起将组织开展减刑、假释、暂予监外执行专项检察活动，进一步加强刑罚执行和监管活动法律监督工作。

③ 参见吴玉华：《社区矫正工作初探》，载《法学杂志》2003（5）。

以消除其人身危险性，预防再犯。社区矫正机构刑事诉讼权能主体地位的确认，有利于社区矫正在我国刑罚执行领域的顺利推进，从而发挥社会矫正在提高矫正效果，节约行刑成本方面的优势。

（二）社会公众及新闻媒体的刑事诉讼权能主体地位

社会权力的勃发改变了传统权利和权力各占半壁江山的权利（力）机构体系，呈现出权利、权力和社会权力三足鼎立的局面，在刑事诉讼领域同样如此，社会权力作为社会公众意见的载体，在刑事诉讼领域发挥着愈加重要的作用。

1. 社会公众的刑事诉讼权能主体地位

刑事犯罪是对社会公共安全的严重威胁，因而社会公众对刑事诉讼程序的运作过程及结果都极为关注。根据刑事诉讼法的相关规定，社会公众在刑事诉讼领域中享有的权能包括参与权、知情权和监督权。首先，就参与权而言，无论是大陆法系的参审制还是英美法系的陪审团制，强调的都是普通民众在刑事诉讼程序中的参与权。虽然当前我国人民陪审员制度在实践中存在一定的问题，但是这一制度所具有的代表社会公众参与司法的精神应当受到重视。陪审制是社会公众在刑事诉讼中参与权最直接、最有效的实现方式。另外，人民监督员作为重要的社会公众参与刑事诉讼权能的实现方式，虽然其具体权力与人民陪审员不同，但是也在实现公民在刑事诉讼中的参与权方面发挥了一定作用。

其次，就知情权而言，刑事诉讼审判公开原则是社会公众权能主体地位的最集中体现。根据刑事诉讼法的规定，除涉及国家秘密和个人隐私及未成年人案件外，所有的案件都应当公开审判，这确保了社会公众能够近距离地参与到刑事庭审过程当中。关于社会公众的知情权，全国法院系统推广的裁判文书上网活动也是对社会公众在刑事诉讼中知情权的保障。这一机制与审判公开原则最大的区别是知情对象的不同，审判公开原则中的知情的对象主要是案件的审理过程，社会公众通过对案件审理全程的观看既可以监督案件的事实认定和法律适用，也可以监督案件审理中是否存在程序违法。而裁判文书上网实质上是所有案件都应当公开宣判这一规定的实现方式，更强调社会公众对案件实体结果的知情，强调对法院实体审理情况的监督。

2. 新闻媒体的刑事诉讼权能主体地位

新闻媒体对刑事诉讼的报道一方面是行使作为公共媒体的监督权，另一方面也是社会公众知情权和监督权重要的信息来源。相较于传统平面媒体时期以文字和图片的形式进行报道，当前互联网媒体的发达，视频、音频等更为直观全面的报道方式大大强化了媒体在刑事诉讼程序中报道和监督的力度，其权能不断得到强化。此外，需要注意的是，在当前“自媒体”① 不断发达的社会背景下，对案件审理的报道方式发生了巨大的转变。例如，在海内外高度关注的薄熙来案审判中，法庭通过微博的方式全程直播案件审理情况，反映了新闻媒体对案件报道的实时性、全面性不断强化，这都预示着新闻媒体在刑事诉讼领域中的权能主体地位将得到全面提升。但在确认新闻媒体的权能主体地位的同时，还必须加强对其规范和监督，防止因报道不真实而影响或干预司法公正。

三、刑事诉讼权能研究的价值

相对于传统权利和权力泾渭分明的二元对立的研究思路，刑事诉讼权能概念的引入在概念界定、类型划分、主体确认等方面都更为复杂，但是这种复杂并非徒增研究难度，而是有其特殊价值。

（一）权能视角的全面性

权能作为权利和权力的综合体，其首要的价值就是全面性，尤其在刑事诉讼领域，长期以来根据主体是否是国家机关，严苛地区分权利和权力。这一研究思路虽然简单明确，也有助于体现刑事诉讼制约权力，保障权利的价值倾向；但是也会导致研究视角的狭隘，难以统筹兼顾刑事诉讼运行过程中权利（力）之间的博弈关系。而刑事诉讼权能的引入恰恰可以弥补这一不足，通过将权利和权力作

---

① 自媒体又称公民媒体，美国新闻学会媒体中心于 2003 年 7 月出版了由谢因波曼与克里斯威理斯两位联合提出的“WeMedia（自媒体）”研究报告，里面对“WeMedia”下了一个十分严谨的定义：“WeMedia 是普通大众经由数字科技强化、与全球知识体系相连之后，一种开始理解普通大众如何提供与分享他们本身的事实、他们本身的新闻的途径。”简言之，即公民用以发布自己亲眼所见、亲耳所闻事件的载体，如博客、微博、微信、论坛/BBS 等网络社区。

为整体进行研究，可以对刑事诉讼权利和权力的交叉性问题进行立场中立的分析。例如，依照权利和权力分立的视角，在法庭调查阶段，公诉人作为控方对被告人发问采用的是讯问，这一词汇明显地反映出立法对权利和权力二者还是存在价值上的偏好，反映了公诉方对辩护方的优越感。而如果将对被告人的发问作为一项权能，则无论是公诉方还是辩护方，对被告人的发问均视为询问权，不仅体现了控辩双方的平等地位，更重要的是可以避免因讯问一词所隐含的违背无罪推定，产生在判决前对被告人进行有罪推定的歧义。此外，权能视角的全面性还体现在对刑事诉讼权利和权力的全面兼容。通过这一视角，可以将权利、权力和社会权力融合成为一个整体从而对刑事诉讼运行当中不同的权利（力）之间的关系进行更为精准的剖析。例如，当法庭判断是否对案件进行公开审判时，不仅要考虑控辩双方的意见，还要对作为刑事诉讼权能主体的社会公众的知情权能进行考量，要对三方的利益进行充分的平衡和协调。

（二）权能视角的平等性

刑事诉讼当中权能在效力等级上存在差别，一切的权能运转都建立在审判权的权威地位之上，这也是刑事诉讼终局性的根源所在。由于我国长期以来刑事诉讼领域存在“重权力轻权利”的传统，权力先天地具有优越感，权利对权力的制约力度明显不足。而采用权能的视角有助于抹去权力与权利之间先天的不平等。仅仅根据诉讼规律和法律规定确定权利和权力之间的效力关系。而不是以主体身份不同对其所享有的权利和权力的效力等级进行划分。这当中最典型的就是对公诉权与辩护权，无论是在法律规定层面还是在审判实践中，都存在公诉权效力高于辩护权的情况。例如，根据《刑事诉讼法》第198条的规定，检察人员发现提起公诉的案件需要补充侦查的，可以建议延期审理，对于这一建议，法庭通常均会许可。而对被告人通知新的证人到庭，调取新的物证，重新鉴定或者勘验的申请，其获得批准的难度则大大增加。而从权能的角度看，二者同属于申请延期权，应当获得平等保护。

（三）权能视角的开放性

采用权能的视角可以拓宽刑事诉讼权利和权力体系的包含范围，有利于将新出现的权能类型引入刑事诉讼程序当中。根据权力法定原则，刑事诉讼中的国家公权力都是由立法授权产生的，而根据法无禁止皆可为的私权利授权原则，刑事诉讼中的权利类型应当非常广泛，但是由于诉讼程序的运作涉及对犯罪嫌疑人、被告人的刑事责任的确认，是一项严格的司法活动。因而这一领域内的权利无论是授权还是具体实现，都离不开法律的明文规定和保障。因此，传统的刑事诉讼权利和权力体系均是一个相对封闭的体系。而在刑事诉讼权能的视角下，权利和权力的范围根据惩罚犯罪和保障人权的需要可以进行一定的调整。例如，对于侦查机关、检察机关和法院延长诉讼期限的权能，应当赋予犯罪嫌疑人、辩护人以表达意见和申请救济的权能。另外，权能视角的开放性还体现在通过社会权力的引入，极大地丰富了刑事诉讼权利（力）体系。

（四）权能视角的宏观性

在不同的诉讼阶段，不同诉讼主体所享有的权利和权力是存在差别的，以往权利和权力分立的研究视角难以全面反映诉讼程序运行的全貌，无法对刑事诉讼的诉讼结构、诉讼法律关系等进行宏观研究。而在刑事诉讼权能的视角之下，所有的诉讼权利和权力都是统一的整体，因而可以抛开其权利（力）属性的限制进行全面的研究。例如，《刑事诉讼法》第 188 条规定，“经人民法院通知，证人没有正当理由不出庭作证的，人民法院可以强制其到庭，但是被告人的配偶、父母、子女除外。”这一规定中涵盖了法庭的强制出庭权能和被告人配偶、父母、子女的亲属拒证权能，这不仅体现在是否强制证人出庭问题上，审判权与证人诉讼参与权之间的关系，更重要的是体现了刑事诉讼法在发现案件事实与保障个人权益之间的平衡，是惩罚犯罪和保障人权博弈在证人作证领域的具体展现。因此，在研究可以拒绝作证的亲属的范围时，就不能单纯考虑证人拒绝作证的权利与法庭的强制出庭的权力的关系，还应当对特定时期内，法律在发现案件事实和保障个体权利之间所持的态度，还要考虑到这一时期内立法对惩罚犯罪与保障人权的价值倾向。

第二节 刑事诉讼权能的基本原则

原则是指“观察问题、处理问题的准绳”[①] 在法律体系中的作用，一方面是具体法律规定的综合体，另一方面对具体法律规则的解释和适用发挥引导作用。刑事诉讼权能作为刑事诉讼权利与权力的综合体，其基本原则应当能够反映刑事诉讼领域内不同权能主体的法律地位和关系格局，更重要的是能够对我国刑事诉讼具体权能结构与关系的完善发挥引导作用。刑事诉讼权能范畴所涵盖的内容广泛，涉及刑事诉讼主体、职能、构造等方方面面，针对不同的规范对象和领域，刑事诉讼权能的基本原则也可以分为地位原则、职能原则和运行原则。

一、地位原则

刑事诉讼权能主体包括所有的诉讼参与主体，无论是专门国家机关，还是诉讼参与人，在这一范畴内都具有主体性地位。然而，为了实现刑事诉讼惩罚犯罪与保障人权的诉讼目的[②]，必然要对权能主体之间的地位进行配置，以确保诉讼进程的高效和诉讼结果的权威。

（一）控辩平等原则

无论是作为控方的侦查机关、检察机关，还是作为辩方的犯罪嫌疑人、被告人，确定被追诉人的刑事责任对双方而言都是最为关注的诉讼任务。自人类放弃血亲复仇进入国家刑事诉讼时代之后，控诉方与被追诉方的关系演变就成为刑事诉讼发展演变的重要标志之一。从弹劾式诉讼模式下的私人追诉，原被告平等对抗，到纠问式诉讼模式下的控审不分，被追诉方的客体地位；再到近代当事人主

① 《辞海》，151页，上海，上海辞书出版社，1979。

② 关于刑事诉讼的目的存在多种学说，如一元说、二元说、多元说等，此处采取我国学界通用的二元说，但是需要说明的是，无论采取何种学说都不会影响之后的论述。

义和职权主义诉讼模式下的控审分离，控辩平等对抗，刑事诉讼中控诉方与辩护方的关系经历了一个平等对抗、不平等对抗再到平等对抗的过程，然而在这一演变当中，控辩平等对抗的含义发生了质的变化。由个体间的对抗转化成为专门国家机关与个体之间的对抗，由于二者在诉讼能力上存在巨大差异，因而如何平衡二者之间的力量对比就成为现代刑事诉讼制度设计的重要考虑因素。刑事诉讼权能作为诉讼主体诉讼地位的基础所在，其配置情况将直接决定不同诉讼主体在诉讼权利（力）结构中所处的地位。因此，控辩平等应当成为诉讼权能主体关系的指导性原则。不同的诉讼主体配置诉讼权能，尤其是控辩双方之间[①]的权能配置一定要坚持控辩权能平衡的原则，对双方的权利和权力配置务求达到控辩“平等武装”和“平等保护”。

（二）控审分离原则

从国家权力的角度而言，无论是对犯罪的控诉还是对犯罪的审判，在早期被认为是一体的，但是伴随着被追诉人权利保障的强化，同时也为了更好地查证案件事实，控诉与审判主体互相分离，由不同的国家机关分别承担控诉与审判职能。控诉与审判职能的分离一方面是实现控诉平等对抗的必要条件，如果控诉方掌握对案件的裁判权，那么无论如何加强辩护权都无法真正实现控辩平等对抗，因为一方既是裁判又是运动员的比赛注定是无法公平竞争的。另一方面控审分离也有助于更好地查证案件事实，由控诉方专门负责对案件事实的侦查，而审判方中立地对控诉方提交的案件事实和证据进行审查认证，可以避免因主体单一所导致的认知偏执，从而避免案件事实认定的偏差和错误。由此可见，控诉权能与审判权能的分离既有助于惩罚犯罪也有助于保障人权。根据这一原则，要求对刑事诉讼权能配置，尤其是专门国家机关的权能配置过程中应当根据控诉权能和审判权能的不同特点分别配置于不同的诉讼主体。

需要注意的是，在我国，宪法和刑事诉讼法都规定了分工负责、互相配合、互相制约的专门国家机关权能配置原则，这一原则从国家追诉权和审判权运行的

① 此处的控方不仅包括侦查机关和检察机关，还包括被害人及其近亲属，自诉人，附带民事诉讼的原告人等，是广义的控方。

角度出发，目的在于实现不同机关之间的权力制衡与协作。但是，这一原则在刑事诉讼实践中却导致了各机关之间“重配合轻制约，重分工轻分离”的弊端，将公安机关、检察机关和法院作为平等的权力主体进行诉讼权力的分配，忽视了审判权在诉讼权力中的权威地位，不利于审判权威的树立。因此，从尊重诉讼基本规律的角度出发，对专门国家机关的权能分配应当体现不同的权能类型在效力等级、诉讼地位上的差别，变“工作分工”模式为“遵循诉讼规律”模式，强调控诉权能主体与审判权能主体在权能主体地位上的分离与差异，对二者具体的诉讼权能界限予以明确，并强调审判权能的权威性，以体现控审分离与控辩平等对抗的统一。

（三）裁判中立原则

裁判中立原则之所以被视为权能地位原则，是因为裁判权能在刑事诉讼程序中处于核心地位，其他所有的诉讼权能配置都要围绕裁判权能为中心展开。控诉权能和辩护权能的博弈是为了获取裁判权能作出有利于本方的诉讼结论，诉讼参与权能的存在是为了保障裁判权能的顺利实现。因此，强调裁判权能的中立性是要求这一权能在获取最高权威的同时，应当平等地对待其他诉讼权能主体，为他们提供有效的法律保障。在刑事诉讼权能的视角下，裁判中立不仅要求审判机关在控诉方与辩护方之间保持中立，也要在其他诉讼权能主体之间保持中立，例如，无论是对于控方证人，还是对于辩方证人基于同等的保护，对他们所提供的证言不持有偏见，而是在客观中立的立场上予以质证、认证。

（四）程序参与原则

程序参与原则是指“任何可能受刑事判决或者对诉讼结局有直接影响关系的主体都应当有充分的机会参与到刑事诉讼过程中来，并对裁判结果的形成能够发挥影响和作用”①。对于程序参与的主体范围，应当从“当事人参与和公民参与两个方面来加以理解和把握”②。刑事诉讼权能的范围包括权利、权力和社会权力，传统的权利主体和权力主体参与诉讼程序，其正当性和必要性业已被充分论

① 陈卫东主编：《刑事诉讼法学研究》，101页，北京，中国人民大学出版社，2008。

② 谢佑平，万毅：《刑事诉讼法原则：程序正义的基石》，311页，北京，法律出版社，2002。

证。刑事诉讼权能的视角，对于保障作为社会权能主体的社会公众的程序参与具有促进作用。犯罪是对社会公共安全的严重威胁，社会公众均期望通过刑事诉讼程序对案件进行公正裁判从而惩罚已然发生的犯罪，并预防将来潜在的犯罪。作为利益关切方，社会公众除了通过赋权给侦查机关和司法机关的控诉权能和裁判权能之外，还要求通过参与权能和监督权能实现对刑事诉讼活动的亲自参与。根据这一原则，一方面要从权能配置的角度出发，完善人民陪审制、公开审判等公众参与司法的渠道，另一方面也要从权能保障的角度出发，为社会公众的程序参与权能提供现实基础，并对侵犯社会公众程序参与权能的行为进行惩戒。

二、职能原则

在现代刑事诉讼程序体系下，诉讼职能的划分是实现诉讼主体角色定位和权能配置的基础所在。而在刑事诉讼权能的视角下，诉讼主体的权能配置相较传统的权利和权力视角有所不同，更为强调职能配置的宏观性和全面性。

（一）分权制衡原则

“分权制衡机制的作用原理简而言之是在不同权力机关分散权力，并使各机关保有对其他权力机关相当的防御和对抗力量，使权利因相互对抗、相互控制而在总体上处于低侵害的状态。”① 伴随着诉讼角色的增加，人类刑事诉讼进程从某种程度而言，就是一个分权制衡不断深入的过程。在刑事诉讼权能的视角下，分权制衡从传统的权力领域发展到刑事诉讼当中的全部权力和权利关系当中。在刑事诉讼领域，为保证权利和权力的运行能够在可控的范围内进行，除法律设定其边界之外，还需要在实际运行机制中通过权利和权力的分别配置实现相互间的制衡。例如，为保障被羁押的犯罪嫌疑人、被告人在羁押期间接受讯问时不被刑讯逼供，刑事诉讼法规定，侦查机关应当及时将被羁押人移送看守所，讯问也应当在看守所内进行。这一规定通过将羁押的实施权与执行权，讯问的实施权与被

① 李蓉：《刑事诉讼分权制衡基本理论研究》，33页，北京，中国法制出版社，2006。

讯问人的管理权的分离，在具体侦查办案机关和看守所之间将羁押的具体执行权和羁押期间的讯问权等进行分别配置，以起到互相制衡的作用。看守所作为羁押机关，其在享有羁押管理权能的同时，需要承担保障被羁押人安全的职责。而刑讯逼供会对被羁押人人身健康造成严重伤害，看守所为避免这种伤害威胁被羁押人的人身健康和安全，而被追究责任，自然对侦查办案部门的刑讯逼供行为持反对态度。因此，刑事诉讼法规定讯问必须在看守所内进行之后，看守所作为讯问场所的管理者，自然会尽心尽力地通过时讯问过程录音录像，讯问者与被讯问者的物理隔离，体表检查等方式最大限度地预防刑讯逼供行为的发生。通过对看守所与具体办案部门之间在被羁押人管理与讯问问题上的简单分权，就可以起到有效的制衡和监督作用。此外，有专门知识的人对鉴定人的质证等诸多分权制衡机制的存在都对刑事诉讼权能之间的互相制约发挥了重要作用，从而通过不同权能之间的分权制衡实现惩罚犯罪与保障人权的统一。

（二）权责一体原则

在传统的权利和权力视域中，权力作为国家机关的职责，一方面是授权，另一方面是赋责，如果不能正当行使就要承担错误作为和不作为的责任。而权利则被认为是公民个人的自由，其行使与否取决于个人自愿。然而在刑事诉讼权能的视角下，这一理解并非完全正确，权力性权能自然应当遵循权责一体原则，对于部分权利性权能也应当遵循权责一体原则。例如，《刑事诉讼法》第40条规定，“辩护人收集的有关犯罪嫌疑人不在犯罪现场、未达到刑事责任年龄、属于依法不负刑事责任的精神病人的证据，应当及时告知公安机关、人民检察院。”这看似规定的辩护人的义务，但是从另一角度而言，这也是对辩护人的授权规定，根据这一条文，辩护人对于在侦查阶段和审查起诉阶段收集的能够证明犯罪嫌疑人无罪或者不需要承担刑事责任的证据有权及时向公安机关和检察机关提交，接收证据的机关应当及时进行审查，并形成结论，这有利于及时终结诉讼程序，避免因冗长的诉讼期间对犯罪嫌疑人、被告人造成不必要的侵害。另外，刑事诉讼法有关上诉权、期间回复权的规定等，都属于权责一体的规定，如果不在法定期限内行使权利就要面临失权的后果。因此，权责一体原则不仅对于权力性权能具有规范作用，对于部分影响诉讼进程的权利性权能同样具有规范作用。

三、运行原则

刑事诉讼活动是一个在不同诉讼主体参与下动态前进的过程，各种权能作为程序推进的驱动力，其运行状况对于程序的运行发挥决定性作用。在权能的视角下，可以打破权力和权利的分野，从诉讼运行机制的宏观层面入手，对刑事诉讼所包含的所有权能的运行原则加以归纳总结。

（一）人权保障原则

2013年刑事诉讼法修改正式写入了尊重与保障人权原则，凸显了对刑事诉讼制度运行中人权保障价值的重视与关注。这一原则对于刑事诉讼所有权能主体的权能行使行为都应当具有约束力，任何权能的设置与运行，都应当体现尊重与保障人权的要求。此前对于人权保障原则的要求，着眼点都是在权力的制约和权利的保障，而对于如何制约权利、保障人权却少有关注。在刑事诉讼权能体系内，权利和权力以及社会权力都有可能成为侵害人权的权能来源。为此，除传统权力制约机制之外，还应当强化对权利和社会权力的制约，以全面贯彻人权保障原则。例如，公开审判是社会公众参与和监督刑事司法的重要途径，但是由于案件审理过程有可能涉及被告人、被害人的个人隐私或者商业秘密，这种情况下，就有必要对公开审判权这一社会权力进行必要的限制，以保障被告人、被害人的隐私权。此外，根据刑事诉讼法的规定，被害人享有自诉的权利，但是根据2014年4月通过的全国人民代表大会常务委员会《关于〈中华人民共和国刑事诉讼法〉第二百七十一条第二款的解释》的规定，“人民检察院办理未成年人刑事案件，在作出附条件不起诉的决定以及考验期满作出不起诉的决定以前，应当听取被害人的意见。被害人对人民检察院对未成年犯罪嫌疑人作出的附条件不起诉的决定和不起诉的决定，可以向上一级人民检察院申诉，不适用刑事诉讼法第一百七十六条关于被害人可以向人民法院起诉的规定。”由此可见，这是通过对被害人自诉权的限制，保障被宣告不起诉的未成年犯罪嫌疑人的权利。

（二）效率原则

迟到的正义非正义，刑事诉讼程序的运作不仅要符合对程序公正和结果公正的追求，同时必须注重诉讼的效率。过于冗长的诉讼程序不仅会增加诉讼参与人的讼累，也是对国家刑事司法资源的严重浪费。因此，诉讼权能的配置和运行必须遵循效率原则，以提高诉讼节奏，在合理的期间内通过权能间的博弈和协作完成诉讼任务，实现诉讼目标。在刑事诉讼权能的视角内提高诉讼效率，既要提高专门国家机关的权力行使效率，同样也要提高诉讼参与人的权利行使效率。此前我国刑事诉讼领域长期存在的“重打击轻保护，重权力轻权利”的诉讼传统，导致对权力行使的时间限制宽松，而对权利行使的时间则限制过于严苛的情况。这集中体现于刑事期间制度的相关规定当中。梳理我国当前有关刑事诉讼期间的规定，专门国家机关的期间规定普遍存在期间延长、期间重新计算，不计入期间的情形，并且对于违反期间规定的行为缺乏有效的程序性制裁措施。而对于诉讼参与人的期间规定则非常严苛，不仅期间长度有限，并且没有期间延长的规定，仅有的期间恢复的救济机制条件严苛，而且一旦违反期间规定就要面临彻底失权的严重后果。因此，应当按照效率原则的要求，科学、平等地配置各种权能的期间规定，确保程序进行的流畅。

第三节　刑事诉讼权能关系

刑事诉讼程序作为一个以国家强制力为支撑的实现国家刑罚权的平台，不同的权能主体根据立法所赋予的角色定位和权能内容，实现诉讼价值和诉讼目标。作为一个多主体共同参与的过程，刑事诉讼程序中的权能主体不可能是相互孤立的，互相之间必然因权能行使行为而产生交集，这种交集就是刑事诉讼权能关系。在刑事诉讼权能开放性的视角下，自刑事诉讼制度诞生以来，具体的权能类型就始终处在不断丰富和变动当中，由此决定了刑事诉讼权能关系也走过了一个日趋复杂和多样的发展历程。

一、我国刑事诉讼权能关系的历史梳理

在刑事诉讼制度产生之前的原始社会，对纠纷的解决靠的是神灵的力量和自身及其部落的武力，在同态复仇和血亲复仇的纠纷解决方式中，双方之间是单纯的力量比拼关系。进入国家诉讼时代之后，在以国家公权力为基础构建的纠纷解决体系中，由于国家权力的介入，刑事诉讼程序中的权能关系开始日趋复杂。此后，伴随着人们对诉讼规律认识的深入和刑事司法权的自我分化，刑事诉讼领域的权能关系更加多样。

（一）传统刑事诉讼权能关系

虽然我国现代意义上的刑事诉讼法基本是在晚清修律引进西方刑事诉讼制度的基础上构建的，但是作为内化为诉讼文化组成部分的传统诉讼制度依然对刑事诉讼权能关系发挥着不可忽视的影响，尤其是对于立法层面之外司法实践中权能关系格局的实然状态影响很大。因此，对传统刑事诉讼中权能关系特点的梳理，有助于对我国当前普遍存在的刑事诉讼“潜规则”的理解，也有助于对司法实践中权能关系的实然状态与立法初衷之间应然状态的差异进行解释。

首先，我国传统刑事诉讼领域权能关系的首要特点就是权力在刑事诉讼权能体系中的绝对主导地位。在我国悠久的刑事诉讼历史演变中，人们一般将司法官员的出现作为刑事诉讼制度萌发的标志，根据《尚书·舜典》记载：“帝曰：‘皋陶，蛮夷猾夏，寇贼奸宄，汝作士。五刑有服’。”被任命为“士”的皋陶成为专门的司法官员，这被视为国家权力在刑事诉讼中发挥作用的开端。自此之后，司法作为国家权力的一项重要组成部分，一直受到统治者的高度关注。就中央层面而言，虽然主管司法的机构和官员随着王朝的更迭不断变化，但是司法权在诉讼运作中的垄断性地位丝毫没有受到削弱，重权力轻权利的格局一直没有改变。例如，在传统刑事诉讼中，审判开始以后，当事人不仅无权与司法官平起平坐，而且还必须跪于堂下，连证人及其他诉讼关系人也不例外。“至于在诉讼过程中受法官呵斥、受衙役杖击，那是经常之事。若是刑事被告身陷囹圄，刑讯逼供，更

无”权利“可言；甚至不仅案犯，还有乡邻地谊、干连佐证、事主尸亲等等，一经到官，都要处于一种羁押或半羁押状态，均基本失去人身自由。”[①] 由此可见，在权力面前，当事人乃至其他诉讼参与人的权利无疑处于非常弱势的地位。权能关系中权力对权利的压迫性格局传统对我国的刑事诉讼权能关系影响深远，时至今日，在我国当前的刑事诉讼权能关系中依然能看到这一传统的影子。要真正实现尊重与保障人权，必须从诉讼文化的角度出发，改变这一权能关系传统对侦查、司法机关及其工作人员的影响，在权力和权利平等的基础上构建现代刑事诉讼权能关系。

其次，权能体系中的司法权力与行政权力不分，与现代意义上的司法权能存在差别。在君主中央集权的国家权力格局下形成的刑事诉讼权力主导格局当中，君主和司法官员的权能在诉讼权能体系中占据统治性地位。需要注意的是，这种权力与现代意义上的司法权力存在属性差异。中国的传统社会里，可以说自始至终都没有过与“行政”相对应的“司法”，“司法”只是“行政”应有的一种职责。[②] 虽然自皋陶为“士”以来，历代在中央层面均设置了专门的司法机关和官员，唐朝以后更是形成了稳定的“三法司”模式的中央司法机关体系[③]，但是这并不代表司法权取得了独立地位，无论是权力运作还是机构制度设计都是建立在行政权的范畴之内的。在地方层面，由行政官员兼理司法的局面则一直延续到20世纪初，虽然在宋代出现了提刑按察使司，清代在省一级也有按察使司等专门的司法官员设置，但是这些官员要受到其他行政官员的直接领导，并没有独立的司法自主权[④]；更为关键的是，在统一的科举考试选拔机制之下，司法官员的选拔任命中司法的专业性根本无法体现，具体的司法官员与行政官员在知识背景和专业知识方面并无差别。这就决定了在刑事诉讼权能关系中，尤其是上下级司法权力的关系呈现出行政化色彩。科层制的权力关系体现出我国传统的刑事诉讼

---

① 胡旭晟主编：《狱与讼中国传统诉讼文化研究》，39页，北京，中国人民大学出版社，2012。

② 参见胡旭晟主编：《狱与讼中国传统诉讼文化研究》，12～13页，北京，中国人民大学出版社，2012。

③ 参见李交发：《中国诉讼法史》，13页以下，北京，中国检察出版社，2002。

④ 参见李文玲：《中国古代刑事诉讼法史》，501页，北京，法律出版社，2011。

权能关系尤其是权力关系当中上命下从的特点，这对我国当前的刑事诉讼权能关系依然具有深远的影响。尤其是在我国当前为解决司法地方化而进行法检系统省以下统管的司法改革过程中，应当注意避免因上下级法院之间的司法行政化的弊端，不能以“司法行政化”为代价实现对“司法地方化”的改革。

再次，我国传统刑事诉讼权能体系中，权利处于客体地位，得不到应有的尊重与保障。正如前文所述，权力在我国传统刑事诉讼权能体系中占据着非常强势的地位，与之相对的是，权利在权能体系中长期处于客体地位。当事人以及证人等诉讼参与人在刑事诉讼过程中往往只是承担提供证据和信息的职责，成为被拷问的对象。例如在刑讯制度发达的唐代，不仅被告人，甚至被害人、证人都有可能成为刑讯的对象。① 这反映了权利在刑事诉讼权能体系中的整体性弱势局面。正是这种权利客体化的诉讼权能关系模式导致了我国刑事诉讼人权保障提升所面临的诸多诉讼文化层面的障碍。传统诉讼权能关系中权利与权力之间严重的不平等关系，与现代刑事诉讼追诉权与辩护权平等对抗的制度基础是格格不入的，与尊重与保障人权的现代刑事诉讼理念也是背道而驰的。

最后，我国传统刑事诉讼权能关系还表现为权能类型分化程度较低，权能种类有限。之所以出现这种情况，是刑事诉讼发展的历史规律所决定的，任何国家的刑事诉讼权能体系都是伴随着诉讼制度的不断发展进步而不断分化完善的。现代意义上的审判权、侦查权、起诉权、辩护权、诉讼参与权等的出现都是一个历史演变的过程。但是在权能关系发展的一般规律之外，我国刑事诉讼权能种类有限，权能关系不健全还有其特殊的原因。“厌讼、恶讼”的主流诉讼观对我国刑事诉讼权能关系的发展起到了非常重要的影响。由于人们对诉讼本身持有抵触态度，社会成员纷纷对其避而远之，这导致我国的诉讼权能的发展也受到消极影响。典型的是获得辩护律师帮助作为被告人行使辩护权能的重要途径和保障，在古希腊时期就已得到社会公众和官方机构的广泛认可。而在我国，与此相类似的

① 例如，《唐律疏议》中规定：“诸诬告人流罪以下，前人未加拷掠，而告人引虚者，减一等；若前人已拷者，不减。即拷证人，亦是。”参见李交发：《中国诉讼法史》，69页，北京，中国检察出版社，2002。

讼师却成为贬义词，甚至被人们讥为讼棍[①]，这就导致我国的辩护权能，尤其是辩护律师的权能在刑事诉讼权能关系中长期无法获得社会公众和国家权力的认可与保障。这种厌讼和恶讼的诉讼文化还影响到证人作证等诉讼参与权能的发展，人们对诉讼本身持否定态度，自然对参与诉讼也是唯恐避之不及，这也是长期困扰我国刑事审判证人出庭率低这一问题的形成原因之一。

（二）刑事诉讼权能关系的现代转型

1906年4月25日，在“变法图存”、收回治外法权的清末修律的时代背景下，修订法律大臣沈家本、伍廷芳具奏进呈《刑事民事诉讼法（草案）》，这被认为是我国历史上第一部近代意义的诉讼法，其中所包含的刑事诉讼相关内容是我国刑事诉讼制度近代化进程的开端。这部草案虽然因各种原因未能真正得以实施，但是草案当中不仅开创性地规定了陪审制度和律师制度[②]，而且对原被告双方以及承审官及证人等诉讼主体的权利义务关系都进行了规定。这些规定对传统诉讼权能关系进行了颠覆性的改变。法律对权能主体的权能内容和相互关系进行了明确的规定，以审判权能为中心，原被告双方权能平等对抗，以及辅助权能主体的有效参与的权能关系格局初步形成。此后，1911年制定的《刑事诉讼律（草案）》作为中国法制史上第一部真正意义的刑事诉讼法典，进一步完善和丰富了刑事诉讼权能关系，并且对此后民国时期以及中华人民共和国的刑事法律制度产生了深远的影响，彻底奠定了中国刑事诉讼现代权能关系格局。

具体而言，1911年《刑事诉讼律（草案）》对刑事诉讼权能关系的完善体现在以下几个方面：首先，该草案“用告劾程式”，“以当事人为诉讼主体。凡诉追由当事人行之，……使审判官超然屹立于原告、被告之外，权衡两至，以听其

---

① 讼师时常被讥称为讼棍，被视为教唆人们进行毫无必要的诉讼，颠倒是非、混淆黑白，利用诉讼文书和花言巧语诱使人们陷入诉讼，与盘踞官府的胥吏和差役相互勾结，从善良的人那里骗取金钱等作恶多端的地痞流氓。参见［日］夫马进：《明清时代的讼师与诉讼文化》，载《明清时代的民事审判与民事契约》，北京，法律出版社，1998。

② 在修订法律大臣沈家本、伍廷芳奏进呈诉讼法拟请先行试办折并清单中，认为陪审员制度和律师制度是“为各国立法通例而我国亟应取法者”。参见吴宏耀、种松志主编：《中国刑事诉讼法典百年》（上），9页，北京，中国政法大学出版社，2012。

成，最为得情法之平"[①]。通过这一规定确立了审判权在刑事诉讼权能关系中的中立超然地位，这是对我国传统诉讼权能关系中的控审不分的彻底改革，明确了审判权能的运作基础，一改司法权在刑事诉讼权能关系中的主动积极的强势地位，赋予审判权能消极中立的地位。这符合现代刑事诉讼裁判消极中立的一般规律，虽然此后民国时期和新中国成立后的刑事诉讼立法在诉讼模式问题上有所变更，但是审判权居中裁判的刑事诉讼权能关系格局一直保持至今。

其次，该草案首次确定了"检察提起公诉"，认为对刑事案件的"提起之权应专属于代表国家之检察官"。通过检察官的设立改变了传统刑事诉讼私诉与审判官包揽控审的权能体系，被害人的刑事追诉权让渡给专门的控诉主体检察官，而且这一主体与承担审判权能的审判官之间互相分离，实现了公诉权独立及控审分离的刑事诉讼权能关系体系。虽然此后在民国时期和新中国成立后，检察院及检察官的具体诉讼职责和诉讼角色定位进行了一定程度的变更，但是根据这一草案所确定的公诉权能垄断公诉和控审分离的诉讼权能关系却一直延续至今。检察官的设置对于我国现代刑事诉讼权能关系的影响不仅是塑造了控辩审三方关系的控方主体，而且更为关键的是通过对控诉权能与审判权能的划分，改变了之前刑事诉讼权能体系中国家权力的"一体行使"局面，使刑事诉讼领域内权力与权力之间的互相制约成为现实，这对于权力具有绝对强势传统的我国而言，是弥补权利对权力制约能力不足的有效补充。

再次，该草案突破性地规定原被告被同等对待，尤其难能可贵的是对同等对待的解释不仅满足于单纯的"地位相同"，而是"指诉讼中关于攻击、防御俾以同等便利而言。盖原告之起诉，既为谙习法律之检察官，若被告系无学识经验之人，何能与之对待？故特许被告人用辩护人及辅佐人，并为收集有利证据，与以最终辩论之权，庶两造势力不至于有所有盈朒"[②]。不得不承认，这一对控辩平

---

① 沈家本等奏《刑事诉讼律草案》告成装册呈览折，参见吴宏耀、种松志主编：《中国刑事诉讼法典百年》(上)，108页，北京，中国政法大学出版社，2012。

② 沈家本等奏《刑事诉讼律草案》告成装册呈览折，参见吴宏耀、种松志主编：《中国刑事诉讼法典百年》(上)，第9页，北京，中国政法大学出版社，2012。

等对抗的论述即使在当下对刑事诉讼权能关系，尤其是控辩权能关系的完善依然具有指导意义。根据原被告双方的实质平等的立法指导思想，该草案所确定的刑事诉讼权能关系在控辩权能关系方面改变了传统诉讼权能关系中当事人双方，尤其是辩方的客体地位，明确了其在权能关系中的主体地位，而且，为了弥补其在权能关系中的弱势地位，规定了辩护人制度、辅佐人制度和最后陈述制度强化其辩护权能。该草案为实现辩护权能与控诉权能的平衡所采取的立法设置标志着我国刑事诉讼权能关系控辩平等对抗的格局得以确立，是刑事诉讼现代转型的重要标志之一。

此外，该草案还规定了诸如三审制度、审判公开等规范具体权能关系的相关规范，拓展了刑事诉讼权能主体范围，对具体权能之间的相互关系进行了较为全面的规范。1911年《刑事诉讼律（草案）》因为清王朝的覆灭而并没有获得实施的机会即胎死腹中，但是不可否认的是，作为我国第一部刑事诉讼专门立法，其对我国现代刑事诉讼权能关系格局的形成与完善具有划时代的意义。此后无论是民国时期，还是新中国成立后，刑事诉讼权能关系的发展演变都是在这一基础之上进行的，其历史价值不容忽视。

（三）新中国成立后刑事诉讼权能关系的确立

新中国成立后，百废待兴，在法制领域，宣布废除国民党六法全书之后，在总结革命根据地刑事诉讼实践和引进苏联立法经验的基础上，自1957年至1963年先后形成了六个版本的刑事诉讼法草案，然而由于种种原因，对刑事诉讼法的制定陷入了长时间的停滞。直到“文化大革命”结束后，随着国家政治、社会生活恢复到正常轨道上来，刑事诉讼法的立法工作方才再次提上工作日程，并于1979年6月26日召开的第五届全国人民代表大会第二次会议上正式通过了《中华人民共和国刑事诉讼法》（以下简称“79年刑诉法”）。作为新中国正式制定并颁布实施的第一部刑事诉讼法，79年刑诉法奠定了我国中国特色社会主义刑事诉讼权能关系的基础。相较于此前清末现代刑事诉讼转型所确立的权能关系格局，其突出特点表现在以下几个方面。

首先，检察权能在刑事诉讼权能关系中占有重要地位，不仅承担控诉职能，而且根据宪法授权，在刑事诉讼当中被作为法律监督机关，享有诉讼监督权能。之所以出现这一情况，是与我国对苏联刑事诉讼法的借鉴和吸收直接相关的。出于维护国家法制统一的目的，苏联赋予检察机关以法律监督职能，在国家法制运行当中占据非常重要的地位。新中国成立后，我国也通过宪法及人民检察院组织法等法律确认了检察机关的法律监督机关的地位，79 年刑诉法在制定过程中，根据检察机关的这一定位，通过一系列具体程序规范，明确了检察机关在刑事诉讼程序中的诉讼监督主体地位，从而大大强化了其在刑事诉讼权能体系中的重要性。例如，该法第 3 条规定，“批准逮捕和检察（包括侦查）、提起公诉，由人民检察院负责。”根据这一规定，检察机关不仅享有作为控诉机关的起诉权能，还享有侦查权能，司法审查权能，这大大超出了检察机关作为控方与辩方平等对抗的要求。由于检察机关被赋予了超然于当事人地位之外的审查批捕权能等所谓的诉讼监督权能，原本审判中立，控辩平等对抗的权能关系基础格局被打破，在强势的检察权能的威胁之下，辩护权能根本无法与其平等对抗。而且作为诉讼监督主体，检察机关甚至取得了对法院的监督权能，这导致原本应当在诉讼权能关系中居于顶点位置的审判权能的权威性被严重削弱，也导致审判权能平衡控辩双方权能差距的功能难以实现。

其次，侦查权能、检察权能与审判权能之间的关系定位模糊，难以发挥权力间的制约与监督功能。79 年刑诉法第 5 条规定，“人民法院、人民检察院和公安机关进行刑事诉讼，应当分工负责，互相配合，互相制约，以保证准确有效地执行法律。”根据这一规定，侦查权能、检察权能和审判权能之间应当是公权力之间的分工协作和制约关系，如果在具体诉讼实践中，三种权能确能按照这一规定运转，从一定程度而言对于弥补我国刑事诉讼权能体系中权利对权力的制约力度不足具有一定的积极价值。然而，由于诉讼理念，尤其是权力理念以及具体诉讼制度设计方面存在的偏差，这一权能关系格局与立法预想之间产生了明显的背离。一是侦查权能的行使缺乏有效的监督与制约。虽然该法规定，检察机关作为诉讼监督主体对侦查机关的诉讼行为应当进行监督，然而由于同属控方集团，共同的利益诉求使这种监督和制约很难发挥实效。二是检察权能的过于强势，不仅享有侦查和审查起诉权能，而且根据该法第 101 条规定的免于起诉制度，检察权能甚至包含了刑事案件实体审判权能的内容，这不仅不利于对辩护权能的保护，甚至侵袭了审判权能的生存空间。三是审判权能过于积极主动，影响其中立性。该法第 114 条规定，“公诉人在审判庭上宣读起诉书后，审判人员开始审问被告人。”作为审判主体，在庭审过程中应当处于中立客观的地位，然而，根据该条规定，在检察机关宣读完起诉书之后，本应保持中立的法官却亲自上阵，将被告人作为讯问的对象，展开讯问。如此亲力亲为，难免有法官追诉的嫌疑，这种情况下，法官无疑是越俎代庖地承担了控诉权能。这不仅导致控诉权能与审判权能之间的关系交叉模糊，更会严重影响审判权能对控诉权能与辩护权能的平衡，使本已处于弱势的辩护权能更加独木难支，沦落为国家权力追诉和审判的对象与客体。

再次，辩护权能受到限制，无法与控诉权能平等对抗。由于我国长期存在“重权力轻权利”的刑事诉讼权能关系传统，辩护权能本已处于弱势，需要来自立法和国家机关的特别保护。然而，在 79 年刑诉法中，辩护权能不仅没有受到“优待”，还因为具体程序设计的问题，而处于被限制和削弱的境地。例如，该法规定，只有在审判阶段被告人才可以聘请辩护律师，获取其帮助，然而由于我国审前羁押率极高，大多数犯罪嫌疑人在审前阶段都会被采取强制措施而失去人身自由。这无疑会严重削弱其自我辩护能力，而立法又限制了其获取辩护律师帮助行使辩护权能的可能性，这将导致辩护权能在与控诉权能的对抗中相形见绌，这也使审判权居中，控辩平等对抗的诉讼权能关系失去了存在的现实基础。

最后，其他诉讼参与人的诉讼参与权能在刑事诉讼权能关系中处于被忽视的地位。刑事诉讼权能关系中，虽然控辩审一直是主要的关系主体，但是伴随着刑事诉讼程序立法的日趋精密和完善，其他诉讼参与人的诉讼参与行为对程序的顺利运行的重要性不断提升。然而，在 79 年刑诉法中，对其他诉讼参与人的诉讼参与权能的关注度明显不足。例如，证人作为重要的诉讼参与主体，是查证案件事实的重要信息来源，然而，根据 79 年刑诉法的规定，不仅没有强制证人出庭的规定，对于出庭证人的保护规范也付之阙如，这导致我国刑事审判领域长期证人出庭率极低，严重影响了庭审过程中的实质有效性。不仅控辩双方不能针对证人的证言当庭进行询问和反驳，法官也难以根据证人的庭审表现判断证言的可靠性和真实性。

此后，根据79年刑诉法在司法实践中取得的经验和社会经济发展现状，我国于1996年对刑事诉讼法进行了修改，修改后的刑事诉讼法（以下简称“96年刑诉法”），对我国此前的强职权主义诉讼模式进行了修正，借鉴了部分当事人主义诉讼模式内容，力图通过限制控诉权能，强化辩护权能，改善我国刑事诉讼权能关系中存在的制度性障碍。例如，规定犯罪嫌疑人在审查起诉阶段可以聘请辩护律师，在侦查阶段可以聘请律师获取法律帮助；取消了检察机关免于起诉的权力，完善了不起诉制度等。但是由于没有进行立法指导思想和诉讼模式的彻底转变，我国的刑事诉讼权能关系格局并没有发生质的变化，只是对79年刑诉法所确立的诉讼权能关系进行了修改和完善。

二、我国2013年刑事诉讼法中权能关系的新发展

2012年刑事诉讼法第二次修改是新中国刑事诉讼法发展史上的一次重大变革，此次刑事诉讼法修改，在1996年刑事诉讼法的基础上修改了90条，增加了66条，合并1条，使新刑事诉讼法达到了290条的规模。在修改过程中，坚持从我国基本国情出发，落实“国家尊重和保障人权”的宪法原则，正确处理“惩罚犯罪和保障人权”的平衡关系，使刑事诉讼制度进一步法治化、民主化和科学化。这是我国深化司法体制改革和工作机制改革的重大成果，是完善中国特色社会主义法律体系的重大进展。① 具体而言，此次对刑事诉讼的修改涉及刑事诉讼的各个诉讼环节，对诉讼程序和诉讼制度都进行了必要的修改和完善，并且开创性地增设了特别程序，完善了我国刑事诉讼立法体系。立法对刑事诉讼程序和制度的修改优化以及完善诉讼权能主体具体权能的配置和保障，必然会对刑事诉讼

① 参见陈卫东主编：《刑事诉讼法修改条文理解与适用》，1页，北京，中国法制出版社，2012。

权能关系产生一定的影响。经过此次立法修改，我国刑事诉讼权能关系呈现出新的发展趋势。

（一）控诉权能与辩护权能平等对抗格局的完善

早在1911年，沈家本就在《刑事诉讼律（草案）》的奏折当中明确了控辩双方平等对抗的重要性和实现途径，即不仅要求控辩双方地位平等，还要控辩之间平等武装以实现实质平等。这表明控辩双方平等对抗作为刑事诉讼权能关系的基本形态，早已为我国刑事诉讼立法所承认和贯彻，然而新中国成立后，由于检察权能的迅速膨胀，控辩双方之间的权能关系不仅没有呈现出平等对抗的态势，反而使本已处于先天弱势的辩护权能受到进一步的挤压。控辩权能关系严重不平衡，影响了刑事诉讼权能关系的整体完善，并且不利于对犯罪嫌疑人、被告人的权利保护，因此第二次刑事诉讼法修改针对这一问题作出了诸多修改与完善。

首先，新刑事诉讼法强化了辩护权能。在现代刑事诉讼中，控诉权能往往由国家专门机关行使，由个体行使的辩护权能与之相比具有先天的劣势。因此，要平衡辩护权能与控诉权能的权能关系，一方面要加强对作为国家公权力的控诉权能的限制，另一方面也要主动强化犯罪嫌疑人、被告人的辩护权能，提高其对抗控诉权能的能力。新刑事诉讼法对辩护权能的强化主要体现在以下几个方面。

一是加强了犯罪嫌疑人、被告人的自我辩护权。由于我国当前刑事辩护率一直处于低位，犯罪嫌疑人、被告人的自我辩护权的强化是提升我国刑事诉讼辩护权能整体实力的基础所在。新刑事诉讼法中对犯罪嫌疑人、被告人自我辩护权的强化内容主要包括：（1）明确了尊重与保障人权原则，这对于辩护权能的强化具有统领作用。犯罪嫌疑人、被告人作为刑事诉讼当中主要的权利受侵害对象，是这一规定最大的受益主体。这一原则不仅有助于提升刑事诉讼法在保障人权方面的品格，也为未来刑事诉讼法的解释、完善提供了持续的动力支持和足够的解释空间。（2）《刑事诉讼法》第95条规定，“犯罪嫌疑人、被告人及其法定代理人、近亲属或者辩护人有权申请变更强制措施。人民法院、人民检察院和公安机关收到申请后，应当在三日以内作出决定；不同意变更强制措施的，应当告知申请人，并说明不同意的理由。”这不仅赋予了犯罪嫌疑人、被告人对强制措施持续适用的异议权，而且规定办案机关对这一异议必须进行处理，并作出正式回复。(3)不得强迫任何人证实自己有罪被写入刑事诉讼法，明确了犯罪嫌疑人、被告人的自我辩护是权利而非义务，不得强迫其提供不利于自己的供述和辩解。(4)第86条规定在审查起诉时犯罪嫌疑人、被告人拥有向检察官当面陈述的权利，给予其当面向检察官陈述和辩解的机会。(5)第115条规定，犯罪嫌疑人对违法侦查行为的申诉控告权，其可以在案件侦查过程中，向检察机关申诉和控告，将违法侦查行为对其所造成的侵害尽早停止和消除。(6)第211条规定被告人对适用简易程序拥有异议权，被告人作为重要的程序主体，程序选择权是其行使辩护权能的重要内容。选择是否适用简易程序实质上是被告人对是否在庭审过程中就案件事实问题进行全面辩护所作出的抉择，这对于其辩护权，尤其是对实体辩护权影响巨大，因此应该赋予其程序选择权。(7)第240条最高人民法院复核死刑案件应当讯问被告人，死刑作为最严厉的刑罚，死刑复核程序的存在就是为死刑案件的被告人提供最后的辩护机会，如果不能当面向复核法官陈述，而只是通过案件材料作出复核决定，无疑会对被告人辩护权行使形成限制。新刑事诉讼法赋予被告人死刑复核期间向复核法官当面陈述的机会对于提升其自我辩护权具有积极的促进价值。

二是强化了辩护人的辩护权能。犯罪嫌疑人、被告人受制于自身法律知识、和技能经验的限制，加之我国很高比例的犯罪嫌疑人、被告人在诉讼过程中都处于被羁押的状态，其辩护权能的提升离不开来自辩护人，尤其是辩护律师和法律援助律师的帮助。通过强化辩护人的辩护权能，对有效提高犯罪嫌疑人、被告人的辩护权能意义重大，不仅有助于提高现有辩护的有效性，而且通过提升辩护的有效性也有助于提高我国的刑事辩护率，从而全面提升刑事辩护质量。新刑事诉讼法中强化辩护人权能的内容主要体现在以下几个方面。(1)第33条规定犯罪嫌疑人在侦查阶段就可以聘请辩护律师，相较于法律知识欠缺的犯罪嫌疑人，辩护律师的法律专业知识和执业经验是保障其有效行使辩护权能的积极因素。尤其是在侦查阶段，对于处于羁押状态的犯罪嫌疑人，如果能够获取有效的律师辩护帮助将大大提升其与侦查权能进行博弈的能力，也有助于全面保障其诉讼权能的正当行使。(2) 第 37 条规定除危害国家安全犯罪、恐怖活动犯罪、特别重大贿赂犯罪案件，在侦查期间辩护律师会见在押的犯罪嫌疑人，应当经侦查机关许可之外，辩护律师持律师执业证书、律师事务所证明和委托书或者法律援助公函要求会见在押的犯罪嫌疑人、被告人的，看守所应当及时安排会见，至迟不得超过 48 小时，并且辩护律师会见犯罪嫌疑人、被告人时不被监听。通过对辩护律师会见权的保障可以实现辩护人与犯罪嫌疑人在侦查期间的充分交流，辩护人可以获取关于案件的相关信息，而被羁押人则可以及时获得法律咨询帮助和心理安慰，这都有利于辩护权能的有效行使。(3) 第 39 条规定辩护人认为在侦查、审查起诉期间公安机关、人民检察院收集的证明犯罪嫌疑人、被告人无罪或者罪轻的证据材料未提交的，有权申请人民检察院、人民法院调取。通过赋予辩护人申请调取证据的权利可以弥补其在取证能力上的不足，确保有利于犯罪嫌疑人、被告人的证据都能够出现在法庭审理过程中，这对于提升其实体辩护能力具有积极作用。(4) 第 46 条规定了辩护律师对在执业活动中知悉的委托人的有关情况和信息的保密权，这是对辩护人与犯罪嫌疑人、被告人交流权的延伸保障，有助于增进辩护律师与当事人之间的互相信任，从而有效提升辩护质量。(5) 第 47 条规定辩护人对公安机关、人民检察院、人民法院及其工作人员阻碍其依法行使诉讼权利行为的申诉和控告权。通过这一权利的行使，辩护人可以对办案机关侵害辩护权能行使的行为获取救济，是辩护权能对权力性权能的有效制约途径。(6) 第86 条、第 159 条、第 170 条以及第 240 条规定，侦查机关在侦查终结前，检察机关在审查逮捕和审查起诉时，最高人民法院在进行死刑复核时，辩护律师有权要求向办案人员当面陈述意见，而办案机关对于这一要求必须认真对待，并且对辩护律师提供的书面意见还应当附卷，这对于其有效行使辩护权能意义重大，保障辩护人直接向办案人员陈述意见的机会，是其有效行使权能的基础所在。(7) 第 196 条规定判决书应当送达辩护人，这是对其知情权能的保障，有利于其全面掌握案件判决情况，及时发现其中存在的瑕疵与错误，为此后的上诉和再审申诉奠定基础。

其次，新刑事诉讼法进一步对侦查权能予以规范。由于刑事案件本身严重的社会危害性和犯罪行为的隐蔽性，为实现查获犯罪嫌疑人，收集固定犯罪证据的侦查目的，侦查机关的侦查权能不断得到充实。然而，强大的侦查权能如同一柄双刃剑，既能起到打击犯罪的目的，同时也有可能成为侵害当事人，尤其是犯罪嫌疑人合法权益的有效手段。因此，为平衡控诉权能与辩护权能之间的权能关系，就有必要对作为控诉权能重要组成部分的侦查权能进行有效的规范。刑事诉讼法修改内容中对侦查权能的规范主要包括以下几个方面。(1) 第 33 条第 2 款规定，侦查机关在第一次讯问犯罪嫌疑人或者对犯罪嫌疑人采取强制措施的时候，应当告知犯罪嫌疑人有权委托辩护人。(2) 第 54 条规定，采用刑讯逼供等非法方法收集的犯罪嫌疑人、被告人供述和采用暴力、威胁等非法方法收集的证人证言、被害人陈述，应当予以排除。收集物证、书证不符合法定程序，可能严重影响司法公正的，应当予以补正或者作出合理解释；不能补正或者作出合理解释的，对该证据应当予以排除。第 57 条规定，在法庭审查证据的合法性过程中现有证据材料不能证明证据收集的合法性的，人民检察院可以提请人民法院通知有关侦查人员或者其他人员出庭说明情况；人民法院可以通知有关侦查人员或者其他人员出庭说明情况。有关侦查人员或者其他人员也可以要求出庭说明情况。非法证据排除规则的确立是此次刑事诉讼法修改在人权保障方面所取得的重大成果之一，这一规则在我国存在的首要目的是遏制刑事侦查领域的刑讯逼供行为。通过将非法手段获取的证据作为非法证据予以排除，对平衡侦查环节侦查权能和辩护权能的关系具有积极价值，因为通过非法证据排除可以消除侦查机关对犯罪嫌疑人采取刑讯逼供等非法取证手段的内在驱动力。同时，这一规则的确立还强化了辩护权能对非法取证行为的对抗能力，从而抵消侦查权能对辩护权能的单向压迫程度。(3) 第 83 条规定，拘留后，应当立即将被拘留人送看守所羁押，至迟不得超过 24 小时。第 116 条规定，犯罪嫌疑人被送交看守所羁押以后，侦查人员对其进行讯问，应当在看守所内进行。对犯罪嫌疑人采取强制措施是侦查权能的重要组成部分，为避免侦查机关利用剥夺犯罪嫌疑人人身自由的便利非法讯问获取供述，新刑事诉讼法规定，犯罪嫌疑人被拘留和逮捕后应当及时移送看守所，并且规定讯问应当在看守所内进行。虽然当前我国的看守所仍由公安机关负责管理，未实现侦羁分离，但是看守所由于负有保障被羁押人人身安全的职责，自然会对侦查人员的刑讯逼供行为起到制约和监督作用。通过对移送看守所时间和羁押后讯问地点的规定可以对侦查权能进行有效规范，防止刑讯逼供行为，平衡侦查权能与辩护权能的关系。(4) 第 121 条规定，侦查人员在讯问犯罪嫌疑人的时候，可以对讯问过程进行录音或者录像；对于可能判处无期徒刑、死刑的案件或者其他重大犯罪案件，应当对讯问过程进行录音或者录像。通过对讯问过程的录音录像，可以有效遏制讯问过程中刑讯逼供的发生，另外，根据此前对多地看守所的调研发现，当前我国对于看守所内进行的讯问基本上已经实现同步录音录像，这对于平衡侦查权能与辩护权能的关系亦有促进作用。(5) 第 150 条规定，采取技术侦查措施，必须严格按照批准的措施种类、适用对象和期限执行。侦查人员对采取技术侦查措施过程中知悉的国家秘密、商业秘密和个人隐私，应当保密；对采取技术侦查措施获取的与案件无关的材料，必须及时销毁。采取技术侦查措施获取的材料，只能用于对犯罪的侦查、起诉和审判，不得用于其他用途。这是对技术侦查权能的规范。此次刑事诉讼法修改为了加强对特殊类型案件的侦破能力，满足侦查实践需求，增设了技术侦查措施，然而由于这一类侦查措施对被侦查对象的隐私权等权利有可能造成严重侵害，因而对其适用的期限、范围以及获取的证据材料的使用与保密等都需要进行严格规范，以实现惩罚犯罪与保障人权的平衡，实现侦查权能主动出击与辩护权能有效对抗之间的平衡。(6) 第187 条规定，警察就其执行职务时目击犯罪情况负有出庭作证的义务，根据这一规定，警察在庭审过程中不仅要接受法官和检察官的询问，还要接受被告人及其辩护人的询问，这不仅有助于彻底查清案件事实，更重要的是宣示了警察在审判过程中其也只是平等的诉讼参与主体，同样要受到审判权能的审查和辩护权能的质询。

再次，新刑事诉讼法对检察权能予以规范和拓展。检察权能在我国特殊的刑事诉讼权能关系中分别扮演控诉主体和诉讼监督主体两种角色。一方面，作为控诉主体，其与辩护权能之间是对抗关系；另一方面，作为诉讼监督机关，其有义务对侦查机关和审判机关违法侵害当事人诉讼权利的行为进行监督和制约，此时其与辩护权能之间是救济与被救济的关系，因而就平衡控辩权能关系而言，刑事诉讼法修改中既有规范检察机关控诉权能的内容，也包含强化其诉讼监督权能的内容。就规范控诉权能而言，其内容包括以下两个方面。（1）第 49 条规定，公诉案件中被告人有罪的举证责任由公诉机关承担，这是对检察机关举证责任的明确规定，通过这一规定，将证明被告人有罪的责任配置给检察机关，符合无罪推定等基本的诉讼证明规律，也是对控诉权能与辩护权能之间差别悬殊的取证能力的有效平衡。（2）第 57 条规定，在对证据收集的合法性进行法庭调查的过程中，人民检察院应当对证据收集的合法性加以证明。这表明在证据的合法性证明过程中，检察机关应当承担证明责任，这与案件事实的证明责任配置原理相同，亦是对控诉权能与辩护权能之间取证能力的平衡，是对控诉权能的有效制约。

就强化检察权能的诉讼监督权能，平衡控辩权能关系而言，刑事诉讼法修改中涉及的内容主要包含以下几个方面。（1）第 47 条规定，辩护人、诉讼代理人认为公安机关、人民检察院、人民法院及其工作人员阻碍其依法行使诉讼权利的，有权向同级或者上一级人民检察院申诉或者控告。人民检察院对申诉或者控告应当及时进行审查，情况属实的，通知有关机关予以纠正。这是检察机关诉讼监督职能的拓展，是检察机关行使权利侵害救济职能的具体机制。第 115 条规定，当事人和辩护人、诉讼代理人、利害关系人对于司法机关及其工作人员侵害其权益的违法行为，有权向该机关申诉或者控告。受理申诉或者控告的机关应当及时处理。对处理不服的，可以向同级人民检察院申诉；人民检察院直接受理的案件，可以向上一级人民检察院申诉。人民检察院对申诉应当及时进行审查，情况属实的，通知有关机关予以纠正。上述规定通过对办案机关侵害辩护人行使诉讼权利行为的监督和纠正，以提升对辩护权能的保护力度。（2）第 55 条规定，人民检察院接到报案、控告、举报或者发现侦查人员以非法方法收集证据的，应当进行调查核实。对于确有以非法方法收集证据情形的，应当提出纠正意见；构成犯罪的，依法追究刑事责任。这是诉讼监督权能对非法取证行为的监督方式，有助于预防和查处非法取证行为，保障辩护权能。（3）第 93 条规定，犯罪嫌疑人、被告人被逮捕后，人民检察院仍应当对羁押的必要性进行审查。对不需要继续羁押的，应当建议予以释放或者变更强制措施。有关机关应当在10日以内将处理情况通知人民检察院。通过对羁押必要性的审查，可以及时解除不需要羁押的犯罪嫌疑人、被告人的强制措施，并且可以杜绝超期羁押的出现。通过这一权能可以对办案机关的强制措施适用行为进行监督，为被羁押人提供救济渠道，有助于平衡控辩权能关系。

（二）审判权能权威地位的强化

刑事诉讼判决的效力来源于审判权能在诉讼权能关系中的核心权威地位，对于法院所作出的生效判决，所有的诉讼权能主体都应当遵守和执行。因此，强化审判权能的权威地位是保障诉讼秩序和诉讼结果稳定性的关键所在。而且，作为一种中立客观的权能，审判权能的权威性越高，代表着其调节其他诉讼权能关系的能力越强。基于上述原因，对审判权能权威性的提升就成为改善和优化诉讼权能关系的重要内容。第二次刑事诉讼法修改当中涉及强化审判权能权威地位的内容包括以下几个方面。（1）第58条规定，对于经过法庭审理，确认或者不能排除存在本法第54条规定的以非法方法收集证据情形的，对有关证据应当予以排除。这一规定确认了审判权能对非法证据的排除效力，是法院对诉讼程序违法行为进行程序性制裁的重要形式之一。通过这一权能，不仅可以强化法院在刑事诉讼程序中对案件所涉事项，尤其是程序性事项的权威决定权，是审判权能拓展的表现；同时也可以利用这一规定对控诉权能和辩护权能进行平衡和协调，以形成良好的诉讼权能关系体系。（2）第182条规定，经人民法院通知，证人没有正当理由不出庭作证的，人民法院可以强制其到庭，但是被告人的配偶、父母、子女除外。证人没有正当理由拒绝出庭或者出庭后拒绝作证的，予以训诫，情节严重的，经院长批准，处以10日以下的拘留。这一规定赋予了审判权能强制证人出庭的权力，之所以作出这一修改直接目的是解决我国刑事诉讼领域此前长期存在的证人出庭率低的问题，通过强制证人出庭，接受控辩双方及法官的询问，更有效地查清案件事实。法庭作为刑事庭审过程的组织者，赋予其强制证人出庭的权能是对审判权能权威性的有效提升，也有助于审判权能能够通过对证人的直接询问更好地发挥作用。并且根据这一规定，对于不服从法庭强制出庭命令的证人，法庭可以对其进行惩戒，这更加强化了审判权能的权威性，维护了法庭审理的严肃性。(3) 第 234 条规定，人民法院作出的判决，应当对查封、扣押、冻结的财物及其孳息作出处理。这一规定强调了审判权能对涉案财物的最终决定权，明确了刑事诉讼涉案财物的处理程序和决定主体，有助于拓展审判权能的作用范围，体现了其对诉讼所涉事务所拥有的最高决定权，有助于提升其权威性。

（三）诉讼参与权能的拓展

伴随着现代刑事诉讼发展的日趋精密化和科学化，刑事诉讼领域内的权能关系已经不再局限于传统的控辩审三方关系，其他诉讼参与主体的诉讼参与权能日益成为诉讼权能关系重要的组成部分。具体而言，第二次刑事诉讼法修改涉及诉讼参与权能的内容主要包括以下几类。

一是证人的诉讼权能，证人作为刑事诉讼当中重要的信息来源，其所提供的证言对案件事实的查清发挥着不可替代的重要作用，针对我国此前长期存在的证人出庭率低这一问题，此次刑事诉讼法修改分别从构建证人强制出庭制度和完善证人保护和补偿机制入手，提高证人的诉讼参与权能在刑事诉讼权能关系中的重要性。(1) 完善证人作证保护和出庭补偿机制。第 62 条规定，对于危害国家安全犯罪、恐怖活动犯罪、黑社会性质的组织犯罪、毒品犯罪等案件，证人、鉴定人、被害人因在诉讼中作证，本人或者其近亲属的人身安全面临危险的，人民法院、人民检察院和公安机关应当采取不公开真实姓名、住址和工作单位等个人信息；不暴露外貌、真实声音等出庭作证措施；禁止特定的人员接触证人、鉴定人、被害人及其近亲属；对人身和住宅采取专门性保护措施等方式保护其人身和财产安全。第 63 条规定，证人因履行作证义务而支出的交通、住宿、就餐等费用，应当给予补助。证人作证的补助列入司法机关业务经费，由同级政府财政予以保障。通过对证人及其近亲属的保护，以及对其作证成本的补偿可以消除证人对出庭作证所持的抵触和恐惧心理，从而有效提升证人的诉讼参与权能在刑事诉讼程序中的参与积极性，拓展诉讼参与权能的作用范围。(2) 构建证人强制出庭制度。第 187 条规定，公诉人、当事人或者辩护人、诉讼代理人对证人证言有异议，且该证人证言对案件定罪量刑有重大影响，人民法院认为证人有必要出庭作证的，证人应当出庭作证。第188条规定，经人民法院通知，证人没有正当理由不出庭作证的，人民法院可以强制其到庭，但是被告人的配偶、父母、子女除外。证人没有正当理由拒绝出庭或者出庭后拒绝作证的，予以训诫，情节严重的，经院长批准，处以10日以下的拘留。上述规定是通过强制证人出庭并且惩戒拒不出庭的证人的方式，加强对证人诉讼参与权能参与刑事诉讼程序的强制力度。

二是新增了有“专门知识的人”[①] 的诉讼参与权能这一新型诉讼参与权能。《刑事诉讼法》第192条规定，法庭审理过程中，公诉人、当事人和辩护人、诉讼代理人可以申请法庭通知有专门知识的人出庭，就鉴定人出具的鉴定意见提出意见。由于现代科技日新月异的发展，刑事诉讼庭审当中所涉及的专业性问题越来越多，尤其是对于鉴定人出具的鉴定意见，不具备相关专业知识背景的法官和其他诉讼主体都很难对其进行甄别和辩论，只有引入具有该领域专业知识的人方能解决这一问题。通过这一主体的参与对于平衡控辩双方在专业技术利用方面的实力差距有一定的促进作用，并且可以帮助审判权能更加准确地作出裁判。

三是新增了合适成年人这一新型诉讼参与权能主体。《刑事诉讼法》第270条规定，对于未成年人刑事案件，在讯问和审判的时候，无法通知、法定代理人不能到场或者法定代理人是共犯的，也可以通知未成年犯罪嫌疑人、被告人的其他成年亲属，所在学校、单位、居住地基层组织或者未成年人保护组织的代表到场，并将有关情况记录在案。未成年人由于心智尚未发育成熟，其自我辩护能力相较成年犯罪嫌疑人、被告人仍有差距，需要对其予以格外的关注和保护。通过合适成年人的参与可以提高其辩护权能的行使效果，完善未成年人诉讼程序中的诉讼权能关系。

四是增加了没收财产程序中的利害关系人这一权能主体的诉讼参与权能。《刑事诉讼法》第281条规定，犯罪嫌疑人、被告人的近亲属和其他利害关系人有权申请参加判决前财产没收诉讼，也可以委托诉讼代理人参加诉讼。第282条

---

① 在刑事诉讼中，鉴定人和辅助控辩双方质证的人都是具有专门知识的人，此处的“有专门知识的人”仅指辅助控辩双方就案件所涉专业问题形成的鉴定意见进行质证的人。

规定，犯罪嫌疑人、被告人的近亲属和其他利害关系人或者人民检察院对于法院作出的是否没收财产的决定可以提出上诉、抗诉。作为涉案财产的利害关系人，其参与判决前财产没收程序有助于弥补因被没收人缺位而导致的辩方权能缺失，既可以维护被没收人的合法权益，亦可以保护利害关系人自身的合法权益，从而在判决前财产没收程序中构建起审判权居中，控辩权能对抗的全面诉讼权能关系。

五是新增了社区矫正部门作为刑罚执行部门，符合当前非刑罚化和教育刑理念，通过社区矫正机构的参与，在社区中对人身危险性较低的被判处社区执行的服刑人员进行矫正和管理。这有利丰富我国的刑罚执行主体体系，合理配置刑罚的执行机关，在提高矫治质量的同时，降低刑罚执行成本。因此，社区矫正机构的刑罚执行权能的增加对于完善刑事诉讼权能关系同样具有促进作用。

第二章

司法权的理论及其变革

第一节　司法理念的转变

时下，司法改革进行得如火如荼，刑事司法改革首先冲击的是我国司法和执法人员多年来形成的传统观念。因此，在研究和探讨司法改革趋势和走向的同时，恰当地调整和转变司法机关和司法人员的传统观念，也是摆在我国司法和执法人员面前一个不容回避的课题。否则，再好的制度也不会取得良好的效果。这是因为，那些完善的现代制度以及伴随而来的指导大纲、管理守则，本身是一些空白躯壳。如果一个国家的人民缺乏一种能赋予这些制度以真实生命力的广泛的现代心理基础，如果执行和运用着这些现代制度的人，自身还没有从心理、思想、态度和行为方式上都经历一个向现代化的转变，失败和畸形发展的悲剧是不可避免的。再完美的现代制度和管理方式，再先进的技术工艺，也会在一群传统人的手中变成废纸一堆。这种观念的转变不仅是司法改革取得成功的关键，恰恰也是一个社会走向法治社会的重要标志。具体说来，这种观念的转变主要表现在以下几个方面：

一、应从片面地打击犯罪的价值观转向以人权保护为中心的多元平衡的价值观

从社会分工的历史沿革来看，刑事司法制度的本源功能就是打击犯罪，因此，世界各国在相当长的历史时期内都把打击犯罪作为刑事司法制度的基本价值定位。然而，随着社会的发展和人类文明的进步，保护人权的观念越来越受到各国人民的重视，并相继在一些国家被确立为刑事司法活动的价值目标之一。毋庸讳言，受“大公无私”等强调社会利益的传统价值观念的影响，受“敌我矛盾”等阶级斗争的思维习惯的制约，我国的刑事司法制度一直偏重于满足打击犯罪的需要，而对犯罪嫌疑人和被告人权利的保护重视不够。然而，现代社会的司法活动应该崇尚公正与文明，人类社会的进步应该表现为对人权的尊重，因此，我国刑事司法改革的目标之一就是加强对犯罪嫌疑人和被告人权利的保护。

在刑事司法实践过程中重视人权保护的价值，就要求司法人员和侦查人员改变过去那些带有偏见的办案思路和习惯，不要再用对待“阶级敌人”的态度和手段去对待犯罪嫌疑人和被告人。司法机关尽管代表国家行使权力，但也应该尊重被追诉人的基本权利。当然，我们也要避免从一个极端走向另外一个极端。在我们努力纠正过去那种“只讲打击不讲人权”的司法观念时，也不能只片面强调保护被告人权利的重要性。因为，刑事司法系统还肩负着维护社会秩序和保护公众的生命财产安全的职能，还具有打击犯罪和预防犯罪的功能。换句话说，我们应该追求司法的文明，也应该重视在刑事司法活动中保护犯罪嫌疑人、被告人乃至法院判决有罪的犯人的合法权利，但是不能因此就忘记了刑事司法系统的根本任务还是打击犯罪和保护人民。

二、应从偏重实体公正转向程序与实体并重

所谓司法的实体公正，即要求司法机关在审判裁决的结果中体现公平正义的

精神。所谓司法的程序公正，即要求司法机关在审判活动的过程中坚持正当平等的原则。前者的要旨在于审判结果的正确性；后者的要旨在于审判过程的正当性。如果把司法系统看作一个工厂，那么，实体公正考察的是工厂生产出来的“产品”，而程序公正考察的是该“产品”的“生产工序”。虽然就一般情况而言，要保证“产品”质量就必须遵守科学合理的“生产工序”，而科学合理的“生产工序”也应该导致“产品”的合格，但是二者的考察指标毕竟不同。单纯就实体公正来说，无论采用什么“工序”进行生产，只要“产品”合格就是“公正”；而单纯就程序公正来说，无论“产品”质量如何，只要采用了科学合理的“生产工序”，就是“公正”。世界各国在确立其刑事司法制度时不得不就实体公正与程序公正的关系作出或明示或默示的界定和取舍。当然，各国的做法不尽相同，有时甚至大相径庭。一种极端的做法是片面追求实体公正，忽视程序公正。一言以蔽之，无论程序如何，无论手段如何，只要结论是公正的，就是司法公正。这曾经是大陆法系国家诉讼制度的传统之一，现在仍然是一些国家确立刑事司法制度的主导思想。另一种极端的做法是片面强调程序公正，甚至以牺牲实体公正为代价也在所不惜。这是在普通法系国家重视程序规则的司法传统基础上发展起来的，美国的司法制度堪称代表。由于司法文化传统的影响，“重实体轻程序”的思想观念至今仍然对我国的司法人员有着广泛的影响。因而在刑事司法制度的改革中，我们必须强调程序公正的重要性。

为什么要特别强调程序公正?① 这是因为，坚持程序公正是实现实体公正的

① 长期以来，理论界在研究程序正义的价值、为什么要坚持程序正义时，存在一种误区，就是武断地设想，以为坚持程序正义有利于发现真相，从而实现实体正义。之所以说这个观点是武断的，原因有二：第一，程序的正义与结论的正确基本上没有必然的因果关系。比如说刑讯逼供，你把刑讯逼供禁止了，维护了程序公正，难道真相就能发现了吗？实际上，在中国，刑讯逼供是警察破案的有力武器，甚至是避免冤假错案的最好工具，尽管在绝大多数场合我们不愿承认。既然刑讯逼供并不必然导致冤假错案。那么为什么我们要禁止刑讯逼供呢？就是因为刑讯逼供是程序的非人道的、野蛮的，可以说程序是不公正的。所以说，我们不能仅仅站在结果的立场上，站在结果正确的立场上，站在真相的立场上去分析问题。第二，真相的发现是人类自古以来的理想。即使在神明裁判时代，在纠问时代，司法裁判者都希望能发现真相。没有一个统治者，哪怕极端专制或残暴的统治者，向他的司法官发出命令，希望你们尽量制造冤假错案。可见，人类的进步、诉讼制度的改革、司法理念的革新，关键点不在于是否能够发现真相，而在于在获取真相的过程中要不要遵守最低的道德标准。

基础。也就是说，实体的公正总是与程序的公正联系在一起的。程序的公正加实体的正确才等于最终的公正，没有程序公正，即过程的正当性、过程的人道性，结果再正确也不具有正当性。就如刑讯逼供得来的判决可能是真确的，但是刑讯逼供手段的残酷性足以否定掉它实体的公平性。实体的公平应该建立在过程的公平基础上。这应该作为研究实体正义和程序正义的出发点。不要把它们割裂开来，一旦割裂开来，割裂开来的是实体的正确和程序的公平，但结果和实体的公正和程序的正义不能割裂开来。实践经验证明，单纯追求实体公正不仅会导致漠视甚至践踏诉讼参与者的正当权利，而且会导致司法公正观念的扭曲。因此，真相的发现不一定就是实体公正，真相不等于公正，公正是个伦理标准，是个价值判断。真相属于认识论范畴。认识论的范畴不考虑手段，手段只是它的附庸，它的保障，不会考虑手段的独立价值。从这个角度来说，真相不等于公平。爱丁堡大学的达夫教授指出，“实体的正确不等于实体的公平，实体的真相是认识论的概念。医生也要发现真相，诊断病人病情的真相，新闻记者调查新闻事件发现真相，历史学家考古也在发现真相，所有这些现象往往缺乏像法律里的真相的道德限制”。

程序正义的一个最关键的标准是控辩平等。控辩平等有三个要素，第一个必须有对等的机会，没有对等的机会就没有公平的对抗，这个问题在我国刑事诉讼中不是太大。但在有些时候也会产生问题，比如检察官的证据大都是书面的案卷材料，被告人口供、证人证言都是案卷材料，但是如果被告人拿一个证人证言过来，法官就未必会采纳。这实际上是控辩双方的程序不对等。[①] 第二个有对抗的能力。正义是一张普洛米休斯的脸，反复不定，但有一个最后标准，天平倒向弱

---

① 值得一提的是，过去我国长期以来，检察官在庭审中询问证人、被害人以及被告人时都是在公诉台上进行，其高高在上的地位给公众造成控辩方权利失衡的印象，这破坏了公众对程序公正的信任。现代法庭席位，应当是控辩双方平等抗辩、法官居中裁判的一种“平等三角形”构架，这样的目的是让实体正义能以人们看得见的方式实现。例如，在一起普通交通肇事逃逸案的庭审过程中，作为公诉人的北京市丰台检察院检察员在对证人提问、质证时，从公诉席走到了证人面前，公诉人和辩护人都有相同的机会向证人提问。法庭座次的设置包括相关活动的安排实际上体现了审判至上和控辩平等观念。因此，检察官走下公诉席，其实是平等对待辩方律师、证人及被告人的具体表现，勾画出了法庭审理由纠问式转向抗辩式的控辩“平等式”。

者，是在对等性上的最大的公平性。越是弱者越应该给他一定的特权，越是强者就应该附加其一定的义务，让过于强大的强者与过于弱小的弱者在一个天平上对话，如果没有一个理性的平等的对话机会，没有一个在平台上对话的机会，怎么才能公平呢？所以说天平倒向弱者，也是来自西方的一个长期理念，即“equality of arm”（平等武装）这样一个多少年来的正义标准。第三个要有平等的对抗效果，检察官对抗法官就听，辩护一方法官就不听，没有一个效果，也不能做到对等。

就检察改革来讲，为了实现控辩双方的完全平等，法学界有人主张实现“检察官当事人化”。在现行实体法中，检察官的法律地位是非当事人化的。在中国，检察机关在立法上被定位为国家的法律监督机关，这种检察权完全是与立法权、行政权及审判权相并立的国家公共权力。检察官在刑事诉讼中承担着双重职能，即法律监督职能和控诉职能。为了确保检察官充分发挥其职权效能，中国宪法和法律又同时赋予检察机关以立案权、侦查权、审查起诉权、提起和支持公诉权、不起诉权、撤案权、抗诉权、司法解释权、批捕权、采取各种强制措施权，并有权对刑事诉讼、民事诉讼、行政诉讼等进行全程监督，等等。因此，法律界不少人认为，这种检察官非当事人化，势必会影响刑事诉讼程序的公正性，并造成司法实践中的重重弊端。实际上，在笔者看来，公诉人的当事人化是一个具体的司法制度建构的问题。这里的问题实际涉及如何看待诉讼之中控辩双方的权利与权力地位。通常来说，主张检察官的当事人化，是基于诉讼制度的权利权力地位平等的思考。这种思考与民事诉讼制度中诉辩当事人平等地位的原理有着密切联系。在较为深度的层面上，这是意在强调国家权力和公民个人权利的地位平等，淡化国家权力在诉讼制度中的原有优势。应该说，为了限制国家权力的滥用，检察制度当事人化可能是有益的。这是在制度平台上建立一种公民社会权利与国家权力制约平衡的机制。在当下中国的语境中，尤其是国家权力历来都有至高无上的品格，我们可以理解，这种主张的社会政治意义远远超过了“检察官的当事人化可以有利于在诉讼制度运作的过程中查明案件事实真相”的意义。所以，如果追问这种当事人化是否合理，实际上是在追问用公民权利制约国家权力是否合理，追问在当下中国语境中进一步限制国家权力是否合理。但是，在强调公诉人的当事人化的情况下，也存在弱化一种国家权力对另外一种权力的制约的情形，比如对法院权力的制约。其实，如果担心检察权力的行使者可能滥用权力，就没有理由否认法院的审判可能会滥用权力。这样，检察官的当事人化实质上是在侧面加强了法院的权力，使法院权力出现滥用的可能。这就要求我们必须看到公权力当事人化的另外一方面的问题。如果没有办法可以防止法院权力的专制，也没有理由认为公诉人的当事人化更有可靠性，那么，法院权力绝对独立在专制问题上属于换汤不换药。我们并没有真正解决防止专制的问题。在笔者看来，最好的制度配置应该在权利与权利之间，在权利与权力之间，以及在权力与权力之间，都具有较好的相互制约的网络。从这个意义上看，公诉人的当事人化恐怕是有问题的。所以，真正的思考应该是在检察权力细节化的过程中，时刻不忘各方面的制约问题。

三、应从过去严重倚赖人证的证明观转向重视物证的证明观

就司法证明方法而言，人类社会曾经有过两次重大的转变，第一次是从以“神证”为主的证明方法向以“人证”为主的证明方法的转变；第二次是从以“人证”为主的证明方法向以“物证”为主的证明方法的转变。与此相应，司法证明方法的历史发展也可以分为神证、人证、物证三个阶段。所谓“神证”，即“神示证据”的简称，是用一定形式邀请神灵帮助裁断案情，并且用一定方式把神灵的旨意显示出来，作为裁判的依据。“神证”的方法包括“神誓法”和“神判法”。“神誓法”，即面对神灵宣誓以证明案件事实的方法。“神判法”又称为“神明裁判法”，即通过让当事人接受某种肉体折磨或考验来证明案件事实的方法。在以人证为主的司法证明时期，当事人特别是刑事被告人的陈述无疑是最主要的证据。在刑事案件中，以获取被告人供述为主要目的的审讯问案法便很自然地成了司法证明的主要手段，而刑讯逼供的盛行也就成为一种历史的必然。在我国两千余年封建社会中，“刑讯逼供”“不打如何肯招”的观念根深蒂固，原因在

于酷刑下的许多招供是真实的。屈打成招之下的“杨乃武与小白菜”的冤案终占少数，而酷刑下的迅速破案，迅速取证，迅速定罪的好处是将侦查成本大大降低。至于有多少冤案的产生，则在将来“平反昭雪”就可以了。因此，在两千年人治的中国社会中，在“口供中心主义”的定案指导思想下，动用肉刑作为破案定罪的重要方式，无论官员还是百姓都认为是“天经地义”、可接受的破案捷径，只要这“肉刑”不落到自己头上就好。可以说，中国古代的证据制度是以“人证”为中心的。纵观从夏朝建立到清朝覆灭这四千多年的历史，刑讯一直是获取被告人口供的法定手段，法律对刑讯的条件、方法、用具和程度往往有明确规定。当然，中国古代的司法人员也在司法实践中总结出“以五声听狱讼”和“钩距问案”等科学的“人证”调查方法。物证在司法活动中的应用和推广总是伴随着一定科学技术的产生和发展。物证虽然是客观存在的，但是并不能自己到法庭上去直接证明案件事实，必须借助于人的力量，必须由人来解释物证所反映的案件情况。换言之，物证需要人的解读，而解读物证往往需要一定的科学知识，所以，物证与科学技术之间的关系是密不可分的。在大多数情况下，物证离开了科学技术便无法发挥其证明作用。正是在这种意义上，我们又把物证及其相关的检验鉴定结论称为“科学证据”。在人类社会的历史进程中，各种物证技术在司法活动中的运用曾经长期处于随机使用和分散发展的状态。直到18世纪以后，与物证有关的科学技术才逐渐形成体系和规模，物证在司法证明活动中的作用也越来越重要起来。毫无疑问，19世纪是科学证明方法得到长足发展的时期。20世纪以来，为司法证明服务的科学技术的发展更是日新月异。人类的司法证明已经进入了以物证为主要内容的“科学证据”时代。在复杂纷繁的社会生活中，在日新月异的科学发展中，司法活动的对象也在不断提高其科技含量，司法活动的环境也在不断更新其科技内容，因此，要实现司法公正并提高司法效率，就必须依靠科学技术，就必须提高司法证明手段的科技水平。一言以蔽之，就要从以人证为主的司法证明转变为以物证为主的司法证明。然而，目前我国的一些侦查人员还习惯于依赖人证的侦查方法和手段，或者说在内心深处还残留着“人证情结”。在办案过程中，他们只知道“从人的嘴里要证据”，却不重视对各种物证的发现和提取。在一些案件中，犯罪现场本来留有许多物证，但是由于侦查人员对“人证”的偏爱，结果错失了提取物证的时机，错失了用合法证据证明案件事实的机会，导致案件虽已查明却不能证明，甚至导致冤假错案的发生。

四、应当注意协调公正与效率的关系

公正和效率，是当今世界各国所普通关注的经济和社会问题，也是刑事诉讼程序改革的价值趋向或者说是目标模式。刑事诉讼法学中的许多重要的理论与实践问题最终都可归结于这两大问题：诉讼公正与诉讼效率。正如匈牙利学者阿尔培德·欧德所说的那样，“在我们当今的时代里，几乎所有刑事司法程序改革都有两个目标：一是发现实施一种迅速、简便和成功程序的新方式和新途径，换言之，使刑事诉讼活动的进行更有效率；二是确保诉讼参与人的权利，这与公正的要求密切联系”。从宏观上看，整个刑事诉讼无非是诉讼公正与诉讼效率的统一，诉讼效率也是实现诉讼公正的要求和手段。当然，这两者之间又时刻存在尖锐的矛盾。因此，如何在二者之间寻求一种平衡，协调公正与效率的关系就成为刑事审判程序改革必须面对的问题。我国传统的诉讼法学研究更多地关注了诉讼公正尤其是实体公正，而对诉讼效率的研究还处于初始阶段。对诉讼公正与诉讼效率之间的关系以及二者的协调问题，更是一片空白。因此，运用系统方法，从刑事诉讼的整体出发，对上述两大问题进行深入研究，不仅是我们司法观念更新的需要，也是发展我国的刑事诉讼法学所必需的。在处理公正与效率的关系方面，应当注意以下几个方面：第一，公正与效率是我们追求的两个目标，但两个目标不可同日而语，公正是诉讼制度追求的永恒主题，也是我们审判程序改革关注的主要目标。公平是第一目标，效率是兼顾的目标。司法这个制度始终是和正义如影相随的，离开了这一点岂不是本末倒置了呢？所以说正义是至高无上的标准。正如罗尔斯所说，离开了正义，这个社会再便利再方便再快捷也没有正当性。第二，在关注公正的同时不能忽视效率。关注效率是无可奈何的选择，人类无法不关注效率，如果人类资源是无穷无尽的，如果我们的案件数量是下降的而不是上升的，如果我们的人力物力是无休止的，那么我们当然愿意无休止地追求正义，但是人类有这种无可奈何，司法资源的有限性再加上案件数量的反复上升，像我们的刑事诉讼，案件数量的反复增长，居高不下，迫使我们追求效率，效率是不得已而为之，这是两害相权取其轻，无可奈何的选择，这是最基本的逻辑态度。[①] 第三，公正与效率不能割裂，即使在简易程序中也要讲求最低的公正，比如说被告人的最后陈述权。再比如说，为充分保障被告人的诉讼权利，在庭审中，审判长应当讯问被告人是否同意适用简易化审理，并应告知其认罪可能导致的法律后果。确保简易程序的适用是被告人自由选择的结果，这是最低选择。如果被告人、辩护人中有任何一方不同意适用该审理方式，则不能适用。同时，适用简易程序审理过程中，如果公诉人或被告人、辩护人提出要求，可就案件的全部或部分恢复适用普通程序。所以我说，公正、正义与效率不是截然分开的。

第二节　司法机关依法独立行使职权原则研究

回顾我国对司法机关依法独立行使职权原则的态度，这是一个循序渐进的曲折过程。从 1954 年宪法对依法独立行使职权的确认，到“反右”斗争中遭到全盘否定[②]，在 1975 年宪法中被废除，依法独立行使职权遭到了严重破坏。20 世

---

① 按照我国刑事诉讼法规定，刑事诉讼案件第一审审理程序包括普通程序和简易程序。但在实践中，有 80%的案件适用普通程序审理。而有相当一部分适用普通程序的案件，事实清楚，证据充分，纵然作案多起，数额较大，但手段基本雷同，被告人对所犯罪行亦供认不讳，之所以不能对这些案件适用简易程序审理，仅仅是因为对被告人可能判处 3 年以上有期徒刑（《刑事诉讼法》第 174 条规定，适用简易程序审理的案件应为对依法可能判处 3 年以下有期徒刑、拘役、管制、单处罚金的公诉案件，事实清楚、证据充分，人民检察院建议或者同意适用简易程序的）。这就造成这类案件在法庭审理过程中，往往要无奈地对双方都认同的事实逐一讯问、举证、质证，宣读十几份甚至几十份的证言，费时费力且效果不佳，出现了庭审成为走过场的尴尬。同时，司法资源的相对匮乏与案件数量不断增多的矛盾日趋明显。以北京市海淀区检法两院为例，2001 年，两机关受理的刑事案件三千余件，而办案人员却不足百人。

② 关于新中国成立之初对司法独立原则的确认到对司法独立原则的放弃的分析，有国外学者给予了深刻分析。See Jerome Alan Cohen，The Chinese Communist Party and “Judicial Independence”：1949－1959，*Harvard Law Review*，Vol. 82，No. 5，Mar.，1969.

纪80年代，随着“文化大革命”的结束，痛定思痛，1982年宪法又重新规定了依法独立行使职权原则。[①] 20世纪90年代，随着改革开放的深入，法学界从比较研究的视角引入了“司法独立”并对其进行了更加深入的研究。当前，我国在推进新一轮司法改革，十八届三中、四中全会决定都提出要确保依法独立行使审判权、检察权。但在理论和实践中对如何认识司法机关依法独立行使职权原则存在不同的理解，这直接影响了司法改革的深度和广度。为此，有必要进一步探讨司法机关依法独立行使职权原则的实质内涵，澄清一些认识误区。[②]

一、司法机关依法独立行使职权的实质是“法官”“依法”独立行使职权

（一）法官独立性的科学内涵

司法机关依法独立行使职权的核心价值在于保障法官的独立性。对于法官的独立性，我们认为应当从以下方面进行理解：

1. 法官的实质独立性。法官在进行审理时，只服从法律和自己的良心，除此之外不受任何干预。审判活动是一个理性的推理活动，法官只能在法庭调查证据的基础上，在不受内心偏见和外部干涉的情况下凭借自己的经验和理性，依据法律的规定，在内心确信的基础上，对案件作出公正的裁决。对此，德国的《法官法》第38条规定，每一个法官在公开审判前都要进行宣誓：“忠于基本法，忠于法律履行法官职务，用最好的知识和良心不以当事人的身份与地位去裁判，只服从事实与正义。”

2. 法官的外部独立性。法官的外部独立是指法官在审理具体案件时，不受来自立法机关、行政机关以及社会其他团体、个人的干涉。这种独立有时也可称为司法独立（狭义）或法院独立。具体包括以下几个方面：其一，法官独立于立

---

① 关于我国司法独立原则的历史演进，参见李步云、柳志伟：《司法独立的几个问题》，载《法学研究》，2002（3）。

② 需要指出的是，鉴于检察权自身的性质和特性，在此所研究的司法机关依法独立行使职权原则仅指人民法院依法独立行使职权原则。

法机关。立法机关不得对法官审理具体案件发出指示，立法机关的监督原则上应为抽象监督，即使可以对案件进行具体监督，也必须严格限制监督的范围，也必须是一种事后的监督，不能是一种事中的具体指示。其二，法官独立于行政机关。司法权对行政权的制约是法治国家的重要表现，由于司法权天生的脆弱性，极容易受到庞大的行政权的侵犯，因而必须确立法官独立，使之在人、财、物等各方面独立于行政机关，尤其独立于地方行政机关，实现法官对案件管辖的专属权和裁判的终极性，排除行政机关的非法干涉。其三，法官独立于政党以及其他组织和个人。任何政党不得干预具体案件的审理活动，是世界上通用的做法。执政党只能从政治上、组织上保障法官依法独立行使审判权，而不能为了地方利益非法干涉法官独立行使审判权。此外，媒体报道自由以不妨碍法官独立为限度。

3. 法官的内部独立性。法官的内部独立是指在法院内部，法官是独立审判的主体（包括合议庭），不受本院院长、庭长的干预，同时也不受上级法院非程序性的指示，审理案件的法官依据内心的确信，作出裁判。法官在审理案件时没有上司只有法律。

4. 法官的身份独立性。法官的身份独立是指法官的职位及任期应有适当的保障，以确保法官不受行政干涉。1982 年新德里国际律师协会第 19 届年会通过的《司法独立最低标准》第 1 款第 1 条规定：“法官应享有身份独立和实质独立。”法官身份独立是实现法官独立的重要保障，没有法官身份独立就没有法官的真正独立，也就没有司法的公正可言。因此，确立法官的身份独立是树立法官权威，实现司法公正的重要保障。

（二）法官的独立性是司法机关依法独立行使职权的核心和落脚点

为了充分认识法官的独立性，必须剖析司法独立、法院独立和法官独立之间的关系，以便准确地理解法官独立的价值。对于三者的关系，学者们提出了不同的观点和看法，世界上许多国家的做法也不一样。如有的学者提出，司法独立包括了法院独立和法官独立，法院独立、法官独立是司法独立的应有之意，因此没有必要再提法院独立和法官独立。有的学者认为，法院独立就是司法独立，二者是同义。而在西方各国，有的着重强调司法独立，有的国家直接把法官独立作为宪法和法律原则。而在我国的宪法和法律中，只规定法院独立，而否认法官独立。这些不同的认识和不同的法律规定直接影响着各国法官制度的建设和司法公正的实现。我们认为，司法独立、法院独立和法官独立是三个不同层面的问题，既不能相互代替，也不能等量齐观，法官独立是法院独立的核心和落脚点，司法独立、法院独立是实现法官独立的重要保障和前提。

司法独立是一种国家权力的分配机制，面对封建专制主义者集立法权、司法权和行政权于一身，人类启蒙思想家最早提出了“三权分立，权力制衡”的思想，以司法权制约行政权和立法权，从而在国家权力分配上把司法权独立出来。孟德斯鸠指出：“自由只存在于权力不被滥用的国家，但是有权者都容易滥用权力是一条千古不变的真理。”“有权力的人们使用权力一直到遇到有界限的地方才休止。”“从事物的性质来说要防止滥用权力，就必须以权力制约权力。如果司法权力不同立法权和行政权分离，自由也就不存在了。如果司法权同立法权合而为一则将对公民的生命和自由施行专断的权力，因为法官就是立法者。如果司法权同行政权合而为一法官便将握有压迫者的力量。”① 正是在这样的价值理念上，司法独立逐渐为资本主义各国所接受。从国家权力的分配上，司法独立只是作为一种抽象概念而存在，司法独立要想由抽象转化为具体必须有具体的组织和个人来承担，因而法院就成为实现司法独立的载体，从而司法独立就转化为法院独立，法院作为行使国家司法权的组织，其应该以独立的物质保障和地位保障来抗衡来自立法机关、行政机关的非法干预，确保司法独立这一法治原则的实现，而司法权的性质决定了它是对具体纠纷的一种理性的判断过程，法院作为一个组织，本身不具有理性的思维能力，只是提供了一个组织保障以抗衡立法、行政对司法的非法干涉，而法院要实现其司法裁判职能，必须由作为个体的法官来实现，法官才是真正实现司法独立的主体，因而司法独立的抽象概念，最终以法官独立的形态体现出来，因此我们说，司法独立是一种国家权力分配的原则，是一个抽象的概念，法院独立是司法独立的具体化的第一步，其功能在于以一个组织

① ［法］孟德斯鸠：《论法的精神》（上），154～156 页，北京，商务印书馆，1991。

抗衡立法机关、行政机关及其他政党、组织的非法干预，而司法独立的最终实现是通过法官独立来具体体现出来的。因而说，法官独立才是司法独立的核心和体现，是司法独立由抽象上升为具体的运动的体现；如果只确立司法独立而没有法官独立，那么这种司法独立只是空中楼阁，司法独立根本就不可能存在。如果只把司法独立具体为法院独立，那么既是不科学的，也是不彻底的司法独立，其结果必然是有独立之名无独立之实。由于司法不独立产生的种种弊端必然泛滥，就如目前我国司法受行政机关、立法机关、地方党政机关以及某些领导个人的非法干涉，皆因不彻底的司法独立所致。如果说司法独立是司法公正的重要保障，那么法官独立才是司法公正的具体实现。

（三）法官的独立性的本质是法官"依法办案"

从各国宪法、基本法以及司法实践中所强调的法官的独立性来看，实质上是要求法官依照法律裁判，"只服从法律"和"自己的良心"。正如马克思所说，法官除了法律之外，没有别的上司。例如，德国《基本法》第 97 条第 1 款规定："法官独立行使职权，只服从法律。"《日本国宪法》第 76 条规定："①一切司法权属于最高法院及按照法律规定设置的下级法院。……③所有法官依良心独立行使职权，只受本宪法及法律的约束。"《大韩民国宪法》第 101 条第 1 款规定："司法权属于由法官组成的法院。"第 103 条规定："法官根据宪法、法律和良心独立审判。"《俄罗斯联邦宪法》第 118 条 1 规定："俄罗斯联邦境内的审判权只由法院行使。"第 120 条 1 规定："法官是独立的，只服从俄罗斯联邦宪法和联邦法律。"美国是受三权分立影响最大的国家，其在宪法中明确规定："合众国的司法权属于一个最高法院以及由国会随时下令设立的低级法院。最高法院和低级法院的法官，如果尽忠职守，应继续任职，并按期接受俸给作为其服务之报酬，在其继续任职期间，该项俸给不得削减。"尽管美国宪法并未明确规定法官依法裁判，但在制宪前夕，"司法独立的倡导者认为独立的司法部门之所以必要，原因有二。其一，司法部门独立于立法与行政部门，能制约两政治部门过于集中的权力……其二，如孟德斯鸠所言，法官应免于外界干预，使他们做到'裁判是法律条文的准确解释'”[①]。实际上，美国宪法中无论是关于法官忠于职守条款还是关于法官薪酬条款的规定，其目的最终在于避免法官受制于外部的立法与行政力量等，确保法官“依法独立行使职权”。而且，在美国对司法独立的认识中，确保法官依法独立行使职权始终是其中的一项核心内容。[②] 此外，有关国际公约也明确了法官只受法律的制约，而不受外部因素的干扰。例如，《关于司法机关独立的基本原则》第22条规定：“司法机关应不偏不倚、以事实为根据并依法律规定来裁决其所受理的案件，而不应有任何约束，也不应为任何直接间接不当影响、怂恿、压力、威胁、或干涉所左右，不论其来自何方或出于何种理由。”由上可见，司法独立作为司法的一项准则，其核心价值就在于强调法官的独立性，即“法官”“依法”独立行使职权。

（四）强调法官独立性的理论基础

1. 法官独立性的认识论基础

按照辩证唯物主义认识论的观点，认识是主体对客体能动的反映。人类认识的辩证发展过程是由感性认识上升到理性认识，再由理性认识到感性认识的无限反复过程，从而使认识一步步走向真理性认识的过程。从马克思主义的认识论可以看出，认识的主体必须是有思维能力的人，有思维能力的人还必须是经过亲身感知才能获得理性的判断，否则，认识就无从谈起。而司法活动就其性质来说是一种认知和判断的过程，通过对纠纷双方提供的证据的调查、质证、判断和推理，在裁判者内心形成一种确信，由感性认识上升为理性认识，最后作出具体的裁判，因此说，法院作为一个组织是不具有思维能力的，不能作为裁判的主体。只强调法院的独立性，不把它进一步落实到法官的独立性是与马克思主义认识论相背离的。按认识论的要求，司法裁判必须要求亲历性，只有亲自主持庭审的法官，才能作出正确的裁判，那种案件层层审批、审者不判、判者不

① 廖海：《美国司法独立争论的历史考察》，载《法律科学》，1999（1）。

② See ABA, *Anindependentjudiciary*, page, 11. 由美国著名的马伯里诉麦迪逊案可以发现，司法独立对政治权力制约作用的发挥所依靠的也是法官依据事实与法律独立裁判。因此可以说，确保法官依法独立裁判是司法独立的一项核心内容。

审的现象，是有悖马克思主义认识论科学规律的，也是法官的独立地位没有确立所产生的恶果。因此说，法官的独立性是马克思主义认识论在司法活动中的具体体现。

2. 法官的独立性是由司法权的性质所决定的

司法活动是一种纠纷的解决机制，是实现社会正义的裁决活动，这就决定了司法权的性质主要表现为中立性、亲历性。司法的中立性要求裁判者对于纠纷双方不得存在任何的偏见，与任何一方不得有利益的纠葛。中立性一个重要的保障就是裁判者的独立性。虽然独立性和中立性是两种不同观念，但没有独立性的法官，肯定是难以保持中立的，法官的独立性是保障中立、公正的重要条件。司法权的另一个性质是亲历性。正如有的学者所说："对当事人言辞的判断，对证人所作证词可信性的判断，都离不开判断者对被判断者的'近距离观察'，而只有在这种'近距离观察'基础上的判断，才更接近真实，也更让人信服。"① 由于司法权的这种性质才要求法官独立裁判，而不能由法院作为整体作出裁判。"因为法院独立的审判制度排除了法官个人的独立判断，势必使得具体问题一般化，具体问题一般化的结果就是使得全体法官不能对具体的案件作具体的裁判，而是根据一般性的经验，一般的情况对具体问题作出一般性判断，从而造成判断本身缺乏客观性和准确性。"② 因而，法官的独立性是司法权性质的必然要求。

3. 法官的独立性是司法公正的必然要求

司法公正是司法的生命，而司法公正只能通过法官公正的裁决活动得到实现。美国学者弗兰克指出：一个理想的法官应该是"一个堂堂正正的仲裁者，运用聪明的裁量，努力使当事人获得公平的裁判"③。法官为了实现自己的独立裁判，必须具有独立的地位。马克思提出，法官是法律世界的国王，除了法律之外没有自己的上司。法官的责任是当法律运用到个别场合时，根据对法律的诚挚的理解去解释法律。相反，如果司法权从属于或受制于他人，同样会使法官审理的

① 贺卫方：《中国司法管理制度的两个问题》，载《中国法学》，1997（6）。

② 刘荣军：《民事司法公正及其制度保障》，载《法学前言》，1999（3）。

③ Frunk. Jerome Law and Mordern Mind Tudor NY，1935，p. 157.

本与自己无关的案件成为自己的案件。如果有人能够经常随意地对法官发布命令或指示，那么，法官除了服从法律以外，还要服从这些权威者的意志。当权势者的意志与法律的普遍意志相抵触时，就会产生法官应服从谁的问题。这时，法官对案件的判断与对权势者的敬畏联系在一起，而对权威者的敬畏程度又影响着法官的职业前程。“对某人生活有控制权，就等于对其意志有控制权。”对法官的支配权力必然支配着法官对案件的判断，法官便会出于对权势者的敬畏而偏离法律。因此说，法官的独立性是实现司法公正，抵制司法腐败的重要保障。

4. 法官的独立性也是法官责任制的必然要求

法官责任制是法官制度的重要组成部分。有权利必须有责任，这是最基本的法律理念。在实行法院独立的制度下，法院作为整体行使审判权，审判的结果是一种产品，这产品的质量就由整个法院负责，但正如人们所说的“谁都负责，等于谁都不负责”。在这样的体制下，一个案件要经历庭长、院长、审判委员会，甚至提请上级法院批示，一个案件层层审批、级级请示，结果是一旦出现错案，谁都有责任，可谁都不负责任，致使错案的追究成为不可能。如果确立法官独立审判制，法官单独对案件作出裁判，错案就理所当然由法官本人承担责任。这样可以克服法官的依赖心理，增强其责任心，提高法官的素质，加速法官制度的完善。

二、对司法机关依法独立行使职权原则的认识误区

（一）司法独立与三权分立

谈到司法机关依法独立行使职权原则，不得不提及的一个概念就是“司法独立”。在一些机关部门看来，提倡“司法独立”似乎就是要走西方国家的“三权分立”的政治道路，似乎司法独立只能是“三权分立”体制的产物，不能适用于我国。实际上，司法独立首先是一项司法原则，并不是源于西方“三权分立”政治体制的特权，对于“司法独立”所体现出来的符合司法规律的内容我们应当予以吸收、借鉴。

1. 司法独立主要是一项司法原则

司法独立诞生于西方资产阶级启蒙思想时期，最早是由孟德斯鸠完整阐述出来的。司法独立主要是针对封建社会权力过于集中，君主独揽一国的立法、行政、司法大权而提出来的一种权力分立与制约主张。从孟德斯鸠的论述来看，三权分立主要是作为保障民众自由的一种政治制度。在他看来，在一国之中存在三种权力，即立法权、行政权与司法权，“如果司法权和行政权集中在同一人之手或同一机构之中，就不会有自由存在”。“如果司法权不与立法权和行政权分立，自由同样也就不复存在了。如果司法权与立法权合并，公民的生命和自由则将任人宰割，因为法官就有压制别人的权力。”① “从对事物的支配来看，要防止权力滥用，就必须以权力制约权力。”② 这里的司法独立作为三权分立思想的重要内涵构成了政治制度变革的理论基础。随后的资产阶级革命将其视为革命口号抑或革命指导思想的重要组成部分，对以后的国家政治体制变革产生了重要影响。随着资产阶级革命的胜利，以三权分立学说为理论基础建立起新的国家政治体制，立法、行政、司法权分别由不同的机关行使，分别对应于议会、总统（内阁）、法院，由此实现三个权力主体之间的相互制约。③ 司法独立也便作为政治变革的重要成果在这种政治体制中得以实现。由此可见，司法独立理论最初是作为国家权力的分配机制而提出的，其目的在于实现权力的分立与制衡。因此，不可否认，在此意义上的司法独立具有非常强烈的政治色彩。

尽管司法独立是基于“三权分立”理论之上而产生的，但是这并不意味着只有在“三权分立”之下才能够有司法独立，两者并不是不可分割的。司法独立要求的形式上的独立，从根本上讲是权能上的独立，即立法职能、行政职能与司法职能之间不能混同，也不能够相互替代，而不是要求像三权分立之中的三种权力

① ［法］孟德斯鸠：《论法的精神》（上），孙立坚、孙丕强、樊瑞庆译，184页，西安，陕西人民出版社，2006。

② ［法］孟德斯鸠：《论法的精神》（上），孙立坚、孙丕强、樊瑞庆译，183页，西安，陕西人民出版社，2006。

③ 法国在大革命期间制定的宪法，即1793年《雅各宾宪法》明确将三权分立写进宪法，孟德斯鸠的三权分立思想也对美国的宪法制定者产生了极大的影响，成为美国重要的建国理论。

那样相互之间处于平等与制衡的地位。因此，只要立法职能、行政职能、司法职能之间有着明确的区分，在运行之中并不相互替代，那么司法独立的形式要件就已经具备。换言之，只要能够排除行政机关、立法机关对司法的不当影响，不论是三权分立的体制安排，还是议行合一的体制安排，都将符合司法独立的形式要件。实际上，无论是三权分立国家，还是议行合一的国家，司法在客观上都要受到立法与政治力量的影响，包括正当与非正当的影响，只不过是程度上的不同而已。“完全独立于政治的司法乃是不存在的”“在一个国家，特别是在西方国家，各种政治力量总是采取多种或明或暗的途径和方式对司法发生影响”①。例如在美国，历届政府都希望能够获得任免最高法院法官的机会，并将所在党派的人士任命为法官以借此实现对最高法院的影响。这已经是历届政府都毫不避讳的事实。而且，总统在任命最高法院法官的时候，考虑最多的因素乃是候选人的“政治上的可接受性”以及“意识形态的‘合适性’”②。因此，从这个意义上来讲，应当淡化司法独立与三权分立之间的关系，并逐步淡化其政治色彩。

可见，如果仅从政治意义上来理解司法独立，则毋宁说是一种偏见。尽管司法独立诞生之初是资产阶级革命政治安排的产物，但随着资产阶级政权的建立，司法独立已经不再单纯是政治体制上的安排，更多是作为司法的一项基本原则而存在的，是指导司法运作的核心思想，其本质在于确保审判机关依法独立地行使审判权。这集中体现了司法自身的特质和司法的规律，是我国在推进司法机关依法独立行使职权的过程中所应当遵循的。

2. 司法独立能够与三权分立相分离

司法独立原则的本质在于法官依法独立行使职权，并成为一种价值共识，我们没有必要仍旧戴着意识形态的“有色眼镜”来看待这项原则。司法独立可以划分为外部独立、内部独立、身份独立与实质独立，而外部独立即是指司法权独立于立法权、行政权。司法独立之所以与三权分立密切相关就是因为三权分立理论

---

① 江必新：《正确认识司法与行政的关系》，载《求是》，2009（24）。

② 宋冰主编：《读本：美国与德国的司法制度与司法程序》，145～147页，北京，中国政法大学出版社，1998。

首先为司法独立提供了体制上的可能即为其外部独立提供了保障。但并不能就因此认为司法独立仅能在三权分立的体制下存在，并把两者加以捆绑认识。不可否认，按照三权分立理论，立法权、行政权、司法权三者之间是平等的权力，三权之间相互制约。在这种体制安排之下，司法权能够独立于立法权与行政权，获得较大范围的独立。

司法独立的外在要求并不在于“三权分立”，而在于权能的分立。在社会主义国家，尽管不实行三权分立，但是也把权力的分立与制约作为国家权力分配的一项基本原则。司法权由立法权派生出来，但是司法权一旦派生出来，便获得了相对独立的意义，立法权对司法权的干预实际上也是难乎其难的，这是由立法权自身的特点所决定的。而司法权与行政权两者同属于立法权之下的权力，是同等的权力。在权力框架意义上而言，行政权对司法权的干预与三权分立理论下行政权对司法权的干预并不会有多么突出。因此，在社会主义国家的政治体制中，司法独立是能够获得体制上的保障的。我们不能盲目地认为只有资本主义国家实行三权分立才能够适用司法独立，在社会主义国家就不能够适用该原则。

实际上，在社会主义国家中，诸如越南、古巴等国家都在宪法中对司法独立原则作了规定。例如，《古巴共和国宪法》第 122 条规定：“法官独立行使审判权，只服从于法律。”《越南社会主义共和国宪法》第 130 条规定：“法官和陪审员独立审判，只服从法律。”因此，“司法独立可以姓社，并非只姓资，也并非与三权分立挂钩”①。可见，在我国推行司法独立的过程中，有些人担心提起司法独立就是要否定人民代表大会制度，这是一种不必要的担忧，也是对司法独立的一种误解，是将司法独立与三权分立捆绑式理解的结果，更是一种意识形态观念在作祟。

无论是资本主义国家，还是社会主义国家，司法都是以追求公正为价值目标的。司法独立作为达致司法公正的重要保障在任何国家都有适用的必要性。也正是因为如此，司法独立在全球范围内获得了广泛的认同，成为一种价值共识，而

① 陈光中：《比较法视野下的中国特色司法独立原则》，载《比较法研究》，2013（2）。

且获得了国际性法律文件的认可。20 世纪 80、90 年代陆续通过了一系列的专门的国际性法律文件规定司法独立原则。例如《司法独立最低标准》《司法独立世界宣言》《关于司法机关独立的基本原则》《关于新闻媒体与司法独立关系的基本原则》《司法机关独立基本原则的声明》，等等。

3. 司法独立能够与人民代表大会制度相契合

司法独立之所以在中国历尽磨难而仍旧难以切实施行，其主要的原因也在于从政治视角带着意识形态的眼光观察司法独立。按照宪法的安排，我国实行的是人民代表大会制度，是“一府两院”的体制安排。如果主张三权分立基础上的司法独立则无异于改旗易帜，中国共产党领导中国人民辛苦革命取得的胜利果实将不再。因此，在新中国成立之初，对司法独立主张的争议实际上具有非常强烈的政治意识色彩，是一种“敌我”矛盾。例如，有的学者指出，司法独立原则是资产阶级法律原则，与社会主义法制原则是水火不容的。① 司法独立的实质是“反对党对审判工作的领导，企图篡改人民法院的性质和任务，以资产阶级的法律观点和法律制度来代替无产阶级的法律观点和法律制度”，“党不能具体过问审判实际上就是要取消党的领导”②。

当然，我们应当辩证地看待这个问题。司法独立作为指导司法的一项基本原则是符合司法规律的，任何国家都不能排斥该项原则。但也应看到，司法独立是一系列制度的集合，在制度的建构方面可以有所差异，这也符合世界各国的实际。在我们国家，我们所讲的司法独立实际上是中国语境下的司法独立，即与三权分立学说相分离的司法独立，是在司法独立的实质意义层面对司法独立原则的扬弃。因此，这种司法独立并不会对我国既有的政治体制造成冲击。我们国家实行的是人民代表大会制度，实行的是一府两院的体制安排。在这种体制安排之下，人民法院是行使审判权的主体，这与国际通行的准则是没有区别的。但是人民法院的审判权与立法权之间并不是平等的权力，而是其下位阶的权力，这与西

① 参见康树华：《“司法独立”的反动本质》，载《政法研究》，1958（2）。

② 若泉、何方：《不许篡改人民法院的性质——驳贾潜等人“审判独立”、“有利于被告”等谬论》，载《人民日报》，1957－12－24。

方资本主义国家有着本质的区别。但是这种差别只是政治体制的差别，并不能说我们国家不存在司法独立。西方三权分立背景下的司法独立是一种独立，人民代表大会制度下的独立也是司法独立。尽管两种做法存在一些差别，但其指向的目标却是一致的，都是要确保依法裁判，维护社会公正。我们不能厚此薄彼。因此，我们不应当回避“司法独立”这一概念，而是应立足于司法独立的本质要求，结合我国的司法实际，确保人民法院、人民检察院依法独立行使职权。

在我们国家，强调司法独立具有非常重要的意义。实践中，党与司法、人民代表大会与司法之间、行政与司法之间具有紧密的联系，应避免这种紧密联系成为妨害司法公正的掣肘。司法独立的本质就是依法判案的理念提供了处理党与司法、人民代表大会与司法之间关系的一项基本准则，即党的领导、人民代表大会制度是有基本的底线要求的，不能够妨碍司法机关依法独立、公正地行使审判权、检察权。以往教训产生的根源就在于我们对司法独立存在偏见，未能够确保司法独立。因此，党的十一届三中全会吸取历史的教训，明确指出“检察机关和司法机关要保持应有的独立性”。随后，全国人大五届二次会议上通过的《法院组织法》第 4 条和《检察院组织法》第 9 条再次明确规定，“人民法院独立进行审判，只服从法律”。“人民检察院依照法律规定独立行使检察权，不受其他行政机关、团体和个人的干涉。”1982 年宪法在第 126 条和第 131 条重申了人民法院、人民检察院依法独立行使职权原则。这实际上就是中国语境下的司法独立原则。

（二）司法的独立性与党的领导

1. 二者并不矛盾

早在新中国成立之初，就有论者认为，在我们国家讲司法独立就是否定党的领导。尽管当前我们的法制建设已经取得了很大的成就，但是这种声音仍旧存在。例如，在 1981 年第一次全国政法工作会议上，就有人指出：“司法独立，还要不要党的领导？这是一个老问题，有人提出，法院独立审判，只服从法律，任何机关、社会团体、个人不得干涉和施加影响，这样讲还要不要党的领导，还要不要对全国人民代表大会及其常委会负责?”① 此后，这种观点一直并未消失。

当下司法改革在司法独立问题上之所以难以取得重大突破，问题就在于此。很多同志认为司法独立就是要否定掉党对司法工作的领导。在我们国家，讲求司法独立并不是否定党的领导，而是实现党的领导方式的科学转型，不再是传统的党委审批案件这种领导方式。传统的领导方式的弊端已经暴露无遗，也成为诸多问题的症结所在。当此之时，党的领导方式不能与时俱进，实现科学转型，只能会给党的领导造成更多的负面影响。而若要实现党的领导方式转型，其核心要求就是要确保司法的独立性，即以确保司法机关依法独立行使职权作为党的领导的核心标准。

而且，就司法独立的内涵而言，其本身并没有反对党的领导的意涵。司法独立的本质是要求司法机关“依法办案”，其包括两层含义：其一，其他机关、社会团体、个人不能够干预司法机关依法办案，确保司法机关能够独立地适用法律，解决纠纷；其二，司法独立不是片面要求办案机关的独立性，也要求办案机关能够“依法”独立，即司法独立是在法律之下的独立，要依照法律的规定独立行使职权。由此可见，司法独立是司法机关的“独立”与“受制”的统一。司法独立的这两层含义共成一体，忽视司法独立的任何一方面都将会导致对司法独立的认识和实践陷入误区。

在我们国家，宪法和法律都是党领导人民制定的，体现了党和人民的意志和利益。只要确保司法机关依照法律规定独立行使权力就能够实现党的领导。而司法独立的受制性就是要求“依法”办案，即依照党领导人民制定的法律办案。因此，依法办案恰恰是在实现党和人民的意志和利益，并不能也不会否定党的领导。很多学者都认识到了这一点。“在一定意义上，法律集中体现了执政党的方针、政策。司法机关内部也有党的组织在起领导和监督作用。因此，司法机关严格依法办案，就是体现了党的领导作用。”② “只服从法律正是执行了无产阶级的意志，更好地服从了党的领导，脱离党的领导又是从何说起呢？说‘独立审判’

① 《彭真文选》，416页，北京，人民出版社，1991。

② 李步云、柳志伟：《司法独立的几个问题》，载《法学研究》，2002（3）。

与党的领导是矛盾的，唯一的理由是指这一原则与‘书记批案’制度有矛盾，这倒也是事实。”[①] 需要说明的是，“书记批案”与党的领导是两个不同的问题，承认党的领导并不意味着必然要采用“书记批案”的办案方式；反之，否定“书记批案”并不意味着否定党的领导。因此，不能把两者相互混淆。

2. 尊重司法的独立性是实现党的领导的最好方式

如前所述，现行党对司法工作的领导方式问题众多，备受争议，问题的根源就在于党已经不是在“领导”司法而是党在“司法”。从党自身的角度来看，这是有百害而无一利的事情。不能否认，党自身的精力和能力是有限的[②]，不可能渗透到社会的方方面面，也不可能实现对各项工作的均等领导。因此，党的领导应当有所侧重，不能“眉毛胡子一把抓”。而且，党委审案、书记批案在客观上是转移了司法责任与司法风险。客观来讲，司法工作本身是存在一定风险的。在任何国家与社会，错案的发生都不可避免，我们所能做的是在司法体系下，秉持客观谨慎的司法理念尽可能寻求公正。而一旦出现错案，司法本身是负有一定责任的。而现行党的领导方式无异于将不属于自己的司法责任转嫁到自己身上，客观上承担了不必要的风险，也给党的领导权威造成了负面影响。

就司法自身而言，在国家的各项权力中属于最为安全的权力，司法作为纠纷解决的一种机制，其对社会生活的干预是被动的，唯有存有纠纷、起诉时才有司法介入的可能性。“司法部门既无军权、又无财权，不能支配社会的力量与财富，不能采取任何主动的行动。”“司法权为分立的三权中最弱的一个”，其扩张性是有限与受制的，“其具备的干扰与为害能力最小”[③]。相较而言，司法权总体而言是一种被动性的权力。孟德斯鸠甚至曾经说过，“司法权从某种程度上讲是不存

① 廖俊常：《独立审判与书记办案》，载《现代法学》，1979（1）。

② 有学者曾深刻地指出：“政法书记往往不是专职而是兼职，既要管其他工作，又要管政法工作，政法又有公、检、法三家，能够分配来管政法工作的精力十分有限，阅卷时间都没有，哪里还能亲自参加案件调查。就是审批案件，说不定也要一两个月才有一次，一次就是审批若干个案子，这叫政法书记怎么能做到明察秋毫，而不犯官僚主义的毛病呢？”廖俊常：《独立审判与书记办案》，载《现代法学》，1979（1）。

③ ［美］汉密尔顿、杰伊、麦迪逊：《联邦党人文集》，191页，北京，商务印书馆，1980。

在的"[①]。而且，司法活动有各种诉讼主体的参与，能够确保司法权得到抑制。更为重要的是，司法活动要遵循自身的规律，严格受制于法律，只要能够在立法上对各种权利、义务与责任作出安排，司法活动便应当遵循此种安排。正因如此，司法才是国家最不危险的部门（the least dangerous branch），司法不能成为体制改革的急先锋，只能反映体改的成果。[②] 换言之，司法并不会构成对国家政治体制的冲击，其仅是反映国家政治体制变革的成果而已。因此，基于司法活动本身的规律，只要使党和人民的意志与利益通过立法的形式得以体现，党领导司法活动的目的实际上便能够得到实现。因此，党完全没有必要采取现行的领导方式。相反，尊重司法独立才是一种更为科学，也是更为持续的领导方式。这种领导方式的核心内容有两项：一是要确保党的领导，但党的领导是法律、政策的领导；二是要尊重司法机关依法独立行使职权，不能在个案上干预司法机关办案。法律、政策的制定、变更需要遵循一定的程序，与个人的领导相比，具有较强的稳定性，法治化程度更高。因此，尊重司法独立乃是提升了党的领导方式的法治化与规范化程度。这是一种更为科学、更具有可持续性的领导方式。

在新中国成立之初，刘少奇同志就曾明确指出，"法院独立审判是对的，是宪法规定了的，党委和政府不应该干涉它们判案子"。"不要提政法机关绝对服从各级党委领导。它违法，就不能服从。如果地方党委的决定同法律、同中央的政策不一致，服从哪一个？在这种情况下，应该服从法律，服从中央的政策。"[③] 在改革开放初期，1979 年 9 月，中共中央发布了"关于坚决保证刑法、刑事诉讼法切实实施的指示"（即著名的"六十四号文件"），该文件提出："加强党对司法工作的领导，最重要的一条，就是切实保证法律的实施，充分发挥司法机关的作

① ［法］孟德斯鸠：《论法的精神》（上），孙立坚、孙丕强、樊瑞庆译，188 页，西安，陕西人民出版社，2006。

② 套用美国著名宪法学者 Alexander Bickel 的名著 The Least Dangerous Branch，1962. 转引自苏永钦：《漂移在两种司法理念间的司法改革——台湾司法改革的社会背景与法制基础》，载张明杰主编：《改革司法——中国司法改革的回顾与前瞻》，433 页，北京，社会科学文献出版社，2005。

③ 《刘少奇选集》下卷，450 页，北京，人民出版社，1985。

用，切实保证人民检察院独立行使检察权，人民法院独立行使审判权，使之不受其他行政机关、团体和个人的干涉。国家法律是党领导制定的，司法机关是党领导建立的，任何人不尊重法律和司法机关的职权，这首先就是损害党的领导和党的威信。”该文件还明确规定“取消各级党委审批案件的制度”。1986 年，邓小平同志也曾经明确表示，“属于法律范围的问题，要用法制来解决，由党直接管不合适”。“党干预太多，不利于在全体人民中树立法制观念。”[①] 由此可见，我们的党在党对司法工作的领导方面一直存在清晰的认识。当下的司法体制改革必须回归这一理性认识，这应当成为司法改革的共识。

三、司法机关依法独立行使职权的中国样态及其偏失

（一）制度样态

我国《宪法》在第 126 条规定：“人民法院依照法律规定独立行使审判权，不受行政机关、社会团体和个人的干涉。”这便是具有中国特色的依法独立行使职权原则的宪法表述。关于中国特色的依法独立行使职权原则的具体样态，则可以从以下几个方面加以观察：

第一，中国特色的依法独立行使职权原则仅包括法院整体独立。关于我国《宪法》第 126 条规定的依法独立行使职权原则是否包括法官的独立，存在不同的解读。但是学界的通说认为我国《宪法》第 126 条的规定只是表明法院整体的独立，并没有承认法官的独立性。因此，尽管我们强调法院的整体独立，但是这种独立仅仅是对外独立，不包括法院内部的独立即法官的独立。在法院内部，法官办理案件，需要服从法院整体的领导。

第二，中国特色的依法独立行使职权与地方政权的关系。根据我国宪法以及相关组织法的规定，最高人民法院院长由全国人民代表大会选举，副院长、庭长、副庭长、审判员由全国人民代表大会常务委员会任免；地方各级人民法院院长由地方各级人民代表大会选举，副院长、庭长、副庭长和审判员由地方各级人

① 《邓小平文选》，第 3 卷，163 页，北京，人民出版社，1993。

民代表大会常务委员会任免。我国法院的产生机制是由作为根本政治制度的人民代表大会制度所决定的。作为我国现行宪法的体制安排，具有其合法性与正当性。但是需要说明的是，由于人民代表大会制度运作过程中存在的问题，比如地方各级人大受到地方党委及政府的影响，人民法院体现出较为强烈的“地方化”色彩，难以抗衡地方党政对司法权的不当干预。

第三，中国特色的依法独立行使职权与党的领导的关系。党的领导是我国一项基本的宪政实践。党对司法工作的领导是一项基本的原则，也是我国长期的革命和实践经验的总结。新中国成立之初，时任最高人民法院院长的董必武先生就曾论述过，党是各项工作的核心，人民法院的一切工作都是在党的领导之下进行的。[①] 但是关于党领导司法的具体方式，则在不同时期有着不同的认知与实践。新中国成立之前，实践中较为盛行“党内审批制”，有关逮捕、审判，特别是判处死刑，都必须得到相当一级党委审批，特别重要的案件，则需要报党中央批准。[②] 改革开放之初，鉴于“党内审批制”的种种弊端，中共中央于1979年9月9日发布了《关于坚决保证刑法、刑事诉讼法切实实施的指示》，决定废除各级党委审批案件的制度。后来领导政法工作的政法委成立，政法委协调案件、联合办案、个案指示等又成为党领导司法工作的具体形式。总之，无论具体的领导方式为何，党对司法工作的领导始终是一项基本的原则。

第四，中国特色的依法独立行使职权与三机关之间的关系。对我国司法机关依法独立行使职权原则的认识，还必须考虑到法院、检察院以及公安机关这三个机关之间的关系。按照我国《宪法》第135条的规定，人民法院、人民检察院和公安机关办理刑事案件，应当分工负责，互相配合，互相制约，以保证准确有效地执行法律。[③] 从职能分工与诉讼协作的角度来看，该原则是有一定积极意义的。但是，“实践中的法”与“纸面上的法”却相距甚远，中国特色的依法独立

① 参见《董必武选集》，458～461页，北京，人民出版社，1985。

② 参见范恒山主编：《政治体制改革词典》，305～306页，北京，中国物资出版社，1988。

③ 笔者曾经从侦检关系的角度对该原则作出过评价，参见陈卫东、郝银钟：《侦、检一体化模式研究》，载《法学研究》，1999（1）。

行使职权却是以“不独立”为显著特征的。这主要表现在两点：一是法院在三者之中处于最为弱势的地位，公安机关属于强势政府部门，法院对其制约不足反受其不当干涉，检察机关拥有法律监督的权限能够轻易否决法院的生效裁判；二是三者之间功能的趋同性，即法院在其职能目标方面也忽略人权保障，以打击犯罪为侧重，忽视对公安机关、检察机关的制约。

（二）我国司法机关依法独立行使职权的偏失

我国司法欠独立实践的弊端在我国实务界和学界已经有了充分的认识。毫无疑问，我国司法欠独立的实践对司法的公正性和司法的权威性造成了极大的损害。因此，建设公正、高效、权威的社会主义司法制度成为我国司法改革的目标。[①] 具体而言，我国司法欠独立主要呈现为两大特点，即司法的地方化以及司法的行政化，这成为影响我国司法机关独立行使职权的两大“顽疾”。首先，司法的地方化使法院对地方党政产生依附性。通过对我国司法独立样态的描述实际上已经可以看出我国司法的地方化色彩。这主要体现在以下几个方面：(1) 由于审判机关由同级人大产生并向其作工作报告，审判机关不得不听命于地方，成为“地方机关”。由于司法涉及的是利益纷争，司法裁决的结果涉及利益的再分配问题，因而，在各种相互冲突的利益面前，“地方化”的审判机关往往会优先考虑并维护地方利益。(2) 未能摆正党的领导与独立行使司法权的关系。一方面，根据党管干部的原则，地方法院的院长、庭长、审委会委员、审判员等都是需要经由同级党委讨论同意或者党委组织部门考核同意才能够由人大或常委会任命，从而使法院的人事在整体上依附于地方；另一方面，由于党的领导是一项基本原则，接受地方党委的领导在实践中逐渐演化为地方党委（包括政法委）对司法个案处理的干预。(3) 根据我国政府统管财权的体制安排，地方各级人民法院的经费均由同级人民政府预算，由同级人民代表大会审议，由政府部门划拨。尽管我国以往的司法改革中对此曾经提出过改革方案，但是这一问题仍旧未能彻底解决。政法经费的供给体制使司法机关对

① 参见陈卫东：《论公正、高效、权威的司法制度的建立》，载《中国人民大学学报》，2009 (6)。

地方政府的依赖性更加强化。司法地方化使司法机关无法克服地方党政等因素的影响，使其成为地方党政的附属。一方面，司法地方化便于地方党政的干预，特别体现在行政辖区与司法辖区的重合方面；另一方面，司法地方化使司法机关无抗击外部干扰的利器，地方党政的干预能够最终获得实现。

其次，司法的行政化使法官对法院整体产生依附性。司法的行政化的根由之一即在于我国不承认个体法官的独立性，仅认可整体上的法院独立。这种司法独立模式在司法权的具体运作之中，强调法院整体的作用，对个体法官不信任并进而偏好于对个体法官进行严密控制的权力运作模式。因此，对个体法官进行行政化管理以及采取行政化的权力运作模式成为一种必然的选择。就前者而言，将法官等同于一般的“公务员”进行管理，在薪资保障、职务晋升、纪律惩戒等方面完全类同于行政公务员，而且法官还具有相应的行政级别，担任某些职务还必须具备相应的行政级别。因此，从整体上而言，法官依附于法院这个集体，从根本上腐蚀了其独立性，并为行政化办案模式提供了外部保障。而就后者而言，实践中往往采取审批办案制度、案件请示制度、审委会集体决定制度等办案模式。采用行政化的办案模式能够有助于加强对个案法官的控制，在一定程度上可以看作是一种内控机制，有助于提升办理案件的质量。采取行政化的办案方式，还有助于将法外因素带进司法裁判，从而发挥司法为社会和谐、稳定服务，为经济发展保驾护航的作用。而且，集体决策办案方式还能够在一定程度发挥着规避办案风险的作用。尽管行政化办案模式有以上积极的方面，但是其从根本上否定了法官的独立性，与司法权的本质属性不符。“对当事人言辞的判断，对证人所作证词可信性的判断，都离不开判断者对被判断者的‘近距离观察’，而只有在这种‘近距离观察’基础上的判断，才更接近真实，也更让人信服。”①

① 贺卫方：《中国司法管理制度的两个问题》，载《中国法学》，1997（6）。

四、以法官依法独立行使职权为核心重构我国司法机关依法独立行使职权原则

（一）重构司法机关依法独立行使职权原则的必要性与可行性

1. 重构司法机关依法独立行使职权原则的必要性

司法改革如果从 20 世纪 90 年代的审判方式改革算起，大致来讲经历了五个发展期。每次改革都会出台很多文件，提出很多改革举措。考量司法改革成效的方式有很多种。从制度、机制构建的角度来看，我国的司法改革使原本不健全的法律制度逐渐丰富、完善，这是有积极意义的。如果从司法改革任务的完成角度而言，我们也可以认为制度的改革颇有成效。例如，据官方的统计，每次司法改革任务都得以圆满完成。①

2012 年还首次发布了《中国的司法改革》白皮书，总结司法改革的成果。但是，在司法改革持续推进的今天，通过对司法改革任务的深入分析，我们会发现司法改革的任务主要集中在制度的构建方面。从这个意义上来看，只要完成制度构建，似乎就可以表明司改任务的达成，至于司法改革构建的制度能否得以顺利运作并获得良好的制度效果则并不是司法改革所关注的问题。实际上，司法改革的成果在实践中运行的并不是一帆风顺，对旧有的问题没有解决，反而又造就了新的问题。这也是为什么司法改革需要一而再，再而三地持续推动的重要原因。

如果再做进一步思考，良好的制度构建为何难以在实践中顺利推行？以刑事

① 以 2013 年的报道为例：《司法部完成所有司法改革任务》，见 http：//www. legaldaily. com. cn/index/content/2013－01/09/content _ 4119606. htmnode＝20908；胡云腾：《“数说”司法改革》，载《人民法院报》，2013－03－18，其中提到“在有关部门大力支持和配合下，在全国法院共同努力下，中央部署的 12 项改革任务基本完成，协助其他部门实施的 43 项改革任务，也基本完成”；《最高检牵头的 7 项司法改革任务基本完成》，见 http：//www. legaldaily. com. cn/index _ article/content/2011 － 12/22/content _ 3231200. htmnode＝ 5955；我国司法体制和工作机制 60 项改革任务已完成 3/4，见 http：//legal. people. com. cn/GB/14036228. html；《中国的司法改革白皮书》则指出：“目前，本轮司法改革的任务已基本完成，并体现在修订完善的相关法律中。”

司法为例。1996 年刑事诉讼法修改，以历史的眼光客观对待，有其进步意义。但是实践结果却让所有人大失所望，仅运行一年之久就陆续暴露出很多的问题。[①] 2012 年刑事诉讼法修改，无论是条文数量，还是制度建构、规则的完善都可以称为一次历史性的进步。但就每一位学者而言，其内心都有一种忧虑，即新的刑事诉讼法能否改变中国刑事司法的现状？对于这个问题，似乎学者们底气都不足。原因何在？无论是 1996 年刑事诉讼法的运行环境还是 2012 年刑事诉讼法的运行环境，其实质差别并不大，特别是刑事诉讼法运行所依赖的司法体制并没有太大的改变。司法体制不作出相应调整，无论规则制定得多么完美无瑕，可能都难逃相似的命运。

时至今日，司法改革再次被提上议程，进行体制改革，解决体制性问题成为司法改革不可回避的问题。否则，缺少体制性保障的规则，其运行效果仍可能不彰。列宁提出，如果不先解决一般的问题，就去着手解决个别的问题，那么，随时随地都必然会不自觉地“碰上”这些一般的问题。而进行司法体制改革，其首要的问题则是司法机关依法独立行使职权问题。“每个对中国目前司法改革曾深思远虑过的人都会懂得，改革的一个根本因素是必须加强司法独立。这是理所当然的。”[②]

2. 重构司法机关依法独立行使职权原则的可行性

我国台湾地区学者根据推动司法改革背后的社会经济动力的不同，将司法改革划分为四种类型，即建立法治型、深化法治型、简化法治型以及转化法治型。建立法治型司法改革是与政治体制改革相适应的，是体制转轨的一部分，司法改革的目标是在政治权力退出、社会力解放之后，构建以司法为核心的维系新秩序的机制，以原苏联国家和东欧国家为典型；深化法治型司法改革则是在已经具备司法的基础上，巩固和落实司法保障人权的核心目标，以拉美、南欧后威权主义或后法西斯国家为典型；简化法治型司法改革以欧美和西欧国家为代表，司法改

① 参见陈卫东主编：《刑事诉讼运行调研报告》，北京，中国方正出版社，2005。

② ［美］葛维宝：《法院的独立与责任》，葛明珍译，梅江中校，载《环球法律评论》，2002 年春季号。

革以减轻司法的负担为重任；转化法治型则以日本为代表，司法改革的目标是扩大司法的供给面，提升司法利用的便捷度。[①] 显然，我们国家的司法改革类型可以划入建立法治型。我国的司法改革缘于政治、经济体制领域的改革及其所带来的社会结构的变化，司法改革的目标是将司法从以往的政治工具角色转化为中立的裁判者。我国的司法改革还具有极富特色的一面，即司法改革是在中央的统筹之下进行的，并与政治、经济体制改革相适应，是整个国家体制转型中的重要方面。因此，中央领导之下的“建立法治”目标[②]成为司法改革的不竭动力，也为司法体制的变革提供了契机。

党的十八大提出要“进一步深化司法体制改革”，十八届三中、四中全会也对全面深化司法体制改革作了进一步部署。其中，确保司法机关依法独立行使职权是此次改革的核心内容之一。党的十八届三中全会通过的《中共中央关于全面深化改革若干重大问题的决定》（以下简称《决定》），提出要“推进法治中国建设”，并提出司法改革方面三个主要任务，即“确保依法独立公正行使审判权检察权”“健全司法权力运行机制”“完善人权司法保障制度”。如果说既往十余年的司法改革侧重于法律制度建设，模拟“法治”以待体制改革的时机的话，党的十八大以来提出的司法改革规划则为实现体制改革提供了这种社会政治背景与改革的动力。《决定》中提到的“确保依法独立公正行使审判权检察权”“推动省以下地方法院、检察院人财物统一管理”“探索建立与行政区划适当分离的司法管辖制度”“改革审判委员会制度，完善主审法官、合议庭办案责任制，让审理者裁判、由裁判者负责”“明确各级法院职能定位，规范上下级法院审级监督关系”等实际上都是围绕着一个中心进行的，那就是“司法独立”。由此可见，新的社会政治形势与司法改革的背景，提供了推动我国的司法机关依法独立行使职权改革的契机。

---

① 参见苏永钦：《漂移在两种司法理念间的司法改革——台湾司法改革的社会背景与法制基础》，载张明杰主编：《改革司法——中国司法改革的回顾与前瞻》，417～419页，北京，社会科学文献出版社，2005。

② 十八届三中全会通过的《中共中央关于全面深化改革若干重大问题的决定》提出，建设“法治中国”，也可以说明我国的司法改革归为“建立法治型”是极为恰当的。

（二）强调法官依法独立行使职权的意义

本书认为，应当以法官依法独立行使职权为核心重构我国的司法机关依法独立行使职权原则。以法官依法独立行使职权为核心构建中国的司法机关依法独立行使原则是符合司法的基本规律与要求的。这是我们提倡这一观点的最为关键的原因。而且，在我们国家以“建立法治”为目标的司法改革过程中，强调法官依法独立行使职权还具有其他几个方面的优势：

首先，以法官依法独立行使职权为核心构建中国特色的司法独立原则有助于避免对司法独立政治色彩的过分强调。如前所述，司法独立在其产生的过程中与三权分立理论密切相关，具有强烈的政治性色彩。这是在我们国家提倡司法独立原则所面临的最大体制障碍。实际上，过分强调司法独立的政治色彩是一种认识误区，需要我们予以理性对待。尽管如此，在当前的社会政治状况下，官方对司法独立的认知、法律人士对司法独立的认知与民众对司法独立的认知存在较大的差异。① 特别是官方，对司法独立还持有怀疑的态度。在这种情况下，淡化司法独立的政治色彩，强调法官依法独立行使职权不仅抓住了司法独立的本质要求，也能够回避司法独立所带来的政治性质疑。因此，以法官依法独立行使职权为核心构建我国的司法机关依法独立行使职权原则是一条现实可行的有益改革思路。

其次，以法官依法独立行使职权为核心构建我国的司法机关依法独立行使职权原则有助于在司法改革过程中强调法官的个体独立性。我国通说认为，我国的司法机关依法独立行使职权原则是人民法院整体上的独立，因此制度构建过程中压抑法官个体的独立性。我国行政化办案模式的产生就是适应这种理念而诞生的。但是，司法改革实际上已经在突破原有的人民法院整体独立这一认知，在不断地推进法官的扩权改革，赋予具体承办案件的法官更大的独立自主性。原有的法院整体独立理论显然不能够对此作出有效的回应。而以法官依法独立行使职权为核心的司法独立，既与我国现行宪法强调的人民法院依法独立行使审判相适

① 参见陈欣新：《中国语境中的司法独立》，载张明杰主编：《改革司法——中国司法改革的回顾与前瞻》，140～151页，北京，社会科学文献出版社，2005。

应，也对法官的独立性给予了充分关注。法官依法独立行使职权不仅对法院整体提出了要求，更重要的是其要求具体承办案件的法官能够依法独立行使职权。而要求法官依法独立行使职权在一定程度上确保了法官个体的独立性，有助于为我国的法官独立改革提供理论上的支持。

最后，以法官依法独立行使职权为核心构建我国的司法独立有助于确保独立与受制的有机统一，避免权力过大所带来的恣意。对司法独立的质疑除了来自对其政治性的怀疑之外，另一项重要原因就是担心司法独立之后，法院、法官的权力犹如脱缰的野马无法控制，不仅无法保障司法公正，反而害及整个司法体系存在的基础。而以法官依法独立行使职权为核心构建的司法机关依法独立行使职权原则能够有效协调“独立”与“受制”之间的关系。法官依法独立行使职权要求法官在处理案件过程中，仅能够以法律为裁判的根据，不能够以案外的各种因素来裁判案件，这在客观上构成了法官独立的基础，使法官能够排斥各种力量的不当干预。而从另一方面来看，法官依法独立行使职权也成为套在法官头上的“紧箍咒”，法官独立不是无限制的恣意，而是必须以“法律”为限。依法独立行使职权既是法官独立的基础，也是法官独立的界限。因此，以法官依法独立行使职权为核心的司法独立是独立与受制的统一体。建立在这种认识基础之上的司法独立能够有效地回应司法独立可能导致法官恣意的质疑。

五、以“依法办案”重塑法官的办案理念

在我国，在社会主义法治理念提出以后，有一种流行的观点认为，司法应当追求法律效果、政治效果和社会效果的统一，并将此作为指导司法的一项要求。看似这种认识较为合理，如果深入分析起来，却会发现这与司法机关依法独立行使职权原则的要求是相悖的。

1. 司法的政治效果、社会效果和法律效果的统一客观上导致政治效果、社会效果超越法律效果

讲求司法的政治效果、社会效果和法律效果的统一，客观上会导致片面追求

司法的政治效果与社会效果，并将政治效果与社会效果强加于法律效果之上。如果司法能够在客观上实现法律效果、政治效果与社会效果的统一，无疑是一件幸事。当然这并非遥不可及，因为法律是在党的领导下制定的，体现了党和人民的意志和利益。通常情况下，依法办案会实现司法的政治效果、社会效果与法律效果的统一。① 但问题在于政治效果、社会效果、法律效果有些时候并不是相一致的，这也是客观存在的事实，比如刘涌案、药加鑫案、李昌奎案、许霆案、彭宇案等。在这些复杂案件中，司法的政治效果，特别是社会效果与法律效果并不是相互一致的，更多时候是相互冲突的。在此种情形下将如何处理？这是不能回避的事实。从这一角度而言，讲求司法的政治效果、社会效果与法律效果的统一忽略了司法的客观实际，对于指导司法并没有任何实际意义。相反，在此种情况下强调三者的统一往往是在否定司法的法律效果，用政治效果与社会效果替代法律效果。

在我们国家现行的司法体制之下这种风险极易成为现实，并在实际上已经成为现实。实践中，一方面，地方党委在维护司法的政治效果、社会效果的考虑下，干预司法机关依法办案，损害了司法独立；另一方面，司法机关在这种体制之下也不可避免地片面追求司法的政治效果与社会效果。因而，“有法不依”“有法难依”已经成为一种现实。司法的政治效果、社会效果与法律效果的统一演变为了法律效果迁就于政治效果与社会效果，独立行使司法职权成为一种奢谈。当前出现的很多冤假错案，大多与过于追求社会效果、政治效果而牺牲了法律效果有关。例如河南赵作海案的发生，就与司法机关过分看重破案而迎合社会效果有关，导致司法机关不能够依法独立办案。再如云南李昌奎案，且不说案件实体处理得如何，单从程序的角度而言，云南高院在作出生效裁决后，因为追求社会效果而最终被迫启动再审程序改判李昌奎死刑，看似维护了社会公正，实际上造就的乃是法院不独立，法院司法威信扫地。由此可见，强调三者的统一只能让司法无所适从，成为其他社会力量的附庸。以发展的眼光来看，这绝非司法发展的长久之计。

---

① 在三者能够相统一的情况下，实际上没有单独强调司法的政治效果与法律效果的必要，只要能够实现司法的法律效果，其他效果必然也会实现。

2. 司法过程中处理政治（社会）因素的基本思路

司法与政治，司法与社会的关系是自司法诞生以来人们不断思考的永恒话题。“司法诞生于政治，却又无往不在政治之中。”这是对司法与政治关系的历史概述。应当承认，在任何国家的不同历史时期，司法都是国家政治的重要组成部分，也是维护统治阶级利益的重要工具。在奴隶制、封建制时期，对司法权的控制是君王最为重要的事情。而且，司法权从来都被认为是君王权力的一部分，相应的司法主体只不过是受君王之命从事司法活动而已，最终的司法决定权仍旧掌握在君王手中。而在现代社会，无论是英美法系国家，还是大陆法系国家，司法都是社会政治生活的关键一环。在英美法系国家的不成文宪政实践中，司法构成政治生活的重要组成部分，并成为制约立法权、行政权的一极重要权力。[①] 在大陆法系成文法传统的国家，司法在宪法中还有着明文的规定，更加体现了司法作为政治生活组成部分的特点。[②] 在社会主义国家，司法也当之无愧地成为政治的组成部分。这也鲜明地体现在社会主义国家的宪法之中。例如，苏联的宪法中明确规定了司法及其司法机关的组成、权力等各项内容，《古巴共和国宪法》《越南社会主义共和国宪法》以及《朝鲜民主主义人民共和国社会主义宪法》中也都有着类似的规定。

司法与政治关系问题之所以历久弥新，就在于从不同角度观察会得出不同的结论。如果仅从上述角度对司法与政治的关系进行考量，所得出的结论无疑是片面的。司法既是政治的组成部分，但整个司法的历史实际上也是司法不断摆脱、独立于政治的历史。从司法受命于君王的古代司法到司法不断获得独立的近现代司法可以很好地说明这一点。尽管司法处于政治漩涡之中，但是司法独立至少在宏观架构上为避免政治对司法的过度干预提供了可能。而且，从微观上来看，个案的去政治化恰恰是司法所不懈追求的目标。司法能够从政治中剥离出来就在于

---

① 例如，美国联邦法院有权对联邦法律进行合宪性审查，实际上就是在客观上赋予了司法抗衡立法、行政的权力。

② 例如，德国、法国、意大利、日本、俄罗斯等国家的宪法中都对司法机关、司法制度等作了相应的规定。

其自身所持有的基本规律。这是司法能够作为纠纷解决手段（在英美等西方国家也包括政治纠纷）的重要原因。因此，尊重司法规律应当成为衡平政治与司法关系的一项标准。而尊重司法规律则会要求在个案中避免政治的过度干预。“在法治国家，司法去政治化不仅仅是政治原则、社会习惯，也是学界的共识。”① 学者经常以美国为例论证司法与政治的紧密关系，却忽略了司法与政治的另一个侧面，即在具体个案中司法尽量避免外在的政治干预。② “司法选任、弹劾、国会立法虽充斥了过多的政党因素，但是法官特别是联邦法院法官，一经任命，便可只服从法律本身而在很大程度上摆脱了政党控制和影响。”③ 即便是极力证成司法的政治化命题的学者，也不否认应当避免或者制约司法官个人政治偏好在司法决策中的滥用。④ 而且，在处理司法与政治的关系上，无论是“只要一种政治化的司法决策能够经得起司法程序、司法逻辑的考验、推究，那么，这种政治化就是一种既具有合法律性又具有合法性或可接受性的选择”⑤，还是“既要有正确的政治意识，又要有健全的法律意识”“既要注意法律效果，也要注意政治效果”“但是，对政治问题的考虑和关照，切不可超越合法有效的法律规范。要善于在法律的框架内实现政治意图和发挥司法的政治功能，即通过准确把握法律的精神实质、正确解释法律的意旨、合理填补法律漏洞、正确运用自由裁量权、合理进行价值判断和利益衡量等方法实现司法的政治功能”⑥，其实质都在于“合法律性”。而这与司法独立的实质乃是一致的。由此可见，司法独立或曰依法办案，

---

① 周永坤：《司法为何必须去政治化》，见 http：//news. ifeng. com/exclusive/lecture/special/zhouyongkun/，最后访问时间：2013－08－29。

② 尽管林肯总统承认选择支持其政策的大法官，但也坦率地讲到“不知道这个人将要去做什么”。这也从一个侧面说明了政治与司法之间存在一定的距离。See Howard Ball，*Courtsand Politics－The Federal Judicial System*，Prentice－Hall，Englewood Cliffs. New Jersey，1980，p. 59. 同样，共和党总统艾森豪威尔也非常后悔任命了同一党派的 Earl Warren 为首席大法官。See Charles J. Pach. Jr. &Elmo Richardson，*The President of Dwight D. Eisenhower*，Lawrence，University Press of Kansas. 1991，p. 141.

③ 封丽霞：《政党与司法：关联与距离——对美国司法独立的另一种解读》，载《中外法学》，2005（4）。

④ 参见周赟：《政治化：司法的一个面向》，载《法学》，2013（3）。

⑤ 周赟：《政治化：司法的一个面向》，载《法学》，2013（3）。

⑥ 江必新：《正确认识司法与行政的关系》，载《求是》，2009（24）。

应当成为在个案中处理司法与政治关系的技术标准。

3. 对司法的政治效果、社会效果和法律效果关系的理性认识

在对司法与政治关系的分析之中，实际上隐藏着一个可以推导出来的结论。即便是追求司法的政治效果，这种政治效果也是借助于法律效果而加以实现的。在法律效果与政治效果、社会效果的关系问题上，法律效果是达致政治效果的一种途径。由此可见，司法所追求的直接效果仍旧是法律效果，尽管其最终也可能实现了政治效果或社会效果。因此，我们在处理司法的社会效果、政治效果与法律效果的关系问题上，应当以法律效果为最直接的追求，而非政治效果或者社会效果。当前在我们国家，过于强调司法的政治效果、社会效果与法律效果的统一。这实际上是一种认识误区。法律效果、政治效果、社会效果的关系问题，解决的不应当是三者相一致的情况下如何协调的问题，而是解决三者不一致的情况下，如何处理三者之间的关系问题。在通常情况下，司法的法律效果实现了，司法的政治效果、社会效果便也就得以实现。因为如前所述，司法是以体现党和人民意志的法律为基础的，实现了法的要求便也就实现了党和人民的利益，也即实现了相应的政治效果和社会效果。但是这种“统一”乃是在法律效果实现的基础之上的一致，即政治效果和社会效果只是实现法律效果后的一种附带效果。而在三者并不一致的情况下，追求法律效果、政治效果、社会效果的统一乃是一种妄想，实际上乃是将政治效果、社会效果强加于法律效果之上，其实质是干扰司法独立。前述实践中的案例即是最好的证明。

有人可能会认为，实践中政治效果、社会效果与法律效果并不相一致时，追求法律效果可能会导致司法的政治效果、社会效果不佳，危害到社会、政治的稳定。我们在实现法律效果的基础之上，政治效果和社会效果通常都能够达成，而三者并不一致的情况是少数。之所以会发生三者之间的冲突，主要是由处于转型社会的中国利益格局本身固有的特点所致，是一个社会问题，而不是一个司法问题。对于社会问题的解决，需要立法、行政等多方面的调整，不是牺牲司法就能够解决的。司法的直接任务就是依法办案，唯法是从，至于其在维护社会稳定、政治稳定上面的作用仅仅是依法独立行使职权的效果，而不能够成为司法的直接

或者唯一目的。而且，牺牲司法乃是在破坏维护社会公平正义的最后一道防线，其危害是根本性的和难于恢复性的，不可谓不深。我们不能以眼前的利益而牺牲长远的根本利益。当然，三者的不统一也有可能是司法自身出了问题，即司法未能实现应有的法律效果，但这应当从规范司法行为本身、落实司法责任入手，而并不应当成为外部力量干预司法的借口。

因此，我们应当尽快转变这种讲求司法的法律效果、政治效果、社会效果相统一的观念，司法所追求的只能是法律效果，追求法律效果通常会实现预期的政治效果和社会效果，但这仅是法律效果的一种当然效用；在法律效果、政治效果、社会效果并不一致的情况下，司法只能是以法律效果为最终归宿，不能将政治效果、法律效果强加于法律效果之上。唯有如此，我们才能够确保司法独立，重塑司法权威。

六、司法改革背景下依法独立行使职权的外部保障改革

（一）政法委职能的转变

1. 政法委职能的发展

政法委制度曾经在历史上被废弃，1990 年之后，中央政法委和地方各级政法委逐步恢复重建。按照当时的要求，仍然要贯彻党政分离的原则。政法委主要侧重于宏观的指导和协调，是党委的参谋和助手。“政法委员会恢复后，仍然要贯彻党政职能分开的原则，主要对政法工作进行宏观指导和协调，当好党委的参谋和助手，其办事机构主要做调查研究工作，不要过于具体干预各部门的业务，使各级政府切实负起对所属的公安、安全、司法部门业务工作的领导责任，以保证法院、检察院依法独立行使审判权、检察权，充分发挥政法各部门的职能作用。”① 这可以从当时赋予政法委的五项职能中得到印证。② 而且，当时的领导人

① 《中共中央关于维护社会稳定加强政法工作的通知》，(1990 年 4 月 2 日)。

② 参见林中梁编著：《各级党委政法委的职能及宏观政法工作》，74 页以下，北京，中国长安出版社，2004。

对此也持有相同的认识。[①] 但是随后，政法委的职权不断得到扩大。一次是在1994年，根据中央文件的规定，政法委的职权有了新的发展，其中新增的3项主要职权包括“研究和讨论有争议的重大疑难案件”“组织推动社会治安综合治理工作”“研究、指导政法队伍建设和政法各部门领导班子建设”[②]。经过此次扩权，政法委具有了干预个案办理的权限。而后两项则将公检法及其工作纳入社会治安综合治理的范畴并实现了对地方政法部门人事权的控制。另一次政法委的扩权发生在1995年，政法委的权力又扩大至10项。

在司法实践中，政法委的职权与机构不断扩大，对司法工作的干预也不断得以强化。党对政法工作的领导又恢复到以往的干预个案办理的模式。例如，政法委可以发布各种规范、纪要，这些规范、纪要虽然不是法律，却具有效力，能够成为裁判的依据。[③] 此外，政法委还以协调办案的方式干预个案办理，即对于证据不足或者认识存有分歧的案件，公检法向政法委提出；政法委经过调查案件，召开协调会，提出初步意见，并形成会议纪要下发各部门。[④]

2. 政法委的职能转变

对政法委的批评主要来自政法委对个案处理的介入方面。从政法委最初恢复重建的要求上来看，政法委的主要功能是作为党委的“参谋”和“助手”，侧重于宏观的指导，不干预办案部门的具体工作。毫无疑问，这是一种科学、合理的界定。但是随着实践的发展，政法委逐渐取得了干预个案办理的权限，也越发脱

① “不论哪一级政法委都要管得虚一点，着重抓宏观指导和协调，当好党委的参谋和助手，其办事机构主要做调查研究工作，不要过于具体地干预部门的业务，以保证法院、检察院依法独立行使审判权和检察权，充分发挥政法各部门的职能作用。”乔石：《乔石谈民主与法制》，转引自《乔石新书披露政法委撤销与恢复部分细节》，见财新网2012年6月21日报道。

② 参见中共中央办公厅关于印发《中共中央政法委员会机关职能配置、内设机构和人员编制方案》的通知（厅字〔1994〕9号）。

③ 例如，2003年，北京市委政法委出台了《关于处理轻伤害案件的会议纪要》，规定对于因民间纠纷引起的轻伤害案件，如果嫌疑人有认罪、悔罪表现，积极赔偿损失，被害人要求不追究其刑事责任，可以对其作出撤案、不起诉或免予刑事处分的处理。2003年，中共河北省委政法委员会作出《关于政法机关为完善社会主义市场经济体制创造良好环境的决定》，内有多项违背国家法律。

④ 参见侯猛：《司法改革背景下的政法治理方式——基层政法委员会制度个案研究》，载《华东政法学院学报》，2003（5）。

离了最初设置的轨道。

政法委干预个案办理首先损害的是司法的基本规律。司法权的运作要求采取、遵循司法亲历性原则，而政法委的介入则是以对该原则的根本性违背为前提的。由此导致的一个重要后果就是实践中冤假错案的产生很多与政法委介入密切相关。政法委干预个案办理，也使《宪法》第135条规定的公检法三机关之间的相互分工、相互制约被功能同一、只讲配合所取代。司法对其他权力的制约作用被淡化甚至被取消。这使司法机关的公信力受到广泛质疑。此外，政法委干预个案办理也给党的领导造成了负面影响。

有鉴于此，有学者要求废除政法委制度。① 也有学者认为应当取消政法委对案件的“拍板权”②，还有学者建议应当取消政法委协调案件的“潜规则”③。对此，我们认为，政法委的存在有其历史与实践必要性。政法委作为党委的助手和参谋能够为贯彻党对司法工作的领导发挥积极作用。特别是在当前司法改革不断推进的情况下，由政法委特别是中央政法委协调、统一制定司法改革政策、推进司法改革能够统一司法改革步骤、整合司法改革资源，为司法改革的顺利进行提供保障。但是，保留政法委并不意味着赋予其超越于司法之上的权力。对此，应当参考90年代恢复政法委制度时的定位，将其完全限定在党委的助手、参谋的地位，不宜超越这一角色定位而赋予其更多的权限。其中，最为重要的就是应废除政法委介入个案办理的做法。中央政法委书记孟建柱同志在2013年全国政法工作电视电话会议上的讲话中指出，要进一步创新党委政法委的领导方式，要善于议大事、抓大事，善于管宏观、谋全局，要进一步理顺党委政法委与政法各单位之间的关系，支持审判机关、检察机关依法独立公正行使审判权、检察权。在十八大“进一步深化司法体制改革”的背景下，上

① 参见崔敏：《论司法权力的合理配置》，载《公安学刊》，2000（3）；崔敏：《优化司法职权配置的三点建言》，载《刑事司法论坛》（第一辑），31页，北京，中国人民大学出版社，2008；汪建成、孙远：《论司法的权威与权威的司法》，载《法学评论》，2001（4）。

② 《学部召集人陈光中教授建议取消地方政法委拍板权》，见教育部社会科学委员会法学学部网 http：//fxxb. legal－theory. org/mod＝info&act＝view&id＝207。

③ 参见严励：《地方政法委“冤案协调会”的潜规则应该予以废除》，载《法学》，2010（6）。

述讲话为政法委的角色定位与职能转变指明了方向。明确党委政法委不再干预个案办理符合司法的基本规律，有助于维护司法权威，应当予以肯定并加以明确。

（二）人财物统一管理

欲操纵司法，必先掌控其人事与财政。一旦人事、财政把持于地方党政，则整个司法的独立性在地方党政的干预面前便荡然无存。正如汉密尔顿所说：对某人生活有控制权，等于对其思想上有控制权。① 近些年地方党政干预司法的现象不绝于耳，不仅导致冤假错案大量发生，也使司法蒙羞。对此问题，学术界与实务界一直以来都存在广泛的共识，即司法必须去地方化。党的十六大之后试图进行改革，尽管改革取得了一些成效，但最终没有能够实现彻底的改革，问题被遗留至今。② 十八届三中全会《决定》指出要"改革司法管理体制，推动省以下地方法院、检察院人财物统一管理"。将司法机关的人财物管理与地方切割开来，地方党政也就失去了干预司法的手段。《决定》仅是从整体上指明了改革的方向，但是如何理解并具体操作该方案还存在一些问题。

1. 人财物统一管理是否是垂直管理

学术界和实务中很多学者用"司法垂直管理"来概括"人财物统一管理"。对此，应当指出，用"司法垂直管理"加以概括混淆了人财物管理权限的本质。其一，应当指出的是，十八届三中全会《决定》所提出的方案所要解决的"人财物"问题是司法行政事务，而不是司法事务。对于司法事务，应当按照司法的规律进行，不存在管理的问题，特别是对于人民法院而言，更无垂直管理的可能性。其二，司法行政事务的管理权是国家权限或者说是中央授权，而不是地方权限。这是与我们国家的单一制体制相适应的。之所以现在司法行政事务的管理权在地方，是

---

① 参见［美］汉密尔顿等：《联邦党人文集》，北京，商务印书馆，1995。

② 2002年，党的十六大报告曾提出要改革司法机关的人财物管理体制，随后在实践中进行了探索，但是进展缓慢。2009年，财政部下发了文件，将政法经费划分为人员经费、公用经费、基础设施建设经费和业务装备经费四大类。规定前三者由同级财政负担，而业务经费和业务装备经费则由中央、省级和同级财政分区域按责任承担。

国家（中央）“授权”的结果，而不是地方原本就拥有此种权力。[①] 司法体制改革的最终目标是实现司法行政管理权限全部收归国家，由全国统一管理司法行政事务。一步到位全部由国家统一管理司法行政事务尚存在困难[②]，我国以往的改革实践可以说明这一点。因而只能在授权管理与统一管理之间寻找平衡点，即授权由省级院统一管理省级以下地方院的人财物问题。这种改革思路也是我国司法体制改革循序渐进的改革方式的体现。因此，用“司法垂直管理”概括这项改革是不准确的。

2. 人财物统一管理是否违背宪法规定

按照我国宪法和有关组织法的规定，人民法院院长由各级人民代表大会选举产生并对其负责，其他副院长、审判员等则由各级人大常委会任免。人财物统一管理改革是否会违背宪法和有关组织法的规定？对此，应当看到，司法地方化的最主要的根源在于地方党委对司法人事的控制权。根据我国的实践，地方院的院长是由所在院的上级院的党组和其所属地方的党委决定提名任命的，否则人大无法启动选举任免程序，而且地方党委往往从整体上拥有更大的决定权。这才是我国司法地方化的最大根源。因此，改革的路径就是将这些人事提名权上提至省级党委，由省级党委决定人事提名，并由地方各级人民代表大会及其常委会予以任免即可。这样，既可以解决司法地方化的“违宪（法）”问题，也能够切中问题的根本，确保改革的实效。

3. 人财物统一管理是否会导致强化上级的干预

现在的改革思路是通过强调对司法行政的统一管理，祛除地方党政干预司法

---

① 新中国成立后设置检察机关的历程可以说明这一点。最初要设置检察机关垂直领导体制，但是后来改为双重领导体制，时任最高人民检察署副检察长李六如在 1951 年 9 月向中央人民政府委员会所作的报告中就指出了司法行政管理权下放至地方的原因：“因为我国过去曾经是半封建半殖民地的社会，经济发展极不平衡，各地情况悬殊不一，地区辽阔，交通不便，而各级人民检察署，目前又多不健全或尚未建立，因此暂时还只能在中央统一的方针政策下，授权于地方人民政府，使其发挥机动性与积极性。……就近予以指导和协助。”

② 中央政法委书记孟建柱同志在《深化司法体制改革》一文中指出，“考虑到我国将长期处于社会主义初级阶段的基本国情，将司法机关的人财物完全由中央统一管理，尚有一定困难。应该本着循序渐进的原则，逐步改革司法管理体制，先将省以下地方人民法院、人民检察院人财物由省一级统一管理。地方各级人民法院、人民检察院和专门人民法院、人民检察院的经费由省级财政统筹，中央财政保障部分经费。”

途径。但是问题在于，掌控人事、财政大权的上级司法机关如何避免自身不会不当干涉下级司法机关办案呢？或者说我们在司法去地方化的同时是否也在走向一个不断强化司法行政化的极端呢？而且，这种担忧也是客观存在的。影响人民法院依法独立行使职权的两大因素之一就是司法的行政化，其中就包括了司法管理的行政化。因此，对于司法去地方化过程中而导致的上级司法机关司法行政权的强化必须有充分的认识，并提供相应的制度应对。对此，我们认为应当提倡司法行政的民主化。对司法行政的管理不能够采用传统的集权性的管理方式，必须考虑司法的专业性规律。严格来说，对于司法行政事务应当以实现专业人自治为最终目标。考虑到司法改革的循序渐进性，现阶段应当以推进司法行政事务的民主化为目标，即发挥审判人员在司法行政管理中的作用，吸纳审判人员代表参与司法行政决策过程，在民主的基础上达成司法行政决策。随着改革中司法行政管理权不断回归到国家层面，关注司法行政的民主化改革应当是改革中的一项关键内容。

4. 人财物统一管理与人大监督问题

在司法机关借由人财物统一管理不断摆脱地方控制的过程中，地方人大是否会借助于否决法院报告的形式以实现对司法的干预成为人财物统一管理改革中令人担忧的一个问题。实践中也曾经出过这样的情况。[①] 问题的实质在于如何看待地方人民代表大会否决法院工作报告的性质及其约束力问题。法院运作的基本规律要求实现法官个人负责制，不能由院长承担案件办理责任，也不能由其承担政治责任。因此，这里需要对宪法及相关组织法规定的人民法院对权力机关“负责”作出合理解释。“负责”并不一定意味着就需要承担政治责任，负责也可以理解成为受其整体性的监督，而且，在整体性监督意义上理解法院与人大的关系可能更符合我国的国情。基于此，地方人民代表大会否决法院工作报告，院长无须承担政治责任。具体而言，如果否决的是报告中过去的法院工作总结，则应视为是对法院工作的监督、建议，是对法院过去工作不满的意见表达；如果否决的是未来的工作规划，则应当对此作出修改、完善并重新通过。

---

① 例如2001年，沈阳中级人民法院的工作报告未获得同级人大通过；2007年，衡阳中级人民法院的工作报告未获得当地人大通过。

（三）司法辖区与行政辖区的分离

在我们国家，司法受制于地方成为当前司法改革的一项重大难题。这种受制在外观上体现为人、财、物受制于同级人大、政府，而在实质上则体现为司法管辖区与行政辖区两者的重合。“现行的司法辖区与行政辖区合一，司法机关与同级行政机关产生于同级权力机关的体制，极利于地方权力机关、行政机关与司法机关在保护地方利益方面进行超越法律的配合，从而形成地方保护主义。”[①] “随着改革开放后地方权力的扩大和地方利益的增长，地方保护主义发展到了十分严重的程度。相当多的地方领导把同级法院看作是自己的下属部门，对司法横加干涉，甚至以地方政策公然对抗宪法和法律的执行。”“可以说，司法权地方化是当前许多地方严重存在有法不依、执法不严、违法不究现象的重要原因。”[②] 因此，重新设置司法管辖区，实现行政辖区和司法管辖区的分离应当成为司法改革的一项重要举措，有很多学者对这一设想进行了梳理、论证，但是至今这种设想未能成为现实。[③]

2013 年 11 月，十八届三中全会《中共中央关于全面深化改革若干重大问题的决定》提出“探索建立与行政区划适当分离的司法管辖制度”。2015 年 2 月，最高人民法院印发《关于全面深化人民法院改革的意见——人民法院第四个五年改革纲要（2014—2018）》明确了改革的时间表与具体方案，表示“到 2017 年底，初步形成科学合理、衔接有序、确保公正的司法管辖制度”。2014 年 10 月，十八届四中全会《中共中央关于全面推进依法治国若干重大问题的决定》进一步提出，“探索设立跨行政区划的人民法院和人民检察院，办理跨地区案件”。探索设立跨行政区划人民法院，是我国司法体制改革的重要内容和重大举措。

1. 动因：司法权之地方化

习近平总书记在十八届四中全会相关决定的说明中指出，建立跨行政区划的人民法院和人民检察院，目的就是“排除对审判工作和检察工作的干扰、保障法

① 刘太刚：《重划司法辖区，强化统一国家意识》，载《法学杂志》，1999（2）。
② 刘会生：《人民法院管理体制改革的几点思考》，载《法学研究》，2002（2）。
③ 参见龙耀：《行政权与司法权分立途径探索》，载《行政与法》，1996（2）。

院和检察院依法独立公正行使审判权和检察权”[1]。本轮司法体制改革的逻辑和主轴，是明确司法的中央事权地位，司法“去地方化”[2]。所谓司法地方化，是指司法机关及其工作人员在职权行使过程中受到地方有关部门或者地方利益团体的不当干涉，导致司法职权无法独立公正行使，从而出现的一种司法异化现象。[3] 司法本为中央事权，法院无论设在哪里，都是国家的法院，执行的都是国家的法律。但在司法地方化的影响下，司法人员偏袒本地人或企业，损害外地人或企业的合法权益，破坏司法统一，危害司法公正，消解司法权威。而司法地方化的产生，很大程度上源于司法区划与行政区划高度重合，以及由此而来的法院人财物的地方化。

首先，司法区划与行政区划的高度重合是司法地方化产生的根源。《宪法》第 30 条规定，我国现行行政区划主要包括：“（一）全国分为省、自治 区、直辖市；（二）省、自治区分为自治州、县、自治县、市；（三）县、自治县分为乡、民族乡、镇。直辖市和较大的市分为区、县。自治州分为县、自治县、市。”我国法律上并没有司法区划的概念，法院基本上依托于行政区划而建立，具体而言，从纵向上看，行政区划分四个层级：国家、省、设区的市、县，与之相对应的是，法院也分为四个层级：最高、高级、中级、基层。从横向上看，依托该区划所设置的法院通常只受理该行政区划内所发生的案件。所以，有行政区则有相应法院，行政区划的范围原则上决定法院地域管辖的范围。[4] 每一个省级行政区划内，设置一个高级人民法院；每一个地级行政区划范围内，设置一个中级人民法院；每一个县级行政区划范围内，设置一个基层人民法院。如海淀区人民法

---

① 习近平：《关于〈中共中央关于全面推进依法治国若干重大问题的决定〉的说明》（2014 年 10 月 28 日）。

② 陈卫东：《司法“去地方化”：司法体制改革的逻辑、挑战及其应对》，载《环球法律评论》，2014（1）。

③ 参见张卫平：《司法改革：分析与展开》，126 页，北京，法律出版社，2003。

④ 最高人民法院对行政区划变更后法院案件管辖的司法解释也印证了这一观点，参见《最高人民法院关于原审法院机构撤销和管辖区域变更后判决改判问题的批复》（〔62〕法文字第 3 号）；《最高人民法院关于原审法院管辖区域变更后判决改判问题的批复》（〔62〕法文字第 7 号）；《最高人民法院关于人民法院管辖区域变更后已经生效判决的复查改判管辖问题的复函》（法函〔1998〕81 号）。

院，对应的政府为海淀区人民政府，受理的是海淀区范围内的案件。司法地方化，其基础在于司法区划与行政区划的重合或对应，这为地方党政机关干涉法院审判权行使提供了制度土壤。

其次，"人""财""物"的地方化是司法地方化产生的诱因。很多学者指出，司法地方化之所以会必然产生，原因就在于我国的法院系统是与行政区划对应设置的，司法辖区与行政辖区合一，使法院的人事任免和财政供给分别受同级权力机关和行政机关的控制，并使其在实质性权力关系上还受地方党委的控制。①《宪法》第101条规定，"县级以上的地方各级人民代表大会选举并且有权罢免本级人民法院院长和本级人民检察院检察长。"第128条规定，"最高人民法院对全国人民代表大会和全国人民代表大会常务委员会负责。地方各级人民法院对产生它的国家权力机关负责。"《人民法院组织法》第35条规定，"地方各级人民法院院长由地方各级人民代表大会选举，副院长、庭长、副庭长和审判员由地方各级人民代表大会常务委员会任免。"《法官法》第11条亦有类似规定。地方法院由同级权力机关产生，地方法官由同级人大任免，地方法官由本地党政部门管理。作为裁判主体的法官，其任免、编制、升迁、待遇、前途都由地方控制，显然，审判权的行使很容易受制于地方。与此同时，《人民法院财务管理暂行办法》第3条规定，人民法院财务管理的原则是"分级管理、分级负担"。这使法院的财政完全隶属、依赖于地方财政，而地方财政收支状况则完全取决于地方经济的运行及税收状况。由于对地方财政的依赖，地方法院审理案件时往往不得不更多地从地方的角度考虑问题，继而为地方保护主义大行方便。"就人类天性之一般情况而言，对某人的生活有控制权，等于对其意志有控制权。"② 设在地方的国家法院，人、财、物受制于地方党委政府，地方相关单位或个人若有意干扰案件办理，法院很难抗拒。

---

① 参见焦洪昌：《从法院的地方化到法院设置的双轨制》，载《国家行政学院学报》，2000（1）；郝昭、甘桂芬：《论司法公正与行政诉讼管辖改革的方向》，载《河南师范大学学报》（哲学社会科学版），2006（6）。

② ［美］汉密尔顿等：《联邦党人文集》，程逢如等译，391页，北京，商务印书馆，1980。

故而，“随着社会主义市场经济深入发展和行政诉讼的出现，跨行政区划乃至跨境案件越来越多，涉案金额越来越大，导致法院所在地有关部门和领导越来越关注案件处理，甚至利用职权和关系插手案件处理，造成相关诉讼出现‘主客场’现象，不利于平等保护外地当事人合法权益、保障法院独立审判、监督政府依法行政、维护法律公正实施”[①]。实施国法的地方法院在审判中维护当地的利益，俨然成了地方的法院。司法的属地化只是表象，“在属地化的背后，其实质是地方割据和地方格局所形成的地方利益”[②]。政绩考核下的地方竞争态势，无疑加剧了这一趋势。早在 1998 年，法院人士就开始讨论司法权力地方化的弊端[③]，提出的对策之一，便是脱离行政区划设立法院。2002 年全国法院会议上，当时的最高人民法院院长肖扬即提出，“调整人民法院设置，突破按行政区划设置的模式”[④]。遗憾的是，之前的司法改革都没有触及这一问题。在全面深化改革的当下，为排除地方干扰，强化司法权的统一行使，凸显司法权系中央事权的基本属性，探索跨行政区划法院显得十分迫切和必要。

2. 借鉴：司法管辖区与行政辖区分离的域外经验

从域外司法实践来看，司法管辖区与行政辖区的分离设置对于防止司法地方化，确保司法独立确实起到了良好的制度效果。司法管辖区制度的设置最初的动因就是要打破封建领主对领地的司法控制。英国早在 13、14 世纪通过巡回法院的逐步设置实现了法制在一国主权范围内的统一。这种司法管辖区制度设置同样也被引入美国。美国巡回法院的设置不依据行政区划进行在客观上也起到了维护司法独立的效果。实际上，美国在特定州内的司法管辖区的具体设置也与行政辖区并不重合。美国比较大的州一般需要划分成不同的司法管辖区，而法院仅设置在某一特定的行政区内。例如，阿拉巴马州被划分为北、中、南三个司法辖区，

---

① 《〈中共中央全面推进依法治国若干重大问题的决定〉辅导读本》，59～60 页，北京，人民出版社，2014。

② 刘作翔：《中国司法地方保护主义之批判——兼论“司法权国家化”的司法改革思路》，载《法学研究》，2003（1）。

③ 参见蒋惠岭：《司法权力地方化之利弊与改革》，载《人民司法》，1998（2）。

④ 肖扬：《在第十八次全国法院工作会议上的报告》（2002 年 12 月 22 日）。

其中每个不同的辖区又划分为不同的分支机构，而每个分支下辖若干县，法院则位于其中的某一行政区域。北部司法辖区被划分为 7 个不同的分支机构，其中，西北分支机构下辖科尔波特（Colbert），富兰克林（Franklin）以及劳德代尔（Lauderdale）三个县，而法院则设置在佛罗伦萨（Florence）。[①] 而在司法辖区分立设置的时候，根据 1978 年联邦司法会议建立的规则，设置新的联邦司法辖区应当考虑四个方面的因素，即案件负担、司法管理、地理位置以及社区便利。[②]

在大陆法系的德国和法国，两者同样都按照司法区设置法院，法院在哪里设置与行政区域没有什么关系，这主要是由于历史原因而形成的，同时也根据社会的发展进行调整，原则是要方便诉讼。[③] “德、法两国法院按司法区设置，与行政区完全脱节，主要就是为了保证司法独立。”[④] 俄罗斯近年进行的司法改革也将维护司法独立，减少地方对司法的干预作为一项重要内容，而其改革的举措就是不按行政区划设置司法管辖区。[⑤]

3. 资源：国内已有的跨行政区划法院

“中国的法治之路必须注重利用中国本土的资源，注重中国法律文化的传统和实际。”[⑥] 任何制度设计或制度创新都应立足于本国国情，否则就会南橘北枳，司法改革同样不能依样画葫芦。论及跨行政区划法院时，很多学者将视角放在域外，从多数国家司法区划与行政区划相区别的角度论证跨行政区划法院的合理性，这固然不错，但我认为，对探索建立跨行政区划法院而言，更重要的是，要看我国是否具备设立跨行政区划法院的制度资源。细究之，我国固然面临司法区

---

① 关于美国各州法院司法辖区的具体设置情况，见 http://policy.mofcom.gov.cn/english/flaw!fetch.actionid=b226f749-58e1-4030-8b13-16964a48af44&pager.pageNo=6. 最后访问时间：2013-08-29。

② See：Abilltoamendtitle28，unitedstatescode，todivideNewJerseyinto2judicialdistricts，见 http://www.abiworld.org/AM/Template.cfmSection=107th _ Congress&Template=/CM/ContentDisplay.cfm&ContentID=31419，2013-08-29.

③ 参见周道鸾主编：《外国法院组织与法官制度》，95 页，北京，人民法院出版社，2000。

④ 周道鸾主编：《外国法院组织与法官制度》，115 页，北京，人民法院出版社，2000。

⑤ 参见李卫平：《关于司法管辖区制度的几点思考》，载《河南社会科学》，2004（4）。

⑥ 苏力：《法治及其本土资源》，6 页，北京，中国政法大学出版社，2004。

划和行政区划高度重合的现实，但也存在法院管辖范围与行政区划相分离的实践，这为我们推行相关改革奠定了基础。

（1）因行业需要而设立的专门法院

专门法院是典型的跨行政区划法院，1979 年《人民法院组织法》以列举的方式规定了专门法院，“专门人民法院包括：军事法院、铁路运输法院、水上运输法院、森林法院、其他专门法院。”但 1983 年《人民法院组织法》修订时，该款被删掉，只是概括性地规定军事法院等专门法院。实践中，先后存续有军事法院、铁路运输法院、海事法院、林区法院、矿区法院①、油田法院、农垦法院等专门法院。

军事法院是《人民法院组织法》明确规定的专门法院。军事法院分三级设置，中国人民解放军军事法院为一级，军区级单位的军事法院为一级，兵团和军级单位的军事法院为一级。各级军事法院的审判工作受中华人民共和国最高人民法院监督，下级军事法院的审判工作受上级军事法院监督。中国人民解放军军事法院院长由最高人民法院院长提请全国人民代表大会常务委员会任免。②

铁路法院初建于 1954 年 3 月，当时称为“铁路沿线专门法院”。1957 年 9 月根据国务院《关于撤销铁路、水上运输法院的决定》予以撤销。随着中国改革开放和经济建设全面启动，1980 年 7 月 25 日，根据司法部、铁道部联合发出的《关于筹建各级铁路法院有关编制的通知》，在北京设立铁路运输高级法院（1987 年 5 月撤销），在铁路局所在地设立铁路运输中级法院，在铁路分局所在地设立铁路运输法院。1980 年左右，全国铁路运输法院筹备建立，1982 年 5 月 1 日正式办案。随着铁路管理体制的调整，铁路法院体制也有所变化。铁路法院系统的

---

① 以“矿区法院”命名的法院有山西大同市矿区人民法院、山西阳泉市矿区人民法院以及河北井陉矿区人民法院等，因这些曾经的矿区已经成为行政区，这些矿区法院实际上也不再是专门法院。目前，以专门法院面目出现的矿区法院仅有甘肃矿区人民法院（参见杨帆、吕偲偲：《专门法院向何处去——建立与行政区划适当分离的司法管辖制度探索》，载《全国法院第二十六届学术讨论会论文集：司法体制改革与民商事法律适用问题研究》，知网发表）。2012 年 3 月，该法院正式纳入全国法院统一序列，作为中级法院由甘肃省高级人民法院垂直管理。

② 军事法院体制正处于改革之中，与本书主题亦不紧密，欲了解相关知识，详见张建田：《关于军事法院体制改革问题的思考》，载《法学杂志》，2016（2）；张朝晖：《我国军事审判体制的演进与变革》，《西安政治学院学报》，2016（2）。

人财物由铁路部门承担，企业办法院的模式，一直为人诟病。[①] 2009 年 7 月 8 日，《关于铁路公检法管理体制改革和核定政法专项编制的通知》要求，铁路公检法整体纳入国家司法体系，铁路法院整体移交驻在地省（直辖市、自治区）党委、高级人民法院管理。目前，全国铁路法院完成管理体制改革，整体纳入国家司法体系。铁路法院的人财物由所在地的省级统管。[②] 基层铁路运输法院为省内基层法院，铁路运输中级法院为中级法院。根据相关规定[③]，就铁路运输法院的专属管辖事项而言，基层铁路运输法院所判案件的二审法院为对应的铁路运输中级法院，省内没有对应铁路运输中级法院的法院，审理的专属管辖之外的案件，二审法院为所在地中级人民法院。[④] 就铁路相关案件而言，铁路运输法院的管辖范围与其对应铁路局一致。划归各省统管后，各法院还承担了一些省级法院指定管辖或省内集中管辖的案件。

铁路运输法院体系

<table>
<tr><th></th><th colspan="2">高级法院</th><th colspan="2">铁路运输中级法院</th><th>基层铁路运输法院</th></tr>
<tr><td rowspan="8">铁路运输法院</td><td rowspan="2">1987 年前</td><td rowspan="2">1987 年后</td><td rowspan="6">跨省管辖</td><td>北京</td><td>北京、天津、石家庄</td></tr>
<tr><td>上海</td><td>上海、杭州、合肥、南京、徐州</td></tr>
<tr><td rowspan="6">铁路运输高级法院</td><td rowspan="6">所在地高级法院</td><td>南昌</td><td>南昌、福州</td></tr>
<tr><td>广州</td><td>第一（广州）、第二（肇庆）、怀化、长沙、衡阳</td></tr>
<tr><td>成都</td><td>成都、重庆、贵阳、西昌</td></tr>
<tr><td>兰州</td><td>兰州、武威、银川、西宁</td></tr>
<tr><td rowspan="2">省内管辖</td><td>哈尔滨</td><td>哈尔滨、齐齐哈尔、牡丹江、佳木斯</td></tr>
<tr><td>长春</td><td>长春、吉林、通化、白城、图们</td></tr>
</table>

① 参见沈颖、赵蕾：《铁路法院该姓啥——从曹大和案看铁路法院改革之路》，见 http://www.infzm.com/enews/infzm/1143，2016－09－30。

② 目前看到的例外是，杭州、合肥两地铁路运输法院的院长、法官由所在地市级人大常委会任命。

③ 参见《最高人民法院关于铁路运输法院案件管辖范围的若干规定》（2012 年 7 月 2 日）。

④ 如《河北省高级人民法院关于指定石家庄铁路运输法院管辖民事案件的通知》［冀高法（2013）78 号］中规定，自 2013 年 10 月 1 日起，石家庄铁路运输法院正式受理石家庄市桥西区、桥东区、长安区、新华区、裕华区内发生的运输合同纠纷和保险合同纠纷民事一审案件。以上案件的二审法院为石家庄市中级人民法院。

续前表

<table>
<tr><th></th><th colspan="2">高级法院</th><th colspan="2">铁路运输中级法院</th><th>基层铁路运输法院</th></tr>
<tr><td rowspan="10">铁路运输法院</td><td rowspan="10">铁路运输高级法院</td><td rowspan="10">所在地高级法院</td><td rowspan="10">省内管辖</td><td>沈阳</td><td>沈阳、锦州、大连、丹东</td></tr>
<tr><td>太原</td><td>太原、大同、临汾</td></tr>
<tr><td>济南</td><td>济南、青岛</td></tr>
<tr><td>郑州</td><td>郑州、洛阳</td></tr>
<tr><td>武汉</td><td>武汉、襄阳</td></tr>
<tr><td>昆明</td><td>昆明、开远</td></tr>
<tr><td>南宁</td><td>南宁、柳州</td></tr>
<tr><td>西安</td><td>西安、安康</td></tr>
<tr><td>呼和浩特</td><td>呼和浩特、包头、通辽、海拉尔</td></tr>
<tr><td>乌鲁木齐</td><td>乌鲁木齐、哈密、库尔勒</td></tr>
</table>

海事法院源于水上运输法院，1984 年 5 月，最高人民法院和交通部联合发布《关于设立海事法院的通知》，决定设立海事专门法院。同年 6 月，上海海事法院等六家海事法院挂牌成立。海事法院的人财物早期由交通部门负责[①]，设立、管辖区域和范围由最高人民法院确定。[②] 海事法院由所在地的市人民代表大会常务委员会产生，法官由所在地的市人民代表大会常务委员会任免。[③] 海事法院作为中级法院管辖第一审海事案件和海商案件，不受理刑事案件和其他民事案件。对海事法院的判决和裁定的上诉案件由海事法院所在地的高级人民法院管辖。全国共设有 10 家海事法院。1999 年 6 月，先行设立的 6 家海事法院成建制转入所在地的省委、省人民政府、省高级人民法院共同管理，与原交通部彻底脱钩。[④] 海事法院的管辖范围主要依据水域进行划分，具有脱离行政区划、延伸范围极大的特点。如大连海事法院，管辖区域范围东自鸭绿江口的延伸海域和鸭绿江水域，西至辽宁省与河北省交界处的山海关海域，包括渤海一部分和黄海一部分海

① 参见《最高人民法院、交通部关于设立海事法院的通知》(1984 年 5 月 24 日)。

② 参见《最高人民法院关于设立海事法院几个问题的决定》(1984 年 11 月 28 日)，《最高人民法院关于调整武汉、上海海事法院管辖区域的通知》(1987 年 7 月 28 日)。

③ 参见《全国人民代表大会常务委员会关于在沿海港口城市设立海事法院的决定》(1984 年 11 月 14 日)。

④ 参见谭学文：《司法体制改革中的本土资源——海事法院的探索和启示》，载《中国海商法研究》，2015 (1)。

域，海岸线 2 920 千米，岛屿 500 多个。[1] 为方便诉讼，海事法院设有派出法庭，如大连海事法院，设有锦州、鲅鱼圈、东港、长海、哈尔滨五个派出法庭。[2]

海事法院体系

	高级法院	中级法院（一审法院）
海事法院	所在地高级法院	大连、天津、青岛、上海、宁波、厦门、武汉、北海、广州、海口

20 世纪 70 年代末期，我国东北、内蒙古等国有林区所在县在管辖区的林业局先后建立起林区法院。后来，我国陆续设立近 150 个林区法院，其中东北地区较多，仅吉林一个省就有 17 个林区基层法院，黑龙江省更多达 30 个林区基层法院。[3] 林区法院的人财物由林业部门负责。[4] 2007 年，中央机构编制委员会经过与国家林业局和最高人民法院协商，要求将林区法院、检察院机构从原所属林业部门或企业中分离出来，纳入国家司法管理体系，由地方法院和检察院管理，林区法院走向正规化。[5] 目前，林区法院的人财物由省级统管。

林区法院体系

	高级法院	中级法院		基层法院
林业法院	所在地高级法院	黑龙江省	黑龙江省林区中级人民法院	方正、山河屯、兴隆、亚布力、绥棱、通北、沾河、苇河、东方红、东京城、海林、大海林、穆、棱、绥阳、柴河、林口、八面通、清河、迎春、鹤立、鹤北、桦南、双鸭山
		吉林省	长春林区中级法院	红石、白石山、抚松、江源、临江
			延边林区中级法院	敦化、和龙、汪清、白河、珲春
		甘肃省	甘肃省林区中级法院	卓尼、迭部、舟曲、文县

油田法院是设立在国有大中型油田的专门法院。我国曾设有胜利油田人民法

①② 参见大连海事法院简介，见 http：//dlhsfy.chinacourt.org/article/detail/2014/12/id/1518021.shtml，2016—09—30。

③ 参见杨帆、黄斌：《试论林区法院的设置改革》，载《法律适用》，2011（7），85 页。

④ 参见《关于在重点林区建立与健全林业公安、检察、法院组织机构的通知》（1980 年 12 月 1 日）。

⑤ 参见《中央机构编制委员会办公室关于为森林公安和林业法检机构核定政法专项编制等事项的通知》（中央编办发〔2007〕19 号）。

院和胜利油田中级人民法院，后东营建市，改建为东营区人民法院和东营市中级人民法院。我国仍存在的油田法院是辽河油田法院。2009 年，辽河油田两级法院根据国务院办公厅《关于中央企业分离办社会职能试点工作有关问题的通知》（国办发〔2004〕22 号文件）精神，一次性全部分离并按属地原则移交辽宁省高级人民法院管理，实现了由企业法院向正规法院的转变，法院名称更名为辽宁省辽河中级人民法院和辽河人民法院，干警职级和工资待遇执行省直驻外机关的有关规定。法院的管辖范围为辽河油田的生产区、管理区、生活区，涉及辽宁省和内蒙古的 13 个地市、32 个县（旗、区）。①

伴随着新疆生产建设兵团的成立、发展和壮大，新疆生产建设兵团法院产生。② 1998 年 12 月，全国人大常委会决定在新疆维吾尔自治区设立新疆维吾尔自治区高级人民法院生产建设兵团分院，作为自治区高级人民法院的派出机构；在新疆生产建设兵团设立若干中级人民法院；在生产建设兵团农牧团场比较集中的垦区设立基层人民法院。③ 兵团法院的法律地位就此正式确立。兵团法院系统现设有三级 43 个人民法院，其中，作为自治区高级人民法院的派出机构兵团分院设在乌鲁木齐市，在全区 13 个地州市所在地的师设有 13 个中级人民法院，在农牧团场相对集中的垦区设有 29 个垦区人民法院和 37 个人民法庭。兵团分院行使除死刑二审案件之外的高级法院的审判执行职能，师中级人民法院行使地州一级中级法院的审判执行职能；垦区人民法院行使县级基层法院审判执行职能。兵团分院业务上受最高人民法院和自治区高级人民法院的监督、指导，同时监督指

---

① 参见辽河中级人民法院概况，见 http://lnlhzy.chinacourt.org/public/detail.php? id＝32，2016－09－30。

② 1954 年 10 月兵团正式组建并成立军法处，在下属 10 个师级单位设立军法处，行使刑事审判权。1956 年 8 月兵团各级军法处改建为军事法院，隶属新疆军区军事法院领导，依法审理刑事及部分民事案件，并担负改造、教育在押罪犯的任务。1975 年 3 月兵团建制被撤销，兵团各级军事法院相应并入自治区高级人民法院及地、州、市所在地中级人民法院。1981 年 12 月兵团恢复建制。1983 年 11 月，兵团公、检、法、司及监狱管理等机构恢复建立。恢复组建后的兵团法院按三级设置，行使普通法院的审判权，死刑案件由自治区高级人民法院复核。

③ 参见《全国人大常委会关于新疆维吾尔自治区生产建设兵团设置人民法院和人民检察院的决定》（1998 年 12 月 29 日）。

导所属中、基层法院的审判工作。[①]

1982年2月，经国家司法部［(1982）司法专字第24号文件］批准，经黑龙江省第5届人大常委会第19次会议审议，通过了黑龙江省高级人民法院关于设立省农垦区人民法院的请示，决定在黑龙江省国营农场管理总局设立省农垦中级法院及在8个国营农场管理局设立农垦法院。黑龙江省农垦中级法院地处哈尔滨市，下辖宝泉岭等8个农垦基层法院。[②] 农垦法院受理农垦局管辖范围内的各类案件。

2014年8月31日，第十二届全国人大常委会第十次会议审议通过了关于在北京、上海、广州设立知识产权法院的决定，同时根据《最高人民法院关于北京、上海、广州知识产权法院案件管辖的规定》，三个法院管辖所在市辖区内的第一审知识产权案件，广州知识产权法院还对广东省内一定的知识产权案件实行跨区域管辖。

专门法院多是为了某一特定目的而设立的法院，如铁路法院是为了保障铁路运输稳定，林区法院是为了维护林区秩序[③]，油田矿区法院是为了保障油田矿区生产，成立初期往往隶属于某些机关、公司、企业。早期的专门法院虽有跨行政区划的形式，但与相关单位的联系更为密切，从某种意义上说，它们是一种部门法院，并非理想意义上的专业法院，对案件的公正审判并无积极意义，反而有消极影响。伴随着经济社会发展，国家逐步将这类法院纳入国家统一管理，这些法院也脱离原来的部门或单位，正在成为或已经成为专业化的法院，这为我们的跨行政区划法院改革进行了铺垫。

---

① 参见新疆兵团法院简介，见 http：//xjbtfy. chinacourt. org/article/detail/2014/06/id/1310280. shtml，2016－09－30。

② 参见黑龙江农垦法院简介，见 http：//hljnkzy. hljcourt. gov. cn/public/detail. php? id＝2039，2016－09－30。

③ 《关于在重点林区建立与健全林业公安、检察、法院组织机构的通知》（1980年12月1日），该通知指出，“我国森林资源少，长期以来又保护管理不善，执法不严，森林的破坏极其严重”“许多林区地处边防前哨，近几年来，反内潜外逃和治安管理任务也很突出”。

（2）因审级制度而设立的无对应行政区划的人民法院

专门法院诞生之初，尚有对应的管理部门。在我国的法院序列中，还有一类法院，因为审级制度的需要而设立，没有对应的行政区划和管理部门，多数学者也将其视为跨行政区划的人民法院。

我国的法院体制为四级两审制[①]，在设县的市设立中级人民法院，作为基层人民法院的二审法院。但直辖市的行政区划中，并没有地级市的设置，为理顺法院的层级关系，各直辖市在划定管辖区域的基础上，设立中级法院，划片管辖各基层法院。全国四个直辖市，共设立了 14 个中级法院，管辖 94 个基层法院。这一层级的中级法院，并没有党政、人大系统相对应，从某种程度上讲，是没有行政区划的法院。另外，在省管县的改革中，出现了没有地级市领导的区县，对此类区县二审法院的安排，也是一种制度创新。如 1999 年 10 月 18 日，经报请最高人民法院同意，中央编制委员会批准，湖北省汉江中级人民法院设立，直接隶属于湖北省高级人民法院管理，受省人大监督，辖区范围为天门、潜江、仙桃三个省直管市。[②] 2014 年，河南省设立河南省第一中级人民法院，负责巩义市、汝州市、邓州市、永城市、固始县、鹿邑县、新蔡县 7 个县（市）的重大案件一审、基层法院案件二审及审判监督工作。济源中级人民法院更名为河南省第二中级人民法院，管辖济源市、兰考县、滑县、长垣县 4 个县（市）的相关审判工作。[③] 海南省第一中级人民法院、海南省第二中级人民法院也是这一类型的中级法院。[④]

有些地级市，并没有设置市辖区，在其基层法院的设置中，出现了脱离行政区划的基层法院，广东省东莞市、广东省中山市、甘肃省嘉峪关市、海南省三沙

---

① 参见刘忠：《四级两审制的发生和演化》，载《法学研究》，2015（4），41～57 页。

② 参见湖北省汉江中级人民法院简介，见 http://hjzy.hbfy.gov.cn/DocManage/ViewDoc?docid=3b70f040－aa6d－11e1－8a71－4c1fcc467667，2016－09－30。

③ 参见《十个直管县党委，由省委直接领导》，载《河南商报》，2013－11－29，A08 版。济源中级人民法院作为受理直管县二审案件的中级法院，在 2003 年成立。

④ 参见海南省第一中级人民法院简介，见 http://www.hicourt.gov.cn/court/courthnzy.asp，2016－09－30。

市即是如此。以中山市为例，2007年10月，根据《最高人民法院关于同意在东莞市、中山市撤销、设立基层人民法院的批复》（法〔2007〕187号），原中山市人民法院撤销，分别成立中山市第一人民法院和中山市第二人民法院。中山市第一人民法院管辖范围包括中山市火炬高新技术产业开发区以及石岐区、东区、西区、南区、五桂山、民众、南朗、港口、大涌、沙溪、三乡、板芙、神湾、坦洲共15个镇区。[①] 中山市第二人民法院管辖范围包括中山市北部的小榄、东升、黄圃、南头、三角、东凤、阜沙、古镇、横栏9个镇。[②] 中山市第一人民法院和中山市第二人民法院完全没有受到行政区划的限制。无对应行政区划的基层法院还有四川省科学城人民法院、三亚市城郊人民法院。[③] 此外，各地的开发区人民法院也属于脱离行政区划的法院，虽然有其对应的同级管委会，但开发区法院产生于所在的地级市人大常委会。此类法院，没有对应的行政区划及相关机构，其设置或是为了审级制度的落实，如直辖市中院的设立，或是为了合理配置案件资源，如中山法院的一分为二，目的并不在于规避地方干预，并非完全意义上的十八届四中全会所要求探索的“跨行政区划法院”，更像上级法院的“派出法院”，但这些法院的设立以及前述专门法院纳入国家司法管理体系的行为，客观上是最高人民法院行使了设立下级法院的权力[④]，给跨行政区划人民法院的设立留下了

---

① 参见中山市第一人民法院简介，见 http：//www.zscourt.gov.cn/News/2011/06/03/1735868.shtml，2016—09—30。

② 参见中山市第二人民法院简介，见 http：//www.zsdefy.gov.cn/html/article/2013/12/25/3008.shtml，2016—09—30。

③ 四川省科学城人民法院成立于1994年11月10日，法院审判办公楼坐落在绵阳市科学城六区。为适应中国工程物理研究院国防科研事业和科学城辖区社会稳定的需要，经四川省人大决定和最高人民法院批准成立。行使基层人民法院的职权，管辖科学城辖区内发生的刑事、民商事、执行、行政等一审案件，受绵阳市人大常委会监督，接受绵阳市中级人民法院业务指导。三亚市城郊人民法院没有对应的行政区划，对三亚市人民代表大会和三亚市人民代表大会常务委员会以及三亚市中级人民法院负责并报告工作。

④ 前文已述，我国法律没有司法区划概念，但有行政区划的概念，省级单位的变更、设置权限在全国人民代表大会，省以下行政区划的变更权限在国务院。至于法院的设置，从历史上看，海事法院和新疆兵团法院的设立由全国人大常委会作出决定。但《设立海事法院的决定》第3条第2款规定：“各海事法院管辖区域的划分，由最高人民法院规定”，自此，最高人民法院掌握了划分管辖区域的权力，管辖区域的表述，某种意义上替代了司法区划。随后，在诸多专门法院和无对应行政区划法院设立的过程中，往往是中编办和最高人民法院共同批准的，可以说，最高人民法院在实际上行使设立省级以下法院的权力。

制度空间。

专业法院和无对应行政区划的人民法院，脱离了行政区划的羁绊，经费来源更加独立，法官任免独立于辖区，有利于防止地方干预，为探索跨行政区划法院给出了现实的参考，为法院体制改革提供了有益的借鉴。

4. 探索：试点中的跨行政区划法院

2014 年 12 月，中央全面深化改革领导小组第七次会议审议通过了《设立跨行政区划人民法院、人民检察院试点方案》，在依托铁路运输法院的基础上，全国首批跨行政区划人民法院——上海三中院和北京四中院挂牌成立。新设立的跨行政区划法院，不存在同级党政机关，没有对应的行政区划，相对超脱，是一项重大的制度创新，具有里程碑的意义。

（1）试点的情况与效果

以铁路运输法院为基础探索跨行政区划人民法院的设立具备可行性。首先，作为专门法院的铁路运输法院，司法管辖区与行政区划本来就是相分离的，与跨行政区划设置法院的改革理念相契合，提供了改革的“壳”。其次，铁路运输法院纳入统一司法管理体系后，已经实现省级统管，法官素养得到提升，但办案量处于不饱和状态，试点开始之前，各地已经纷纷让铁路运输法院承担指定管辖或集中管辖的任务，提供了改革的基础。再次，铁路法院具有刑事案件的管辖权，有相对应的检察院，将其置换为跨行政区划法院，便于整合资源，降低改革成本，更有可操作性。本书以下将以上海市第三中级人民法院与北京市第四中级人民法院为样本展开分析。

上海市三中院依托上海铁路运输中级法院设立，同时组建上海知识产权法院，与上海市第三中级人民法院合署办公，实行“三块牌子一个机构”[①]。试点过程中，上海三中院“以‘跨地区’、‘易受地方因素影响’和‘重大’三个要素作为跨行政区划法院案件管辖的判断标准”。在刑事案件管辖方面，确定管辖重大危害食品药品安全、侵犯知识产权、破坏环境资源保护刑事案件，海关所属公

① 卫建萍：《上海设立全国首个跨行政区划人民法院和人民检察院》，载《人民法院报》，2014－12－29，第 1 版。

安机关侦查的刑事案件，涉及水上、港口、海事、机场、轨道交通等公安机关侦查的交通运输领域刑事案件等。行政案件管辖方面逐步集中管辖本市基层行政案件。民商事案件管辖方面，初步确定的管辖方案是：1）涉环境资源保护、食品药品安全的重大民商事案件；2）涉企业破产案件；3）涉航空、公路、水路等具有跨地区特征的交通运输类合同纠纷案件等。① 上海三中院成立以来，共受理行政案件 1 019 件，其中，2015 年受理 610 件，2016 年上半年受理 409 件。其中，近 4 成民告官案被告为上海市政府。②

北京市四中院依托北京铁路运输中级法院设立，按照相关文件，北京市第四中级人民法院管辖如下案件：1）以本市区县人民政府为被告的行政案件；2）按照级别管辖标准，应由本市中级人民法院管辖的金融借款合同纠纷案件、保险纠纷案件、涉外及涉港澳台的商事案件；3）跨地区的重大环境资源保护案件、重大食品药品安全案件；4）市人民检察院第四分院提起公诉的案件；5）市高级法院指定管辖的其他特殊案件；6）原北京铁路运输中级法院管辖的刑事、民事案件。③ 在成立一周年的发布会上，北京四中院公布，北京四中院充分发挥跨行政区划法院职能作用，履职一年来共受理各类案件 1 892 件，其中行政案件 1 396 件；共结案 1 700 件，法定审限内结案率达 99.44%，实现了上诉案件“零改发”，群体访、越级访“零纪录”的良好质效。从受理案件看，北京四中院审理的各类案件呈现出“以告区县政府一审行政案件为主，兼顾特殊主体重大职务犯罪案件和特殊重大民商事及公益诉讼案件”的特点。其中行政案件占 73.8%，民商事案件占 20%，刑事案件占 1.6%，执行案件占 4.6%。④

① 参见吴偕林：《上海三中院探索跨行政区划法院改革的实践与思考》，载《人民法治》，2016（1），12 页。

② 参见《北京上海跨行政区划法院检察院成立一年多取得阶段性成果》，见 http://www.chinapeace.gov.cn/2016－08/19/content_11362953.htm，2016－09－30。

③ 参见《四中院、四分检揭牌跨行政区划办案》，载《新京报》，2014－12－31，第 A08 版。

④ 参见郭京霞、赵岩、杨晋东、邹慧：《北京四中院跨行政区划办案初见成效》，载《人民法院报》，2016－01－05，第 1 版。

（2）试点存在的问题

如媒体所言，试点取得了阶段性成果，但不容否认，试点还存在一些问题以及有待克服的难题。

首先，跨行政区划的法院“跨”的不够。试点的跨行政区划法院，还局限于直辖市范围内的跨行政区划，虽名为“跨行政区划”，但离真正意义上的“跨行政区划”还存在较大差距。结合前文直辖市中级法院的特点，就会发现所谓的跨行政区划管辖案件，也不过是原来法院案件的集中管辖。好在只是在原有法院系统的基础上增设管辖范围，而不是新设法院，不至于造成资源浪费。试点法院在特色上多强调审理行政案件，以区县政府为被告的案件实现了跨地区审理，但以市级政府为被告的案件还是在行政区划内。此外，改革试点也没有充分发挥铁路法院的优势，上海市三中院和北京市四中院是在上海铁路运输中级法院和北京铁路运输中级法院基础上设立的。这两个法院具有典型的跨行政区划特征，上海铁路运输中级法院下有上海、徐州、合肥、南京、杭州五个基层铁路运输法院，北京铁路运输中级法院下有北京、天津、石家庄三个基层铁路运输法院。遗憾的是，跨省办案仍然停留在专门管辖的铁路相关案件上。以上海为例，实践中徐州铁路运输法院、南京铁路运输法院已经集中管辖所在地的行政案件，若在铁路运输法院的基础上，统筹规划苏、皖、浙、沪的行政诉讼，或许更能实现跨行政区划法院设立的初衷，检验跨行政区划办案的效果。

其次，现行试点的一些具体做法有些思路不清。跨行政区划法院定位是明确的，就是审理跨地区案件，排除地方干扰。但现有的一些做法，却给人混乱不清之感。第一，专属管辖和指定管辖的混杂。这部分是由于在铁路运输法院基础上附加跨行政区划法院的结果，要保证跨行政区人民法院在成立后能真正担负起其应有的责任和发挥应有的作用，就得明确专门管辖的案件，目前所列的案件是否都属于跨区划法院该管辖的？有没有漏掉的？不能随意划分或指定。第二，基层法院和中级法院不配套。目前试点的法院在于中级法院，没有将基层法院纳入，未来评估试点效果，可能会有缺失。

5. 展望：司法管辖区与行政辖区分离设置的中国进路

(1) 作为法院体系补充的跨行政区划法院

改革应“蹄疾而步稳”，检索有关跨行政区划司法的相关文件，我们会发现，中央的态度是慎重的，十八届三中全会提出的是“探索建立与行政区划适当分离的司法管辖制度”，未见跨行政区划的字样，而且，文字表述是“探索”而非“完成”，是“适当分离”而非“分离”。十八届四中全虽更进一步，“探索设立跨行政区划的人民法院和人民检察院，办理跨地区案件”，文字表述仍然是探索。习近平总书记指出，建立跨行政区划的人民法院和人民检察院，最终实现“构建普通案件在行政区划法院审理、特殊案件在跨行政区划法院审理的诉讼格局”①。可见，当下司法体制改革规划的跨行政区划法院并非要完全颠覆现有的以行政区划为基础的法院体系，而是现有法院体系的适度调整，是将一部分跨地区的、容易受干扰的“特殊”案件从一般法院剥离出来，统一交给所谓的跨行政区划法院审理。结合目前的试点情况，可以设想，改革后的跨行政区划人民法院大概是如下模式。

在法院设置上，比较简单可行的做法是，在目前 18 个铁路运输中级法院、61 个铁路运输基层法院的基础上，构建省内的跨行政区划法院，没有铁路运输中级法院的地方补齐相关设置。此种方案与目前的省级统管相照应，问题在于，对跨省案件的处理可能需要由最高人民法院指定管辖，有违管辖的确定性原则。更进一步的做法是，在整合专门法院资源的基础上②，可以考虑设立基层、中级、高级三级跨行政区划法院。比如，在北京、天津和河北成立几家基层跨区法院，审理区域内基层跨区案件。在这个区域内成立一两家中级法院，再在一个相对比较大的区域，比如华北地区，设置跨区域高级法院。这样，就可单独形成一

① 习近平：《关于〈中共中央关于全面推进依法治国若干重大问题的决定〉的说明》（2014 年 10 月 28 日）。

② 某些专门法院是特定历史时期的产物，在目前看来，海事法院由于海商案件的特殊性或许需要保留，但也出现了管辖的松动，海事法院审理海商案件，但海商案件并非一概由海事法院受理。铁路运输案件、林业案件、农垦案件，并没有特别大的特殊性，完全可以将这些法院的相关专门职能腾空，改设跨区划法院。

套比较完整的、以中央事权为特征的、同普通法院系统并行不悖的跨区法院体系。[①]

在管辖案件上，应以立法的形式明确所谓的特殊案件的标准和范围，以跨行政区划、影响人民重大利益的、容易受行政机关或地方其他部门干扰的案件为限。结合人民法院改革“四五纲要”的规定，应当包括重大行政案件、环境资源保护、企业破产、食品药品安全等易受地方因素影响的案件、跨行政区划人民检察院提起公诉的案件。[②]在此基础上，还应当增加反垄断案件、重大的金融欺诈案件。

（2）理想状态中跨行政区划法院

笔者更认同完全的跨行政区划法院，可以扩大（或者合并）基层法院的管辖区域，以一个基层法院的管辖区涵盖两个或者两个以上的县区行政区为宜；扩大（或者合并）中级法院的管辖区，以一个中级人民法院的管辖区涵盖三个或者三个以上的地级市或者地区级行政辖区为宜。[③] 或所谓“四实三虚”的司法区体系。“四实”是指在全国划分四个独立的司法区层级，即中央司法区、高级司法区、上诉司法区、初级司法区，其中高级司法区、上诉司法区、初级司法区与行政区“错位设置”，即地域上分别大于省、地级市、县，级别上分别高于省、地级市、县。“三虚”是指划分三个非独立的司法区，即对高级司法区、上诉司法区、初级司法区进行细分，实现多地点开庭，方便公民诉讼。[④] 笔者之所以坚持

---

① 相关观点亦可参考吴在存：《跨行政区划法院改革的若干重点问题》，载吴在存主编：《跨行政区划法院改革的探索与实践》，5～7页，北京，法律出版社，2015。

② 参见《最高人民法院关于全面深化人民法院改革的意见——人民法院第四个五年改革纲要（2014—2018）》（法发〔2015〕3号）。

③ 参见刘太刚：《重划司法辖区，强化统一国家意识》，载《法学杂志》，1999（2）。

④ 参见赵兴洪、邹兵：《关于中国司法区划分改革的思考》，《云南社会科学》，2013（2），134～138页。初级司法区可由2～4个县级行政区组成。一个初级司法区内只设置一所初级法院。上诉司法区由约20个县级行政区组成，包含5个左右初级司法区，一般会跨越地级行政区域。每个上诉司法区内设置1所上诉法院，上诉法院也应合理设置分院，在多个地点开庭。高级司法区一般跨越省级行政区域设置，由约280个县级行政区组成，包含14个左右上诉司法区。每个高级司法区设置一所高级法院，同时可以因地制宜设置分院。

这一观点，有如下原因[①]：

首先，跨行政区划法院是司法作为中央事权的必然要求。我国是单一制国家，司法职权是中央事权。孟建柱书记在论及司法体制改革时曾提出，“考虑到我国将长期处于社会主义初级阶段的基本国情，将司法机关的人财物完全由中央统一管理，尚有一定困难。应该本着循序渐进的原则，逐步改革司法管理体制，先将省以下地方人民法院、人民检察院人财物由省一级统一管理。地方各级人民法院、人民检察院和专门人民法院、人民检察院的经费由省级财政统筹，中央财政保障部分经费。”[②] 可以看出，省级统管是基于目前国情的权变之策，未来的方向还应是中央统管。作为中央事权的司法，司法区划完全脱离目前的行政区划，是必要的。目前诸多无对应行政区划法院的设立，亦验证了脱离行政区划设立法院的可行性。

其次，跨行政区划法院是世界各国的共同选择。司法地方化作为困扰司法机关依法独立行使职权的重要难题，在西方国家也曾出现并为民众所诟病。但是，随着其司法体制改革的不断推行，这一问题在单一制和联邦制国家中都得到了妥善的解决，英国、法国、美国和德国都建立了独立的司法管辖区。由此，西方国家的现实经验也可为我国跨行政区划司法机关的设置提供一定的借鉴。在单一制国家中，司法权一般自上而下设置，全国只有一套司法系统，宪法和国家司法机关组织法对中央与地方司法机关的设立、司法管辖权的配置等都有统一的规定。因此，各个层级的司法机关在国家统一调节的前提下进行管辖。

再次，跨行政区划法院是优化司法资源配置的现实需求。我国存在所谓的“案多人少”问题，但实践中，同样级别的法院，有的法院案件特别多，有的法院案件特别少。司法区划本来就有配置司法资源的功能和方便群众诉讼的要求，规划合理的跨区划法院，不但能抵御司法中的地方保护主义，还能实现司法资源

---

① 参见陈卫东：《司法机关依法独立行使职权研究》，载《中国法学》，2014（2）。在此文中，我也曾简单论证我的观点。

② 孟建柱：《深化司法体制改革》，载《人民日报》，2013－11－25，第6版。

的优化配置。[①]

6. 余论

司法管辖区与行政辖区的分离，涉及机构设置、交通便利、司法机关的产生等诸多问题，非常复杂。但是改革的阵痛与改革的前景相比，总体来讲仍旧是可以承受的。而且，我国实践中军事系统、铁路系统、航空系统等也不是按照行政区划设置的，这些都是可资借鉴的经验。因此，很多问题可能都不是根本的障碍。当然也要承认，这种改革面临的最大问题还在于合宪性方面。我国宪法规定："县级以上的地方人民代表大会选举并且有权罢免本级人民法院院长和本级人民检察院检察长。""地方各级人民法院对产生它的国家权力机关负责。""地方各级人民检察院对产生它的国家权力机关和上级人民检察院负责。"《人民法院组织法》和《人民检察院组织法》也都按照行政区划设置了各级人民法院和各级人民检察院。对这个问题的解决，有两种思路，一种思路是修改宪法及相关组织法；另一种思路是在现行法律框架下寻找切实可行的折中路径。对这个问题的解决，需要发挥我们法律人的智慧。就现阶段的情况来看，完全实行司法管辖区与行政辖区分离设置的设想可能一时难以完全实现。实际上，我国的人财物统一管理改革间接地实现了司法管辖区与行政辖区的相对分离，清除司法人员与地方党政的关联，客观上避免地方党政对司法的影响。地方各级人民法院的法官由省、自治区、直辖市的党委管理，省高院提名，由各级人大任免。这样，法官的人事管理权从地方上剥离出来，能够防止法官因为地方的人事控制而丧失其独立性，在一定程度上解决了司法的地方化问题。

此外，推进该项改革，还有必要对司法管辖区与"犯罪地"概念予以区别、澄清。有人提出，司法管辖区与行政辖区的分离设置会违反刑事诉讼法有关管辖的规定。我国《刑事诉讼法》第 24 条规定，"刑事案件由犯罪地的人民法院管辖"，如果司法管辖区与行政辖区不一致，就会导致不是由"犯罪地"的人民法

---

① 参见易鹏、王妍：《审视与构建：建立与行政区域适度分离的司法区域划分制度研究——以南方某省的实证分析为视角》，载《全国法院第二十六届学术讨论会论文集：司法体制改革与民商事法律适用问题研究》，知网发布。

院管辖这一“违法”后果。举例来说，如果两个行政区在其中一个行政区（A区）共同设置一个人民法院，如果犯罪行为发生在另一个行政区（B区），则由在A区设置的人民法院管辖会“违背”有关管辖的规定。这种观点从根本上是不成立的。之所以会有这种观点仍旧是传统的司法管辖区与行政区相混淆的观念在作祟。尽管在现有的规定下，表面来看犯罪地与行政辖区是一致的，但这种一致乃是由于司法管辖区与行政辖区相一致所导致的，并不是所谓的根据行政辖区确立管辖地。换句话说，这里的“犯罪地”不是一个行政区划概念，而是一个司法管辖区概念。只要是在司法管辖区内发生的犯罪行为，都可以由对该司法管辖区有司法权的法院管辖。

（四）法官依法独立行使职权与法官制度改革

1. 法官依法独立行使职权与法官选任

关于法官的产生方式，大多数国家采用任命制，由国家最高立法机关或最高行政机关任命，而不采用选举制。为了防止地方势力对司法活动的干涉，防止它们通过任命法官而干涉法官独立审判，也为了防止法官出于对任命权的感恩或恐惧而不得不屈服于这种干涉，西方国家几乎毫无例外地把法官的任命权集中由中央统一行使。如根据美国宪法规定，法官由总统提名，并在取得议院的同意后，任命联邦法院的法官。在英国，身兼立法、行政、司法三方面职务的大法官，由首相提名，国王任命。上议院的法务贵族、上诉法院的法官、高等法院的法官、巡回法官由大法官推荐，国王任命。治安法官由大法官任命。再如日本，最高法院的院长根据内阁提名由天皇任命，最高法院的其他法官由内阁任命，其任免由天皇认证。高等法院的院长由最高法院提名，内阁任命。①

在我国，随着省级人财物统管改革的推进，推广在省一级设立法官遴选委员会应当成为改革的共识。应由遴选委员会从专业角度提出法官人选，由组织人事、纪检监察部门在政治素养、廉洁自律等方面考察把关，人大依照法律程序任免。在遴选委员会的组成方面，应当注重委员具有广泛代表性，既有经验丰富的

① 参见王德志：《以保障法官独立为核心推进司法改革》，载《法商研究》，1999（1）。

法官和检察官代表，又有律师和法学学者等社会人士代表，同时为了保障遴选的公正性，应该注重遴选程序的透明性。

2. 法官依法独立行使职权的经济保障

为了保障法官独立，保障法官的廉洁公正，国外的法律普遍实行法官的经济保障。如汉密尔顿所说："最有助于维护法官独立者，除使法官职务固定外，莫过于使其薪俸固定。"[①] 这一制度包括：（1）高薪制。如英国大法官的年薪高于首相。日本最高法院院长的薪金与内阁总理大臣、国会两院议长相同。（2）工资收入不得减少制度。如美国宪法第3条规定，最高法院和低级法院的法官如行为端正，得继续任职，并应在规定期间内得到他们的服务报酬，该项报酬在他们继续任职期间不得减少。（3）优厚的退休金制。国外法律一般都规定法官在退休以后，应获得优厚的退休金。如日本的《恩给法》第60条规定，法官退休时，应获得优厚的待遇。

在我国，提高法官的待遇，近期可以考虑把法官的工资提高到同级公务人员工资的2倍。待实现法官精英化以后，法官工资应为同级公务人员工资的3倍，并且同级法院法官的待遇只因工作年限有所差别，而没有其他的不同，实现同级法院法官待遇相等的原则。这样有利于吸引优秀的人才进入法官职业，抵制腐败，也有助于不同地区之间法官的交流，避免法官任职的本地化。

3. 法官依法独立行使职权与法官惩戒

为了保障法官独立，法治国家一般都规定非因法定事由和法定程序不得免除法官职务或给法官以惩处。措施之一，实行惩戒权与任命权的分离，行政机关有权任命法官，却无权免除法官职务。如美国的联邦法官由总统任命，而弹劾权则属国会行使。日本的法官由内阁提名或任命，而弹劾法官则由国会组织。措施之二，非依法定程序和法定事由不得对法官予以惩戒。在美国，弹劾的事由仅限于法官的犯罪行为，不包括失职行为。也就是说，法官因过失发生裁判错误不应遭受弹劾。法官的违纪行为由巡回上诉法院一个委员会专门负责，委员会可以对违

① ［美］汉密尔顿等：《联邦党人文集》，北京，商务印书馆，1995。

纪法官给予警戒和停止工作的处分，但不能剥夺其法官资格。在日本，根据《法官弹劾法》第2条，弹劾的事由包括“明显违背职务上的义务或严重怠于履行职务，及明显有失法官威信之行为”。对法官弹劾由追诉委员会调查事实，予以追诉。

我国《法官法》规定，非依法定程序和法定事由不得免除法官的职务或给法官以惩处；同时，也规定了免职和惩戒事由。其不足之处在于对法官的惩戒规定（广义惩戒包括免职）缺乏具体程序保障，法定事由过于宽泛。借鉴国外的制度设置，并按照司法改革的要求，我国可以在省级设立专门的法官惩戒委员会，由该专门委员会负责对法官进行责任追究。当然，为了保障法官的权益，应该注重惩戒委员会运行程序的透明性和公正性。

4. 法官依法独立行使职权与法官的职务保障

法官职务的终身制是保障法官独立的重要条件。正如汉密尔顿所说：“坚定、一贯尊重宪法所授予的人权乃司法所必具的品质，绝非临时任命的司法人员所能具备。短期任职的法官，不论如何任命或由谁任命，均将在一些方面使其独立精神受到影响。”[①] 基于此，德国、法国实行法官终身任职和退休制度。美国各州有的实行终身制，有的实行任期制（任期届满多能连任，故实质上近于终身制）。日本法官虽有任期（任期10年），按照日本学者的一般见解，法官虽有一定的任期，但在任期届满以后，无正当理由不得拒绝其再任。此外，法官应享有司法豁免权，除非法官有恶意的违法或不当行为，其在审判过程中所发言论与所施行为，不受法律追究。

法官职务保障是法官独立的重要保障，目前我国法官的任期和公务员的任期一样为5年，这对于法官这一特殊职业来说任期太短，不利于法官职业的稳定性，也不符合世界上通常的做法。近期改革目标为，延长法官的任职期限，把法官的任职期限延长为10年，没有大的错误得继续连任。从长期目标来看，应该确立法官职业的终身制。

① 廖海：《美国司法独立争论的历史考察》，载《法律科学》，1999（1）。

七、司法改革背景下依法独立行使职权的内部保障改革

（一）依法独立行使职权内部保障改革的重点

人民法院的改革一直以来都是司法改革的重心内容，这是由人民法院在整个司法体系中的地位所决定的。人民法院审判权是一种判断权，是一种具有终局性的权力。因而，司法构成维护社会正义的最后一道防线。也正因如此，培根在《论司法》里面谈到："一次不公正的审判比多次不平的举动为祸尤烈。因为这些不平的举动不过是弄脏了水流，而不公的审判则是把水源破坏了。"而就当前司法环境来看，影响司法公正的首要因素则是司法不独立。司法独立不仅包括外部独立，也包括内部独立，即在整个司法系统内部行使司法权的主体的独立。人民法院改革正是从内部肃清影响司法独立的因素。前已论及，司法独立乃是独立与受制一体。如果从责任承担或者风险负担的角度来看，独立乃是受制（责任）的前提，没有独立也就无所谓受制（责任）。在此种语境下，独立乃是明确权力与责任的前提。现在司法的情况恰恰是，审判的权力主体不明确，继而审判的责任主体不明确，院长、庭长的行政权、管理权代替了审判权。也就是说，责任主体与权力主体并不一致。对此，笔者曾经表明，司法不公的原因绝大多数不在于司法腐败，而在于目前我们并不是真正负责任的司法。因此，调整人民法院内部各主体之间的关系，明确权力主体与责任主体成为人民法院内部改革的核心内容。

实际上，人民法院的内部改革特别是对审判组织的改革一直是整个司法改革的重要内容。仅从人民法院发布的司法改革文件即可以印证这种认识。例如，《人民法院五年改革纲要（1999—2003）》[①]《人民法院第二个五年改革纲要（2004—2008）》《人民法院第三个五年改革纲要（2009—2013）》等文件都将建立符合审判工作规律的审判组织形式，厘清法院院长、副院长、庭长、副庭长的审

① 作为这一阶段的一项改革成果，人民法院公布了《关于人民法院合议庭工作的若干规定》，关于该成果的学理评价，请参见陈卫东，刘计划：《论集中审理与合议庭功能的强化》，载《中国法学》，2003（1）。

判职责、强化合议庭和独任法官的审判职责作为改革的重点内容。但是，需要说明的是，改革过程中审委会的职责范围、运作程序以及合议庭职能的强化存在着往复的情况。比如，“一五改革纲要”遵循着“还权于合议庭”的改革思路，要求“做到除合议庭依法提请院长提交审判委员会讨论决定的重大、疑难案件外，其他案件一律由合议庭审理并作出裁判，院、庭长不得个人改变合议庭的决定”。而“二五改革纲要”则注重强调“强化院长、副院长、庭长、副庭长的审判职责”，但同时推行“改革和完善司法审判管理”。结果裁判的决定权从合议庭或独任法官手中部分甚而大部分上收，客观上恢复了院、庭长审批案件的方式和制度。时至今日，院长、庭长审批案件现象仍旧未能得到根除，合议庭的功能仍旧未能得以强化。

十八届三中全会《决定》指出，要“健全司法权力运行机制”“改革审判委员会制度，完善主审法官、合议庭办案责任制，让审理者裁判、由裁判者负责”。因而，继续推行人民法院内部运行机制改革仍旧是当前司法改革需要面对的艰难课题。

（二）法院内部运行机制改革的具体举措

1. 赋予法官独立办案的权限

确保司法内部独立的首要措施就是明确赋予法官依法办案的权力并构建以法官为权力主体的办案制度。以往改革过程中，行政化办案模式始终无法祛除的一个重要原因即在于此。伴随着新一轮司法改革即将启动，实践中有些人民法院展开了有益探索。比如广东省佛山市中级人民法院、深圳市福田人民法院于近日推行了“审判长负责制”改革模式。以福田人民法院“审判长负责制”为例，“改革后的团队审判权运行方式为，立案团队立案后，将案件分给审判长，审判长对案件进行初步梳理后实行二次分案。重大、疑难、复杂案件由审判长主审，简单案件由普通法官独任审理，接受审判长业务指导和监督，存在重大分歧的则作为疑难案件，转为普通程序由审判长主持合议审理”。“审判长对整个团队负责，对案件最后结果把关、负责。与之前不参加庭审、不参加合议，通过听汇报批案件不同，现在审判长必须尽最大可能参与案件庭审合议。”[①] 而佛山市中级人民法院的做法也相类似，每个审判长带两个合议法官，组成固定的合议庭，审判长需要亲自参加所有的庭审。[②]

上述改革是由法院整体独立迈向法官独立的重要探索，也是向“责任司法”迈出的重要一步。[③] 审判长负责制的核心是由专业化的、亲历庭审的“审判长”而非行政化的、非亲历性的“庭长”决定案件的最终结果，是审与判的结合。可见，这种改革思路与传统的改革思路是不同的，是在当前的法制背景下所探索的最终指向司法职业化与法官独立的改革。

应该看到，这种改革仍旧未能够触及法官独立性核心内容。法官独立性并不是要求一部分法官独立，而否定另一部分法官的独立。相反，法官的独立性是承认并保障每一位办理案件的法官的独立性。唯有如此，方有可能从根本上祛除行政化的办案模式。上述改革实践因为未能赋予每一位法官独立办案的权限，而将独立办案权限赋予“审判长”。这种改革存在“审判长”行政化的风险，“审判长”较容易成为新的“庭长”式法官，不参与案件的审理，却拥有对案件的审批权。有鉴于此，未来的改革应当确立以法官为独立办案的责任主体，直接赋予每一位法官依法独立办案的权限，正如十八届三中全会改革所指出的，完善主审法官、合议庭办案责任制。最高法院目前正在研究推进的主审法官制度，肯定了办理案件的法官的独立性，符合司法独立的基本规律，值得肯定。主审法官制的核心是主审法官拥有独立审判权，对案件全权负责，同时要积极落实合议庭办案责任制，明确合议庭每个成员的职责和责任，将审判权力回归到主审法官、合议庭手里，做到真正的“权责明晰、权责一致”。

2. 明确院长、庭长的角色

除了直接赋予法官依法独立办案的权限之外，如何协调院长、庭长与法官之

---

① 袁定波：《中国法院队伍职业化调查·改革篇（下）》，载《法制日报》，2013－07－24。

② 参见赵蕾：《佛山试行独立审判改革，最大胆的法院改革等待下文》，见 http：//www. infzm. com/content/89909，2013－08－29。

③ 有学者指出这一改革至少从形式上重新唤起了法院和各界对“去行政化”的期待。参见蒋惠玲：《掩不住“去行政化”的司法改革渴望》，载《中国党政干部论坛》，2013（7）。

间的关系也是影响改革成败的关键。院长、庭长属于法院内部的司法管理人员，具有行政性质，除非亲自参与案件的审理，否则不应当参与案件的裁判，不能发表认定案件事实或者适用法律的意见。尽管在我们国家，院长、庭长的选任也与其业务能力相关，但是希望借助于具有更高能力与素养的法官实现审判的审慎化的案件审批制度却更多地体现了司法管理与审判职能的混同并侵蚀了审判职能。从未来改革的方向上来看，应当明确院长、庭长的审判管理权、审判监督权与法官的审判权的界限，建立权力清单制度。

3. 明确审委会的职责

审判委员会确有存在的必要，体现了法官自治的理念，也有助于发挥法官集体的智慧。但是审判委员会讨论案件制度与司法运作的规律是相违背的。因此，改革过程中应当协调、处理审委会的目的以及与司法规律之间的关系。未来必须逐渐实现审判委员会职能的转型。考虑到审判委员会在我国的地位和作用，笔者认为，一方面逐步限缩审委会讨论案件的范围，同时，明确审委会仅就案件的法律适用问题进行讨论、研究，而不讨论决定案件的事实问题；另一方面，可以考虑将审判委员会作为一种办案组织进行改造，赋予审委会直接审理、裁判重大、复杂案件的权限，而非传统的讨论决定的权限。

八、司法机关依法独立行使职权与法官的受制性

在当前的法制状况下，受制于司法环境以及法官的职业操守，强调法官的独立性，是否会带来法官的权力滥用问题？社会公众能否真正信任这一权力会被正当地行使？这是不得不担忧的问题。缺乏制约和监督的法官一旦出现腐败问题，就可能如脱缰野马，难以控制。对这种可能的负面效应，在司法改革过程中必须做到未雨绸缪，提前做好制度应对。因此，在强调法官的独立性的同时，还必须构建全新的符合司法权运作规律的监督制约机制。对此，笔者认为应当加强四个方面的制度建设：

第一，加强法官的职业伦理建设。应当指出，我国传统上忽视法官的职业

伦理建设。与之相对应，特别强调对法官办案权力的行政性控制以避免法官的恣意并提升案件的质量。随着新一轮司法改革的展开，司法的去行政化问题成为改革的重头戏。在这种情况下，必须摒弃传统的行政化控制的思维定式，通过强化法官的职业伦理建设，实现权力控制模式由外部控制向内部自律的转变。

第二，设置针对法官的惩戒和退出机制。法官职业伦理的一项重要保障机制即为对法官的纪律惩戒。对此，应通过设置法官惩戒委员会的形式加强对法官违法违规行为的监督和惩戒。当今世界上比较普遍的做法就是设置专门的组织机构专司纪律监督惩戒职能。例如，美国内华达州所构建的司法纪律惩戒委员会，该委员会的委员包括法官和检察官，负责对管辖范围内的法官和检察官违法违规投诉的处理和惩戒。又如，在英国，与法官遴选委员会紧密联系的重要机构之一即法官投诉委员会。“法官投诉委员会为司法大臣和首席大法官履行其处理投诉和纪律惩戒方面的职责提供支持服务，从而确保法官惩戒工作能够统一、公正、高效进行。”[①] 设置专门机构履行针对司法人员的监督与纪律惩戒职能，有利于在专业、中立的立场上对有关主体是否需要承担责任作出判断，与法官遴选委员会形成职能上的互补、共赢。因此，在我国，随着省院统管人财物的改革，可以以此为契机以省级院为单位，构建统一的司法官纪律惩戒委员会。该委员会应当由资深的法官、检察官以及学者、社会公众等组成，形成以专业法律人士为主体、适当公众参与的组织机制，负责对违反职业道德，违反法律枉法裁判，徇私枉法的法官进行惩戒，真正做到“有权必有责、用权受监督、失职要问责、违法要追究”，从而实现司法权独立行使与有效监督、制约之间的平衡。

第三，制定严谨合理、符合司法规律的责任追究机制。考虑到司法裁判有其特殊的性质，如何科学地界定应当追究责任的标准、严格划定责任层级成为建立责任追究制的基本内容。应探索建立以契合司法裁判规律为基础的责任追究机

① 蒋惠岭、杨奕：《英国法官遴选委员会是如何运行的》，载《人民法院报》，2014－07－04，http：//rmfyb.chinacourt.org/paper/html/2014－07/04/content _ 84213.htm？div=－1，2014－07－12。

制，严格限定惩戒和追责的范围，并根据行为的严重程度划分责任层级，尤其是对“错案”的认定，一是要严格区分故意和过失，二是要针对过失区分重大过失和一般过失，三是要划清过错和一般法律认识差异之间的界限，等等。

第四，强化公民对司法的参与。当前司法改革也在逐渐尝试增强司法公开力度，以此实现对法官履职的有效监督。公民参与司法①是对法官进行监督制约的一条有益改革路径。特别是在我们国家的现实司法环境下，公民参与司法相较于其他的权力监督制约机制可能更为有效。近些年来，公民参与司法作为监督制约权力的重要机制又日益受到重视。例如，我们的邻邦日本、韩国近些年的司法改革都是以强调公民对司法的参与为重点的。与之相连，我国不仅在审判阶段构建了人民陪审员制度，在检察环节还构建了人民监督员制度。② 这对于促进司法公正具有重要意义。对此，应改革完善人民陪审员制度和人民监督员制度，确保公民对司法的有序与实质参与。③

第三节　法官职业化与法官遴选制度改革研究

司法改革在我国已经进行了几十年，法官的职业化程度逐步提升。但司法队伍整体素质仍旧参差不齐，司法腐败的蔓延，办案质量不高等问题也十分严峻。人民对公平正义的渴望，使司法界的窘迫倍增。司法队伍的建设问题已成为制约我国全面推进依法治国，实现法治现代化的瓶颈。如何保障司法队伍的同质化、专业化和精英化，已成为我国司法改革成功与否的关键所在。正因如此，党的十八届三中全会将法官的职业化问题再次提上改革日程。

---

① 关于公民参与司法问题的研究，可以参阅陈卫东主编：《公民参与司法研究》，北京，中国法制出版社，2011。

② 关于我国人民监督员制度改革的研究，可以参见陈卫东：《人民监督员制度的困境与出路》，载《政法论坛》，2012（4）。

③ 关于公民参与司法问题的研究，参见陈卫东：《公民参与司法：理论、实践及改革——以刑事司法为中心的考察》，载《法学研究》，2015（2）。

一、法官的职业化与法官遴选制度改革

法官职业化是指，“法官以行使国家审判权为专门职业，并具备独特的职业意识、职业技能和职业地位”[①]。法官职业化意味着，法官不仅仅是作为一般的国家公职人员履行职责，更重要的是属于特别职位，以特殊的工作方式，实现特别的职能——法律裁判职能。[②] 公民一旦成为法官，便应与政治事务、经济行为和繁芜感性的社会思潮长期、稳定地保持相对疏离，中立地、恪尽职守地从事审判工作，而不应在担任法官的同时从事其他社会经营以获取利益，国家则应为法官的职业行为提供成熟、有效的保障和约束规范作为制度基础，包括法官的职业资格制度、法官的职业培训制度、法官的职业保障制度、法官的职业责任与职业道德机制。[③]

（一）法官职业化的必要性与积极意义

1. 法官职业化的必要性

法官职业化是社会发展到一定程度的产物，是社会劳动分工的结果。但从本质而言，法官的职业化是由司法自身的特质所决定的。对此，我们可以从下面几个方面来看：

首先，司法权是一种判断权，它解决纠纷，实际上是对发生在过往的历史事实的回复，依靠一定的手段、路径，依靠证据实现相应的职能，来查明事实真相，在此基础上正确地适用法律，所以，司法工作需要独特的知识结构、能力、需要深厚的法律知识功底，精湛的法律思维方式以及丰富的司法经验，需要具备高度的道德人品素质。

其次，法官行使的权力非常重要，是一种非常重大的权力。裁判的结果关系

① 《最高人民法院公告》，2002（4）。

② 参见李春林：《论法官职业化专业化的司法价值》，载《人大研究》，2000（6）。

③ 参见谭兵、王志胜：《论法官现代化：专业化、职业化和同质化——兼论中国法官队伍的现代化问题》，载《中国法学》，2001（3）。

到公民的人身权利、财产权利，乃至于生命权的限制和剥夺，对于该权力不能由任何人随意行使，它必须由具有专业的信仰、具备较高的素质的职业人员来行使，而世界各国无不选择法官作为行使审判权的主体。

最后，法官职业化还是由司法独特的功能和作用决定的。现代社会纠纷的解决方式多种多样，但是司法的方式是纠纷解决的最后方式。进入司法领域的纠纷，往往是一般人无法自行解决，又是较为复杂、重大的问题，这种纠纷的解决不但关乎人们的权利，而且关乎社会的稳定、和谐，所以这样的特殊的地位和作用也不是随便什么人都可以胜任的，他只能要求受过特殊的训练、具有特殊的技能的群体来完成。

2. 法官职业化的价值

法官职业化的价值主要体现在以下几个方面：

首先，法官职业化有助于法官抵制各种法外因素对司法公正的干涉，保证法官能够以自己对事实的敏锐判断和对法律真挚的理解来公正地再现法律的正义。法官职业化，使法官形成一群高素质的精英化的群体，这一群体的出现以其内在的同质化、高素质和优良的品质共同抵制着来自外部对司法独立的干涉，再加上法官职业化的其他制度保障，使法官内部形成一个自治的群体，这绝非单个的零散的无系统的法官个体的作用可比。西方法治功成的经验告诉我们，司法的公正来自司法的独立性（其核心是法官独立），而司法的独立性离不开法官职业群体的推动。“独立的司法是离不开一个高素质和有力的司法群体的，这是抗衡其他社会力量影响的前提条件，否则所谓独立云云，充其量是舞台上的道具，看起来煞有其事，在实际生活中却兑不了现。”[①] “法治社会成功的经验表明，法律家集团的力量来源于它内在的统一和内部的团结，而统一与团结并不是因为组成这个共同体的成员出身一致，而是由于知识背景、训练方法以及职业利益的一致。”“在这些方面获得高度一致的法律家们自然而然地凝聚为一个所谓解释的共同体，这个共同体有公认的声望，声望助长了权势，权势的正当运用又愈发抬高着声

① 夏勇主编：《走向权利的时代》，214 页，北京，中国政法大学出版社，1995。

望，故足以回应社会对法治与正义的期待，更进而推进法治意识在社会中的传播，并提高社会整体的现代化程度。”①

其次，法官职业化有助于塑造出一批高素质精英化的职业法官。“徒法不足以自行”，法律是抽象的规则，要把这些抽象的规则运用到活生生的现实中，把法中所包含的应然的正义观，变为社会宣示的正义，必须具有高素质的、具有专业化知识和娴熟法律技巧的、品德崇高的职业法官。正义通过正义的化身——法官来到人间。“如果法官缺乏对法律的准确而又全面的了解，就根本不可能将法律规则正确运用于实体案件之上。也很难严格依法定程序办案，甚至很难形成对法律的信仰。如果法官不具备准确判断证据的能力，不具备在判决中详细阐述判决理由的能力，则司法公正和裁判的质量是很难保证的。”② 法官职业化的目的正在于通过职业化的进程培养出一批专业化、精英化的职业法官群体，使之成为社会正义的化身。

再次，法官职业化有利于实现司法权威的价值。当对个人的权威崇拜让渡给对理性权威的崇拜时，我们的社会就由野蛮的专制社会过渡到现代法治社会。按照马克斯·韦伯的观点，现代我们正处在理性权威的时代，理性权威最根本的标志就是对法律权威的崇拜。③ 倘若法律失去了权威，那么法律是什么？套用列宁说过的一句话，那不过是毫无意义的空气的震动而已。没有权威的法律不再成其为法律，“法将不法”，失去了对法律权威的崇拜，那我们将崇拜什么？只有暴力或个人的权威，那么这样的社会将是危险的。“法律必须被信仰，否则它将形同虚设（伯尔曼）”。这是法治社会最基本的特征。法律的权威来自何处？当然国家强制力的后盾是法律权威的最后诉求。更重要的是法律权威来自法律内在的品格——正义的分配。正如挪威著名学者弗雷德·卡斯伯格（Freede Castberg）所说：“社会中对正义的要求，是根植于我们精神本能之中的，其程度就如同我们

---

① 贺卫方：《司法的理念与制度》，7～8 页，北京，中国政法大学出版社，1998。

② 王利明：《司法改革研究》，447 页，北京，法律出版社，2000。

③ 转引自刘宗坤：《诸神时代的智者——马克斯·韦伯》，242～243 页，保定，河北大学出版社，1998。

的思想对逻辑关系诉求一样强烈。”[①] 法律的权威来自职业法官公正的裁判结果和公正的法律程序以及民众对法律的信仰。具体说来应表现为两个方面：其一，司法的过程及司法的成果——裁判要体现公正，这是司法权威的前提。其二，公正的裁判要能得到执行，这是司法权威所必需的要件。[②] 而树立司法权威的核心在于有一群高素质的精英化的职业法官，他们以自身对法律的信仰，其公正的理念和熟习的法律技巧，不偏不倚地处理纠纷，通过裁判书的形式向社会宣示公平和正义。只有体现着公平正义的裁判才有可能在当事人之间自愿被执行，从而隐含在法律条文中的模糊正义，通过裁判和执行的过程向社会明确地宣谕。可见，职业法官以其职业本身，引导和确立了司法的权威性。因为“社会冲突各方对一国法律制度内在精神的理解和感悟，总要受制于司法裁判的最终引导。而司法权力运行的过程本质又负载着社会成员对一国法律制度的渴望和期待”[③]。不仅从理论分析上如此，而且西方成功的经验也体现于此。正如季卫东先生所说：“（日本）在二战以后实行司法改革，其主要目标是增强司法独立和权威性，而提高司法权威性的手段之一，便是实行严格的司法考试，精心筛选法律职业者，从而增强国民对法律职业尤其是法官的信赖，借此提高司法的权威性。”[④]

最后，法官职业化有利于实现诉讼效率的价值。“公正和效率”是最高人民法院提出的两项世纪主题。司法公正是司法职业的终极目标，司法公正本身体现了对司法效率的追求，“迟来的正义非正义”。但面对我国日益积压的案件，诉讼拖延，诉讼效率低下，在公正前提下的效率也已成为我国司法改革的目标之一。通过对比我国和域外法官的数量以及人均法官比可以发现，我国目前诉讼效率低下，不是法官人数少的问题，而是法官人数多而职业化、专业化水平低的问题。通过法官职业化，走法官精英化的道路，提高法官职业准入门槛，加强法官职业培训制度，实行法官、司法辅助人员、行政人员序列分开制，确实走出一条精而

① 转引自博登海默：《法理学、法律哲学与法律方法》，160页，北京，中国政法大学出版社，1998。

② 参见贺日开：《论司法权威与司法改革》，载《法学评论》，1999（5）。

③ 吕世伦、贺小荣：《论司法权力运行过程中国家主义倾向》，载信春鹰、李林主编：《依法治国与司法改革》，399页，北京，中国法制出版社，1999。

④ 季卫东：《法律职业的定位——日本改造权力结构的实践》，载《中国社会科学》，1994（2）。

优的法官职业化道路，对于提高诉讼效率，降低诉讼成本具有重要意义。

（二）法官职业化之路与法官遴选制度改革

从现有的改革方案来看，当前法官职业化建设的路径主要是：第一，实行法院人员分类管理，即将法院内部的人员区分为法官、司法辅助人员和司法行政人员并实行不同的管理制度。其中，对法官要实行有别于公务员的管理制度，依托法官等级制度，建立法官专业职务序列，推动实现法官等级与行政职级挂钩。第二，建立法官员额制度，选拔最优秀的法官进入员额，为其配备法官助理、书记员等审判辅助人员，确保法院的人力资源集中到办案第一线。第三，改革法官选任制度。第四，完善法官业绩评价体系。第五，完善法官在职培训机制。

就上述改革而言，法官遴选制度是一项非常重要的基础性工作。法官遴选制度是促进法官职业化的第一道关口，从源头上决定了法官职业群体整体的专业化和规范化水平。无论是法院人员分类管理还是法官业绩考评，抑或法官培训机制改革都是建立在良好的法官选任制度基础之上的，而法官员额制的落实也需要以法官选任制度为支撑。实际上，恰如我国学者所言，相较于其他方面而言，法官遴选是提升法官素质的更重要的手段。法官遴选的意义在于："首先，好的遴选制度会'举贤才'，让社会中有能力和禀赋从事司法裁判者能够成为法官；其次，好的遴选制度还会激励已经在任法官更加努力，更注意积累司法的知识，有志于终身致力于司法审判，与时俱进，不断提升法官的整体水平。"① 就此而言，法官遴选制度改革对提升我国法官的专业化和和规范化水平具有重要意义。

二、法官遴选制度的域外经验

（一）法官遴选制度的类型划分

现代法治国家一般都建立起了严格的法官遴选制度，确立了法官遴选的职业一体化、专业化和精英化的原则，但同时，受制于各国历史传统、政治制度、法律制度等方面的不同，各国法官遴选制度各具特色，总体上现代法官遴选制度大

① 苏力：《法官遴选制度考察》，载《法学》，2004（3）。

致可以分为三类：第一类，经验型法官遴选模式，以普通法系国家为代表，以注重法官的经验为特色；第二类，官僚型法官遴选模式，以大陆法系国家为代表，以注重司法官的专业性为特色；第三类，混合型法官遴选模式，以日本为代表。

1. 经验型法官遴选模式

英美法系国家司法官遴选一般采用的是“经验”“精英”“年长”的原则。在英、美法系国家，一个公民欲成为司法官，首先要求进入大学教育，获得法学J.D学位，大学教育是一种职业教育，为培养学生以后做律师准备，然后从事律师职业，积累司法职业经验，经过长时间的实际锻炼，最后从律师中选任司法官。

在美国，虽然法律没有明确规定法官的任职资格，但是根据惯例，除在一些州担任治安法官之外，法官任职一般应当符合下列四个条件：拥有美国国籍、获得J.D法学学位、通过律师资格考试和一般六年以上的律师从业经历。

美国的法院设置是联邦与州双重法院体制，每个司法系统都有自身的管理系统，上级法院对下级法院法官的选拔或者法官的初任与连任采用不同的方式进行的现象司空见惯。法官遴选作为其中的重要环节也分别适用不同的任职资格和程序。在美国，联邦法院法官的任选由总统提名，经过附属律师协会的联邦法官评审委员会评议，再获得上议院的咨询和同意，上议院以简单多数票通过，最后由总统任命。州最高法院以下的各级法院的法官选任主要有以下三种方式：（1）选举制：这种方式有两种形式，一种是由州长提名，州议会按照宪法规定的政党介入的选举；另一种是非政党介入的选举（又称为普选），与州长和议员的选举同时进行。（2）任命制：除了极少数州的法院自身任命，一般都是由州议会或州长从法官提名委员会提供的名单中选任。（3）密苏里方案：这种任命制与选举制的折中方式，因能有效避免选举产生的政治倾向而备受美国法律家协会和众多州的推崇。[①] 联邦法院系统的法官在总统提名时，一个重要的因素在于美国律师公会（ABA）的联邦司法委员会的15名成员所起的重要作用，该委员会对所有被总统提名的联邦法官的素质进行评估，该委员会通常在6～8个月内完成上述工作，

① 资料来源：http：//www. your－missourijudges. org/missouri－plan/。转引自：姚莉：《比较与启示：中国法官遴选制度的改革与优化》，载《现代法学》，2015（7）。

然后对候选人进行“评级”，并将评级以下列方式表述的结果提交司法总长，WQ（非常合格）、Q（合格）、或者NQ（不合格），然后总统依据这些评级来决定正式提名者名单，一般被律师公会评为不合格者被提名的机会很小，据统计，在1965年—1975年间，没有一名不合格者被提名，律师公会的委员一般不愿意推荐没有出庭经验的律师，它们通常还会坚持候选人有12年至15年扎实的法律实践经验。此外，最高法院首席大法官的意见对总统提名也有一定影响。[①]

在英国，一个公民欲成为法官，必须首先经过3年的大学法学教育，通过严格的考试，获得法学学士学位，然后由个人提出申请，通过考试，过关者到英国律师公会所属的四大法学院之一学习一年，通过考试者，获得四大法学院授予的律师学位，经过一年见习后，成为正式律师。只有经历了一定年限的律师生涯（一般除治安法院法官外，地方法院的法官必须拥有至少7年的出庭律师经历，而担任高等法院的法官则必须拥有10年以上的出庭律师的经验，上诉法院的法官候选人至少要拥有15年的工作经验）才能被提名为法官。

在英国，法官几乎都是从律师中产生，而高等法院法官更大多是从出庭律师中产生。对法官候选人在资历、经验、业绩和人品方面的严格限制，使40岁以前能被任命为法官成为一件极为罕见的事情。[②] 充任多年律师方能进入司法界。从律师到法官身份的转换，与其说是一个新职业的开始，不如说是一种职业走到了巅峰。可见在英国，大多数法官的选任是对业务能力、个人声誉具有良好表现的资深律师的一种荣誉或奖励，是司法界对该律师的一种信任。[③] 在英国，法官实行任命制，所有的司法任命权都掌握在英女王手中。但是，英女王的任命是由首相或Lord Chancellor（司法大臣）的建议所引导的，过去很长时期，实际上由Lord Chancellor掌握着法官任免的权力。为了促进司法独立和强化司法透明，2005年英国通过Constitutional Reform Act 2005（即《宪法改革方案》），围绕着

---

① 参见宋冰：《读本：英国与德国的司法制度及司法程序》，139～152页，北京，中国政法大学出版社，1998。

② 参见周道鸾：《外国法院组织与法官制度》，143页，北京，人民法院出版社，2000。

③ 参见陈波：《法官遴选自读与司法能力建设——以两大法系法官遴选制度为例》，载《北京社会科学》，2014（1）。

Lord Chancellor 的权力为中心进行了诸多变革，任命程序的主动权转移至新成立的法官遴选委员会，Lord Chancellor 不再拥有主动权，只能对委员会的建议作辩驳决定而已。为确保委员会的中立、透明和权威，法案赋予其 non－departmental public body（非部门的组织机构）的地位，公平地从法官、法学家、无政治倾向的政府官员和公众中按比例挑选。[①]

在上级法院对下级法院法官进行选任的过程中，根据候选人的业绩表现遴选法官是英国法官遴选制度的一大特色。归纳而言，从候选法官中进行挑选的指标大体可以分为三类：法律知识和经验、技能和人品。就知识、经验和技能而言，主要包括：（1）相当水平的法律知识、司法经验和职业成就；（2）思维分析能力；（3）良好的判断；（4）决断能力；（5）与各种人员进行沟通的能力；（6）保持法院权威、维持法院尊严的能力。个人人品方面的素质要求主要有：（1）诚实正直；（2）公正公平；（3）对民众和社会的理解；（4）良好的个人品行；（5）礼貌和仁慈。[②] 除了经验和能力外，遴选主体会下意识地保证英国法院的政治和社会平衡——考察候选人的党派关系，尤其是在选拔高等法院法官的过程中，Lord Chancellor 通常会与司法官员商议，以保证被选中者能与司法部门保持良好的合作关系。[③]

2. 官僚型法官遴选模式

在大陆法系国家，对法官遴选着重强调初任法官任职前的专业知识，“以几近严酷的专业化标准对其提出要求”。法官作为法律职业者，是专门培养的，一般不从律师中选任，即所谓法官选任制度的二元制，又称生涯制或官僚法官制。[④]

在德国，实行法律职业一体化，无论法律从业者打算成为法官、州检察官、私人开业律师、受雇于州的文职官员，还是企业中人事或法律部门的法律专家，都要经过相同的法律培训。一个公民欲从事法律职业，必须经过以下漫长而艰辛

---

① 资料来源：http：//www.judiciary.gov.uk/related－offices－and－bodies/judicial－appointments－commission/。转引自：姚莉：《比较与启示：中国法官遴选制度的改革与优化》，载《现代法学》，2015（7）。

② 参见关毅：《法官遴选制度比较（中）》，载《法律适用》，2002（5）。

③ 参见姚莉：《比较与启示：中国法官遴选制度的改革与优化》，载《现代法学》，2015（7）。

④ 参见陈永生：《两大法系法官制度之比较》，载《政法论坛》，1998（5）。

的道路：首先必须经过正规大学学习，规定最短的学制为三年半，但此类学习的平均时间大约为5年，大学的正规教育一般注重理论学习，正规教育结束后，学生就得参加第一次司法考试，通过者，即被称为见习法官（Referendar），然后开始为期两年的实习。在实习期间，见习法官被要求从事5个领域的工作，在民事法庭、刑事法庭、检察官办公室、在某种类型的行政机构以及在私人律师事务所、他从经过批准的法律行业或者政府部门清单上挑选出五个实习工作地点。在五个地方中的每一处，见习法官将花上3至9个月时间。在实习期间，见习法官被当做公务员，并得到政府薪金。在两年实习结束后，将参加第二次司法考试，这种考试持续数天，由各种书面考试组成，随后由一个从不同法律职业部门挑选出来的四人小组进行口试，在通过第二次国家司法考试后该人称为候补法官（Assessor），可以从事法律职业的任何一个部门。

通过第二次司法考试取得候补法官资格者，欲从事法官职业还必须向州司法部提出申请，申请被接纳后，由州司法部人事部门组织面试，面试过关者，由州司法部人事部门搜集申请者的有关材料，其中包括第二次司法考试的成绩、品格鉴定以及其他个人材料，全部档案由人事部门的负责人加以审查和评估，人事部门认为合格者，写出推荐书连同全部档案材料，送交司法部部长决定。司法部长向被录取者，发出任命通知书，并附带最初的工作分派。初任法官被分派到地区法院（初审法院），最初任命者有3年的试用期，试用期满如果令人满意，得被任命为终身法官，申请落选者，可先加入律师行业，1年至2年后可重新提出申请。①

在德国，各州法官遴选的程序和标准不完全相同，但差异不大。各个州的初任法官遴选的主要工作由州司法部来完成，大部分州的法官由司法部长任命，有些州由司法部与法官遴选委员会联合任命。法官遴选委员会由议会议员、司法部官员和律师组成。该遴选委员会对法官遴选的主要标准为：一是，工作热情及承受压力的能力；二是，对司法使命的认同感；三是，审理和调解能力；四是，解

① 参见宋冰：《读本：英国与德国的司法制度及司法程序》，152～169页，北京，中国政法大学出版社，1998。

决争端和决策能力；五是，合作能力；六是，社会认知感，能够不带偏见、设身处地地考虑并理解他人的社会生活关系；七是，正义感，判决不应受个人价值观的影响，能够在宪法框架内，寻求并作出符合法律法规的公正判决；八是，行使职权和责任感。①

在法国，担任法国普通法院的法官必须在修完大学4年法律课程并获得法学学士学位后，还需通过由政府主持的考试，然后进入国立法官学院进行为期31个月的专业培训。培训内容包括授课，在企业、行政机关、律师事务所等实习之后到法院实习，然后通过2次考试，合格后还要进行6个月的分专业培训。

在法国，各级法院的法官采取任命的方式产生。国家设有最高司法委员会，由总统或司法部部长任主席，成员包括5名法官、1名检察官和4名司法系统以外的代表。最高司法委员会提出关于任命最高法院法官和上诉法院院长的建议案，然后由总统任命。其他法官由司法部长任命，最高司法委员会依照法院组织法规定的条件就司法部长关于任命其他法官的建议案提出意见。行政法院系列除最高行政法院的法官由司法部管辖和任命外，其余的法官由政府任命。②

3. 混合型法官遴选模式

日本实行法律职业一体化，法官、检察官和律师统称为法曹，使用统一的选任标准。季卫东先生认为："日本在现代法制的草创阶段，重视提高法官和检察官的素质，着手之处正是资格考试。"日本在法治现代化的改造阶段确立了严格的法官考试选任制度。目前在日本，一个公民欲从事法律职业，必须首先取得正规大学法科本科毕业文凭，然后参加极为严格的国家司法统一考试，通过第一次考试的人还要接受另一次艰难的考试，主持这次考试的是由法务大臣任命的司法考试审查委员会组成的委员会，在第二次考试中及第的极少数成功者被任命为司法研修员，受最高法院管辖，司法研修员在司法研修所研习两年后参加第三次司

① 参见［德］埃德加·伊塞尔曼：《德国的法官制度——以下萨克森州为例》，赵妮译，载《德国研究》，2003（4）。

② 参见王琦：《国外法官遴选制度的考察与借鉴——以美、英、德、法、日五国法官遴选制度为中心》，载《法学论坛》，2010（5）。

法考试，通过者方能获得见习法官资格。见习法官只有在花费至少10年的时间累积了作为候补法官（判事补）、检察官、律师或法律学教授的丰富经验之后，才能被任命为可以单独审理各种案件的法官（判事）。经过三次严格的司法考试后，只有1/60的报考者最终能成为法官。

在日本，法官选任的对象范围较宽，既包括司法实务工作者，如助理法官（担任简易法院法官之要求）、法官（指担任过下级法院的法官）、检察官、律师、担任有关司法和法务职务者，又包括法学理论研究的学者，即大学法律教授或副教授。

在对法官进行选任的过程中，不同等级法院法官的选任资格也不尽相同。一般而言，法院级别愈高，对其法官的资历要求也愈高。例如，最高法院法官的任职资格要求必须是：见识高、有法律素养，年龄在40岁以上；担任过高等法院院长，法官，简易法院法官，检察官，律师，大学法律学教授或副教授，任职20年以上。相较而言，高等法院、地方法院、家庭法院法官的任职资格条件基本上等同于最高法院法官，只是在任职年限上由20年降为10年。简易法院法官的任职资格是：经过司法实习之后担任助理法官、检察官、律师、法院调查官和其他有关司法和法务的规定的职务总计3年以上者；曾担任大学法律教授、副教授3年以上者；曾担任高等法院院长或法官者。[①] 其中，最高法院的院长根据内阁提名由天皇任命，最高法院的其他法官由内阁任命，其任免由天皇认证。高等法院的院长由最高法院提名，内阁任命。此外，凡多年从事司法事务及其他具有担任简易法院职务所必需的学识经验的人经过简易法院法官选考委员会的考试后，即可加以任命。

（二）不同类型法官遴选模式的异同比较

1. 不同类型法官遴选模式的相同之处

这三类模式有其如下共同的特点：

其一，对司法官遴选中专业化知识要求。无论是大陆法系，还是英美法系国家，或者是日本，均要求初任法官必须拥有丰富的专业化知识，这是保证司法官

① 参见王琦：《国外法官遴选制度的考察与借鉴——以美、英、德、法、日五国法官遴选制度为中心》，载《法学论坛》，2010（5）。

准确公正执法的前提和基础。遴选法官实际上以一个基本观念为前提，即将司法权赋予哪类人，对这个问题的回答可以分出法官与一般公务员的区别。由于现代社会关系的复杂化，调整社会关系的法律已成一门庞杂的技术性规则，非以自然正义的理念所能解决，它需要长期的学习和实践方能掌握，正如汉密尔顿所说："由于人类弱点所产生的问题，种类繁多，案件浩如瀚海，必长期刻苦钻研始能窥其堂奥。所以，世界上只能有少数人具有足够的法律知识，可以成为法官。"① 考虑到法官的职业特征和社会地位，各个国家都要求法官具有精湛的法律专业知识。法官必须经过系统的高等法学教育，才能熟练掌握法律体系的基本内容，形成理性的法律逻辑推理和分析判断能力。法律专业考试是直接检测法律水平的途径，大陆法系国家和部分地区规定了两轮司法考试，英美法系国家和地区明确法官必须从律师中遴选，成为律师首先要经过严格的资格考试。②

其二，对司法官选拔中职业经验化的关注。虽然英美法系国家比大陆法系国家更注重初任法官的法律实践经验，但对初任法官实践经验的要求是三种司法官遴选模式都不容忽视的。因为法律从来就不是一种理论科学而是一种应用科学，它解决的不是自然知识，而是人类社会关系，因而没有对社会的深刻理解就不可能真正地理解法律，正如美国大法官霍姆斯所言："法律的生命在于经验，而不在于逻辑"③。因此，英美国家和部分其他地区的法律要求只有执业一定年限的律师才能参加法官遴选，并且根据法院层级规定了不同的年限；大陆法系国家和地区要求候选人担任法官前必须经历很长时期的实习培训，法官必须逐级晋升。

其三，对初任法官品格的要求。从古至今，法官都被视为正义的化身，精湛的知识和技能是保证实体或程序上的司法公正的必然条件，但不是充分条件，只

① ［美］汉密尔顿等：《联邦党人文集》，程逢如等译，395～396页，北京，商务印书馆，1980。

② 参见姚莉：《比较与启示：中国法官遴选制度的改革与优化》，载《现代法学》，2015（7）。

③ ［美］小奥利弗·温德尔·霍姆斯：《普通法》，冉昊、姚中秋译，1页，北京，中国政法大学出版社，2006。

有真正将道德与知识结合的人才能成为法官。对初任法官要求具有高尚的品格是三大模式中不可或缺的重要部分，正如日本学者大木雅夫所说：“法官非有良知不能表现出正义”，“……对他们的资质不仅要求具有法律知识，而且特别应有广博的教养和廉洁的品质”[①]。没有司法官内在的优秀品质，即使最完善的制度也产生不出公正的司法。

其四，司法官逐级晋升制。三种司法官遴选模式都规定了初任法官必须在初审法院任职，然后根据其业绩逐级晋升。这种晋升制度可以确保法院的级别与法官的素质相适应，高级法院的法官能够充分了解低级法院法官的工作，保证裁判的统一性，同时使法官得到逐级锻炼，引进竞争机制，保障高级法院法官的荣誉感。

其五，司法官遴选主体的中立性和专业性。司法官，从域外法官制度的发展情况看，不少国家和地区已逐步成立或改革法官遴选机构，中立性和专业性是改革的主要方向。一般而言，法官的资格审查首先要考察专业素质，通常包括法律专业知识、事实判断能力、法律解释能力、庭审技巧和文书写作水平等。所以，遴选主体自身必须具备法律专业能力，否则难以作出正确合理的评价。赋予遴选主体中立的地位，是为了防止法官的选任受到其他机关、团体或个人影响，从而提高法官选任的公正透明，以确保司法独立。[②]

2. 不同类型法官遴选模式的区别

应该说，上述不同的法官遴选模式也存在一些区别。具体而言：其一，英美法系国家的法官是从律师中选任，而大陆法系国家和日本的司法官是国家从法科毕业生中，通过两次以上国家司法考试成绩合格者，再经过专门培训选任。其二，英美法系国家更注重初任法官的司法经验，而大陆法系国家和日本则更注重初任法官的专业知识的掌握。其三，大陆法系国家和日本强调法律职业的一体化，而英美法系国家一般实行律师、检察官和法官各自不同的选拔机制和任命制度。

---

① ［日］大木雅夫：《比较法学》，范愉译，318页，北京，法律出版社，1999。

② 参见姚莉：《比较与启示：中国法官遴选制度的改革与优化》，载《现代法学》，2015（7）。

上述不同法官遴选模式的差别是由许多因素所引起的。其中，最为重要的原因在于以下几个方面：

首先，由于历史传统的不同，在英美法系国家，普通法和衡平法的创立过程中法官和律师起到了决定性的作用，因而普通法又称“法官法”，法官和律师由于在近代法治建设中所起的独特的作用，因而备受人们尊敬和敬仰，这就增加了律师和法官的天然联系，为法官从律师中选任奠定了基础。而大陆法系国家在继受罗马法之后，大学教授在解释和创立法律方面起到了极大的作用，因而大陆法系国家法律又被称为“教授法”，大学教授在国内极具声望，法官仅是适用法律的工具，没有得到重视，这样就出现了“教授创造法官”的现象，因而，由大学来生产法官就自然产生了。

其次，法律传统的差异。英美法系国家是判例法国家，判例法要求法官不仅解释法律，更是创造法律，“理想的法官不仅仅是一个英明的裁断纠纷的专家，而且还是一个创造和发展法律规范，引导社会前进的人”①。正如美国大法官卡多佐所言：“这就是那些伟大的衡平法官的方法，他们通过不断地诉诸正当理性和良知之学，建立衡平法体系，同时并没有牺牲法律的一致性和确定性。”② 正是由于普通法系中“法官就是立法者”的原则，要求法官不仅是对已有法律知识的学习，更是在长期实践中发现和创适法律，因而非经长期实践，而不能成为法官，这就要求法官必须从具有长期律师经验的人中选任。而大陆法是以制定法为主，法官仅仅是“神瑜的宣言者”（布莱克斯通语），必须严格地按成文法规定去解释和适用法律，不允许法官去创造法律，这就要求法官娴熟适用法律的规定，对以这种方式获得的知识的测试，最好的方式就是考试，因而用严格考试来选拔司法官就成为大陆法系国家的通用做法。

① 王以真：《外国刑事诉讼法学》，64页，北京，北京大学出版社，1993。

② ［美］本杰明·卡多佐：《司法过程的性质》，苏力译，86页，北京，商务印书馆，1998。

三、我国现行法官遴选制度中存在的问题与当前司法改革的应对

（一）我国现行法官遴选制度中存在的问题

与域外法官遴选制度相比，我国法官遴选制度存在以下问题：

1. 法律职业经验要求低

我国现行《法官法》规定，高等学院校法律专业本科毕业或者高等学院校非法律专业本科毕业具有法律知识，从事法律工作满 2 年，其中担任高级人民法院、最高人民法院法官，应当从事法律工作满 3 年；获得法律专业硕士学位、博士学位具有法律知识，从事法律工作满 1 年，其中担任高级人民法院、最高人民法院法官应当从事法律工作满 2 年。从《法官法》的规定可以看出，虽然《法官法》有法律职业经验的要求，但通常的做法是，大学毕业生直接被法院录用（司法考试实施后，要求通过司法考试），做上最多 3 年的书记员或者助理法官，然后经法院院长的同意、审判委员会批准，就可以晋升为法官，甚至不到 30 岁就可以成为最高法院的大法官，这对于司法官这一特殊的职业来说，严重缺乏法律职业经历要求，与国外相比，法律职业经历的缺乏是显而易见的。

2. 法官选拔体制存在严重的缺陷

与域外法官选拔体制相比，我国法官选拔体制存在以下几个方面的问题。首先，司法官选拔体制的多元化，不利于确立法官资格的统一标准，导致司法官的地方化。在现有体制下，我国司法官选拔由有关部门提名，权力机关选举或者任命，在这样的体制下，各级法院司法官由同级权力机关任命，这就出现了没有统一任命或选举标准，大部分司法官由地方权力机关任命，使国家司法官变成了地方司法官，严重影响国家司法统一，司法官独立性缺乏，司法官素质下降。其次，司法官选拔缺乏统一的标准，导致司法官缺乏同质化。最后，缺乏司法官选任的特殊机制，司法官的选任按选任一般公务员的选任标准和程序进行，有违司法官选任制的科学规律，与世界上司法官选任的一般趋势相背离。

3. 缺乏司法官逐级晋升机制

无论采取何种司法官选拔模式，多数国家一般都实行司法官逐级晋升制，而

我国司法官的晋升以行政化的格式进行，上、下级法院法官的调任也是行政式的调任，这种以行政式的晋升和调任方式决定法官的级别，以最初任职法院级别来决定法官能力被戏称为“出生决定论”。法官的素质和能力与所在法院级别没有必然的联系，上级法院法官不了解下级法院法官的工作情况，同时，法官没有竞争意识，缺乏从基层法院开始的锻炼经历，不利于提高司法官素质。

（二）当前司法改革中法官遴选制度的改革举措

针对我国法官遴选制度中存在的问题，2013 年 11 月 12 日，中共十八届三中全会通过了《中共中央关于全面深化改革若干重大问题的决定》，提出要推进法治中国建设，并指出了五个方面的改革任务，其中就包含要“建立符合职业特点的司法人员管理制度，健全法官、检察官、人民警察统一招录、有序交流、逐级遴选制度，完善司法人员分类管理制度，健全法官、检察官、人民警察职业保障制度”。随后，中央全面深化改革领导小组通过了《关于司法体制改革试点若干问题的框架意见》等文件。最高人民法院也公布了《关于全面深化人民法院改革的意见》（即“四五改革纲要”），也提出了推进法院人员正规化、专业化、职业化的具体改革举措。这一系列决定的出台为我国法官遴选制度的改革指明了方向。

我国法官遴选制度的改革举措主要包括：

第一，提高初任法官的选任条件，包括提高初任法官的任职年龄，针对不同层级的法院设置不同的任职条件。根据中央司法改革的精神，一些试点地进行了进一步细化探索。例如，根据上海市的改革方案，初任法官的遴选条件除了满足《法官法》的规定外，还必须符合下述要求：（1）年满 28 岁；（2）通过国家统一司法考试，取得法律职业资格；（3）任法官助理满 5 年，具有三级法官助理以上等级。参加高级法院法官遴选需具有二级以上法官等级；参加中级法院法官遴选需具有三级以上法官等级。在深圳市的试点改革方案中，初任法官的任职条件为：原则上必须具有全日制高等院校法律专业本科以上学历；通过国家统一司法考试取得法律职业资格；任基层法院法官应当具有 4 年以上法律工作经历，任中级法院法官、地级市检察院检察官应当具有 6 年以上法律工作经历，任高级法院法官、省检察院检察官应当具有 10 年以上法律工作经历。其中，获得法学专业硕士学位的可减少 1 年，获得法学专业博士学位的可减少 2 年。

第二，明确初任法官要一律到基层法院任职，上级法院法官原则上要从下级法院遴选产生。党的十八届四中全会《决定》明确提出，初任法官由高级人民法院统一招录，一律在基层法院任职，上级人民法院的法官一般从下一级人民法院的优秀法官中遴选。对此，人民法院“四五改革纲要”也再次进行了明确。

第三，设置法官遴选委员会。中央政法委《关于司法体制改革试点若干问题的框架意见》提出，要在省一级设立法官遴选委员会，作为人财物省级统管后的法官遴选机构。人民法院“四五改革纲要”也提出：“在国家和省一级分别设立由法官代表和社会有关人员参与的法官遴选委员会，制定公开、公平、公正的选任程序，确保品行端正、经验丰富、专业水平较高的优秀法律人才成为法官人选，实现法官遴选机制与法定任免机制的有效衔接。”实践中，各地也陆续设置了法官遴选委员会，并构建了法官遴选委员会的工作机制。

第四，完善将优秀法律专业人才遴选为法官的制度。根据改革的规划，要从优秀律师、法律学者，以及在立法、检察、执法等部门任职的专业法律人才中选任法官。

从上述改革举措来看，我国的法官遴选制度改革瞄准了我国现有制度中的一些弊端，对于完善我国的法官遴选制度具有重要意义。

首先，现有的改革方案强调了法官的“经验性”和“专业性”。提高初任法官的年龄条件，目的在于增加法官的生活经验。司法面临的社会生活的方方面面，不仅有专业性方面的要求，也需要社会生活经验的支撑。而对法官从事法律工作期限的要求，以及让初任法官一律到基层法律任职，则是要增加法官的司法经验和专业性。从优秀律师、法律学者以及立法、检察、执法等部门中任职的专业法律人才中选任法官也具有提升法官队伍的专业性和经验性的意义。

其次，法官遴选委员会的设置有助于统一法官选任的标准、解决法官选任的地方化、行政化问题。由法官遴选委员会专门负责法官的遴选工作，有助于按照不同于公务员的标准遴选法官，强调法官职业自身的特质和规律。而且，在省一级设置法官遴选委员会，作为省级统管人财物的重要抓手，有助于解决法官选任中的地方化问题，使法官成为“国家的”法官，而非“地方的”法官，从而更好地实现司法官的依法独立办案。[①] 此外，遴选委员会的设置也有助于解决法官选任中的封闭性、行政化问题。根据省级统管人财物的改革安排，如果一个省级院拥有对全省各级法院所有司法人员升迁任免的决定权，却缺乏必要的监督和制约机制的话，其所带来的“副作用”可能甚至要远远超过司法地方化所可能导致的弊端。尤其是在我国当前的情况下，“各行各业行政化趋势普遍增强，法院的行政化倾向也日趋严重。法官和法院工作人员按照行政机关‘官本位’层级模式定级，法官群体因被划分为不同等级而存在上下级隶属关系，院长对副院长、副院长对庭长、庭长对法官是一种领导与被领导、支配与被支配的关系”[②]。在这样的情况下，加强法官选任的民主化是非常重要的。而法官遴选委员会的设置在促进法官选任的民主化方面是有一定积极意义的。因为遴选委员会的组成具有广泛的代表性，既有经验丰富的法官代表，又有律师和法学学者等社会人士代表，从而避免对法官的遴选成为个别领导的一言堂。以上海市为例，上海市法官遴选委员会共有 15 名委员，其中 8 名为专家委员，主要来自上海各大法律院校的专家学者；另有 7 名专门委员，主要来自市有关职能部门。尽管遴选委员会的委员也会包括省级司法机关或者司法行政机关的成员，但来自司法机关外部的委员会对省级司法机关的遴选权起到一定的平衡和制约作用。

最后，现有改革方案强调了法官队伍的开放性，有助于解决法官的官僚化色彩。我国传统的法官遴选方式从本质上来看是一种官僚式的选任模式，即过于强调从法院工作人员中选任法官，由法官培养法官。这种法官培养方式尽管可以实现知识与经验的传承，但也面临着一个非常重要的问题，即法官的独立性欠缺问题。处于逐级晋升链条上的法官更类似于文官，缺乏独立的意识和品格，遇到问题更加倾向于请示上级。而强调从外部遴选优秀的专业法律人才进入法官队伍，

① 参见邵春雷：《法官、检察官遴选，呼之欲出》，载《民主与法制时报》，2014－12－24。

② 张文显：《全面推进法制改革，加快法治中国建设——十八届三中全会精神的法学解读》，载《法制与社会发展》，2014（1）。

则打破了法官队伍的封闭性，有助于在一定程度上改变法官的独立性欠缺问题。因为这些外部人员与法院系统内部的法官没有太多的关联，所受到的各方面的掣肘也比较小，更容易独立、客观地作出司法裁决。

四、我国当前法官遴选制度改革可能面临的问题及其应对

（一）我国当前法官遴选制度改革可能面临的问题

如前所述，我国当前采取的法官遴选制度改革举措对于提升法官的专业化和职业化水平具有重要意义。但也需要看到，这些改革举措在解决了一些问题的同时，又带来了一些新的问题。

首先是中西部、经济欠发达地区的法官后备资源不足问题。按照当前的改革思路，要提高初任法官的门槛，包括年龄门槛和从事法律工作的年限要求。如上海市要求初任法官年龄须为 28 岁以上，而且要从事法律工作满 5 年，深圳市要求初任法官从事法律工作 4 年以上。这种提高初任法官门槛的做法在上海市、深圳市等东部经济发达地区或许可行，但在中西部经济欠发达的偏远地区是否可行则面临着很大的问题。在中西部经济欠发达地区，自己培养的法律人才有限，而吸引外部法律人才的能力又不足，法律人才奇缺，连《法官法》所要求的初任法官需要具备的本科学历要求可能都很难完全满足。正因如此，我国《法官法》第 9 条才允许在特定地区将担任法官的学历条件放宽为“高等院校法律专业专科毕业生”。在这样的情况下，提高初任法官的门槛在中西部经济欠发达地区是否可以推行值得商榷。

其次是法院对法律人才的吸引力不足与人才流失问题。实际上，即便是在经济发达地区，提高初任法官的任职门槛以及要求初任法官一律到基层的做法也可能会导致两个方面的问题，一是法院的吸引人才能力不足，另一个方面的问题就是人才流失问题。在提高初任法官门槛以及要求法官一律到基层法院任职的做法，会使法律人才进入法院时的发展前景并不乐观。对于正在择业的法律专业人才而言，相较于考录到法官助理岗位进而遴选到上一级法院这一辛苦、漫长且结果不确定的历程而言，从事律师职业或其他职业的收入更高，而且通常在进入律

师行业或其他职业3年之后都会有非常大的起色，这可能会使很多优秀的法律人才对法院望而却步，使法院的人才储备面临严重的问题。在一些地区，法院的吸引能力本就不足，在法官招录过程中存在无人报考的现象。[①] 在推进法院遴选制度改革的今天，这一现象是否会更加严峻值得进一步观察。而对于法院内部的法官助理等工作人员而言，在收入并不可观、晋升耗时日久且晋升困难的情况下，脱离法院或许将成为其更好的选择。这其中，最为重要的是基层法院的人才流失问题。例如，据媒体透露，北京市法院系统近5年已有500多人辞职调动，流失的人才主要在基层法院，且多为经验丰富、办案能力较强者。[②]在我国，中级和基层人民法院承担着绝大多数案件的办理，本来就存在案多人少，办案能力不足的问题。随着员额制改革、法官遴选制度改革的推进，如果基层法院的人才流失进一步加剧，那么案多人少、法官办案压力大的问题将更加严峻。而这反过来又可能促使更多的法官离开。此外，上级人民法院的法官从下一级人民法院的优秀法官中遴选的做法，也会导致基层法院优秀的法官人才的流失，将优秀的法官人才逐步选任到不需要大量处理案件的高级法院，专业人才脱离办案一线，导致法律人才配置的不科学。

再次是法院内部的行政化问题。根据改革方案的要求，初任法官一律到基层法院任职，上级人民法院的法官从下一级人民法院的优秀法官中遴选。应该讲，这种改革方案的初衷是好的，但不可否认，这种改革方案也存在一些问题。例如，这可能导致基层法院和上级法院功能的不分，不利于法院的专业化和职业化，也可能因为职务或者职位晋升而再次强化法院系统内部的行政性。[③] 这其中，尤为重要的是法官逐级遴选所可能导致的法院系统内部的行政化问题。第一，从法官热衷于遴选、热衷于进入更高一层级的法院的原因来看，本身意味着我国法院的行政化程度较高。在我国，进入更高一层级的法院往往意味着可以不用亲临一线办案，省去了办案之苦，而且更为重要的是，这意味着将拥有更多的

① 参见任重远：《法官荒，法院慌：事情正在起变化》，载《南方周末》，2015－04－17。

② 参见滑璇：《2016京考报名：法官助理大量空缺》，载《南方周末》，2015－11－16。

③ 参见苏力：《法官遴选制度考察》，载《法学》，2004（3）。

权限、政治地位和晋升机会。尽管法律规定上下级法院之间是监督与被监督的关系，但实践中这种监督与被监督关系往往演变为领导与被领导的关系，进入更高层级的法院，在一定程度上意味着可以领导下级院或下级部门。进入上级院通常也意味着行政级别和政治地位的晋升，在行政化程度较为强烈的我国，行政级别和政治地位与各种物质、精神利益是直接挂钩的，也影响着未来的职务晋升。在这样的情况下，法官可能为了求得晋升而主动放弃自身的独立性。第二，尽管现在的改革要求实行人财物省级统管，但基层院院长、中级院院长在法官的统管中是否完全丧失话语权是并不确定的。实际上，在我国现在的法制背景下，很难完全隔离基层院院长、中级院院长在法官的统管中的影响和作用。这意味着基层、中级法院内部的行政化问题可能仍将存在并且会更为严重。因为按照改革的要求，所有的初任法官必须到基层法院任职，逐级遴选。第三，即便是省级统管，在省级院设置遴选委员会也会带来法院内部的行政化问题。毫无疑问，省级统管将强化高院在法官遴选中的地位和作用，这会带来高院层面的行政化问题。虽然现在改革要求在省一级设置遴选委员会，但如下文将要谈到的，遴选委员会制度本身的功能定位、运作机制都尚未明确，能否克服省级院统管所带来的行政化加重问题并不清晰。

最后是法官遴选委员会的制度设计问题。法官遴选委员会的制度设计是此次司法改革的一项创举。但对于如何构建我国的法官遴选委员会存在不同的意见。法官遴选委员会制度设计的科学、合理与否，直接决定了法官遴选委员会能否发挥其应有的作用。总结来看，专门的司法官遴选委员会的构建面临着以下几个方面的问题：第一，遴选委员会设在何处的问题。第二，遴选的对象问题。法官遴选委员会遴选的仅仅是初任的法官还是也包括庭长、院长的遴选？第三，法官遴选委员会的职能定位的问题。法官遴选委员会是任免法官的决定机关还是建议机关？第四，法官遴选委员会中的人员构成及其比例问题。

（二）可能的应对举措

对于我国法官遴选制度改革中面临的问题，应当理性地看待。一方面，我国应当提升法官的专业化、职业化水平，改革的方向无疑是正确的。另一方面，也要注意到两个问题，一是要注意我国当前的司法实际，即各地经济发展水平不一，法院的发展与法官的配置并不均衡，中西部与东部地区的差距还较大；二是要注意改革举措本身的科学合理性，要防止在解决问题的时候制造新的问题，尤其是要防止不解决问题而制造新的问题。

对于提高初任法官的门槛问题，鉴于我国经济发展水平、法制发展水平的不均衡，地区差异较大，应当允许在特别困难的地区有一个缓冲期，在缓冲期内实行相对较低的初任法官遴选门槛。

当然，对于提升初任法官遴选门槛以及将初任法官配置在基层法院、逐级遴选的改革方案，应当看到其对于提升法官素质、充实一线办案力量的重要作用，而至于其所带来的法院后备人才不足、法官人才流失以及法院行政化问题，并不都是由改革措施本身所造成的，而是相关的配套制度改革阙如所造成的。例如，将初任法官一律配置到基层法院的问题，问题的实质并不在于将初任法官配置到了基层法院，而在于法官的待遇问题。基层法院的法官办案压力非常大，而收入也并非十分可观，与办案压力并不成正比。而且，我国的法官通常按照公务员序列管理，有相应的行政级别，基层法院的法官的行政级别较低，尽管有时基层法院法官的业务能力和业务水平很高，但行政级别却无法与上级法院的法官相比。加之，我国上下级法院的关系在实践中异化为行政性的上下级关系，这就使上下级法院法官的行政等级性更加强烈。与法官的行政级别挂钩，法官的待遇也提不上去。在这样的情况下，助理法官等法官后备人才对到基层法院办案自然存在抵触情绪。因此，对于该改革举措所面临的问题，可行的应对举措应该是：第一，进一步提升法官的待遇，特别是要提升基层法院法官的待遇，基层法院法官的待遇至少不能低于其他级别法院法官的待遇。第二，进一步落实实行有别于公务员序列的法官序列的改革措施，对法官不能按照公务员的管理模式进行管理，要取消法官的行政级别，不能将法官的待遇与行政级别、行政职务以及法院的层级相挂钩。第三，理顺上下级法院之间、法官之间的关系，上下级法院之间、法官之间只是业务上的监督与被监督的关系，而非领导与被领导的关系，这其中比较重要的就是要实现最高法院、高级法院的功能转型，压缩其行政性业务与指导下级院的业务，而将其功能集中在审理案件方面；同时，限制最高法院、高级法院法官的数量，将办案力量下放到基层和中级人民法院，将法官集中到办案第一线。

对于法官逐级遴选中存在的行政化问题，一方面，如前所述，应当改变对法官的行政化管理模式，当法官无论是在基层院、还是在中级院抑或高级院都有职业尊严、都有较好的职业待遇和职业保障的时候，法官对于逐级遴选也就能够理性对待，法官逐级遴选中的行政化问题自然也就可以削弱；另一方面，当前在省级院设置法官遴选委员会的做法，为在一定程度上化解该问题提供了契机，可以充分利用法官遴选委员会的设置来化解法官逐级遴选中的行政化问题。

至于法官遴选委员会的设置，鉴于该制度还处于试点阶段，笔者认为应当注意以下几个方面的问题：第一，应当确保法官遴选委员会的相对独立性。目前，法院特别希望将法官遴选委员会设于法院内部，便于控制。但是如果这么建，遴选和建议权将集中在法院，不利于权力分散。若设在政法委，符合党管干部的精神，但是又容易导致其对案件的干预。若设在人大，法官、检察官任免是由人大进行的，这也涉及权力过分集中的问题。还有一种提法，设在司法行政部门，目前其也具备完整的四级建制。另一种观点认为，应设立一个不依附任何部门的独立的遴选委员会。笔者认为目前的司法改革试点可以分别进行尝试，不同的省实施不同的方案，经过试点、比较之后，以何种最能确保遴选委员会的独立性及其运作的科学性再加以确定。第二，法官遴选委员会的职能定位问题。法官遴选委员会的职能是建议职能，还是决定职能？对这个问题，考虑到我国人民代表大会制度的体制，法官遴选委员会的职能只能是建议职能，而不是决定职能。按照这样的职能定位，各有关机关在法官遴选中的角色为，党委为人事管理机关，遴选委员会为遴选建议机关，负责从专业角度提出法官人选，省级院负责法官提名，人大及其常委会为决定机关。第三，法官遴选委员会的职能范围问题。对此，笔者认为，法官遴选委员会不仅遴选法官，还遴选院长、庭长。这与党的领导、党管干部的精神并不矛盾，遴选委员会只是建议，不是决定。如果不包括院长、庭长的遴选建议，还是由地方党委组织部门考核法院院长、庭长的任免，不能真正彻底解决司法地方化问题。第四，法官遴选委员会的构成问题。关于遴选委员会的构成，一方面应当限制院长、庭长的比例，多吸收有丰富经验的法官和检察官代表，以及律师和法学学者等社会人士代表；另一方面，应平等对待法院系统内部人士与法院系统外部人士的职能和角色，否则，法院系统外部的人士就只能是“陪而不选”。此外，法官遴选委员会委员的产生机制也应当进行科学设置，法官遴选委员会委员不能由法院自己推荐、自己任命，以确保法官遴选委员会的相对独立与中立。

第四节　司法责任制改革研究

自党的十八届三中全会提出“改革审判委员会制度，完善主审法官、合议庭办案责任制，让审理者裁判，由裁判者负责”，从而推动司法责任制改革以来，推进司法责任制改革成为司法改革的一项重要内容，中央有关部门及最高人民法院相继推出了一系列改革举措。对于如何推进司法责任制改革，理论上有不同的认识，实践中也有一些误区。下文拟对该问题进行探讨，以期有裨益于当前推进的司法责任制改革。

一、司法权的主体

在“让审理者裁判，由裁判者负责”中，“让审理者裁判”所揭示的实际上是司法权的主体问题。这里所称的司法权属于狭义的司法权，即审判权，而不包括检察院的检察权。狭义的司法权，即审判权，是对案件进行审理和裁判的权力，包括审理和裁判两部分内容。确定司法权主体的范围对于确定裁判主体以及审判责任主体具有至关重要的意义。因此，如何理解“让审理者裁判”成为推进司法责任制改革的核心要素。

“让审理者裁判”是针对我国传统司法实践中审判权运作的混乱而提出的改革举措。在传统司法实践中，案件的处理不仅涉及独任法官、合议庭，还涉及院长（包括分管副院长）、庭长以及审判委员会，各主体对案件都有一定的发言权，都能够对案件的处理发挥影响或者起决定作用。其中，院长、庭长除了可以通过私下打招呼等“隐性方式”影响案件的裁判外，主要通过审批案件的形式发挥对案件处理的影响或决定作用，而审委会则主要是通过对提交的案件进行讨论决定案件的处理结果。在这种裁判权运作模式中，案件事实上的裁判者是非常混乱的，有时可能是独任法官或者合议庭，有时则可能是院长、庭长（基于审判监督权），有时则可能是审判委员会（通常认为是基于审判权）。这分散了案件的裁判责任，一旦案件裁判发生错误时，很难确定案件的责任者，出现了无人负责、权责不一等问题。而且，法院内部的各主体都介入案件的处理之中，使案件的实际负责人（独任法官或者合议庭）与当事人之间介入了其他的主体，不仅可能导致外部因素对案件裁判的不当影响，也给当事人对司法的信任、对裁判的接受造成负面影响。此外，各主体对案件处理的介入在客观上也成为滋生权力寻租的温床。[①] 正是针对这种情况，司法改革提出了“让审理者裁判，由裁判者负责”，通过确定案件的裁判者，进而明确案件的责任主体。

那么，问题在于，谁应当成为案件的裁判者？按照司法改革的提法，“让审理者裁判”，也就是说“审理者”是裁判权的主体。可见，如何理解“审理者”成为确定案件裁判者的关键因素。

对于如何理解“审理者”，存在不同的认识。我国学者通常所指称的“审理者”往往是指主持或参加案件“庭审”的法官，除此之外的院长（包括主管副院长）、庭长、审委会都不是案件的“审理者”。但也有学者指出，“审理”中的“审”并不仅仅指“庭审”，阅读案卷材料、听取承办法官汇报以及对案件进行讨论等也应被看作是“审”的过程和方式，“让审理者裁判，由裁判者负责”在法院内部关系上的含义是，“各主体对案件裁判的话语权必须建立在对案件事实进行审理（当然不限于‘庭审’）的基础之上，并且应对其影响或决定裁判的行为

① 参见贺小荣：《司法责任制的目标、价值和路径》，载《人民法院关于完善人民法院司法责任制的若干意见（读本）》，北京，人民法院出版社，2015。

负责”[1]。按照此种逻辑，院长、庭长、审委会虽然没有主持或者参加庭审，只要通过阅读案卷材料、听取承办法官汇报、查看庭审录像等方式尽可能地了解案件事实，他们就属于这里的“审理者”，也就可以影响或决定案件的裁判。

应该讲，何为审理者在西方国家并不是一个问题，因为法官是独立的，审判权属于法官，案件的审理者当然是依法负责特定案件的法官。我们国家情况的复杂性就在于，通常认为审判权由人民法院行使，法官仅是审判权力的具体行使者，法官不具有独立性，院庭长以及审委会都在不同程度上分享了审判权，成为事实上的裁判者。如前所述，这导致了裁判主体的混乱，案件是由独任法官/合议庭还是由院庭长、审委会决定的并不明确。而这正是需要司法改革的重要原因。如果将“审理者”作广义的理解，那么，司法改革提出的“让审理者裁判”便是一句没有任何价值的改革口号，因为其仍旧没有改变不同主体影响或决定案件裁判的现状。显然，这种解读是值得商榷的，也不符合中央司改的精神。

我们不能说院长、庭长或审委会虽然没有主持或参加庭审，只要采取了阅览案卷材料、查看庭审录像、听取汇报等形式的调查活动，就成为“审理者”，也就可以影响或者决定独任法官或者合议庭办理的案件的裁判。首先，尽管院长、庭长以及审委会可以通过阅览案卷材料、查看庭审录像、听取汇报等形式“亲历亲为”进行调查，有“审”的色彩，但不能当然视作现代意义上的“审”。现代意义上“审”的核心要素是亲历性，“审”的具体要求包括：(1) 直接言辞审理；(2) 以庭审为中心；(3) 集中审理；(4) 裁判者不更换；(5) 事实认定出自法庭；(6) 由审理者裁判、裁判者负责。其中，“直接言辞”是亲历的主要方式，“以庭审为中心”是亲历的重点场所，“集中审理”和“裁判者不更换”是亲历的保障措施，“裁判出自法庭”和“审理者裁判、裁判者负责”是亲历的归宿。[2]也就是说，现代意义上的“审”具有主体、场所、形式、结果等各方面的要求，具有公开性、透明性和闭合性，能够最大限度地保证控辩双方的参与并排斥外部因素的不当影响。而阅读案卷材料、查看庭审录像、听取汇报虽然是院庭长、审

① 顾培东：《再论人民法院审判权运行机制的构建》，载《中国法学》，2014 (5)。

② 参见朱孝清：《司法的亲历性》，载《中外法学》，2015 (4)。

委会委员亲自进行的，但是，其一，其对案件事实的认定并不是或者说并不主要是基于原始证据而进行的，尽管这种认定可能是真实的，但认定错误的风险更大；其二，这种“审理”缺乏程序的正当性，其通常并且主要是在法庭之外进行的，没有控辩双方的参与，不具有公开、透明性。这种调查方式从根本上来讲侵犯了被告人的公正审判权，不能被认为是现代意义上的“审理”。应该讲，现代意义上的审理正是在抛弃这种调查方式的基础之上建立起来的。其次，更为重要的是，如果承认这也是一种审理形式，并允许院长、庭长或者审委会基于此而影响或决定案件的裁判，这意味着独任法官和合议庭所进行的公开、透明、科学的审理仅是一种形式审理或者说是表演性审理，而院庭长、审委会所进行的秘密、非参与性、非科学性调查则是实质审理，这将导致我国的审理从整体上、根本上演化为书面、秘密审理。这是一种幕后司法。这种幕后司法不仅给人们留下了司法可以被看不见的主体干预的印象，也为法庭之外各种因素影响案件裁判打开了闸门，可能导致司法在事实上被外部的因素所干扰。而且，这种幕后司法也侵犯了被告人的公正审判权。总之，这种独任法官/合议庭＋院庭长审批/审委会讨论决定的司法方式将从整体上颠覆人们对司法及其公正性的印象，影响审判的公正性和可接受性。客观而言，这正是当前司法改革强调审判的亲历性、强调裁判主体和审理主体一致、强调审理主体不可变更的根本原因。因此，“让审理者裁判”中的“审理者”指的是在案件系属法院之后所分配的直接负责案件的独任法官或者合议庭等审判组织。这是与不主持或者参加庭审的院长、庭长、审委会相对应的主体，其与院长、庭长以及审委会的外在区别通常是其主持或参加了案件的开庭审理，实质区别则在于其是司法的亲历者。当然，如果院长、庭长、审委会委员以法官的身份直接负责案件的审理时，毫无疑问他们也属于这里的“审理者”。

当前，从改革的实践来看，对院长、庭长不是案件的审理者，不能审批案件已经形成共识。按照《最高人民法院关于完善人民法院司法责任制的若干意见》（以下简称“《司法责任制意见》”）的要求，对于独任法官审理案件形成的裁判文书，由独任法官直接签署；对于合议庭审理案件形成的裁判文书，由承办法官、合议庭其他成员、审判长依次签署，审判长作为承办法官的，则由审判长最后签署；考虑到审委会讨论决定的案件的特殊性以及贯彻审委会意见的需要，对于这一类案件，仍旧需要履行审核签发程序。

这里比较重要的一个问题是，如何看待审委会讨论决定案件的问题。对于该问题也存在不同的认识。有的观点认为应当取消审委会或者取消审委会讨论案件的功能，有的观点则趋向于保留审委会，同时淡化审委会的决定案件事实的功能，仅保留或主要突出其决定法律适用的功能。对于审委会，应当看到，在这种法官/合议庭负责案件的审理＋审委会讨论决定案件的审判权运作机制中，由审委会主要或仅讨论案件的法律适用并没有从根本上改变审委会不是案件的“审理者”的身份和角色。当然，也不可否认，审委会在整体上是由办案经验丰富的法官所组成的，对于把关案件的处理、确保案件质量具有重要作用。特别是在我国当前的法制背景下，保留审委会并发挥其在专业方面的作用还是有其必要性的。对此，当前的改革思路是：第一，限缩审委会讨论案件的范围和讨论的事项，即审判委员会只讨论涉及国家外交、安全和社会稳定的重大复杂案件，以及重大、疑难、复杂案件的法律适用问题；第二，强化审委会的亲历色彩，即案件需要提交审判委员会讨论决定的，审判委员会委员应当事先审阅合议庭提请讨论的材料，了解合议庭对法律适用问题的不同意见和理由，根据需要调阅庭审音频、视频或者查阅案卷；第三，让审委会直接审理案件，即对于重大、疑难、复杂的案件，可以直接由院长、副院长、审判委员会委员组成合议庭进行审理。应该讲，上述改革思路是考虑到我国的现实国情而作出的一种折中主义的选择。当然，从长远来看，最终应回到第三项措施上来，即将审委会改造为真正的“审理者”，直接审理并裁判案件。一方面，可以直接将一些重大、疑难、复杂案件交由审委会审理；另一方面，当负责案件审理的法官或者合议庭认为案件需要由审委会处理的，则应提请变更审判主体，经审查，认为需要由审委会审理的，则将案件的审理者变更为审委会，由审委会重新依照法定的审判程序进行审理并作出裁判。这样才能从整体上落实“让审理者裁判，由裁判者负责”。司法实践中，有的地方进行了由审委会专业委员会成员直接审理案件的试点，这种改革思路是值得肯定的，值得按照可复制、可推广的思路，进一步探索具体的实施机制。这其中，较为重要的是应明确审委会直接审理案件的范围、变更审判主体的程序机制等。

二、审判责任的概念界定与设置原则

如法谚所云，“权力导致腐败，绝对权力导致绝对腐败”[①]。要限制绝对权力的滥用与腐化的倾向，必须使权力的行使者承担与之相适应的责任。针对权力的制约问题，习近平总书记曾明确指出，“要健全权力运行制约和监督体系，有权必有责，用权受监督，失职要问责，违法要追究”。审判权虽然有其特殊性，但不论是从世界各国的经验着眼，还是从我国的实践出发，法官责任的设置与明确都是必要的。当然，审判责任的设置也必须遵守审判权运作的基本规律。

（一）审判责任的概念界定

不论是在学理上还是在实践中，审判责任的概念并不清晰，长期以来对此依未给予足够关注。简而言之，审判责任就是审判主体对案件的审理与判决所应承担的法律责任。从广义上看，除了违法审判责任之外，审判责任还包括事实瑕疵、证据瑕疵、法律瑕疵、文书瑕疵等审判瑕疵责任，以及职业纪律责任等。就审判瑕疵而言，人非圣贤，出现办案瑕疵在所难免，这些在诉讼程序上是可以补正的，不加区分一味追责会大大限制办案人员的手脚，使其当为而不为、能推则推，这对办好案件十分不利。[②] 而且，此种瑕疵责任在程度上明显轻于违法审判责任。因此，虽然对此也应加以规制，但不宜纳入审判责任的范畴加以追究。同样，法官的生活作风问题、职业道德问题等，也不宜纳入审判责任的范畴。因而，本书在审判责任取狭义的概念，特指法官在履行审判职责的过程中，在其职责范围内对办案质量所承担的责任。

（二）审判责任的设置原则

虽然审判权作为一种公权力和其他公权力一样，其行使受到审判责任的监督

---

① ［英］阿克顿：《自由与权力——阿克顿勋爵论说文集》，侯健等译，342 页，北京，商务印书馆，2001。

② 参见陈卫东：《当前司法改革的特点与难点》，载《湖南社会科学》，2016（2）。

和制约，然而由于审判权是包含了审理权和裁判权在内的司法权力，具有同行政权力所不同的属性，因而对该项权力的归责应有其特殊性，即以豁免为原则，以归责为例外。对于审判责任归责的特殊性，应当从以下几个方面来理解：

其一，在诉讼过程中，依据证据裁判原则，法官对于案件事实的认定只能依靠证据进行。然而，双方事后提交的证据并非总能准确地反映案件事实，况且也并非控辩双方所提交的所有证据都能作为定案依据。法官不仅要对证据的真实性、关联性与合法性等方面进行调查核实，有时在证据短缺或者事实模糊的情况下还要加上生活经验和日常逻辑对案件事实进行判断，法官对于案件事实认定的模糊性和困难性由此可见一斑。

其二，法官作为案件事实的认定者与裁判者，在诉讼纠纷中扮演着定分止争的重要角色，因而，无论案件事实是否清楚，裁判者都必须在有限的诉讼期限内，对该诉讼纠纷给出相应的判断。这样的司法裁判机制就决定了法官判断是否正确的相对性。一方面，囿于诉讼期限的限制，在有限的时间内对事实模糊、证据短缺的案件进行裁判，裁判的准确性和正确性必然受到影响；另一方面，在有限的诉讼期限内结案是法官的职责所在，法官不得以案件证据不足或者事实模糊为由拒绝审判，法官在当时的证据资料和诉讼条件下作出的对案件事实的认定，除却个别特殊情形外，无论事后其判断是否正确，均不具有追责的可行性和正当性。因此，针对法官审判权力的归责，不能单纯从裁判结果的正确或错误来认定。事实上，法官在实践中作出的裁判也很难用正确和错误来简单界定。法律赋予了法官在诉讼过程中的自由裁量权，在该权限范围内无论法官作出何种判决都应当被理解为是“正确”的。所以不能仅仅片面地理解裁判的正确性，应当承认并接受裁判的“多个正确解”，甚至对于同案不同判的现象在合理限度内也要保持一定的宽容，只有这样才能彻底消除法官审理案件的顾虑，做到具体案件具体审理，为实现个案正义打下坚实的基础。

其三，过于严格的审判责任，容易加大法官的从业压力和审判负担，不仅会造成法官人才方面的流失，也会迫使法官采取诸如上报领导、提交审委会讨论决议、案件发回重审或者撤回案件等方式逃避审判，规避责任。特别是，过于严格与宽泛的审判责任会从根本上损害法官依法独立行使审判权。

正是由于上述原因，“世界各国在设定法官的审判责任时，基本上遵循了以豁免为原则，以追责为例外的司法规律”[①]。从《司法责任制意见》第23条、第25条和第28条规定来看，我国的司法责任制改革基本采用了“豁免为原则，追责为例外”的审判责任设置原则。

三、审判责任构成要件与豁免条件

（一）审判责任的构成要件

为了保证法官独立、客观行使审判权，各国对法官审判责任之规定皆显慎重，我国在设定相应责任内容时亦当妥善考虑。作为决定审判责任范围的核心要素，设置科学合理的审判责任的构成要件乃平衡审判权独立行使与规范司法行为的基础。所谓构成要件，是指法律效果发生的前提条件，在责任的范畴中，其包括主客观两个方面，亦可细分为“行为、心理状态、损害及因果关系”[②] 四项内容。作为一种法律责任，审判责任的构成要件也无非由主观要件与客观要件两部分组成。审判责任的客观方面，即违反法律规定或者导致错误裁判的具体客观行为以及行为造成的损害与因果关系。审判责任的主观方面，则是指审判者对违法审判行为及其结果所持有的故意或过失的态度。

在审判责任的构成要件方面，学界主要关注的是审判责任的主观方面要件，学界担忧的是追责认定的“唯结果论”忽略了审判者对其不当行为的主观心态，并不符合司法的规律。司法是对过去发生的事实的认定，由于各方面条件的限制，审判者对于过去的事实不可能做到完全没有错误地认定，若尽到了相关的注意义务仍出现错案，这种案件就不能追责。对此，笔者认为，对审判责任构成要件的设定，尤其是对“错案”的认定，应当注重以下三个方面：一是要严格区分

① 贺小荣：《司法责任制的目标、价值和路径》，载《最高人民法院关于完善人民司法责任制的若干意见读本》，北京，人民法院出版社，2015。

② 周永坤：《法理学——全球视野》，244～246页，北京，法律出版社，2010。

故意和过失，二是要针对过失区分重大过失和一般过失，三是要划清过错和一般法律认识差异之间的界限。[①]《司法责任制意见》基本遵循了此种司法责任的认定原则，其第25条将应受审判责任追究的行为依主观方面划分为故意与重大过失两类，其一为“故意违反法律法规的”，其二为“因重大过失导致裁判错误并造成严重后果的”。

“在审判活动中，故意违反法律法规的”，是指审判者故意不遵循法律法规的有关程序或实体上之规定而为违法裁判的行为。“故意”乃该条款的重点，根据法学相关理论，所谓故意应当具备两个方面的要素，即“明知”自己的行为会发生危害结果，并“希望”或“放任”这种危害结果的发生。[②] 但是，在审判责任的认定中，在审判活动中，一旦法官明知自己的行为违反法律法规且作出了该行为，即已经对审判的公正性造成了侵害，应当认定危害结果已经发生，无须再考虑其对行为本身的认识。就“明知”而言，法官应当对审判中其应遵守的法律规定以及运用的实体或程序法知识有着相当程度的认识。具体而言，对于行为违法，如收受贿赂、徇私舞弊、损毁证据材料、隐瞒案件事实等，或者法律适用上存在明显不合法律人常识的实体错误与程序错误，均应当认定为“明知”。

“在审判活动中，因重大过失导致裁判错误并造成严重后果的”，是指审判者因疏忽大意或过于自信导致了错误裁判，并因此造成了严重后果的行为。在犯罪论中，“过失”一般被分为两类，根据《刑法》第15条的规定，一类是“应当预见自己的行为可能发生危害社会的结果，因为疏忽大意而没有预见”，另一类是“已经预见而轻信能够避免，以致发生这种结果的”。审判过失责任亦可据此划分为两类，其一乃法官“应当预见”自己的司法行为存在错误，如根据现有证据材料应当得出某一盖然性的结论而未以此定案、遗漏重要证据或线索导致结论与案件客观事实大相径庭、适用已经废止的法律规定等，但由于其自身的主观原因而

① 参见陈卫东：《合法性、民主性与受制性：司法改革应当关注的三个“关键词”》，载《法学杂志》，2014（10）。

② 犯罪故意中对“故意”的认定，参见高铭暄、马克昌主编：《刑法学》，109页，北京，北京大学出版社、高等教育出版社，2000。

“没有预见”到这些客观情况，也包括依案情应履行某些司法行为而失职渎职导致严重后果；其二是法官“已经预见”自己的司法行为可能导致错判，抱有侥幸心理最终酿成严重后果，如违反了相关证明标准、客观逻辑等规则或常识，如人为地扩张某证据的证明力、不重视辩方提出的证据线索等，“轻信能够避免”错误裁判的发生的情况。

审判是对已经发生的事实进行再认识的活动，审判者对案件事实的认定不可能做到完全地还原，其只能通过已有的案件证据来对客观事实逐步地进行还原与再现，综合考量全案证据而选择最具可能性的结论。法律尊重审判者通过确信来认定事实，虽然其得出的结论也并非完全可靠，但也正是基于此，责任制度亦不能对此类错误进行苛求与追责。为实现两者之间的价值平衡，《司法责任制意见》对于审判中的过失责任给出了三方面的限定：其一，过失必须“重大”；其二，必须导致了“裁判错误”；其三，必须错误裁判而造成了“严重后果”。

所谓“重大过失”，指的是一种主客观过错相结合的状态，即首先是一种主观的心理状态，同时也表现为受行为人主观意志支配的外在行动。[①] 具体而言，重大过失需要满足主客观两方面的条件，即行为人违反注意义务的行为极不合理，且很有可能对他人造成严重的损害。对于审判责任而言，当审判者因“疏忽大意”或“过于自信”而违反了通常情况下其他审判者皆当注意之义务，造成了如丢失证据、文书类型错误等可能对审判结果产生重大影响的后果，才应认定该过失程度“重大”。过失责任一般不以行为本身作为可归责的充要条件，其必须以发生一定的实害后果为前提。虽然在审判活动中，已达“重大过失”的行为，如对关键证据的遗漏、适用失效法律法规等，一般都会导致“裁判错误”，但这也不排除在一些产生了重大过失的案件中，其裁判结果却并无错误，如虽适用之法律文本已经失效，但涉及的具体条文在其他法律中仍有规定，因此并未导致裁判产生实体错误。如果裁判错误并未发生，该行为即可通过上诉程序或审判监督程序予以补正，无须进行审判责任的追究。“严重后果”是对过失责任的进一步

① 参见叶名怡：《重大过失理论的构建》，载《法学研究》，2009（6）。

限定，即使审判者因过失造成了裁判错误，但当后果轻微、影响不大时，对此类责任可以通过其他方式解决，无须通过审判责任的追责程序进行。

从整体上看，当前我国审判责任的构成要件设置较为符合当下的司法现状。一方面，在审判工作中，违法裁判的情况仍未杜绝，在司法改革赋予法官更多独立性的情况下，依法监督其权力行使、设定相关责任制度应属必需；另一方面，出于保障法官客观、独立行使审判权的考量，严格限定审判责任的构成要件的主客观内涵，防止不当追责的情形出现，也是制度科学化运转的关键。

（二）审判责任豁免的情形与条件

为了使公权力能够正常运行，法治社会除了给权力设定范围和设定限制权力的措施外，还要给每个行使权力的行为设置相应的责任。然而，责任制度也是把双刃剑，严格的责任制度毫无疑问可以将权力关进制度的笼子里，但也会使权力失去进化和能动的精神。因此，审判责任豁免机制作为制度不可或缺的一部分，应当与追究机制相互补充、相互依赖，进而更好地引导我国司法责任制的不断完善。

审判责任豁免，在学界又被称为法官责任豁免，是指法官对于自己在司法审判过程中依法实施的行为、发表的言论和判决的结果，享有不受控制或法律追究的权利。① 最早的司法责任豁免制度起源于英国，由于封建时期的国王经常无端地解除法官的职务，为了与皇权不断进行斗争，捍卫民主与自由，在实践中就逐步发展出了一套有关保障法官职业身份的相关制度。② 随后，美国也通过司法判例确定法官享有司法豁免权，认为“只要法官没有在明显缺乏司法管辖权的情况下行事，即使法官采取的行为是错误的，恶意做出的，或者是超越其权限的，法官也应当享有责任豁免”③。此外，许多国际条约和规则中也都体现了审判责任豁免原则的精神。例如，1982 年在印度新德里举行的国际律师协会第十九届年

① 参见谭世贵、孙玲：《法官责任豁免制度研究》，载《政法论丛》，2009（10）。

② 参见王利明：《司法改革研究》，471 页，北京，法律出版社，2001。

③ K. G. Jan Green，“Rethinking Judicial Immunity for the Twenty -First Century”，*Howard Law Journal*，Fall，1995.

会全体大会通过的《司法独立最低标准》第44条规定："法官对于其执行法官职务之有无事物，其享有不受诉讼及不出庭作证之免责权。"又如，在1985年第七届联合国预防犯罪和罪犯待遇大会上通过的《关于司法机关独立的基本原则》第16条规定："在不损害任何纪律惩戒程序或者根据国家法律上诉或要求国家补偿的权利的情况下，法官个人应免于其在履行司法职责时的不当行为或不作为而受到要求赔偿金钱损失的民事诉讼。"

随着近现代法治发展的长足进步，审判责任豁免制度也得到了不断的完善和发展，人们对于审判责任豁免背后所体现的理论认识也在不断深化。具体而言，审判责任豁免制度背后的理论思想主要有以下几点：其一，司法独立思想。审判责任豁免制度在设立之初，即是为了保障法官独立的职业身份不受皇权的规制束缚。法治是现代国家和地区不断追求的社会管理体制，要想实现法治，就必须拥有和依靠公正、高效和权威的司法体系，而这种公正的司法体系也必定是独立的。原因在于，只有独立的司法系统，才能孕育出独立、超然、中立的法官，进而希冀其能够依照法律事先的规制和程序定分止争、秉持公正。同时，由于司法权本质上是一种裁判权，其公正与否依赖于法官个人独立的理性考量。只有司法独立、法官独立，法官作出的裁判才具有公正的程序外衣。其二，人类认识有限性理论。该理论认为，"人的行为是有意识、有理性的，但是这种理性的认识又不是无限的，而是有限的理性"①。人类之所以存在有限的理性，在于人类生活环境的不断变化以及人类对于客观世界的主观认识能力的有限性。因此，法官在根据证据认定案件事实、并且对涉案嫌疑人、被告人定罪量刑这一审判行为本身也具有有限的理性。这种理性的裁判在当时看来或许会被认为是完全正确的，然而随着时间和环境的变化，人们可能会改变这样固有的看法。如果将这种"错案"的责任归结于法官，则明显有违公平。因而赋予法官审判责任豁免制度，也是为了在法官有限理性的前提下，让法官最大限度地发挥理性、最大限度地去发现案件事实，实现司法正义。

① 陈雅丽：《豁免权研究》，98页，北京，中国法制出版社，2001。

从世界范围上看不同国家的审判责任豁免制度，会发现各个国家规定的审判责任豁免制度不尽相同，各有特色。例如英国，通过在1876年颁布《上诉管辖法》和1981年颁布的《最高法院法》，在当时就确立了法官完全的豁免权，在司法过程中的行为和言语，甚至连法官恶意的行为都被列入豁免之列。美国第一次确立豁免权采用的也是英国式的绝对豁免，然而在实践中，绝对豁免权暴露出了越来越多的问题，终于在1984年，美国最高法院通过判例，重新确认了法官豁免的范围和界限，对于非司法行为或者明显的行政行为则不在法官豁免的范畴之内，并且对于民事责任实施绝对的豁免，而对于刑事案件则实施程序性豁免。[①]而相对应的，大陆法系国家大多实行相对豁免制度，“法官在行使职权时，如因其过错给当事人造成损失，负民事责任并给予赔偿。但这一赔偿决定必须要穷尽其他法律救济途径之后，才能追究法官的民事责任”[②]。

在我国，司法改革也设置了免除法官责任的情形。《司法责任制意见》第28条规定，案件按照审判监督程序提起再审后被改判的，如果有以下八种情形之一的，应当免除法官的审判责任：（1）对法律、法规、规章、司法解释具体条文的理解和认识不一致，在专业认知范围内能够予以合理说明的；（2）对案件基本事实的判断存在争议或者疑问，根据证据规则能够予以合理说明的；（3）当事人放弃或者部分放弃权利主张的；（4）因当事人过错或者客观原因致使案件事实认定发生变化的；（5）因出现新证据而改变裁判的；（6）法律修订或者政策调整的；（7）裁判所依据的其他法律文书被撤销或者变更的；（8）其他依法履行审判职责不应当承担责任的情形。

上述八种情形中，后五种情形比较好理解。对于第三种情形，由于当事人放弃或者部分放弃诉讼权利，会导致诉讼程序或诉讼阶段不同程度的简化，此时法官对于案件事实的认定，受到当事人放弃诉讼权利的影响和制约，可能会与案件的真实情况有较大出入。因而，如果既有生效裁判被再审并改判，法官在其义务限度内并无过错，此时可以豁免法官的审判责任。

---

① 参见颜娟：《我国法官刑事责任豁免权存在的问题和构建》，载《内蒙古电大学刊》，2016（3）。

② 刘崇娜：《法官责任与司法豁免制度》，载《法制与社会》，2016（5），（下）。

而上述第一、二种情形，则分别对应的是法官认定事实和适用法律两个审判职责。从法官认定事实上看，法官解决纠纷、裁判案件，首先应当对案件事实进行认定，也即是对反映案件事实的证据进行认定。由于受到诉讼双方当事人的取证能力、诉讼辩论技巧、证据规则、审理期限以及法官个人的逻辑和经验等因素的影响，不同的法官在对证据进行认定时的判断和取舍标准不同，就相同的案件证据作出不同的事实认定的情况时有发生。因而只要作出该项事实认定的法官可以在专业认知范围内，对采纳证据进而采信证据给出合理解释的，就可以豁免其审判责任。就法官适用法律方面来讲，也面临着同样的问题。法官对于法律的理解可能是不一致的，尽管法官大体上要经过相同的法学教育，法律职业资格选拔考试和法律职业共同体的影响。这种差异的存在，不仅是法官独立、中立、客观办理案件的体现，同时也是法官运用原则性的有时甚至保守的法律去解释鲜活的、变化的、具体的实践案例的必然结果。因此，只要法官能够在专业认知范围内给出合理解释，同样也是可以被豁免审判责任的。

四、错案追究的主体和程序

错案追究程序是落实司法责任制的程序保障。为保证司法体系的顺利运行，要给予法官优厚的待遇以保障其独立行使法律赋予的权力，同时也要对失职的法官及时进行惩戒以防止司法腐败、实现司法公正。[①] 司法责任制改革明确提出要建立专门的法官惩戒制度，尤其是要健全惩戒组织和完善惩戒程序。由专业、中立的主体依据科学、合理的法定程序追究错案责任，才能作出公正、客观的决定，也才能保障法官权利，实现司法责任制改革的实质目的。

（一）错案追究的主体

司法责任制的核心价值在于确保审判权独立行使，错案追究的主体应当具备较强的独立性，才能够保证法官行使审判权不被政治因素和社会民众压

① 参见马进保、易志华：《论对失职法官检察官的惩戒》，载《河北法学》，1999（4）。

力左右。[①] 追责主体既要独立于行政、司法和立法等机关，也不能与违反法官职业伦理义务的法官以及投诉主体存在利害关系。[②] 而且，追责主体的设置应当高于一般地方法院，才能够有足够的权力充分履行职责，避免地方权力干预。[③] 在西方国家，对法官的惩戒一般由较高的机构来决定，以体现惩戒决定的慎重性。例如，在美国，联邦法官违反纪律的，先由联邦法官行为调查委员会调查，调查后认为需给予警戒或者停止工作等处理的，报国会决定，如需剥夺法官资格，则必须根据弹劾程序，经参、众两院通过；法国则是由最高司法委员会行使对法官的惩戒权。[④]

《中华人民共和国法官法》规定，法官应当以事实为根据，以法律为准绳，秉公办案，不得徇私枉法。但是，法官不是自动售货机，而是有性格特点、利益追求并且发挥能动性的人。法官的裁判行为是根据现有的证据推定过去发生的事实，是其主观认识的产物。鉴于主观认识的局限性，法官是否需要承担办案责任要根据办案时的具体环境进行客观、科学的评定，因此应当设立专门的机构由专业的人员对法官是否需要承担责任作出判断。

由专门机构履行对法官的纪律惩戒职能，有利于对法官的行为评价采取统一的标准和尺度。从国外的法官惩戒制度来看，许多法治发达国家都设有专门的法官惩戒机构，维持其正常运作的经费通常由国家单独作出预算。例如美国内华达州的司法纪律惩戒委员会，负责对管辖范围内的法官和检察官违法违规投诉的处理和惩戒；英国的法官投诉委员会为司法大臣和首席大法官履行其处理投诉和纪律惩戒方面的职责提供支持服务[⑤]；在德国，联邦最高普通法院和各州法院均设

① 参见王震：《“由裁判者负责”：法官司法责任追究制度的重构——以司法责任制改革为背景》，载《福建警察学院学报》，2015（5）。

② 参见江国华、吴悠：《完善我国法官惩戒制度的几点意见——兼议〈中华人民共和国法官法〉第十一章的修改》，载《江汉大学学报》（社会科学版），2016（2）。

③ 参见胡岩：《论司法错误与司法责任——兼论“错案追究制”的正当性》，载《法律适用》，2011（3）。

④ 参见陈雅丽：《论豁免制度与法治的兼容性——兼论我国公职人员豁免制度的建立与完善》，载《政治与法律》，2010（12）。

⑤ 参见陈卫东：《建构统一的司法官纪律惩戒委员会》，载《人民法治》，2016（6）。

有法官职务法庭，对法官纪律、惩戒及其他事项进行裁判。惩戒机构的组成人员要有充足的专业知识储备和丰富的司法经验。由资深同行负责对法官主观过错进行认定，方能确保惩戒决定的专业性，避免外行评价内行的情况发生。惩戒机构应当包括法律职业共同体中的多元主体，以防止单位保护主义，同时还应当吸收人大代表、社会人士的参与以体现民主性，确保惩戒决定的客观公正，具有更高的公信力。[①] 因此，惩戒委员会应当由资深法官、检察官以及学者、社会公众等组成，形成以专业法律人士为主体、适当公众参与的组织机制，对违反职业道德、违反法律枉法裁判、徇私枉法的法官进行惩戒。

在我国，有关文件对惩戒委员会的设置进行了部署。例如，最高人民法院2015年发布的《关于全面深化人民法院改革的意见》第56条明确指出，要在国家和省一级分别设立由法官代表和社会有关人员参与的法官惩戒委员会。为落实法官、检察官办案责任制，最高人民法院和最高人民检察院2016年印发了《关于建立法官、检察官惩戒制度的意见（试行）》，对惩戒委员会的组成人员作出了更明确的规定。根据该文件，惩戒委员会由政治素质高、专业能力强、职业操守好的人员组成，包括来自人大代表、政协委员、法学专家、律师的代表以及法官代表。法官代表应不低于全体委员的50%，从辖区内不同层级人民法院选任。惩戒委员会主任由惩戒委员会全体委员从实践经验丰富、德高望重的资深法律界人士中推选，经省（自治区、直辖市）党委对人选把关后产生。[②] 应该讲，我国的惩戒委员会的设置思路是适当的。在省级设置惩戒委员会与人财物的省级统管相适应。而且，在省级设置惩戒委员会更有助于确保该机构的独立性，惩戒委员会的人员构成也可以体现惩戒的民主性，避免对法官的惩戒成为领导的一言堂，这样的制度设计使惩戒委员会更能独立、客观地作出惩戒决定，提高惩戒的公信力。

（二）错案追究的程序

建立严谨合理、符合司法规律的责任追究机制，除了建立专门的法官惩戒委

① 参见陈光中、王迎龙：《司法责任制若干问题之探讨》，载《中国政法大学学报》，2016（2）。

② 参见《最高人民法院、最高人民检察院关于建立法官、检察官惩戒制度的意见（试行）》第4条。

员会，还需要制定一套公开、公正的法官惩戒程序。法官作为独立行使审判权的主体维护着社会的公正，因此当法官成为被惩戒的对象时，社会自然需要给予法官同样公正的待遇以保障法官的权益。法官惩戒委员会认定和追究法官的办案责任应当遵循正当程序原则，既要确保法官的违纪违法行为及时得到应有惩戒，又要保障其辩解、举证、申请复议和申诉的权利。目前世界范围内许多国家都建立了操作性强、富有效能的法官惩戒制度，有专门法律明确规定了法官惩戒的启动条件、当事法官的陈述申辩权、惩戒决定作出机制等程序性规范。我国现行《法官法》专门规定了惩戒的对象、范围和方式，但是惩戒委员会的工作章程和惩戒程序需要通过专门的制度另行制定，既需要吸收借鉴国际上先进的做法和经验，同时也要结合中国的司法实际。完整的法官惩戒程序应当包括调查、审理决定和救济三部分内容。①

在调查阶段，可延续以往法律的规定，以人民法院监察部门为主要的责任发现与调查部门。人民法院监察部门在履行职责过程中发现法官有涉嫌违反审判职责的行为，应当进行调查核实，并采取必要、合理的保护措施。在调查过程中，当事法官享有知情、辩解和举证的权利，人民法院监察部门应当对当事法官的意见、辩解和举证如实记录，并在调查报告中对是否采纳作出说明。人民法院监察部门调查后认为需要认定是否构成故意或者重大过失的，应当报请院长决定，提请法官惩戒委员会审议。②

在审理阶段，应当由有关人民法院承担举证责任，人民法院监察部门应当派员向法官惩戒委员会通报当事法官的违法审判事实及拟处理建议、依据，就其违法审判行为和主观过错进行举证。法官的审判行为是否属于故意违法和重大过失，关键在于其形成心证和适用法律的过程是否具有合法性和正当性，因此审理过程中应当赋予当事法官陈述、辩解和举证的权利。从世界各国和地区关于法官惩戒制度的规定来看，虽然在具体程序设计上不甚相同，但基本都注重对法官的辩解、举证等程序性权利的保障。例如，在法国，法官惩戒程序中有控辩双方，

---

① 参见詹建红：《我国法官惩戒制度的困境与出路》，载《法学评论》，2016（2）。

② 参见《最高人民法院关于完善人民法院司法责任制的若干意见》第34、35、36条。

被交付惩戒的法官享有聘请辩护人的权利，也可以传唤证人或专家证人；调查与审判相分离，参加调查的"最高司法官委员会"的委员不得参与辩论；除有非常特殊、理由充分的决议，庭审必须公开。在我国台湾地区，"职务法庭"审理法官惩戒案件，实行言辞辩论，突出了惩戒制度的司法性。[①] 在整个审理过程中，保障当事法官程序性权利的同时，还应当对其采取必要、合理的保护措施。在互联网发达的今天，如果法官一经举报即被公开调查，不仅会严重影响法官依法履职的独立性，同时也给恶意污蔑法官的人留下可乘之机。2016 年 7 月 28 日，中共中央办公厅、国务院办公厅印发《保护司法人员依法履行法定职责的规定》细化了司法人员各类权益保障机制、拓展了司法职业保障范围，在强化法官检察官办案责任的同时，也维护他们的正当权益，这有利于消除法官个体的后顾之忧，让案件的判决不受各种干扰，维护司法公正和法治的权威。

惩戒委员会审理之后，应当根据查明的事实、情节和相关规定，经 2/3 以上多数委员通过，对当事法官作出无责、免责或者给予惩戒处分的建议。[②] 根据最高人民法院、最高人民检察院《关于建立法官、检察官惩戒制度的意见（试行）》第 10 条的规定，惩戒委员会认为法官违反审判职责的行为属实，构成故意或者因重大过失导致案件错误并造成严重后果的，人民法院应当依照《中华人民共和国法官法》等有关规定作出惩戒决定，并给予相应处理：（1）应当给予停职、延期晋升、退出法官员额或者免职、责令辞职、辞退等处理的，由组织人事部门按照干部管理权限和程序依法办理；（2）应当给予纪律处分的，由纪检监察部门依照有关规定和程序依法办理；（3）涉嫌犯罪的，由纪检监察部门将违法线索移送有关司法机关依法处理。免除法官职务，必须按法定程序由人民代表大会罢免或者提请人大常委会作出决定。

一项规范性的法律规定不仅应当具有权利、责任和后果，还应当有相应的救济程序，否则将成为一纸空文。救济程序的设置既是程序公正的必然要求，也是

① 参见何祖舜：《谈台湾检察官伦理》，载《国家检察官学院学报》，2014（1）。

② 参见《最高人民法院、最高人民检察院关于建立法官、检察官惩戒制度的意见（试行）》第 7、8 条。

保障法官权利的重要手段。在司法责任制改革中，为了维护法官群体权利，错案追究程序必须为被惩戒的当事法官提供合理的救济途径，赋予法官申请复议和申诉的权利。《关于建立法官、检察官惩戒制度的意见（试行）》第 9 条和第 11 条规定，当事法官如果对惩戒委员会的审查意见提出异议，惩戒委员会应当审查异议及其理由，作出决定回复当事法官；当事法官如果不服相关人民法院的惩戒决定，可以向该人民法院申请复议，并有权向上一级人民法院申诉。

五、审判权的监督与制约

尽管当前全面深化司法改革进程中强调“还权于法官”以实现“让审理者裁判”的重要目标，但这并不意味着法官的权力是不受束缚的，除了法官履行职责时应遵守职业伦理的约束之外，为保障司法裁判权的规范运行、厘清不同主体的权力界限，还需专门关注法官裁判权的内外部监督与制约的问题，才能做到建构司法责任制度的“权责统一”，确保司法责任改革落实到位。

（一）内部监督

审判权的内部监督问题，主要是指法院内部的审判管理权和审判监督权问题。审判管理权，是指对审判活动进行组织、协调、监督的权能。审判管理权对应的主要是内部的行政性事务，包括审判程序管理和审判流程管理，前者如是否允许回避或者公开等程序性事项，后者如案件查询、投诉举报等有关当事人服务或者公众服务的事项。享有审判管理权的主体通常为法院内部负有领导管理职责的人员和机构，包括院长、庭长、审判管理办公室等。而审判监督权，则是指对裁判的正确性与否进行监督的权能。审判监督权所对应的是法官的裁判结果，享有审判监督权的主体通常为院长、庭长。

在当前推进“让审理者裁判，由裁判者负责”的司法责任制改革过程中，比较有争议的问题是如何看待院长、庭长等主体的审判管理权和审判监督权？对此，存在不同的认识。有的观点认为，既然是让审理者裁判，这必然意味着院长、庭长不应以任何方式介入案件的处理过程。也有的观点则认为，让审理者裁判，并不否定院长、庭长的审判管理权和审判监督权。

应当看到，审判管理权和审判监督权在法律上并没有明确的法律依据，而是实践中自发产生并提炼出来的概念。这种实践是与审判权的改革相同步的。1999年《人民法院五年改革纲要》针对司法实践中案件层层审批以及大量案件通过审委会讨论作出裁判等司法权政化问题提出了“还权于合议庭”的改革，要求“除合议庭依法提请院长提交审委会讨论决定的重大、疑难案件外，其他案件一律由合议庭审理并作出裁判”。但这种符合司法原理的改革在实践中却衍生了同案不同判、案结事不了、裁判过程不透明、司法腐败等问题。为了解决该问题，司法实践中探索了审判权与审判管理权相分离的改革。[①] 最高人民法院2010年在江西井冈山召开的大法官创新和加强审判管理专题研讨班上，也进一步明确提出，“审判管理就是人民法院通过组织、领导、指导、评价、监督、制约等方法，对审判工作进行合理安排，对司法过程进行严格规范，对审判质效进行科学评价，对司法资源进行有效整合，确保司法公正、廉洁、高效”，这为理顺审判权与审判管理权的关系奠定了基础。[②] 随后，最高人民法院于2010年11月成立了专事审判管理工作的办公室，各地也陆续建立起了审判管理办公室。就这一时期的审判管理而言，整体而言采用的是比较广义的概念，包括内在于审判权运行过程中的各种管理行为和外在于审判权运行过程的各种管理活动。[③] 具体而言，这里的审判管理既包括单纯的案件流程跟踪、案件质量评估，也包括了对案件的审批权、签发权，对裁判意见的确认、变更、修正、异议权等。[④] 也就是说，在这一时期，院长、庭长对案件的审批、对裁判结果的介入是以审判管理权的名义进行的。党的十八大开启了新一轮司法改革，十八届三中、四中全会决定对司法改革也做了全面部署。其中，“让审理者裁判，由裁判者负责”的司法责任制改革成为司法改革的重要内容。对于院庭长审批案件、介入案

① 参见蒋安杰：《“两权改革”：中国审判运行机制的微观样本》，载《法制资讯》，2010（12）。

② 参见胡云腾，范跃如：《审判权与审判管理权运行机制研究》，载《人民司法》，2011（15）。

③ 参见沈德咏：《在2010年全国法院审判管理工作座谈会上的讲话》，载最高人民法院审判管理办公室编：《审判管理研究与参考》，26页，北京，法律出版社，2014。

④ 参见胡云腾、范跃如：《审判权与审判管理权运行机制研究》，载《人民司法》，2011（15）。

件的处理再次成为改革的内容。在这样的背景下，最高人民法院从审判管理权中抽离出了具有特殊性的审判监督权。这集中体现在《最高人民法院关于全面深化人民法院改革的意见——人民法院第四个五年改革纲要（2014—2018)》（以下简称“四五改革纲要”）中。“四五改革纲要”第29条为“健全院、庭长审判管理机制”，第30条为“健全院、庭长审判监督机制”，第31条为“健全审判管理制度”。应该讲，这是人民法院首次在正式的文件中明确区分院、庭长的审判管理权和审判监督权。

由上述审判管理权、审判监督权与审判权的分离历程可以发现，审判管理权和审判监督权有其存在的必要性，也是一种无奈之举[①]，审判管理权、审判监督权和审判权分离的过程恰恰是平衡法官办案的独立性和法官的监督制约之间关系的过程，随着法官素质的进一步提升、法官独立性的进一步增强，审判管理权以及审判监督权的权限及其运行方式将更为科学，也更加符合司法的基本规律。因此，在目前的情况下，与其探讨院长、庭长的审判管理权和审判监督权存在的必要性，不如厘清院长、庭长的审判管理权和审判监督权的行使范围和行使方式，避免院长、庭长像以往那样直接干预或决定案件的裁判结果。

应该讲，正是在这种思路的指导下，《司法责任制意见》分离了审判管理权、审判监督权和审判权，并对审判管理权和审判监督权的运作提出了程序性和实体性要求。对于审判管理权和审判监督权行使的程序性要件，《司法责任制意见》要求做到“全程留痕”且“有据可查”。为了避免以行政的名义干预司法，《司法责任制意见》明确了审判管理权的对象只能是程序性事项，而不能包括实体性事项。而对于审判监督权，为避免审判监督权在实践中演变为审判权，《司法责任制意见》明确了院长、庭长在行使审判监督权时的特殊规则。首先，限定了院长、庭长可要求审判人员提交案件进展和评议结果的案件的类型，即涉及群体性纠纷可能影响社会稳定的案件、疑难复杂且在社会上有重大影响的案件、与本院或者上级法院的类案判决可能发生冲突的案件、有关单位和个人反映法官有违法

① 参见万毅、杨春林：《论院庭长的审判监督权》，载《思想战线》，2016（4）。

审判行为的案件。其次，限定院长、庭长审判监督权的效力。院长、庭长的审判监督权并不能直接改变案件的裁判结果，只能由审委会或专业法官会议来决定院长、庭长的监督意见是否正确。这样，通过将审判监督权与审判委员会、专业法官会议的职责联系在一起，可以避免监督中的行政化干预色彩。[①] 此外，院长、庭长享有审判监督权也因此承担可能因监督不当而带来的责任风险，以此强化监督意识。

（二）外部的监督与制约

当然，除了审判管理和审判监督这种内部的监督方式之外，也应注重外部的监督制约。这些外部的监督制约在某种意义上可能具有更大的价值，也是法官监督制约的主要发展方向。

1. 司法公开与裁判说理制度

司法裁判活动是一项复杂、专业且在一定程度上存在隐秘色彩的行为。以往法官的裁判活动公开不足，而作出的裁判文书又颇具格式化以至于说理性较差，这些无不损害法官行使职权作出裁判的公信力。[②] 司法公开之目的既追求程序公正也追求实体公正，是将法官的裁判行为置于公众监督视角下的有力方案，促使法官行使职权的特定行为可以通过专门途径为公众所了解、知晓进而认可。司法公开不但包括诉讼过程、诉讼环节的公开，裁判公开是司法公开的核心，因此，更需要在裁判文书的说理部分做到浓墨重笔。司法活动做到必要、充分的公开，应当从司法过程、司法结果以及司法理由三个基本方面着手来建构具体的制度和途径，不仅要表明法院审判者的立场和法律依据，还要将诉讼各方主体的意见、观点、理由与诉求等作相应的公开，依法裁判、以理服人，巩固裁判的合法性、正当性。在此过程中，法官如何做到证据采信、如何适用法律规定、如何对待诉讼各方主体的意见等均得到呈现和反映，包括社会民众在内各方面主体可了解、查悉法官行使审判权力的过程和结果。这种改革思路既可以监督司法权力的运作，也是维护法官裁判公信力的必由之路。

---

① 参见贺小荣：《如何牵住司法责任制这个牛鼻子》，载《人民法院报》，2015－09－23，第005版。

② 参见湖北省高级人民法院课题组：《法院司法公信力问题研究》，载《法律适用》，2014（12）。

2. 人民陪审员制度

人民陪审员制度是公民参与司法在现代法治社会中的重要途径，被视为对法院审判权进行外部监督制约的有效方式。特别是在全面深化司法改革背景下，人民陪审员制度改革取得显著成效。2015 年最高人民法院、司法部印发《人民陪审员制度改革试点方案》（以下简称“陪审制方案”）推出健全陪审员选任条件、选任程序等举措，针对“陪而不审”“审而不议”痼疾扩大陪审员参审范围并完善相应参审机制，特别是合理划清陪审员与法官的职权，明晰陪审员职权仅限于参与审理事实认定问题。“陪审制方案”的上述核心改革举措在健全人民陪审员制度的同时也对法官行使裁判权产生了一定的制约作用，从社会公众参与司法的角度拓宽了监督机制的空间。①

为切实保障人民陪审员制度有效发挥监督制约审判权的积极作用，应从以下方面予以重点考虑：第一，明确包括法官、陪审员在内，不同裁判主体可能承担的不同责任，逐步健全不同权力主体的差异性司法责任体系，进而革除责任主体不明导致惩戒效果不佳的弊端。第二，人民陪审员与法官共同对案件事实认定负责，如果意见分歧，应当按多数人意见对案件事实作出认定，但是少数人意见应当写入笔录。如果法官与人民陪审员多数意见存在重大分歧，且认为人民陪审员多数意见对事实的认定违反了证据规则，可能导致适用法律错误或者造成错案的，应将案件提交院长决定是否由审判委员会讨论。这种在职权划分基础上的风险规避方案可以降低法官一意孤行滥用职权的可能。第三，要关注完善人民陪审员履职保障制度。如果改革者无法确保人民陪审员获得与其权力相适应的履职保障条件，将使人民陪审员心中多有顾虑和担心，在履行职责时瞻前顾后而难以调动起参与审判、提出意见的积极性。对此，应禁止无故对陪审员进行不当处分、严格保密人民陪审员个人信息、为人民陪审员提供有针对性的安全保障措施和人身安全保护机制、明确侵害人民陪审员正常履职行为的违法后果。如此一来，人民陪审员参与法院庭审的积极性将被调动起来，在案件审理过程中不断强化其主

① 参见叶青：《完善司法责任制的前提与机制思考》，载《人民法治》，2016 (6)，14 页。

体意识、职责意识和裁判意识，必然会对法官裁判活动产生实质影响。

3. 当事人的制约

应该讲，法官行为及其裁判直接影响的是案件的当事人。因而，当事人对法官的行为及其裁判的合法性、正当性更为关注，更为了解，对于不当的法官行为及其裁判有着强烈的寻求救济的诉求。因此，在制约法官方面，一个不容忽视的力量就是当事人的力量。

对此，应强化当事人的诉讼权利，健全当事人在诉讼中的救济机制也是制约法官的重要一环。一方面，应当完善依附于办案机关的包括申诉、控告、复议在内的权利救济机制。这类救济机制过于依附于办案机关，司法机关自己纠正自己的“刮骨疗伤”的勇气不充分，救济的效果可能并不理想。对此，应对这类救济机制进行诉讼化改造，通过公开、透明的正当程序来解决权利救济的有效性不足问题。另一方面，应当发挥审级救济的作用。这种审级救济不能仅局限于实体方面，也应包括程序方面。因此，在我国，审级救济特别重要的是要构建程序性上诉制度，由上一级法院对下级法院的不当审判行为后果进行救济。当前，以刑事诉讼为例，审判机关的违法行为（如违反管辖规定的行为）等也可以通过上诉制度得到救济。但在这种制度安排下，程序性权利救济依附于实体救济，不利于程序性权利的救济。① 而且，能够得到救济的违法司法行为有限②，对于其他的违法司法行为无法予以救济。例如，对于审判机关违法查封、扣押、冻结的行为，违法逮捕的行为，侵犯辩护律师辩护职权的行为等都无法通过审判获得救济。为此，一方面应当构建独立的程序性上诉制度，使当事人能够对违反诉讼程序的违法司法行为获得独立的救济；另一方面则应当扩大能够获得救济的违反诉讼程序的违法司法行为的范围。

---

① 当然需要指出的是，这里存在一个例外，即对于裁定的上诉可以称得上是独立的程序性上诉。

② 根据我国《刑事诉讼法》第 227 条的规定，能够获得救济的不规范司法行为都是属于诸如违反公开审判、管辖规定等严重违法，影响公正审判的部分行为。即便算上对裁定的上诉，由于裁定的适用范围较窄，能够获得审判救济的不规范司法行为仍然极为有限。

第五节　司法审查机制的理论基础

一、诉讼形式的本质特征要求实行对审前程序的司法控制

秩序存在于任何社会群体中，在人与人的交往中形成了一定的社会关系，秩序维系这种关系的存在，在无数相互冲突利益的驱动下推动着社会的前进。因此，任何社会的存在都必须以一种矛盾的解决机制的存在为前提，人类早期的私力救济到现代公力救济的发展，表明人类对纠纷解决机制认识的不断进步，其中纠纷解决机制中所蕴涵的内在品格，就是正义的分配、成本的降低和效率的提高，这三者之间正义的分配是第一位的，成本和效率对这种机制的价值起增减作用。人类最早出现的朴素的正义观表现为“以牙还牙，以眼还眼，以血还血”，其本质体现了对补救正义的要求，但简单的同态复仇的正义补救机制，由于其社会成本的过高而为理性的诉讼形式所代替，这是人类文明进步中寻求纠纷解决机制中具有里程碑意义的进步。诉讼的基本特征就是“两造俱全，司听狱诉”，也就是说，纠纷的解决必须有代表理性和正义的中立的第三者存在，由第三者在纠纷当事人之间作出裁断。在这样的情况下，就产生了“自然正义”的理念。“自然正义”包括两项基本原则：第一，任何人不得做自己案件的法官；第二，应当听取双方当事人的意见。这两项基本原则体现了诉讼的本质特征，即中立第三方的介入。自然正义理念后来为英国法律所牢固确立。1215 年英国《自由大宪章》的颁布，使“自然正义”为“正当法律程序”的现代诉讼理念所代替。正当法律程序并没有改变自然正义的本质特征，而使它又进一步升华和显现。现代刑事诉讼，作为一种重要的诉讼形式，其所包含诉讼的本质属性依然如故，必须有一个中立的第三方（法官）在诉讼当事人之间（控、诉双方）裁决，凡是利益冲突，纠纷产生的地方，必须有中立的裁判者存在，刑事审前程序作为刑事诉讼的重要阶段，它必须具有诉讼的本质属性，在控、辩双方之间扮演着一个中立的纠纷解

决者，否则，在刑事审前程序中，代表国家权力的控诉方和代表公民权的辩护方的严重对抗所产生的纠纷就不可能得到公正的解决，诉讼的特征在这里将失去它存在的基础，其结果就会变成一种强肉弱食式的捕猎行为。基于这样的理念，现代各国普遍在审前程序中引入了司法审查机制，一方面借以保障正义的实现，另一方面可以起到降低诉讼成本的作用（根据美国学者德沃金的观点[①]，这种成本包括直接成本和错误成本，即道德成本）。因此，可以说，正是诉讼形式的本质属性决定了刑事审前程序中必须引入司法权的控制。党的十八届四中全会《决定》明确提出，要“推进以审判为中心的诉讼制度改革，确保侦查、起诉的案件事实证据经得起法律的检验。全面贯彻证据裁判规则，严格依法收集、固定、保存、审查、运用证据，完善证人、鉴定人出庭制度，保证庭审在查明事实、认定证据、保护诉权、公正裁判中发挥决定性作用”。至此，“审判中心主义”的目标正式得到确立，这对于催生我国的司法审查机制的构建具有十分重要的作用，我们应当抓住改革机遇，探索构建符合我国国情的刑事司法审查机制。

二、司法权的性质是司法审查机制具有天然合理性的理论基石

刑事审前程序是刑事诉讼的重要阶段，必然以诉讼的形式出现，决定了此阶段引入一个中立裁决者的必要性。那么，这一中立裁判者应该由谁来承担呢？司法权的性质决定了其本身是充当这一角色的最佳选择。就司法权的性质，观点诸多，可以说是仁者见仁，智者见智，但司法权的本质特征，已经在中外学者中形成共识。我们认为，司法权就其本质来说是一种裁判权。它以纠纷的存在为前提，以公正的第三人裁判为己任。裁判权的本质决定了司法权必须具有公正的裁判者的外部特征。

美国学者戈尔丁将司法权从外部特征上分为以下若干基本要素：（1）存在一项特定的利益争端或者纠纷；（2）特定的两方或多方（当事者）介入上述争端之

① 参见［美］迈克尔·D. 贝勒斯：《法律的原则——一个规范的分析》，张文星等译，27 页，北京，中国大百科全书出版社，1996。

中；(3) 争端的一方将争端（案件）提交给享有司法权的机构、组织或者个人（裁判者）；(4) 裁判者以争议各方（通常为双方）的第三方身份，参与并主持争端的解决；(5) 举行听证，届时争议各方同时参与，以言辞方式影响裁判者的结论；(6) 如果争端涉及事实认定问题，争议各方需要向裁判者提交证据、传唤证人；如果争端仅仅涉及法律问题，争议各方则要求提出法律方面的论据；(7) 裁判者制定并宣布一项裁判结论，以解决争议各方的争端；(8) 裁判者应在听取争议各方主张、证据、意见的基础上，对争议的事实作出认定，并将实体法确立的有关原则和规则适用于该事实；如仅系法律争端，则须按照法律原则、规则、先例或者有关理论，对有争议的法律问题作出裁决。[①] 我们认为，从司法权的外部特征看，司法权应具有以下特征：

其一，司法权的存在以纠纷的存在为前提条件。美国联邦最高法院将纠纷解释为，真实的案件或纠纷是指双方之间有真实的相互对立的利益关系，如果双方之间没有真实的案件或纠纷，联邦法院将宣布案件缺乏可裁性而将其驳回。[②] 正如我国有的学者指出的，司法裁判赖以产生的前提是存在发生在双方或多方之间的利益争端。[③] 司法权是为纠纷而存在的，只有在解决纠纷的过程中司法权才能彰显自身的存在意义。[④] 且这种纠纷不能以当事人之间和解、仲裁或其他非诉讼的方式解决。

其二，由双方当事人提出申请（诉讼），第三方以裁判者的身份介入并主持纠纷的解决。当纠纷当事人的利益纠纷已经涉及整个社会的利益（即社会秩序和安全）时，双方之间又不能通过自我的非暴力的或非诉讼的方式解决时，第三方以裁判者的方式介入就成为必要。当同态复仇、私力救济为公力救济代替时，不少历史学家视之为人类文明发展进程中的一次伟大成就。司法裁判权是一种典型

① 参见 Martinp. Golding，*Philosophy of Law*，Englewood Cliffs，N. J：PRENTICE—Hall，1975，pp. 108—120. 转引自陈瑞华：《刑事审判原理》，1页，北京，北京大学出版社，1997。

② 参见［美］史蒂·R. 奥顿：《从马伯里诉麦迪逊到布什诉戈尔案看美国司法审查制度两百年》，郭树理译，载《法学评论》，2002（3）。

③ 参见陈瑞华：《司法权的性质》，载《法学研究》，2000（5）。

④ 参见孙万胜：《司法权的法理之维》，37页，北京，法律出版社，2002。

的公力救济活动。代表国家行使司法权的裁判者对争端解决过程的参与，是这种争端解决走向公力救济化的主要标志。司法裁判权的介入，是争端解决的最后一种方法，是权利保障的最后一道堤岸。

其三，以裁判者身份介入的第三方，必须是中立的、理性的、被动的。第三方介入并对争议双方当事人的权利作出重新的分配或补救或惩罚。要使这种裁断具有权威性和信服性，不仅需要强制后盾，更需要裁判者所表现出的公正性，这种公正性不仅表现在裁判结果的公正性，更表现在裁判过程的公正性。按照泰勒的观点，“由于人们通常无法了解正确的结果是什么，因此他们着眼于证据，保证程序是公正的。我们已经说过，当不清楚什么是正确结果时，人们关注程序公正。同样，当不清楚什么是恰当的结果时，人们重视中立”[①]。英国的谚语云，“正义不仅要实施，而且要以人们看得见的方式实施”，因此，这就要求裁判者的中立性。美国学者戈尔丁根据时代的精神将“自然正义”解释为九条标准，其中第一、二条要求法官与案件自身没有利害关系，第三、四条要求法官应公平地对待诉讼当事人。“在保证公正得以实现的各种理念和制度中，‘中立’处于显要的地位。”[②] 司法权的一个重要特性在于中立性。正是因为司法是社会主体权益的最后一道保护防线，其要对社会冲突作出权威的最终裁判，所以，司法权只有中立才能承担这个重任，司法权一旦与冲突的一方具有某种价值取向和利益上的偏向，就会使人对裁判的公正性产生怀疑，因此，法官在诉讼中必须保持中立，对控辩双方的主张和利益给予同样的关注。[③] 可见，裁判者的中立性，是裁判公正性的重要保障，在当事人主义下，把双方当事人的诉讼准备过程比作是一场“竞技”，如果裁判者，既是竞技一方的当事人，又是裁判者，此游戏的规则，还有什么公正可言，还有谁会去真心服从这一裁判结果呢？

以上，我们从司法权运作过程的三要素得出结论，司法权作为一种裁判权，

---

① 转引自［日］谷口平安：《程序公正》，载《程序、正义与现代化》，北京，中国政法大学出版社，1998。

② 陈光中、汪海燕：《论刑事诉讼的“中立”理念》，2001年诉讼法学年会论文。

③ 参见陈卫东：《我国检察权的反思与重构》，载《法学研究》，2002（2）。

当权利的纠纷（利益的冲突）需要通过公力作为权利实现的最后救济时，司法权便应以中立的裁判者介入冲突当事人中，给权利遭到侵犯的当事人以最后的保障。正如美国学者富勒（Long Fuller）所说："法治的目的在于以和平而非暴力的方式来解决争端，但和平解决争端并非仅靠协议、协商或颁布法律就能实现的，必须有一些能够在争端发生的具体场合下确定各方权利的机构。"

刑事审前程序是控辩双方积极地为法庭审理作准备的阶段，也是国家权力积极介入的阶段，控诉方以国家权力为后盾，以控制犯罪、维持安宁为目的，积极地收集控诉证据，并可以对犯罪嫌疑人、被告人采取各种强制性处分措施，这直接涉及犯罪嫌疑人人身、自由、财产利益；而辩护方以公民权利为依据，在强大的国家权力面前显得苍白无力，但人身、财产、自由利益的得失使他们也不得不努力去争取有利于自己的证据材料，这必然使双方产生对立和冲突，这种对立和冲突往往是尖锐的、利益攸关的。因此，在一般的情况下是不可能通过协议的方式得以解决的。这一利益的不可自我解决性（其实质就是控制犯罪和保障人权具有天然的矛盾性）要求，必须有中立的第三者以权利保障者身份介入并作出公正的裁判。按照公正的理念，作为第三者的裁判者不能由当事人（控、辩双方）中的任何一方来充当，而司法权裁判的性质决定了其是充当这一角色的最佳选择。因此，由刑事审前程序纠纷的存在到司法权以裁判者身份的介入成为刑事审前程序司法权控制的理论基石之一。

三、现代宪政国家的建立是司法审查机制产生的政治基础

刑事程序的历史，清楚地反映出国家观念，从人类早期的私诉观念走向封建专制国家的司法专横观，再到现代宪政国家人权保障观的发展转变过程。[①] 现代宪政国家一个最明显的标志就是确立了一些法治的基本原则，"三权分立"的原则体现在法律上便是"法律至上"和司法审查（即司法权对立法权和行政权的限

① 参见［德］拉德布鲁赫：《法学导论》，米健、朱林译，120 页，北京，中国大百科全书出版社，1997。

制）。正如美国学者托马斯·弗雷德曼所说："司法审查制度是司法部门在美国政府体制中发挥其核心作用的基础，而司法部门的作用——以及对司法部门裁判的尊重，尽管我们可能并不赞成其结果——是美国法治的基础。"英国著名宪法学家戴雪在他的《英宪精义》一书中论述"法治的意义及一般运用"，界定法治的意义时指出，法治（rule of law）的优势或法律之治（the supremacy of the rule of law），它包括至少三个方面相互关联的意义：（1）人民非依法定程序，并在普通法院前证明其违法，否则不能遭受财产或身体上的不利处罚。法治的第一意义乃防止"人治政府"行使"广泛""擅断"限制人权的裁量权力；（2）法律之前人人平等。（3）英国的宪法是英国各法院由个案判决所累积的成果，所以是法院所保障之人权的结果，而非保障人权之源。戴雪强调法治的首要条件乃在于排除政府——主要指行政权——的专断权力。英国学者斯蒂戌认为："刑事诉讼体制具有某种宪法意义：该体制的实际运作，为检验一个社会内部的公正程度和个人与国家之间关系的公正程度提供了标准。""刑事诉讼程序不仅仅事关当事人之间的公正——它还是法律不仅约束着个人，而且约束着国家这一'法治'理想的直接体现。"这种宪法意义在审前活动中表现得尤其明显。由此可见，现代法治的理念主要体现在对于封建专断权的否定，通过三权分立，以司法权约束、限制立法、行政的肆意、专横，以达到权力的理性、有限的运作，从而起到保障人权的作用。

从法治的更深刻的起源来看，它肇始于古罗马时期的自然法思想、社会契约论。早期的启蒙思想家洛克根据自然法思想提出，人人享有天赋的自然权利，个人权利并非国家赐予的礼物，它们是生而有之，先于国家而存在，国家必须尊重和保护这些先在的权利。当行政权或立法权试图变其统治为专制并试图奴役或毁灭其人民的时候，人们可以诉诸他们的最后手段，即"上帝"。通过行使抵抗或革命的权利，人民便能够在反对压迫性和否定了自然法的实在过程中维护自然法。孟德斯鸠同意洛克关于人的自由是国家应予实现的最高目标的观点，他着重设计一种政治制度使自由能够以最为可行的和最为有效的方法为人们所享有并得到保护。孟德斯鸠认为，一些正义先于实在法而存在。"如果说除了实在法所需求或禁止的东西以外，就无所谓正义不正义的话，那么就等于是说，在人们画圆圈之前，一切半径距离都是不等的。”为了实现正义、理性，他强调权力的分立、制衡。他指出：每个有权力的人都趋于滥用权力，而且还趋于把权力用至极限，这是一条万古不易的经验。为了防止滥用权力，就必须以权力制约权力。

权力分立的思想后来成为英国《权利法案》、美国《独立宣言》的哲学基础。“美国最高法院在其发展过程中的某些时期，对英国《权利法案》某些条款所做的解释，特别是对正当程序条款所做的解释，也受到洛克理论的影响。”[①] 美国最高法院在审理储蓄信贷公司诉托度卡（Savinge and loan Association Topeba）一案中解释道：在任何自由的政府下，人民都有一些不受国家控制的权利。如果一个政府不承认这些权利，认为其公民的生命、自由和财产无论什么时候都应受到最民主的掌权者的专制处置和无限控制，那么这样的政府归根结底就是一个专制主义的政府。对政府这种权力的限制，乃是所有自由政府的基本性质之所在(其中含有保留个人权利的意思)，否则，社会契约就难以存在；当然，所有名副其实的政府都会尊重这些权利。[②] 这说明，政府权力（行政权）必须具有有限性，哪怕是最民主的政府（行政权），也不能通过自由裁量对公民个人的基本人身自由进行限制，必须受到外部权力的制约。被誉为美国“宪法之父”的麦迪逊指出：“如果人是天使，那就不需要政府。如果是天使统治人类，那么既不需要对政府进行外在的控制，亦不需要进行内部的控制。为创制一个由人来统治人的政府，最大的困难就在于：你首先要使政府能够控制被统治者；另一方面，又要使政府能够进行自我控制。”[③] 我国台湾地区学者朱朝亮先生认为，在英美法系，其法治理念为（rule of law）法之支配或法至上主义的理念，这是一种在个人主义、自由主义影响下扩大私法自治后形成的法治理念。宪法即人民（国会与行政）依据社会契约说所签订的民权保证书。依据有权利必有救济及三权分立制衡

---

① J. A. Crant：The National Law Background of Dueprocess，引自 Columbia Law Review 56（1931）。

② 参见［美］E. 博登海默：《法理学·法律哲学与法律方法》，邓正来译，56 页，北京，中国政法大学出版社，1999。

③ ［美］麦迪逊：《联邦党人文集》，47 页，北京，商务印书馆，1980。

原理，当人民对统治者之统治方式发生侵害民权争执时，法院即以超然于行政机关及人民之公正的第三人立场审判，以维护宪法保障人权之尊严，故称法院为宪法看守人，或民权保护者，从而法院不是牧民治民之统治机关。因全部统治官僚及人民，应受法院审判之支配，形成“司法优位”的国家权力形态。

以上的论证充分说明，虽然基于保障社会秩序和安全的需要，行政权在一定范围内的自由裁量有其必要性，但行政权力的行使必须依照法定程序进行，具有有限性，必须由相对中立的司法对行政权的强制处分行为进行审查，使公民由此享受到有效的法律救济。“现代国家在观念上认为，国家（在一定程度上由政府）和个人之间有时有发生冲突的可能，在发生冲突时，为防止国家权力的专横擅断，必须由中立的司法机关即法院来进行审判、裁断，以防止国家权力对个权利的扩张、侵蚀。法院在现代社会常被视为制衡国家权力，保障公民权利的最有力也是最后的手段，国家对公民的重大权益进行强制性处分，必须由法院经过正当程序审查后才能作出。”①

在刑事审前程序中，是国家强制力充分行使的阶段，追诉方为了达到控制犯罪的目的，对被追诉者往往采取各种强制处分措施，这些措施直接涉及公民由宪法所保障的基本人权，因此，必须由作为“权利守护者”的法院对此作出裁决。正如德国学者约阿希姆·赫尔曼教授所说：“按照当今的德国法学思想，对于国家权力，必须进行限制，同时对于公民，必须给予他可以要求法院审查的权利；以这种双重方式，使公民不仅在国家权力的强制性措施面前得到保护，而且在任何时间即包括国家权力对其权利的非强制性侵犯面前得到保护。”② 不仅大陆法系国家，逐步注重刑事审前程序的司法审查，英美法系国家基于正当程序的观念，更是如此。“在英美法系国家，依照正当程序的观念，非正式的、非裁判性质的发现事实的程序，具有发生错误、不可信任与产生弊端的极大可能性，其结果往往导致政府对公民个人权利的严重剥夺。因此，当面临个人与国家之间的冲

---

① 谢佑平：《刑事诉讼视野中的司法审查原则》，载《中外法学》，2003（7）。

② ［德］约阿希姆·赫尔曼：《德国刑事诉讼法典》，“中译本引言”，北京，中国政法大学出版社，1995。

突时，应限制政府调查和拘押犯罪嫌疑人的权力，对追诉官员追诉权的行使，必须由司法权予以控制。”①

四、现代刑事诉讼构造是司法审查机制存在的制度保障

刑事诉讼构造是由一定的诉讼目的所决定的，并由主要诉讼程序和诉讼基本方式所体现的控诉、辩护、裁判三方的法律地位和相互关系。② 以此为划分标准，历史上存在的刑事诉讼模式主要经历了弹劾式、纠问式、现代刑事诉讼模式（职权主义、当事人主义），以及修正职权主义和当事人主义（混合式）的刑事诉讼模式。拉德布鲁赫曾说过：“在刑事程序发展过程中，总有两个因素起着作用：针对犯罪分子而增强的保护国家的要求，导致中世纪刑事程序向纠问程序转化；针对国家而增加的保护无辜人的要求，促使纠问程序从 1848 年开始向现代刑事程序转变。”③ 弹劾式诉讼构造主要存在于中世纪奴隶制社会及封建社会初期的一些国家中，是人类出现的最早一种诉讼模式，体现了自然法的正义理念，其基本特征是不告不理，对犯罪的控诉完全由当事人进行，法官居中裁判，控告人与被告人处于对等的地位，享有平等诉讼权利，在诉讼中均是诉讼主体，并且居于主导诉讼进程的地位。在案件发生疑难时，采取神明裁判裁决的方式解决。弹劾式诉讼的价值理念，在于“中世纪的犯罪在相当程度上是对所涉及的个人的侵害，这种犯罪的私法性质观念，合乎逻辑地与刑事程序中民事程序观念相对应”④。这一诉讼模式的优点在于明确区分了控诉、辩护、审判三种职能，法院实行“不告不理”。这样就有效地防止了将起诉权和审判权集法官于一身而可能造成把被告人作为诉讼客体的现象。

在弹劾式诉讼结构下，“如果受害人没有足够的胆量和力量提出自诉，或作

---

① ［美］乔治·F. 科尔：《美国刑事诉讼中被告人的权利》，载《法学译丛》，1980（4）。

② 参见李心鉴：《刑事诉讼构造论》，7 页，北京，中国政法大学出版社，1992。

③ ［德］拉德布鲁赫：《法学导论》，米健、朱林译，122 页，北京，中国大百科全书出版社，1997。

④ ［德］拉德布鲁赫：《法学导论》，米健、朱林译，120 页，北京，中国大百科全书出版社，1997。

恶者有足够的胆量和朋友，在宣誓保证人的协助下宣誓无罪，犯罪就难以受到惩罚。这种刑事程序因惯犯和中世纪晚期的拦路抢劫的骑士而不得不予以废除。大量违法行为不受惩罚这一事实，促使国家权力猛然省悟到追究犯罪不仅要受害人参与，国家本身也有责任参与”。通过1532年的《卡洛林刑法》，德国引入了纠问式程序。纠问式诉讼构造产生于罗马帝国时期，盛行于中世纪后期欧洲大陆各国君主专制时期。纠问式诉讼的主要特点是：实行不告也理的原则；法院作为封建统治的工具集审判权和起诉权于一身，拥有不受限制的权力；被告人不是刑事诉讼的主体，而是刑事诉讼的客体，他在刑事诉讼中没有任何权利可言，相反却有招供的义务；有罪推定；被告人口供被奉为证据之王，因而他理所当然地承担起了自证其罪的义务；法院审判秘密进行，对法院的错误判决没有救济程序。“纠问程序的功绩在于使人们认识到追究犯罪并非受害人的私事，而是国家的职责。其缺点在于将追诉犯罪的任务交给法官，从而使法官与当事人合为一体。”“如果说过去的控告程序是在原告、被告和法官三个主体之间进行，则纠问程序中就只有法官和被控人两方。被告人面对具有法官绝对权力的追诉人，束手无助。对于纠问式诉讼的谚语是：控告人如果成为了法官，就需要上帝作为律师。”① 刑事审前程序作为一种诉讼的形式得到普遍的遵从，如果在这种诉讼中，涉及被控人的人身利益的宪法权利的强制处分，没有法官介入，裁判由作为追诉方的警察机关、检察机关作决定的话，那么不正应验了拉德布鲁赫先生所归纳的纠问式诉讼所适用的“控告人如果成为法官，就需要上帝作为律师”的谚语了吗？因此，纠问式刑事诉讼模式向现代刑事诉讼模式转变的一个关键因素就在于控审分离，在审前程序中引入司法权的控制，使刑事审前程序成为诉讼的重要形式，而不是纠问式的刑事治罪程序，这也是区分纠问主义和现代刑事诉讼的重要标志之一。

“当较为开明的人性时代从纠问程序中剔除的时候，整个坚固的纠问程序大厦也濒临崩溃。”② 现代刑事诉讼程序从引入检察官，实行控审分离开始。现代

①② ［德］拉德布鲁赫：《法学导论》，米健、朱林译，122页，北京，中国大百科全书出版社，1997。

刑事诉讼程序是基于犯罪控制和人权保障双重的价值理念而确立的，但两者之间由于存在天生矛盾性，因而不同国家基于犯罪控制和人权保障的不同偏重，形成了明显不同的两种诉讼模式，即职权主义和当事人主义诉讼模式。

职权主义的理念基础是：其法治理念是（rule by law）以法统治的理念，这是由警察国家转变成法治国家的法治理念。其认为法律制定之主要目的，旨在规范国家统治者之统治权力，使之不致任意侵害民权，依法统治在于直接限制统治者统治行为并间接达到保护民权之目的。宪法及法律无一例外是统治者统治人民之依据（或工具），其认为只要统治者之统治行为系“依法统治”，人民即应接受其统治及支配。所以不但行政机关是治民的统治机关，法院也是治民之统治机关，只不过前者为主动的统治机关，后者为被动的统治机关。因而形成“行政优位”的国家权力型。职权主义的刑事诉讼的价值观是：“犯罪控制”乃国家刑事程序最主要的机能。一国刑事程序如无法有效控制犯罪，犯罪的泛滥将使社会体制及公共秩序崩溃。除非“有罪必罚”，否则将使人民轻视刑事规范，导致社会解体，因此“有罪必罚”即其刑事诉讼价值观。凡能以有限人力迅速处理庞大案件，并能有效制造出有罪判决以控制犯罪之刑事程序，即符合此处犯罪控制模式的最佳刑事程序，因此刑案之处理，必须注重处理的速度及有罪必罚之判决的终局性。为达到此目的，乃充分依赖司法机关的公正客观性。认为凡参与刑事程序之司法机关，包括检察官、法官，皆同时身兼“事实发现者”及“民权保护者”双重职务。

我国台湾地区学者朱朝亮先生把职权主义诉讼模式的缺陷归结为：（1）侦查不彻底。为迅速有效追诉有罪被告之罪行，达到侦查犯罪之成效，通常侦查活动之重点，必在收集被告犯罪证据，至于对被告有利之证据收集，大抵只是一种钓鱼式的收集。其结果，很难期望检察官会彻底收集对被告有利证据，故单凭检察官之客观义务，来收集对被告有利之证据，其实效价值得怀疑。（2）审判不超然。公判程序成为法院与被告之对审程序，非检察官与被告之对审程序，球员兼裁判，法院审判自然难期超然。（3）辩护无功效。（4）被告在侦查中无地位。

(5) 被告须自证无罪。[①]

随着20世纪60年代正当程序革命的兴起，大陆法系国家过于追求“有罪判决”和“效率”的刑事程序目标向犯罪控制与人权保障并重的价值理念转变，最典型的是意大利《刑事诉讼法》的修改，逐渐增加了对抗式的因素，法官以中立第三方介入刑事审前程序，加强司法权对追诉机关的控制。随着对控因素的增加，加强司法权的控制是对天然处于弱势的被追诉方的一种补救措施，是实现控辩平衡的重要保障。正如有的学者所说：“随着人权保护制度的发展和完善，为防止控诉机关滥用强制权，加强对强制措施的司法控制是完全必要的。尤其考虑到诉讼对抗增强对司法控制的要求提高了；而且这种增强可能带来的‘当事人化’（角色偏向）的消极影响，也需要加强司法控制对其予以防止。”[②]

当事人主义的法治理念以“有权利就有救济”及“三权分立制衡原理”为基础，当人民对统治者之统治方式发生侵害民权之争执时，法院即以超然于政府之公正第三人立场审判，以维护宪法保护人权之尊严，故称法院为宪法看守人或民权保护者。当事人主义的刑事诉讼观，是建立在个人之权利保障与社会之犯罪控制并重的价值观上。其认为控制犯罪固然重要，但控制犯罪并不构成侵害民权的正当理由，否则罚及无辜，将使宪法权之保障条文，变成空文。我们不仅需要规范与秩序，更需要正义，此民主国家之真谛，其中“秩序”与“正义”孰重，更是民主体制与专制体制之分野。[③] 为兼顾程序正义，纵发生有罪之人免于受罚的情况，在基本人权无价衡平上，亦属不得已之事情。故英美法对正当法律程序之坚持的价值，即在于程序正义乃是个人基本人权，是取得与公共秩序价值衡平的唯一方法。正是在正当法律程序的价值理念下，英美法系国家构建了“等腰三角形”的诉讼结构。“正当法律程序观念的核心思想是‘以程序制约权力’，这就要求国家处分公民权益时必须遵循正当、合法的程序进行，防止国家权力的擅

---

① 参见朱朝亮：《检察官在刑事诉讼之定位》，载《东海大学法学研究》，第十五期。

② 龙宗智：《试论我国刑事诉讼中的对抗制因素及其合理限度》，载《江海学刊》，1998 (2)。

③ 参见黄东熊：《刑事诉讼法研究》，175页，台北，三民书局，1995。

断。在刑事程序中，正当程序原则的实质是通过程序机制设置确保国家追究犯罪活动遵循公正的程序轨道进行，防止国家滥用刑事追诉权，侵犯国民人权。”①

可见，刑事审前程序中的司法权控制，是正当法律程序的必然要求，是控审分离、控辩平衡原则的重要保障，是现代刑事诉讼构造中重要的、不可或缺的支柱，是纠问式诉讼与现代刑事诉讼区别的试金石，是刑事诉讼朝着民主、文明方向发展过程中具有里程碑意义的标志。

① 谢佑平：《刑事诉讼视野中的司法审查原则》，载《中外法学》，2003（7）。

第三章

检察权的理论及检察权的重构

第一节　检察权的性质

长期以来，检察权的性质在学术界一直存在不小的争论，概括起来大致有行政权说、司法权说、行政司法双重性说及法律监督权说四种学术观点。经仔细分析笔者认为，上述学术观点不乏真知灼见，但由于对检察权、监督权等概念问题和研究层次上的语焉不详，在检察权性质这一问题上，许多学者陷入了自说自话的泥潭中。澄清“检察权”在理论上的纷争，“就必须运用语义分析方法，找出同一词语、概念、命题的语义差异，并使同一词语所表达的实际思想内容的差别尽可能缩小，确认要回答什么问题，不是什么问题以及这个问题是否真的存在，有些争论是可以避免的或得到澄清和解决的”①。

① 张文显：《法哲学范畴研究》，19 页，北京，中国政法大学出版社，2001。

一、检察权：内涵、发展与概念界定

“检察权是法律赋予检察机关的各种职权的总称”①，这使检察权看起来似乎是一个很简单的概念。然而，由于我国检察机关被赋予了复杂多样的职权，在不同的语境和条件下，检察机关的职权内涵极有可能发生细微的变化，从而使检察权的意义也随之变化。因而，想要准确界定检察权的概念，首先应当对检察机关所被赋予的职权，也就是检察权的内涵予以区分。

检察机关职权的界定和划分一直是学术界与理论界讨论的热点。学术界所主张的检察职权理论大体有三：一是认为检察机关的职权在于且唯一在于法律监督，可谓“法律监督一元论”；二是认为检察职权仅指诉讼职权，此可谓“诉讼职权一元论”；三是认为在刑事诉讼中，检察机关的职权既包含追诉犯罪的诉讼职权，也具有监督法律实施的法律监督职权，此可谓“二元论”。总的来说，在刑事诉讼法修订以前，学界较为普遍的认识是检察机关行使的职权既包括诉讼也包括诉讼监督。我们认为，就检察机关的诉讼职权与诉讼监督职权而言，凡是法律规定的，由检察机关自己行使的诉讼权力都是检察诉讼职权的具体表现，包括自侦案件的侦查、批准逮捕、提起公诉。与此相应，不是由检察机关直接、自我行使的职权，也就是说借由对其他机关或者个人行使的权力进行监督的行为，可以划归为诉讼监督行为，如立案监督，对侦查活动、审判活动、执行活动是否合法的监督。随着2012年《刑事诉讼法》的修改，新法赋予了检察权能新的内容，使检察职能得到了进一步的发展。检察职能由原来的诉讼职能、诉讼监督职能发展到了现在的诉讼职能、诉讼监督职能以及司法救济三种职能。

虽然检察机关行使的职权既包括诉讼也包括诉讼监督等内容，但值得注意的是，检察机关的职权（检察权）在诉讼结构中的定位并不等同于其在司法体制中的定位。这是因为，检察机关的诉讼职权与检察机关在我国刑事诉讼程序中所承

---

① 张智辉：《检察权研究》，243页，北京，中国检察出版社，2007。

担的主要任务有关，故诉讼结构中的定位只体现检察权中的诉讼职权，排斥了诉讼监督职权；而在具有中国特色的司法体制下，广义上的司法概念不仅包括诉讼活动，还包括诉讼监督活动及非诉讼活动，因此，司法体制中的检察权则包含诉讼和诉讼监督两项职权。诉讼与司法虽然联系紧密，但概念并不完全相同。诉讼是个案处理的法定程序机制，司法是国家司法机关适用法律的专门活动；诉讼活动的主体是参与诉讼的当事人，司法活动的主体则是司法机关和司法人员；诉讼的基本结构是控、辩、审，司法的基本结构是诉讼与诉讼监督及与之相关的非诉讼活动。因而在诉讼结构中，"审判中心主义"具有合理性，但在司法结构中，"审判中心论"则不能成立。①

由此可见，检察权的概念其实包含着广义和狭义的区别。广义上的检察权概念是指法律赋予检察机关诉讼职权及诉讼监督等职权的总称，主要适用于我国宏观的司法体制层面；狭义上的检察权概念专指法律赋予检察机关诉讼职权的总称，主要适用于诉讼结构层面。

二、检察权性质的基本分析

（一）目前学界存在的几种观点

第一种观点为行政权说，认为检察权就是行政权。② 理由有二：其一，检察机关的组织体制和行动原则具有行政特性。检察机关组织与活动的一项基本原则是"检察一体制"，检察机关上下形成一个整体。具体体现为"阶层式建构"和上级的"指令权"，上级检察官对下级检察官有指挥监督的"指令权"，而下级则有服从义务，这是典型的行政关系；职务转移制，上级有权亲自处理属于下属检察官承办的案件和事项，同时，上级检察官有权将下属检察官承办的案件和事项转交其他下属检察官承办；官员代换制，参与诉讼的检察官即使中途替换，对案件在诉讼法上的效力并无影响；首长代理制，在德国、俄罗斯等国，各级检察机

---

① 参见吴建雄：《检察权的司法价值及其完善》，载《中国刑事法杂志》，2011（10）。

② 参见龙宗智：《论检察权的性质与检察机关的改革》，载《法学》，1999（10）。

关所属检察官在对外行使职权时，系检察首长的代理人。其二，立法、行政、司法的三权分立与制衡，是西方政制的基本结构。在这一构造中，检察权不属于立法权，也不属于具有依法裁判功能并受宪法独立性保障的司法权，检察官是政府在诉讼中的“代言人”，是代表第二权（行政）对第三权实施监督制衡的机关。①

第二种观点为司法权说，认为检察官与法官同质但不同职，具有等同性，检察官如同法官般执行司法领域内的重要职能。② 理由是检察权与审判权的“接近度”及检察官与法官的“近似性”。检察官具有法律守护人的地位，对检察官及法官而言，事实的查明与法律的判断，应依同一目标行事，这是二者可以相提并论的有力论证。尤其明显的例证是检察官在侦查终结后，依据侦查结果作出的、是否对犯罪嫌疑人提起公诉的决定与法官的裁判决定极为相近。甚至有学者指出，检察官担当刑事追诉人，比非诉讼法官的职权更接近司法权。还有学者针对检察对审判的影响指出，检察官与法官的密切契合，犹如相互牵动的钟表齿轮一般，所谓独立的司法仅在检察官作为司法官并有相应保障的前提下才有可能，才能防范行政不当干预刑事司法。③

第三种观点为行政司法双重性说，认为检察权具有行政权和司法权双重性质。其理由是：一方面，检察机关一体化的组织体制和活动原则，突出体现了检察权的行政特征；检察机关直接组织检察官实施侦查行为，有严密的组织结构和监督指挥关系，且突出行为的实效，也具有明显的行政性。另一方面，检察权中的公诉权是审查证据材料，决定是否起诉并在法庭上支持公诉的权力。其中审查起诉同法官的裁判极为近似，都是适用法律的行为，都以维护法律和公共利益为目的；检察官在诉讼活动中具有相对的独立性；检察官与法官享有相同或相近的职业保障，在这种意义上检察权又属于司法权。④

第四种观点为法律监督权说，认为检察权的本质属性是法律监督。检察权虽

---

① 参见陈卫东：《我国检察权的反思与重构》，载《法学研究》，2002（2）。

② 参见龙宗智：《论检察权的性质与检察机关的改革》，载《法学》，1999（10）。

③ 参见陈卫东：《我国检察权的反思与重构》，载《法学研究》，2002（2）。

④ 参见刘立宪、张智辉等：《检察机关职权研究》，载《检察论丛》，第2卷，100～101页。

然在某些内容上和运作方式的某些方面兼有行政性质和司法性质，而且司法性质相当显著，但是，无论是行政性质还是司法性质，都是检察权的局部的、从属性的、次要方面和非本质的特征。社会主义国家的检察机关不仅拥有西方检察机关的各项权能，而且往往还拥有监督行政执法和审判活动的权力。因而，社会主义国家的检察权具有更为明显的、广泛的法律监督性。①

（二）在诉讼结构中检察权的性质定位

要了解在诉讼结构中检察权的性质，首先应当了解在诉讼中检察机关（检察官）及其职能的本质属性。上文提到，司法权说的观点认为，检察官与法官同质但不同职，具有等同性。检察官如同法官般执行司法领域内的重要职能，理由则是检察权与审判权的“接近度”及检察官与法官的“近似性”。检察官具有法律守护人的地位，对检察官及法官而言，事实的查明与法律的判断，应依同一目标行事，因此论证检察机关（检察官）属于司法机关，其所行使的职权应属于司法权。笔者认为，如同将检察机关诞生渊源归之于自由法治思想“在某种程度上是一种过度乐观和浪漫的臆想”一样，检察官作为追诉机关的本质被淹没在了乐观者所提出的“司法官署”和“法律守护人”宣言里。这一点，即便是在自由法治思想诞生下的德国检察官，亦不例外。

德国“法律守护人”的观念和法定起诉主义分别赋予了检察官既要维护法律权威，又要遵守法律规定的职责。虽然这一设定的出发点在于将检察官创设成为维护法制统一的“独立官署”，并以严格的法定主义来防止检察官对公诉权力的滥用。但法律是由国家制定并认可的，“在立法史上，法律守护人所守护的乃是国家的利益，对个人利益的保护仅仅在阐释的层面上被提及”②。同样，由于法定主义原则的适用，检察机关“公正客观”的作用只能通过维护法律实施而实现，即其本质是维护法的实现，进而实现法的正义，在某种程度上，该正义的是否实现只和法律内容的好坏有关，而并非检察官之功。同时，检察官本质上亦属

① 参见刘立宪、张智辉等：《检察机关职权研究》，载《检察论丛》第2卷，103～105页；谢鹏程：《论检察权的性质》，载《法学》，2000（2）。

② 甄贞：《检察制度比较研究》，161页，北京，法律出版社，2010。

国家追诉机关，在法定原则下无一例外地惩治犯罪是其与生俱来之使命，在国家追诉主义原则下亦以维护国家（公共）利益为出发点，这样的追诉角色定义了检察官在追诉过程中容易忽视或舍弃被追诉的公民个人的权益。政府权力通过在立法和刑事政策方面施加影响，从而获得对检察机关甚至是法院的控制力。在“法律守护人”的高帽之下隐藏着政府权力干预司法的企图，对法官监督的后果自然导向了“政府获得对司法施加影响的机会”①。在德国纳粹时期，检察机关沦为“既定的控制机关”就是明显的例证。

而德国检察机关属司法机关的说法，笔者认为并不准确，“至少截止到当前，关于检察机关的定位仍然存在相当的争论，甚至可以说，这是一个不确定的、处于发展中的论题”②。德国在第二次世界大战后司法制度重建的过程中，关于检察官的法律定位问题再次引发了热烈的讨论，其主流意见认为，“（检察官）因其受指令权约束，且其决定不具有最终法律效力，其功能、地位、组织与法官仍有明显区别”③。“检察官作为世界上最客观的官员与检察机关作为科层制官僚机构之间的深刻矛盾”仍然存在，“并未获得根本解决”④。

检察机关被认定为是司法官署，一部分原因是因为其“作为客观组织的理念”依然被认同和信奉，并且作为司法官署的检察官亦可赋予其客观义务更有力的保障及正当性。然而，无论检察机关被如何定义，其上命下从的科层机构及作为追诉机关的侦查、提起公诉等追诉职责均不会因此而有丝毫改变。因此笔者认为，在诉讼过程中，尤其是在“审判中心主义”的诉讼改革趋势下，对于检察机关（检察官）及其本质属性的把握，不应从其“司法官”属性出发，而应当从检察机关是追诉机关的本质出发，将其职权性质定位为行政权。

此外，从检察机关（检察官）在诉讼结构中的职权分析，其诉讼职权主要包括自侦案件的侦查、批准逮捕、提起公诉等。然而，司法权，作为保障社会公平

---

① 魏武：《法德检察制度》，158页，北京，中国检察出版社，2008。

② 魏武：《法德检察制度》，169页，北京，中国检察出版社，2008。

③ 龙宗智：《检察官客观义务论》，41页，北京，法律出版社，2014。

④ 黎敏：《西方检察制度史研究——历史缘起与类型化差异》，354～356页，北京，清华大学出版社，2010。

正义的最后一道防线，该权力的本质属性应当具有终局性、中立性和独立性的特点。[①] 反观诉讼结构中的检察权，则都不具备该属性：其一，公诉权作为一种诉讼请求权和追诉权，要求积极有效地追究犯罪，实现维护社会秩序的目的。为了保证公诉机关完成其追诉犯罪、保护社会秩序、维护法律的职责，世界各国普遍实行检察一体化的组织方式，以集中合力，实现效能。其二，立法还赋予检察机关侦查权，为公诉服务，以便实现公诉效能的要求。上述两种权力不仅不具备终局性、中立性和独立性的特征，而且其对效能的要求与司法权的被动消极性是迥异的，而这种效能性恰恰是行政权的内在特征。其三，“侦查中由人民检察院批准、决定逮捕”构成了逮捕审查制度的中国模式。对其定量分析表明，逮捕在我国刑事诉讼中被普遍适用有违法定逮捕要件，对公正审判与有效辩护造成不利影响；定性分析表明，逮捕被普遍适用的根源在于享有批准、决定逮捕权的检察机关实为追诉机关，其执行的实体标准、审查程序及“快捕快诉”的追诉性指导思想决定了其与被动中立、终局独立的司法权属性相差甚远。[②] 由此亦可得知，在诉讼结构中的检察权应属行政权。

（三）在司法体制中检察权的性质定位

在西方“三权分立”理论的语境下，“司法大体上等于诉讼”[③]。诉讼则一般指法院运用法律审判案件的活动，而参与诉讼的侦查、检察机构或归属行政或归属法院。司法活动以审判为中心，司法机关仅指审判机关，其司法体制是以不同层级和不同类型的法院为架构的一元司法模式。[④] 狭义上的检察权在我国诉讼结构中的性质为行政权，这一点也能在西方尤其是英美法系国家的检察实践中得以印证。然而，如果从广义的概念上讨论检察权的性质，将检察机关（检察官）的诉讼职权、诉讼监督职权和司法救济权等权能进行整体考虑，此时作为广义上的检察权，其性质就有可能发生变化。这是因为，通过检察权的概念我们可以得

---

① 参见陈卫东：《我国检察权的反思与重构》，载《法学研究》，2002（2）。

② 参见刘计划：《逮捕审查制度的中国模式及其改革》，载《法学研究》，2012（2）。

③ 陈光中、崔洁：《司法、司法机关的中国式解读》，载《中国法学》，2007（2）。

④ 参见吴建雄：《检察权的司法价值及其完善》，载《中国刑事法杂志》，2011（10）。

知，检察权是法律赋予检察机关的各种职权的总称。从这一概念中我们可以得出两点启示：其一，检察权是检察机关职权的总称，检察权的性质由其职权内容的性质决定。职权内容发生变化，检察权的性质也有可能发生变化。其二，赋予检察机关职权的主体是“法律”，在此“法律”应当指实然法无疑，因而不同国家或主体的法律赋予检察机关（检察官）的职权不同，其检察权的性质亦有区别。由此可见，检察权的性质这一课题，既是一个理论（应然）问题，又是一个实践（实然）问题；在世界范围而言既是一个共性问题，又是一个个性问题。

我国立法并没有像西方国家一样只赋予检察机关诉讼职能，而是在赋予其诉讼职能的同时，还给予了检察机关诉讼监督职能和司法救济职能。如此规定的原因主要基于以下因素：其一，我国属于“一元分立”的权力分配模式，国家权力缺少像西方国家“三权分立”模式那样天然的监督和制衡，需要有专门的监督机关防止权力滥用。其二，中华人民共和国成立初期由于历史原因，我国接受了苏联大量的法学和法制思想，其中就包含了马克思主义经典作家列宁的检察权思想。列宁认为，检察机关应当保证苏维埃人民委员部各机关以及地方政权机关严格执行苏维埃法律规定，进而使全共和国、全联邦真正统一地实行法制。因而苏维埃检察机关被赋予了三个方面的职权，即一般监督、诉讼监督和法制统一监督。在此背景下，我国也赋予了检察机关相应的诉讼监督职权。其三，在“文化大革命”结束后的法制全面恢复时期，结合法制遭破坏，国家混乱和人民权利无以保障的实际情况，立法机关认为，如果不设立专门法律监督机关，法律的实施和法制的统一就缺乏可靠的制度保证。[①] 其四，随着当代司法实践的需要与司法改革的不断深入，检察机关在客观上行使诉讼职能和诉讼监督职能的方式也在发生变化。例如，检察官决定批准逮捕程序朝着三方结构的方向发展；主任检察官等制度的推行强调检察官在个案办理中的独立性。这些变化正朝着“去行政化”与逐渐“司法化”的方向行进。立法机关认为，根据中国的国情，司法救济的职能交由检察机关行使是适宜并且可行的。

---

① 参见王桂五：《王桂五论检察》，167页，北京，中国检察出版社，2008。

由此可见，正是随着诉讼监督职能和司法救济职能在检察机关职能中的不断加入和完善，我国检察机关的职能属性开始带有了司法色彩：其职能不仅定位在诉讼阶段追诉犯罪、打击犯罪，从而实现维护社会稳定之目的；而且应当在司法体制内主持公正，接受群众的检举和申诉，查处国家工作人员的贪腐，纠正司法人员的不当言行，以期实现法制稳定。虽然此时单独论证检察权与司法权终局性、独立性和中立性的属性尚存在不小的差距，但在我国"一府两院"的宪政体制模式下，我国宪法文本虽然没有直接使用"司法机关"这一词语，但在体例排列上看，宪法将人民法院和人民检察院等同视为行政机关之外的司法机关；此外，党中央的重要文件根据宪法规定的精神也一再明确这一基本观点，将人民法院和人民检察院定位于司法机关，从而构成审检并列的司法架构。在这样的宪法"惯例"下，将人民检察院和人民法院共同定义为司法机关，从而得出司法权包括审判权和检察权、司法活动包括诉讼活动和诉讼监督活动的结论是符合中国社会主义司法的特定内涵的。由此笔者认为，在司法体制层面上，广义的检察权其属性应界定为司法权。

三、检察权与监督权的关系

监督一词，在政治学中的本质为控权，即实现对权力的控制。而实现对权力控制的方式一般有两种：以权力制约权力或者以权利制约权力。由于本节主要讨论检察权的性质及其与监督权的关系，因而在此监督一词专指以权力为手段的制约，相应的，监督权意指制约权力的权力。

探讨检察权与监督权之间的关系，可谓是在中国体制及语境下生发的理论课题，很有研究的必要和价值。仔细分析不难发现，两者在内涵上存在交叉。根据上文所述，广义上的检察权包括诉讼监督职能，包含了诸如立案监督，对侦查活动、审判活动、执行活动是否合法的监督等职权。监督意义下的检察权不仅通过合理的诉讼结构实现权力的配合与制约，而且负有对诉讼活动进行法律监督，纠正诉讼活动中的违法行为的职责。即检察权在刑事诉讼中遵循公检法三家相互配合、相互制约的原则，发挥好中心环节的制约、协调作用，保障诉讼的依法进行。同时，检察权要通过监督公安机关的侦查活动、法院的审判活动、监狱的刑罚执行活动等司法活动，纠正诉讼中的错误，保障刑事诉讼的正确性和公正性。[①] 当然，除了上述诉讼监督职能之外，检察机关也在通过“加大惩治和预防职务犯罪的力度”来实现国家政治体制层面上对公共权力的法制监督，或者说是法律监督。

由于我国实施了“一元分立”的权力分配模式，国家权力缺少像西方国家“三权分立”模式那样天然的监督和制衡，因而需要有专门的监督机关防止权力滥用，这使监督权成为中国特色社会主义宪政体制的内在要求，也构成了我国司法体制的重要特色。事实上，这种对诉讼实行监督的检察监督制度，和党的领导体制内执政与执政监督（纪律检查）、行政管理体制中行政管理与行政监察监督是相类似的。只不过，检察机关的监督不仅是一种诉讼监督，更是一种法制监督（法律监督），因为我国检察机关设立伊始，就被赋予了保障和维护法制统一的历史使命。

学界对于检察权和法律监督（权）的关系，可谓众说纷纭，莫衷一是。有些学者认为两者是并行不悖的两种权力，有些学者却认为两者可以合二为一。笔者认为，在我国，检察权是法律上的一个概念（被写入法律条文中），同时也是检察学理论上的概念，它特指法律赋予检察机关的各种职权的总称，有广义和狭义之分。而法律监督（权）与其说是一种权力或职能，倒不如说它是一个定位，或者是一个目的预期。检察机关的诉讼监督职能虽然只能作用于诉讼结构中，然而监督意义下的检察权，诸如对国家工作人员的职务犯罪侦查、民事公益诉讼的提起、对公安侦查活动及法院审判活动的监督和对群众检举申诉的受理等监督活动，其作用及影响都要远远超出诉讼范畴。由此可见，检察机关虽然有诉讼、监督和救济等众多职能，但从我国立法机关的职权定位上看，实现维护法律运行与法制统一，保障司法公正运行的法制监督（法律监督），才是检察机关的首要目

① 参见吴建雄：《检察权的司法价值及其完善》，载《中国刑事法杂志》，2011（10）。

的。而这种法律监督，正是我国宪法对检察机关的定位与期待。

第二节　检察监督的实现

《宪法》第129条规定："中华人民共和国人民检察院是国家的法律监督机关。"我国刑事诉讼法和人民检察院组织法也都强调了这种检察定位，并基于这种宪法的定位将人民检察院对刑事诉讼活动的监督纳入重点调控范围，作了一系列的制度构建与规范。据此，检察监督职能是检察机关在刑事诉讼活动中所具有的一项重要权能。根据我国刑事诉讼法和相关司法解释的规定，理论上通常认为，检察监督权能主要包括立案监督、侦查监督、审判监督和执行监督四个方面的内容。

一、立案监督权能

在我国，立案被认为是一个独立的诉讼阶段，是刑事诉讼活动的起点。对立案活动进行监督是我国检察监督的一项重要内容。通常，立案监督是被作为广义的侦查监督的内容予以研究的。为了能够更好地厘清立案监督权能自身的问题，本书将立案监督权能和狭义的侦查监督权能并列，分别予以研究。

（一）立案监督权能概述

立案监督权能包括两项重要的内容，即应立案而不立案的监督和不应立案而立案的监督。其中前者指的是，对于侦查机关（部门）应该立案侦查而不立案侦查的行为所进行的监督，此时监督的目的是要求侦查机关（部门）立案。而后者则指的是，对于侦查机关（部门）不应该立案侦查而立案侦查的行为所进行的监督，此时监督的目的是要求侦查机关（部门）不予立案或者撤销立案。

应该讲，我国刑事诉讼法所确立的立案监督权能仅包括应立案而不立案的监督。这主要体现在我国《刑事诉讼法》第111条的规定中，即："人民检察院认为公安机关对应当立案侦查的案件而不立案侦查的，或者被害人认为公安机关对应当立案侦查的案件而不立案侦查，向人民检察院提出的，人民检察院应当要求公安机关说明不立案的理由。人民检察院认为公安机关不立案理由不能成立的，应当通知公安机关立案，公安机关接到通知后应当立案。”但是，2012 年修改后的《人民检察院刑事诉讼规则（试行）》（以下简称“《高检规则》”）中则明确规定了不应立案而立案的监督。这体现在该《高检规则》第 553 条第 1 款的规定中，即，“当事人认为公安机关不应当立案而立案，向人民检察院提出的，人民检察院应当受理并进行审查。”由此，通常认为，我国当前的立案监督权能包含了上述两方面的内容。

另外，需要说明的是，我国刑事诉讼法所确立的立案监督所针对的对象是公安机关，而没有明确是否包括检察机关的自侦部门。对于检察机关自侦部门的立案监督是由《人民检察院刑事诉讼规则（试行）》所规定的，该《高检规则》第 563 条规定：“人民检察院侦查监督部门或者公诉部门发现本院侦查部门对应当立案侦查的案件不报请立案侦查或者对不应当立案侦查的案件进行立案侦查的，应当建议侦查部门报请立案侦查或者撤销案件；建议不被采纳的，应当报请检察长决定。”由此可见，对于检察机关自侦部门的监督，也包括了应当立案而不立案的监督和不应当立案而立案的监督。

立案监督权能在 1979 年刑事诉讼法中是没有规定的，其第一次被写入刑事诉讼法是在 1996 年刑事诉讼法修改之时。但当时所规定的立案监督权能仅包括应当立案侦查而不立案的监督这一项内容。对于确立立案监督权能的原因，立法起草部门做了解释，即“本条是根据实践中存在的一些公安机关应当立案而不立案，群众告状无门，对犯罪打击不力的实际情况而新增加的规定”①。其后，1996 年刑事诉讼法所确立的此种立案监督权能被 2012 年刑事诉讼法所继承，但 2012 年刑事诉讼法也没有将不应当立案而立案的监督纳入该法中。

但是，司法实践中在立案方面存在的问题并不局限于侦查机关的不作为，也

① 全国人大常委会法制工作委员会刑法室编：《中华人民共和国刑事诉讼法条文说明、立法理由及相关规定》，242 页，北京，北京大学出版社，2008。

包括侦查机关的过度作为，例如，侦查机关积极插手民事、经济案件，或者基于打击报复、谋取不正当利益等目的而积极行使侦查权，造成了非常恶劣的社会影响。基于此，2010 年最高人民检察院、公安部联合下发了《关于刑事立案监督有关问题的规定（试行）》，该规定中首次确立了检察机关对公安机关不应立案侦查而立案的行为进行监督。随后，在 2012 年刑事诉讼法修改后，最高人民检察院修改后的《人民检察院刑事诉讼规则（试行）》明确将不应立案侦查而立案侦查的行为纳入了检察监督的范围。由此，我国检察机关立案监督权能的内涵更为周延。

（二）立案监督权能运行中存在的问题

立案监督权能在实践中发挥了一定的作用，但作用较为有限。[①] 实际上，立案监督权能在实践中的作用并不理想，特别是由于检察机关内部质效考评的原因，立案监督案件的真假难辨，可能存在一些虚报的情况。[②] 另外，尽管全国检察机关立案监督的案件呈现出逐年增加的趋势，但如果横向地和公安机关立案的案件数相比，更不用说算上公安机关的立案黑数问题，检察机关立案监督的案件数所占的比重毫无疑问是非常低的。

立案监督权能在实践中运行效果不理想，从制度上来看，一些制度设计的不科学、不合理影响了立案监督权能的发挥。第一，立案监督的信息来源有限。检察机关进行立案监督必须具备知情权，知晓存在不正当立案或者不立案的行为，否则，检察机关无法进行立案监督。在我国，检察机关进行立案监督的信息来源是有限且运行不良的。从法律层面来看，检察机关进行立案监督的途径是“发现”存在不当立案或者不立案的行为，或者是接到控告、举报、申诉。其中，检察机关“发现”存在不当立案或者不立案的行为主要是通过审查批准逮捕或者审查起诉的形式进行的。无论是检察机关发现不正当立案或者不立案的行为，还是接到控告、举报、申诉，其所反映的都是立案信息的一部分，而不是全部。也就

① 相关实证研究，可以参见左卫民、赵开年：《侦查监督制度的考察与反思——一种基于实证的研究》，载《现代法学》，2006（6）。

② 有学者在某省两个市的调研显示，立案监督权能在实践中的实现状况更差。参见季美君、单民：《论刑事立案监督的困境与出路》，载《法学评论》，2013（2）。

是说，上述信息来源根本无法保障检察机关全面、准确地掌握立案信息。而且，上述信息来源都有滞后性，不能够及时对不正当的立案或不立案行为给予救济，难以避免给相关主体造成一些不必要的损失或者损害。检察机关立案监督的信息来源有限，加大了检察机关进行立案监督的难度。例如，实践中，侦查机关为了降低刑事案件的发案率或者为了减少工作量、降低工作难度，将一些刑事案件作为治安案件处理。对于这些以罚代刑、该立不立的做法，检察机关很难主动地知晓不当行为的存在，而案件的相关主体也可能不会对此提出异议，这使检察机关很难启动立案监督。

第二，立案监督的保障措施不足。根据《刑事诉讼法》和《人民检察院刑事诉讼规则（试行）》的规定，对于不正当的立案或者不立案行为，人民检察院可以采取的措施首先是要求侦查机关说明立案或者不立案的理由，其次是在认为立案或者不立案的理由不能成立时，应当通知侦查机关立案或者撤销案件。但上述措施的执行力并不是刚性的，检察机关要求侦查机关说明理由，通知立案或者撤销案件并不必然会得到执行。如果侦查机关不执行的话，检察机关也没有更好的应对举措。正因如此，我们发现，检察机关的立案监督要求并不是都能得到实现。例如，在1998年至2010年间，全国的立案监督仍有7.1%没有得到执行。① 即使是立案监督的要求得到执行，也可能只是一种“应付”。例如，对于侦查机关应当立案而没有立案的案件，侦查机关在接到检察机关《要求说明不立案理由通知书》后，通常会补一份立案文件，在立案文件中将立案时间倒签，以应付检察机关的监督。而且，侦查机关在立案之后，也可能并不采取积极的侦查手段，即“立而不侦”，导致案件久拖不决。这种现象非常普遍。据统计，检察机关立案监督的案件最终能够进入批捕、起诉、审判环节的仅占到三成左右，七成左右的立案监督的案件是没有下文的。② 实务部门的研究也表明，造成立案监督不力的主要原因就在于，没有规定公安机关仍旧不立案的惩罚和救济措施，对于公安

① 参见刘计划：《侦查监督的中国模式及其改革》，载《中国法学》，2014（1）。

② 参见元明、胡耀先、陶建旺：《完善刑事立案监督工作机制的构想》，载《检察日报》，2009－06－12。

机关接受立案监督后但不积极改正的，检察机关缺乏相应的有力的应对措施。[①]

实际上，我国立案监督权能的运行不仅在制度层面存在问题，在体制层面也存在一些问题。而且，体制层面的问题更为关键，从根本上制约了检察机关包括立案监督在内的各种检察监督权能的发挥。这些体制层面上的问题的核心是检警之间的关系问题。在检察监督领域，检警关系从根本上决定了检察机关是以侦查机关的指挥监督者的身份进行“内在式”的监督，还是单纯地以一个侦查机关外部的监督者的身份实施“外在式”的监督。

在我国，根据《宪法》第135条、《刑事诉讼法》第7条的规定，侦查机关和检察机关二者之间存在分工负责、互相配合、互相制约的关系。通说认为，分工负责是指两机关依据法律规定，在法定范围内行使职权，不允许互相取代或者超越职权范围行使职权。互相配合是指由行为目的的一致性决定，两机关在刑事诉讼活动中应在分工负责的基础上彼此配合，而不能互相拆台。互相制约是指在刑事诉讼中，为防止权力滥用及违法现象的发生，两机关必须存在制约关系。

“分工负责、互相配合、互相制约”作为处理两机关在刑事诉讼中关系的一般原则，从表面上看，似乎符合科学原理。但因其过于原则，没有具体的措施来规范二者之间的关系，更为重要的是受其自身局限性、非科学性的限制，司法实践中出现了诸多严重的问题。如根据传统诉讼理论的解释，侦查与起诉是独立的诉讼阶段，并无形中造成公安机关与检察机关之间无主次的平等关系，甚至造成以侦查为中心的实际格局。实践中由于过分强调了各自的独立性，也就不可避免地出现了相互扯皮的现象；而分工负责被强调得多了，互相配合就少了，即使有配合，也多是不正常的配合，如有些案件检察机关未对案件进行充分审查，即作出批捕的决定，造成检察机关对公安机关没有起到应有的制约作用。而在一些地方，公安机关与检察机关之间因制约变成“制气”，导致彼此之间的关系很僵，如检察院在审查起诉过程中退回公安机关补充侦查时，实践中竟发生了公安机关隔墙将案卷“原封”退回的怪现象。制约的目的本是防止和纠正可能及已经发生的

① 参见北京市海淀区人民检察院“检警关系课题组”：《检察关系现状与问题的调查分析》，载《人民检察》，2006（22）。

错误，结果变成了相互扯皮，而在有些地方，检侦关系很好，或碍于情面，检察机关不愿制约，对侦查机关的违法行为熟视无睹。所有这些都是立法者始料未及的。

应当说，“分工负责、互相配合、互相制约”原则在理论上具有一种理想色彩，果能实现当然完美，但正因其太理想化并缺乏诉讼体制上的合理性，所以实践中较难实现，乃至造成痼疾丛生。用这样的原则调整二者之间的关系，显然是无视检、侦机关在刑事诉讼中的直接利益的一致性的原因。须知，公安机关与检察机关在刑事追诉活动中具有目的上的一致性，分工负责基础上的互相制约关系必然造成内耗，并且互相制约关系也并未能阻止违反程序、滥用权力侵犯公民合法权利等违法现象的屡屡发生。

尽管我国宪法和刑事诉讼法都明确了检察机关是法律监督机关，但在检察机关和侦查机关之间的这种异化的分工负责、相互配合、相互制约的体制安排下，检察机关对侦查机关既没有组织上的控制权，也没有职能上的领导权，这导致检察机关的立案监督权能以及下文所要述及的侦查监督职能根本无法真正实现。正是因为检察机关无法控制侦查机关，所以检察机关缺乏获知侦查机关违法行为的信息，也正是因为检察机关无法控制侦查机关，检察机关的各种监督行为无法获得侦查机关的接受和落实。有鉴于此，在我国，如要强化检察机关对侦查机关的监督功能，则必须改变检察机关和侦查机关的关系定位。

（三）立案监督权能的改革路径

基于上述分析，笔者认为我国立案监督权能的改革应当是朝向侦检一体化改革，在重塑侦检关系的基础上，构建符合侦检一体化要求的制度设置。

应该讲，侦检一体化改革是符合控诉职能的基本发展规律的。检察机关是控诉机关，主导着控诉职能，这决定了检察机关因主导控诉职能而应获得对侦查机关的优势地位，侦查服从、服务于检察机关应成为两者之间的基本关系。检侦机关之间互相制约的关系，特别是侦查机关对检察机关的制约，必然导致追诉力量的分散化，损及国家追诉犯罪功能的弱化。因此，检侦机关之间平等的关系，尤其是侦查机关对检察机关的制约，必然造成控诉资源的内耗。特别是随着控审分离力度的加大，法官愈益中立，检察官的控诉责任强化，证据规则的完善，对控方指控证据即侦查取证的合法性、有效性、全面性的要求必将更高。因此，强化控诉职能要求必须改革传统的侦检关系模式，塑造一体化的侦检关系。一方面由于侦、检一体化模式是在充分发挥侦查机关和检察机关各自职能作用的基础上，合理、优化配置侦、检两机关的司法资源，并通过适当减少诉讼环节，降低诉讼成本，从而有效地加速诉讼进程；另一方面，通过赋予检察官在这一诉讼阶段的核心地位，旨在防止侦查机关在刑事诉讼中可能出现的离心倾向，从而极大地增强了控诉职能的有效性。此外，作为社会公益代表人的检察官和辅助检察官完成公诉任务的司法警察，其价值取向和诉讼利益也一致偏重在维持社会秩序及社会治安的稳定性方面[①]，这是由双方共同所承担的控诉职能的性质决定的。正是其价值理念和诉讼利益的这种一致性，必然会要求侦、检双方在刑事诉讼中始终保持高度集中统一。

而且，侦检一体化改革可以通过加强检察机关对侦查机关的控制，遏制违法侦查行为，保障人权。当前，侦查机关的侦查权力几乎不受控制，在诸如拘留、监视居住、取保候审、拘传、搜查扣押、技术侦查等方面都享有完全的自主决定权。而我国的警察整体上程序意识薄弱，对被追诉人的权利尊重不足，容易侵犯被追诉人的人身权利和诉讼权利。在这样的背景下，与其强调对侦查机关的外部监督，不如加强对侦查机关的指挥监督，实现对侦查权的同步控制。

从世界范围来看，侦检关系有三种模式。

1. 主导型

采取这种模式的典型国家为德国、法国。这些国家十分强调刑事司法的高度集中统一，在调查追诉的过程中偏重对诉讼效率的追求，因而为了防止侦查机关可能出现的离心倾向，往往将侦查指挥权、侦查监督权集中赋予检察机关，并在检察机关的统一领导下由双方共同行使侦查权。在侦查的整个过程中，检察机关居于主导地位。有的国家甚至规定检察机关即为侦查机关，即检察权包含侦查权。

---

① 参见黄东熊：《刑事诉讼法论》，98页，台北，三民书局，1995。

2. 指导参与型

采取这种模式的典型国家是美国。美国没有建立起组织严密的全国性警察机关和检察机关，而只有地方、州和联邦的警察体制和检察体制。因而，在履行各自职责时采取分散独立的工作方式，并各负其责。但是这并非意味着检察官在犯罪侦查活动中无所作为。虽然检察官的主要职责是在刑事案件中代表国家提起公诉，可他们也有权参与侦查工作。当然，在多数案件中，检察官并不亲自进行侦查，而是指导和监督专业侦查人员进行侦查。不过在某些情况下，如在那些人口稀少的地区或小城镇中，或者在一些大都市，如果公众提出要求的，检察机关会亲自进行调查。在美国，有些检察机构有自己的专门侦查人员；还有些检察机构经常从当地警察局抽调侦探组成侦查队伍。所以，虽然从表面上看美国的检察机关与警察机关是一种十分松散的关系，但检察官对警察侦查取证活动的指导参与作用是不容忽略的。

3. 协助型

采取这种模式的国家主要是日本。根据日本刑事诉讼法的有关规定，第一次侦查一般由司法警察职员负责，检察官只在必要时，才可以自行侦查、指挥司法警察协助其侦查或者作必要的一般指示。也就是说，检察官的侦查权居于第二性，但检察官对司法警察官员仍拥有一般性指示权与指挥权，主要表现在：(1) 检察官在其管辖区域内对司法警察职员进行的侦查可以作必要的一般指示。(2) 检察官在其管辖区域内对司法警察职员为了要求协助侦查可以进行必要的一般指挥。(3) 检察官在自行侦查的情形下认为有必要时，可以指挥司法警察职员使之辅助侦查。(4) 在前三项的情形下，司法警察职员应当服从检察官的指示或指挥。尽管上述不同模式的做法不同，但一个共同的趋势是，由检察官主导整个侦查、公诉程序，检察官与承担侦查职能的司法警察并非一种平等、独立的关系，而是一种领导与被领导、指挥与被指挥、监督与被监督的法定关系，即所谓“上命下从”的关系①，侦查权已经成为一种服务于公诉权的附属性权力，不再

① 参见黄东熊：《刑事诉讼法论》，106页，台北，三民书局，1995。

是一种分散独立的力量。

可见，构建侦检一体化模式应该成为我国侦检关系发展的方向。就立案监督而言，构建侦检一体化模式在制度上体现为对立案、撤案的控制。具体而言，第一，实行立案控制。为防止警察机关对应当追究刑事责任的案件不立案以及不当立案，应确立立案备案制度。公安机关立案的案件应报检察机关备案，检察机关有权审查，防止以罚代立、代侦，检察机关对于侦查机关徇私枉法，放纵犯罪的有权查办并命令侦查机关立案，从而将对刑事案件的追诉决定权纳入检察机关的统一控制之下。第二，实行撤案控制。对于立案侦查的案件，侦查机关决定撤案的案件，应报检察机关备案。检察机关不同意撤案的，应命令侦查机关继续侦查，侦查机关应侦查，不得拖延。第三，除了实行立案控制、撤案控制之外，还应规定检察机关对所有刑事案件的侦查权（其实本已享有补充侦查权），在侦查机关不遵从检察机关的指挥监督时，检察机关可以直接立案或者撤销案件。此外，检察机关对侦查机关、侦查人员的指挥监督地位必须得到保障。在日本，司法警察职员没有正当理由而不服从检察官的指示或指挥的情况下，检察机关的首长可以向公安委员会提出惩戒或罢免的追诉，我国亦应考虑制定相应的保障措施。

二、侦查监督权能

侦查监督就是人民检察院对刑事侦查工作的监督。这里所讲的侦查监督是一种狭义的侦查监督，不包括检察机关的立案监督权能。从整体上看，侦查监督权能包括两类内容：一是对整个侦查活动进行的一般性监督，二是通过审查批准逮捕对侦查机关采取强制措施活动进行的监督。

侦查监督权能是检察监督权能的一项重要内容。在我国，强调对侦查权的检察监督是由我国特殊的司法制度所决定的。与域外由司法裁判权对侦查权进行控制不同，我国实行的是流水线型刑事诉讼构造，公检法三机关分工负责、各管一段，法院在侦查阶段通常是不介入的，裁判权不能也无法对侦查权进行控制。但是，众所周知，侦查权本身的特质决定了需要有外部力量对其制衡，否则侦查权将成为“脱缰的野马”。因此，在我国检察监督体制的基础上，由检察权对侦查权进行检察监督便是一项顺理成章的事情。这弥补了我国侦查权外部控制的空白，也构成了具有中国特色的侦查权检察控制模式。

应该讲，在我国对侦查活动进行检察监督在保障公民合法权利，促进法律正确实施方面发挥了重要作用。由检察机关对侦查实施监督，不仅能够对公安的侦查权力进行有效的制衡，保证公安机关能在法律的范围内行使权力。而且，检察机关与公安机关同属追诉机关，有利于在检察机关对公安机关的侦查活动是否合法实施监督的基础上，达到控辩双方力量的均衡。当然，也应当看到，我国的侦查监督也存在这样或那样的问题，如何正确认识侦查监督权能及其未来的发展方向是需要我们认真思考的重大理论课题。

（一）一般性侦查监督面临的困境及其改革

所谓的一般性侦查监督就是除通过审查批准逮捕这种特殊监督形式以外的其他的侦查监督。一般性侦查监督与审查批准逮捕这种特殊监督具有极大的区别。审查批准逮捕是通过行使具有决定意义的审查批准逮捕权的形式对侦查机关所进行的监督，这种监督是在将侦查权划分为实施权和决定权并由检察机关行使决定权的基础上实现的。而在一般性侦查监督中，检察机关并不享有对侦查行为的实质性决定权，而是在侦查权之外行使独立设置的检察监督权。

在我国，一般性侦查监督的内容是非常丰富的。根据《人民检察院刑事诉讼规则（试行）》第565条的规定，侦查监督主要是对以下几个方面的内容进行监督：(1) 采用刑讯逼供以及其他非法方法收集犯罪嫌疑人供述的；(2) 采用暴力、威胁等非法方法收集证人证言、被害人陈述，或者以暴力、威胁等方法阻止证人作证或者指使他人作伪证的；(3) 伪造、隐匿、销毁、调换、私自涂改证据，或者帮助当事人毁灭、伪造证据的；(4) 徇私舞弊，放纵、包庇犯罪分子的；(5) 故意制造冤、假、错案的；(6) 在侦查活动中利用职务之便谋取非法利益的；(7) 非法拘禁他人或者以其他方法非法剥夺他人人身自由的；(8) 非法搜查他人身体、住宅，或者非法侵入他人住宅的；(9) 非法采取技术侦查措施的；(10) 在侦查过程中不应当撤案而撤案的；(11) 对与案件无关的财物采取查封、扣押、冻结措施，或者应当解除查封、扣押、冻结不解除的；（12）贪污、挪用、私分、调换、违反规定使用查封、扣押、冻结的财物及其孳息的；（13）应当退还取保候审保证金不退还的；（14）违反刑事诉讼法关于决定、执行、变更、撤销强制措施规定的；（15）侦查人员应当回避而不回避的；（16）应当依法告知犯罪嫌疑人诉讼权利而不告知，影响犯罪嫌疑人行使诉讼权利的；（17）阻碍当事人、辩护人、诉讼代理人依法行使诉讼权利的；（18）讯问犯罪嫌疑人依法应当录音或者录像而没有录音或者录像的；（19）对犯罪嫌疑人拘留、逮捕、指定居所监视居住后依法应当通知家属而未通知的；（20）在侦查中有其他违反刑事诉讼法有关规定的行为的。由此可见我国对侦查监督的重视。

问题在于，司法实践中侦查监督的效果是否与我们的立法期待相一致？如果答案是否定的，问题的原因为何以及一般性侦查监督未来发展的方向为何？这些都是需要我们回答的问题。

1. 一般性侦查监督的实施效果评估

尽管一般性侦查监督在司法实践中发挥了一定的积极作用，但不容否认的是，一般性侦查监督在我国司法实践中的运行效果并不理想。

首先，尽管检察机关会进行侦查监督，但是进行侦查监督的案件仅仅是公安机关所处理的大量案件中很小的一部分。根据学者的统计，在 1998 年至 2000 年之间，全国检察机关历年提出纠正意见上万次，但与公安机关每年立案侦查的数百万件案件数量相比，所占比例较低。在 1998 年至 2010 年年间，全国公安机关刑事案件立案共 56 322 950 起，检察机关进行侦查监督 190 366 件次，仅占 0.3%。[①] 这并不能说明 99%以上的案件在侦查过程中就不存在任何问题。但凡对我国侦查实践有所了解都不会得出这样的结论。例如，研究发现，在侦查监督范围之外，侦查机关的非法侦查行为，包括非法审讯、违法留置、刑拘、取保、搜查等在一定范围内还是存在的。[②] 这恰恰说明侦查监督是有局限性的，对于侦

① 参见刘计划：《侦查监督的中国模式及其改革》，载《中国法学》，2014（1）。

② 参见左卫民、赵开年：《侦查监督制度的考察与反思——一种基于实证的研究》，载《现代法学》，2006（6）。

查机关的绝大多数侦查行为并不或者无法进行监督，也就是说，侦查监督对于侦查权的控制范围是有限的。

其次，公安机关对一般性侦查监督的落实存在不足。从理论上来讲，检察机关对侦查的监督应该全部得到公安机关的接受、落实，因为检察机关是站在客观公正立场上对侦查机关的违法、不当行为进行监督的。但在实践中，并不是所有的侦查监督都会得到公安机关的接受。在 1998 年至 2010 年年间，全国侦查监督的纠正率为 85.3%①，尽管纠正率非常高，但也足以说明并不是检察机关的侦查监督都会被接受。换言之，对于相当一部分的违法、不当侦查行为，是仍然无法得到纠正的，对于犯罪嫌疑人而言，这意味着在这些案件中其权利是无法得到救济的。

最后，检察机关对一般性侦查监督存在“走过场”现象。据学者统计，实践中一些地方的侦查监督呈现出逐年下降的趋势。② 实践中，与这种现象相对应的另一种现象就是一般性侦查监督的“走过场”现象。在 2012 年刑事诉讼法实施后，笔者在调研过程中发现，侦查监督部门往往仅重视通过审查批捕这种特殊的形式进行侦查监督，对于一般性的侦查监督并不重视。这其中的原因是多方面的，但对于侦查监督部门的工作人员而言，受制于办案精力的限制，在能够处理好审查批捕以外，很难再有精力进行一般性侦查监督。但是，实践中上级检察部门往往对于一般性侦查监督的数量有考核要求，为了能够应对上级的考核，下级检察机关往往会采取虚报、伪造一般性侦查监督的方式应对。而且，即便是真实存在的侦查监督，也可能只是走形式而已。

由上可见，在我国，一般性侦查监督对侦查阶段的控制是非常薄弱的。这也导致了诸多弊端。实践中，公安机关在侦查阶段享有除逮捕之外一切强制侦查方法的自行决定权，包括拘留、搜查、扣押、窃听等，而这些强制侦查方法的使用直接关系到公民人身自由、财产及隐私等基本权利，公安机关不受制约的这些权

---

① 参见刘计划：《侦查监督的中国模式及其改革》，载《中国法学》，2014 (1)。

② 参见左卫民、赵开年：《侦查监督制度的考察与反思——一种基于实证的研究》，载《现代法学》，2006 (6)。

力是导致侦查阶段存在严重侵犯公民人身自由等基本权利的最大根源。而侦查机关处于权力真空状态不受制约的立法设计造就了超纠问式侦查构造，与我国正在刑事诉讼领域中推进的民主化、开放化改革以及刑事程序法治化、正当化趋势是格格不入的。因此，迫切需要对我国的侦查监督进行改革，实现侦查监督对侦查活动的有效控制。

2. 一般性侦查监督“失灵”的原因分析

在我国，之所以一般性侦查监督无法实现对侦查阶段的有效控制，主要是基于以下几个方面的原因：

首先，检察机关与侦查机关配合有余、监督不足。检察机关尽管具有法律监督地位、承担着侦查监督权能，但由于在刑事诉讼中，侦、检都行使控诉职能，均承担着追诉犯罪的任务，彼此之间有着内在的不可分割的联系，这就使检察官很难摆脱追诉犯罪的心理负担，往往在监督侦查机关时“心太软”，对侦查机关的监督也往往流于形式。

其次，检察机关的一般性侦查监督具有滞后性。众所周知，检察机关的一般性侦查监督并不是同步监督，而是一种事后监督，也即一般性侦查监督往往是在违法侦查行为发生之后才可以进行监督，具有滞后性。这种监督的滞后性带来了多方面的不良后果。其一，一般性侦查监督的滞后性导致进行监督的信息途径不畅。与同步监督能够及时、有效地获取大量的侦查行为信息不同，事后监督只能够通过其他的方式获取违法侦查行为的信息，还原违法侦查行为，而这些信息获取方式往往都没有同步监督有效。其二，一般性侦查监督的滞后性导致对被追诉人的救济不及时，对违法侦查行为的监督不会产生积极效果。一方面，在违法侦查行为发生后，检察机关进行监督往往很难及时、有效地给被追诉人救济，满足不了被追诉人的权利救济需求；另一方面，违法侦查行为发生之后，违法侦查行为的目的往往已经达到了，在此之后进行监督通常并不否定违法侦查行为的效果，对违法侦查行为的惩治力度有限，无法从根本上遏制违法侦查行为的发生。

再次，检察机关进行一般性侦查监督的信息途径有限，致使监督常常流于形式。上文已经提及，由于检察机关的一般性侦查监督是一种事后监督，只能通过其他的方式获取违法侦查行为的信息。实践中，一般性侦查监督往往是由被追诉人请求启动的。如果被追诉人不提出请求，检察机关没有有效途径获知违法侦查行为的存在，也就不会主动介入违法侦查活动。而且，即便被追诉人提出了进行一般性侦查监督的请求，由于缺乏足够的事实、证据信息，检察机关往往很难进行有效的监督。例如，犯罪嫌疑人等向检察机关反映警察在侦查活动中有刑讯逼供、骗供、诱供等违法行为，请求检察机关进行监督。但是检察机关往往需要犯罪嫌疑人提供相应的证据材料，而犯罪嫌疑人本身的取证能力是有限的，特别是在其人身自由受到限制的侦查阶段，犯罪嫌疑人往往无法提供相应的证据材料，检察机关在没有相应的证据材料的情况下，通常不会轻易相信，也不会启动一般性侦查监督，即便启动，对于检察机关而言，取证也是非常困难的。

最后，检察机关的监督效力不足。在我国，一般性侦查监督大多是一种“柔性监督”，即检察机关不能够直接命令侦查机关为或不为一定的行为，不能直接纠正侦查机关的违法侦查行为，只能够建议侦查机关自己改正错误，至于侦查机关是否接受检察监督、是否改正则由侦查机关自己决定。即便侦查机关不接受侦查监督，对检察机关的监督置之不理，检察机关也并没有其他的制裁措施来保障侦查监督的落实。

实际上，总结上述原因可以发现，从根本上来讲，我国一般性侦查监督失灵的根源在于我国一般性侦查监督实际上是一种“外部监督”。在这种监督模式中，检察机关并不负责或者具体支配某项程序权力，而是以一个程序旁观者、外在者的身份来审视刑事诉讼流程，并进行监督。[①] 就一般性侦查监督而言，也就是说，检察机关和公安机关分享的是不同的权力，前者是法律监督权，而后者则是侦查权，而不是来自同一权力的侦查领导、决定、指挥监督权和侦查行为实施权。这样的监督模式必然会分裂侦查机关和检察机关之间的权能关系，使检察机关更加外部化，检察机关无法以领导、决定、指挥者的身份同步介入侦查活动中，只能以外部旁观者的身份“旁观”侦查过程的实施。这就从根本上制约了一

① 参见万毅：《论检察监督模式之转型》，载《法学论坛》，2010（1）。

般性侦查监督的实效。

3. 一般性侦查监督的转型

党的十八届四中全会提出了推进以审判为中心的诉讼制度改革的要求："推进以审判为中心的诉讼制度改革，确保侦查、审查起诉的案件事实证据经得起法律的检验。全面贯彻证据裁判规则，严格依法收集、固定、保存、审查、运用证据，完善证人、鉴定人出庭制度，保证庭审在查明事实、认定证据、保护诉权、公正裁判中发挥决定性作用。"对于审前阶段而言，推进以审判为中心的诉讼制度改革的一个核心问题是要求严把证据关，提高侦查取证的质量，既包括程序上的质量要求，也包括实体上的质量要求，使案件事实能够经受住历史的考验。毫无疑问，强化侦查监督，加强检察对侦查的介入应当成为改革努力的方向。在此背景下，亟须讨论如何实现一般侦查监督的转型问题。

上文已经阐明，导致我国一般性侦查监督失灵的各种原因背后的根本原因在于我国一般性侦查监督的"外部监督"模式问题。显然，要有效解决该问题，就应当实现一般性侦查监督"由外而内"的转变。

要实现这种转变，在理论上来讲，应该满足以下几个条件：首先，侦查权主体与一般侦查监督权主体的分离。一般侦查监督的对象是侦查活动，如果侦查权主体与一般侦查监督权主体是同一个主体，那么监督就是一句空话。其次，一般侦查监督权相对于侦查权而言应当是上位权或者是决定性的权力。这主要是确保一般侦查监督权对于侦查权而言具有足够的威慑力量。一般侦查监督的目的就是要为了纠正、避免违法行为，如果一般侦查监督权对于侦查权来说是一种平行或者平等的权力，那么监督的效力便会大打折扣，监督的目的将无法达成。最后，一般侦查监督权应当与侦查权具有同步性，应当全程、积极、全面地介入侦查活动过程中，而不能事后、被动、消极地介入侦查活动。

应该讲，侦检一体化模式是最符合这些条件的模式，最有利于实现一般性侦查监督从外部监督模式向内部监督模式的转变。因为在侦检一体化模式下，检察官主导整个侦查、公诉程序，侦查机关的所有诉讼行为都将纳入检察机关的领导、指挥、监督范围之内。检察官与承担侦查职能的警察并非一种平等、独立的关系，而是属于一种领导与被领导、指挥与被指挥、监督与被监督的法定关系，即所谓“上命下从”的关系①，对于检察机关的监督，侦查人员必须接受，否则将因此而承担职务晋升、奖励等方面的不利后果。侦查一体化模式中检察与侦查的关系定位决定了这种模式最有利于加强对侦查活动的监督。而且，正如在立案监督部分所阐述的，从世界范围来看，尽管侦查和检察的关系并不完全相同，但强调侦检一体化，强调检察官对侦查活动的指挥监督是一个共同的趋势。

就一般性侦查监督而言，构建侦查一体化模式的核心就是实现对侦查权的全过程的、动态的监督。为此，在制度设计上，一方面，应当赋予检察机关对侦查机关的指挥权、制裁权。具体设想是可以在检察机关设检察事务官作为主任检察官的助手，负责指挥刑事警察的侦查活动，警察应听从检察事务官的一般性指挥与具体性指挥。另一方面，必须制定有效的措施保障检察官对侦查人员指挥监督的实现。如前所述，在日本，司法警察职员没有正当理由而不服从检察官的指示或指挥的情况下，检察机关的首长可以向公安委员会提出惩戒或罢免的追诉。我国也应建立相应的保障措施，如果侦查人员不听从指挥，检察官可以要求公安机关负责人撤换侦查人员。当然，侦检一体化模式不仅应在公安机关和检察机关之间确立，对于检察机关自侦案件，检察监督部门对侦查部门的指挥与指导亦应确立。

需要指出的是，强化一般侦查监督并不排斥司法对侦查活动的控制。实际上，在侦检一体化模式下，法官更有必要介入侦查程序、实现对侦查活动的全面控制。具体而言，法官以第三者的身份介入侦查程序，监督、制约整个侦查过程，并就侦查行为及有关的强制性措施的正当性、合法性问题作出最终的裁决，如对于涉及人身自由和财产等具有强制性的侦查措施，应由法官审查决定是否准予采用，以防止侦查人员、检察官滥用国家刑事司法权而侵害人权。在这方面其他国家也有类似的立法先例。如法国的预审法官，对侦查活动实施全面的法律控制，对侦查中的重大问题以及涉及法律措施的问题有决定权；英美法系的法官通

① 参见黄东熊：《刑事诉讼法论》，106页，台北，三民书局，1995。

过法律措施的批准权和审判中的证据取舍权以及其他诉讼问题的决定权实施对侦查行为的法律控制。[①] 另外，在强化一般性侦查监督的过程中，也应当强化被追诉方对侦查过程的参与。正如梅利曼教授所言，“诉讼权利的不平等以及书面程序的秘密性，往往容易形成专制暴虐制度的危险”[②]。在这方面，应当允许律师全面介入侦查程序，赋予律师在讯问犯罪嫌疑人时的在场权等以强化辩护方的力量。

（二）审查批准逮捕权能面临的困境及其改革

《刑事诉讼法》第88条规定：“人民检察院对于公安机关提请批准逮捕的案件进行审查后，应当根据情况分别作出批准逮捕或者不批准逮捕的决定。对于批准逮捕的决定，公安机关应当立即执行，并且将执行情况及时通知人民检察院。对于不批准逮捕的，人民检察院应当说明理由，需要补充侦查的，应当同时通知公安机关。”这是我国检察机关所具有的审查批准逮捕权能，该权能通常被认为是检察机关监督侦查活动的重要途径。由检察机关履行审查批准逮捕职能构成了具有中国特色的审查批准逮捕模式。从司法实践来看，审查批准逮捕权能发挥了一定的积极作用。例如河北王某雷案，检察机关批捕部门在批捕时发现存在非法证据，通过排除非法证据，避免了一起冤假错案的发生。[③] 但是，在我国，审查批捕权能无论是从理论还是从实践来看，也都面临着一些问题，从根本上制约了我国审查批准逮捕权能的发展。

1. 审查批准逮捕权能面临的理论困境

我国法律赋予检察机关以审查批捕权，立法本意是借此严把逮捕关，同时对公安机关在侦查活动中的非法行为予以纠正。但是，这却不可避免地使检察机关的侦查监督权成了司法裁判权，使检察机关在侦查监督过程中承担了裁判职能。这是我国检察机关审查批捕权能所面临的理论上的最大难题。

众所周知，在刑事诉讼中，逮捕是一种最为严厉的剥夺犯罪嫌疑人人身自由

① 参见徐静村主编：《刑事诉讼法学（上）》，186页，北京，法律出版社，1997。

② ［美］约翰·亨利·梅利曼：《大陆法系》，149页，北京，知识出版社，1984。

③ 参见《最高人民检察院工作报告》（2015年）。

的强制措施，它将可能导致犯罪嫌疑人长达数月、甚至数年的人身自由的丧失，丝毫不亚于一些轻微犯罪判处的刑罚。正是基于此，逮捕被视为干预基本权的行为，批准逮捕权也被视为司法权的重要组成部分，属于司法保留的内容。由检察机关以侦查监督的名义审查批准逮捕，实际上就是由检察机关行使了司法职能。而这一职能是无论如何也不应由检察机关行使的。作为法律监督机关，检察机关的职责是“查看并督促”；而作为公诉机关，检察机关所享有的也仅仅是一种裁判申请权，两者都与作为对特定对象进行判断的裁判权有着本质区别。

而且，从世界范围内来看，审查批准逮捕权能都是由法官予以行使的。在美国，警察对于根据“合理根据”被逮捕的嫌疑人，要“无不必要迟延”将其解送到最近的联邦治安法官或者州地方法官处，由法官作出决定。在英国，警察要对嫌疑人实施逮捕，必须事先向治安法官提出申请，并说明正当、合理的根据。逮捕后、指控前，警察可以为了获得提出指控所必要的证据而羁押嫌疑人达 36 小时，如果需要延长的，必须经过治安法院批准；提出指控后，必须将在押犯罪嫌疑人不迟延地送交治安法院，由治安法院决定羁押或保释。无证逮捕的应尽快补办逮捕证并向被捕者出示，而且应该在 24 小时之内移送治安法官并将控告书副本送交被捕人。大陆法系国家也是如此。在德国，根据其《刑事诉讼法》第 125、126 条的规定，提起公诉以前，逮捕令由有地域管辖权的地方法院法官或者由被指控人居住地的地方法院法官，依检察官申请或者无法与检察官联系并且延迟就有危险时依职权签发。司法警察在执行逮捕之后，必须毫不迟延地将被捕的嫌疑人提交给管辖案件的法官。在日本，实行逮捕令状主义，虽然现行犯的逮捕是令状主义的例外，但是逮捕后法官可以立即进行审查。对于逮捕后起诉前的羁押，原则上由检察官所属检察厅所在地的地方法院或简易法院的法官负责决定。其中，由司法警察实施的逮捕，经检察官审查后，在 72 小时内提交法官，由法官就羁押问题作出相应的决定。由检察官实施的逮捕，则必须在 48 小时内向法官提交羁押申请。起诉后的羁押原则上由受理本案的法院决定。在我国台湾地区，1997 年“刑事诉讼法”修改之后，法官成为决定羁押的唯一机关，体现了绝对的法官保留原则。由上可见，世界各国与地区羁押的初始决定权和延长羁押期限的决定权一般都归属法院。

2. 审查批捕权能面临的实践困境

不仅检察机关以侦查监督的名义行使审查批捕权在理论上面临着争议，在司法实践中也面临着诸多问题。这些问题不仅制约着审查批准功能的发挥，也无法有效实现对被追诉人合法权利的保障。

首先，检察官的中立性不足。在我国刑事诉讼中，人民检察院作为公诉机关承担着控诉职能。而职能分工必然要求其以实现罪罚为目标，尤其是随着刑事诉讼法的修改和司法改革的推进，日益强调检察机关的举证责任。这必然会加强检察机关的控诉倾向。同时，我国宪法赋予人民检察院法律监督机关的性质，但是在刑事诉讼中，它并未能保持监督者应有的客观、中立、超然的地位。因为它就是诉讼的一方，它不可避免地要带有控诉倾向。司法实践中曾发生过检察机关在庭审中故意隐藏被告人无罪证据而不予出示的现象即是最有力的证明。由此可见，控诉职能的担当阻碍了检察机关所谓监督职能的发挥。[①] 事实上，检察机关已沦为单纯的控诉机关，它在刑事诉讼中的活动完全可以为控诉职能所包容。正因如此，尽管检察机关在确保公安机关羁押权得以依照法定程序（如申请批捕程序、申请延长羁押期限的程序等）进行方面，能够发挥一定的作用，但基于公安机关、检察机关在追诉职责上内在的不可分割的联系，使检察机关难以摆脱追诉犯罪的心理影响而容易作出不利于犯罪嫌疑人的决定，对不该羁押的予以羁押，对不该延长羁押期限的批准延长。另外，基于侦查中心主义的检察机关控诉职能的发挥有赖于公安机关证据收集活动，检察机关基于自身的角色倾向，难免会本着功利目的，放纵公安机关对于羁押这一获取口供极为有效的强制措施的非法运用。[②]

其次，审查批准逮捕权能的行政化运作。如上所述，审查批准逮捕权能本身是一种裁判权，这就要求该权力以司法化的方式运作。而且，既然审查批捕权能

① 参见陈卫东、刘计划：《谁有权力逮捕你——试论我国逮捕制度的改革（上）》，载《中国律师》，2000（9）。

② 参见陈卫东、陆而启：《羁押启动权与决定权配置的比较分析》，载《法学》，2004（11）。

是以监督侦查机关的侦查活动为目的，那么其就不应当排斥作为监督行为保护对象的被追诉人一方的参与。实际上，就域外国家或地区的经验来看，审查批准逮捕权能的行使都是以被追诉方的充分参与为前提的。比如，在美国，法院应当组织预审以审查决定是否批捕，在预审过程中，警察方和被告方均需要参与听审，双方可以就是否适用羁押、应否保释等问题进行辩论。在法国，刑事诉讼法对羁押决定采用庭审的方式，预审法官负有告知被审查人作辩护准备和选择聘请或指定律师的义务。在庭审中必须经过双方辩论，听取检察官的意见，听取被审查人的陈述，必要时还要听取律师发言。在德国，羁押决定程序的规定较为谨慎，采用的是法官讯问的方式。讯问时，法官须告知嫌疑人有关的诉讼权利，给予嫌疑人提出辩解的机会，并且就是否继续羁押作出决定。

但就我国司法实践而言，尽管 2012 年刑事诉讼法修改过程中强调了程序的开放性，但审查批捕逮捕权能的书面、封闭等特征仍旧没有从根本上得到解决。检察机关仍然是以不开庭、不当庭听取辩护方意见的书面形式审查批准逮捕。尽管我国《刑事诉讼法》第 86 条第 2 款规定："人民检察院审查批准逮捕，可以询问证人等诉讼参与人，听取辩护律师的意见；辩护律师提出要求的，应当听取辩护律师的意见。"但是通常情况下，是否询问证人、是否听取律师意见完全由检察机关自己决定。特别是我国当前侦查阶段律师辩护率较低、辩护律师在侦查阶段的介入程度有限，这都决定了无法从根本上改变我国审查批准逮捕的行政化运作本质。审查批捕权能的行政化运作无助于遏制违法、不当的侦查行为。因为侦查机关的违法侦查行为往往并不会呈现在案卷中，检察机关通过阅卷、排斥被追诉方参与的形式审查批准逮捕很难发现违法、不当侦查行为的存在。而且，审查批准逮捕这种监督方式本意是保障被追诉人的合法权益、遏制不当侦查行为，而作为对自己受到的权益侵害最有发言权的被追诉人一方却往往被排斥于程序之外，其能够在多大程度上实现对被追诉人权利的保障令人怀疑。

最后，检察机关自我监督难。在我国，检察机关对职务犯罪还具有侦查的权力，检察机关的侦查监督部门能否实现对自侦部门的监督一直备受质疑。为了解决同一检察机关内部侦查监督部门对自侦部门通过审查批准逮捕进行监督的质疑和批评，最高人民检察院在2009年推行了自侦案件审查批准逮捕权限上提一级的改革，即下级检察机关办理自侦案件过程中，需要逮捕犯罪嫌疑人的，应当由上一级检察机关的侦查监督部门予以审查批准。尽管如此，由于上下级检察机关本身处于同一系统之内，在职能方面具有不可分割的联系，上一级检察机关履行审查批准逮捕职能能否达到监督下级检察机关自侦部门办案的目的令人怀疑。实践证明，这种检察机关系统内部的自我监督是没有达到效果的。例如，在上提一级改革实施半年后（2010年3月），全国职务犯罪案件不批捕率为6.9%，与2008年不批捕率3.9%相比，上升了3%，个别地区的不批捕率上升幅度达到8%[①]；2010年1月至2011年6月，全国职务犯罪案件不批捕率为8.5%，比2009年上升4.4%。[②] 尽管批捕权上提一级改革后不批捕率有了明显上升，但批捕率仍旧非常高。显然，观察我国的司法实践可知，这并不能说明自侦案件的质量非常高，反而充分揭示了我国职务犯罪审查批准逮捕中自我监督的不足。

无论是检察机关的中立性不足还是审查批准逮捕权能的行政化运作抑或检察机关自我监督的不足都在客观上导致了极其严重的后果，即被追诉人完全成为被追诉的客体，检察机关的审查批准逮捕这种侦查监督职能也演变成为追诉被追诉人的工具。这从根本上颠覆了审查批准逮捕职能应有的角色定位。据统计，在1990年至2009年间，94.84%被公诉的刑事犯罪被告人被检察机关批准逮捕。[③] 如此高的适用逮捕率足以说明检察机关审查批准逮捕职能并没有发挥出制约侦查职能、保障被追诉人合法权利的作用。相反，该项职能的运作给被追诉人带来了严重的不利后果。被追诉人不仅要遭受因羁押带来的人身自由被剥夺、身体健康受到损害、精神煎熬痛苦、亲情疏离、名誉受到贬损、经济损失等诸多不利后果和利益丧失，还面临着失学、失去工作、家庭解体以及回归社会的巨大困难。此外，被追诉人还可能在羁押过程中受到各种暴力折磨。[④]

---

① 参见王新友：《逮捕权上提一级改革取得四大成效》，载《检察日报》，2012－03－12。

② 参见李娜：《最高检盘点职务犯罪案件“上提一级”改革》，载《法制日报》，2011－08－29。

③ 参见刘计划：《逮捕审查制度的中国模式及其改革》，载《中国法学》，2012（2）。

④ 参见刘计划：《逮捕功能的异化及其矫正——逮捕数量与逮捕率的理性解读》，载《政治与法律》2006（3）；刘计划：《刑事拘留与审查逮捕的期限应予缩短》，载《中国司法》，2009（3）。

3. 我国审查批准逮捕权能的改革进路

毫无疑问，鉴于审查批准逮捕权能的裁判权本质，最为理想的改革方案是将审查批准逮捕权能划归法院行使，这已经在学术界形成共识。当然，也要认识到审查批准逮捕权能改革是一项体制改革，需要统筹安排，逐步推进。在当前，将审查批准逮捕权能转由法院行使还面临着一些改革的阻力。在这样的背景下，应当探索一种过渡机制，实现审查批准逮捕职能的有效运作，在未来时机成熟时，再将审查批准逮捕权能转由法院行使。基于此，笔者认为，一个有益的改良方案就是推行审查批准逮捕权能的司法化改革，实现审查批准逮捕的适度司法化。

所谓审查批准逮捕的适度司法化，实际上就是构建一个在提请审查批准逮捕方和被追诉人方充分参与的基础上，透明地运作的审查批准逮捕机制。实际上，审查批准逮捕的适度司法化就是要打造一个合理的诉讼构造。具体而言，这种适度司法化是由以下几个因素构成的：其一，主体要素。即这种司法化的审查批准逮捕机制应当由相对独立的检察官作为最终的裁决方，要有提请审查批准方和被追诉人一方的同时参与。其二，物理要素。即司法化的审查批准逮捕应当在“庭上”进行。其三，程序要素。司法化的审查批准逮捕应当符合程序正义的要求，应当尊重被追诉人的程序参与权，确保被追诉人一方的充分参与。

应该讲，2012 年刑事诉讼法修改之后，我国迈出了审查批准逮捕适度司法化改革的步伐。2012 年刑事诉讼法增加规定人民检察院审查批准逮捕时可以讯问犯罪嫌疑人，对于如下案件应当讯问犯罪嫌疑人：对是否符合逮捕条件有疑问的；犯罪嫌疑人要求向检察人员当面陈述的；侦查活动可能有重大违法行为的以及未成年犯罪嫌疑人。审查批捕的过程由传统的书面审逐步向言辞审理的方式转变，批捕过程诉讼化色彩愈发浓重。《人民检察院刑事诉讼规则（试行）》还进一步扩大了必须讯问犯罪嫌疑人的其他两种情形，分别为案件重大疑难复杂的和犯罪嫌疑人是限制行为能力的，包括盲聋哑人或精神病人。此外，对于无须当面讯问的犯罪嫌疑人，该规则要求也必须采取书面听取意见的方式了解其对逮捕措施的看法，即该规则第 306 条规定，在审查逮捕中对被拘留的犯罪嫌疑人不予讯问的，应当送达听取犯罪嫌疑人意见书，由犯罪嫌疑人填写后及时收回审查并附卷，经审查发现应当讯问犯罪嫌疑人的，应当及时讯问。上述两条规定扩大了当面讯问犯罪嫌疑人的范围且实现了听取犯罪嫌疑人意见的全覆盖，再加上《刑事诉讼法》和《人民检察院刑事诉讼规则（试行）》要求的听取辩护律师意见和必要时可以询问证人等诉讼参与人的制度，审查批准逮捕程序的诉讼化构造改革迈出了重要一步，对于实现审查批准逮捕决定的兼听则明从而正确适用逮捕措施具有重要价值。

但是，应当看到，上述改革仍具有一定的局限性，未来应当进一步推进审查批准逮捕的诉讼化改造，真正实现审查批准逮捕的司法化。具体而言：

第一，设置具有独立决定权的专职检察官负责审查批准逮捕。这是确保审查批准逮捕权能独立、公正运作的前提。当前，我国正在推进检察官办案责任制改革，改革中的一项重要内容就是明确检察官的权限和职责。应当以此为契机，改变审查批准逮捕的三级审批制运作模式，明确审查批准逮捕权属于办案检察官的职权，由其独立自主决定是否批准逮捕并承担由此而带来的办案责任。

第二，构建审查批准逮捕听证程序。应该讲，构建审查批准逮捕听证程序是确保审查批准逮捕司法化的关键举措。这要求：其一，审查批准逮捕过程中，不能以单方面讯问的方式，而必须是以听证的方式听取意见，也不能是以书面的形式听取意见，而必须是以口头言辞的形式听取意见；其二，审查批准逮捕过程中，提请审查批准逮捕一方也应当参加听证程序，并在听证程序中发表意见，回应被追诉人一方的辩驳；其三，审查批准逮捕的决定应当在充分听取双方意见的基础上作出。

第三，构建审查批准逮捕决定的救济程序。考虑到我国审查批准逮捕程序的未来转型，笔者认为，可以探索由法院对检察机关的审查批准逮捕决定进行救济，即当被追诉人对检察机关批准逮捕的决定不服时，可以向人民法院申诉，法院指定专门的法官负责申诉，必要时还可以通过听证程序以审查检察机关批准逮捕的决定是否合法、正当。

三、审判监督权能

刑事审判监督权能就是人民检察院对人民法院的审判活动是否符合法律程序，所作的刑事判决、裁定等是否正确进行法律监督的权力和责任。审判监督权能是人民检察院法律监督职能的重要组成部分。在我国，检察机关的审判监督权能实际上是由两部分组成的：其一，人民检察院对人民法院的审判活动是否合法进行监督的权能，即审判活动监督；其二，人民检察院对人民法院所作判决、裁定等是否合法进行监督的权能，即裁判监督。①

我国在很长一段时间内对检察机关的审判监督权能持有一种支持、至少是不反对的态度。这与我国刑事诉讼法草创时期立法准备的不充足有着很大的关系。当然，这也是我国以苏联的法律监督理论为模本构建我国检察制度的结果。随着我国刑事诉讼现代化程度的不断提高，理论研究的进一步深化，理论上对检察机关的审判监督权能进行了反思。特别是党的十八届四中全会以后，提出了推进以审判为中心的诉讼制度改革问题。强调以审判为中心，必然涉及审判职能与侦查职能、检察职能的定位与关系调整问题。在此背景下，如何实现审判监督权能的转型也是推进以审判为中心的诉讼制度改革的一项重要内容。

（一）审判监督权能概述

在我国，检察机关的裁判监督权能体现在《刑事诉讼法》第 217 条和第 243 条的有关规定上面。第 217 条规定：“地方各级人民检察院认为本级人民法院第一审的判决、裁定确有错误的时候，应当向上一级人民法院提出抗诉”。第 243 条第 3 款规定：“最高人民检察院对各级人民法院已经发生法律效力的封决和裁定，上级人民检察院对下级人民法院已经发生法律效力的判决和裁定，如果发现确有错误，有权按照审判监督程序提出抗诉。”根据上述规定，检察机关的裁判监督权能根据监督对象的不同，可以分为对未生效裁判的监督权能和对生效裁判

① 参见陈光中主编：《刑事诉讼法》，83～84 页，北京，北京大学出版社、高等教育出版社，2002；程荣斌主编：《刑事诉讼法》，104 页，北京，中国人民大学出版社，1999。

的监督权能。前者针对的是一审未生效的判决、裁定，而后者针对的则是二审生效的判决、裁定。检察机关的裁判监督权能实际上是一种启动救济程序的权能，检察机关履行监督职权的行为将导致二审程序或者再审程序的启动，也就是说，检察机关的裁判监督权能是借助于启动二审程序、再审程序而实现的。

对于检察机关的审判活动监督权能，我国早在1979年刑事诉讼法中就有明确规定："出庭的检察人员发现审判活动有违法情况，有权向法庭提出纠正意见。"根据该规定，出庭的检察人员可以当庭提出纠正意见。而1996年刑事诉讼法修改之际，检察机关当庭实施审判活动监督产生了极大的争议。特别是随着当事人主义诉讼模式在刑事诉讼中的引入，对刑事诉讼结构、控审职能的调整都提出了新的要求，学界担心在我国刑事庭审方式改革中，控、辩之间本已因控方力量强大与辩方力量弱小而失衡，在这种情况下，公诉人代表人民检察院对法院实施的审判监督必然会威胁法官的中立地位，破坏本已失衡的控辩关系以及业已发生偏斜的诉讼结构。有鉴于此，1996年刑事诉讼法修改过程中出现了一种弱化检察机关当庭监督的趋势。第一，1996年《刑事诉讼法》第169条规定："人民检察院发现人民法院审理案件违反法律规定的诉讼程序，有权向人民法院提出纠正意见。"该条规定改变了1979年《刑事诉讼法》第112条的表述方式，也使检察机关的审判活动监督权趋于弱化：其一，履行审判活动监督的主体只能是人民检察院而不再是出庭的检察人员，这意味着当庭实施监督的方式被取消，事实上变成了一种事后监督。其二，审判活动监督的内容由审判活动的"违法情况"变成了"违反法律规定的诉讼程序"，这意味着审判活动监督的内容主要是程序性违法，而不包括实体违法。第二，1996年修法之后陆续颁布的司法解释进一步明确了检察机关进行审判活动监督只能在庭审之后进行。根据1998年1月19日公布的《最高人民法院、最高人民检察院、公安部、国家安全部、司法部、全国人大常委会法制工作委员会关于刑事诉讼法实施中若干问题的规定》（以下简称"《六部委规定》"）第43条的规定，人民检察院对违反法定程序的庭审活动提出纠正意见，应当由人民检察院在庭审后提出。1999年的《人民检察院刑事诉讼规则》也规定，出席法庭的检察人员发现法庭审判违反法律规定的诉讼程序，应当在休庭后及时向本院检察长报告。人民检察院对违反程序的庭审活动提出纠正意见，应当由人民检察院在庭审后提出。

1996年刑事诉讼法和相关司法解释所确立的这种庭后审判活动监督模式被2012年刑事诉讼法和随后颁布的司法解释所继承。从刑事诉讼法本身来看，2012年刑事诉讼法对于检察机关的审判活动监督权能没有作出新的调整，而2012年修订后的《人民检察院刑事诉讼规则（试行）》第580条维持了1999年《人民检察院刑事诉讼规则》的规定，明确了人民检察院对违反程序的庭审活动提出纠正意见，应当由人民检察院在庭审后提出。

需要说明的是，检察机关的审判监督权在2012年刑事诉讼法修改过程中有了一定发展。这集中体现在检察机关对死刑复核案件的监督和对特别程序的监督方面。对于前者，我国在刑事诉讼法中正式确立了检察机关对死刑复核案件的法律监督，即《刑事诉讼法》第240条第2款规定，在复核死刑案件过程中，最高人民检察院可以向最高人民法院提出意见，最高人民法院应当将死刑复核结果通报最高人民检察院。这被视为检察机关审判监督权能的延伸。[①] 对于后者，随着2012年刑事诉讼法修改增加了特别程序一编，这给检察机关带来了新的挑战与机遇[②]，其中的一项重要内容就是检察机关审判监督权能的发展，即检察机关审判监督权能扩展至犯罪嫌疑人、被告人逃匿、死亡案件违法所得的没收程序以及依法不负刑事责任的精神病人强制医疗程序中。

关于检察机关对违法所得没收程序的监督，2012年刑事诉讼法并没有明确规定，而是由《人民检察院刑事诉讼规则（试行）》所确立的。该司法解释第536条规定："人民检察院发现人民法院或者审判人员审理没收违法所得案件违反法律规定的诉讼程序，应当向人民法院提出纠正意见。人民检察院认为同级人民法院按照违法所得没收程序所作的第一审裁定确有错误的，应当在五日以内向

---

① 尽管理论上对检察机关参与死刑复核程序的性质存在争议，但实务部门通常认为这是检察机关履行法律监督职能的体现。参见陈国庆：《全面加强刑事诉讼的法律监督》，载《法制资讯》，2012（Z1）；陈辐宽、邓思清：《死刑复核法律监督的方向与路径》，载《法学》，2014（7）。

② 关于2012年刑事诉讼法修改后检察机关面临的挑战和机遇的评析，参见陈卫东、杜磊：《刑事特别程序下的检察机关及其应对》，载《国家检察官学院学报》，2012（3）。

上一级人民法院提出抗诉。最高人民检察院、省级人民检察院认为下级人民法院按照违法所得没收程序所作的已经发生法律效力的裁定确有错误的，应当按照审判监督程序向同级人民法院提出抗诉。”由此可见，检察机关在违法所得没收程序中的审判监督权能既包括了对审判活动的监督权能，也包括了对违法所得没收生效、未生效裁定的监督。

而关于检察机关对强制医疗程序的监督，则是由《刑事诉讼法》第289条规定的，即人民检察院对强制医疗的决定实行监督。应该指出的是，尽管强制医疗是以“决定”而非“判决、裁定”的方式作出的，但强制医疗程序在性质上属于保安处分程序[①]，法官在该程序中行使的是审判权，履行的司法审查职责，因此检察机关对强制医疗程序的监督也属于审判监督的范畴。对于检察机关在强制医疗程序中的审判监督权能，《人民检察院刑事诉讼规则（试行）》第550条作了进一步细化：“人民检察院发现人民法院或者审判人员审理强制医疗案件违反法律规定的诉讼程序，应当向人民法院提出纠正意见。人民检察院认为人民法院作出的强制医疗决定或者驳回强制医疗申请的决定不当，应当在收到决定书副本后二十日以内向人民法院提出书面纠正意见。”可见，对强制医疗的审判监督也包括了审判活动监督和决定监督这两方面的内容。

（二）审判监督权能对刑事诉讼构造的侵蚀

在我国推进诉讼构造改革、打造以审判为中心的诉讼制度的过程中，一个非常重要的问题是审判监督权能的重新定位和改革问题。究其原因，乃是因为审判监督权能与现代刑事诉讼构造、以审判为中心等基本的理念相违背，成为制约我国刑事诉讼制度现代化的一个制度障碍。具体而言，审判监督权能对刑事诉讼构造的侵蚀主要体现在以下几个方面。

1. 审判监督权能打破了诉讼构造的稳定性

刑事诉讼中存在控诉、辩护、审判三大职能，这构成了刑事诉讼结构的基本要素。理论上通常认为，控辩平等对抗、审判中立是维系刑事诉讼构造稳定性的

---

① 参见陈卫东：《构建中国特色刑事特别程序》，载《中国法学》，2011（6）。

前提和基础，而以控诉职能和辩护职能为底边、以审判为顶点的等腰三角形结构是最稳定的结构。在该结构中，行使审判职能的法院是居于控诉与辩护之间，具有超然中立地位的权力主体。其超然中立的地位保证了其可以不受国家控诉犯罪的意愿的影响，实现其保障人权的目的。

然而，在我国现行的刑事司法体制中，检察机关的审判监督权能使其超越了单纯的控诉职能，而具有了超越辩护职能和监督审判职能的优势。从控审角度来看，检察机关可以监督、纠正法院法官的违法行为，无论是法官的庭审活动还是其裁判行为都将置于检察官的监督视野之下。监督与制约不同，制约是双向的，你制约我，同时我也制约你，而监督则是单向的，监督就是指监督者对被监督者的单向督导。将法院法官置于检察院检察官的监督之下，意味着检察院检察官的地位将高于法院法官，成为“法官之上的法官”。在检察院检察官的监督之下，一方面，法院法官的中立性很难得到保障，等腰三角形的刑事诉讼构造失去了平衡性；另一方面，法院法官作为裁判者的地位便不存在了，等腰三角形的刑事诉讼构造便失去了一个支点。而从控辩角度来讲，由于检察院检察官在履行控诉职能之外还行使审判监督权能，控辩双方的地位便不再是平等的了，因为公诉方可以监督审判方，而辩护方则只能够制约审判方。可见，当在刑事诉讼中，检察官同时行使控诉职能和法律监督职能时，原本应当存在的控辩审等腰三角形结构就被打破了。

2. 审判监督权能侵蚀了审判权能，导致控审不分

控审职能分离被视为现代刑事诉讼法治的基石，是纠问式刑事诉讼走向现代刑事诉讼的一个重要标志。根据该项原则，控诉职能和审判职能应当由不同的机构来加以承担；控诉是审判的前提，没有控诉也便没有所谓的审判；法官的裁判要以检察官的控诉范围为限。控审职能分离的意义在于避免被追诉人完全成为刑事诉讼的客体。

而在刑事诉讼程序中强调检察官的审判监督者身份，包括在二审、再审、死刑复核程序、特别程序中强调检察官的法律监督者身份，实际上是赋予了检察机关以审判权能。具体而言，检察机关不仅可以对法官的审判活动是否合法进行评

判，还可以对法官的裁判是否存在错误进行评判，这就使检察官而非法官成为事实上的最终裁决者。这不仅使检察机关分割了本应属于法院的审判权，也造成了控审不分问题。正如有学者所指出的，使控诉方执行控告职能外，又可以居于审判方的上位，对后者加以监督，这至少在一定的限度内将起诉权和判决权合二为一了。[①] 这种控审职能不分的结果是刑事诉讼程序的纠问式色彩更加浓厚，被追诉人逐渐沦为刑事诉讼活动的客体。

3. 审判监督权能损害了司法权威，有违以审判为中心的精神

在我国，推进以审判为中心的诉讼制度改革，要尊重审判职能的地位和作用，发挥审判职能对侦查、起诉的审查把关作用以及对案件的最终处理功能，这是由审判权的判断权属性以及纠纷的终局性解决功能所决定的。要尊重审判职能的地位和作用，当然需要尊重履行审判职能的法院和法官。可见，在我国推进以审判为中心，从根本上就是要树立法院的司法权威。

在我国，树立司法权威有多种方式，受到诸多方面的限制，而设计一套令人信服的正当化程序是树立司法权威的最直接手段。[②] 而程序正当化的一个重要方面就是要确保法院裁判权的专属性、独立性、中立性和终局性。这也是确保以审判为中心的前提和基础，否则，推进以审判为中心的诉讼制度改革就是一句空话。而我国赋予检察机关承担审判监督权能的做法恰恰在上述各个方面都影响了法院司法权威的确立：检察机关的审判监督权演变成审判权，分割、削弱了法院的审判权；检察机关的审判监督权将法官的裁判行为和裁判结果置于检察机关的法律监督之下，影响了法院裁判的独立性和中立性；特别是审判监督权能使检察官成为“法官之上的法官”，危及法官裁判的终局性。这些都给法院的司法权威蒙上了一层阴影，也影响了以审判为中心的确立。

（三）审判监督权能的再认识

由上述讨论可见，在刑事诉讼活动中强调审判监督权能并不符合刑事诉讼的基本规律，也无助于打造现代化的刑事诉讼程序。那么，应当如何认识检察机关

---

① 参见贺卫方：《异哉所谓检察官起立问题者》，载《法学》，1997（5）。

② 参见汪建成、孙远：《论司法的权威与权威的司法》，载《法学评论》，2001（4）。

的审判监督权能呢？在刑事诉讼中没有审判监督权能就不能够确保审判权能的受制性和公正性吗？这些都是需要我们回答的问题。实际上，检察机关所享有的“审判监督权能”都可以纳入公诉权能的范畴，而且这并不会降低审判权能运作的公正性。

1. 审判监督权能可以纳入公诉权能的范畴

综观我国检察机关审判监督权能的监督范围及其方式，都可以将之纳入公诉职能范畴中。

首先，就检察机关审判监督权能的监督范围来看，这些监督完全可以纳入公诉职能，通过公诉职能的运作来加以实现。对于检察机关审判活动监督权能的监督范围，《人民检察院刑事诉讼规则（试行）》第577条作了明确列举，包括违反管辖规定、违反审理期限或者送达期限等各种程序违法行为。[1] 对于这些事项，作为受到法官裁判行为影响的一方参与主体，检察机关当然有权以一方参与主体的名义对影响诉讼程序公正性、损害诉讼主体利益的审判活动发表意见、请求予以救济，而并不需要借助于所谓的“监督”名义进行救济。同理，对于检察机关对判决、裁定、决定的监督，也并没有超出公诉权能的范畴，检察机关作为公诉人，对公诉的结果当然有权提出救济的请求。跳出检察机关的公诉权能范畴，而将上述事项纳入审判监督权能并不具有多大的必要性。实际上，就被追诉人一方而言，其也有权对法官审判活动中的违法行为表达意见、提出异议，这些都被视

① 根据《人民检察院刑事诉讼规则（试行）》第577条的规定，审判活动监督主要发现和纠正以下违法行为：（1）人民法院对刑事案件的受理违反管辖规定的；（2）人民法院审理案件违反法定审理和送达期限的；（3）法庭组成人员不符合法律规定，或者违反规定应当回避而不回避的；（4）法庭审理案件违反法定程序的；（5）侵犯当事人和其他诉讼参与人的诉讼权利和其他合法权利的；（6）法庭审理时对有关程序问题所作的决定违反法律规定的；（7）二审法院违反法律规定裁定发回重审的；（8）故意毁弃、篡改、隐匿、伪造、偷换证据或者其他诉讼材料，或者依据未经法定程序调查、质证的证据定案的；（9）依法应当调查收集相关证据而不收集的；（10）徇私枉法，故意违背事实和法律作枉法裁判的；（11）收受、索取当事人及其近亲属或者其委托的律师等人财物或者其他利益的；（12）违反法律规定采取强制措施或者采取强制措施法定期限届满，不予释放、解除或者变更的；（13）应当退还取保候审保证金不退还的；（14）对与案件无关的财物采取查封、扣押、冻结措施，或者应当解除查封、扣押、冻结不解除的；（15）贪污、挪用、私分、调换、违反规定使用查封、扣押、冻结的财物及其孳息的；（16）其他违反法律规定的审理程序的行为。

作被追诉人辩护权能的组成部分，而没有视作是对法院的监督。被追诉人都可以通过诉讼参与主体的名义对法官的审判活动寻求救济，检察机关是否具有比被追诉者更强的获得救济的紧迫性以至于不得不借助于监督的名义加以救济呢？而且，从控辩对等的角度来看，也不应将这些内容界定为审判监督权能。

其次，从检察机关审判监督职能的监督方式来看，这些方式从本质上来讲也与公诉职能并没有实质性的区别。检察机关对法院的所谓“监督”，辩护方同样享有法定的救济措施。比如，人民检察院对人民法院的判决、裁定的监督，表现为人民检察院的抗诉权，即对于人民法院的判决、裁定，人民检察院认为有错误的，应当提起抗诉。事实上，被告人对一审未生效判决、裁定享有同等效力的上诉权（上诉的理由自然包括法院审判活动中的各种程序违法事实）。检察机关的抗诉与被告人上诉的法律后果是一样的，都必然引起二审程序，虽存在是否开庭审理的区别，但并无实质上的区别（即便检察机关对生效裁判提起的抗诉，也只是一种程序提议，与多数大陆法系国家的规定并无二致）。我们能否说被告人是在“监督”法院呢？在控辩式庭审方式中，检察机关的抗诉以及对法院可能错误的程序提出纠正意见（其实就是一种异议）实际上就是一种程序性的权利，一种与被告人上诉以及提出的程序异议的法律效力毫无二致的权利。而且，就检察机关的“提出纠正意见”这种监督方式而言，其在本质上也属于公诉职能。因为该监督并不具有改变法院行为或者裁决的效力，而仅是一种程序性建议和意见，与被追诉人及其辩护人向法院提出异议的权利属于同等性质。①

2. 将审判监督权能定位为公诉权能并不会降低审判权运作的公正性

将审判监督权能定位为公诉权能并不会降低其对审判权的制约，也不会降低审判权运作的公正性。首先，将审判监督权能重新界定为公诉权能并没有减少对审判权的制约。实际上，将审判监督权能重新界定为公诉权能只不过是进行重新定位而已，并没有减少对审判权的制约机制。

其次，将审判监督权能重新界定为公诉权能也不会降低制约审判权的效果。

---

① 参见刘计划：《检察机关审判监督职能解构》，载《中国法学》，2012（5）。

如前所述，检察机关的审判监督权能在本质上只是一种程序性监督，并不能直接改变法官的审判行为或者裁判结果。这种审判监督权能的运作机制与公诉权能并无本质区别，将其界定为公诉权能只不过是回归其本来的面目，并不降低其效果。实际上，使审判监督权能回归公诉权能，可能更有助于发挥其对法院的裁判制约作用。例如，检察机关以法律监督者的名义实施审判监督可能遭致法院的反感和抵抗，而以诉讼参与主体的名义提出异议、制约裁判权的运作则可能更为法院所接受。这在一定意义上可以更好地发挥对裁判的制约。而且，对于检察机关自身而言，以审判监督者自居会导致检察官心理压力增加，难以理性面对法官的裁判行为和裁判结果，反之，如果卸下“监督者”的光环，检察机关就能卸下包袱，更多地从案件事实认定和法律适用的角度提出专业化的意见和建议①，这更有助于发挥对审判权的制约作用。此外，现在的审判监督权能，特别是审判活动监督权能只是一种事后监督，不能及时、有效制止不当的审判活动，无法给控辩双方带来及时、有效的救济。相反，如果按照公诉权能进行程序的设计，允许控方及时提出异议，则可以有效解决该问题。可见，将审判监督权能重新定位为公诉权能，不仅不会降低、反而会提高公诉权制约裁判权的效果。

最后，实际上，从域外国家的经验来看，检察机关不以审判监督的名义参与诉讼、履行公诉职能，也并没有因此而影响裁判的公正性。在英美法系国家，公诉人代表公共利益追究犯罪，是诉讼的一方当事人，行使的是行政权中的追诉权，法官（包括陪审团）是诉讼中的裁判者，是国家司法权的行使者。在刑事诉讼中，法官是绝对的权威，公诉人当然无权对法官的审判活动实施法律监督，并且基于“禁止双重危险”理论，禁止检察官对法院的裁判提出不服的上诉、抗诉。在大陆法系国家，检察官一般被称为“站着的法官”。这是职权主义诉讼中对检察官特殊身份的表述。在德国、法国，检察机关虽然有权对法院的未生效和生效裁判实施上诉以及非常上诉、抗告（相当于我国刑事诉讼中的抗诉），但这仅仅是诉讼一方享有的程序上的诉讼权利，而且被告人同样享有这样的权利，因

① 参见刘计划：《检察机关审判监督职能解构》，载《中国法学》，2012（5）。

此，公诉人的这种权利并不被视为特殊的法律监督，即并不像我国目前把抗诉视为一种单向监督的检察监督那样。如在法国，检察机关以原告的资格，可以经各种上诉途径，对法院已经作出的裁判决定提出攻击，即提起上诉，但这也是其他当事人的诉讼权利，二者并无本质的不同。在日本，检察官（公诉人）在刑事诉讼中是代表国家的当事人，没有检察机关享有审判监督权的规定。无论是英美法系国家还是大陆法系国家，都没有关于检察机关审判监督权能的规定，但在这些国家也并没有因为检察机关不享有审判监督权能而导致审判权能受制性不足、裁判不公的现象。

3. 将审判监督权能重新定位为公诉权能有助于解决监督者由谁监督的理论怪圈

学界质疑检察机关享有监督权的一个重要理由是，从法律监督的全面性出发，赋予庭审检察官以法律监督的职能是不恰当的。原因就在于，如果我们将处于刑事诉讼程序中的检察官视为法律监督权的具体行使主体时，就会出现一个难以解决的问题：谁来监督监督者？如果由作为程序参与一方的检察官来行使法律监督权，那将导致检察官处在了一个不被监督的“超然”地位，其必将凌驾于司法权之上。就法律监督的本意而言，刑事诉讼程序中的所有行为都应当被纳入被监督的范畴，如果自己监督自己难以实现，那么，其中检察官的自我监督也将导致法律监督的片面性，从而使法律监督丧失其本应具有的功能。从实践来看，建构于法律监督理论之下的审判监督制度也并没有取得理想的效果，作为法律监督者的检察官也存在执法犯法、违法办案、以权谋私、以案谋钱等问题。而淡化检察机关的审判监督权能，强化检察机关的公诉制约功能，不仅可以更好地发挥检察机关制约裁判的作用，也有助于解决检察机关所面临的自我监督难题。

此外，将审判监督权能重新定位为公诉权能也能够解决检察机关既当运动员又当裁判员的问题。通常认为，公诉权能和审判监督权能两者之间存在冲突，前者的目的是追诉犯罪，后者的目的是监督法官的裁判行为和结果是否正当合法，本质上是分享了法官的审判权，由检察官履行这两种权能实际上就是要检察官既当运动员，又当裁判员。这会导致检察官的角色混乱，违背心理学的基本规律。

而淡化检察机关的审判监督权能，可以剔除这种内在的角色冲突，使检察机关更加专心致力于履行公诉权能。

（四）我国审判监督权能的改革思路

基于上述讨论，笔者认为，我国未来审判监督权能的整体方向应当是，将审判监督权能重新界定为公诉职能，淡化审判监督的色彩，并按照公诉权能的方式、特点重构这些审判监督权能。具体而言：

1. 将审判活动监督权能改造成为程序性异议权

前已述及，对于审判活动的监督经历过一番曲折的历程，最终通过司法解释的细化，将审判活动监督权设计为事后监督而非当庭监督。这种立法设计的目的在于淡化检察机关的审判活动监督对法官依法、独立裁判所带来的不当影响，降低对检察机关庭审活动监督权的质疑。但是，这种为了确保检察机关“法律监督”地位而进行的立法设计却产生了一些弊端。众所周知，审判行为具有即时性，对于违反法律规定的诉讼程序的审判行为，应当提供及时有效的救济，否则，当整个审判活动结束之后才提供救济，不仅会导致权利救济的不及时，也会因为诉讼行为的无效等问题而导致诉讼资源的浪费、诉讼效率降低。实际上，实现检察机关审判活动监督权能向公诉权能的转变，按照公诉权的运作规律设计检察机关制约审判权可以有效地解决上述问题。基于此，笔者认为，应当淡化直至取消检察机关的审判活动监督权能，并在此基础上赋予检察机关程序性异议权，对于法庭的违反法律规定的诉讼程序的行为，检察官可以当庭提出异议，由法庭裁决检察官的异议是否成立并给予救济。对于法庭的裁决，检察官不服的，还应允许通过抗诉等途径予以救济。当然，基于控辩平等的考虑，也应当赋予被追诉方进行程序性异议的权利。

2. 对再审抗诉权进行诉讼权能化改造

从世界范围来看，除了俄罗斯的检察机关还有再审抗诉权外，大多数国家检察机关的再审申请与其他的再审请求权人一样，并非必然导致审判，有的国家甚至连申请权也不赋予检察机关。例如在法国，按照其《刑事诉讼法》第 623 条的规定，只有司法部长，被判刑人或者在其无能力的情况下被判刑人的法定代理人，以及在被判刑人死亡后或经宣告失踪时，被判刑人的配偶、子女、直系血亲、遗赠包括部分遗赠的受赠人，或者受到被判刑人明文委托的人，才可以提出再审申请。对我国检察机关再审抗诉权的改革，笔者认为应当按照公诉权能的本质进行重构，明确检察机关的再审申请权与其他诉讼主体的再审请求权一样，都仅是一种诉权，两者平等，并不超越于审判机关的审判权。在制度设计上，一方面应取消刑事诉讼法中检察机关再审抗诉必然引起再审程序的规定，另一方面则应废除在区分检察机关再审抗诉和申诉的基础上设置不同再审事由的做法，统一设置再审的事由。

3. 依照公诉权能的定位构建死刑复核程序中检察官的参与

2012 年刑事诉讼法修改的一项重要内容就是明确了检察机关在死刑复核程序中的参与。根据《刑事诉讼法》第 240 条第 2 款的规定，在复核死刑案件过程中，最高人民检察院可以向最高人民法院提出意见。最高人民法院应当将死刑复核结果通报最高人民检察院。从该款的简略规定来看，检察机关在死刑复核程序中参与权能的性质比较模糊。一方面，从最高人民检察院可以向最高人民法院“提出意见”这一用语来看，检察机关在此行使的显然并不是检察监督职能，而是诉讼职能。综观整个刑事诉讼法的规定，在表述人民检察院履行监督职能时往往表述为“提出纠正意见”。从这个角度来看，刑事诉讼法似乎是在强调检察机关在死刑复核程序中的参与权是公诉权能，而非检察监督权能。但从另一方面来看，刑事诉讼法又规定最高人民法院应当将死刑复核结果“通报”最高人民检察院，这里使用的“通报”一词显然又将最高人民检察院在死刑复核程序中的地位排除在一方主体之外。与刑事诉讼法立法上的模糊定位不同，《人民检察院刑事诉讼规则（试行）》则明确将检察机关在死刑复核程序中的职能定位为检察监督职能，并按照检察监督的原理进行了详细的制度设计。而且，最高检察机关还为此专门成立了死刑复核检察厅。[①] 但是，这种将检察机关在死刑复核程序中的职能界定为检察监督职能的做法不仅限缩了检察机关在死刑复核程序中介入的程度

① 参见赵阳：《死刑复核法律监督范围方式将尽快确定》，载《法制日报》，2013－03－25。

和范围，也面临着所有监督职能所共同面对的难题。对此，笔者认为，随着死刑复核程序的诉讼化发展，按照公诉权能建构检察机关在死刑复核程序中的参与权应是未来的发展方向。具体而言，检察机关在死刑复核程序中至少应当享有以下几种诉讼权能：（1）意见表达权，包括以口头形式或者书面形式向最高人民法院死刑复核庭表达意见的权利；（2）程序异议权，即对于最高人民法院在死刑复核程序中有违法律规定的审判行为提出异议的权利；（3）对最高人民法院的死刑复核裁定提出复议的权利，即对于最高人民法院的死刑复核裁定，包括核准死刑的裁定或者不核准死刑的裁定，最高人民检察院可以要求复议。

4. 依照公诉权能的定位构建检察机关在特别程序中的参与

此处的检察机关在特别程序中的参与，主要是指其在未经判决的财产罚没程序和强制医疗程序中的参与问题。对于未经判决的财产罚没程序中检察机关的监督问题，我国刑事诉讼法并没有明确规定，而是由《人民检察院刑事诉讼规则（试行）》第 536 条作了规定。根据该条的规定，人民检察院在未经判决的财产罚没程序中履行监督职能的方式和在普通程序中的方式是相同的。因此，上文所述的审判活动监督权和再审抗诉权的改革思路也适用于此。

对于强制医疗程序中的检察监督，《刑事诉讼法》第 289 条仅概括规定，人民检察院对强制医疗的决定和执行实行监督。《人民检察院刑事诉讼规则（试行）》第 550 条则明确了人民检察院对强制医疗审判的监督方式，即对强制医疗审理活动的监督和对强制医疗决定的监督。对于前者，该条第 1 款规定，人民检察院发现人民法院或者审判人员审理强制医疗案件违反法律规定的诉讼程序，应当向人民法院提出纠正意见。可见，检察机关在强制医疗审理活动中的监督权能与在普通程序审理活动中的监督权能是一致的，其改革思路也是相同的，即将其改造成为程序性的异议权能。对于后者，该条第 2 款规定，人民检察院认为人民法院作出的强制医疗决定或者驳回强制医疗申请的决定不当，应当在收到决定书副本后 20 日以内向人民法院提出书面纠正意见。与普通诉讼程序中检察机关对裁判的监督方式不同，检察机关对强制医疗决定的监督方式为提出纠正意见，而非抗诉。这种监督方式更加加剧了检察机关的审判监督权能凌驾于裁判权能的弊端。实际上，在强制医疗程序中，检察机关履行的也是控诉职能，承担的是控诉者的角色，其职责权限也不能超越控诉者的定位。因此，应将检察机关对强制医疗决定的监督权能改造成为对强制医疗决定的诉讼制约权能，按照控诉职能的要求赋予检察机关制约审判权的权力。当然，应当指出的是，受制于我国刑事诉讼立法的限制，强制医疗是以“决定”而非“裁定”的方式作出的，这就决定了在现有法制条件下检察机关对于强制医疗的决定，只能提起复议，而不能提起抗诉。

四、执行监督权能

执行监督，顾名思义，是指人民检察院对案件裁判的执行、强制措施的执行、强制医疗决定的执行等刑事执行活动是否合法所实行的监督。从整体上来看，根据我国刑事诉讼法和相关司法解释的规定，执行监督权能包括三个方面的内容，即对裁判执行活动的监督；对强制措施执行的监督；对强制医疗决定执行的监督。

执行监督权能是人民检察院作为国家的法律监督机关职能的体现，也是我国检察监督的重要组成部分。关于执行监督权能，传统上并未受到足够重视。近年来，刑事执行活动中陆续暴露出一些问题，凸显了刑事执行活动领域中对刑事执行权力监督和制约的不足，执行监督问题日益受到重视。而且，2012年刑事诉讼法修改后，执行监督权能也获得了一些发展。司法实践中，执行监督的实施情况并不理想。在此背景下，如何从理论上认识和定位执行监督权能也是亟待我们深思的一个重要话题。

（一）执行监督权能的新发展

以2012年刑事诉讼法修改为契机，执行监督权能在立法和实践中都获得了一定的发展。在立法层面，立法对执行监督权能在权能内容、监督方式等诸多方面进行了调整。首先，执行监督权能的内容更加丰富。从权能内容上来看，刑事诉讼法和相关的司法解释将死刑的临场监督，财产刑的监督，社区矫正监督，强制医疗执行的监督，减刑、假释的同步监督，指定居所监视居住的监督、羁押必要性审查①等都纳入执行监督权能的范围，执行监督权能的内容更加丰富。

其次，从执行监督权能发挥作用的物理场所来看，传统上执行监督权能主要是在监狱、看守所等监管场所发挥作用，而修法后的执行监督权能已经扩展到监狱、看守所等监管场所之外，例如对于财产刑的监督，对社区矫正执行的监督，死刑的临场监督，指定居所监视居住的执行监督，等等。

再次，从执行监督权能监督的对象来看，我国的执行监督权能已经由单一的刑罚执行监督权能发展为多元化监督权能，将强制措施执行监督、强制医疗执行监督等都纳入了执行监督的范围。

最后，从执行监督权能的运作方式来看，我国的执行监督权能在一定程度上由事后监督发展为了同步监督。这集中体现在对暂予监外执行以及减刑、假释的监督方面。就对暂予监外执行的监督而言，以往只有在有关机关作出决定之后，才将暂予监外执行的决定抄送检察机关，这是一种事后的监督方式。2012 年刑诉法修改后加强了监督的力度，要求监狱、看守所提出暂予监外执行的意见的，应当同时抄送人民检察院。人民检察院可以向批准或者决定机关提出书面意见。这就将人民检察院的监督由事后监督扩展到了事中监督、同步监督。与检察机关对暂予监外执行的监督相同，2012 年刑诉法要求检察机关对减刑、假释进行事中监督、同步监督，执行机关提起减刑、假释的，应当将建议书副本抄送人民检察院，人民检察院可以向人民法院提出书面意见。

在实践层面，执行监督权能也有一些新的发展变化。在执行监督权能的内容方面，传统上劳动教养也是执行监督权能的重要内容，但是随着 2013 年 12 月 28 日全国人大常委会通过了废止劳教制度的决定，劳动教养制度正式废止，与之相应，对劳动教养的监督不再是执行监督权能的一项内容。对劳动教养监督功能的

① 需要说明的是，对于羁押必要性审查，按照《人民检察院刑事诉讼规则（试行）》的规定，实行的是“三家分治”，即侦查阶段的羁押必要性审查由侦查监督部门负责；审判阶段的羁押必要性审查由公诉部门负责。监所检察部门在监所检查工作中发现不需要继续羁押的，可以提出释放犯罪嫌疑人、被告人或者变更强制措施的建议。而最高人民检察院颁布《人民检察院办理羁押必要性审查案件规定（试行）》则改变了这一做法，将羁押必要性审查权能完全交由刑事执行检察部门负责。

不复存在，意味着执行监督权能的内容更加纯化，执行监督权能的内容集中在对刑事执行活动的监督上面。而且，立法和实践中执行监督权能内容的变化也引起了执行监督权能的主体方面的相应调整，即执行监督权能的主体由监所检察部门转变为刑事执行检察部门。传统上，执行监督权能由监所检察部门承担，这也是为什么执行监督、执行检察又被称为监所监督、监所检察的重要原因。但是，随着执行监督权能的发展，监所检察部门的称谓已经不恰当，不能科学、全面反映刑事执行权能的性质和内容①，因此，2014 年年末，经中央机构编制委员会办公室批复同意，最高人民检察院沿用三十余年的“监所检察厅”正式更名为“刑事执行检察厅”②，这也就意味着执行监督权能的主体变更为“刑事执行检察厅”。另外，需要指出的是，为了克服派驻检察中存在的各种问题，实践中还探索了巡回检察、巡视检察等各种新的检察工作方式。刑事执行中的巡回检察，通常是指对常年关押或者收治人数较少的监管场所、指定居所监视居住场所和社区矫正活动，没有必要或者无法派驻检察人员，而由检察人员不定期对上述执行或监管活动进行监督的一种执行监督方式。而所谓巡视检察，是指地（市）级以上检察院监所检察部门对辖区内由下级检察院监督的监狱、看守所的刑罚执行和监管活动是否合法进行检查，同时对派出、派驻该监管场所的检察机构履行法律监督职责情况进行检查。这是由最高人民检察院监所检察厅（现为刑事执行检察厅）在 2012 年发布的《关于上级人民检察院监所检察部门开展巡视检察工作的意见》中首次提出的一种检察工作方式。③

（二）执行监督权能的实施状况

在我国，刑事执行具有单方性、封闭性等特征，对刑事执行的监督制约并不充分。因此，由检察机关作为国家的法律监督机关对刑事执行活动进行监督对于弥补刑事执行权力监督的不足具有积极意义。司法实践也表明，刑事执行检察监

---

① 关于刑事执行检察厅称谓变更的原因，参见袁其国：《设立刑事检察机构的思考与探讨》，载《人民检察》，2014（13）。

② 徐盈雁：《刑事执行检察的“前世今生”》，载《检察日报》，2015－01－30。

③ 参见袁其国：《以监所检察工作为视角看巡视检察》，载《检察日报》，2013－02－25。

督对于监督、纠正违法执行行为发挥了重要作用。例如，2012 年全国检察机关对刑罚执行和监管活动中的违法情况提出纠正意见 110 656 件次，纠正减刑、假释、暂予监外执行不当 52 068 人，纠正超期羁押 1 894 人次。[①] 2013 年全国检察机关监督纠正刑罚执行和监管活动中的违法情形 42 873 件次，监督纠正超期羁押 432 人次，监督纠正减刑、假释、暂予监外执行不当 16 708 人。[②] 2014 年全国检察机关监督纠正“减假暂”不当 23 827 人。[③] 2015 年全国检察机关对提请“减假暂”不符合法定条件或程序的，监督纠正 20 062 人，对裁定或决定不当的，监督纠正 2 727 人。纠正社区服刑人员脱管 7 164 人、漏管 3 614 人；对严重违反监管规定或监外执行条件消失的，督促收监执行 1 063 人。纠正特赦案件报请不当 331 件、裁定不当 23 件。[④]

尽管从整体来看，刑事执行监督发挥了重要作用，但从微观来看，刑事执行监督权能在实践中的作用有其局限性。其一，检察机关进行刑事执行检察监督的案件数量虽然数据值较高，但这并不意味着检察机关已经发现或救济了全部的违法执行行为，而且这些未知的违法执行行为所占的比重也是不可知的。其二，从整体来看，检察机关进行刑事执行检察监督的工作成效较为显著，但是考虑到我国有 3 000 余市级以下检察机关的现状，平均到每个检察机关，刑事执行检察监督的工作量就显得并不是那么突出了。其三，从统计数据来看，检察机关执行监督的工作波动比较大，比如 2012 年全国检察机关对刑罚执行和监管活动中的违法情况提出纠正意见 110 656 件次，而到了 2013 年，全国检察机关监督纠正刑罚执行和监管活动中的违法情形 42 873 件次，还不到 2012 年的一半。这说明检察机关履行执行监督职能并不稳定，可能影响检察机关执行监督职能的发挥。实际上，就实践来看，任何一个权利救济失败的实践都构成了对刑事执行监督权能效果的质疑。例如，在 2012 年刑事诉讼法修订实施之后，律师在某看守所会见当

① 参见《最高人民检察院工作报告（2013）》。
② 参见《最高人民检察院工作报告（2014）》。
③ 参见《最高人民检察院工作报告（2015）》。
④ 参见《最高人民检察院工作报告（2016）》。

事人时遇阻，向驻所检察官反映，驻所检察官认为不让会见肯定是有原因的，鉴于其不了解案情，建议律师与办案人员联系。几经交涉之后，驻所检察官向律师要了办案人员的电话，其后驻所检察官告知律师，办案人员确实给看守所出具了不能会见等手续，至于理由成立不成立，驻所检察官因不了解案情无法给律师答复。①

由上可见，执行监督权能存在局限性，并非完全可以实现对违法行为的监督。客观而言，实践中执行监督面临着诸多方面的问题，既有实践中的问题，也有制度设计的问题，导致检察机关执行监督职能作用具有局限性。总结来看，这些制度和实践中面临的问题主要包括：

1. 执行监督不全面

刑事执行监督并没有覆盖到全部刑事执行活动。这主要体现在财产刑执行监督、资格刑执行监督等方面。② 对于财产刑的监督，我国刑事诉讼法并没有特别规定，仅在第 265 条统一规定，人民检察院对执行机关执行刑罚的活动是否合法实行监督。而作为检察机关进行刑事诉讼活动准则的《人民检察院刑事诉讼规则（试行）》虽然在第 658 条明确了人民检察院依法对人民法院执行罚金刑、没收财产刑以及执行生效判决、裁定中没收违法所得及其他涉案财产的活动实行监督，但对于如何实现对财产刑的监督并没有明确，甚至在法律和司法解释层面都没有明确财产刑执行监督的内部主体。同财产刑的监督一样，我国《刑事诉讼法》第 259 条仅规定了对资格刑的执行主体为公安机关，没有明确对资格刑的监督，而《人民检察院刑事诉讼规则（试行）》第 657 也仅是笼统规定了对资格刑的监督，缺乏对监督主体、监督机制等的构建。上述立法上的空白使人民检察院进行执行监督依据的只是司法解释或内部规定，而其效力范围仅局限于检察机关内部，对其他机关部门并没有拘束力，这使检察机关的执行监督“名不正，言不顺”，也降低了检察机关执行监督的规格和地位。除了我国刑事诉讼法立法的缺位之外，

① 参见《新刑事诉讼法实施状况调研报告》（2013 年第一季度），见 http：//www.sqxb.com/WorksNewsInfo.php? SysID=66，访问日期：2016—08—26。

② 参见单民：《刑罚执行监督中的问题和对策》，载《政治与法律》，2012（11）。

司法解释规定的粗疏以及传统上人民检察院对财产刑执行监督、资格刑执行监督等监管场所外的刑罚执行问题也并不重视，更加使财产刑执行监督、资格刑执行监督长期游离于人民检察院的执行监督范围之外。就全国范围来看，财产刑执行监督基本处于空白状态①，对资格刑执行的监督也基本如此。

2. 执行监督机制不畅通

执行监督机制不畅通体现在诸多方面：其一，法律规定粗疏或者不合理，执行监督的主体、程序等规定不明确或者不合理，影响了执行监督的效果。举例言之，《人民检察院刑事诉讼规则（试行）》第660条规定人民检察院可以对人民法院、公安机关、看守所等的交付执行活动进行监督，但对于如何进行交付执行监督并没有更为细致、可操作的规定。其二，检察机关进行执行监督的信息渠道不通畅。检察机关进行执行监督的前提是知晓违法执行行为或者监管活动的存在。但是，检察机关与被监督机关属于不同的机关部门，两者之间的信息联通机制并不顺畅，检察机关无法同步获取执行机关的执行行为或监管活动信息。这导致检察机关进行的执行监督主要是一种被动性的监督，而不是主动性的监督；而且，执行监督也不全面。客观而言，信息渠道等不通畅是制约执行监督效果的一个重要因素，也是当前检察机关几乎所有执行监督工作所共同面临的一个难题。例如，在财产刑执行监督方面，监所检察部门无法掌握完整的罪犯财产刑判决的内容，无法获取法院执行部门的财产刑执行活动信息是导致财产刑执行监督效果不彰的重要原因。② 又如，在强制医疗决定执行监督工作中，无论是安康医院还是代执行的普通精神病医院都没有和检察机关形成信息互通机制，甚至检察机关之间以及检察机关内部也没有形成信息互通机制，正是因为不知道存在强制医疗执行案件的信息，有的检察机关在2012年刑事诉讼法施行后很长一段时间内都没有开展过强制医疗执行监督活动。③ 其三，检察机关进行执行监督的手段有效性不足。根据我国刑事诉讼法的规定，检察机关进行执行监督的主要手段为检察建

①② 参见尚爱国：《财产刑执行检察监督制度研究》，载《人民检察》，2013（18）。

③ 参见南通市人民检察院课题组：《强制医疗执行监督工作的调查与思考——以n市检察机关强制医疗室息感监督工作为样本》，载《中国检察官》，2015（11）。

议与纠正违法通知书。但是无论是检察建议还是纠正违法通知书都只是程序性的监督，并不具有强制执行的效力，不能直接改变执行行为，至于执行监督能否被采纳，完全取决于执行机关的意愿。而且，检察机关对于法院的刑罚变更执行裁定没有抗诉权，仅享有提出纠正意见的权力，这也影响了检察机关对刑罚执行变更的监督效果。[①]

3. 执行监督积极性不足

执行监督的效果在很大程度上取决于执行监督人员的主观能动性。但是在我国，执行监督人员进行执行监督工作的积极性并不高。首先，执行监督人员对执行监督工作重要性的认识不足。传统上，执行监督职能长期处于被边缘化状态，并不是检察监督职能的核心内容，而且检察机关内部对这项工作的重要性也认识不足。不仅如此，执行监督人员对该职能的重视程度也不高。特别是执行监督配置的人员往往并不是检察系统内部的骨干力量，往往是“老弱病残”等退居二线的检察人员，这也直接决定了其进行执行监督的积极性不足。其次，执行监督人员往往不愿监督、不敢监督刑罚执行活动。监督往往意味着对执行机关执行行为的否定性评价，这对执行机关而言不利，可能会影响其整体绩效。因此，执行监督人员往往出于“照顾”执行机关的考虑而不愿进行监督。而且，执行机关往往对检察机关有一定的制约能力，特别是执行机关可以不执行检察机关的检察建议或者纠正违法通知书，为了维护与执行机关之间的关系或维护检察机关的形象，执行监督人员通常也并不积极进行执行监督。最后，派驻检察工作中存在同质化问题。派驻检察室是对监所执行和监管活动进行监督的重要形式。目前我国已经对94.4%的监管场所实行派驻检察。[②] 但是派驻检察存在的一个重要问题就是派驻检察人员的同质化问题。由于派驻检察一般被设置在监管场所内部，派驻检察人员与监所管理人员朝夕相处，特别是派驻检察的办公经费、场地、设施、生活居所等一般也依靠监管场所解决，导致派驻检察人员对自己的角色定位不清，混

① 参见单民：《刑罚执行监督中的问题和对策》，载《政治与法律》，2012（11）。

② 参见周伟：《刑事执行检察：监所检察理论与实践的发展》，载《国家检察官学院学报》，2013（4）。

淆了监督职责和监所管理人员管理职责的区别，丧失了监督的主动性、独立性，以致出现了派驻而不驻、驻而不察、察而不深等监督不力问题。①

4. 执行监督资源有限

执行监督资源有限也是影响执行监督效果的重要因素。据统计，截止到2013年，全国共设置有3 118个监所检察部门，实有监所检察工作人员13 173人。② 这意味着平均每个监所检察部门仅有4.2人。检察人力资源的短缺可见一斑。例如，某地监所检察部门实有工作人员47人，却承担着7个看守所、3个监狱的派驻检察工作以及9个区县的社区矫正检察工作。除此之外，还要承担羁押必要性审查、指定居所监视居住执行监督、财产刑执行监督、强制医疗决定执行监督等监督工作。③ 在全国的执行检察人员中，71.9%为派出派驻监所的检察人员④，这意味着从事其他监督工作的检察人员才1人左右。而除了监所监督以外，检察机关还承担着指定居所监视居住执行监督、财产刑执行监督、强制医疗决定执行监督、交付执行监督等工作，这些检察人员能否完成法定的执行监督职责可想而知。即便是派驻检察工作而言，工作任务量大，人力资源的不足问题也非常突出。就全国来看，截至2013年，监所检察部门需要对2 686个看守所、666个监狱进行监督，平均每个派驻检察室仅有2.5人，这些检察人员除了承担派驻检察任务外，还要对散布在乡镇、街道、社区的近60万监外执行罪犯进行监督，此外，监所检察部门还要对犯罪嫌疑人、被告人的羁押是否合法进行监督，对服刑人员的减刑、假释、保外就医情况进行同步监督等。⑤ 由此可见，执行监督任务工作之重与执行监督人力不足之间的矛盾十分突出。除了执行监督人员的规模较小之外，执行监督人员往往属于因“老弱病残”等原因而退居检察工作二线的

① 参见李国安、祁云顺、陈炜：《困境与出路：刑事执行检察工作现状与重构》，载《北京政法职业学院学报》，2015（4）。

② 参见周伟：《刑事执行检察：监所检察理论与实践的发展》，载《国家检察官学院学报》，2013（4）。

③ 参见南通市人民检察院课题组：《强制医疗执行监督工作的调查与思考——以n市检察机关强制医疗室息感监督工作为样本》，载《中国检察官》，2015（11）。

④⑤ 参见周伟：《刑事执行检察：监所检察理论与实践的发展》，载《国家检察官学院学报》，2013（4）。

检察人员，在工作能力、工作积极性方面都存在一些问题，更加加剧了执行监督人力资源的不足问题。

（三）检察机关在刑事执行监督中的角色反思

针对我国执行监督中的各种问题，理论上多是主张在现有执行监督模式下，强化信息化建设、加强执行监督部门获取信息的能力等，实务也大多是沿着这种思路进行改革的，例如检察系统加强“两网一线”建设，即加强检察机关派驻监管场所检察室与看守所监控联网、信息系统联网、派驻检察室与检察系统专网相连的支线网络的建设。这种资源投入型的应对模式尽管可能有一定效果，但能否从根本上解决执行监督中的各种问题值得反思。①

我国的执行监督模式是建立在具有中国特色的执行权配置体系基础之上的。在我们国家，刑罚的执行权分别归属于法院、公安机关、监狱、看守所、未成年犯管教所、社区矫正机构等。其中，法院负责死刑（立即执行）、罚金、没收财产刑的执行；公安机关负责管制、拘役、剥夺政治权利、驱逐出境等刑罚的执行；监狱负责执行死刑缓期二年执行、无期徒刑、有期徒刑；看守所代为执行剩余刑期 3 个月的刑罚；社区矫正机构负责执行社区矫正。在这种执行权配置体制下，作为履行公诉职能的检察机关在刑罚执行环节既不享有交付执行刑罚的权力，也不享有请求刑罚变更的权力。其中，刑罚交付执行权由法院行使，而刑罚变更请求权则由执行机关行使。由此可见，检察机关除了所享有的执行监督权之外，对整个刑罚执行过程并没有实质性的参与权。这也就决定了检察机关所进行的执行只能是一种外部监督，而不是建立在职能上的指挥监督关系基础之上的内部监督。

在外部执行监督模式下，检察机关只能扮演一个外部监督者的角色。由于没有职能上的指挥监督关系，检察机关很难实现对执行机关的控制。一方面，检察

① 需要说明的是，刑事强制措施执行的监督所反映的是侦检关系，上文所讨论的检察指挥监督侦查的侦检一体化改革也适用于强制措施执行监督的改革，而羁押必要性审查职能从本质上来讲，属于检察机关所履行的司法救济职能，应当依照司法规律对羁押必要性审查进行司法化改造，因此，下文所讨论的检察机关在刑事执行中的角色反思主要是指在刑罚执行包括强制医疗决定执行中的检察机关的角色定位问题。

机关并不能掌控所有执行活动、刑罚变更活动的开启，无法获取执行活动或者刑罚变更活动的信息，监督的事后性、不及时性以及监督的不全面性也就不可避免。另一方面，检察监督职能和刑罚执行职能属于两种相互独立的职能，检察机关与执行机关在职能上不具有指挥与被指挥的关系，这就决定了检察机关即便进行执行监督，也很难命令执行机关必须服从检察机关的监督，执行监督的效果也将大打折扣。此外，因为检察机关在刑罚执行环节中不是一种实质性参与，不享有关于刑罚执行或变更的核心权力，其所享有的监督职能虽然具有非常高的法律地位，但在刑罚执行过程中却并不是一项关键性的权力，属于边缘性权力。作为刑罚执行过程中的一项边缘性角色，检察机关出于维护自身形象、维护与执行机关关系等各方面的考虑，其介入执行过程的程度是极为有限的，发挥的作用也极为有限。

应该讲，正是检察机关角色定位的偏失从根本上影响了执行监督的效果。在外部执行监督模式下，尽管可以通过“两网一线”信息化建设等投入，强化检察机关收集信息的能力，但这种改革思路也面临着一些难题。一方面，这种改革方式的成本投入非常大。网络建设维护的成本较高，特别是需要引入一些现代化的科技设备，其投入更是不菲。另一方面，即便投入了这么大的成本，能否取得较好的监督效果也是一个未知数。现代化设备的引入的确可以确保实时监督、全程监督，但就我国司法实践来看，这种检察信息化建设在很大程度上只是一种“形象工程”，并没有取得太好的效果。导致这种状况的原因实际上还是归结为检察机关在执行过程中的角色定位。正是因为检察机关在执行过程中不分享实质性的刑罚执行权，其与执行机关之间不具有职能上的指挥监督关系，其监督意见无法得到执行机关的尊重和采纳。而对于执行监督人员而言，在此种职能和角色定位之下，他们进行执行监督工作的积极性不高，责任意识不强，很多情况下是不愿监督，“睁一只眼，闭一只眼”“做老好人”。当然，无论是学界还是实务界都认识到执行监督手段的有效性不足，因此，建议赋予检察机关的执行监督意见以法律强制力。但是，在现行外部执行监督模式下，赋予检察机关的执行监督意见以法律强制力与检察监督只能是一种外部的程序性监督的定位是相冲突的。这种主张背后的逻辑实际上还是要转变检察机关在刑事执行中的角色。由上可见，要想改变我国执行监督中面临的各种问题，根本是要改变检察机关在刑事执行中的角色定位。

从理论上来讲，检察机关应当具有控制刑罚执行的权力。[①] 这是由刑事公诉活动和刑事执行活动之间的关联所决定的。检察机关在刑事诉讼活动中履行的是控诉职能，其目的是实现国家的刑罚权，而这种控诉目的则是依赖刑罚的执行而实现的。如果检察机关不能掌控刑罚执行权，势必会人为造成控诉职能和刑罚执行职能之间的割断，不利于控诉职能的最终实现。而且，刑事执行活动在一定意义上而言是刑事追诉活动的延伸。刑事执行活动正是检察机关进行刑事追诉活动所追求的结果。在此意义上，刑事执行权构成了刑事公诉权的向后延伸。

从大陆法系国家的经验来看，也大都是赋予检察机关指挥刑事执行活动的权力。在德国，其《刑事诉讼法》第451条（执行机关）规定："刑罚的执行，由作为执行机关的检察院依据书记处书记员发放的、附有可执行性证书和经过核实的判决主文副本付诸实施。……"按照德国法律的安排，刑罚的执行官署为检察机关，监狱等司法行政机关为检察机关行使执行权的辅助机关。在法国，其《刑事诉讼法》第707条规定："裁判决定最终确定之后，依检察院的申请执行之"；第709条规定："共和国检察官与检察长有权直接要求公共力量协助，以保证判决执行。"在日本，其《刑事诉讼法》第472条规定："裁判的执行，由与作出该项的法院相对应的检察厅的检察官指挥。但在第70条第1款但书规定的场合、第108条第1款但书规定的场合以及其他在性质上应当由法院或者法官指挥的场合，不在此限。上诉的裁判或者因撤回上诉而执行下级法院的裁判时，由与上诉法院相对应的检察厅的检察官指挥。但诉讼记录在下级法院或者在与该法院相对应的检察厅时，由与该法院相对应的检察厅的检察官指挥。"而且，在日本，检察官还有停止刑罚执行的权力。日本《刑事诉讼法》第482条规定："对于受惩

① 参见张智辉：《刑罚执行监督断想》，载《人民检察》，2002（6）。

役、监禁或者拘留宣判的人，具有下列情形之一的，可以依据与作出刑罚宣判的法院相对应的检察厅的检察官或者受刑罚宣判人现在地的管辖地方检察厅的检察官的指挥而停止执行刑罚……”大陆法系国家的这种执行体制安排有助于检察官直接“指挥”而不仅是“监督”执行，增强了检察机关对刑事执行活动的控制力，检察机关和监狱等“执行官署”与“辅助机构”的关系定位，也厘清了刑事执行活动中检察机关和监狱等的权力关系，有助于解决检察机关“指挥不动”“调动不力”等问题。①

由上可见，我国由法院、公安机关、监狱等掌控刑事执行权的刑罚执行体制排斥作为刑事追诉机关的检察机关在刑事执行活动中的实质性参与，人为地切断了刑事公诉活动和刑事执行活动之间的关联，不符合刑事诉讼活动的规律，也不能够使检察机关有效指挥监督刑事执行活动。未来，应当转变检察机关在刑事执行中的角色定位，将检察机关定位为刑事执行活动的指挥监督者，并在此基础上推进我国刑事执行监督制度的改革。

（四）我国执行监督权能的改革

上文主要讨论了刑罚执行以及强制医疗决定执行中检察机关的角色定位问题，从长远来看，若要彻底改变这些执行监督中面临的问题，必须重新定位检察机关的角色，使其由外部监督者转变为内部的指挥监督者。具体而言：首先，应明确检察机关作为刑罚执行、强制医疗决定执行指挥监督者的法律地位。将检察机关界定为刑罚执行、强制医疗决定执行的真正主体，而将监狱、公安机关、看守所等作为检察机关行使执行权的辅助主体，接受检察机关的统一指挥监督。需要说明的是，这里的指挥监督所体现的只是一种职能上的关系，而不是组织、人事等方面的隶属、管理关系。当然，检察机关作为执行指挥监督者也有例外，即在性质上应由法官、法庭指挥监督的执行或者法律另有规定的其他情形，应由法官、法庭指挥执行。

其次，应构建交付执行制度，并赋予检察机关交付执行权。交付执行是刑事

① 参见万毅：《论检察监督模式之转型》，载《法学论坛》，2010（1）。

执行活动的起点，也是检察机关控制刑事执行活动的非常重要的环节。当前，我国刑事执行体制下，并没有正式的交付执行制度，执行往往由法院的交付而启动，并没有检察机关参与的空间。这种制度设计并不科学，不符合刑事执行活动的规律，也不利于发挥检察机关在刑事执行活动中的监督制约作用。为此，我国应当构建起交付执行制度，并将交付执行权赋予检察机关。在制度设计上可以作如下规定，刑罚应由检察机关交付执行，检察机关交付执行，应制作指挥书并附裁判文书。

最后，应将刑罚变更请求权赋予检察机关。在我国，根据刑事诉讼法的规定，暂予监外执行由法院决定或者由省级以上监狱管理机关或者设区的市一级以上公安机关批准；对于减刑、假释，则是由执行机关提出建议书，由法院裁定。可见，人民检察院在暂予监外执行决定或者批准以及减刑、假释的裁定过程中并没有实质性的参与权。尽管法律规定检察机关享有监督的权力，并且在2012年刑事诉讼法修改的过程中强调了同步监督，但如前所述，这种监督在本质上是一种外部监督，监督的效果难以保证，加之法律规定的同步监督在实践中要受到检察院和法院、监狱管理机关、公安机关之间的协调机制是否畅通等诸多因素的限制，同步监督很难落实到位。对此，我们应借鉴大陆法系国家的经验和做法，将刑罚变更请求权赋予检察机关。具体而言，对于暂予监外执行，在交付执行前由检察机关提出申请；在交付执行后，由监狱、看守所提出暂予监外执行的意见，检察机关进行审核，认为应当暂予监外执行的，应向有关机关提出暂予监外执行的申请。对于减刑、假释，由执行刑罚的监狱根据执行中出现的具体情况，提出减刑、假释的意见，由检察机关进行审查，认为符合减刑、假释条件的，应由检察机关向法院提出减刑、假释的申请。

至于刑事强制措施执行的监督问题，如前所述，其反映的是侦查权和检察权之间的关系问题。在我国，对刑事强制措施执行的监督并不全面，多限于拘留、逮捕后的羁押监督，2012年刑事诉讼法修改后增加了指定居所监视居住执行监督，但对于其他的强制措施执行的监督却并没有纳入执行监督的范围。而且，检察机关进行执行监督也面临着前述的监督机制不健全、监督效果不彰的问题。导致这些问题的根本原因在于侦查权和检察权之间的关系定位不科学，解决的办法就是进行侦检一体化改革，由检察机关指挥侦查机关进行侦查活动，包括指挥监督强制措施的执行。

对于羁押必要性审查，则应该立足于该项权能的性质进行改革。从世界范围来看，适用限制人身自由的强制措施，包括其之后的羁押审查都属于司法保留事项，通常由法院进行审查判断。这也就是说，我国的检察机关实际上承担了一部分的司法救济职能。尽管实际上由检察机关进行羁押必要性审查，但也应根据羁押必要性审查本身的司法权力属性而进行。因此，对于羁押必要性审查这项权能而言，强化其司法属性、进行司法化改造是其未来的主要发展方向。

需要指出的是，纵观我国执行监督权能的制度建设，可以发现我国的执行监督权能所反映的主要是公权机关的积极主动作为，而忽视了被刑事执行人在其中的参与，被刑事执行人在其中发挥的作用极为有限，对于违法进行刑事执行的，也缺乏有效的手段予以救济。被刑事执行人是刑事执行行为的相对人，其更清楚是否存在不当、违法的刑事执行行为，也有更强烈的进行权利救济的诉求，其理应成为监督制约刑事执行权力的核心力量。我国当前侧重于公权机关主导执行监督权能的做法既不利于对刑事执行的监督制约，更不利于公民权利的救济。执行监督的目的在于纠正违法执行行为，保障被执行人的合法权利，一个缺乏被刑事执行人参与，无法为其提供权利救济途径的刑事执行监督还能否宣称是在保障被刑事执行人的合法权利？对此，笔者认为，未来我国刑事执行监督权能的一个发展方向就是强化刑事被执行人在执行监督过程中的积极能动性，构建刑事被执行人合法权利的救济机制。在此方面，司法实践中试点探索的在押人员投诉处理机制[①]不失为一个有益的改革路径，其目的就在于为被刑事执行人提供一个畅通的

① 在押人员投诉处理机制是笔者和司法实务部门共同推进的一个改革试点。该项试点自 2010 年 8 月在芜湖市全面启动以来，取得了良好的试点效果，并逐步在其他地区得以推广。

权利救济机制。[①] 当然，该项权利救济机制应当推广至所有的刑事执行领域，而应不局限于看守所的刑事执行活动方面。而且，未来还应当发挥法院的司法裁判在救济被刑事执行人权利和利益方面的积极作用，构建对被刑事执行人权利和利益的司法救济机制。

另外，我国当前的刑事执行监督所体现的是国家公权机关部门之间的监督制约。这种监督制约模式存在一些无法解决的弊端，即公权机关之间配合有余、监督不足，即监督的同质化等问题。因此，有必要探索其他的监督制约方式以弥补公权机关监督制约不足的问题。对此，强调公民参与，让民众参与、监督刑事执行活动是破解这些难题的重要举措。在此方面，笔者曾经在实践中探索过羁押场所巡视制度，由社会公众对羁押场所进行巡视，发现问题并提出整改建议，取得了较为理想的试点效果[②]，未来有必要将该制度进行细化完善并推广至监狱等执行领域。

五、检察监督的方式

检察监督的方式，即检察监督的手段，是指检察监督权作用于被监督对象的具体方法或者手段。检察监督的方式是法律监督权得以行使、法律监督任务得以完成的具体保证[③]，其体现并在一定程度上决定了检察监督的效果。可见，检察监督的方式在检察监督权能的运作过程中具有非常重要的地位，研究检察监督的方式对于强化检察监督职能具有非常重要的意义。

（一）检察监督的具体方式

根据监督对象和监督内容的不同，检察监督的方式也有所不同。在我国，通

---

① 关于在押人员投诉处理机制的研究，参见陈卫东、孙皓：《构建中国式在押人员投诉处理机制》，载《中国检察官》，2013 (7)；李奋飞、孙皓：《在押人员投诉处理机制比较研究》，载《中国刑事法杂志》，2014 (2)。

② 关于羁押巡视制度的试点情况，参见陈卫东：《羁押场所巡视制度研究报告》，载《法学研究》，2009 (6)。

③ 参见王守安：《法律监督方式与检察院组织法的修改》，载《国家检察官学院学报》，2015 (2)。

常将检察监督分为立案监督、侦查监督、审判监督和执行监督，下文将依次探讨这些不同的监督职能中的检察监督方式。

1. 立案监督的方式

总结来看，一般而言，对于公安机关的立案监督的方式可分五个层次，而且这五个层次是依次递进关系。具体而言：(1) 第一个层次是要求公安机关说明不立案或者立案的理由。对于应立案而不立案的监督，根据《刑事诉讼法》第 111 条的规定，人民检察院认为公安机关对应当立案侦查的案件而不立案侦查的，或者被害人认为公安机关对应当立案侦查的案件而不立案侦查，向人民检察院提出的，人民检察院应当要求公安机关说明不立案的理由。对于不应立案而立案的监督，根据《人民检察院刑事诉讼规则（试行）》第 555 条第 2 款规定，有证据证明公安机关可能存在违法动用刑事手段插手民事、经济纠纷，或者利用立案实施报复陷害、敲诈勒索以及谋取其他非法利益等违法立案情形，尚未提请批准逮捕或者移送审查起诉的，经检察长批准，应当要求公安机关书面说明立案理由。第一层次的监督实际上主要是一种调查手段，目的在于调查掌握公安机关不立案或者立案的依据问题，为检察机关进行下一步监督奠定基础。(2) 第二个层次是通知公安机关立案或者撤销案件。根据《刑事诉讼法》第 111 条的规定以及《人民检察院刑事诉讼规则（试行）》第 558 条第 1 款的规定，人民检察院通过审查公安机关不立案的理由或者立案的理由后，发现公安机关不立案或者立案的理由不成立的，应当通知公安机关立案或者撤销案件。通常来讲，公安机关接到通知立案或者撤销案件的通知后应当立案或者撤销案件。如果公安机关接受了该监督便不会有第三个层次的监督。(3) 第三个层次则是发出纠正违法通知书。根据《人民检察院刑事诉讼规则（试行）》第 560 条第 2 款的规定，公安机关在收到通知立案书或者通知撤销案件书后超过 15 日不予立案或者既不提出复议、复核也不撤销案件的，人民检察院应当发出纠正违法通知书予以纠正。(4) 法律没有明确规定第四个层次立案监督的具体的监督方式，仅规定在检察院发出纠正违法通知书之后，公安机关仍不纠正的，报上一级人民检察院协商同级公安机关处理。(5) 第五个层次的监督是发出立案监督案件催办函。根据《人民检察院刑事诉讼规则（试行）》第560条第3款的规定，公安机关立案后3个月以内未侦查终结的，人民检察院可以向公安机关发出立案监督案件催办函，要求公安机关及时向人民检察院反馈侦查工作进展情况。此种立案监督针对的是公安机关接受立案监督后而不采取进一步侦查行动的情形。

另外，在立案监督过程中还存在一种特殊的情形，即由公安机关管辖的国家机关工作人员利用职权实施的重大犯罪案件的立案监督问题。对于此种类型的案件，如果检察机关通知公安机关立案之后，公安机关不立案的，检察机关经过省级以上检察院的批准，可以直接立案侦查。

在违法所得没收程序和强制医疗程序的启动中，根据《人民检察院刑事诉讼规则（试行）》第530、545条的规定，立案监督的方式比较简单，主要针对的是应当启动特别程序而不启动的情形，监督方式主要是两个层次，首先是要求公安机关书面说明不启动特别程序的理由；其次，在此基础上，如果认为公安机关不启动特别程序的理由不成立，则应通知公安机关启动程序。

当然，检察机关的立案监督所针对的不仅是公安机关，还包括检察机关内部的自侦部门。根据《人民检察院刑事诉讼规则（试行）》第563条的规定，对于检察机关内部立案活动的监督方式与对公安机关立案活动的监督方式有所区别，一般只能够建议侦查部门报请立案侦查或者撤销案件；在建议不被采纳时，则应当报请检察长决定。

2. 侦查监督的方式

关于侦查监督的具体方式，我国《人民检察院组织法》在第13条第2款仅规定，人民检察院发现公安机关的侦查活动有违法情况时，应当通知公安机关予以纠正。而《人民检察院刑事诉讼规则（试行）》第566条则作了更为详细的规定，具体包括：（1）口头提出纠正意见。这种侦查监督方式主要适用于违法侦查情节较轻的情形。通常口头提出纠正意见由检察人员就可以向侦查人员或者公安机关负责人提出，必要时，则由部门负责人提出。（2）发出纠正违法通知书。此种监督方式适用于情节较重的违法情形，而且应当报经检察长批准。（3）移送有关部门追究刑事责任。此种监督方式适用于可能构成犯罪的情形。另外，在侦查监督工作中，还存在一种特殊的监督方式，即对公安机关提请批准逮捕的案件通过审查批准逮捕的形式进行监督。

对于检察机关自侦案件的监督方式，根据《人民检察院刑事诉讼规则（试行）》第 573 条的规定，对于情节较轻的违法侦查行为，侦查监督部门或者公诉部门可以直接向本院侦查部门提出纠正意见；对于情节较重或者需要追究刑事责任的，则应当报检察长决定；上级检察院发现下级检察院存在侦查违法情形的，应当通知其纠正。

3. 审判监督的方式

如前所述，审判监督包括对审判活动的监督和对法院判决、裁定及其决定的监督，其监督的方式因监督的内容不同而不同。具体而言：（1）对法庭审判活动的监督方式。根据《刑事诉讼法》第 203 条、《人民检察院刑事诉讼规则（试行）》第 580 条的规定，人民检察院发现人民法院审理案件违反法律规定的诉讼程序，有权向人民法院提出纠正意见。关于审判活动监督的具体方式，根据《人民检察院刑事诉讼规则（试行）》第 581 条的规定，参照对侦查行为进行监督的方式进行，这也就是说，对审判活动的监督方式包括口头提出纠正意见、发出纠正违法通知书、移送有关部门追究刑事责任等方式。在刑事特别程序中，检察机关进行审判活动监督的方式与普通程序是一致的。根据《人民检察院刑事诉讼规则（试行）》536 条第 1 款、第 550 条第 1 款的规定，检察机关发现人民法院或者审判人员审理违法所得没收案件或者强制医疗案件违反法律规定的诉讼程序，应当向人民法院提出纠正意见。（2）对法院判决、裁定、决定的监督。检察机关对法院判决、裁定、决定的监督方式主要是抗诉。抗诉作为一种监督方式适用于二审、再审案件以及违法所得没收案件中。除了抗诉这种裁判监督方式之外，在强制医疗程序中还存在提出书面纠正意见这种特殊的裁判监督方式，即根据《人民检察院刑事诉讼规则（试行）》第 550 条第 2 款的规定，人民检察院认为人民法院作出的强制医疗决定或者驳回强制医疗申请的决定不当，应当在收到决定书副本后 20 日内向人民法院提出书面纠正意见。

4. 执行监督的方式

在执行监督中，监督的方式包括一般监督方式和特殊监督方式。一般监督方式主要是提出纠正意见。这也是整个执行监督过程中适用频率最高的监督方式。提出纠正意见包括提出口头纠正意见和提出书面纠正意见，其中前者针对的是轻微违法行为，而后者所针对的则是严重违法但不构成犯罪的行为。例如，根据《人民检察院刑事诉讼规则（试行）》第646条的规定，对于暂予监外执行的决定，检察机关经审查认为暂予监外执行不当的，可以向决定或者批准暂予监外执行的机关提出书面纠正意见。由于执行监督的内容较为庞杂，对于不同的执行活动也存在一些较为特殊的监督方式。例如，对于羁押必要性审查，根据《人民检察院刑事诉讼规则（试行）》第619条的规定，对于符合羁押必要性审查条件的，检察机关可以向有关机关提出释放或者变更强制措施的书面建议；第637条规定，在死刑执行时，临场监督死刑执行的检察人员在符合法定情形时应当建议法院立即停止执行死刑；第644条规定，在收到监狱、看守所抄送的暂予监外执行书面意见副本后，对于不符合法定条件或者违反法定程序的，检察机关可以向决定机关或者批准机关提出书面检察意见；第639条规定，对于罪犯在死刑缓期执行期间又故意犯罪，经检察机关起诉后，法院仍然予以减刑的，检察机关可以向法院提出抗诉；第651条规定，在减刑、假释案件中，检察机关应当派员出席法庭，发表意见。这也是一种检察机关对执行活动进行监督的方式。

总结上述检察机关在立案监督、侦查监督、审判监督、执行监督的各种方式，检察机关进行监督的一般方式主要包括：口头提出纠正意见、书面提出纠正意见、抗诉、对于构成犯罪的追究刑事责任等；检察机关进行监督的特殊方式则主要包括：要求说明立案或者不立案（启动特别程序）的理由、通知立案或者撤销案件、立案监督案件催办函、审查批准逮捕、书面建议释放或者变更强制措施、建议立即停止执行死刑、提出书面检察意见等。

此外，需要说明的是，除了人民检察院组织法、刑事诉讼法以及司法解释规定的上述监督方式之外，在司法实践中还探索出了其他的一些监督方式[①]，具体包括中央21号文件所确立的调查司法工作人员渎职行为和建议更换办案人、中共全国人大常委会党组《关于进一步发挥全国人大代表作用　加强全国人大常委会制度建设的若干意见》(〔2005〕中发9号文件）所确立的最高人民检察院报请全国人大常委会要求最高人民法院重新审判等。另外，2009年最高人民检察院颁行的《人民检察院检察建议工作规定（试行)》则规定了检察建议这种监督方式。当检察建议应用于执法、司法机关时，则是建议有关机关解决执法、司法活动中的倾向性、苗头性一类的问题，不是针对个案的一种建议。[②]

（二）检察监督方式的效力

对于我国检察监督方式的效力，可以从不同的角度进行考察：

从检察监督方式的作用内容来看，我国检察监督的方式具有启动诉讼程序、许可特定诉讼行为、建议为/不为特定行为等效力。所谓启动诉讼程序的效力，是指检察监督能够引起诉讼程序的启动。例如，检察机关的抗诉能够引起二审程序或者再审程序的启动。又如，在减刑、假释案件中，根据《刑事诉讼法》第263条的规定，检察机关认为减刑、假释的裁定不当的，应当向法院提出纠正意见，而法院在收到纠正意见后，必须重新组成合议庭审理，作出最终裁定。这意味着检察机关提出的纠正意见具有启动减刑、假释再次审理程序的效力。再如，根据《刑事诉讼法》第256条的规定，在暂予监外执行过程中，检察机关认为暂予监外执行不当而提出书面意见的，决定或者批准机关在收到书面意见后应立即对暂予监外执行决定进行重新核查。在此，检察机关的书面意见也具有启动暂予监外执行重新核查程序的效力。所谓许可特定诉讼行为的效力，是指检察监督权能运作的结果是许可或者不许可有关机关采取特定的诉讼行为。这主要是指在审查批准逮捕的场合，检察机关的批准或者不予批准是公安机关能否采取逮捕行为的重要依

① 参见张步洪：《检察院组织法修改的基本问题与主要观点评介》，载《国家检察官学院学报》，2011(6)。

② 参见朱孝清、张智辉：《检察学》，427页，北京，中国检察出版社，2010。

据。而建议为/不为特定行为的效力，则是指检察监督对立案、侦查、审判、执行活动的合法性进行监督，提出有关机关纠正违法行为的意见，以及结合办案情况，对执法、司法中存在的一些倾向、苗头提出建议，建议、督促有关机关采取或者不采取一定行为的效力。例如，对于侦查中的违法侦查行为，可以提出口头或者书面纠正意见，敦促侦查机关为或者不为一定的行为。这里需要指出的是，对于减刑、假释中的提出纠正意见以及暂予监外执行中的提出纠正意见，因为都具有启动相应的程序的效力，与这里的仅具有建议为或者不为一定行为的效力的提出纠正意见的监督方式不同。

从检察监督方式约束力的强制性程度来看，我国的检察监督方式有的具有较强的约束性效力，有的则不具有较强的约束性效力。前者属于刚性的检察监督方式，后者则属于柔性的检察监督方式。所谓刚性的检察监督方式，就是那些因检察监督方式自身的特性而对有关机关的诉讼行为具有实质性约束力的检察监督方式，这些检察监督方式必然会导致诉讼程序的开启或者流转。例如，检察机关的抗诉能够引起二审或者再审程序的启动，具有启动二审或者再审程序的效力。这种刚性效力是法律赋予特定监督方式的，有关机关负有相应的义务。上述具有启动诉讼程序、许可特定诉讼行为的监督方式属于刚性的检察监督方式。而柔性的监督方式则是不具有法律赋予的强制特定程序的开启或者准许效力，而仅能依靠自身意见的正确与否、检察机关的权威性以及办案机关的配合才能够得到执行的监督方式。例如，检察机关对于符合羁押必要性审查的案件，向有关机关提出释放或者变更强制措施的建议。这种建议并不必然导致释放或者变更强制措施，而只能由有关机关进行审查核实，认为意见正确的，才可以释放或者变更强制措施；认为意见不正确的，则不会释放或者变更强制措施，检察机关的监督意见也就无法得到落实。属于柔性监督方式的主要是那些仅具有建议为/不为特定行为效力的监督方式。

从检察监督方式是否具有实质决定意义视角来看，我国的检察监督方式主要是一种程序性监督，通常仅具有程序性意义。所谓程序性意义，是指检察监督本身并不具有实质上的处分权或者实体决定权，也不具有终局意义，只能通过启动相应的程序或者提出纠正意见、建议等方式敦促有关机关纠正错误的行为、改变错误的裁判、决定等。也就是说，监督意味着检查督促，而不是最终的处置。正是检察机关的程序性监督特征，使检察机关的监督并不具有凌驾于行政、审判职能之上的可能性，因为即便是存在执法不公、司法错误，检察机关也不能越俎代庖，由自己纠正，而只能监督办案机关予以纠正。[①]

（三）检察监督方式运行中的问题与改革

检察监督方式运行中存在一些问题，其中较为重要的就是检察监督方式的定位、设置与效力问题。例如，在审判监督中，对于检察机关的再审抗诉如何定位，其是否应当具有超越当事人申诉的效力？对于法院或者法官违法审判的行为是通过监督的方式予以纠正还是通过异议的方式予以制约？又如，对于减刑、假释的裁定，检察机关认为不当的，是应采用抗诉的方式还是通过提出纠正意见的方式进行监督？再如，检察机关进行羁押必要性审查，应采用“建议”方式还是其他方式？对于建议为或不为特定行为这一类监督方式，其效力应如何设置？因为在司法实践中，有些机关对检察建议或者纠正意见不予重视，甚至不予理睬，严重影响了检察机关进行法律监督的积极性，也影响了检察机关法律监督的权威性。

检察监督方式的定位、设置及其效力问题从根本上来讲是由具体的检察监督权能的性质及定位所决定的，而且，检察监督方式的定位、具体设置与效力也应当反映具体的检察监督权能的性质及其定位。因此，从长远来看，要解决我国检察监督方式运行中的问题，就必须结合具体的检察监督权能的性质及定位而进行。而上文所讨论的各检察监督权能的性质及其定位问题则应当成为检察监督方式进行根本性改革的基础。具体而言：首先，在立案监督和一般性侦查监督中，检察监督的方式需要随着侦查和检察的关系转变为侦检一体化，检察机关对侦查行为进行指挥监督而进行调整。在立案监督和一般性侦查监督中，检察机关进行监督的方式不再主要是建议为/不为一定

---

① 参见龙宗智：《检察制度教程》，99页，北京，中国检察出版社，2006。

行为的柔性监督方式，而是一种指挥监督方式，侦查必须服从检察的指挥。其次，对于审查批捕和羁押必要性审查，由于其本质上属于司法权能，只不过在现行体制下交由检察机关行使而已，因而，羁押必要性审查的最终结果不应当是建议有关机关释放或变更强制措施，而应是决定释放或者变更强制措施，有关机关必须予以执行。再次，在审判监督中，应将审判监督的方式调整为诉权制约的方式。对于法院或者法官的违法审判的行为，检察机关不应是提出纠正意见进行监督，而应当通过提出异议的方式进行制约；检察机关的再审抗诉也仅是一种公诉权能，不具有强制性启动再审程序的效力；对于强制医疗决定，检察机关也应当通过诉讼权能进行制约，即通过行使复议权能予以制约，而不是通过提出纠正意见的方式进行监督。最后，在执行监督中，如前所述，检察机关应当具有指挥监督刑罚执行的权力。因此，对于一般性的执行行为，检察机关发现存在违法情形的，可以直接指挥监督有关执行机关纠正，执行机关必须接受此种指挥监督。另外，在减刑、假释程序中，检察机关在其中发挥的实际上是公诉职能，对于减刑、假释裁定不当的，检察机关应当通过抗诉的方式进行监督。

当然，在当前的体制下，就目前的司法实践而言，在立案、侦查、执行过程中，公权力缺乏有效的监督制约，强调检察机关的监督职能是一个不得已的选择。那么，如何发挥好检察机关在立案、侦查、执行中的监督功能是一个需要予以考虑的问题。这其中，一个重要的问题就是如何强化检察监督方式的效力，主要是如何强化建议为/不为一定行为这一类监督方式的效力问题。对此，笔者认为，首要的是要当强化这类监督方式的落实程序，确保检察机关的监督能够落到实处。这不仅可以变相地提升这类监督方式的效力，更可以有助于解决检察监督的落实难问题。具体而言：首先，应明确被监督机关在受到检察监督后必须启动重新审议程序，即对相关的行为和决定进行重新审查。其次，应明确被监督机关有在一定期限内答复检察机关的义务。现在的制度设计中，有的检察监督明确了被监督机关需要在一定期限内将有关处理情况通知给检察机关，有的并没有明确，未来应当对所有的检察监督都明确，被监督机关有限期答复的义务。再次，应明确被监督机关或人员不接受监督的法律后果。最后，应明确在剥夺生命或者对人身自由、身体健康等造成重大损害或有此种风险的情况下，检察机关的监督具有暂停相关行为效力的效果。例如，在死刑临场监督过程中，检察机关发现有不应执行死刑的情形而建议立即停止执行死刑的，此时该建议就应当具有中止执行死刑的效力。

第三节　检察权能的新发展

检察权是不是司法权？针对这个问题，理论界与实务界曾在20世纪末展开了广泛而深入的争论，这场有关我国检察权性质的大讨论一直持续到现在。① 在这场学术争论中，我们曾立场鲜明地指出，司法权应当具有终局性、中立性、独立性与消极被动性的特点，而由于缺乏这些特点，诉讼结构中的检察权在本质属性和终极意义上应属于行政权，它所包含的权能并无司法之属性。② 但是，在2012年刑事诉讼法修改后，我们可以看到，新法赋予了检察机关新的权力，检察机关的权能也随之得到了进一步拓展。检察权能由原来的诉讼权能、诉讼监督权能发展到了现在的诉讼权能、诉讼监督权能以及司法救济权能，检察权也在客观上包含了部分司法性质的内容。

检察机关司法救济权能的确立是检察权能部分司法化的产物，它从主体、客体、运作等方面扩展了司法救济权能的范围。《刑事诉讼法》第47条规定了检察机关对辩护人、诉讼代理人针对公、检、法三机关及其工作人员阻碍依法行使诉

---

① 最近关于研究检察权性质的文章，包括练育强：《“两法”衔接视野下检察权性质的定位》，载《探索与争鸣》，2014（2）；宋英辉、林琳：《司法改革中检察权的内部运行机制思考》，载《北京联合大学学报》（人文社会科学版），2016（1）；周叶中、叶正国：《我国宪法检察制度若干关键问题辨析》，载《四川师范大学学报》（社会科学版），2015（2）。

② 参见陈卫东：《我国检察权的反思与重构——以公诉权为核心的分析》，载《法学研究》，2002（2）。

讼权利的申诉、控告之审查[①]、处理权[②]；第 115 条规定了检察机关对当事人和辩护人、诉讼代理人、利害关系人针对司法机关相应违法侦查行为的处理不服之审查、处理权。[③] 很明显，法律新赋予检察机关的“审查、处理”的权力并不能被原本的检察权能之范围所涵盖，其既非诉讼权能，也非诉讼监督权能。具体分析该权能的属性与内涵，我们将发现，其具有不同于行政与诉讼监督的独特性质与特征，包括启动的被动性、决定的实体性、相对的独立性、效力的有限性、相对的中立性等。也正是由于其具有这些特征，检察机关司法救济权能获得了司法权的性质。

由于相关法律法规的原则性规定，检察机关司法救济权能的行使还存在行权主体不明确、审查程序不规范、通知纠正措施不强制、反馈程序不清晰等一系列问题。此外，与法院的司法救济程序相比，检察机关行使救济权亦存在体制上的问题，包括中立性与独立性不强、决定执行力不到位等。为了解决上述问题，未来我们应该以司法化为完善方向，从审查程序、通知纠正程序和反馈程序等方面继续推动检察机关救济权能行权机制与运作程序的完善。

---

① 值得注意的是，在立法机关最早草拟的《刑事诉讼法》草案中，使用的并非“审查”而是“调查核实”，相对于“审查”明显更为主动，力度也更强。然而这样的措词却受到了其他司法机关的质疑，认为检察机关如果对于涉诉事项进行深入的调查核实，会影响到公检法三机关之间的分工配合、互相制约的关系。故而立法机关随后以较为温和的“审查”代之，尽管做到了中规中矩，却带来了关于该措施效力的新问题。参见陈卫东主编：《2012 刑事诉讼法修改条文理解与适用》，37 页，北京，中国法制出版社，2012。

② 《刑事诉讼法》第 47 条规定：“辩护人、诉讼代理人认为公安机关、人民检察院、人民法院及其工作人员阻碍其依法行使诉讼权利的，有权向同级或者上一级人民检察院申诉或者控告。人民检察院对申诉或者控告应当及时进行审查，情况属实的，通知有关机关予以纠正。”

③ 《刑事诉讼法》第 115 条规定：“当事人和辩护人、诉讼代理人、利害关系人对于司法机关及其工作人员有下列行为之一的，有权向该机关申诉或者控告：（一）采取强制措施法定期限届满，不予以释放、解除或者变更的；（二）应当退还取保候审保证金不退还的；（三）对与案件无关的财物采取查封、扣押、冻结措施的；（四）应当解除查封、扣押、冻结不解除的；（五）贪污、挪用、私分、调换、违反规定使用查封、扣押、冻结的财物的。受理申诉或者控告的机关应当及时处理。对处理不服的，可以向同级人民检察院申诉；人民检察院直接受理的案件，可以向上一级人民检察院申诉。人民检察院对申诉应当及时进行审查，情况属实的，通知有关机关予以纠正。”

一、检察机关司法救济权能的确立

（一）检察机关权能的理论争议

权能，即权力与职能，职能由权力决定，这也即“有权必有责、权责相一致”的意指。一般对于公权机关而言，其由法律赋予了多大范围与程度的权力，其职能也就有多大。检察机关权能的界定和划分一直是学术界讨论的热点，争论的目的在于解决检察机关的定位问题，以调和检察机关作为公诉机关与法律监督机关的矛盾。关于检察机关定位的讨论一直围绕着公诉权论与监督权论进行，学术界所主张的检察职能理论大体有三：一是认为检察机关的职能在于且唯一在于法律监督，可谓“法律监督一元论”；二是认为检察职能仅指诉讼职能，此可谓“诉讼职能一元论”；三是认为在刑事诉讼中，检察机关的职能既包含追诉犯罪的诉讼职能，也具有监督法律实施的法律监督职能，此可谓“二元论”①。

持“法律监督一元论”观点的学者认为，由于《宪法》规定了人民检察院是国家的法律监督机关，代表国家行使检察权，因而“检察权的根本性质是法律监督，决定了我国检察机关的唯一职能就是法律监督，检察职能就是法律监督职能”②。但这种说法似乎混淆了相关概念。应当认为，“法律监督”主要是指检察机关的性质定位，与职权或者职能并非处于相同的逻辑层次，性质定位回答检察机关“是什么”的问题，职能定位回答检察机关“干什么”的问题。③ 这种“法律监督一元论”观点明显受到了苏联检察监督理论的影响，与我们现代法治所强调的审判权至上的“审判中心主义”理念不符。

持“诉讼职能一元论”观点的学者则认为，检察机关在刑事诉讼程序中所承担的都是诉讼职能，西方法治国家均未将诉讼监督作为检察机关的职能，而我国检察机关的权能与西方法治国的差别并不大，将诸如审查批捕、审查起诉、提起

---

① 张爝：《刑事诉讼中检察职能的法理辨析》，载《江海学刊》，2013（6）。

② 张智辉主编：《中国检察》，第18卷，63页，北京，中国检察出版社，2009。

③ 参见汪建成、王一鸣：《检察职能与检察机关内设机构改革》，载《国家检察官学院学报》，2015（1）。

抗诉等检察机关之具体职能强行解释为诉讼监督并不合适。主张，“在诉讼职能之外并不存在独立的审判监督职能，将检察机关在刑事审判程序中的职能区分为诉讼职能和监督职能是我国传统刑事诉讼理论研究中的误区，不仅没有产生特别的效应，相反滋生了诸多弊病”①。这种观点指出了“法律监督一元论”的缺陷所在，但太过注重对检察机关诉讼职能“应然”侧的考察，忽视了实在法关于检察机关所具有的监督职能的规定，这也是不合适的。

持“二元论”观点的学者认为，“法律监督和公诉是我国检察权的两个组成部分和两种基本职能：公诉职能加强了，法律监督的效果必然显现出来，公诉是手段，法律监督是目的，实现法制的统一是效果”②。这种观点的问题在于，论证仅是为了追求概念的统一，并非解决问题的正确方法。检察职能的厘清对刑事诉讼的价值追求与公权力之界限明晰有着重要意义，笼统地将这两个概念进行折中，对我们研究检察职能的性质、定位与范围并无实质意义。

从检察机关所被赋予的权力范围、承担的职能内容以及宪法法律等对检察机关定位的相关规定出发，对于检察机关的诉讼职能与诉讼监督职能，应当以以下标准进行区分：其一，凡是法律规定的，由检察机关自己行使的诉讼权力都是检察诉讼职能的具体表现，包括自侦案件的侦查、批准逮捕、提起公诉；其二，不是由检察机关直接、自我行使的职权，也就是说借由对其他机关或者个人行使的权力进行监督的行为，可以划归为诉讼监督行为，比如说立案监督，对侦查活动、审判活动、执行活动是否合法的监督等。检察机关的诉讼职能与其在我国刑事诉讼程序中所承担的主要任务有关，即追究犯罪、维护公共利益，这使检察机关在诉讼结构中的定位仅体现出诉讼职权；而从现行宪法和法律对检察机关国家法律监督机关的定位来看，司法体制中的检察职能还表现为诉讼监督职能与非诉讼职能。

就权能概念向下的检察职能而言，其内涵与范围应当是明确的。从宏观的司法体制上看，检察机关的权力由《宪法》《刑事诉讼法》《人民检察院组织法》等

① 刘计划：《检察机关刑事审判监督职能解构》，载《中国法学》，2012（5）。
② 樊崇义：《法律监督职能哲理论纲》，载《人民检察》，2010（1）。

法律授予，这些权力都有明确的法律条文表述，具体到职能范围上，经由类型化的归纳可将其划分为诉讼职能与诉讼监督职能，这也是学界的普遍共识。但是，2012年《刑事诉讼法》通过以后，第47条与第115条赋予了检察机关一种新的救济性权力，这种权力所指向的职能既不能归于诉讼职能之中，也与一般的诉讼监督职能有明显差异，而更接近于司法救济的性质。新增的检察机关这种“司法”救济之职能，“使得从前所谓的两大检察职能的提法被颠覆了”[①]。

（二）检察机关司法救济权能的设立背景

针对我国刑事诉讼中，尤其在刑事诉讼的审前阶段缺乏当事人和辩护人、诉讼代理人、利害关系人对公权机关违法行为的有效救济手段，导致程序违法频发问题，立法机关在刑事诉讼法修改中考虑增设这一事关公民权利保障的诉讼机制。这种机制的性质实际上属于裁决权，即针对一方对另一方的控告或申诉，由具有某种中立性或独立性的第三方机构进行审理与裁决，该类型的诉讼机制具有一定的司法权性质，属于司法救济权的范畴。按照世界各国的通例，司法救济权一般都由法院来行使，即使是在审前的侦查阶段，其产生的争议也都归于法院裁断。但是，在我国现行的司法体制与诉讼机制之下，由法院来统一行使审前争议的司法救济权，其可行性并不强，具体而言有下述几点原因。

首先，我国宪法构建了公、检、法三机关分工负责、各司其职的诉讼体制，使诉讼结构呈“各管一段”的线性样态，虽然我们现在提出要构建“以审判为中心”的诉讼制度改革，但实际上诉讼阶段封闭的线性结构在现阶段很难被彻底打破。这种情况导致的问题之一在于，人民法院无法在案件的侦查、审查起诉过程中介入并行使司法职权，因为如果法院在侦查、审查起诉阶段行使了司法权，则似乎就违反了“分工负责、互相配合、互相制约”的刑事诉讼原则。

其次，法院直接介入审前争议，将破坏其中立的地位。我国刑事诉讼制度之所以要将法院排除在审前程序之外，一个重要的理由就是防止法官产生预断。实体判决的正确性是保障司法公正的命门，法官作为实体判决的最终决定者，其中

① 葛琳：《两大诉讼法修改与检察制度的完善研讨会综述》，载《国家检察官学报》2013（1）。

立性是保障判决公正的基础与关键。而如果法官在审前就介入了相关争议，这免不了会使其形成相应预断，进而影响实体审判阶段法官个人甚至审判法院的中立立场，这对于被告人获得公正判决的权利是一种隐形的侵害。

再次，随着司法实践的需要与司法改革的不断深入，检察机关在客观上行使诉讼权能和诉讼监督权能的方式也在发生变化，这使检察官在一定程度上具有了行使司法权的“资格”。例如，检察决定批准逮捕程序朝着三方结构的方向发展；主任检察官等制度的推行强调检察官在个案办理中的独立性。这些变化正朝着“去行政化”与逐渐“司法化”的方向行进，原有的检察权也逐渐增加了相应司法权的属性，如包括检察官的中立性、对席听证的程序结构、消极被动的职权启动方式、实体决定权等。

综合这些情况与结合刑事诉讼的实际，立法机关认为，根据中国的国情，司法救济的权能交由检察机关行使是适宜并且可行的。2012 年《刑事诉讼法》第 47 条与第 115 条应运而生，这标志着检察机关司法救济权能的正式确立，使检察机关的职能从原来的诉讼职能和诉讼监督职能发展为现在的诉讼职能、诉讼监督职能以及司法救济职能三足鼎立。

二、检察机关司法救济权能的内涵

司法救济权是指，任何人当其宪法和法律赋予的权利受到侵害时，均享有向独立而无偏倚的法院提起诉讼并由法院经过正当审讯作出公正裁判的权利。[①] 在研究司法权之性质时，我们曾提出司法权具有以下几个特征：(1) 终局性。司法是国家为解决社会冲突、保障社会主体权益的最后一道防线，法治原理假设了这个活动的权威性并依规律设计了保障其裁判正确的司法程序，不允许司法机关以外的其他任何主体对生效裁判进行否决，因而具有终局性。(2) 中立性。正是因为司法是社会主体权益的最后一道保护防线，其要对社会冲突作出权威的、最终

① 参见苗连营：《公民司法救济权的入宪问题之研究》，载《中国法学》2004 (5)。

的裁判，因而司法权只有中立才能承担这个重任，司法者必须严守中立。（3）独立性。如果司法权没有排斥抵御外来干预的独立性，则司法者作为最终的裁判者的权威性就荡然无存了，因此司法必须具有独立性。（4）消极被动性。为了保证司法权中立、公正地对冲突作出判断，必须坚持不告不理原则，只有当冲突纠纷被提请到法官面前时，司法官才能依据法律对当事人的诉求进行裁判。[1] 作为一种司法权的检察机关司法救济权同样如此，但是该权能又与其他类型与性质的权能，包括审判机关行使的司法救济权有所不同。为了具体研究该权能的内涵，我们将具体探讨这些权能之间的区分，以便清楚阐释这种权能的独特性。

（一）司法救济权能与行政救济权能的区分

行政救济的概念在我国存有一定争议。在早期学者的论述中，将行政诉讼等同于行政救济，将信访制度也作为行政救济[2]，对于行政救济这一概念的使用还未得以明确化与系统化。随着法学体系与理论研究的发展，对于行政救济的概念，学界基本上形成了三种不同的观点：其一，认为“行政救济是指有关国家机关依法审查行政行为是否合法、合理，并对违法或不当行政行为予以消灭或变更的一种法律补救机制”[3]。其二，认为“行政救济是指公民的权利和利益，受到行政机关侵害时或可能受到侵害时的防卫手段和申诉途径；也是通过解决行政争议，纠正、制止或矫正行政侵权行为，使受损害的公民权利得到恢复，利益得到补救的法律制度。因此，行政救济是针对行政权力运作的一种消极后果的法律补救”[4]。其三，认为行政救济“是指行政管理相对人在其合法权益受到行政机关的违法失职行为侵犯后依法提出申诉，由有监督权的行政机关按法定程序对其予以救济的一种法律制度。这种救济是由行政机关来进行的，因而简称为行政救济”[5]。

① 参见陈卫东：《我国检察权的反思与重构——以公诉权为核心的分析》，载《法学研究》，2002（2）。

② 参见沈开举、范宝成：《论信访在行政诉讼中的地位》，载《法学杂志》，1987（4）。

③ 叶必丰：《行政法学》，222页，武汉，武汉大学出版社，1996。

④ 张树义：《行政法学新论》，235页，北京，时事出版社，1991。

⑤ 韩德培主编：《人权的理论与实践》，699页，武汉，武汉大学出版社，1995。

就第一种观点而言，其将行政救济看作对于行政行为的矫正，既有公权机关（立法、司法、行政）主动对于违法行政或不当行政行为的纠正，也有依当事人申请而为的矫正，还有针对违法或不当行政行为的不予适用而为的间接补救行为。后述两种观点则都是以公民权利的侵害作为前提，认为行政救济是针对权利侵害所作的补救，其不同之处在于第二种观点将救济的主体限制为行政机关。[①] 在当下的法学研究语境中，行政救济一般都是按照第三种观点给出的概念，将行政救济限定于行政机关给予的救济，而与司法机关的司法救济相对。[②] 本书采纳的也是这种观点，认为不同于行政救济职能，司法救济职能是具有司法权属性的职能。

司法救济的实施主体为“司法机关”，在我国一般指审判机关，但是在处理《刑事诉讼法》第 47 条与第 115 条规定之事项时，检察机关也可作为司法救济权的行使主体；而行政救济的实施主体为行政机关，一般是作出该行政行为的行政机关本身或是对该机关行使领导与管理职责的上级行政机关。就实施主体的性质而言，虽然两种救济权能的目的都在于纠正错误的公权力决定，但该“纠正”的性质却存在很大区别。行政机关对于自身作出的行政行为之纠正明显属于“自我监管”的范畴；而行政一体的架构体制使行政机关上下存在“领导与被领导、指挥与被指挥”的关系，下级行政机关必须听命于上级，而上级行政机关也对下级具有监管的责任，当下级行政机关作出违法或不当之行政行为时，上级有权力也有责任指令其改正或直接予以改正，这种一体化的架构在某种意义上也属于“自我监管”的范围。司法救济则不然，实施司法救济的司法机关与行政机关并无直接的领导关系，其通过司法裁判或决定实现的救济属于一种“外部监督”或“外部制约”。

要保障“外部监督”的有效性，首先必须确保其具有“外部性”，需要切断

① 参见林莉红：《行政救济基本理论问题研究》，载《中国法学》，1999（1）。

② 如比较法研究中的“穷尽行政救济原则”，是指“相对人在通过法院寻求司法救济之前必须用尽所有可行的行政救济措施”，就将行政救济限定于这种概念。参见邢鸿飞：《论美国穷尽行政救济原则的适用例外及对我国的启示》，载《法学论坛》，2014（2）。

被监督者与监督者的领导关系、指令关系，保证外部监督者的中立性与独立性。司法救济的审查主体必须具有中立性，确保其不属于纠纷或争议的其中任何一方，从而不偏不倚地对纠纷或争议进行审查；同时，司法审查主体还必须具有独立性的特征，这意味着审查主体审查纠纷或争议的过程以及作出审查决定的过程不受外在因素的影响，其他组织和个人不得干涉审查主体的审查行为。历次实施的司法改革都不乏在司法中立、司法独立领域处着力，尤其在这一轮司法体制改革中，中央正着力推进司法机关的“去行政化”与“去地方化”的改革，如通过司法机关人财物的省级统管，减少地方政府对本地区司法机关的干预因素，通过省级法官、检察官遴选制度，降低地方人事行政部门对司法人员的干预因素等。这些举措都进一步加强了司法机关之于行政机关的中立性与独立性，以保障司法救济权的公正行使。

作为一种内部性质的监督，行政救济的导向实际上倾向于纠错而非救济，通过实施内部的约束与监管，保证行政行为的合理性与合法性，进而维持与加强行政机关的合法地位。这就导致行政救济的行使遵循“有错必纠”的能动原则，一方面，当行政机关发现自身或上级行政机关发现下级的行政行为出现错误，就需主动采取措施予以补正错误；另一方面，当相对人提出申请，则就存在行政行为出现错误的可能，相应机关也应对该行政行为进行审查。而外部监督性质较强的司法救济则不然，几乎针对所有的争议，司法救济的审查主体都采取的是“不告不理”的原则（审判监督程序除外），其消极被动性十分明显。审查主体不能主动发起救济程序，而必须以当事人的申诉、控告等为前提。

此外，司法救济所针对的纠纷或争议的解决必须按照法律规定的程序作出，其明确程序性要求较行政救济要强。还有，司法救济审查主体所作出的决定具有一定的法律效力与终局效力，可能对双方的实体权利和义务的内容产生影响，具有实体决定性与终局性。

（二）检察机关司法救济权能与诉讼监督权能的区分

检察机关的司法救济权能涉及检察机关对于公安机关、司法机关及其工作人员在诉讼过程中错误行为的审查与纠正，与其诉讼监督权能之间存在一定的相似性。有学者即认为，检察机关的司法救济权是其法律监督权的体现，乃检察机关以法律监督者之身份对有关机关侵犯当事人、辩护人、诉讼代理人或利害关系人诉讼权利与实体权利的救济。事实上并非如此，虽然检察机关的司法救济权能与诉讼监督权能非常相似[①]，但二者在本质上属两种不同的权能，不能将该权能与诉讼监督相混淆。

首先，检察机关的司法救济的启动具有消极被动性，而诉讼监督权则属于一种积极主动的权能。具言之，诉讼监督不仅可以在接受申诉、控告等被动方式下启动，也可以由检察机关主动启动。以立案监督为例，根据《刑事诉讼法》第111条的规定："人民检察院认为公安机关应当立案侦查的案件而不立案侦查的，或者被害人认为公安机关对应当立案侦查的案件而不立案侦查，向人民检察院提出的，人民检察院应当要求公安机关说明不立案理由。人民检察院认为公安机关不立案理由不能成立的，应当通知公安机关立案，公安机关接到通知后应当立案。"由此可见，检察机关发现公安机关应当立案侦查的案件不立案侦查，而启动立案监督的，有两种启动监督的方式：一是依申请的被动启动监督的方式，二是检察机关主动发现而启动监督的方式。除此之外，侦查监督、审判监督、执行监督也都包含这两种启动方式。检察机关司法救济的启动则更多地呈现出被动性特征，若诉讼参与人或利害关系人不进行申诉、控告，一般而言不会启动救济程序。当诉讼参与人或利害关系人就有关机关及其工作人员的违法行为向检察机关进行报告，请求其审查处理时，检察机关才能着手该事项的处理。换言之，检察机关只能被动等待相关诉讼参与人的申诉、控告，而不能在主动发现的基础上启动救济程序，从而对有关诉讼行为进行审查，即检察机关救济权能的启动方式具有被动性。这一特征是认定检察机关救济权能具有司法权属性的关键因素之一，正是基于这一属性，检察机关的救济权能摆脱行政化的积极主动的行使方式，而采取了消极被动的司法化运行方式。

---

① 检察机关的司法救济权能与诉讼监督权能的相似性体现在：二者的目的都是纠正司法机关及其工作人员的非法行为；二者都具有滞后性，即以违法行为的发生为前提；二者都具有一定程度的中立性，即都以客观中立的立场提出意见，不以自身的诉讼利益为前提；等等。

其次，检察机关司法救济具有实体决定性，而诉讼监督则更多地属于建议的性质。检察机关在履行诉讼监督权能时往往以提出检察建议的方式开展具体的监督工作，诉讼监督权能是一种程序性权能，不具有实体决定性。我国曾在建国之初赋予了检察机关一般性的法律监督权能，即以监督、保障和维护国家法律的统一实施为目的的抽象的、一般意义上的监督行为并不具有程序性。[①] 1979 年《刑事诉讼法》与《人民检察院组织法》废止了此项权能，并将监督的范围限缩至诉讼监督，这意味着检察机关的监督权能在诉讼程序中进行，必须要依照一定的诉讼程序规范进行，是具体的、程序性的监督行为，具有程序性。然而，不同于司法化的运作模式，检察机关行使该监督权能并不能最终作出实体性的决定，更不能直接导致实体性权利和义务内容的改变。检察机关发现其他司法机关及其工作人员的非法行为之后，只能提出纠正意见，由该机关自觉予以纠正。而司法救济本身就是诉讼进程的组成部分，检察机关可以在诉讼过程中针对诉讼参与人等权利受到侵害的事实直接作出救济决定。[②] 具体而言，检察机关通过审查，可以对申诉或控告所指向的诉讼行为进行定性，确认违法的，可以对该机关及其工作人员作出违法通知。该违法通知虽然不如司法裁决一样具有绝对的强制执行力，但仍然可以直接对该机关及其工作人员产生效力，有关机关和个人应当遵照执行。

诉讼监督是一种建议性的权能，由检察机关对诉讼主体进行监督，属于双方单向程序结构；而救济权能则趋于司法化运作，参与救济过程的除了检察机关自身以外，还包括申诉控告人和被申诉控告机关、个人这两个相对平等的主体，属于三方程序结构。

（三）检察机关与审判机关司法救济权能的区分

以往我们所说的司法救济权，在刑事诉讼中仅仅指的是人民法院之审判权能，即通过审理案件与作出裁判来进行司法救济。而在新《刑事诉讼法》通过以后，刑事诉讼的司法救济权能在主体、客体以及运作模式等多个方面都产生了变化，司法救济权能已不单由人民法院行使，检察机关也具有了《刑事诉讼法》第

① 参见戴玉忠：《检察学的发展与历史——研究现状与前瞻》，载《人民检察》，2007（15）。

② 参见陈卫东、程永峰：《新一轮检察改革中的重点问题》，载《国家检察官学院学报》，2014（1）。

47 条与第 115 条所赋予的救济权能，概言之：（1）从主体上看，有权进行司法救济的机关不仅包括人民法院，还包括检察机关；（2）从客体上看，不同于人民法院司法救济权能的客体范围，根据新刑事诉讼法的规定，检察机关救济的是在刑事诉讼过程中所发生的公安机关、司法机关及其工作人员所导致的程序性侵权行为，这在一定程度上弥补了人民法院难以发挥作用的空白区域；（3）从运作方式上看，根据法律规定，检察机关行使救济权能的程序过程包括接受申诉控告、审查、通知纠正三个步骤。这不属于传统意义上的标准化的司法审查方式，而是一种相对简易的程序过程，因而也在一定程度上扩充了司法救济权能的运作方式。

检察机关司法救济权能的行使方式等与法院的司法救济权能之间同样存在一定的相似性。然而，作为一种新型的检察权能类型，检察机关司法救济权能还是具有其独有的特征。虽然我们认为检察机关的司法救济权能属于司法权，但其无论是在独立性、中立性还是效力上都与法院的司法救济权能存在程度上的区别。造成这种区别的根本原因在于该权能主体——检察院的行政化倾向所致，换言之，虽然检察机关的救济权能应该具有类似于司法权的属性，但受到检察机关内部行政化的组织体系、控权模式等的限制，它的司法特征具有一定的局限性。

首先，检察机关司法救济权能的行使缺乏严格的独立性，较审判机关而言，其独立性的程度仅能称为“相对”的独立。当我们探讨行权独立性的问题时，实际上指向的是行权主体自身的独立性问题。司法独立的本质在于依法独立行使职权，不受行政机关、社会团体和个人的干涉，这从横向保证了司法机关在本系统内部保持其独立性。我国宪法明确规定，上下级人民法院之间的关系是监督与被监督的关系。因此，上级人民法院不得随意干涉下级人民法院的个案审判，这又从纵向保证了各级人民法院在法院系统内部保持其独立性。[①] 因而，无论从纵向看，还是从横向看，审判机关的司法独立都处于相对完备的状态，法院也以较为独立的方式行使其司法救济权。虽然《宪法》第 131 条明文规定“人民检察院依

① 关于司法独立问题的具体研究，可参见陈卫东：《司法机关依法独立行使职权研究》，载《中国法学》，2014（2）。

照法律规定独立行使检察权，不受行政机关、社会团体和个人的干涉”，从横向上保证了检察机关类似于法院的独立地位。但从纵向上来看，《宪法》第132条则明确指出，上级人民检察院“领导”下级人民检察院的工作；《人民检察院组织法》第3条规定，“检察长统一领导检察院的工作”。具言之，在检察机关内部，上下级检察机关之间是领导与被领导的关系；在一个检察院内，检察长与检察官也是领导与被领导的关系。这表示地方各级人民检察院之于上级人民检察院并不具备独立的地位，检察官之于检察长也不具备独立的地位，其工作方式、工作内容都可能直接受到上级人民检察院以及检察长的“领导”。为了改变检察机关这种纵向上不独立的现状，推进司法体制改革，党的十八届四中全会指出“司法机关内部人员不得违反规定干预其他人员正在办理的案件，建立司法机关内部人员过问案件的记录制度和责任追究制度”“完善主任检察官办案责任制，落实谁办案谁负责”。最高人民检察院出台的《关于深化检察改革的意见》对此也作出了较为细化的规定，以从框架结构上逐渐构建检察官独立办案之模式。虽然在很大程度上，检察机关与检察官的独立地位已经得到了加强，但是我们不得不承认，检察工作因其主要职能行政化、指令化的限制，决定了其在行使救济权能时也很难达到绝对的独立，检察机关的救济权能也只具有相对的、有限的独立性。

其次，检察机关所行使的司法救济权之效力程度并不如审判机关的高，处于一种“被限制”的状态。虽然前文已论及检察机关的司法救济权能与诉讼监督权能相异，具有实体决定性，根据此所作出的决定可以直接变更当事人实体上的权利义务关系，但从程度上而言，这种实体性效力却仍与法院司法裁决的强制性效力相去甚远。法院作出的裁判，不论是判决、裁定或者决定，都具有强制执行力，受到国家强制力保障实施。而在《刑事诉讼法》关于检察机关司法救济的条文中，其在对申诉或控告进行审查之后，认为确实存在违法行为的，只能通知有关机关予以纠正。也即法律的强制性规定仅要求“检察机关应依法予以纠正违法行为”，但是对如何纠正留了白，当相关部门拒绝纠正违法行为时，检察机关应当如何处理，是不了了之还是采取更强硬的举措？在检察机关没有获得任何惩戒之授权，且处于三机关“分工负责、不得越界”的大原则下，本条的法律实效着实令人感到担忧。[①] 可见，检察机关针对诉讼违法行为进行审查处理虽然有法律的明确授权，但由于缺乏相应的制裁手段作为执行的保障，其所作的处理决定并不具有束缚对方的刚性效力。[②] 换言之，虽然法律规定，检察机关的某些监督权可以"通知"的方式下达，而相应机关也"应当"执行，但是这种执行却缺乏相应的执行力，即使该机关不执行此通知，也没有后续的强制性制度来予以保障。检察机关的救济权能毕竟不属于绝对意义上"司法权"的范畴，难以通过赋予其严格的强制执行力来保障该权能的实施效果。如何通过完善该制度的程序架构来保障其实施的效力，是我们应当研究的重点内容之一。

再次，与审判机关相比，作为司法救济主体的检察机关的中立性亦较之为弱。司法救济的程序构造应当"两造具备，师听五辞"，不但要存在控告方与被控告方，而且必须有居中裁判者听审裁判。法院的中立性原则即因此而来，通过保证其司法权行使的中立，来实现司法权合理、公正、独立地运作。对于法官而言，其既不能作为控辩双方任何一方的当事方，也不能与当事方存有某种利害关系，更不能主动介入案件争议中去。在刑事诉讼中，审判机关救济权能的中立性表现为法官裁判案件应保持不偏不倚的态度，不得偏袒任何一方或者对任何一方持有偏见，通过充分地听取控辩双方的意见，并在此基础上公正地作出裁判。司法救济权能的本义可以推论，检察机关行使救济权能也应保持一定程度的中立性。对申诉、控告所指向的司法行为进行判断时，检察机关应当在中立无偏私的基础上对双方所提供的线索或材料进行审查，充分听取双方意见，作出公正的判断。但应当注意的是，检察机关的首要权能并非司法救济而是犯罪追诉，对检察机关司法审查中立性的要求本身就与其诉讼权能（尤其是控诉权能）存在根本冲突。在"以审判为中心"的诉讼结构中，作为控诉方的检察机关，其首要目标在于完成追诉行为，这种诉讼结构中的定位严重影响了检察机关在承担救济权能时的中立性。此外，检察机关本身既为一个侦查与追诉机关，因此也可能成为直接

---

① 参见陈卫东主编：《2012 刑事诉讼法修改条文理解与适用》，37 页，北京，中国法制出版社，2012。

② 参见詹建红：《程序性救济的制度模式及改造》，载《中国法学》，2015（2）。

实施侵权行为的被控告机关。立法机关为应对这一冲突，规定可以向上级人民检察院申诉控告，即以检察机关内部的行政性监督，克服被控告的当事人与救济机关主体同一的矛盾。[①] 虽然这种选择较为现实并有一定的可操作性，但上一级检察机关在对下一级机关的行为进行审查时能否秉公执法，也不能使人完全放心。我们认为，解决这一问题的关键是在准确界分检察机关不同权能的基础上，实现各个权能之间的相对分离。[②] 由特定的检察部门承担司法救济权能，该部门不再承担诉讼权能，专司司法救济，从而增强检察机关在进行司法救济时的中立性。

根据上文论述，检察机关的救济权能已经基本上具备了"司法"之属性。不过由于检察机关仍然主要承担着诉讼权能，并且其内部管理模式仍倾向于行政化运作，因而检察机关的救济权能并不具备严格意义上的司法性。

三、设立检察机关司法救济权能的意义

（一）完善公民权利的司法保障

在当今社会，人权保障已被视为现代国家的核心价值体现，一个国家的文明程度与其对人权的重视程度息息相关。在我国，尊重与保障人权相继被写入《宪法》和《刑事诉讼法》，人民法院、人民检察院和公安机关在承担追究与惩罚犯罪分子、维护社会稳定任务的同时，还担负起了尊重与保障人权的重任，以求做到惩罚犯罪与保障人权的统一。如何实现两者的统一，是摆在办案机关面前的一大难题。程序正义论给出了一套平衡人权保障与犯罪追究的理论体系，即承认程序的实在价值，通过进行公正正当的程序设计，并付诸严格实施来满足人权保障与追究犯罪的需求。作为正当程序的重要一环，诉讼过程中的司法救济乃程序法之必要制度设计，以保障诉讼参与人得到迅速、妥当的程序救济，进而保障实体正义以及人权价值的实现。

---

① 参见龙宗智：《检察机关办案方式的适度司法化改革》，载《法学研究》，2013（1）。

② 参见陈卫东：《检察机关角色矛盾的解决之策——法律监督职能与诉讼职能的分离》，载《法制日报》，2011－02－23。

国家权力带有的天然之扩张性与侵略性使之成为人权的最大威胁，自第一次世界大战以来，国家对社会经济生活的干预越来越密切频繁，无论是资本主义国家抑或社会主义国家都逐渐倾向于国家主义之发展维度，政府权力日益膨胀，对公民权利的限制也在逐渐加深。从立法上，国家制定出台了一系列限制公民自由的法案，以法律的形式系统化、精细化地进行社会控制与权利干预；从行政上，公权更是渗透到公民生活的每一个角落，随时可能有意或者无意地侵犯公民之合法权利。唯有司法能够对公民的合法权利给予较为公正的救济，具有独立性、中立性和被动性的司法权由于不太可能直接侵害公民权利而被委以重任，成为维护公民权利最强有力的国家权力，成为最重要的公民权利与自由的保护者。①

以司法救济来实现人权保障之目的乃各国之通例，为更好地保障人权，各国也在努力拓展司法权的管辖范围来实现这一目的。我国《刑事诉讼法》新增第47条与第115条，以司法的手段解决相应的程序争议，也正是出于此种考虑。

（二）促进辩护律师的积极行权

众所周知，律师对辩护权的行使有“三难”“五难”，刑事辩护是整个律师服务行业里最不容易做好的业务之一。长久以来，辩护律师似乎一直站在公权力的对立面，这既是控辩双方性质不同之必然，也因公权机关对律师制度意义的不当认识所致。不论造成这种对抗局面深层次的原因如何，从现实情况而言，此现状首要的消极影响就在于公权机关——不论是公安机关还是检察机关抑或人民法院——有意或者无意地对律师辩护权进行着不当的限制，因而造成了“辩护难”现象的普遍存在。

《刑事诉讼法》第47条与第115条首先从概括意义上列举了这些不当限制。一是公权机关对辩护人依法行使“诉讼权利”的阻碍，包括会见通信权、阅卷权、调查取证权等；二是公权机关对犯罪嫌疑人、被告人合法人身权利、财产权利的不法侵害，包括不依法变更或解除强制措施、不退还取保候审保证金以及对查封、扣押、冻结财物的不当处置。其次，第47条与第115条明确了辩护人对

① 参见高新华：《试论现代司法权的功能体系》，载《学习与探索》，2006（2）。

上述不法情形的司法救济模式，规定由检察机关对公权机关的不法侵害进行审查处理，这在一定程度上保障了辩护律师与当事人的合法权利，使律师减少了依法行使辩护权的后顾之忧，从客观上能够促进辩护律师对辩护权的积极行使，并降低“辩护难”情形出现的普遍程度。

（三）推进检察体制的深化改革

检察机关的救济权能具有司法属性，是检察权行使司法化的标志。自2008年开始，我国开始新一轮的司法改革，检察机关自身的改革也随之启动。经过多年的检察改革，检察机关在工作机制、组织结构、监督机制、干部管理机制等方面取得重大成就，其在我国司法系统中也发挥着越来越重要的作用。但是，检察机关自身的行政化运作方式在一定程度上限制了检察机关自身的改革。因而，继续推进检察改革，特别是实现检察机关的权能的优化配置，需以司法化的程序设计拓宽检察权能发挥作用的途径，以司法权的特性弥补现行检察权能的局限性，逐渐实现检察权行使的司法化。

检察机关司法救济权能的确立正是检察权行使司法化的重要例证。检察机关的救济权能具有司法权的某些特有属性，包括启动被动性、相对独立性、相对中立性、实体决定性等。虽然受制于检察机关的固有职能、组织结构等的影响，这些属性的司法化程度都具有一定的局限性，但是这些属性的存在仍然决定了检察机关救济权能的性质，即其司法性。而检察机关救济权能的司法性也应成为完善该权能的方向标，以推进检察机关在独立性、中立性等方面进一步深化改革。

四、检察机关司法救济权能的行使与完善

纵然赋予检察机关司法救济权能的意义重大，但囿于刑事诉讼法与司法解释相关条文规定之粗疏，司法救济权能与公诉权能之天然冲突，造成该权能在司法实践中并未发生预想的效用。以Z省为例，其在2013年1月至2015年2月间，全省共受理了“对阻碍辩护人行使诉讼权利的救济案”“对阻碍代理人行使诉讼权利的救济案”“对犯罪嫌疑人、被告人违法采取强制措施的救济案”“对涉案财

物违法采取强制性措施的救济案”34件，进行审查22件，提出纠正意见12件，涉及单位已纠11件。[①] 从数量上看，相较于其全省近9万件的年均刑事案件一审量与排全国第二的批捕起诉案件总数，检察机关受理的司法救济申诉、控告的数量显得微乎其微；从司法救济的具体操作来看，65%的审查率与50%的纠正率也表明，在司法实践中，该制度的运行很可能出现了问题。

为了解决制度运行中的问题，加强检察机关司法救济权能的有效行使，笔者拟从理论上提出几点关于该制度的完善方向。我们认为，完善检察机关司法救济权能应当以该项权能的内涵为出发点，以其“准司法”权能之定位来作为完善该权能运作程序的标准。新刑事诉讼法颁布之后，为了更好地执行新法的规定，最高人民检察院修订颁布了《人民检察院刑事诉讼规则（试行）》，其中与检察机关救济权能相关的内容，包括第5条关于人民检察院内部机构刑事业务分工的规定，第57条关于辩护人、诉讼代理人针对公安机关、人民检察院、人民法院及其工作人员阻碍其依法行使诉讼权利的行为向人民检察院申诉或控告的规定，以及第574条关于当事人和辩护人、诉讼代理人、利害关系人对于办理案件的机关及其工作人员有《刑事诉讼法》第115规定的行为向人民检察院进行申诉或控告的规定。我们必须肯定上述规定对于检察机关司法救济权能的制度化建构的重要意义，其将刑事诉讼法的规定予以进一步的细化，在一定程度上理顺了权力运行的框架。但是，这些细化后的规定仍显粗疏，缺乏对救济过程中的具体程序的规定，没有充分体现出检察机关救济权能的司法属性。因此，我们主张在现有规定的基础上，通过司法化的制度架构来完善检察机关的司法救济权能体系。

（一）救济权行使主体

有论者认为，由于决定救济程序的启动事项处于诉讼的不同阶段，按照公权配置的便利性和效能性原则，可以将救济权分别配置给侦查监督、审查逮捕、公诉、审判监督以及执行监督部门来行使。[②] 我们应当注意到，如果仅仅是从公权

① 参见王利飞：《论检察机关司法救济职能运行现状及实现路径——以〈人民检察院组织法〉修改为视角》，载《法治论坛》，2015（3）。

② 参见向泽远：《新时期检察改革的进路》，载《中国法学》，2013（5）。

配置的“便利性”“效能性”出发，构建以不同诉讼阶段的检察主体分别行使之模式的话，救济的基点便将发生根本性变化。救济权与监督权并列，但相较于监督权所具有的相对较弱的执行力与执行制度，救济权更应当跳出“无人监督监督者”的怪圈。在权力配置时仅考虑行权的便利性以及效率性而将立法目的抛诸脑后，虽避免了机构设置的繁复，但结果只能是法律效果的无法实现。

司法权必须集中行使，这是司法独立原则与司法中立原则的应有之义，司法权的内部分权（或所谓分工负责）必然会导致效率拖沓与行权不能的尴尬局面；而司法的专业性则要求专门机关独立行使这项权能，让一个本有权属之部门行使司法权必然会导致效率低下或资源闲置，且亦是对司法独立性与司法专业性的违反。检察机关司法救济权的设置同样如此，唯有建立起专门的司法救济部门，直接负责诉讼参与人的权利救济，才能较好地回应检察机关双重角色无法确保中立之质疑，实现内部职能的适度分离与权力的相对制约，从而解决上述难题。①

具体而言，可从下述两个方面进行展开。首先，检察机关内部应当进行权能整合，设立专门的审查救济部门，并将检察机关在不同诉讼阶段的救济权能进行有效分配，形成专业化的分工模式。其次，由于司法救济权能不应如监督权能一样主动行使，因而应当建立起专门的分流制度，在受理阶段由案管部门对申诉、控告进行分类，将属于监督权范畴的转由监督部门行使，将属于司法救济范畴的交由新设机构负责审查。

（二）审查程序

检察机关行使司法救济权能，其核心就在于审查环节。前文的数据显示，当前检察机关对于司法救济申请的审查率还处于较低的水平，因此对于司法救济审查程序的改革与完善必须予以重视。严格意义上的司法审查程序应当由三方主体参与，审查与决定者应以独立、客观的立场居中裁判，当场充分听取争议双方的意见，并以此作为决定的基础与依据。但应当注意，并非所有的司法审查都要求贯彻直接言辞原则，书面形式的司法审理也大量存在于司法实践中，考虑到司法

① 参见詹建红：《程序性救济的制度模式及改造》，载《中国法学》，2015（2）。

资源的合理配置与使用，司法救济权能的行使完全采取言辞审的司法化程序可能导致诉讼效率的低下，进而影响主体诉讼程序的进行。因而，我们主张区分不同情况，以书面审查为主，以听证程序为辅，来完善检察机关救济权能的审查程序。

在申诉控告的内容相对清晰、证据材料获取较为容易的情况下，可以采取书面审理的程序。检察机关行使司法救济权主要针对的是两种情形：其一，公安机关、人民检察院、人民法院及其工作人员阻碍当事人依法行使诉讼权利的行为；其二，司法机关及其工作人员的侦查措施不符合法律规定，侵犯了有关当事人的合法权利的行为。一般而言，由于这两种情形皆为办案人员的办案行为错误，而此类行为基本都存有相关机关内部记录文件的说明，检察机关通过调取有关笔录文件或录音录像等资料即足以查清争议事实，因而以书面的方式进行审理已足。书面审理有效性必须以有关部门的积极配合为基础，因而需要做好与相关机关的沟通工作，相关规定也应当明确规定被调查主体对检察机关审查行为的配合义务。

在司法行为违法性质严重、行为定性不明确的情况下，应当由检察机关组织申诉控告人与相关办案人员举行听证程序。在检察机关的主持下，由双方分别进行陈述、举证、质证等程序，并由检察机关作出决定。在举证责任上，由于在刑事诉讼中犯罪嫌疑人、被告人一方与公安机关、检察院、法院的“武装”对比太过悬殊，且当事人的人身极有可能正处于公权方的控制下，根据公平原则的要求，应当设置举证责任倒置的模式。具体而言，应当由救济申请方提供办案机关及其工作人员的侵权线索或材料，而由被申诉控告方提出侵权行为不存在或无法构成侵权的证据。

（三）通知纠正程序

检察机关在对申诉控告进行审理之后，认为情况属实的，应当通知有关机关或部门予以纠正。由于法律并未赋予通知纠正的强制执行力，因而无法保证违法行为的纠正效果。为此，我们认为可以通过细化通知纠正的实施方案，以程序制约的方式补充其在效力上的不足。

具体而言，可从以下几个方面入手。首先，在纠正违法通知书的内容方面，应该包括对违法情形的描述、确认违法的事实依据和法律依据以及具体的纠正措施，从而使相关机关了解受到控告申诉的违法情形，并清楚应该如何进行纠正。其次，在纠正违法通知书的送达上，对于违法行为情节轻微、纠正措施明确的则采用邮递送达的方式，但需要附带回执，由相关部门在落实纠正措施之后将其寄回；如果违法行为情节严重或者纠正措施较为复杂的，则需采取专人送达的方式，由相关司法辅助人员将违法通知书直接送达到相关部门的负责人或其上级机关，并向有关负责人适当解释审查结果以及需要落实的纠正措施。再次，对于拒绝签收纠正违法通知书的或者拒绝纠正相关违法行为的，可以通过公告送达等方式向社会公开，对违法单位产生威慑效力，并提高检察机关司法救济权能的权威性。

（四）反馈程序

反馈程序也是检察机关发挥司法救济权能的一个重要组成部分。在申诉控告的审查结果作出之后，无论是否确认违法情况属实，都应该将审查结果以书面形式反馈给申诉控告人。如果确认情况属实并已通知有关部门纠正的，则需要在相关部门纠正违法行为之后，将纠正结果再次以书面形式反馈给申诉控告人。

五、小结

党的十八届三中全会《决定》要求，要确保依法独立公正行使检察权，通过司法管理体制改革推动省以下地方法院、检察院人财物统一管理，探索建立与行政区划适当分离的司法管辖制度。十八届四中全会《决定》指出，要完善确保依法独立公正行使检察权的制度，杜绝各级党政机关和领导干部对司法活动的干预，严肃对干预司法办案行为的惩处；要完善司法体制，改革司法机关人财物管理体制，探索检察机关司法行政事务和检察权相分离。检察独立、检察中立是司法体制改革发展的方向，推进检察机关的独立，能够有效保障其司法救济权的公正行使，以促进检察机关司法救济的制度建构。

检察机关司法救济权能的确立是检察权行使司法化的产物，是推进检察职权科学化、体系化配置的重大创新。随着检察改革的不断深入，检察机关的司法救济权能应该获得更多的关注。司法权的行使应当保证行使机关的独立性、中立性、客观性，检察机关的司法救济权能也应当依此条路径建构。检察机关的核心权能在于诉讼，其首要定位应是公诉机关，其救济权能的发展不能否定这一定位，更不能影响其诉讼权能的有效运作，因而准确区分并相对分离检察机关的各个权能才是优化检察权能配置的必由之路。

第四节　监察体制改革背景下检察权的变革

2016年11月7日，中央纪委网站发布消息称，中共中央办公厅近日印发《关于在北京市、山西省、浙江省开展国家监察体制改革试点方案》（以下简称"《试点方案》"），标志着国家监察体制改革正式启幕。2016年12月25日，第十二届全国人大常委会第二十五次会议表决通过《关于在北京市、山西省、浙江省开展国家监察体制改革试点工作的决定》（以下简称"《试点决定》"），授权北京市、山西省、浙江省及所辖县、市、市辖区设立监察委员会，行使监察职权。[①] 此次改革被认为是事关全局的重大政治改革，触发了国家权力结构的重大调整，对检察权的影响也不容小觑，有必要探讨该背景下未来检察权变革的方向。

一、监察委员会体制改革概况

（一）设立监察委员会的必要性

1. 整合反腐败资源

中国目前的反腐败力量资源呈现出多元化局面，主要包括行使执纪权的纪律检查委员会、行使行政监察权的政府监察机构以及行使职务犯罪侦查权的检察部门，后者即内设在检察院的反贪、反渎和预防腐败部门。这种多元化的权力配置

① 参见《中共中央办公厅印发〈关于在北京市、山西省、浙江省开展国家监察体制改革试点工作的决定〉》，见中央纪委监察部网站，http：//www.ccdi.gov.cn/xwtt/201611/t20161107 _ 89267.html，最后访问时间：2017－01－23。

形式导致反腐工作出现了两个大问题：其一，反腐败力量分散，缺乏相对统一、独立的监察职能，难以形成反腐合力。分散在党、政和司法机关的反腐职能在现实中“重叠交叉、边界不清”[①]，“缺乏规范高效的衔接配合机制”[②]，主要表现为各反腐机构之间缺少具有核心枢纽地位的机构；其二，党的纪检部门和政府的监察部门逐渐呈现出“一条腿长、一条腿短”[③] 局面，难以实现反腐对象的全覆盖。[④] 这种情况下，国家监察制度必须随之调整、改变，否则就会出现很大的不协调，出现监督空白地带、出现监察力不能及的地方。

监察体制改革的重要任务，就是要把所有反腐败的力量和资源整合在一起，形成新的体系化的反腐败体制。《试点决定》指出：“将试点地区人民政府的监察厅（局）、预防腐败局及人民检察院查处贪污贿赂、失职渎职以及预防职务犯罪等部门的相关职能整合至监察委员会。”新成立的监察委员会与纪律检查机构合署办公，形成监督贪腐行为的高效机制，对于违纪、违法和职务犯

---

① 这些机构在职能上有重叠、重复之处，比如检察院和政府内部都有预防腐败的机构，职能的分散降低了资源的效率。整合这些职能能够提高效率，提高权威性，也可以降低行政和司法成本。

② 目前很大一部分贪腐案件都是由纪委先接手，经过调查后发现涉嫌犯罪的，移交给司法机关立案、侦查。这种案件衔接模式存在两个问题：其一，纪委在查处案件的过程中可以采取一些纪律手段，也能收集一些证据（职务犯罪案件的特殊性决定了这些证据多为言词证据），但这些证据必须经过二次转化才能被纳入刑事诉讼程序，这一过程很可能出现变数，造成诉讼的延迟甚至中断；其二，案件被移送到检察机关后，需要启动立案、侦查程序，这是一种重复调查的环节，是对司法资源的浪费。监察体制改革后，检察机关对于监察部门移送的案件可以在立案后直接启动审查起诉程序，这将有利于实现“无交叉”的职能衔接。

③ “长腿”的就是纪委系统。十八大后提出全面从严治党，加大反腐力度。监察部与中央纪委合署办公，业务部门是随着中央纪委的第一纪检监察室、第二纪检监察室设立的。纪检部门也探索出一些新的反腐方式方法，对纪检体制进行了一些改革。这些制度的熟练运用和发展，造成了“一条腿长、一条腿短”的不协调的问题。而监察部囿于只是一个政府部门，囿于行政监察法赋予它的职能就是监督政府机关及其任命的工作人员，也就是说只能在政府范围内监督，其监督手段也十分有限。这就让它变成了那条“短腿”。《“法定职责必须为，法无授权不可为”马怀德解读国家监察委员会》，见南方周末网 http：//www.infzm.com/content/120901，最后访问时间：2017—01—27。

④ 根据《行政监察法》，行政监察的对象是国家行政机关及其公务员、国家行政机关任命的其他人员，这远远窄于《公务员法》对公务人员的界定范围，难以实现对立法机关、司法机关、各党派和主要人民团体等公职人员的监督。而纪律检查的对象是党员，其范围一般能涵盖前者，但是从现有的腐败数据来看，并不是所有的腐败人员都是共产党员，非党员腐败的比例也非常高。可见，目前的行政监察和纪律检查均无法实现对于公职人员监督的全覆盖。

罪均有权予以调查，并分别作出纪律处罚、行政处罚和移交司法处理的决定。《试点决定》还指出："试点地区监察委员会按照管理权限，对本地区所有行使公权力的公职人员依法实施监察。"由此可见，新设立的监察委员会扩大了监察对象的范围，与纪委的监督成功衔接，实现了对所有行使公权力的公职人员的监察全覆盖。

2. 实现反腐法治化

中共十八大以来，党中央以雷霆万钧之势"打老虎、拍苍蝇"，反腐工作取得很大成绩，为实现对于腐败的"标本兼治"赢取了时间，积累了经验。监察体制改革重在"治本"，意在将反腐败成果制度化、法治化，把权力关进制度的笼子里。[①]"完善的监察体制是国家治理能力现代化的保证，也是国家治理能力现代化的体现。"[②]《试点方案》中提出的建立集中统一、权威高效的监察体系，既是我国治理现代化建设的迫切要求，更是我国历史发展的必然。

监察体制改革将促进我国的反腐败工作进一步法治化，彰显党在宪法和法律范围内活动的原则。[③] 新设立的监察委员会不同于以往的纪律检查部门[④]，而是一个"法治机关"。它由国家最高权力机关产生，即将出台的《国家监察法》对其予以职能授权和程序规范，将实现预防、治理腐败的"有法可依"。由人大产生的监察委属于国家机关的性质，这种产生方式一方面提高了监察委的地位，另一方面也解决了纪委监察的合法性问题。同时，由纪委行使的部分监察职能也可以转由监察委行使，这样就将原纪委的部分监察权纳入了法治的轨道。监察委员会的高位阶、监察体制的全覆盖、反腐败力量的一体化等特性，都意味着反腐败进入了制度化改革的新阶段。[⑤]

---

① 用习近平总书记的话说，"牛栏关猫是关不住的"。

② 王丛虎、翟继光等：《聚焦国家监察体制改革试点》，载《财政监督》，2016（23）。

③ 参见郝铁川：《监察委员会设立的法理透视》，载《法制日报》，2017－01－18。

④ 中纪委虽然有着更强的反腐能力，但其毕竟只是党的机构，并非国家机关，其能否行使监察职能存在疑问。

⑤ 2017年1月15日，在主题为"全面从严治党与法律实施"的第六届中国法律实施论坛上，陈光中教授在发言中谈及近期启动的监察体制改革。参见陈光中：《监察体制改革需启动系统修法工程》，见财新网 http://china.caixin.com/2017－01－17/101044638.html，最后访问时间：2017－01－17。

（二）监察委员会的基本定位

1. 监察委员会的权力架构

《试点决定》指出："试点地区监察委员会由本级人民代表大会产生。"国家监察体制改革改变了国家权力格局，可谓是"事关全局的重大政治改革"。新成立的监察委员会，将与政府、法院、检察院并列，都由人大产生，向人大负责，受人大监督；国家机构体系中，将形成在各级人大统摄下的"一府一委两院"的权力格局。过去，无论是党的纪律检查机构还是政府的行政监察机构，其监督都是党政系统内部的自我监督与内部监督，难以解决"灯下黑"的难题，监督的合理性和效果均存在争议。而检察院的反腐部门只是一个内设部门，其反腐能力也受到诸多限制。"检察机关行使职务犯罪侦查权，备受诟病的一个理由是其反腐不力。"① 目前的反腐力量除了比较分散外，还缺乏权威性和独立性。这是因为：其一，纪委和行政监察部门在行政序列或者级别地位上低于同级党委和政府，这使得监督主体相较于监督对象而言不具备基本的"对称性"或"优越性"，监督的权威性大打折扣；其二，监督主体在人事或财政上往往受制于地方，丧失了应有的独立性。②

改革后的监察委员会直接由人大产生，此举的目的在于提高监察机关的权威性和独立性，有利于实现体外监督、异体问责。从法律地位上看，虽然表面上监察委与"一府两院"是平行的，但是考虑到其本职工作就是履行监察职能，其监察的对象范围包括"一府两院"，因此有人认为，"这在某种意义上使其成为高于

① 2014年年底，最高人民检察院副检察长邱学强在接受新华社采访时，坦言反贪局在制度方面存在的问题："最高检反贪总局自1995年成立以来，一些影响办案成效的问题逐渐暴露出来，特别是机构设置不合理、力量分散、案多人少、统筹乏力、装备落后等问题日益凸显，已经不能完全适应反腐败斗争新形势的需要。"

② 在实践中，监察机关的干部人事、财物经费都由地方政府控制，监察机关在工作中缺乏应有的独立性，影响了监察的权威性。就检察机关而言，虽然近年来开展了有关"人财物省级统管"的司法改革，但是其依法独立行使职权的能力依然受到不小的挑战，尤其以地方政法委干预办案为突出特征。参见席志刚：《国家监察委：点燃政治改革的引擎》，载《中国新闻周刊》，2016（12）；陈卫东：《司法机关依法独立行使职权研究》，载《中国法学》，2014（2）。

‘一府两院’的综合监察力量”[①]。这不仅意味着监察机关的宪法地位和政治地位提高了，更意味着监察权威的提升和监察独立性的增强。

2. 监察委员会的性质

由人大直接产生监察委员会的机制使以往的“行政纪检监察”上升为“国家监察”，监察委员会成为平行于政府、司法机关的专门国家机关。那么它到底是怎样的国家机关呢？应当如何予以准确定位呢？首先，它不属于党的机构，只是在工作方式上与党的纪律检查机关合署办公，从以往经验来看一般是“一个牌子，两班人马”[②]；其次，它也不属于行政机关，此次改革的一个重要目的就是确保监察委员会在吸收、保留行政监察职能的同时，从政府序列中分离出去，以确保监察职能的独立性；最后，它更不属于司法机关，不具备“中立性、终局性和消极被动性”[③] 等若干司法要素特征。虽然检察院的职务犯罪侦查部门转隶到监察委员会，但是并不意味着监察委员会获取了司法属性，实际上，监察委员会对于涉嫌犯罪的贪腐案件只享有调查权而非侦查权，只能将案件移送司法机关处理，更不享有审查起诉的权力。

中央推行此项改革的总目标是为了建立集中统一的反腐败机构，形成权威高效的国家监察体制。[④] 监察委员会的基本定位是独立的国家监察机关，其属性是专门的国家反腐败工作机构，区别于纪律、行政和司法机关。对监察委员会的性质予以准确定位显得非常重要，这不仅关系到其法律和政治地位的问题，还牵涉“程序定位、证据效力和职能衔接”的关键问题，需要严格把握。

（三）监察委员会的职能

根据《试点决定》第 2 条的规定，监察委员会行使监督、调查和处置三项基

---

① 王丛虎、翟继光等：《聚焦国家监察体制改革试点》，载《财政监督》，2016（23）。

② 中央明确提出，监察委员会与纪委合署办公。合署办公后，原来纪委职能达不到的地方，或者无法实施的地方，现在可以通过监察委员会以国家机关的名义依法实施。这样既扩大了监察的覆盖面，为监察委员会办案提供了法律依据，也确保了纪委实施党内监督各项措施的合法性。党的机构和国家机关合署办公的体制具有中国特色，但具体如何合署办公，值得深入研究。

③ 陈卫东：《应然与实然：关于侦检权是否属于司法权的随想》，载《法学》，1999（6）。

④ 参见马怀德：《国家监察体制改革的重要意义和主要任务》，载《国家行政学院学报》，2016（6）。

本职能，并赋予其保障监察职能有效履行的12项调查措施。

对于调查职能应当作何理解呢？有学者认为，监察委员会行使的调查权可以分为一般调查权和特殊调查权，其中前者是对违纪和一般违法行为（如行政违法）进行调查的权力，即纪律、行政调查权；而后者是对职务犯罪行为进行调查的权力，即职务犯罪侦查权。① 这种解读有一定的合理性，但并不完全准确。首先，监察委员会的调查权是一项整体性权力②，在完成职能的转隶与整合后，监察委员会统一行使对于贪腐案件的调查权，对于违纪、违法和涉嫌犯罪的案件采取相应的调查手段，并作出实体处置或者程序移送的决定③；其次，监察委员会的基本定位是专门的国家监察机关而非侦查机关，调查职能是即将出台的《国家监察法》赋予其的专有职能，不受《刑事诉讼法》的调整，不具有侦查权的属性。

对于处置职能应当如何理解呢？《试点决定》指出："监察委员会对于职务违法和职务犯罪行为进行调查并作出处置决定，对涉嫌职务犯罪的，移送检察机关依法提起公诉。"可见，监察委员会的处置职能分为实体性处置职能和程序性处置职能。由于监察委员会与纪检委合署办公，因而对于违纪、违法（一般违法）案件可直接作出实体处置的决定，即纪律、行政处罚；但是对涉嫌职务犯罪的案件，监察委员会予以调查后只能作出移送司法处理的程序性决定。

在监察委员会可采取的12项调查措施中，对留置措施值得作进一步研究。对于留置措施我们并不陌生，根据《人民警察法》的规定，在符合一定条件的情

---

① 参见陈光中：《监察体制改革需启动系统修法工程》，见财新网 http：//china.caixin.com/2017－01－17/101044638.html，最后访问时间：2017－01－17。

② 此次的改革由中纪委牵头推行，明确提到办理的是违纪、违法和涉嫌犯罪的案件，而非刑事案件，行使的是调查权而非侦查权。虽然监察委员会内部也会存在相应的职能分工，但是这并不意味着其行使的调查权具有两种不同的性质。

③ 新设立的监察委员会办理的案件主要是违纪、违法和涉嫌犯罪三类案件，行使的职能是监督、调查和处置。其中，实体处置仅限于违法和违纪案件，对涉嫌构成犯罪的案件它没有权力处置，必须移交司法处理。

况下，人民警察可以对涉嫌违法犯罪的嫌疑人采取盘问、留置的措施。[①] 它是一项行政强制措施，目的是维护社会治安秩序。新形势下的留置权将被赋予新的内涵[②]，并交由监察委员会行使，以发挥类似于刑事强制措施的功能。从性质上看，留置措施是监察委员会享有的专门调查措施，不同于行政强制措施，也不同于刑事强制措施。随着留置措施被写入《国家监察法》，以往的“双规”和“两指”手段有可能被取代，办案方法将进一步规范化和法治化，以兼顾打击贪腐和保障人权的双重价值，彰显党和政府在宪法和法律范围内活动的原则。

二、监察委员会成立后需要研究的重要问题

对于监察体制改革，不仅要研究行政法和宪法的问题，还要研究刑事诉讼法的问题，尤其是涉及检察权的内容以及制度衔接的问题。关于监察委员会，行政法学的专家研究较多，他们对于监察委员会的宪法和行政法方面的问题把握得比较得当，但是涉及刑事诉讼的问题可能存在解读不当的地方，需要厘清。

（一）监察委员会办理案件的程序定位问题

职务犯罪侦查权被剥离后，如果由监察委员会行使，在监察体系内其是否还被称作职务犯罪侦查权，其内涵外延有无变化，以及用何种方式履行和表现，这些都还有待进一步研究明确。[③]

我们注意到，上文中提及的12项调查措施最终都归结为调查权而非侦查权，这是有原因的：首先，如上文所述，监察委员会的性质是专门的国家反腐败工作机构，不是刑事侦查机关，其行使的权力是对于违纪、违法和涉嫌职务

---

① 《人民警察法》第9条第2款规定，“对被盘问人的留置时间自带至公安机关之时起不超过二十四小时，在特殊情况下，经县级以上公安机关批准，可以延长至四十八小时，并应当留有盘问记录。”

② 根据以往的经验，纪委机关调查案件的期限一般是3个月，监察机关调查案件的期限一般是6个月，必要的时候可以延长。因此，留置的期限可能是3个月左右，经审批可能延长至6个月。参见《监察委员会“留置”措施解析》，见 http：//www.360doc.com/content/16/1226/20/34701701_617876246.shtml，最后访问时间：2017－02－13。

③ 《监察体制改革中检察院的机构、人员转隶等问题》，见监察委前沿，http：//mp.weixin.qq.com/s/we_iD6C22CCIyrXmSlmBRQ，最后访问时间：2017－01－19。

犯罪的案件的调查权，而不是侦查权①；其次，对于涉嫌职务犯罪的案件，改革的设计者将相关的调查程序定位为专门的监察程序，是独立于刑事诉讼之外的程序；再次，对监察制度予以规范和调整的法律是即将出台的《国家监察法》，该法具有国家基本法的地位，而《刑事诉讼法》显然无法对监察活动予以规制。因此，从改革的基本情况来看，监察委员会办理的案件不是刑事案件，而是违纪、违法和涉嫌犯罪的"监察案件"。在这一基本前提下，以下几个问题将需要解答：

刑事诉讼程序何时启动？既然监察案件是独立于诉讼之外的，那么刑事案件只有在监察委员会向检察机关移送案件之时才正式启动。当然，检察机关是否予以立案还要看审查的具体结果，对于不符合立案条件的应当退回监察委员会或者不予立案。检察机关能否直接作出撤销案件的决定呢？答案应当是否定的，这是因为，该案件尚未进入诉讼程序，检察机关无权对监察委员会所立的案件予以撤销，不能行使实体决定权。此外，由于检察机关不再享有职务犯罪侦查权，一旦检察机关作出立案的决定，案件将随即进入审查起诉程序。由此将引出一个值得深刻探讨的问题，即刑事案件能否没有侦查程序？②

律师能否介入监察程序中？有学者认为，"既然调查活动包含了侦查，并且在程序上与检察院的审查起诉阶段相衔接，那么公职人员接受调查时就应当允许辩护律师介入。"③ 该观点是值得商榷的，根本原因在于其没能认识到监察程序具有不同于刑事诉讼程序的特殊性，律师显然无法依照《刑事诉讼法》的有关规

① 有人认为，"监察委员会所拥有的权力，简单来说，就是目前《行政监察法》赋予的所有权力加上《刑事诉讼法》赋予检察机关的侦查权，而侦查权是监察委员会履行调查职责的重要权能"。吴建雄：《全国约有5万检察官转隶到监察委，检察院有补充侦查权》，见澎湃新闻 http://mp.weixin.qq.com/s/usFupgIKJz_5P_VDDJr88A，最后访问时间：2017－01－15。这种观点显然是不成立的，监察委员会的特殊性决定了其办理的案件并非刑事案件，而是独立的"监察案件"，其行使的是调查权而并非侦查权。

② 对于自诉案件来说，确实不存在侦查阶段，甚至没有审查起诉阶段。但是对于公诉案件呢？职务犯罪案件进入检察机关后能否按照"立案、审查起诉和审判"的诉讼流程进行呢？这些问题值得研究。

③ 陈光中：《监察体制改革需启动系统修法工程》，见财新网，http://china.caixin.com/2017－01－17/101044638.html，最后访问时间：2017－01－17。

定介入其中，除非《国家监察法》予以授权，否则律师只能在检察机关立案后才能介入。笔者并非反对律师的介入，而是从客观的角度对当下的监察制度作出解读。笔者认为，由于职务犯罪的监察调查程序实质上替代了原职务犯罪侦查，宪法及刑事诉讼法对于侦查阶段辩护权的保障也应当然适用于调查阶段，国家监察法的立法也应对此予以明确。

监察委员会可否采取刑事强制措施？有学者认为，“以后，监察委也许可以使用刑事拘留、逮捕甚至监视居住等手段”①。该观点也是值得商榷的。新形势下，检察院内部要成立一个职务犯罪检察部门，以对应监察委员会移送的案件。它既要对是否立案予以审查，也要考虑是否将留置措施转化为刑事强制措施，包括取保候审、监视居住、逮捕等。在案件尚未进入刑事诉讼阶段的情况下，监察委员会无权直接决定适用或者申请适用刑事强制措施，只能选择适用专门的留置措施。

（二）监察委员会移送证据的效力问题

《试点方案》指出，要“建立监察委员会与司法机关的协调衔接机制”。这种“协调衔接机制”的作用在于实现“监察案件”向“刑事案件”的转变，从而使监察委员会调查涉嫌职务犯罪案件时所收集的证据能够顺利地进入刑事诉讼程序当中。从改革设计的基本思路来看，监察委员会在办理涉嫌职务犯罪案件的过程中，通过实施一系列的调查措施可以收集相关证据，这些调查来的证据实际上将成为今后检察机关提起公诉和法院作出判决的主要依据。如上文所述，监察委员会行使的是调查权不是侦查权，其办理的案件也非刑事案件，那么有一个问题便不能避而不谈：一般而言，人民检察院提起公诉以及法院作出判决所依据的证据只能是通过正式的刑事诉讼程序所收集或提交的证据，那么，监察委员会的调查程序作为独立于刑事诉讼之外的程序，其收集的相关证据能否直接被认定为刑事证据呢？如若不能，是否可以通过一定的方式予以转换呢？

监察委员会作为刑事诉讼之外的主体，其收集的证据是不能够直接作为刑事

① 《“法定职责必须为，法无授权不可为”马怀德解读国家监察委员会》，见南方周末网，http：//www.infzm.com/content/120901，最后访问时间：2017—01—17。

证据使用的。根据《行政监察法》和《行政处罚法》的规定，政府监察部门（行政部门）调查的案件涉嫌犯罪的，应当移送司法机关依法处理。① 虽然两部法律对于案件的管辖分工和移送机制作了初步的规定，但是有关纪检行政机关收集的证据进入刑事诉讼程序之后的效力如何、司法机关应当作出何种处理的问题却找不到法律上的依据。对此，2012 年《刑事诉讼法》修改时专门作出一条规定，即“行政机关在行政执法和查办案件过程中收集的物证、书证、视听资料、电子数据等证据材料，在刑事诉讼中可以作为证据使用”②。由此，行政机关收集的若干实物证据，可以直接作为刑事证据使用。过去基于贪污腐败类案件具有一定特殊性，其调查工作一般首先由纪律监察机关负责，相关证据的收集工作也主要是在该阶段完成。但是，由于纪检监察合署办公，因而由其收集的证据以行政机关的名义直接作为刑事证据使用，现行体制不存在障碍。《刑事诉讼法》第 48 条第 3 款规定：“证据必须经过查证属实，才能作为定案的根据”。“查证”是指司法机关经过法定的程序，对证据能力和证明力等情况进行审查，以确定是否符合合法性和刑事证据资格的要求；“作为定案的根据”是指作为认定案件事实，作出是否移送起诉、是否起诉等决定和判决、裁定的依据。③ 那么，新设立的监察委员会，能否效仿这种方式来解决证据的移送问题呢？

很显然，答案应当是否定的。正如上文中所提到的，新成立的监察委员会不是行政机关，也非司法机关，而是独立的国家监察机关，其属性是专门的国家反腐败工作机构。虽然监察委员会与纪委仍然是合署办公，但是以监察委员会的名义移送的证据已经不再是“行政证据”而是“监察证据”，相关证据的效力和移送问题已经不能适用《刑事诉讼法》第 48 条第 3 款的规定。除非《刑事诉讼法》作出修改，否则监察机构移送的证据会重新面临“尴尬”的境地，依然要接受司法机关的审查和转化。

---

① 参见《行政监察法》第 44 条和《行政处罚法》第 22 条。

② 《刑事诉讼法》第 52 条。

③ 参见郎胜主编：《中华人民共和国刑事诉讼法修改与适用》，111～114 页，北京，新华出版社，2012。

（三）检察机关的侦查权问题

案件由监察委员会移送后，职务犯罪检察部门对相关证据、材料予以审查，并根据审查的不同结果作出相应的处理。对于不符合立案、起诉条件的，虽然不能直接撤销案件，但是可以作出不立案、不起诉的决定。但是对于案件事实不清、证据存在疑问的案件，检察机关能否直接侦查或者补充侦查呢？这就牵涉检察机关职务犯罪侦查权的一系列问题。

1. 检察机关是否还是侦查机关的问题

《试点决定》指出，将试点地区人民检察院查处贪污贿赂、失职渎职以及预防职务犯罪等部门的相关职能整合至监察委员会，监察委员会调查涉嫌贪污贿赂、滥用职权、玩忽职守、权力寻租、利益输送、徇私舞弊以及浪费国家资财等职务违法和职务犯罪行为并作出处置决定，对涉嫌职务犯罪的，移送检察机关依法提起公诉。更为引人注目的是《试点决定》第3条的内容，即暂时调整或者暂时停止适用若干条文中关于检察机关对直接受理的案件进行侦查的有关规定。由此可以看出，《刑事诉讼法》所赋予人民检察院对直接受理案件的侦查权已被全部废止，至此，检察机关原有的自侦、批捕、起诉和监督四大职能已只剩下三项。有学者认为，“检察院拥有的侦查权、批捕权、公诉权，国家监察委员会并不继受行使。监察委员会的调查权不会取代检察院的侦查权，性质上也不同于侦查权”[①]。这种认识不完全准确，原因是：其一，该观点的合理之处是把握了监察委员会的特殊定位，认识到监察委员会的调查权在性质上不属于侦查权；其二，该观点对于刑事诉讼的问题的把握存在不当之处，认为检察院仍然享有侦查权。

检察系统内也有人在研究侦查职能转隶的问题，笔者在与他们的沟通交流中了解到两种观点：一种是“此次的检察体制改革针对的是贪污和腐败案件，《试点决定》只是将反贪、反渎和预防腐败的职能整合到监察委员会，而对于职务侵权类案件，检察机关仍然拥有侦查权”；另一种是“虽然检察

① 马怀德：《国家监察体制改革的重要意义和主要任务》，载《国家行政学院学报》，2016（6）。

机关的反贪、反渎和预防腐败职能部门被转隶和整合，但是检察机关得以《刑事诉讼法》的相关规定行使机动侦查权”。可以说这是值得认真研究的一个问题。作为职务类犯罪，渎职和侵权的实现方式有所不同，前者是消极不作为，后者是积极作为。虽然《刑法》将它们进行区分，但是在司法实践中，渎职和侵权的案件都是由反渎部门立案侦查的。既然《试点决定》已经明确将检察院的反贪、反渎职能转隶、整合至监察委员会，那么检察机关就没有正当的理由对职务侵权案件的侦查权予以保留。但目前也的确有监所部门对刑讯逼供、体罚虐待等犯罪不宜由监察部门办理的案件，这些案件仍应由检察机关侦查。至于“机动侦查权”是指《刑事诉讼法》第 18 条第 2 款规定的“对于国家机关工作人员利用职权实施的其他重大的犯罪案件，需要由人民检察院直接受理的时候，经省级以上人民检察院决定，可以由人民检察院立案侦查”。“机动侦查权”实际上是以检察机关对于职务犯罪案件享有侦查权为基础的，是一种侦查权基础上的延伸规则。但是，在检察机关“褪去侦查权外衣”的情况下，这种延伸规则已经不复存在，正所谓“皮之不存，毛将焉附”。

从整体上来看，将检察机关的职务犯罪侦查职能整合到监察委员会的做法是具有合理性的。长期以来，我国的检察监督存在一个重大弊病：在检察监督模式下，检察机关集侦查主体与侦查监督主体于一身，自侦监督沦为自我监督和同体监督。[①] 监察体制改革后，有关职务犯罪案件的调查权由监察委员会行使，检察机关只负责案件的审查起诉工作，从根本上改变了检察机关“既当运动员又当裁判员”的局面，体现了“分工与制约”的应然价值，有利于公诉和检察监督工作的顺利开展，增强了法治反腐的公信力。

2. 检察机关是否拥有补充侦查权的问题

《刑事诉讼法》第 171 条第 2 款规定：“人民检察院审查案件，对于需要补充

① 参见刘计划：《侦查监督制度的中国模式及其改革》，载《中国法学》，2014（1）。

侦查的，可以退回公安机关补充侦查，也可以自行侦查。”[①] 该条款仅就公安机关侦查案件的退回补充侦查程序进行了规定，并未就职务犯罪案件的退回补充侦查进行专门规范，“再加上职务犯罪案件退回补充侦查夹杂了侦查一体化与检察机关上下级领导关系的因素，显得尤为复杂和富有争议”[②]。对此，《人民检察院刑事诉讼规则（试行）》第 381 条规定：“人民检察院公诉部门对本院侦查部门移送审查起诉的案件审查后，认为犯罪事实不清、证据不足或者遗漏罪行、遗漏同案犯罪嫌疑人等情形需要补充侦查的，应当向侦查部门提出补充侦查的书面意见，连同案卷材料一并退回侦查部门补充侦查；必要时也可以自行侦查，可以要求侦查部门予以协助。”《试点决定》第 3 条中暂时调整或者暂时停止适用的条款并不包括《刑事诉讼法》第 171 条，因此，检察机关对于公安机关负责侦查的案件仍然享有补充侦查的权力。监察委员会成立后，检察机关不再是侦查机关，也不再保留任何与职务犯罪相关的侦查权，导致有关职务犯罪案件侦查权的规定将自动失效。那么在新形势下，从刑事立法的角度来看，如果职务犯罪检察部门对监察委员会移送的案件予以审查后发现事实不清、证据不足，需要补充证据材料的，是否有权予以补充侦查呢？此侦查与移送起诉前的侦查有差异吗？

就公安机关负责侦查的刑事案件而言，检察机关并不享有侦查权，但是其可以根据《刑事诉讼法》第 171 条的规定行使补充侦查的权力。实际上，检察机关的补充侦查权并不依附于侦查权，而是公诉权所派生出来的应有权力。补充侦查程序也并不是我国刑事诉讼程序中的必经程序，而是为弥补侦查程序的不足而启动的程序。以往的职务犯罪案件中，负责补充侦查的主体是检察机关公诉部门的

---

① 该条款是有关检察机关补充侦查权的规定，有两种解决途径：一是退回公安机关，由公安机关补充侦查；二是自行侦查。“退回补充侦查”是指对那些犯罪事实不清、证据不足，或者有遗漏罪行和其他需要追究刑事责任的人，可能影响对犯罪嫌疑人定罪量刑的案件，可以将案件退回公安机关，由公安机关进行补充性侦查；“可以自行侦查”是指案件只是有部分证据需要查证，而自己又有能力侦查或者自行侦查更有利于案件正确处理的，由人民检察院自己补充侦查。参见郎胜主编：《中华人民共和国刑事诉讼法修改与适用》，307～310 页，北京，新华出版社，2012。

② 苏宏伟、冯兴吾：《职务犯罪案件补充侦查的实证分析——以安徽省宣城市检察机关查办职务犯罪实践为样本》，载《中国刑事法杂志》，2010（8）。

公诉人员，而不是侦查部门的侦查人员，后者只是在案件退回补充侦查的时候才参与其中。中国的检察官被赋予中立的司法官地位，承担着维护司法公正的“客观义务”[①]，公诉部门的审查起诉工作应当最终满足“事实清楚，证据确定充分”的要求。因此，在审查起诉的过程中如果发现需要补充侦查的，公诉部门可以自行补充侦查，也可以退回侦查部门补充侦查。因此，检察机关职务犯罪侦查权的剥离不会影响到公诉部门相关权力的行使，公诉部门在审查起诉时应当享有上述权力。

三、新形势下检察工作的重点方向

新形势下，检察机关的职务犯罪侦查职能被整合至监察委员会，检察机关的主要业务分为三大块，即审查批捕、审查起诉和法律监督。其中，审查批捕和审查起诉是诉讼职能，法律监督是监督职能。对于以上两种职能，检察机关应当“两手抓，两手都要硬”。

（一）推动侦诉一体化建设

监察体制改革使得检察机关不再是侦查机关，侦查权与检察权的分离问题是涉及检警关系的重要命题，需要作出进一步的深入研究。

“现代的刑事程序吸取了纠问程序中国家、官方对犯罪追诉的原则（职权原则），同时保留了中世纪的无告诉即无法官原则（自诉原则），并将这两者与国家公诉原则相联结，产生了公诉人的职位：检察官。”[②] 随着诉讼职能分工的不断细化，侦查职能从公诉职能中分离出来，由侦查机关直接或间接行使。可见，在检警一体化的模式下，侦查权就是检察权的应有内涵，换句话说，侦查权是检察权的一种派生权力，检察官拥有天然的侦查权，警察只是受委托或指令代为行

① 检察官的客观义务是指，检察官应定位于中立的司法官，“以真实和正义为目标，以合法性和客观性为行为准则”。陈卫东：《转型与变革：中国检察的理论与实践》，42 页，北京，中国人民大学出版社，2015。

② ［德］拉德布鲁赫：《法学导论》，米健、朱林译，122 页以下，北京，中国大百科全书出版社，1997。

使。但是我国目前实行警检分离模式，侦查权和公诉权是两个不同性质的权力，所以公诉权并不能必然派生出侦查权。所以，如果我国审判前程序构造沿着警检一体化的方向发展，那么检察机关必然会取得对于刑事案件的侦查权或者侦查指挥权。

“侦、检双方关系的设置并非是随意的，它要反映诉讼规律的基本要求。”[①]笔者早在2002年就曾发文指出：“检察机关的基本职能是公诉，检察权在本质上主要表现为公诉权。应该按照检察机关就是公诉机关的思路去改革司法制度，建立以公诉机关为核心、主导的审判前程序，同时改革现行的逮捕和其他侦查措施的审查批准制度。”[②] 历时十五载，该观点仍然得以指引当下的司法改革方向，也符合“以审判为中心”诉讼制度改革对于合理改造审判前程序的基本要求。[③]问题的关键是，我们如何朝着这个方向发展？这其中面临的一个很大的问题就是法律障碍。《宪法》和《刑事诉讼法》规定了三机关“分工负责、互相配合、互相制约”的原则，这使得侦查、起诉和审判被截然地划分为独立的三个阶段，也使得侦查与公诉之间应有的紧密关系发生了断裂。将来刑事诉讼的模式应当按照审判程序和审前程序的划分方式进行构建。在审判前程序中，应当确立公诉机关的主导地位，公诉机关为了公诉的需要应当有权指挥、指导侦查活动的进行，这里主要是指对侦查机关、侦查人员在收集证据、固定证据方面予以指挥、指导，尽量减少司法实践中将侦查结果做成“夹生饭”的情况。所以下一步的主要任务应当是进一步研究我国的警检关系问题，推动警检一体化的建设。

当然，司法制度的变革不可能一蹴而就，法治转型的要素需要通过制度演化来渐进性培育。在司法审查机制缺失的情况下，如果贸然进行警检一体化改革，将唯一的侦查监督主体转化为侦查主体，很有可能“进一步弱化了检察监督，不利于侦查合法性的提升”[④]。就目前的检警关系改革而言，打破“分工负责、接

① 刘计划：《检警一体化模式再解读》，载《法学研究》，2013（6）。

② 陈卫东：《我国检察权的反思与重构——以公诉权为核心的分析》，载《法学研究》，2002（2）。

③ 以审判为中心背景下的审前程序改革和审判程序改革同样重要。参见陈卫东：《以审判为中心：当代刑事司法改革的基点》，载《法学家》，2016（4）。

④ 龙宗智：《评检警一体化——兼论我国的检警关系》，载《法学研究》，2000（2）。

力办案”的固有模式并关注检察介入侦查的研究是一个不错的选择。检察机关提前介入侦查程序中引导取证，有利于发挥公诉职能在审判前程序中的引领作用，有助于突破“警察主导”的侦查模式。2011 年 8 月 30 日由第十一届全国人大常委会第二十二次会议审议的《刑事诉讼法修正案（草案）》专门加入第 113 条，规定“对于公安机关立案侦查的故意杀人等重大案件，人民检察院可以对侦查取证活动提出意见和建议”。虽然 2012 年《刑事诉讼法》没能保留该条款，但这在一定程度上反映出立法者对于检察引导侦查取证问题的重视。因此，对该命题值得作进一步的研究。

（二）推进逮捕诉讼化改革

“以审判为中心”诉讼制度的改革是一项系统化的工程，不仅关乎审判程序的改造，也涉及审判前程序中权力架构的重塑。随着监察体制改革的推进，检察机关的职务犯罪侦查权被剥离，剩余的三项基本职能中还有可能被调整或剥离的就是审查批捕职能。据笔者所知，早在 2012 年《刑事诉讼法》修改时，有关批捕权到底划归法院还是检察院的问题就被高层认真考虑过。虽然这一职能目前仍然由检察机关行使，但是并不意味着检察机关可以“一劳永逸”。实际上，在司法审查机制已经成为法治现代化重要标杆的背景下，中国的刑事审判前程序的改造也必将顺从这一国际化趋势。[①] “从理论上讲，从长远目标看，仍然需要进一步研究、理顺关系，实现突破性进展，并考虑建立中国式的司法审查制度。”[②]

党的十八届四中全会在《中共中央关于全面推进依法治国若干重大问题的决定》（以下简称《决定》）中提出要“完善对限制人身自由司法措施和侦查手段的司法监督”，以加强“人权司法保障”。值得注意的是，《决定》所用的措辞是“司法监督”而非“法律监督”，这表明这种监督模式不同于以往的检察监督，是一种“司法化”或“诉讼化”的监督模式。因此有人认为，这将为将来建立对于刑事强制措施等侦查行为的司法审查机制创造改革的空间，并且可以预见，包括

① 根据《公民权利和政治权利国际公约》第 9 条的规定，人身自由是犯罪嫌疑人的一项基本权利，非经司法审查不得被随意剥夺。

② 樊崇义：《提高理论认识把握监督重点》，载《人民检察》，2010 (3)。

审查批捕在内的一些重要的程序决定权将交由法院行使。[①] 在这种机遇和挑战并存在情况下，检察机关应当“放下包袱”，将更多的精力放在其他工作上，尤其是确保法律赋予的批捕职能能够有效地行使，同时改革逮捕程序，以实现提高逮捕质量和有效保障人权的两重目的。在相关改革举措中，“逮捕诉讼化”的改革试验较为引人注目。[②]

很显然，“逮捕诉讼化”是相对于“逮捕行政化”而言的。中国目前的逮捕程序具有强烈的行政化色彩，这种“行政治罪”的做法使逮捕的程序功能被严重“异化”，实践中滥用逮捕措施的情况并不鲜见。再加上“捕押合一”，中国的刑事逮捕程序在很大程度上违背了程序正义和人权保障的基本理念。在赋予法官司法审查权尚缺乏必要的制度条件和实践经验的情况下，负有客观中立义务的检察官应当担当起“逮捕诉讼化”改革的重任。

“在诉讼化构建的问题上，程序的设计远比主体的选择更加紧迫。”[③] 但是，为了最大限度地实现听证程序的司法化，检察机关内部应当采取“捕诉分离”的工作机制，确保公诉主体与逮捕主体的分离。为了缓解员额制改革带来的人员压力，提高办案效率，一些省市开展了“捕诉合一”的检察改革，“这种做法将审查逮捕与控诉两个职能结合为一体，根本上动摇了审查逮捕程序的正当性基础”[④]。中国的检察机关是一个具有特殊属性的主体，其行使的审查批捕权和公诉权分别具有司法权和行政权的性质，分别代表着中立性和追诉性的价值取向。如果由公诉部门的检察官担当审查逮捕的主体，很可能导致逮捕程序的追诉主义倾向，审查批捕去行政化的任务也将难以完成。因此，检察机关在关注逮捕制度改革的同时，应当积极寻求科学合理的程序设计，防止与“诉讼化”的方向背道而驰。

---

① 参见高一飞：《检察反贪部门转隶监察委员会有利于侦查法治化》，见东方法眼，http：//www.dffyw.com/faxuejieti/ss/201611/41743.html，最后访问时间：2017－03－11。

② 近年来，中国人民大学刑事诉讼与司法改革研究中心致力于推动逮捕程序的诉讼化改革，陆续在上海、重庆、成都、安徽等地开展了“逮捕诉讼化、司法化”的试点工作。

③④ 闵春雷：《论审查逮捕程序的诉讼化》，载《法制与社会发展（双月刊）》，2016（3）。

（三）完善法律监督工作

尽管国家监察体制改革给检察机关带来了非常大的冲击和影响，但是从《宪法》和《刑事诉讼法》上来看，检察机关作为法律监督机关的地位和属性并没有改变。因此，职务犯罪侦查权的剥离并不会降低检察机关在国家法律体系中的地位，但是，“一旦排除了法律监督权，那么，检察机关就只能成为代表国家承担控诉职能的公诉人”[①]。在当前形势下，检察机关应当牢牢把握住法律监督这一重要职能，加强和改进法律监督工作。

1. 科学探讨、界定监督的范围

传统上的检察监督主要集中在诉讼监督领域，但是随着依法治国的推进，特别是十八届四中全会《决定》对检察监督范围的拓展，使得检察机关的法律监督从诉讼监督扩展到非诉讼监督。《决定》明确指出，检察机关在履行职责中发现行政机关违法行使职权或不行使职权的行为，应该督促其纠正。这一点较为引人注目，它使得检察机关在对行政权进行监督的时候获得了较为直接、明确的依据。有人将这种监督解读为“自上而下的监督”，认为检察机关的法律地位和监督权威获得了提升，甚至在某种意义上高于行政机关。且不论这种解读是否正确，至少有一点可以明确，那就是检察机关的法律监督内涵进一步丰富，法律监督职能进一步强化。但是，从目前来看，检察机关的法律监督依然集中在司法权领域，对于行政权的监督，相关的法律法规和改革实践明显不足。[②] 检察机关不仅面临着权力被剥离的境况，而且对于被赋予的新的权力似乎也没能牢牢把握。[③] 因此，在对该问题进行深入的理论探讨的同时，可以在适当的时候拿出“改革方案”，由“两高”报全国人大常委会批准后开展试点工作。

另一个重要的问题是，检察监督的范围能否涵盖国家监察委员会？笔者认为这一问题无须讨论，不能覆盖。如上文所述，监察委员会不是司法机关也非行政

---

① 陈卫东：《实然与应然：关于侦检权是否属于司法权的随想》，载《法学》，1999（6）。

② 参见万春：《认真研学〈决定〉破解法律监督难题》，载《人民检察》，2014（22）。

③ 问题的关键不是权力被限缩，而是检察机关享有的法定权力没有得到有效的行使。正如《刑事诉讼法》第47条和第115条赋予了检察机关的司法救济职能，但是在司法实务中，检察机关的这一职能往往被“虚置”，并没有发挥应有的权力制约作用和权利救济作用。

机关，即使检察机关法律监督的内涵从过去的诉讼监督扩展到了行政监督，监察委员会也并非检察监督的对象。那么对于监察委员会的权力应当如何予以监督呢？有学者认为，“监察委员会的权力将会受到体外的检察院的监督，要建立监察委员会、检察院和法院之间的递进式的相互监督关系”①。“国家监察委员会移交给检察院的案件，如果检察院认为不构成犯罪，有权撤案②或者不批捕，这就是一种司法监督。对国家监察委员会做出的决定或者采取的措施，检察院有权实施法律监督，这也是一种司法监督。”③ 以上两种观点是值得商榷的，因其没有认识到：其一，监察委员会不是检察监督的对象；其二，混淆了“监督”和“制约”的概念。④ 实际上，检察机关作出起诉或不起诉的决定与法律监督并没有必然的联系，“不论检察机关是否拥有法律监督者这样的‘桂冠’，法律都应当赋予其上述诸项权力，因为这是一个公诉机关所必须拥有的最基本的权力”⑤。

2. 完善监督的方式和路径

以往的法律监督没有成形的办案组织和程序，法律监督的方式具有一定的任意性和欠规范性。近期在重庆举办的监察改革对话会议上，笔者曾提到监督方式改革的问题。整体而言，虽然设立和调整内设机构并不是检察改革的重点方向，但是有关“法律监督办案组织”的创新路径可谓完善法律监督方式的一个不错的选择。首先，要建立健全办案组织。由于法律监督不是检察官的个人行为，而是由检察机关代表行使，应当以办案组织的形式统一行使监督权力。其次，运用调查思维办理监督案件，使监督事项案件化，对监督线索开展调查，核实细节。⑥再次，丰富监督手段。检察监督可以借鉴监察委员会试点方案中提到的谈话、询

---

① 郝铁川：《监察委员会设立的法理透视》，载《法制日报》，2017－01－18。

② 如上文所述，检察院无权撤销监察委员会移送的案件，所以，此观点存在不妥之处。

③ 马怀德：《国家监察体制改革的重要意义和主要任务》，载《国家行政学院学报》，2016（6）。

④ 制约不等于监督。监督是自身不能行使任何职能，只能对第三方的执法行为提出意见，而且监督者本身不能行使监督问题的处置权，监督是提出建议，让有权的机关去纠正。让检察机关承担公诉职能的同时再去行使法律监督权的做法是违背基本法理的。

⑤ 陈卫东：《我国检察权的反思与重构——以公诉权为核心的分析》，载《法学研究》，2002（2）。

⑥ 可以借鉴南京、上海等地检察机关检察院创造办案模式来实施法律监督的做法，下发监督案件办案规范指南，对立案监督案件和侦查活动监督案件单独立卷，一案一卷一规范，确保案件监督的成功率。

问、讯问、冻结、调取、查封等调查手段，争取在《人民检察院组织法》中明确列出上述权力。这些权力很重要，实际上发挥着类似于《刑事诉讼法》中强制侦查措施的作用。

此外，要建立诉讼职能和监督职能适度分离的办案机制。虽然检察机关的诉讼职能和监督职能都统一于《宪法》所赋予的检察权，但是“两者在权力指向、行为方式和程序后果等方面都存在诸多差异”①。两种职能在属性上存在对立性，不能兼容于同一个主体。根据一般的监督规律，监督者本身不能行使任何职能，不能对监督事项直接行使处置权②，只能对第三方的执法行为提出意见和建议，让有权的机关去纠正。让检察机关在承担诉讼职能的同时再去行使法律监督权的做法是违背一般监督规律和基本法律逻辑的。例如，侦查监督部门在负责批捕工作的同时还要对立案活动和侦查活动进行监督，这是一种集诉讼职能和监督职能于一身的做法。可想而知，在对立案和侦查的合法性担负了一定的监督责任的情况下，一旦案件到了提请批准逮捕的阶段，检察机关如果不予以批准逮捕，岂不是等于否定了自己的监督工作？这将置侦查监督部门于进退两难的境地。再如，如果由公诉部门行使审判监督职能，那么是不是意味着作为控诉方的检察官将拥有凌驾于法庭之上的权力呢？很显然，这种做法是违背诉讼基本规律的。③

因此，在检察权的运行过程中应当认识到两种职能之间的对立性，检察制度改革也应当确保二者间的分离，避免出现内设机构的“角色冲突”问题。当然，两种职能之间的分离只是相对的，而非绝对的。不同的职能部门之间存在工作互动的可能性，如通过信息、资源共享的方式可实现共赢，公诉部门获得的监督线索和监督部门发现的证据漏洞，分别是对方所需要的重要信息。

3. 强化侦查监督实效

国家监察委员会成立以后，检察机关不再行使侦查权，与之相对应的侦查监

① 陈卫东、程永峰：《新一轮检察改革中的重点问题》，载《国家检察官学院学报》，2014（1）。

② 当然，监督者不直接行使处置权并不意味着监督不具有强制效力，实际上，在监督的过程中可以实施带有强制性的监督手段，监督的结果也具有相应的约束力。

③ 参见刘计划：《检察机关刑事审判监督职能解构》，载《中国法学》，2012（5）。

督的内涵也随之发生改变。由于监察委员会不行使侦查职能，其调查权也非检察监督对象，因而检察机关目前的侦查监督所指向的案件仅仅是公安机关负责侦查的案件。这使得检察机关的侦查监督工作迎来新的机遇：首先，职务犯罪侦查权被剥离后，侦查监督工作不必再面对“同体监督、自我监督”的质疑；其次，检察机关可以将更多的精力放在提高侦查监督实效的工作上。当然，在迎来机遇的同时，侦查监督工作也面临着不小的挑战，需要检察机关适时予以应对。根据公安机关负责侦查、检察机关负责起诉这一接力型“分工负责”基本关系的原则①，我国的侦查模式属于“警察主导侦查模式”②。该模式下，检察机关无法介入侦查程序，侦查监督除了具有滞后性的特点外，还面临着刚性不足、缺乏实效的困境，应从完善监督手段和明确法律后果两个方面着手来解决问题。

通过丰富和改善监督手段以增强监督力度。目前的监督方式多是事后的书面审查形式，针对违法侦查行为，检察官多以口头纠正的方式提出监督意见，这种监督往往是“有去无回，石沉大海”，起不到纠错效果。即使检察机关向违法部门和人员发出更为正式、规范化的纠正违法意见书，也会由于缺乏不执行的法律后果，因而侦查人员往往消极应对。对于发现的违法监督事项，应当根据不同性质作出不同处理，积极探索监督方式、方法，有效强化监督的力度。一是将口头纠违书面化。对于发现的程序性瑕疵问题和轻微违法行为，除以口头方式通知纠正外，还应当以定期书面通报的方式向侦查部门集中提醒。③ 二是建立纠违反馈制度。对于严重违法的侦查行为，除了制作具有正式性、严正性的纠正违法通知书（意见书）外，还应当要求被监督部门及时反馈纠违情况，不能不了了之。

明确拒不履行监督意见（通知）的法律后果，确保违法监督决定的贯彻执

---

① 我国《宪法》第135条和《刑事诉讼法》第7条均规定，人民法院、人民检察院和公安机关在刑事诉讼中的关系为“分工负责，互相配合，互相制约”。

② 瑞典学者布瑞恩·艾斯林认为，检警关系在侦查模式中有比较典型的体现。世界上存在的侦查模式可分为三种：（1）警方检察官模式，指警察侦查犯罪并负责起诉；（2）检察官引导模式，指检察官在刑事侦查活动中起主导作用；（3）警察主导模式，指警察主导侦查但将案件的起诉工作移交给检察官。参见［瑞典］布瑞恩·文斯林：《比较刑事司法视野中的检警关系》，侯晓焱译，载《人民检察》，2006（22）。

③ “我们设立了定期提醒和发出纠正意见书两种监督方式，既使侦查人员易于接受，又提升了口头纠正违法的刚性。”周斌：《在公安机关全面设立侦查监督检察室》，载《法制日报》，2016—03—11。

行。只有这样，才能使检察机关的纠正违法监督获得实质拘束力。这种拘束力表现为，一旦相关的违法侦查行为被检察机关发现并作出纠正通知，那么作为被监督对象的侦查机关及其相关人员应当作出纠错回应，否则将产生相应不利后果。这种不利后果或者责任形式可以包括：（1）对于拒不执行检察机关监督意见的，检察机关可以建议公安机关、监察机关追究相关人员责任。情节轻微的，限期纠正或给予行政处分；情节严重应当追究刑事责任的，移送违法证据并建议追究刑事责任。[①]（2）将违法监督执行情况作为对公安民警办案质量和执法规范化考核的重要参考依据，只有这样，才能督促违法者认真执行监督意见或决定。（3）在关乎案件能否顺利开展的时候，检察机关可以建议有权单位更换办案人员。[②] 公安机关对于更换办案人员的检察建议应当予以审查，发现确实存在违法办案需要更换办案人员的情况，应当及时纠正违法行为并更换相关人员，同时将处理结果向检察机关进行书面反馈。只有从多个方面明确责任形式，才能增加侦查人员的“违法成本”，使其有所顾忌而不敢违法。

第五节　检察官办案责任制改革探究

检察官办案责任制改革是新一轮司法改革的一项重要内容。党的十八届四中全会《决定》也明确提出“完善主审法官、合议庭、主任检察官、主办侦查员办案责任制，落实谁办案谁负责”。实际上，最高人民检察院早在2013年12月就印发了《检察官办案责任制改革试点方案》，对建立以主任检察官制度为主要内容的检察官办案责任制改革试点工作进行了具体部署。2014年1月至2014年12月，检察机关在全国7个省份的17个检察院以保障检察机关依法独立公正行使检察权为目标，以突出检察官办案主体地位为核心，以建立权责明确、协作紧

① 随着监察体制改革的全面铺开，对于在侦查程序中发生的渎职、滥用职权的案件不再由检察机关行使侦查权，而是由监察部门负责调查。

② 参见万春：《以深化改革为契机增强侦查监督能力和实效》，载《人民检察》，2010（3）。

密、制约有力、运行高效的办案组织模式为基础，以落实和强化检察官执法责任为重点，试点了主任检察官办案责任制。2015 年 2 月，最高人民检察院《关于深化检察改革的意见（2013—2017 年工作规划）》（以下简称《意见》）中进一步明确要“深化检察官办案责任制改革”。

当前的检察官办案责任制改革中，需要研究以下几方面的问题：

一、关于员额内检察官的职权

应当看到，这是司法改革中如何界定检察权及其运行机制这样一个根本性的问题。检察权和审判权的问题不可同日而语，审判权的运行比较单一，它的运行方式和规律可以说没有争议；但是检察权不然，世界各国的检察机关的设置不一样，检察权的属性不一样。所以在国际视野中我们找不到对应的参照，尤其中国检察权又是世界独一无二的，怎么界定这个权力要靠我们的智慧去探寻中国检察权的特质。我认为这个问题到现在还没有一个清晰、明确的结论，很多情形是在改革中、在研讨中不断地去认识的。比如，我们看到这轮改革经过分类管理以后，形成了员额内和员额外的检察官、司法辅助人员、司法行政人员，以及检察长、检察委员会。在这样的格局下，这些不同的主体应当行使哪些权力？检察职能是多元的，不同的检察职能行使权力的方式是截然不同的。例如，审查逮捕属于司法权，2012 年《刑事诉讼法》修改以后赋予检察机关司法救济的权力也是一种司法权力。但是自侦却带有非常明显的行政属性，而行政权力的运行和司法权力不一样。法律监督是什么属性？它应划分到行政的范畴还是司法的范畴，还是独立于司法与行政的第三种属性？这些问题都需要我们很好地研究。

总体而言，检察院的办案主体是一个，这就是检察官，而所有的检察官通过改革分成员额内与员额外。检察机关办案最基本也是行使权力最重要的主体就是入额的检察官，应当说他们有依法独立行使检察权的权属。按照《意见》，除了重大、疑难以及涉及社会影响面大等需要检察长决定，或者检察委员会讨论决定的事项外，检察官都有权独立行使检察权，当然也需要对其作出的决定承担责任。检察长在我国检察权力运行体制中非常特殊，也非常重要。从刑诉法的条款上看，检察院很多的权力都被赋予了检察长，那么检察长决定与检察官的独立办案是什么关系呢?

这样一种既矛盾又统一的关系要求检察长在法定赋予的权限范围内依法履职，依法作出决定。这种决定不是任性的，也绝不是没有后果的。要把检察长的决定纳入法制化的轨道，所有的决定都应当书面化；办案检察官服从检察长的决定，检察长对后果承担责任。当然，检察委员会作为检察院的最高决策机关，由它讨论决定的重大事项，无论是检察长还是办案检察官都应当执行。

在不同的检察职能中，检察官这种独立办案责任制的方式也有所不同。反贪自侦部门侦查权的运行主要是一种行政化的办案方式，所以，取消科处这种层级化的改革，在自侦案件中是不适当的。因为自侦案件绝不是检察官个人单兵作战，它往往是一个团队作为整体，从立案到侦查计划的制作，从抓捕到取证，特别是一些重大、疑难案件，往往涉及复杂的社会关系和较强的反侦查能力，不是一个检察官能办的。所以，侦查权力的行使需要团体作战和自上而下的统一指挥，而在批捕、起诉中，就应当主要强调办案检察官个人独立的作用。

任何国家和地区的检察机关都是由检察官、检察辅助人员以及司法行政人员构成的，这是一个有机体系。当我们把改革的关注点集中在员额检察官的时候，一定不能忽视另两个主体，即检察辅助人员与司法行政人员，必须解决好他们的定位、职责、待遇。检察辅助人员，顾名思义，就是辅助检察官检察工作的助理人员，而司法行政人员则是负责具体处理检察院行政事务的工作人员。从《意见》出发，这两者的职权是十分清晰的，即检察辅助人员处理的是检察业务之事项，而司法行政人员处理的则是行政事务；因此，在管理上也各需体现其职权性质的属性。对于检察辅助人员，其工作应当对检察官负责，受检察官管理，尤其于办案组内，检察辅助人员应当对交办检察官负责。而司法行政人员处理的是行政事务，他们应对管理行政事务的正副检察长、部门领导负责，并由相关领导干部对其进行管理。

一般而言，检察辅助人员应有别于公务员编制，该职业本身的定位是以遴选为检察官作为其职业前景。一些试点地区规定，从事检察辅助人员工作 5 年以上的，才有被遴选为检察官的资格。在检察辅助人员序列内的，应当以单独的职级与晋升标准对其进行评定，并制定低于检察官但高于司法行政人员的工资标准。遴选为检察官后其工作年限亦应当计入，但编制则列入检察官序列，以检察官标准进行考评；未能进入检察官员额的则继续以原有身份进行考评与职级晋升。司法行政人员则较为复杂，一部分是经公务员考试进入检察系统，另一部分则是检察机关在社会上公开招聘的人员。对于具有公务员身份、占有编制的司法行政人员，应当按照低于检察辅助人员高于普通公务员的标准对其进行考评与晋升评级，除不能担任检察业务部门领导职务外，其与行政单位的公务人员无异；而对于聘任的司法行政人员，由于不涉及职级晋升，聘任单位则应当自行确定考核与加薪的标准。

检察官助理实质上也属于检察辅助人员，与以往的助理检察员不同，检察官助理不能独立办案，仅为检察官的业务活动提供辅助性支持，完成检察官交办的事项。检察官与检察辅助人员、司法行政人员在职权关系上，简而言之：检察官管理、领导相应的检察辅助人员进行工作，检察辅助人员以其工作向相应的检察官负责；检察长与部门行政主管指挥管理司法行政人员处理行政事务，司法行政人员向其部门领导与检察长负责。

二、主任检察官制度运行中存在的问题

主任检察官制度虽然在理论上与实践中都不同程度地展现出了一定的优点和意义，但是也存在一些绕不过去的症结，需要我们在改革中予以面对并解决。

（一）主任检察官与行政部门负责人之间的关系厘定不清

之所以在深化检察官办案责任制改革的过程中，经过主诉检察官改革的失败，转向主任检察官，是希望通过主任检察官办案模式的转变，进而理顺检察官与检察长和检委会之间的关系。但是在改革的过程中，以“主任检察官”为主导，带领一部分检察官形成一个办案组织，但依然保留着部门负责人的职位和权

力。虽然表面上好像是将检察权与服务于检察权的检察行政事务权予以区分，进一步理顺了检察权的内部运行机制。但在具体运行中，由于主任检察官与检察长之间存在一个具有行政职务的部门负责人，因而这些部门负责人在行政管理过程中又不可避免地与这些主任检察官以及他们负责的案件产生某种关联。虽然各地都进一步明确了二者的权限范围及遇有争议时的处理，如部门负责人对主任检察官办理的案件，认为主任检察官作出的决定不当时，可以提出本人的倾向性意见，有些还进一步规定，可以将本人的倾向性意见同主任检察官的意见，以及主任检察官联席会议意见一并呈报检察长，供检察长参考，等等。但由于各种配套制度目前还不是特别完善，例如，传统的行政晋升渠道没有改变，具体的职责范围还比较模糊，在这样的情况下，主任检察官与部门负责人的关系问题始终没有办法完全理顺。而这样的双规制运行模式，一旦长时间持续下去，很容易使行政化管理模式和一种异化了的三级审批制重新回归，主任检察官不敢甚至不愿意独立办案，而重新回到行政化的旧有格局中去。①

（二）检察官的办案主体地位彰显不足

《决定》明确提出要“落实谁办案谁负责”，在检察改革的过程中，要“以落实和强化检察官执法责任为重点”“明确各层级的办案责任”。在主任检察官试点的过程中，各试点单位都注重将“主任检察官”的责任予以明确。但是在改革实践当中，在主任检察官之下再设检察官的做法需要进一步考量。事实上，“在主任检察官的办案模式下，主任检察官并不亲力亲为组内的所有案件，但他们又要为这个组内的所有案件负最终责任；他们既要对组内行使必要的领导和指挥权，又要尊重办案检察官起码的独立性”。这种改革着实让人摸不着头脑，作为主任检察官的检察官，要领导和指挥组内检察官办理案件，而自己不亲自办理，在领导和指挥的同时又要保证被领导或者被指挥的检察官的办案独立性，还要为自己团队中检察官办理过的案件负责。这又走回了“决定者不办案，办案者不决定”的改革起点。

① 参见张栋：《主任检察官制度改革应理顺“一体化”与“独立性”之关系》，载《法学》，2014(5)。

在检察官办案责任制的深化改革中，本是让检察官回归案件、实现办案者决定，决定者负责，到头来办案检察官却还要受“主任检察官”的领导和指挥。而主任检察官的这种领导和指挥在我国意味着什么，自不多说，而检察官的主体地位能否得到彰显令人担忧。

（三）检察官、检察长与检察委员会的职责分工不明确

《决定》或者《意见》对检察官、检察长和检察委员会在执法办案中的职责权限都没有进行明确，甚至在一些试点省市的试点方案中，也未对三者的职责权限予以明确。这就不由得让人产生一定的困惑，在实现检察独立的道路上，检察官的独立性究竟该如何体现？检察一体化原则该如何彰显？而检委会的权力又该怎么去体现？

检察改革的过程中，我们追求检察独立，但是也不能忽视检察一体。在执法办案的过程中，不仅要尊重检察官的独立性，还要服从检察长的指挥，更要对检委会的意见予以重视。但是当三者存在冲突的时候，又该如何运作，则是需要理顺的问题，然而目前的主任检察官的改革方案并没有给我们答案。甚至在改革实践中，出现的状况依旧是“换汤不换药”的简单重复。而之所以出现类似的局面，主要是因为主任检察官的设置没有真正体现检察规律①，主任检察官的改革不但没有实现检察官的独立性，反而使其行政化色彩更浓。②

（四）主任检察官称谓的行政等级色彩浓厚

“主任检察官”的称谓具有浓厚的行政色彩。因为“主任”一词，不管是通过正规词典的解读，还是在我国日常用语中，其含义都具有极强的行政色彩。而事实上，“主任检察官”这一称谓源自我们的认识误区。“主任检察官”这一词是舶来品，源自对国外检察官称谓的翻译，更为恰当的译法应当为“首席检察官”。在德国，首席检察官是检察首长的代理人，既办理案件，

---

① 当前，我国检察机关实行以“检察人员承办，办案部门负责人审核，检察长或者检委会决定”的“三级审批制”［郑青：《对主办检察官办案责任制的几点思考——以湖北省检察机关的改革实践为范本》，载《人民检察》，2013（23）］，但是在现在的承办检察官之上，又加上了主任检察官的审核。

② 我们要防范形成一个强势的主任检察官带领一组唯唯诺诺的检察官的这样一种弱势格局。参见张栋：《主任检察官制度改革应理顺“一体化”与“独立性”之关系》，载《法学》，2014（5）。

也处理一些行政事务，但是他对其他的检察官办理的案件并不具有决定权。我国台湾地区“主任检察官”制度也存在弊端，不仅在称谓上，在运作中行使的职权也是行政化的案件核阅权，案件的处理原则上需要经过“主任检察官”的核阅和盖章才能够生效。因此，台湾地区学者早就明白指出“主任检察官”只不过是检察首长指挥、监督检察官的“行政幕僚”而已，根本就是“空的”“是盖章的”①。这也就意味着我们是在用处理行政事务的具有行政色彩的“主任检察官”来称谓专门负责案件办理、强调独立自主性的检察官，这明显是不恰当的。

三、主办检察官制度运行中可能的优势

通过对主任检察官制度改革的分析，我们认为其不足以“落实谁办案谁负责”的办案责任制，更不能彰显检察官的独立地位。既然是办案责任制，就该将责任与案件挂钩；既然是检察官办案责任，就应当将责任与检察官挂钩；既然是要追究责任，就应当将责任与职权挂钩。

与主任检察官制度改革相比，笔者一直主张将“主办检察官制度”作为检察改革的方向。所谓“主办检察官制度”，就是承认每一个具体承办案件的检察官的独立性，由具体承办案件的检察官独立自主决定案件的处理结果，每个承办案件的检察官就是“主办检察官”。与主任检察官制度相比，主办检察官制度的优势在于：

（一）“主办检察官”的称谓更加科学合理

“主办检察官是检察机关根据执法办案需要设置的一种执法岗位，而不是职务；是一种能力席位，而不是一个机构；主办检察官的办案决定权来源于法律规定、检察长授权。”② 与“主任检察官”相比，“主办检察官”这一称谓是从检察

① 林山田主持：《刑事诉讼法改革对案》，356页，台北，元照出版公司，2000。

② 郑青：《对主办检察官办案责任制的几点思考——以湖北省检察机关的改革实践为范本》，载《人民检察》，2013（23）。

业务的角度而言的，不是一个“领导”职务，没有行政化色彩。这有助于祛除检察体系内部的行政化色彩。而且，“主办检察官”这一称谓也可以涵盖所有的检察业务，避免了“主诉检察官”仅涉及公诉业务的缺陷。因此，从这两个角度来看，“主办检察官”的称谓更加科学合理。

（二）主办检察官制度体现出检察官办案的亲历性

司法讲究一种亲历性，只有亲历亲为，方能完全掌握整个案件的来龙去脉，正确地查明案件事实并在此基础上作出正确的决定。在检察权的运行过程，只有让办理案件的检察官决定，才能激发其积极性；让作出决定的检察官负责，才能保证其办案过程中的审慎性，而只有将积极性和审慎性相结合，才能保证案件质量、提升办案效率。而主办检察官制度正是让每一个承办案件的检察官都作为主办检察官，赋予其根据自己亲自办案案件所形成的内心确信而自主决定案件结果的权力，在办案检察官之上并不存在“主任检察官”或者“部门负责人”等来决定案件的处理。这就祛除了萦绕在检察官之上的各种行政审批或变相的行政审批，确保了司法的亲历性，实现了“让办案者决定，让决定者负责”，契合了亲历性原则的要求。

（三）主办检察官从根本上承认了个体检察官的独立性

与主任检察官是遴选出来的少数被赋予独立自主性的检察官，且拥有指挥监督办案组内的检察官职权不同，在主办检察官制度下，任何一个办理案件的检察官都是“主办检察官”，其都可以在法律和检察长授权范围内独立自主地决定案件的处理结果。主办检察官是检察官办理案件时的称谓，并不是一个职务，其职责权限就是办理案件。可见，主办检察官能够从整体上赋予每一个个体检察官以独立自主性。

（四）主办检察官制度削弱了检察机关内部的行政等级体系

在主办检察官制度下，主办检察官办理案件的时候，除了法律明确规定需要检察长或者检委会作出决定或者授权的事项，主办检察官在执法办案中有着完全的自主性。这就协调好了主办检察官与部门负责人之间的关系，废除了部门负责人的案件审核权；也可以削弱检察机关内部的行政等级体系，将个体的检察官从繁杂的行政层级中解放出来，更加符合检察改革的方向。

（五）主办检察官制度实现了权责的统一

“让办案者决定，让决定者负责”是检察改革的目标。这也意味着要确保权责利的一致性。实现权责利的统一，不仅是法治建设的追求，也是司法改革的目的。在主办检察官制度下，真正决定案件结果的是每个亲自处理案件的检察官，即主办检察官。这就彻底实现了“让办案者决定，让决定者负责”的检察改革目标，真正做到权责一致。这有助于激发检察官的办案积极性，为检察官队伍专业化、职业化、精英化建设打下基础。[①]

四、检察官的办案组织形式

办案组是检察机关办理案件的一个基本组织形式，这个问题过去并没有引起足够的重视，也没有认真研究。本次司法改革提出了这个问题，我觉得非常重要。现行法律对检察机关的办案组织没有具体规定，这跟法院不同。法院的审判组织在诉讼法中写得非常清楚：独任制、合议制，再加上审判委员会，而检察院没有。所以检察院改革难就难在这里，有很多问题需要从头开始。法院在这轮改革中，首先就提出主审法官、合议庭办案责任制，这非常明确，然而检察机关呢？既然和法院一样都是在办案，要办案就一定会有办案的组织形式，过去检察院的办案组织形式是以经办检察官为基本承办案件的第一人，然后层层审批，检察长决定、检察委员会讨论决定。在这样一个检察机关高度行政化的办案组织形式下，检察官的主体地位荡然无存，沦为一个上令下从的落实者。现在回过来看，我们在改革中提出以下问题：到底该不该有办案组？办案组应该是怎样一种运作模式？这要取决于检察机关办案的实际需要，通常来讲，大多数的案件都是可以由入额的检察官独立承担的。

我认为，检察机关的办案组织，首先就是主办检察官，这跟法院的主审

① 参见徐汉明、金鑫等：《主办检察官负责制的框架设计与核心要素——关于湖北省检察机关试行检察长领导下主办检察官负责制的考察》，载《人民检察》，2013（19）。

法官相对应。主办检察官拥有承办案件的决定权，按照法律规定和权力清单的边界行使权力；但是也有很多案件一个人无法胜任，就需要两个人或两个人以上，所以这会产生检察机关办案的第二种形式：办案组。所以，我认为，将来检察机关的办案组织形式就是主办检察官、检察组办案。这是我第一次明确提出“检察组办案责任制”的观点，与法院的合议庭相对应，作为组成检察机关办案的另一种形式，要把办案组和主办检察官并列为检察机关两大办案组的形式。当然还有检察长、检察委员会，但是它们不是常态化的办案组织，而是在出现法律规定的情形时，由检察长来决定或者提至检察委员会来讨论决定。

这个办案组怎么来构成呢？在法院，合议庭构成是明确的，一审案件是三人组成合议庭，二审案件是三人或五人单数；合议庭办案责任制也很明确，就是由作出判决或裁定决定持多数观点的人来负责，所以它一定会是一个多数（单数），或三人或五人。但是检察院的办案组情形不一样，我不同意检察机关的办案组为了形成多数意见一定要三人这种看法，很多情况下两个人就可以。这个决定谁来做？两个人。这就是我认为检察权特别的地方：两个人组成的办案组，如果二人意见一致就作出共同决定；如果二人意见不一致，报请检察长决定，检察长决定不了提请检察委员会讨论决定，谁决定谁负责，这就解决问题了。

那么，办案组是固定的还是不固定的？目前，有法院在推行“1＋1＋1”或“＋N”的办案模式，实行固定的合议庭办案模式。我认为合议庭不能固定，虽然固定有一定的好处，但久而久之会同质化，形不成应有的制约；同理，检察办案组也绝不宜固定。在侦查阶段办案组可以固定，而且一定要这样，由于搭档长期办案协作，需要对彼此的风格特点以及脾气都了解得很清楚。但是在检察和法院司法业务中这绝不能固定，因为案件类型不一样，需根据案件不同的性质来具体确定。所以，我的观点是检察办案组应当是临时的，就像合议庭一样，因案而组，结案而撤。

五、如何监督检察官依法正确履行检察职权

对于员额内检察官的监督，应当奉行以案件监督为主、以行为监督为辅，以内部监督为主、以外部监督为辅的原则。员额制检察官需要对案件质量终身负责，这不仅是司法责任制的要求，也是保证检察业务质量的核心内容，应当予以重点考量。而行为监督则是在办案过程中，对检察官不当行为进行的一种监督，这也是司法责任的重要来源之一。内部监督是指检察院内部通过对检察官行为监管、案件质量考评的方式实行的监督方式，由于检察官的业务行为主要发生于检察机关内部，以该方式为主进行监督符合实际情况。而外部监督则是通过人民监督员、人大、政协以及公民投诉等方式进行的监督，这种监督途径也具有重要意义。

授权与监督并非一个维度的问题，授权不会导致监督效能的降低，而监督也不会导致授权的无效化。虽然在监督的手段上，由于层级审批模式的取消，减少了对案件质量监督的一个流程；但总体上而言，由于办案责任终身制，监督以及监督措施的力度实质上并未减弱。要确保监督效果的实现，必须从监督机制本身入手来进行设计与改进。具体而言，可以从三个方面进行设计：首先是案件质量监督机制，可从日常检查、办案督导与纪检监督三方面入手；其次是检察长与检察委员会对案件实行的直接监督，由于实行检察长负责制，检察长可以随时要求检查检察官的案件办理情况，并实施监督；最后是保持与完善人民监督员、人大、政协等外部监督机制，使内外部监督都能发挥实效。

六、检察官独立与检察一体之间的关系

要求检察官独立办案并承担责任，并不意味着否定检察一体或者排斥检察长的领导，实际上，检察官独立仍然是在一体化的检察体制之下的独立，仍然要接

受检察长的领导。但是基于对检察官办案独立性的最低保障，必须要将检察长的领导纳入法治轨道，即实现检察长指令的法治化。[①] 具体而言：首先，应当统一检察长指令的行使，明确检察长的指令应当以书面的形式作出，如果因为时间紧迫而无法及时作出，应当在事后第一时间补正。其次，赋予指令执行人以一定的异议权，提醒检察长注意指令可能存在的不合法、不合理的地方。但是提出异议并不意味着可以不执行检察长的指令，恰恰相反，只要检察长作出指令，相关检察官即便有异议也必须服从。但如果事后证明检察长指令有误而检察官又及时提出异议的，则检察官无须就执行错误指令承担责任。需要指出的是，不管是检察长的指令，还是检察官提出的异议，都应当附卷备查。最后，明确检察长错误指令或者违反程序作出指令的责任，并规定追责程序，这有助于实现检察权运行的透明性、规范性，也会提高检察长下达指令的审慎性，避免不必要的干预。

对于检察官与检委会之间的职责权限范围划分，尚没有明确的界定，在相关法律规范中也找不到明确的答案。例如，我国《刑事诉讼法》第 87 条中规定，“人民检察院审查批准逮捕犯罪嫌疑人由检察长决定。重大案件应当提交检察委员会讨论决定”。《人民检察院检察委员会组织条例》第 4 条规定，“检察委员会讨论决定重大案件和其他重大问题”[②]。但是何为“重大案件”并没有清晰的界定。这种界定方式容易为检察委员会不当介入留下制度隐患。特别是在我国的现实司法环境下，承办案件的检察官受现行的业务考核和责任追究体系的限制，甚至是法外干预或者社会舆论的影响，在案件处理过程中往往面临巨大风

① 参见陈卫东：《司法改革背景下的检察改革》，载《检察日报》，2013—07—23。

② 《人民检察院检察委员会组织条例》(2008 年修订）第 4 条将检察委员会讨论的重大案件和其他重大问题细分为八项，分别是：(1）审议、决定在检察工作中贯彻执行国家法律、政策和本级人民代表大会及其常务委员会决议的重大问题；(2）审议、通过提请本级人民代表大会及其常务委员会审议的工作报告、专题报告和议案；(3）总结检察工作经验，研究检察工作中的新情况、新问题；(4）最高人民检察院检察委员会审议、通过检察工作中具体应用法律问题的解释以及有关检察工作的条例、规定、规则、办法等；省级以下人民检察院检察委员会审议、通过本地区检察业务、管理等规范性文件；(5）审议、决定重大、疑难、复杂案件；(6）审议、决定下一级人民检察院提请复议的案件或者事项；(7）决定本级人民检察院检察长、公安机关负责人的回避；(8）其他需要提请检察委员会审议的案件或者事项。

险，承受巨大压力，更希望通过检察委员会使不利后果从其个人转由检察委员会集体承担。如果不界定好检察委员会讨论的“重大案件”的范围，检委会作为避难所的责任分担和风险转移的隐形功能将更加突出。这就会从根本上影响主办检察官制度的改革成效。所以在未来主办检察官的改革中，要明确检察官与检委会之间的权责划分，特别是要界定好检委会讨论案件的范围和界限。

第四章

侦查权的理论及其运作

第一节 侦查权的性质与侦查活动的基本原则

一、侦查权的性质

探讨和理解侦查权的性质首先应当明确警察权的性质。从世界立法发展来看，在侦查阶段，一般由警察直接从事刑事侦查活动、收集固定犯罪案卷材料等工作。在我国，公安机关是刑事案件侦查活动的主体，虽然法律规定的能够实施侦查活动的主体有多个类型，除公安机关以外还包括检察机关、国家安全机关、军队保卫部门、监狱等，但是公安机关承担着绝大多数案件的侦查职能。[①] 除刑事案件的侦查以外，公安机关还承担着大量社会治安管理的工作，这些职能互相交织、互相关联，共同构成了警察权。

---

① 根据现行《刑事诉讼法》第 3 条、第 4 条、第 290 条的规定，我国享有刑事案件侦查权的主体包括公安机关、检察机关、国家安全机关、军队保卫部门、监狱内部侦查部门。

警察职责的定位决定了其应当被赋予的权力。任何国家和地区的警察，不管其国家体制和政权性质如何，承担治安行政管理、维护治安秩序以及预防、侦查违法犯罪活动都是其最基本的职责（除此之外，警察也可能承担一些其他职责，比如社区服务的工作，答询问路、扶老携幼、救急救难等。但本书讨论的范围只限于警察的治安管理权和刑事侦查权）。相应的，国家也必须赋予警察履行治安行政管理和预防、侦查违法犯罪职责的相应权力。如我国《警察法》第二章就规定了警察的多项职责和权限，对违反治安管理或者其他公安行政管理法律、法规的个人或者组织，可以实施行政强制措施、行政处罚；对严重危害社会治安秩序或者威胁公共安全的人员，可以强行带离现场、依法予以扣留或者采取法律规定的其他措施等。据此，我们可以把警察的这两方面权力分别称为治安行政管理权和刑事侦查权。前者明显属于行政权的范畴，这在理论界和实务部门内都已经形成共识。但对于警察刑事侦查权的性质，认识上还存在一定的分歧。有观点认为其属于行政权，有观点则认为其应属于司法权。

从司法权与行政权的本质特性来分析，我们认为刑事侦查权在本质上应属于行政权。我们曾在以往的文章中就司法权与行政权作过比较，认为司法权与行政权相比具有“终局性、中立性、独立性、消极被动性、专属性或不可转授性”的明显特性。[①] 具体到刑事侦查权来说，其所具有的显著的行政权属性与司法权所标榜的特征要素明显有别，因此，推行侦查阶段诉讼程序与制度改革，应当在理解刑事侦查权的行政权性质的基础上展开。

首先，从权力本质上来说，司法权是一种判断权，也即对纠纷的事实以及法律的适用进行审查判断的权力；而行政权的本质是执行权，即将国家法律规定的职能目标在社会生活中加以实现的权力。狭义之司法权则指审判权，所谓审判权，乃通过国家审判机关之审理判断，而实现司法权作用之权能。法官的职责就是进行判断，适用法律、解释法律就是进行判断的具体表现。而刑事侦查权在本质上与行政权一样，也在于“执行”，即通过收集确实、充分的证据，

① 参见陈卫东：《我国检察权的重构与反思》，载《法学研究》，2002（2）。

尽可能将所有的犯罪之人交付审判，从而实现宪法和法律维护社会安宁与秩序的职能目标。作为司法权本质的“判断”与作为行政权包括侦查权本质的“执行”，两者是有明显区别的。审判过程中虽然也需要从事法庭指挥甚至进行庭外调查等活动，但其目的都是最终作出事实或法律上的判断。在侦查过程中，侦查人员也要从事一定的判断活动[①]，但这些判断的最终目的也是服务于收集证据以及移交审查起诉这些执行活动的。而且，作为认识活动的判断要求判断者不能带有先验的倾向性，不能为达到某种目的而进行判断。认识活动的主体必须保持客观中立，排斥外来因素的不当影响与干预。在审判过程中，法官既不能追求证明有罪，也不能追求证明无罪。而执行总是相对于某种目标而言的，执行活动的整个过程都是为了实现某种目的，目的既是执行活动的起点，也是执行活动的终点。在侦查过程中，侦查人员的活动目标非常明确，即收集犯罪证据，查获犯罪嫌疑人。

其次，在价值取向上，司法权侧重于公正，而侦查权侧重于追求效率。公正是司法自身的要求，其基本内涵是要在司法活动的过程和结果中体现公平、平等、正当、正义的精神。司法公正包括实体公正和程序公正，前者是司法公正的基本目标，后者是司法公正的重要保障。在刑事诉讼中，审判涉及国家权力与公民个人权利的激烈冲突与对抗，因而司法机关只有确保当事人（控辩）之间权益分配的公平合理，才能真正实现化解纠纷、排解冲突的社会预期。审判活动虽然不能完全置效率于不顾，但效率相对于公正在审判阶段处于相对次要的地位。侦查机关处于同犯罪做斗争的第一线，犯罪分子为了逃避法律的制裁，经常采取种种手段力图逃脱侦控机关的追捕，千方百计地破坏犯罪现场，威胁、引诱证人改变证言，甚至杀死证人、被害人等，因而侦查活动的迅速推进对于确保准确查清案件事实具有极其重要的意义。因此，最大限度提高打击犯罪的效率一直是侦查机关办理刑事案件所不懈追求的目标。

最后，从权力运行的方式来看，侦查权具有区别于司法权的各种行政权特

---

① 如侦查程序正式启动前判断是否有犯罪事实发生以及是否需要追究刑事责任、侦查活动过程中判断是否达到了移送审查起诉的标准等。

征。其一，司法权在程序启动上应消极被动，而侦查权应积极主动。司法权必须被动接受冲突双方的请求，坚持司法的不告不理，这样才能中立、公正地对冲突作出裁断。侦查活动是以收集犯罪证据、查获犯罪人为目标的。为了及时查清案件真相，一旦发生了刑事案件，侦查机关就必须主动采取行动，以查获嫌疑人，及时、准确、全面地收集证据。其二，司法权应保持客观中立，而侦查权具有鲜明的追诉倾向。现代法治理念要求法官既不能倾向于原告，也不能倾向于被告，应当在当事人之间保持客观中立。控审分离的现代刑事诉讼理念要求法官只能客观中立地行使审判职能，而不能行使具有行政权属性的追诉职能。而侦查机关的追诉倾向非常明显，其职责就是行使控诉职能，重点就是收集不利于被追诉人的证据和材料，并努力追求打击犯罪的结果。其三，司法权具有排斥、抵御外来不当干预的独立性，而侦查权的运行则受到上名下从的行政化管理模式的约束。在体制设计中，法官行使权力时个体是独立的，法官除了法律再没有上级，司法的独立性缘于司法必须公正。由于侦查活动所面对的犯罪和犯罪分子瞬息万变，因而侦查机关就必须针对不断变化的犯罪和犯罪分子及时作出相应的侦查决策，并保证所作决策在实践中被迅速执行。为达到这一目标，现代各国都规定侦查机关实行首长负责制，由最高领导者行使决策权。其四，侦查权的行使结果不具备司法权那样的终局性。依据行政权作出的个案决定不是终局决定，当事人可以提出行政复议和行政诉讼。在刑事诉讼中，侦查人员依据侦查权所作的很多决定也不具有终局性的效力，而是要受到司法审查机制的制约。[①] 尽管有人对我们的观点提出过反对意见，但是时至今日，基于司法权的本质特点的分析，经过将之与侦查权的对比考察，我们仍然认为侦查权在本质上属于行政权。

二、侦查活动的基本原则

（一）合法原则

2012 年《刑事诉讼法》第 106 条第 1 款规定："侦查"是指公安机关、人民

---

① 参见刘计划：《逮捕审查制度的中国模式及其改革》，载《法学研究》，2012（2）。

检察院在办理案件过程中，依照法律进行的专门调查工作和有关的强制措施。结合其性质而言，侦查机关开展的侦查活动必须遵循合法性的基本原则。在英国，与合法性原则较为密切的是越权无效原则和自然公正原则。在美国，合法性原则体现为基本权利原则和正当程序原则。[①] 德国的行政合法性原则的两个要素是法律至上和法律要件。日本的行政合法性原则的内涵包括法律优先原则、法律保留原则、司法救济原则。行政机关必须以自己的行为来保证法律的实施。[②] 我国行政法学界对合法性原则一般从法律优先和法律保留两方面进行解读，认为“任何违反行政法律规范的行为属于行政违法行为”“一切行政违法的主体均应承担相应的法律责任”等。[③] 我们认为，根据行政法合法性原则的内涵对侦查活动进行审视需要做到以下几点：

首先，实施侦查活动的主体的职权由法律设定并依法授予。根据《刑事诉讼法》第 3 条、第 4 条和第 290 条的规定，“对刑事案件的侦查、拘留、执行逮捕、预审由公安机关负责。检察、批准逮捕、检察机关直接受理的案件的侦查、提起公诉，由人民检察院负责”。“国家安全机关依照法律规定，办理危害国家安全的刑事案件，行使与公安机关相同的职权。”“军队保卫部门对军队内部发生的刑事案件行使侦查权。对罪犯在监狱内犯罪的案件由监狱进行侦查。军队保卫部门、监狱办理刑事案件，适用本法的有关规定。”这些规定说明除了以上主体外，其他任何机关、团体和个人都无权行使这些权力。刑事诉讼起源、发展的历史正是国家公力救济排除私人追诉、自力救济的过程。私人追诉向国家追诉逐步演变，直至任何犯罪必定引起司法干预之时，刑事诉讼正式产生。[④] 侦查活动作为刑事诉讼的开端，属于国家公权力对犯罪的追诉。国家公权力主体与公民私权利的不

---

① 参见王名扬：《美国行政法》，115～116 页，北京，中国法制出版社，1995；［美］Bernard Schwartz，Administrative Law，Little Brown and Company，Boston Toronto，1967.

② 参见王名扬：《法国行政法》，196～198 页，北京，中国政法大学出版社，1989；胡建森：《十国行政法——比较研究》，114～115 页，北京，中国政法大学出版社，1993；［法］G. Vedel，Droit administrative，1984。

③ 参见应松年主编：《行政法学教程》，40～42 页，北京，中国政法大学出版社，1988；王重高：《行政法总论》，9～11 页，北京，中国政法大学出版社，1992。

④ 参见陈卫东、程雷：《刑事程序合法性纲论》，载《法律科学》，2004（1）。

对等关系以及搜查活动、强制措施对公民人身权利、财产权利的侵害性要求对侦查活动的实施主体必须由经过法律明确规定并授权的国家机关相信，对其他任何主体的排他性规定是对侦查权谨慎对待的体现。

其次，侦查行为必须符合法律的规定。这是指法律优先和法律保留原则在刑事侦查活动中的适用。这两项原则从积极和消极两方面对侦查活动提供指引。广义的法律优先正如奥托·迈耶所说，认为法律为国家意志中法律效力最强者。狭义的法律优先原则常被认为是规定法律和行政立法之间关系的原则。法律保留原则是指宪法关于人民基本权利限制等专属立法事项，必须由立法机关通过法律规定，行政机关不得代为规定，行政机关实施任何行政行为皆必须有法律授权。这就要求在侦查过程中讯问犯罪嫌疑人、询问证人、勘验、检查、搜查、查封、扣押物证、书证、鉴定、技术性侦查措施以及强制措施的实施必须依照法律规定执行。刑诉法和其他法律规定的有关适用条件、程序、方式和期限的内容必须严格适用，不得违反法律规定进行变通。刑讯逼供、非法搜查等情况都属于对侦查合法性原则的僭越。对于法律没有规定的内容属于法律保留的范围，侦查机关不得自行创设其他任何形式的侦查措施以及强制措施。

再次，侦查活动强调程序合法性原则。诉讼过程中程序与实体价值的争论由来已久，学界以及实务界对诉讼的程序性价值共识已经形成。由于侦查活动是刑事诉讼的最初环节，开启并推动着整个刑事诉讼活动的进程，侦查机关搜集证据查明案件事实的过程是在履行国家控诉职能。因此，侦查活动理应遵循诉讼活动的精神，即程序合法性原则。形式意义上的刑事程序合法性原则要求任何刑事责任的追究必须依法定的程序进行；而实质意义上的刑事程序合法性原则要求不仅依既定程序进行，而且所依程序是正当程序。尤其是在侦查阶段，犯罪嫌疑人是否有罪并未经过法院的最终判决，侦查活动对嫌疑人权利的限制只能在保证诉讼顺利进行的正当目的内合理展开。“自由的历史很大程度上是遵守程序保障的历史。”为此，法律必须制定具有正当性的程序性措施规范刑事侦查活动的进行，同时，侦查权的行使必须严格依照程序规定进行。还体现了限制国家权力、保障公民权利的内涵。

最后，侦查活动必须接受监督和救济。合法性原则的内容之一是“行政机关必须以自己的行为来保证法律的实施”。在侦查过程中，监督和救济渠道的畅通是侦查活动合法性原则的应有之意。《刑事诉讼法》第 8 条赋予了人民检察院对刑事诉讼的法律监督职能，在侦查阶段包括：（1）对公安机关的立案活动进行监督；（2）对公安机关侦查的案件进行审查，决定是否逮捕、起诉；（3）对公安机关的侦查行为是否合法进行监督。《人民警察法》中还规定了行政监察机关的监督；人民警察的上级机关对下级机关的执法活动进行监督；人民警察执行职务应自觉地接受人民群众的监督。此外，法律在侦查阶段赋予了当事人提出救济的渠道如：侦查人员与当事人存在某种利害关系可能影响案件公正处理的，当事人可以申请回避。侦查期间充分保障犯罪嫌疑人辩护权的实现，赋予辩护律师申诉控告，申请变更强制措施的权利。任何权力的行使都要受到制约，任何涉及对公民权利进行限制的公权力行使都需要赋予相对人对该行为进行救济的渠道。我国法律中对侦查活动进行监督和救济的规定，是侦查合法性原则的体现。

（二）及时、高效原则

侦查工作本身的特点决定了侦查工作必须及时、高效。侦查工作作为刑事司法活动的重要组成，其同样应兼顾惩罚犯罪与保障人权的双重价值。及时、高效原则两种价值在侦查工作中的集中体现，一方面能够促进侦查工作的顺利进行并提高工作质量；另一方面是尊重和保障人权原则的必然考量。侦查工作的任务就是收集证据，查明犯罪事实和查获犯罪嫌疑人，为打击犯罪和预防犯罪、保障诉讼的顺利进行提供可靠的依据。[①] 犯罪分子基于掩藏自己罪行的强烈愿望，一般会积极掩藏、毁灭对自己不利的证据，而且随着时间、环境等因素的影响，侦查活动对案件的还原难度会逐渐增加。

侦查工作的及时开展能够及时搜集案件的证据、查明犯罪嫌疑人。如对犯罪现场的及时勘验能够尽可能地防止因现场被破坏，或证据痕迹消失而影响案情的还原、证据的收集、侦查线索的选定；被害人、犯罪嫌疑人的某些特征、伤害会

① 参见陈卫东主编：《刑事诉讼法学研究》，219 页，北京，中国人民大学出版社，2008。

因肌体愈合或意外情况随时产生变化，如不及时进行检查将影响证据的真实性和相关性；对搜查工作的消极懈怠将为隐匿、毁灭、伪造证据以及犯罪嫌疑人的逃逸提供可乘之机；往往证人的记忆也会随着时间而模糊、消退，需要及时对证人进行询问。除了及时性之外，侦查活动还必须具备高效性的特点，如果说及时性是为了收集具有易逝性的案件线索，那么高效性则是对侦查工作的整体要求，有些刑事案件的被害人一般都遭受了人身、财产性的损害，早日侦破案件能够弥合被害人的创伤，且部分暴力型犯罪、毒品性犯罪或其他严重的犯罪对社会具有持续性的影响，坚持侦查活动的高效原则能够及时控制犯罪的进一步蔓延，保障被害人和广大人民群众的切身利益。

随着人权保障理念的勃兴，刑事诉讼侦查环节的人权保障已经引起世界各国和国际上的普遍重视，我国在刑事立法和司法实践过程中都对此价值予以了重点关照。侦查工作中查明案件事实固然重要，但是未经法院判决任何人不得认定有罪的刑事诉讼法原则决定了犯罪嫌疑人身份的不确定性，且在侦查实务中无辜人员被牵连入案件的情况并不少见。一般从侦查开始之日起就伴随着对涉案财物查封、扣押、冻结的侦查措施或是关涉人身权利的强制措施，侦查工作持续过程中涉案人员的人身财产权利受到持续的限制。目前实务中较为突出的“未决羁押”的问题在很大程度上与侦查环节有关，侦查过程中能拘留的就拘留，能不取保候审的就不取保候审，侦查活动尽量拖至拘留的最后期日方申请取保候审，将侦查的期限用到了极致。这无疑是对犯罪嫌疑人人身财产权的严重侵害，通过强调侦查的高效原则，能够促使侦查工作在较短的时间内完成更多的线索查处，以便早日侦查终结，作出移送审查起诉或撤销案件的决定。这既使不应当追究刑事责任的嫌疑人早日洗脱嫌疑，又使应当移送审查起诉的犯罪嫌疑人早日摆脱诉累。

（三）比例原则

在现代法治国家，比例原则是公法的“帝王条款”。比例原则是调整国家权力和公民个人权利之间关系应当遵循的一项基本准则。比例原则发端于 19 世纪初的德国警察法，其原始含义包括三项子原则：手段符合目的的妥当性原则、手段所造成的损害最小的必要性原则以及手段对个人的损害与产出的社会利益相均衡的原则（又称为狭义比例原则或均衡性原则）。此后，比例原则逐渐延伸到宪法、刑事诉讼法等公法领域。[①] 在刑事诉讼中，依照刑法和刑事诉讼法的规定，对于部分认罪认罚的轻微案件，可相应作出罪处理，包括不立案、撤销案件、不起诉、附条件不起诉、宣判无罪等。这可视为是对比例原则的适用。[②] 除此之外，具体诉讼措施和诉讼程序的采用也涉及如何体现比例原则。刑事案件有严重与轻微之分，对于轻微案件，采用轻缓型诉讼措施和宽松型诉讼程序，对于严重案件，采用严厉型诉讼措施和严格型诉讼程序，方能符合比例原则之要求。从被追诉者的情况看，其人身危险性或社会危险性存在差异，对于人身危险性低的案件，采用轻缓型诉讼措施和宽松型诉讼程序，对于人身危险性高的案件，采用严厉型诉讼措施和严格型诉讼程序，方能符合比例原则之要求。侦查权比例原则又被称为侦查权相应性原则，虽然本质上具有行政权属性的侦查权必须遵循及时、高效和有效的原则，其强度必须足以维持社会秩序、公共安全及消除影响秩序的行为。但是侦查权的限度又必须与维护社会秩序和公共安全、消除影响秩序的行为所需要的力度大小相适应，其强度应当是维持公共秩序所必要的最低限度。这就是侦查权的比例性原则。

侦查权的比例性原则也体现在具体的法律条文之中，如根据我国《人民警察法》第 9 条和公安部《公安机关适用继续盘问规定》，为维护社会治安秩序，公安机关的人民警察对有违法犯罪嫌疑的人员，经出示相应证件，当场采取盘问、检查措施。在当场盘查仍然不能排除违法犯罪嫌疑的情况下，才可以就近将犯罪嫌疑人带至公安机关进一步调查处理，进行继续盘问。根据我国《警察使用警械和武器条例》第 4 条的规定，警察使用警械和武器，也应当坚持相当性原则，“在制止违法犯罪行为时，尽量减少人员伤亡、财产损失”。第 2 条规定，“人民警察制止违法犯罪行为，可以采取强制手段；根据需要，可以依照本条例的规定使用警械；使用警械不能制止，或者不使用武器制止，可能发生严重危害后果的，可以依照本条例的规定使用武器”。第 7、8、9 条分别具体规定了可以使用

① 参见郝银钟、席作立：《宪政视角下的比例原则》，载《法商研究》，2004（6）。

② 参见熊秋红：《认罪认罚从宽的理论审视与制度完善》，载《法学》，2016（10）。

警棍、催泪弹、高压水枪、特种防暴枪等驱逐性、制服性警械，使用手铐、脚镣、警绳等约束性警械以及使用武器的情形。《刑事诉讼法》中关于刑事侦查权的规定更是多处体现了比例性原则的精神，如第117条关于传唤持续时间的规定针对不同性质的时间设置了“不超过十二小时”和“不超过二十四小时”的规定，还要求“保证犯罪嫌疑人的饮食和必要的休息时间”。总则中“强制措施”一章更是综合了各种强制措施的权利侵害性和侦查活动的目的，针对不同的强制措施设定了不同的适用条件。

（四）司法控制原则

侦查权的司法控制原则是指，侦查权应受到司法权的制约，防止其在运作过程中可能出现的偏差和失误。[①] 虽然具体的模式选择存在差异，但是实现对侦查权的司法控制是法治发达国家的普遍选择，司法控制可以分为司法授权和司法救济两部分内容，司法授权是指“侦查机构和侦查官员进行的所有涉及公民权利的活动，必须获得一个中立的不承担追诉职责的机构的授权”[②]。如在英国，对嫌疑人实施逮捕或搜查、扣押等行为，必须事先向治安法官提出申请并提供正当合理的理由，经治安法官许可后方可实施。在美国，基于宪法上的“正当法律程序”，警察要对公民实施逮捕、搜查、扣押、窃听等强制侦查措施，应首先向法官提出申请，证明犯罪行为的发生存在“合理根据”并说明采取侦查措施是必须的，经法官审查符合法律规定方可发放许可令。司法救济，是指嫌疑人及其辩护人如果对有关强制侦查措施不服，可以向某一中立的司法机构或司法官提起诉讼，在诉讼中，司法警察和作出强制措施决定的法官应对强制侦查措施的合法性和正当性作出证明。

在侦查工作中贯彻司法控制原则的理由主要可归纳为三点。第一，保护被追诉人权利的客观需要。侦查机关往往对追究犯罪有着过度的执着，这种执着往往异化为对犯罪嫌疑人的有罪证明的不择手段，这种情况下侦查权对犯罪嫌疑人的人身权利、财产权利具有较强的侵害性。尚且不论被追诉人可能是无罪的，那些

① 参见陈卫东、李奋飞：《侦查权的司法控制探究》载《政法论坛》，2000（6）。

② 陈卫东、李奋飞：《侦查权的司法控制探究》载《政法论坛》，2000（6）。

确实实施了犯罪行为并理应被追究刑事责任的犯罪嫌疑人仍然应该具有获得正当程序对待的权利。但是就被追诉人个人而言，他很难对抗公权力，更不能奢望侦查活动的主体对其权利提供保障。因此应当将侦查活动纳入司法控制的领域，由具有消极、被动、中立属性的司法权为被追诉人权利提供保障。第二，这是正当程序理论在侦查程序中延伸的结果。正当程序的理论要求在审判过程中任何人不能作自己的法官；应当听取双方当事人的意见。随着这一理论向侦查程序的延伸，侦查程序结构也应当采取控、辩、审三方组合的模式。搜查、扣押、窃听、逮捕等涉及公民权利的措施的决定权具有裁判权的性质，理应将其从检警机构手中剥离出来，交给中立的不承担追诉任务的法院或法官行使。第三，这是“司法最终裁决”原则在刑事诉讼中的具体表现。司法最终裁决原则是指，社会纠纷的解决方式有很多，但是由行使司法权的法院以国家的名义对有关各方已发生的权利、义务作出权威的结论。这个结论一旦生效，就有最后的约束力。在公诉案件中，只有经过侦查、审查起诉、审判才能由法院作出有罪无罪的最终判决，但是在侦查过程中，对是否应当采取强制性侦查措施的问题，侦查权会与公民权利产生激烈的冲突，此时侦查机关尽管可以对涉及公民基本权利的事项作出决定，但是其不应具有最终裁决的效力，理应为被追诉人提供寻求司法救济的渠道。

第二节 刑事侦查与人权保障

刑事诉讼过程中，侦查权的行使，尤其是强制侦查行为的实施往往构成对公民宪法基本权利的干预，一旦滥用将产生侵犯人权的后果。基于防范侦查权滥用从而保护基本权利的目的，应当对侦查进行监督，由此学界对建立侦查监督制度的必要性并无争议。[①] 当今世界各国侦查监督制度形成了不同的模式。域外对于强制侦查形成了多元监督模式，除了追诉主体内部检察机关对侦查的监督外，对

① 参见刘计划：《侦查监督制度的中国模式及其改革》，载《中国法学》，2014（1）。

侦查的监督控制主要来自裁判方的法院和辩护方的律师。

一、侦查活动与公民权益的关系

（一）侦查活动对公民权益的限制是必然结果

侦查权的主动性和扩张性必然会导致对公民权利的限制。侦查权的行政权属性决定了其不同于司法权的消极被动性，主动性体现在侦查机关有职责主动发现犯罪并对案件进行侦查，在侦查活动中享有很大的自由裁量权，并以明确的目的性为导向，作出涉及有关侦查程序参与人利害关系的决定。“这种主动性并不只体现在对一些已然发生的犯罪中，而且对一些尚未付诸实施或正在实施的犯罪行为，侦查机关也可采取诱惑侦查、监控等主动性的手段，对犯罪嫌疑人实施侦查。”[①] 此外，侦查权具有极强的扩张性，侦查权的合目的性客观上导致侦查活动以侦破案件为目标，这一点在“由人到案”的侦查模式中尤为明显，侦查机关选定侦查方向或侦查线索后力求抓获犯罪嫌疑人，进而以人为突破口收集案件其他信息、构建案件事实。侦查权实施过程中可能为了达到某一目的，向一些法律没有明文规定或规定模糊的领域主动扩张，这必然会限制公民的权益。

（二）国际公约对侦查活动的规范和共识

20世纪特别是第二次世界大战后，人权保障理念勃兴，尊重和保障人权已经成为一项重要的国际法原则，如何保障公民权益在侦查活动中免遭侦查活动的不正当干预是人权保护命题下不可或缺的重要组成。联合国通过的一系列法律文件中对侦查活动的规范达成了共识，其主要包括两部分：一是联合国大会通过了诸多蕴涵人权保障理念的公约，包括《世界人权宣言》《公民权利和政治权利国际公约》《禁止酷刑和其他残忍、不人道或有辱人格的待遇或处罚公约》《儿童权利宣言》等。二是相关组织机构通过的刑事司法的有关文件，如《联合国关于司法机关独立的基本原则》《关于律师作用的基本原则》《非拘禁措施最低限度标准规则》等。这些文件不但要求各国侦查机关对侦查活动参与人尤其是被指控人给

① 陈卫东主编：《刑事诉讼法学研究》，362页，北京，中国人民大学出版社，2008。

予通行的最低程度的保障，同时要求各国诉讼活动必须赋予诉讼参与人一定的诉讼权利并保证诉讼程序的公正性。

《公民权利和政治权利国际公约》第7条规定：“任何人均不得加以酷刑或施以残忍的、不人道的或侮辱性的待遇或刑罚”。第9条规定了逮捕或拘禁必须按照法律所确定的依据和程序进行，被告有得知理由、申请司法审查、及时接受审判或释放的权利，且对非法逮捕或拘禁的情形获得赔偿的权利。第10条要求对侦查阶段被羁押人员予以区别对待，“除特殊情况外，被控告的人应与被判罪的人隔离开，并应给予适合于未判罪者身份的分别待遇”；“被控告的少年应与成年人分隔开，并应尽速予以判决”。第14条第2款和第3款规定了无罪推定原则和沉默权原则。

《禁止酷刑和其他残忍、不人道或有辱人格的待遇或处罚公约》将“酷刑”界定为：“为了向某人或第三者取得情报或供状，为了他或第三者所作或涉嫌的行为对他加以处罚，或为了恐吓或威胁他或第三者，或为了基于任何一种歧视的任何理由，蓄意使某人在肉体或精神上遭受剧烈疼痛或痛苦的任何行为，而这种疼痛或痛苦是由公职人员或以官方身份行使职权的其他人所造成或在其唆使、同意或默许下造成。”并要求“每一缔约国应确保在任何诉讼程序中，不得援引任何业经确定系以酷刑取得的口供为证据，但这类口供可用作被控施用酷刑者刑讯逼供的证据”。这些规定要求侦查机关将犯罪嫌疑人当做刑事诉讼的主体对待，在侦查活动中不得为逼取口供对犯罪嫌疑人进行精神和肉体上的折磨，也不得施以其他，或实施其他有辱人身和人格尊严的对待。《关于律师作用的基本原则》规定了侦查阶段嫌疑人获得律师帮助的权利，如第1条规定“所有的人都有权请求由其选择的一名律师协助保护和确立其权利并在刑事诉讼的各个阶段为其辩护”。第5条规定“各国政府应确保由主管当局迅速告知遭到逮捕和拘留，或者被指控犯有刑事罪的所有的人，他有权得到自行选定的一名律师提供协助”。第7条规定“各国政府还应确保，被逮捕或拘留的所有的人，不论是否受到刑事指控，均应迅速得到机会与一名律师联系，不管在何种情况下至迟不得超过自逮捕或拘留之时起的四十八小时”。第8条规定“遭逮捕、拘留或监禁的所有的人应有充分机会、时间和便利条件，毫无迟延地、在不被窃听、不经检查和完全保密情况下接受律师来访和与律师联系协商。这种协商可在执法人员能看得见但听不见的范围内进行”。联合国《非拘禁措施最低限度标准规则》鼓励各国应尽量积极制定并监督替代审前拘留的措施，将审前拘留作为刑事诉讼程序的最后手段加以使用。如确有必要，审前拘留的期限不应超过“为斟酌决定撤销诉讼或确定予以起诉的目的”所需的时间，并应以合乎人道的方式和在尊重人的固有尊严的基础上实施此种拘留。嫌疑人应有权就审前拘留问题向司法机关或其他独立的主管当局提出上诉。

此外，被害人在刑事诉讼中遭受不公平待遇的问题也逐渐得到社会各界的关注。联合国大会1985年通过了《为罪行和滥用权力行为受害者取得公理的基本原则宣言》，确认了被害人有取得公理和公平待遇的权利、获得赔偿的权利、取得补偿的权利以及获得援助的权利。

二、我国侦查活动对人权的尊重和保障

随着我国刑事诉讼理念发展，尊重和保障人权已然成为一种新的价值目标。我国政府相继签署了《经济、社会及文化权利公约》《公民权利和政治权利国际公约》《禁止酷刑和其他残忍、不人道或有辱人格的待遇或处罚公约》等一系列涉及侦查程序中人权保障的国际公约。此外，2012年刑事诉讼法的修改使尊重和保障人权理念得到了更充分的保障，在侦查阶段主要包括保障辩护权的行使、严禁刑讯逼供、强制措施适用条件的严格设定、强化对侦查活动的监督等方面。

（一）保障辩护权的行使

其一，现行刑事诉讼法明确规定犯罪嫌疑人在侦查阶段可以委托辩护人，相较于旧法犯罪嫌疑人侦查阶段只能聘请律师提供法律帮助的规定，无疑使律师在侦查阶段的辩护人身份得以明确，对侦查阶段犯罪嫌疑人辩护权的有效行使提供了保障。

其二，完善辩护律师会见程序。辩护律师持“三证”要求会见在押的犯罪嫌疑

人、被告人的，看守所应当及时安排会见，除危害国家安全犯罪、恐怖活动犯罪、特别重大贿赂犯罪案件以外，会见不需要经过许可。这一规定解决了过去长期存在的“会见难”的问题。同时增加了律师会见犯罪嫌疑人时不被监听的规定。

其三，法律援助辩护的深度和广度进一步惠及到了侦查阶段的犯罪嫌疑人。《刑事诉讼法》第34条将法律援助的对象规定为“犯罪嫌疑人、被告人”，意味着将过去在审判阶段提供法律援助延伸至对侦查、审查起诉、审判过程的全覆盖。对申请符合法律援助条件的法律援助机构“应当”指派律师为其提供辩护，“可以”向“应当”的转变，体现的是国家尊重和保护人权的义务性色彩。

（二）强制措施适用条件的严格设定

侦查阶段强制措施的运用固然能够起到防止行为人再次犯罪和危害社会，保障刑事诉讼活动顺利进行的作用，但又涉及公民人身权利的剥夺和限制，因此需要慎重规范，刑事诉讼法修改中对强制措施的完善，既考虑了司法实践中惩治犯罪的需要，较好地解决了强制措施在执行中的问题，又加强了对公民权利的保护。[①] 体现为：明确了逮捕条件；设立了减少羁押的替代性措施；限制了采取强制措施后不通知家属的规定。

首先，明确了逮捕条件。《刑事诉讼法》第79条将以往“发生社会危险性，而有逮捕必要”明确为，对可能实施新的犯罪的，“有危害国家安全、公共安全或者社会秩序的现实危险的；可能毁灭、伪造证据，干扰证人作证或者串供的；可能对被害人、举报人、控告人实施打击报复的；企图自杀或者逃跑的”。同时对有证据证明有犯罪事实，可能判处10年有期徒刑以上刑罚的，或者有证据证明有犯罪事实，可能判处徒刑以上刑罚，曾经故意犯罪或者身份不明的，应当予以逮捕。被取保候审、监视居住的犯罪嫌疑人、被告人违反取保候审、监视居住规定，情节严重的，可以予以逮捕。以上对逮捕条件的具体化为侦查机关适用逮捕这一强制措施设置了明确的标准，有助于防止滥捕或错捕；同时，也为检察机关审查批准逮捕，对公安机关采取强制措施进行监督提供了明确的标准。

---

① 参见郎胜主编：《刑事诉讼法修改与适用》，7页，北京，新华出版社，2012。

其次，设立了羁押的替代性措施。《刑事诉讼法》第72条规定了符合监视居住的六种情形。① 考虑到监视居住对人身自由的限制程度较大，因而将其作为减少羁押的替代性措施，规定了区别于取保候审的适用条件。第73条和第74条是对指定居所监视居住的有关规定。为了避免实际上将犯罪嫌疑人、被告人变相羁押，不利于当事人合法权益的保护，对指定居所监视居住的执行处所、通知家属、委托律师以及人民检察院的监督作了规定。②

最后，严格限制了采取强制措施后不通知家属的规定。根据《刑事诉讼法》第73条、第91条，采取指定居所监视居住和逮捕后，除无法通知的以外，一律应当在24小时内通知家属。此外，对拘留后因有碍侦查不通知家属的情形，将案件种类限于危害国家安全罪和恐怖活动犯罪。而且在有碍侦查的情形消失以后，应当立即通知被拘留人的家属。

（三）严禁刑讯逼供

《刑事诉讼法》第50条规定，“严禁刑讯逼供和以威胁、引诱、欺骗以及其他非法方法收集证据，不得强迫任何人证实自己有罪”。2012年修订的《人民检察院刑事诉讼规则（试行）》将“刑讯逼供”解释为“使用肉刑或者变相使用肉刑，使犯罪嫌疑人在肉体或者精神上遭受剧烈疼痛或者痛苦以逼取供述的行为”；“其他方法”是指“违法程度和对犯罪嫌疑人的强迫程度与刑讯逼供或者暴力、威胁相当而迫使其违背意愿供述的方法”。同时，对采用刑讯逼供等非法方法收

---

① 《刑事诉讼法》第72条规定：“人民法院、人民检察院和公安机关对符合逮捕条件，有下列情形之一的犯罪嫌疑人、被告人，可以监视居住：（一）患有严重疾病、生活不能自理的；（二）怀孕或者正在哺乳自己婴儿的妇女；（三）系生活不能自理的人的唯一扶养人；（四）因为案件的特殊情况或者办理案件的需要，采取监视居住措施更为适宜的；（五）羁押期限届满，案件尚未办结，需要采取监视居住措施的。对符合取保候审条件，但犯罪嫌疑人、被告人不能提出保证人，也不交纳保证金的，可以监视居住。监视居住由公安机关执行。”

② 《刑事诉讼法》第73条规定：“监视居住应当在犯罪嫌疑人、被告人的住处执行；无固定住处的，可以在指定的居所执行。对于涉嫌危害国家安全犯罪、恐怖活动犯罪、特别重大贿赂犯罪，在住处执行可能有碍侦查的，经上一级人民检察院或者公安机关批准，也可以在指定的居所执行。但是，不得在羁押场所、专门的办案场所执行。指定居所监视居住的，除无法通知的以外，应当在执行监视居住后二十四小时以内，通知被监视居住人的家属。被监视居住的犯罪嫌疑人、被告人委托辩护人，适用本法第三十三条的规定。人民检察院对指定居所监视居住的决定和执行是否合法实行监督。”

集到的证据应当排除或补强。《刑事诉讼法》第54条规定："采用刑讯逼供等非法方法收集的犯罪嫌疑人、被告人供述和采用暴力、威胁等非法方法收集的证人证言、被害人陈述，应当予以排除。收集物证、书证不符合法定程序，可能严重影响司法公正的，应当予以补正或者作出合理解释；不能补正或者作出合理解释的，对该证据应当予以排除。"对于以非法方法收集证据情形的侦查人员，构成犯罪的，依法追究刑事责任，且受害人有申请国家赔偿的权利。

（四）强化对侦查活动的监督

《刑事诉讼法》第115条赋予了当事人和辩护人、诉讼代理人、利害关系人对司法机关及其工作人员采取强制措施法定期限届满，不予释放、解除或变更，应当退还取保候审保证金不退还，对与案件无关的财物采取查封、扣押、冻结措施的，应当解除查封、扣押、冻结不解除的，贪污、挪用、私分、调换、违反规定使用查封、扣押、冻结的财物的行为有权向该机关进行申诉、控告。对处理不服的可以向同级检察部门申诉，对检察机关直接受理的案件可向上一级检察院申诉。这一权利的明确和程序性保障，加强了检察机关对侦查活动的监督作用，扩大了当事人和利害关系人对侦查活动的参与范围，进一步强化了对公民合法权利的保护。

第三节　侦查权的司法控制

"同犯罪斗争的成败，在很大程度上决定于是否善于进行侦查工作。"① 因为只有通过犯罪侦查，"才能查明案情、查获犯罪分子，对其追究刑事责任，并为人民检察院的起诉和人民法院的审判提供充分的材料和根据"②。由侦查的任务所决定，侦查机关必须享有拘传、拘留、逮捕、搜查、扣押等对人或对物的强制处分权，即侦查权。但这些强制手段大都涉及公民的各种权利，如果缺乏有效的

① ［苏］H. N. 波鲁全夫：《预审中讯问的科学基础》，1页，北京，群众出版社，1985。
② 陈卫东等：《检察监督职能论》，122页，北京，群众出版社，1983。

制约手段或程序保障措施，侦查权的运作就可能成为达摩克利斯之剑，随时威胁公民的安全，尤其是刑事诉讼中的犯罪嫌疑人处于被追诉的地位，其诉讼权利和人身安危更是极易受到国家有组织的暴力行为的侵犯。正如英国上议院大法官丹宁所说，“社会保护本身不受犯罪分子危害的手段一旦被滥用，任何暴政都要甘拜下风”[①]。因此，如何规制侦查权的行使，防止侦查机构和侦查官员滥用国家权力、侵犯公民权利，就成为现代侦查制度必须面对的课题。

我国刑事诉讼法经过1996年和2012年的两次修改，在加强对被告人权利保障方面取得了重大进展。1996年刑事诉讼法的进步之处体现在[②]：(1)确立了人民法院统一行使定罪权，取消了免予起诉制度；(2)规范了各种强制措施的批准权限、使用程序和期限，明确了解除、变更强制措施的条件；(3)取消了收容审查，增设了财产保证金制度；(4)将律师参加诉讼的时间提前至侦查阶段，并增加了有关法律援助和指定辩护的规定；(5)尤其重要的是，1996年刑诉法还吸收了无罪推定精神，确立了疑罪从无原则。2012年修改的刑事诉讼法对于被告人的权利保障则是更进一步。体现在：(1)将“不得强迫任何人证实自己有罪”以及非法证据的排除写入刑事诉讼法；(2)规定了拘留、逮捕后应当立即将犯罪嫌疑人、被告人送看守所羁押且对被羁押的人的讯问必须在看守所内进行；(3)规定了逮捕后的羁押必要性审查制度，等等。

上述改革对于确保被追诉者在诉讼过程中作为诉讼主体主动地参与诉讼，无疑有着深远且重要的意义。特别是2012年刑事诉讼法修改后的上述新规定均目的明确、有的放矢，即改革直指司法实践中大量存在的“超期羁押”“刑讯逼供”“非法取证”“滥用强制措施”等侦查权滥用现象。而上述现象的存在从根本上讲，乃与我国宪法和刑诉法对公、检、法三机关相互关系及制度设计上存在着重大缺陷有关。由于中国的侦查权缺乏必要的司法控制，整个侦查程序几乎演变成为赤裸裸的“行政治罪程序”“被控人面对具备法官绝对权力的追诉人，束手无

① [英]丹宁：《法律的正当程序》，36页，北京，法律出版社，1999。

② 参见白岫云：《论刑事被告人的权利保障》，载《法学家》，1998(3)。

助”[①]。尽管律师在名义上可提前介入，甚至在侦查阶段便可以辩护人的身份参与诉讼，但事实上不可能存在实质意义上的辩护，因为，“控诉人如果成为法官，就需要上帝作为律师”[②]。

本书以下针对我国以检察监督为主的侦查权控制方式之法理缺陷及其在运作过程中出现的种种弊端，借鉴西方各个国家侦查权良性运作的经验，拟对侦查权的司法控制机制是否具有内在的正当性进行考察，并就我国侦查权的司法控制机制之建构作一宏观的设计，以规制我国侦查权的行使，保护被追诉人的权利，并为我国侦查程序的改革提供一个思路。

一、西方各国侦查权的司法控制方式

综观西方各主要国家，尽管诉讼理念有所不同，侦查权的具体运作方式也有很大差异，但大都强调法官对侦查程序的介入，以使侦查权受到司法权的制约，防止其在运作过程中可能出现的偏差和失误。概而言之，西方各国对侦查权进行司法控制一般通过以下几种方式：

1. 司法授权。所谓司法授权，是指侦查机构和侦查官员进行的所有涉及公民权利的活动，必须获得一个中立的不承担追诉职责的机构的授权。否则，侦查机构和侦查人员除现行犯和紧急情况外，原则上无权动用强制手段。在西方，行使侦查权的司法警察或检察官要运用逮捕、搜查、扣押、窃听、羁押或者其他强制性措施，必须事先向法官提出申请，后者经过专门的司法审查程序，如认为符合法定条件，才许可上述侦查活动，并颁布许可令。当然，如果存在特殊情形，侦查机构和侦察人员也可以自行实施，但要立即送交法官或法院处理。

在英国，警察要对嫌疑人实施逮捕或搜查、扣押等行为，必须事先向治安法官提出申请，并说明正当、合理的根据。治安法官经过审查发布许可逮捕或搜查、扣押的令状后，警察方能实施上述行为。

---

①② ［德］拉德布鲁赫：《法学导论》，121页，北京，中国大百科全书出版社，1997。

在美国，基于宪法上的“正当法律程序”，警察要对公民实施逮捕、搜查、扣押、窃听等强制侦查措施，应首先向法官提出申请，证明犯罪行为的发生存在“合理根据”①，并说明采取相关的侦查措施是必需的。法官经审查，认为符合法律规定的条件，才签发相关的许可令。

德国自 1974 年刑事司法改革以来，法官在侦查阶段不再直接领导指挥或者实施具体的侦查行为，其职能主要是根据检察官或司法警察的申请发布许可令。根据德国刑事诉讼法的规定，司法警察和检察官要对公民实施逮捕、羁押、搜查、扣押、身体检查、窃听等强制侦查措施，一般都必须提出申请，由法院通过审查后发布许可令。

在意大利，司法警察或检察官采取所有强制侦查措施，如搜查、扣押、窃听等，也必须首先取得预审法官的许可或授权。

日本的侦查分为任意侦查和强制侦查，强制侦查原则上应当依据法官签发的令状而实施，法律规定的强制侦查方法，包括逮捕、羁押、查封、搜查、勘验、鉴定处分、询问证人等。日本《刑事诉讼法》第 197 条第 1 款规定：“为实现侦查的目的，可以进行必要的调查。但除本法有特别规定的以外，不得进行强制处分”。可见，日本是将任意侦查作为原则，强制侦查仅限于刑事诉讼法有特别规定的场合方可进行。

当然，法国的预审法官制是一种例外，根据法国现行的刑事诉讼法，预审法官负担双重职能：一是领导和指挥对现行重罪和轻罪的侦查，二是批准拘留、逮捕、司法管制等强制侦查措施。由于预审法官集侦查权和司法权于一身，职能混淆，缺乏制约，长期以来一直面临指责甚至批判。从 20 世纪 90 年代初期以来，法国不少学者都呼吁废除预审法官制度，取消预审法官领导和指挥对现行重罪和轻罪的侦查权力。1993 年 1 月 4 日的法令废除了预审法官的这项权力，但 1993 年 8 月 24 日的法律又重新确立了由预审法官领导和指挥对现行重罪和轻罪进行侦查的权力。

---

① 关于“合理根据”的解释，请参见李义冠：《美国刑事审判制度》，北京，法律出版社，1999。

2. 司法救济。[①] 所谓司法救济，是指在诉讼过程中，嫌疑人及其辩护人如果对有关强制侦查措施不服，可以向一个中立的司法机构或司法官提起诉讼，在诉讼中，司法警察和原作出强制侦查措施的法官都要承担举证责任，以证明其强制侦查措施具有合法性和正当性。

在英国，遭受羁押者可向羁押警察提出保释请求，如遭拒绝，则可以向治安法院提出请求，治安法院举行听审后作出裁断。如果有关保释的申请不被接受，嫌疑人可以将此程序性问题上诉到高等法院。此外，在侦查阶段遭受不当或非法羁押的嫌疑人，还可以向高等法院王座庭申请人身保护令。该法庭一旦接受申请，将专门就羁押的合法性和正当性举行由控、辩双方同时参与的法庭审理活动，并作出裁决。[②]

在德国，被羁押的人不但可以在任何阶段向法官提出撤销羁押的申请，而且可以直接向德国宪法法院提出申诉，要求对羁押的合法性进行审理。

在意大利，被告人及其辩护人对预审法官作出的有关羁押等涉及人身自由的强制措施裁决，有权向该法官所在地的省府驻地法院申请复查，对复查结果不服，还可以向意大利的最高法院提出上诉，由后者作出最后裁决。

在法国，嫌疑人对预审法官在正式侦查中所作的裁定不服，有权向上诉法院起诉审查庭提出上诉，后者经过审查可以撤销预审法官的裁定。

在日本，被疑人对法官作出的有关羁押、保释、扣押或者返还扣押物的裁定不服，有提出准抗告的权力。对简易法院法官所作的裁定可以向管辖地方法院，对其他法官作出的裁定可以向该法官所属的法院，请求撤销或者变更该项裁定。

苏联解体后，俄罗斯联邦的刑事诉讼法在加强对公民人身自由的保护方面发生了重大变化，现行俄罗斯联邦《刑事诉讼法》第 11 条规定了“被逮捕的人有权申诉要求就羁押他的合法性进行司法审查”，而且“审判员依照司法审查结果作出的释放被羁押人的决定，应当立即予以执行”。在此基础上，现行俄罗斯刑

---

① 司法授权和司法救济的不同有二：其一，司法授权是同步进行的，而司法救济却是事后进行的。其二，司法授权是必经的步骤，而司法救济却未必。

② 参见陈瑞华：《刑事诉讼的前沿问题》，290 页，北京，中国人民大学出版社，2000。

事诉讼法还增设了司法审查程序。被羁押人所在地的法院审判员，在收到公民进行司法审查的申诉申请后3日内，在检察长、辩护人、被羁押人及其法定代理人参加下的不公开法庭上，对羁押的合法性和是否有根据进行审查。审判员在听取申诉人对其申诉论证和其他出庭人员意见之后，根据不同情况分别作出撤销羁押并释放被羁押人的决定和驳回申诉的决定。

3. 对非法证据进行排除。所谓非法证据，是指在刑事诉讼活动中，法律授权的官员违反法律规定的权限，或以违法的方法取得的证据，包括实物证据和言词证据。英国1984年《警察与刑事证据法》第76条规定了对非法取得的被告人口供的自动排除原则。对于非法搜查、扣押的物证只要与待证事实有关，原则上不予排除，将自由裁量权委于法官。不过英国并不禁食“毒树之果”，对于从被排除的非法证据延伸出来的其他证据，只要被证明具有可靠的关联性，就可被采信。

与英国相比，美国的证据排除规则范围较广泛，在适用上也较严格，美国宪法第4条修正案规定，以非法手段收集的证据不得在刑事指控中作为证据使用；对于非法收集的物证，联邦最高法院通过一系列案例确立了排除规则，并于1961年将该规则适用于各州的刑事诉讼。进入20世纪80年代后，联邦最高法院对排除规则的适用设立了“最终或必然的例外”和“善意的例外”两个例外情形，缩小了排除规则的适用范围。不过，法院可以将警察根据非法证据而获得的其他证据予以排除，也就是禁食“毒树之果”。

德国《刑事诉讼法典》第136条a规定了对违反禁令所获得的陈述，即使被指控人同意，也不允许使用的原则。对于非法获取的物证，德国以权衡原则为标准予以处理，即侵犯人的尊严和人格自由所得的证据应予禁用，但对于重大犯罪，前者应当让步。①

意大利1988年修改的《刑事诉讼法》第191条规定，法院或者法官发现警察或者检察官通过违反禁令获得的证据材料，不得加以适用。

---

① 转引自陈光中等主编：《联合国刑事司法准则与中国刑事法制》，265页，北京，中国政法大学出版社，2000。

日本《宪法》第38条和《刑事诉讼法》第319条均规定非法取得的自白不得作为证据。对于非法取得的物证，日本虽然受美国法影响，采取排除的态度，但又有所保留，为了追求实体真实，而对这类证据材料的排除设定较为苛刻的限制，只有当“重大违法”时才予以排除。①

俄罗斯于1993年12月12日通过的《俄罗斯联邦宪法》第50条和现行俄罗斯联邦《刑事诉讼法》第69条也明确规定了非法证据的效力问题，即“在从事司法活动的过程中不许利用通过违反联邦法律而获得的证据”。

在法国，对于刑讯逼供和其他非法手段取得的言词证据，立法和判例也是持否定态度的。当然，对各国来说，司法权对侦查权的控制还体现在，法院可以通过开庭审理的方式，对侦查机构的侦查结论进行独立的实体裁判，即就被追诉人是否有罪作出权威的结论。

二、侦查权的司法控制之理论基础

侦查权的司法控制的理论基础是：第一，这是保护被追诉人权利的现实需要。在刑事诉讼中，国家侦查权的行使不仅有可能侵犯被追诉人的权利，而且可能侵犯被害人及其他诉讼参与人的权利。但是被害人及其他诉讼参与人的权利保障并不构成刑事诉讼的基础问题。这是因为被害人及其他诉讼参与人大都处于协助追诉机构证明案件事实的地位，其权利遭到非法侵犯的可能性极小，而刑事诉讼中的被追诉人由于处于被追诉的地位，其权利最容易受到侦查机构基于打击犯罪心切或对犯罪的仇恨心理而实施的非法行为的侵害。因此，如何保障被追诉人的权利就成为各国侦查程序的重点和难点。其实，对刑事诉讼程序中的被追诉人的权利保障，实质上也是对所有公民的权利保障。因为，任何人都有可能被怀疑犯罪而受到刑事追诉。但被追诉人既可能是有罪的，也可能是无罪的。而基于无罪推定的要求，“只要还不能断定他已经侵犯了给与他公共保护的契约，社会就

① 转引自王国忠：《建构我国非法证据排除规则的构想》，载《人民检察》，1999（10）。

不能取消对他的公共保护”[①]。

但是，要保护被追诉人的权利免受侦查权的侵害，既不能靠其自身的反抗来达到，因为任何公民无论其多么富有或担当着多么高的职务，都无法和国家相提并论，也不能靠侦查机构和侦查官员来保护公民权利，因为侦查机构和侦查官员是国家利益的代表，其在刑事侦查中的任务主要是查明犯罪事实，查获犯罪嫌疑人，不可能在侦查程序中兼顾保护被追诉人的权利，其职业特点决定了他无法摆脱其追诉犯罪的心理倾向，因为，“发生了一件非常事件，他就会自然想到那也许就是一起犯罪案件；查获了一个嫌疑犯，他会努力去证明那就是罪犯；查明了一个犯罪事实，他会推测还会有其他罪行；查明了一个轻罪，他会估计还会有重罪事实；查获一个罪犯，他会努力去挖可能存在的同案犯；等等”[②]。而且，“同一官署忽而忙于维护国家利益，忽而又将国家利益弃置一边，忙于维护正义，显然极不协调”[③]。正是基于上述观念，西方各国都强调法院或法官对侦查程序的介入，使侦查机构对公民的侦查活动纳入司法权的控制领域，以保护公民的权利不受侵犯。

第二，这是正当程序理论在侦查程序中延伸的结果。正当程序作为一种观念，早在 13 世纪就出现在英国普通法之中，并在美国得到前所未有的发展。其根源于古罗马时代的“自然正义”论。在当时，为了实现自然正义，审判程序上“有两项基本要求：(1) 任何人不得作自己案件的法官（neo jiudex in parte sua)；(2) 应当听取双方当事人的意见（audialre empartem)”[④]。不过，正当程序的观念在英美法中出现和发展不是偶然的。按照日本学者谷口安平的解释，“英美程序正义观念的发展源于三方面的原因：陪审团裁判以及作为其前提的当事人主义诉讼结构；先例拘束原则；衡平法的发展”[⑤]。

第二次世界大战后，随着比较法学的发展，正当程序的观念不但在世界范围

① ［意］贝卡利亚：《论犯罪与刑罚》，40 页，北京，中国大百科全书出版社，1993。
② ［意］贝卡利亚：《论犯罪与刑罚》，188 页，北京，中国大百科全书出版社，1993。
③ ［德］拉德布鲁赫：《法学导论》，101 页，北京，中国大百科全书出版社，1997。
④ 李心鉴：《刑事诉讼构造论》，55 页，北京，中国政法大学出版社，1997。
⑤ 陈瑞华：《刑事审判原理论》，27 页，北京，北京大学出版社，1997。

内广泛传播，而且其适用范围也逐步扩大至侦查程序。而侦查程序的正当化必然要求司法对侦查程序的介入，使侦查结构具备控、辩、裁三方组合。这是因为：诸如搜查、扣押、窃听、逮捕等与公民的各种权益有涉的强制侦查行为的决定权，从性质上说，是一种司法裁判权，法定机关一旦裁定适用上述强制侦查措施，就会相应地设定与其相适应的诉讼权利和诉讼义务。其适用正确与否，不但关系到嫌疑人的各种权利保护，也与诉讼目的能否公正实现休戚相关。因为，如果承担刑事案件侦查任务的检警机构享有上述强制侦查措施的决定权，不仅可能使该权力成为不受任何制约的权力，而且上述程序性事项的决定权也与检警机构所承担的诉讼职能相矛盾。侦查权在刑事诉讼中行使的是控诉职能，而上述程序事项的裁断权则从属于审判职能的范畴。如果将二者混在一起，将在侦查程序中出现控、审职能不分的可怕局面。这是不符合正当程序的要求的。因为，尽管正当程序的内涵各国理解不尽一致，但大都承认：诉讼职能的区分乃正当程序最基本的标志。在诉讼活动中，各诉讼主体均有自己独立的利益，都希望通过自己积极的行为来实现有利于自己的诉讼目标。而且，各诉讼主体还承担着与其诉讼角色相适应的功能和作用。在刑事诉讼中，作为侦查权行使主体的检警机构，系国家设立的追诉犯罪的专门机关，承担着控诉职能，并为此从事收集犯罪证据、查获犯罪嫌疑人的诉讼活动；被追诉人作为辩护职能的行使者，则从事着申请、辩解、举证等诉讼活动。而作为正义化身的法院，则应在控、辩双方之间保持中立，并对控辩双方有争议的事项作出裁断。为避免诉讼职能混淆，西方各国都将搜查、扣押、窃听、逮捕等与公民权利有涉的程序性事项的决定权从检警机构手中剥离出来，交给中立的不承担追诉任务的法院或法官，由后者通过听审来进行裁断。检警机构即使在法定的紧急情况下，也可以无令状实施强制侦查行为，但必须马上报告司法官或预审法官，由后者作出裁决。

第三，这是“司法最终裁决”原则在刑事诉讼中的具体表现。当然，争端不一定都必然通过司法途径解决。例如，争端各方可以选择和解的方式自行求得争端的解决，也可以选择调解、仲裁途径解决争端。但是，在现代社会，上述各种争端解决方式都不具有最终的效力，有关各方都可以通过各种方式寻求司法保护，由行使司法权的法院以国家的名义对有关各方已发生的权利、义务争议作出权威的结论。这个结论一旦生效，就有最后的约束力，各方当事人一般不得再向法院提出重新审判的要求，其他任何个人、组织甚至政府机关均不得再对这一案件进行受理，更无权改变法院已经作出的生效判决。而且有关各方还必须执行，在刑事诉讼中，案件（此处仅指公诉案件）一般要经过侦查、起诉、审判才能得到最终处理。不过，尽管只有审判方能对被告人从实体上作出判决，但作为侦控方的检警部门和作为辩护方的被告人的冲突并不是只发生在审判阶段，其内容也不限于被告人是否有罪和应否负刑事责任。因为刑事诉讼与民事诉讼不同，刑事案件在进入审判程序之前一般要经历复杂的审判前程序，在这一程序中，司法警察和检察部门，即承担追诉职责的机构往往要对案件进行侦查，收集有关的犯罪证据，查获犯罪嫌疑人。出于犯罪侦查的需要，侦查机构和侦查人员可能会用各种强制侦查手段，如搜查、扣押、窃听、逮捕等。这样，侦查权就和公民的个人权利发生了冲突。一方面，侦查机关为有效地追诉犯罪，必然使一般的公民上升为相对确定的犯罪嫌疑人；另一方面，被追诉人不仅追求有利于自己的诉讼结果，也希望在诉讼的过程中受到公平、人道的待遇。因此，侦查机构和被追诉人之间发生冲突甚至激烈的对抗也就在所难免。为使这种冲突的解决符合法治原则，作为侦查权主体的司法警察和检察部门，尽管可以在紧急情况下就一些涉公民权利的程序性事项作出决定，但这些决定并不具有最终的效力。有关公民还可以就该程序争端向法院提起诉讼，并由后者通过法定的程序作出最终的决定。当然，上述几个方面不是截然分开的，相互之间有着包容或竞合的关系。比如，正当程序发展的内在动因主要是为了保护被追诉人的权利。

三、我国侦查权的控制方式及其缺陷分析

根据我国《刑事诉讼法》第 106 条的规定，侦查是指“公安机关[①]、人民检

① 此处的公安机关是从广义上来讲的，包括普通的公安机关，也包括国家安全机关、监狱、军队保卫部门等。

察院在办理案件过程中，依照法律进行的专门调查工作和有关的强制性措施”。所谓“专门调查工作”，是指《刑事诉讼法》第二编第二章“侦查”中所规定的讯问犯罪嫌疑人，询问证人、被害人，勘验，检查，搜查，扣押物证、书证，鉴定，通缉等诉讼活动。司法实践中还有辨认、侦查实验等调查活动。所谓“强制性措施”是指公安机关和人民检察院在侦查中所采取的《刑事诉讼法》第一编第六章“强制措施”所规定的拘传、取保候审、监视居住、拘留、逮捕等限制或剥夺人身自由等。

同西方各国相比，我国的侦查权的运作方式极其独特。在我国，侦查阶段法官是不介入的，从而也就不存在那种西方各国都已确立的由中立的法院或司法官进行的司法授权和司法救济机制。无论是公安机关还是人民检察院，都可以自行采取几乎所有的强制侦查措施（当然，公安机关在实施逮捕时是要经检察机关批准的，这似乎也有一点司法控制味道，但其中的缺陷是明显的，限于本书体例的安排，容稍后详述）。而且，遭受侦查权侵犯的犯罪嫌疑人也无权向法院寻求司法救济。正如有的学者所指出的那样，“中国的司法裁判仅仅是法院对被告人是否有罪进行裁判的活动，而不是针对审判前追诉活动的合法性进行裁判的活动”①。

尽管我国的侦查程序中法官不参与，但无论是我国的刑事诉讼立法还是司法实践，对侦查权应受到适度控制都是持肯定态度的。一般认为，中国对侦查权的控制主要是通过以下几种方式进行的：

首先，由侦查机关对侦查权进行内部控制。在我国，无论是公安人员还是负责案件侦查的检察官，在实施有关侦查措施时，必须取得其单位负责人的授权或批准，并由后者签发相关的许可令状。

其次，我国对侦查权的控制还有人民检察院的法律监督，这是我国对侦查权进行控制的主要方式。根据我国宪法和刑事诉讼法的规定，人民检察院是我国的法律监督机关，其有权对公安机关的侦查活动实行法律监督。这种法律监督体现在以下几个方面：一是检察机关有权对公安人员的整个侦查过程进行一般性的监

① 陈瑞华：《刑事审判原理论》，235页，北京，北京大学出版社，1997。

督，在发现公安人员的侦查行为违法或不当时，可以向公安机关提出纠正意见；二是审查批捕。在侦查阶段，批捕一律由检察机关批准或者决定，公安机关要对犯罪嫌疑人进行逮捕，必须先向检察机关提出逮捕申请书，并提交有关的报告和案卷材料，以证明逮捕的必要性和合法性，然后由检察机关进行审查并作出是否批捕的决定，人民检察院发现提请批准逮捕的证据不足或事实不清的，可以退回公安机关补充侦查。审查批捕作为侦查控制的一种重要方式和途经，对于防止滥捕错捕，保证逮捕这项严厉的强制措施依法正确适用，无疑是有其积极意义的。三是审查起诉。公安机关侦查终结移交人民检察院提起公诉的案件，人民检察院经过全面审查认为符合起诉条件的，才提起公诉；对于不符合起诉条件的，则作出不起诉决定，并终结诉讼活动。而且，通过审查，人民检察院发现公安机关的侦查行为违反法定程序的，还可以建议公安部门予以纠正或对有关责任人员进行惩戒。四是人民检察院可以通过对公安机关以非法手段所获得的几种言词证据予以排除，从而对公安机关的侦查活动进行制约。《人民检察院刑事诉讼规则（试行)》第 65 条规定：“对采用刑讯逼供等非法方法收集的犯罪嫌疑人供述和采用暴力、威胁等非法方法收集的证人证言、被害人陈述，应当依法排除，不得作为报请逮捕、批准或者决定逮捕、移送审查起诉以及提起公诉的依据。”

最后，在法庭审判阶段，人民法院也可以通过对几种非法证据进行排除，来制约侦查机关的侦查活动。最高人民法院在《关于适用〈中华人民共和国刑事诉讼法〉的解释》(以下简称“《最高法解释》”) 第 102 条第 1 款规定，“经审理，确认或者不能排除存在刑事诉讼法第五十四条规定的以非法方法收集证据情形的，对有关证据应当排除”。

从我国对侦查权控制的几种方式可以看出，我国侦查权的司法控制，与西方各国相比是微不足道的。这对于充分发挥公、检、法三机关的职能，揭露、证实和惩罚犯罪也许确有重要的作用，但由于严重背离诉讼规律的客观要求，其缺陷和弊端也是显而易见的：

1. 检察监督的缺陷。首先，检察机关所具有的这种法律监督地位，尽管在确保公安机关遵守诉讼程序方面能发挥一定的作用，但由于我国公、检、法三机关分工负责、互相配合、互相制约的刑事司法体制的设计，在刑事诉讼中，公、检都行使控诉职能，均承担着追诉犯罪的任务，彼此之间有着内在的、必然的、不可分割的联系，这就使检察官很难摆脱追诉犯罪的心理负担，往往在监督公安机关时“心太软”，对公安机关逮捕权的制约也常常流于形式。而且，检察机关在我国宪政体制以及在刑事诉讼中该不该定位为国家的法律监督机关，无论从诉讼法理上，还是从法治国家制度构建上，都不无问题。

其次，从以上论述可以看出，检察机关的监督方式相当有限，也缺乏相应的保障措施，致使监督常常流于形式。例如，检察机关发现公安机关在侦查活动中有违法行为的，只能以提建议的方式促使其纠正，假如公安机关置之不理，检察机关通常也别无良法。尽管人民检察院在审查起诉中，对于公安机关通过前述五种手段所获得的三种非法证据，可以拒绝作为控诉犯罪的证据，但由于“配合原则”的要求以及各种法外因素的干扰，司法实践中，人民检察院很少使用这种手段。而且，检察机关审查批捕和审查起诉的大量工作都是书面审查侦查机关报送的材料，而侦查活动违法的情况很难想象能够被全面反映在案卷中。即使犯罪嫌疑人等向检察机关反映警察在侦查活动中有刑讯逼供、骗供、诱供等违法行为，如无明显证据证明，检察机关也不会轻易相信。即使相信，真要查证实际上也很困难。

最后，检察机关对于自行侦查的案件，可以动用任何强制措施。那么，谁来监督这个监督者呢？“显然不能由其他检察官进行法律监督，因检察官均要服从检察机关首长的命令，几个检察官所承担的相互矛盾的诉讼职能最终还要集中到检察长一人身上。”① 这样，检察机关自侦案件的监督事实上便成了一句空话。

2. 以检察监督为主的侦查控制方式在实践中的弊端：由于我国侦查权的司法控制极其薄弱，现行的以检察监督为主的侦查控制模式又存着内在的缺陷，因而致使侦查实践中出现了不少问题。“整个侦查程序基本上由公安机关一家进行暗箱操作，不仅违法行为层出不穷，司法不公现象普遍存在，加上各种法外因素

---

① 陈光中、江伟主编：《诉讼法论丛》，第1卷，241页，北京，法律出版社，1998。

的干扰，侦查权已成为一种不受任何约束的法外特权。”[①] 而“当权力的行使不受制约时，它易于引起紧张摩擦和仓促的变化。此外，在权力的行使不受限制的社会制度中，往往会出现社会上的强者压迫或剥削社会上的弱者的倾向”[②]。实践证明，刑事诉讼中的非法搜查、扣押、诱供、骗供乃至刑讯逼供，大都发生在侦查阶段。侦查阶段已成为犯罪嫌疑人最害怕的阶段。显然，我国以检察监督为主体的侦查控制模式，客观上存在权力滥用的可能，不但是一种十分危险的制度设计，而且与我国建立社会主义法治国家的理想背道而驰。因为在法治社会，“它的要害，在于如何合理地运用和有效地制约公共权力的问题”[③]。

总之，改变我国侦查权的控制过于微弱甚至虚无的现状，使侦查程序更加符合程序公平的要求，已成为我国刑事司法体制改革面临的首要课题。由于西方各国为防止公民的各种自由、权利、隐私等权益受到侦查机构的无理限制和剥夺，所建立的由中立的法院对侦查权进行制衡的司法控制机制，反映了使侦查权良性运作的基本规律，因而应该成为我国侦查程序改革的发展方向。

四、我国侦查权的司法控制之宏观设计

我国刑事司法改革的目标是公正与效率，构建侦查权的司法控制机制时应有益于实现这两个目标。

1. 法官。[④] 作为中立的第三方介入侦查程序，对于所有涉及公民权益的强制侦查行为，诸如逮捕、羁押、拘留、监视居住、取保候审、搜查、扣押、窃听、通缉等应当由法官发布司法许可的令状。当然，如果存在“紧急情况”，侦查机关也可自行采取有关的强制措施，但必须在采取强制措施后，立即向法官报告，由后者在听取侦查人员和犯罪嫌疑人及其辩护人双方的意见后，作出相关的书面

① 陈卫东、郝银钟：《侦、检一体化模式研究》，载《法学研究》，1999（1）。

② ［美］E. 博登海默：《法理学·法律哲学和法律方法》，321页，上海，上海人民出版社，1992。

③ 郝银钟：《检察权质疑》，载《中国人民大学学报》，1999（3）。

④ 关于“令状法官”的具体设计，笔者认为，可以参照其他国家的做法，在现行法院系统内设专职轮值法官负责签发有关强制侦查措施的令状，并受理公民对强制侦查措施不服而提起的申诉或上诉。

裁定。犯罪嫌疑人及其辩护人对该裁定不服，应当允许其向原作出强制措施的法官提起旨在解决强制措施是否合法的申诉，由法官通过开庭的方式来予以审理，并作出裁决。在条件成熟时，还可以设想赋予被告人对于该裁决的上诉权。这就使侦查活动纳入“诉讼”轨道，从而符合程序公平的要求。

2. 对现行刑事司法体制予以调整，确立审判权（司法权）的中心地位和中立形象。这就要求废止我国宪法和刑事诉讼法所确立的“公、检、法分工负责、互相配合、互相制约原则”和“检察监督原则”①。上述两原则最大的弊端，在于降低或破坏了审判权在诉讼中应当具有的权威地位和中立形象，使公安机关、人民检察院与法院成为平起平坐，不分高低的三大司法机关。而且，让法院和公、检配合，也有损于现代法治国家法院的中立裁判者形象。法院作为公正的司法裁判者，应当对国家和被告人一视同仁，不能有所偏向。“公、检、法配合原则”的要求，无疑使法院和公安机关、人民检察院的职能混为一谈。如果让这样的法院来承担侦查权的司法控制任务，其效果和检察机关的法律监督不可能有实质的区别。当然，要确立法院的司法裁判者形象，使法院真正能对侦查权进行独立的司法控制，所应改革的事项远不止上述两个方面，但这两个问题带有根本性。

3. 实行检、警一体化，并由人民检察院领导、指挥公安机关进行侦查工作。侦查权的司法控制机制的建立，无疑是对公、检打击犯罪的手段进行了限制。为使公安机关、检察机关的侦查活动既符合程序公平的要求，又不偏离追诉犯罪的高效目标，必须对现行检警关系予以调整。因为，“现行刑事诉讼法对有关公安机关和检察机关的职能管辖分工不科学、机构设置重叠和不合理、缺乏竞争机制、程序不顺，相互扯皮严重，致使整个司法体制在不良运作中浪费掉大量的司法资源，并从总体上导致诉讼效率低下”②。如果这种状况得不到根本扭转，侦

---

① 关于这两个原则的法律缺陷和司法弊端，可参见陈卫东、郝银钟：《侦检一体化模式研究》，载《法学研究》，1999（1）；郝银钟：《检察权质疑》，载《中国人民大学学报》，1999（3）；龙宗智：《论配合制约原则的某些“副效应”及其防止》，载《中外法学》，1991（3）。

② 孙言文：《1997年侦查学研究的回顾与展望》，载《法学家》，1998（1）。

查权的司法控制机制就很难建立起来，即使强行建立，也无法持续运转。关于检、警一体化的具体设计，可考虑：(1) 弱化检察机关的侦查职能，确立检察机关在刑事诉讼中对公安机关的侦查取证行为进行领导、指挥、监督，使之更具准确性、权威性，以保证刑事追诉活动能持续高效率运作。(2) 将承担侦查职能的司法警察从现行的公安管理体制中分离出来，划归检察机关领导和管理。①

4. 改革现行法官的选任制度，实现法官的社会精英化。因为，要使司法真正能够成为社会正义和公民权利的庇护者，从而能够对从属于政府的侦查机构进行独立的司法控制，“重要的在于，为司法独立提供坚实的制度环境的同时，应力图使司法阶层成为一个足以向政治社会施加反影响的集团。同质一体将确保它的团结，而良好的职业道德以及对社会流俗的适度超越将更强化它的决定的权威和效力。与社会之间形成这样正常的互动关系，司法才能成为社会关系的有力调整者和社会发展的有力推动者”②。目前，我国法官群体的现状，实在令人担忧。湖南省高级人民法院副院长周敦和曾撰文说，“就全国而言，没有达到法律大专程度的法官，大约有一半”③。这种状况已成为我国司法体制改革的重大障碍。因此，我们必须改革现行的法官选任制度。大体上可以借鉴大陆法系国家如日本的经验，即法学毕业生参加国家统一的司法考试，合格者再接受专门的司法训练，毕业后才有资格被提名或任命为法官。也可学习英美，从优秀的律师中选任法官。当然，与此相应，应当是法官的数量必须受到合理的限制，法官的薪金待遇必须提高，以使法官享有更大的尊重和威望，从而吸引优秀的人才进入法官职业中来。

5. 应当在刑事诉讼立法中进一步完善非法证据的排除规则，以使司法权能够在法庭审判阶段继续对侦查权的合法性进行事后控制。2012 年修改刑事诉讼法时首次以立法的形式确立了非法证据排除规则，但该规则仍然面临着一些问题。例如对“刑讯逼供等非法方法”的理解问题，对辩方在提出非法证据排除时

---

① 参见慕槐：《对法官施加影响》，载《法学研究》1994 (3)。

② 慕槐：《对法官施加影响》，载《法学研究》1994 (3)。

③ 转引自贺卫方：《司法的制度理念》，22 页，北京，中国政法大学出版社，1998。

所承担的提供线索或材料的理解问题，非法证据排除程序的地位问题等。这些问题直接影响着非法证据排除规则的实施效果。未来，应当在总结司法实践的基础上进一步完善非法证据排除规则。

6. 实行拘留、逮捕与羁押相分离。与西方各国相比，我国侦查机构实施的拘留、逮捕与羁押措施没有实现程序上的分离。即无论是拘留还是逮捕，都必然带来羁押状态。按照西方各国的通常做法，逮捕只是作为保证嫌疑人、被告人及时到案的手段。逮捕后必须“毫无迟延”地将被捕者提交法官，由后者通过开庭的方式作出是否羁押、保释以及羁押期限的裁定。这种逮捕与羁押相分离的制度，可以保证羁押具有高于逮捕的法定条件，并按照更加严格的法律程序进行，从程序上防止嫌疑人受到不公正、不合理的强制措施。①

建议在我国实行拘留、逮捕与羁押相分离，并且拘留、逮捕后是否羁押以及羁押期间的长短均应由法院决定。据此，刑事诉讼立法有关检察机关批准延长羁押期限的规定以及侦查机关可以自行决定羁押期间的计算的两种情况②都应予废止。而且，犯罪嫌疑人及其辩护律师如果对有关羁押的决定不服，应有权申诉，原作出羁押决定的法院受理后，应当及时通过开庭审理的方式作出裁定。如对该裁定不服，犯罪嫌疑人及其辩护人还应有权向上级法院提起上诉，上级法院应当就羁押是否合法与正当作出最终的裁判。

7. 应当赋予侦查阶段的犯罪嫌疑人及其辩护人更多的诉讼权利。因为被告人诉讼地位先天不足、控方力量先天强大，如果任其发展，将形成强大的侦查机关对犯罪嫌疑人以强凌弱的局面。诚如梅利曼教授所言，“诉讼权利的不平等以及书面程序的秘密性，往往容易形成专制暴虐制度的危险”③。

当然，要改革我国侦查制度，建立完善的侦查权的司法控制机制，仅仅进行上述改革是远远不够的。而且，上述改革的设计要得到落实也绝不是一蹴而

---

① 参见陈瑞华：《刑事侦查结构之比较研究》，载《政法论法》，1999（5）。

② 侦查机构在下列两种情况下，可以自行决定羁押期间的计算：一是侦查过程中发现犯罪嫌疑人另有重要罪行的，侦查机构可以自发现之日起重新计算羁押期间；二是犯罪嫌疑人不讲真实姓名住址，身份不明的，羁押期间自查清其身份之日起计算。

③ ［英］约翰·亨利·梅利曼：《大陆法系》，152页，北京，知识出版社，1984。

就的事。这其中不但关系到我国司法体制的整体建构，而且关系到执法人员的素质是否能够适应，尤其是执法观念。如果还是把惩罚犯罪的高效作为刑事诉讼的最高目标，侦查权的司法控制便很难获得充分的正当性。但是，现代法治国家几乎很少把惩罚犯罪的效率作为主要目标。这是现代社会民主、人道、公正的标志。

第四节　刑事诉讼法再修改后刑事警察权与公民权的平衡

在2012年刑事诉讼法的修改过程中，刑事警察权是否会被滥用问题曾引起广泛讨论。[①] 作为追诉犯罪的具体法律规范，刑事诉讼法涉及公民自由权利的限制与剥夺，与宪法规定的人身自由、财产权利等基本权利的实现密切相关，因此，在现代法治国家，刑事诉讼法被称为“宪法的适用法”“国家基本法的测震器”[②]。那么，如何确保警察权与公民权保护之间的动态平衡，回应公众对刑事警察权滥用问题的担忧是我们应当重视的重要课题。

一、刑事警察权规范的两个方面

在当今社会，警察是国家维持社会秩序和社会安全的必要工具。在犯罪日益组织化、智能化、职业化的当下，公众希望警察拥有足够的权力来打击犯罪，保障社会安宁；与此同时，公众又担心刑事警察权过于强大，反过来侵害自身的合

① 如在《修正案（草案）》公布后，围绕犯罪嫌疑人、被告人被公安机关采取指定居所监视居住、拘留、逮捕之后通知其家属等问题而引发的关于“秘密拘捕”的讨论。笔者曾以“秘密拘捕”“刑事诉讼法”等为关键词，通过百度搜索引擎找到相关的结果大约有784 000个，搜索日期：2012—01—26。

② 德国学者罗科信曾指出，“团体与个人之利益绝无仅见地只有在刑事诉讼上才有如此重大的冲突，而这种在法律上所做之利益权衡象征性地说明了在一般公共事务中考量国家与个人间的关系时，刑事诉讼法就成了国家基本法的测震器。”［德］克劳斯·罗科信：《德国刑事诉讼法》，吴丽琪译，13页，北京，法律出版社，2003。

法权益。因为在刑事诉讼中，“警察权力与公民权利在一定条件下成反比例关系，即警察权的扩大意味着公民权的缩小，警察权的滥用往往使公民权化为乌有”①。因此，刑事警察权的规范便成为人们关注的问题。对于刑事警察权的规范，日本学者田口守一曾指出，刑事警察权的目的在于维持社会公共秩序，其行使必须遵守以下三项原则：第一，警察公共原则，包括不可侵犯私人生活原则、不可侵犯私人住所原则以及不干涉民事原则等三项。第二，警察责任原则，即只对负有责任者行使警察功能。第三，警察比例原则，警察功能仅止于维持公共秩序必要的最低限度。② 我国有学者在此基础上增加了警察程序原则，即“警察权的行使应当严格按照法定的程序”③；也有学者认为警察权行使的原则包括法定原则、有限原则、程序原则和责任原则四项④；还有学者提出刑事警察权的行使应该遵循遵守法律原则、责任原则、比例原则和制约原则等。⑤

虽然学者们对刑事警察权行使原则的归纳有所不同，但是不难发现，其规范刑事警察权的出发点是基本相同的，即上述关于刑事警察权行使原则的讨论基本上都是从限权的角度展开的。因为刑事警察权作为一种公权力，行使该权力的侦查机关可以对犯罪嫌疑人采取诸如拘传、拘留、监视居住、逮捕等强制措施，“如果缺乏有效的制约手段或程序保障措施，就可能随时威胁公民的安全”⑥；所以“政府不能滥施警察权……否则，就会增加人们潜在的攻击因素，使社会秩序更加难以控制，甚至会发生大规模的动乱”⑦。对此，英国大法官丹宁曾指出，“社会保护本身不受犯罪分子危害的手段一旦被滥用，任何暴政都要甘拜下风。”⑧ 因此，刑事警察权的行使必须受到规制，从而消除公众对刑事警察权不

① 陈兴良：《限权与分权：刑事法治视野中的警察权》，载《法律科学》，2002（1）。

② 参见［日］田口守一：《刑事诉讼法》，刘迪、张玲等译，37页，北京，法律出版社，2000。

③ 陈兴良：《限权与分权：刑事法治视野中的警察权》，载《法律科学》，2002（1）。

④ 参见彭贵才：《论我国警察权行使的法律规制》，载《当代法学》，2009（4）。

⑤ 参见许志：《法治视野下刑事警察权的合理构建》，载《河北法学》，2006（6）。

⑥ 陈卫东、李奋飞：《论侦查权的司法控制》，载《政法论坛》，2000（6）。

⑦ ［美］哈罗德·贝克尔、唐娜·贝克尔：《世界警察概览》，刘植荣译，5页，太原，山西人民出版社，1991。

⑧ ［英］丹宁：《法律的正当程序》，李克强、杨百揆等译，36页，北京，法律出版社，1999。

当行使的担忧。然而，这仅仅是问题的一个方面，我们还必须注意该问题的另一方面，即刑事警察权是维护社会安全与稳定的重要力量，特别是当下我国社会正处于转型时期，社会矛盾凸显，刑事案件发案率高居不下，面对公众对稳定社会秩序的希冀，同样有必要从授权的角度赋予刑事警察新的权力以便于其更好地打击犯罪，维护社会治安。因此，要对刑事诉讼中的警察权进行规范，首先需要从授权的角度讨论如何配置刑事警察权，以满足公众对社会安全的诉求；在此基础上再来讨论如何从限权角度制约刑事警察权，以回应公众对警察权滥用的担忧。

有司法实务部门人士指出，“我国的刑事犯罪总量仍在高位运行，犯罪分子采取极端暴力行为滥杀无辜、报复社会的恶性案件时有发生，黑恶势力犯罪活动仍然比较活跃”①。因此，在刑事警察权配置方面，首当其冲的问题是如何有效地打击犯罪，提升国家控制犯罪的能力，从而维护社会秩序，保障社会公众能够安居乐业，最大范围地实现对多数人人权的保障。而作为警察权的重要组成部分，刑事警察权也体现出明显的行政权特征②，即刑事警察在刑事诉讼活动中代表国家对涉嫌犯罪的人员进行追诉，行使刑事警察权的警察个体和组织必须服从上级的指挥与命令。刑事警察权的行政权性质决定了其配置必须考虑效率因素，以便于其能够积极地预防犯罪、高效地打击犯罪。对此，贝卡利亚曾指出刑罚及时性的价值在于，“只有使犯罪和刑罚衔接紧凑，才能指望相联的刑罚概念使那些粗俗的头脑从诱惑他们的、有利可图的犯罪图景中立即猛醒过来”③。由此可见，高效的刑事警察权不仅在打击犯罪方面是有益的，而且在预防犯罪、树立法律信仰和维护社会秩序方面也是有益的。④ 因此，刑事警察权的行使必须遵循高

① 孙谦、童建明：《关于修改刑事诉讼法几个问题的思考》，载《检察日报》，2011－11－01。

② 关于警察权属于行政权性质的辨析，可参见陈卫东、石献智：《警察权的配置原则及控制》，载《山东公安专科学校学报》，2003（5）；王银梅：《论警察权的法理属性与设置改革》，载《政治与法律》，2007（2）。

③ ［意］贝卡利亚：《论犯罪与刑罚》，黄风译，45页，北京，中国方正出版社，2003。

④ 在意大利学者贝卡利亚看来，刑罚及时性在预防犯罪、树立法律信仰等方面的价值在于，“犯罪和刑罚之间的时间隔得越短，在人们心中，犯罪与刑罚这两个概念的联系就越突出、越持续，因而，人们就很自然地把犯罪看作起因，把刑罚看作不可缺少的必然结果”。［意］贝卡利亚：《论犯罪与刑罚》，黄风译，44页，北京，中国方正出版社，2003。

效的理念，在犯罪行为发生之后迅速地启动刑事诉讼，在法律授权范围内对与犯罪相关的人员与财物采取必要措施，及时地收集和固定证据。

然而，刑事警察权作为一种行政权，其本身所具有的单向强制力与支配力，又容易侵犯公民权利。洛克曾指出，“在所有国家权力中，行政权力是最桀骜不驯的，它是唯一不需要借助程序就能行使的权力，因此，它有极大的随意性和广阔的空间”①。刑事警察权甚至比其他行政权力更具有扩张性和侵犯性，因为出于维护治安和打击犯罪的需要，刑事警察权还包括对公民人身权利、财产权利的强制权，技术侦查权等若干影响公民人身、财产自由的权力。② 如在遭受“9.11”恐怖袭击之后，为了打击以恐怖主义犯罪为代表的新型犯罪，美国参众两院在2001年10月26日通过了《爱国者法》，授权警察机关使用相应的技术手段以防止、侦破和打击恐怖势力活动和恐怖犯罪。该法在扩大刑事警察权的同时，又对这些权力的行使方式设置了适用的程序和必要的界限，并由美国国会对其实施情况进行分阶段监督和检查。③ 由此可见，在考虑刑事警察权的配置时，除了考虑高效之外，还需要特别注重保障人权，以提升刑事警察权行使的正当性，实现打击犯罪与保障人权的动态平衡。目前，制约刑事警察权的方式主要是检警一体化模式和司法审查模式④，这两种模式的核心在于实现刑事警察权在授权与控权之间的平衡，刑事警察权行使时应当遵守相应性原则或比例原则。即为了维护社会秩序，保障公共安全，刑事警察权必须保持足够的强制力以高效地打击犯罪；与此同时，“刑事追究措施，特别是侵犯基本权利的措施在其种类、轻重上，必须要与所追究的行为（危害）大小相适应”⑤，以恢复社会秩序为限，不应以不必要地牺牲公民在人身与财产方面的自由权为代价。

---

① ［英］洛克：《政府论》下篇，92页，北京，商务印书馆，1964。

② 参见陈卫东、石献智：《警察权的配置原则及控制》，载《山东公安专科学校学报》，2003（5）。

③ 见美国司法部网站，http：//www1justice1gov/archive/ll/highlights1htm，最后访问时间：2001—10—02。

④ 对以刑事警察权为代表的侦查权的控制，除了检警一体化和司法审查方式之外，还有非法证据排除规则，拘留、逮捕与羁押相分离等。

⑤ ［德］约阿希姆·赫尔曼：《德国刑事诉讼法典》，李昌珂译，13页，北京，中国政法大学出版社，1995。

二、对2012年刑事诉讼法修改中警察权修改的评析

2012年刑事诉讼法对刑事警察权的修改主要有两个方面：一方面，根据犯罪的新变化对刑事警察权进行了授权；另一方面，根据宪法“国家尊重和保障人权”的要求对刑事警察权的行使方式进行了限制，即限权。整体看来，2012年刑事诉讼法的修改被司法界、学术界视为“我国人权事业发展的又一次飞跃”，“改变了过去着重于对犯罪的打击和惩罚，把打击犯罪和保障人权结合起来”[①]；“适应新形势下惩罚犯罪与保护人民的需要，着力解决当前司法实践中迫切需要解决的问题，是中国特色社会主义刑事司法制度的重大发展和健全完善”[②]。在看到上述重要进步的同时，我们也应该注意到，本次刑事诉讼法修改虽然亮点很多，但也存在诸多争议，尤其是在刑事警察权方面的规定上。[③] 因此，出于完善刑事警察权的目的，要实现打击犯罪与保障人权这两项价值目标之间的动态平衡。

（一）扩张刑事警察权的主要规定

2012年刑事诉讼法对刑事警察权授权的修改主要体现在两方面：一是修正后的《刑事诉讼法》第117条第2款将案情重大、复杂，需要采取拘留、逮捕措施的，对犯罪嫌疑人的拘传、传唤的最长时间从12小时延长到24小时。二是将技术侦查、秘密侦查合法化。第148条规定，公安机关在立案后，对于危害国家安全犯罪、恐怖活动犯罪、黑社会性质的组织犯罪、重大毒品犯罪或者其他严重危害社会的犯罪案件，根据侦查犯罪的需要，经过严格的批准手续，可以采取技术侦查措施。第151条规定，为了查明案情，在必要的时候，经公安机关负责人决定，可以由有关人员隐匿其身份实施侦查。这些修改是对我国社会转型时期犯

① 韩元俊、李莹：《法学专家陈卫东接受新华网专访详解刑诉法修改：方方面面都是巨大进步》，见新华网，http：//news1xinhuanet1com/politics/2012lh/2012－03/11/c－1116362291htm，最后访问时间：2012－03－22。

② 卞建林：《中国特色社会主义刑事司法制度的重大发展》，载《检察日报》，2012－03－16。

③ 参见《聚焦刑事诉讼法修改：亮点多争议大》，载《人民日报》，2011－09－14。

罪组织化、智能化、隐蔽化等新变化的回应，加大了对新型犯罪的打击力度，对此应予以肯定。然而，根据前文关于刑事警察权规范的论述，从实施程序方面来看，上述规定仍存在较大的解释空间和变通余地。

以拘传、传唤的规定为例，如何解释“持续的时间”就存在多种可能，司法实践中存在将犯罪嫌疑人以涉嫌甲罪名为由拘传、传唤，在达到法定最长时限之后，将其释放，然后又以乙罪名再对其拘传、传唤；或者将犯罪嫌疑人押送回家几个小时之后再次对其拘传、传唤等做法。虽然修正后的《刑事诉讼法》第117条第3款规定，“传唤、拘传犯罪嫌疑人，应当保证犯罪嫌疑人的饮食和必要的休息时间”，但是休息时间多长为“必要”，解释权似乎仍然在侦查部门。就技术侦查合法化而言，2012年刑事诉讼法的规定是以一种较为抽象而概括的形式出现的，存在如何适用的问题。以第148条第1款规定的技术侦查措施需要经过“严格的批准手续”为例，何为“严格”，如何审批，2012年刑事诉讼法语焉不详。此外，技术侦查措施在适用时如果违反第150条的规定，即没有按照批准的措施种类、对象和期限执行，或者将技术侦查的结果用于其他用途，2012年刑事诉讼法也没有规定法律责任。

此外，在修法过程中，对关于在特定情况下对犯罪嫌疑人实施监视居住、刑事拘留、逮捕等强制措施后，可以不在24小时内通知其家属的规定，社会公众担心法律被执法部门滥用。[①] 其主要原因就是认为这些规定扩大了不通知家属的范围，可能导致“秘密拘捕”，对人权保障不利。[②] 确切地讲，在这个问题上，立法修改的初衷是为了限制刑事警察权，纠正侦查机关过去从自身查案、破案的角度出发，以“有碍侦查”或“无法通知”为借口不通知当事人家属这一现象，

---

① 参见苏宁：《人民日报评刑诉法第73条争议：公众担心执法部门滥用》，见凤凰网，http：//news1ifeng1com/mainland/special/xingshisusongfa/content－3/detai－l2012－03/21/13334907－01shtml，最后访问时间：2012－03－22。

② 一些法律界人士认为，虽然此次修订有不小进步，但部分条款仍有争议。据新浪微博调查，97.2%表示关心刑诉法大修，89.9%的网友表示两会刑诉法草案第73条应暂缓表决，10.1%的网友认为要立即表决，92.8%的网友表示不希望通过《刑诉法修改稿草案》。参见朱毅：《刑事诉讼法修正案引发各方关注》，见人民网，http：//yuqing1people1com1cn/GB/173696121html，最后访问时间：2012－03－22。

将“有碍侦查”的情形限定为“涉嫌危害国家安全犯罪、恐怖活动犯罪等严重犯罪”。但在我国刑事诉讼实践中，已经存在侦查机关以各种理由不通知当事人家属的情况，再加之是否属于严重犯罪，通知是否有碍侦查等问题的解释权在侦查机关，这就使公众对刑事警察权滥用的担忧不无道理。针对社会公众的上述担忧，2012 年《刑事诉讼法》第 83 条对“通知可能有碍侦查”可以不在 24 小时内通知家属的情形从以下三个方面作出了限制：一是该规定只适用于拘留；二是涉嫌的罪名只限于涉嫌危害国家安全犯罪、恐怖活动的犯罪；三是一旦通知有碍侦查的情形消失，应当立即通知家属。[①] 在看到这些限制刑事警察权规定的同时，必须注意到 2012 年刑事诉讼法的用语仍然不够周延。如对第 83 条规定的“通知可能有碍侦查的情形”如何理解，以及第 73、83、91 条规定的“无法通知”又该如何解释，侦查机关仍然拥有较大的操作余地，在缺少相应的权力制约或权利救济的情况下，社会公众的担忧不无道理。

（二）限制刑事警察权的主要规定

2012 年刑事诉讼法对刑事警察权的限制主要体现在：将犯罪嫌疑人的辩护权延伸至侦查阶段；规定犯罪嫌疑人被拘留、逮捕之后立即送看守所羁押，羁押之后的讯问在看守所内进行；保障律师会见权以及会见犯罪嫌疑人、被告人时不被监听；人民检察院应当对羁押的必要性进行审查；对于可能判处无期徒刑或者死刑等特定案件录音录像；非法取得的证据应当被排除六个方面。这些限制刑事警察权的规定是刑事诉讼理论中控辩平等、程序法定、诉讼及时等原则的重要体现，将提高对公民权尤其是犯罪嫌疑人、被告人权利的保护力度，有利于在刑事诉讼中落实“国家尊重和保障人权”的宪法规定，推动我国人权保障事业的发展。

然而，从限制刑事警察权的初衷来看，上述修改仍然缺少对违法行使刑事警察权的责任规定，法律后果的缺失将导致 2012 年刑事诉讼法中限制刑事警察权的部分规定在实践中被架空。以律师会见为例，2012 年《刑事诉讼法》第 37 条规定，除危害国家安全犯罪、恐怖活动犯罪、特别重大贿赂

① 参见王敏远：《羁押后通知家属是人权保障原则基本要求》，载《检察日报》，2012－03－22。

犯罪案件，辩护律师持律师执业证书、律师事务所证明和委托书或者法律援助公函即可以要求会见在押的犯罪嫌疑人、被告人，看守所应当及时安排会见，至迟不得超过48小时，并且会见时不被监听。然而，对于侦查机关或看守所不让律师会见，超过48小时才安排会见或者会见时监听等违反规定的行为并没有为权利人设置救济途径，也没有对违反规定的行为人设置相应的法律责任。此外，关于律师会见的这些规定在相当程度上是对2008年6月实施的新律师法相关条文的吸收，在新律师法难以落实的情况下[①]，2012年刑事诉讼法的规定能否落实不免令人担忧。

就2012年刑事诉讼法在限制刑事警察权方面存在的问题而言，最为重要的当属非法证据排除问题。司法实践表明，绝大多数冤假错案在侦查环节已经形成。[②]针对刑讯逼供行为多发生在犯罪嫌疑人被送交看守所之前或羁押后又被提到看守所外面讯问的情况，2012年《刑事诉讼法》第83条规定，拘留后，应当立即将被拘留人送看守所羁押，至迟不得超过24小时；第116条并规定犯罪嫌疑人被羁押在看守所以后，侦查人员应当在看守所内对其进行讯问；第54条进一步规定，采用刑讯逼供等非法方法收集的犯罪嫌疑人、被告人供述和采用暴力、威胁等非法方法收集的证人证言、被害人陈述，应当予以排除。违反法律规定收集物证、书证，严重影响司法公正的，对该证据应当予以排除。由此可见，非法证据排除规定仅限于取证方式非法，并不包括取证主体非法和证据形式非法两种情形。比较《刑事诉讼法》原来的规定，进步在于明确了排除非法言词证据这一后果，但是对“非法方法”收集证据的界定并不明确。修正后的《刑事诉讼法》第54条规定，非法方法主要有“刑讯逼供”“暴力”“威胁”等，这一点对应于我国《刑

---

① 自2008年6月1日新律师法实施后，律师到看守所会见当事人时仍会遭到拒绝。针对“会见难”这一问题，北京市高级人民法院、司法局、公安局等六家单位联合制定了《关于律师会见在押犯罪嫌疑人、被告人有关问题的规定（试行）》，以“过渡措施”化解律师会见难的局面。至2011年，这一问题仍然没有得到有效解决，在这一年的两会上，有广东的全国人大代表提请全国人大常委会解决律师会见难问题。参见陈翔、王飞：《代表声音：律师会见难依旧较普遍》，载《广州日报》，2011—03—02。

② 有研究者指出，刑事诉讼中的非法搜查、扣押、诱供、骗供乃至刑讯逼供，大都发生在侦查阶段。

法》第247条规定的刑讯逼供罪或暴力取证罪。然而，到底什么样的非法取证方法构成“刑讯逼供”或“暴力取证”，我国相关法律并没有明确界定。根据最高人民检察院《关于渎职侵权犯罪案件立案标准的规定》，刑讯逼供罪是指“司法工作人员对犯罪嫌疑人、被告人适用肉刑或者变相肉刑逼取口供的行为”，暴力取证罪是指“司法工作人员以暴力逼取证人证言的行为”[①]。但是，该规定没有对“肉刑”“变相肉刑”“暴力”给出界定，仅仅列举了“殴打、捆绑、违法使用戒具”和“以较长时间冻、饿、晒、烤”等常见非法取证方式。与此类似，《刑事诉讼法》相关司法解释及规范性文件亦采此种界定模式。以列举的方式来说明刑讯逼供或暴力取证的好处，在于方便司法实践中直接排除那些被列举的情形；但其缺点也显而易见，即不免挂一漏万，列举范围之外的情形在法律上没有对其进行界定之前，就有可能被侦查人员使用，如当前使用的不让犯罪嫌疑人、被告人睡觉等方式。[②] 这些获取口供或证言的方法是否非法，2012年刑事诉讼法并没有规定，从而有可能导致刑事警察权滥用。

三、以司法解释细化2012年刑事诉讼法规定的若干建议

刑事诉讼法作为程序法，其实施不仅是实体正义的实现过程；还是程序正义实现的过程。实体正义和程序正义的实现过程，则是法律权威的树立过程。马克斯·韦伯说，法律程序是理性选择的适当方式，合理公正的程序法曾经或正在推动着法律权威的确立。[③] 处于打击犯罪最前沿的刑事警察权，其行使程序是否规范，直接关乎“国家尊重和保障人权”的宪法规定能否在刑事诉讼中落实。从前文对2012年刑事诉讼法关于刑事警察权规定的分析来看，存在的主要问题就是对刑事警察权授权有余而限权不足。

① 2005年12月29日最高人民检察院第十届检察委员会第49次会议通过，2006年7月26日公布实施。

② 不让犯罪嫌疑人、被告人睡觉，有病不给及时治疗、不给水喝等方式是否非法，是否属于刑讯逼供，法律上还没有明确的规定。

③ 参见龚祥瑞：《西方国家司法制度》，155页，北京，北京大学出版社，1980。

虽然2012年刑事诉讼法存在不完善的地方，但是在已通过的情况下，当务之急就是要细化刑事警察权方面的规定，帮助公、检、法机关完善或制定司法解释。[①] 刑事诉讼法学者也应该积极参与《刑事诉讼法》再修改后的司法解释的研究制定，否则，刑事警察权在司法实践中就有可能偏离立法的初衷。[②] 就刑事警察权的具体规范而言，司法解释需要从以下两个方面加以完善。

（一）厘清相关术语的内涵

作为规范人们行为的准则，法律语言应该具有精确性，尤其是在程序法领域，用语的精确能够增强诉讼程序的可操作性；但是，基于现实社会的复杂性，法律语言的精确性又会带来法律与社会发展的脱节，因为“法律规定要想具有普遍的适用性和持续的生命力，其语词又必须具有一定的模糊性”[③]。对此，美国学者约翰·吉本斯曾指出，“因为这些（法律）文件是如此具有影响力，所以它们在措辞上的准确无误十分重要。如果它们的措辞过于严格，它们可能会对我们的生活施加一些不适当的、不必要的限制。如果它们在措辞上过于宽松，则又可能会让一些令人生厌的行为获得认可或导致产生一些不必要的后果……精确不一定就意味着极度清晰——它也可能包括采用适当程度的模糊性或灵活性”[④]。因此，结合前文的分析，就2012年刑事诉讼法中规范刑事警察权条文的用语精确化而言，关于这些条款的解释主要有以下建议：

第一，合理界定《刑事诉讼法》第54条非法证据排除中“刑讯逼供”“暴力取证”等规定。“刑讯逼供”“暴力取证”是我国专有的法律用语，其内涵对应的则是国际上通用的“酷刑”。联合国《禁止酷刑和其他残忍、不人道或有辱人格

① 最高人民检察院副检察长孙谦在2012年3月20日表示，“最高检要抓好《人民检察院刑事诉讼规则》的制定，根据1996年刑事诉讼法制定的一些司法解释，需要进行相应的清理、修改和完善，为新刑诉法的实施做好充分准备”。李娜：《最高检为新刑诉法实施“清障”》，载《法制日报》，2012－03－21。

② 如我国1996年刑事诉讼法修改之后，公、检、法三机关分别制定了《公安机关办理刑事案件程序规定》《人民检察院刑事诉讼规则》《最高人民法院关于执行〈中华人民共和国刑事诉讼法〉若干问题的解释》，增强了《刑事诉讼法》的可操作性。

③ 何家弘：《论法律语言的统一和规范》，载《中国人民大学学报》，2009（1）。

④ ［美］约翰·吉本斯：《法律语言学导论》，丁卫颖、李奕等译，45页，北京，法律出版社，2007。

的待遇或处罚公约》第1条第1款规定：“‘酷刑’是指为了向某人或第三者取得情报或供状；或者因为他或第三者所做或所涉嫌的行为对他或第三者加以处罚、恐吓或强迫；或基于任何一种歧视的任何理由蓄意使某人在肉体或精神上遭受剧烈疼痛或痛苦的任何行为，并且这种疼痛或痛苦是由公职人员或以官方身份行使职权的其他人所造成或在其唆使、同意或默许下造成的。”[①] 确定一种具体的取证行为是否属于酷刑，有两条关键的判断标准：一是严重程度，即为了获取口供或证人证言而蓄意实施某种行为使犯罪嫌疑人、被告人或证人在肉体或精神上遭受剧烈疼痛或痛苦，包括但不限于采用“殴打、捆绑、违法使用戒具”和“较长时间冻、饿、晒、烤”等方式获取口供或证言；二是主体身份，即实施上述行为的行为人是公职人员或以官方身份行使职权的其他人。因此，建议在制定关于该条的司法解释时，按上述两个标准对“刑讯逼供”“暴力取证”等非法取证行为进行界定，以提高可操作性，同时避免挂一漏万。

第二，合理界定《刑事诉讼法》第117条“传唤、拘传犯罪嫌疑人，应当保证犯罪嫌疑人的饮食和必要的休息时间”中的“必要的休息时间”，以避免将解释权留给侦查机关而导致在传唤、拘传犯罪嫌疑人过程中可能出现的变相体罚、虐待。建议在制定该条的司法解释时，将“必要的休息时间”规定为“任何24小时以内，传唤、拘传犯罪嫌疑人的累积时间不得超过12小时”，或者规定“两次传唤或拘传之间，犯罪嫌疑人连续休息的时间不得少于6个小时”。

第三，合理界定《刑事诉讼法》第148条“根据侦查犯罪的需要，经过严格的批准手续，可以采取技术侦查措施”中的“严格的批准手续”。技术侦查措施批准权交由法院行使最为理想，因为法官作为诉讼之外、中立的“第三方”，对于维持侦、辩平衡，防止侦控机关滥用权力，切实保障犯罪嫌疑人、被告人的合法权利，实现刑事司法公正这一根本目标具有重要的保障作用。但是，就我国目前情况而言，让法院来行使这些审查决定权还不具备条件，主要是我国现行法院体制没有像国外那样设置单独的治安法官来行使批准权，因而，这一问题不是刑

① 转引自陈卫东主编：《中欧遏制酷刑比较研究》，6页，北京，北京大学出版社，2008。

事诉讼法修改或者法院自身能解决的。在制定司法解释时较为可行的一种方案是，借鉴检察机关在职务犯罪案件中实行审查逮捕上提一级的改革做法[①]，将是否采用技术侦查措施的批准权上提一级，即省级以下（不含省级）公安机关立案侦查的案件，需要采用技术侦查措施的，应当报请上一级公安机关审查决定。[②]这样，技术侦查措施批准权的最低级别是地市一级的公安机关，就可以减少滥用技术侦查措施情形的发生，既不会对打击犯罪的力度产生较大影响，又兼顾了保障人权的要求。

（二）设置违反程序的后果

虽然刑事警察权的行使在理论上会受到检察权的制约，但是在司法实践中，检察权对刑事警察权的制约效果并不理想[③]，加之刑事诉讼法赋予公民制约刑事警察权的权利较少，又缺乏违反法定程序的后果，在这样的情况下，刑事警察权在实践中就有可能出现滥用而侵犯公民人身自由等基本权利的现象。为了保证打击犯罪与保障人权之间的动态平衡，需要从程序上对刑事警察权的行使加以规制，以规范其行使的方式，除了赋予当事人程序救济权利和追究相关责任人的法律责任之外，更为重要、有效的是在法律条文中设置违反诉讼程序的法律后果。“程序性意义上的法律后果，是指违反诉讼程序的行为及其结果，在诉讼程序上不予认可，或予以撤销、或应予否定、或应予补充、修正的法律规定。”[④]设置违反诉讼程序法律后果的重要意义在于激活《刑事诉讼法》中规范专门机关权力行使方式的相关条款，赋予其震慑力和执行力，通过这些条款在司法中的适用来纠正司法实践中存在的“重实体、轻程序”“重打击犯罪、轻保护权利”等观念，

---

① 2009年9月2日，最高人民检察院印发《关于省级以下人民检察院立案侦查的案件由上一级人民检察院审查决定逮捕的规定（试行）》，规定省级以下（不含省级）检察院立案侦查的案件，需要逮捕犯罪嫌疑人的，应当报请上一级检察院审查决定。自2011年起，职务犯罪案件审查逮捕程序上提一级改革将在全国检察机关全部实施。参见徐日丹：《全国检察机关今年将全部实行职务犯罪案件审查逮捕上提一级》，载《检察日报》，2011－01－14。

② 检察机关在刑事诉讼中作为侦查机关，对反贪、反渎等自侦案件决定使用技术侦查措施的，其批准程序可以参照中央政法委下发的相关文件执行。

③ 以检察监督为主的侦查控制方式在实践中存在权力滥用的弊端。

④ 王敏远：《论违反刑事诉讼程序的程序性后果》，载《中国法学》，1994（3）。

规范刑事警察权的行使方式，进而维护诉讼参与人的合法权利，维护刑事诉讼程序的尊严。因此，有必要在制定司法解释时规定违反诉讼程序的法律后果，在侦查机关的上方悬上一把“达摩克利斯之剑”，以落实 2012 年刑事诉讼法中限制刑事警察权行使方式的条款。在设置程序法律后果方面，一般应遵守权利保障、规范职权、完整性、适当性、协调性等原则。[①] 根据刑事警察权行使过程中违反法定程序的严重程度，建议相关司法解释在设置违反程序法律后果方面规定以下两种情形：

第一，可以补正的情形。这种程序性后果主要针对刑事警察权在行使过程中出现的轻微违反刑事诉讼程序的行为。对这一类违反程序行为，根据适当性原则，没有必要将已经进行的诉讼程序归于无效或将已经取得的证据排除，但是为了维护诉讼程序的尊严，需要对这些轻微违法行为予以补正。如，不在法律规定的时间内通知家属或安排律师会见的，犯罪嫌疑人或律师可以向同级人民检察院提出，由检察院提出纠正意见，侦查机关或看守所应当立即通知家属或安排会见。

第二，归于无效的情形。这种程序性后果主要针对侦查机关在行使刑事警察权时严重违反刑事诉讼法定程序的行为。对于这一类违反程序行为，根据权利保障原则，其收集到的证据不能在诉讼中使用。就规范刑事警察权而言，主要有四种情形：一是，犯罪嫌疑人被拘传、传唤之后没有保障饮食、必要的休息时间的，该次拘传、传唤取得的口供无效；二是，犯罪嫌疑人被拘留、逮捕之后没有被立即送看守所，而是在侦查机关办公场所被讯问的，或者送往看守所以后又被提出看守所讯问的，该次讯问所得的口供无效；三是，使用技术侦查措施时没有按照批准的措施种类、对象和期限执行的，所取得的证据无效；四是，对于可能判处无期徒刑或者死刑的案件，讯问犯罪嫌疑人时没有进行录音录像的，该次讯问所得的口供无效。对于上述刑事警察权行使时违反法定程序而导致取得的证据无效的，出于打击犯罪的效率和保障人权的综合考虑，如果案件中其他合法证据

① 我国有学者将设置程序法律后果的原则归纳为权利保障、规范职权、完整、充分、适当、协调以及法定与裁量相结合七个原则。参见王敏远：《设置刑事程序法律后果的原则》，载《法学家》，2007（4）。

足以定案的，则取证程序不需要重新开始；如果案件中现有的证据不足，侦查机关可以通过符合法律程序的方式重新获取相关证据，重新获取证据之后仍然证据不足的，则应该撤销案件。

第五节 2012年刑事诉讼法中侦查措施的发展与规制

新的社会形势下，经济社会的发展和犯罪情况的变化使常规侦查手段面临着前所未有的困境和挑战。理想状态下，侦查活动本应在保证侦查效能以及保障人权两种基本价值追求之间达到基本的平衡，然而新形势下常规侦查手段的运用却步履维艰。刑事侦查如何回应日益高涨的人权保障的社会诉求，同时兼顾侦查效能、完成犯罪控制的基本任务成为困扰侦查活动的一大难题。该问题既是我国刑事侦查活动所面临的难题，同时也是世界性共通的问题。而在常规侦查手段之外赋予侦查机关以特殊侦查手段也是大多数国家通行的做法。

秘密侦查的合法化是世界各国现代刑事诉讼制度发展过程中的通例，是近半个世纪以来世界刑事诉讼发展进程中的特别引人注目的共同趋势之一。这一趋势产生的背景主要有三：首先是各种隐形犯罪类型的不断涌现，犯罪数量不断攀升、犯罪手段日益隐秘的现实状况使常规侦查手段的侦查效能日益走低，犯罪控制的需求不降反增，客观上要求侦查机关唯有启用秘密侦查手段才能加以有效回应。其次，随着人权保障的理念愈发深入人心、刑事诉讼程序愈发规范、公开和去神秘化，司法实践中原本“行之有效”的一些常规侦查手段赖以发挥作用的法律环境已经悄然改变，常规侦查手段的控制日益严格，秘密侦查手段作为替代性措施得以大幅度扩张。最后，秘密侦查的广泛使用代表着社会控制方式的转变，是社会发展自身的要求，工业社会、陌生人社会、多元社会、流动社会的形成导致传统的社会控制方式失灵，社会控制的方式只能是因应社会的变迁与人类行为模式的变迁，由强制转为秘密监控与欺骗引诱。

将技术侦查手段运用于对普通刑事犯罪的侦查在我国的司法实践中早已有之，且在法律规范层面也有体现[①]，然而该手段却迟迟未能纳入刑事诉讼法的调整范围之内。早在2007年年初，实务界及学术界同仁尚在讨论刑事诉讼法再修改的各种方向之时，笔者就曾撰文强烈呼吁在刑事诉讼法再修改过程中应当着重考虑秘密侦查合法化问题。[②] 2008年年底，中央政法委下发的新一轮司法体制与工作机制改革方案中则将“明确技术侦查、秘密侦查措施使用主体、适用范围、审批程序”作为改革任务之一。四年之后的2012年刑事诉讼法再行修改，技术侦查写入刑事诉讼法中也印证了笔者当年的呼吁。时至今日，笔者更加坚信，在任何一个法治国家，都在强调权利保障与犯罪控制的平衡，捆住警察的左手，就必须放开警察的右手。

一、技术侦查法治化

（一）名义之辩——技术侦查、秘密侦查

对于技术侦查与秘密侦查，可以从学理和立法两个层面加以理解：

学理层面，技术侦查与秘密侦查并非同一概念，而是两个具有包容关系的概念，一般认为技术侦查是秘密侦查的一种类型。所谓秘密侦查，是指在侦查相对人知情的情况下将难以开展或者无法完成的、以隐藏或欺骗方式实施的非强制性侦查活动，从外延范围上来看，主要包括乔装侦查与秘密监控两类手段。而后者，即监控型秘密侦查在我国司法实践中则通称为技术侦查。考察秘密侦查的发展史即可知，秘密侦查这一概念具有极强的涵盖性，其外延极为广泛。其产生之

---

① 《人民警察法》第16条规定：“公安机关因侦查犯罪的需要，根据国家有关规定，经过严格的批准手续，可以采取技术侦察措施。”

② 当时，就警察权力的改革方向来看，基本的发展趋向是在1996年刑事诉讼法的基础上进一步限缩警察刑事执法权，笔者在对这种趋势持支持态度的同时，也在暗自担忧，窃以为，将警察的手脚死死捆住未必就能像理论推演那样达到“刑事程序现代化与法治化”的目标。参见陈卫东：《秘密侦查合法化之辩》，见法制网，http：//www.legaldaily.com.cn/jdwt/content/2007－02/11/content＿610118.htm？node＝6158。

初主要是乔装型秘密侦查，监控型的秘密侦查虽也有之，但直到经过工业革命，科学技术获得长足发展并大量应用于刑事侦查活动之后，监控型的秘密侦查才在其中逐渐占据了主要地位。在论及技术侦查与秘密侦查的关系时，也有学者认为应当以“特殊侦查措施”也即广义上的秘密侦查来统称常规措施之外的侦查措施，并认为特殊侦查措施的概念之下又包括了技术侦查与狭义上的秘密侦查（隐匿身份的侦查与控制下交付）。①

与学理上较为清晰的划分方式不同，从中央的司改文件乃至上升为国家法律的各种规范当中对技术侦查与秘密侦查二者之间关系的理解则较为混乱。从前述的2008年中央政法委关于新一轮司法体制与工作机制改革方案中的表述可知，对于技术侦查与秘密侦查并未做严格的区分而是对二者并列加以使用。受其影响，2011年启动的刑事诉讼法再修改，起初讨论修改方案的过程中也采用了将技术侦查与秘密侦查并用的做法。讨论稿中曾试图对技术侦查的概念和种类加以规定，当时存在两种修改方案。一是将技术侦查定义为：“技术侦查措施是指采取监控、通信对公民住宅等场所秘密拍照、录音、录像、截取计算机网络信息等技术手段，获取犯罪证据的侦查措施。”二是将其定义为：“技术侦查措施是指采取监控、通信、秘密拍照、录音录像、截取计算机网络信息等技术手段获取犯罪证据，影响公民的通信自由、住宅或者隐私等权利的侦查措施。”可见，无论哪一种方案其所指的均为狭义上的技术侦查措施，所强调的是获取犯罪证据的过程中对“技术手段”的运用。而将其与秘密侦查并用的做法并不符合学理上对二者包容与被包容关系的通常理解。

在向社会公布的刑事诉讼法修正案草案中，规定了秘密侦查的两大类手段：秘密监控与乔装侦查。秘密监控，在中国的语境中被称为技术侦查，是指使用技术手段秘密获取公民信息的各种措施；与之相对应的另一类秘密侦查手段是指以人力为载体的，以欺骗为主要表现特征的各种秘密侦查方法，包括线人（在中国的语境中经常被称为特情）、卧底、诱惑侦查，因此此类手段通常表现为改变身

① 参见张建伟：《特殊侦查权力的授予与限制——新〈刑事诉讼法〉相关规定的得失分析》，载《华东政法大学学报》，2012（5）。

份进行侦查，学术界也将其称为乔装侦查。技术侦查也是秘密进行的，属于秘密侦查的一种，修正案草案中将乔装侦查等同于秘密侦查在逻辑上、语义上，乃至于在实践中都缺乏相应的支撑理由。而这种错乱的逻辑关系也已经影响到了实务部门对技术侦查与秘密侦查之间关系的理解，在公安机关对刑事诉讼法所作的释义中，将隐匿身份的侦查称为秘密侦查，也即卧底侦查，并将其解释为“经过特别挑选的侦查人员或者其他人员以隐匿其原有身份的方式，潜伏于所欲调查的犯罪组织或环境中，在法律规定的范围内，暗中收集犯罪证据或情报的一种侦查方式”①。

为了区别于常规侦查措施，2012年刑事诉讼法在第二编第二章第八节中采用了“技术侦查措施”的表述方式。从体例结构上看，“技术侦查措施”一节中既包括了秘密录音、录像、监听等运用科技手段进行的秘密监控，也即我们通常意义上所理解的技术侦查，同时也包括了隐匿身份的侦查以及控制下交付这两种学理上应划归于乔装侦查的秘密侦查手段。也就是说，本节中既包括技术侦查，也包括使用人力的秘密侦查手段。当然，最终通过的修改决定并未采取之前草案中拟规定技术侦查的概念与具体种类的做法。对于技术侦查与秘密侦查，立法缺乏明确的界定，只是笼而统之地进行了规定与授权。所有的侦查行为都是对公民权利的限制与剥夺，如果连具体的手段与内容都无法在法律上明确，显然不利于实践操作。秘密侦查中的技术侦查与乔装侦查都是属概念，需要进一步细化、明确相应的种概念，比如技术侦查包括哪些手段。如果不作出具体的界定，就意味着宽泛地授权侦查机关可以无所不用其极地使用各种手段挖掘公民的隐私与信息，其后果难免令人担忧。

在界定技术侦查的过程中，应当抓住技侦手段的双重本质，即兼具秘密性与技术性。技术性是指借助一定的科技设备延伸或者提升了人类的感知能力，技术设备是不断更新的，从这个角度来看，技侦手段必然体现出不断淘汰、升级的自然规律，新型手段必将不断出现，法律上对其进行完全列举，既不可能也没有必

① 孙茂利主编：《新刑事诉讼法释义与公安实务指南》，324页，北京，中国人民公安大学出版社，2012。

要；秘密性实际上是所有秘密侦查手段的核心特征，指的是相对人不知悉的情况下实施的各种侦查手段，或者更为准确地讲，那些相对人一旦知悉将难以继续开展的侦查手段。以此标准衡量之，侦查实践中广为使用的短信查询、通话记录等通信信息的事后查询不应当视为技术侦查，而同步截取短信内容或者手机定位、电脑定位，则应当属于技侦手段的范畴。

（二）道义之辩——从目的正当到手段合法

为了实现国家安全、政治稳定等主权国家的基本治理目标，将技术侦查、秘密侦查措施应用于军事斗争、政治斗争的做法早已有之。而当社会发展与犯罪控制对刑事侦查活动提出更高的要求时，虽然争议很大，但技术侦查、秘密侦查措施也被引入了刑事诉讼的过程当中。由政策性的、秘密的规定到明确的、公开的法律规范，技术侦查、秘密侦查的法治化也说明了将其应用于刑事侦查具有目的上的正当性。

这种正当性主要是因为通过秘密监控（电话监听、谈话窃听、邮件检查、跟踪监视、定位等）或欺骗手段（卧底、线人、诱惑侦查）的使用，执法机关可以获得使用其他普通侦查手段难以实现的收获，其突出效用有四：其一，隐形犯罪形态的出现与泛滥客观上要求只有采用秘密侦查手法才能破案，比如毒品、武器、走私、贿赂等交易型案件通过常规侦查手段很难对付；其二，犯罪分子使用现代科技手段犯罪客观上也要求执法机关必须“以其人之道还治其人之身”；其三，秘密侦查也是一种执法成本相对低廉的手段，与等待案发后回溯性地收集各种证据的常规做法相比，通过合法的诱惑侦查收集证据显然来得更为快捷、方便，与动用大量警力抓捕审讯犯罪嫌疑人相比，监听电话获取自白显得更为简单；其四，秘密侦查获得的证据证明力较高，现场抓捕获得的证据再辅之以录音、录像往往会形成令被追诉人难以质疑的直接证据。

虽然技术侦查、秘密侦查具备上述种种突出效用，但直到 2012 年再次修改刑事诉讼法之前，其一直处于一种秘而不宣的状态，处境可谓十分尴尬。首先，其呈现出一种高度的秘密状态，不要说被侦查人不可能知悉，连处理案件的检察官、法官，有时秘密侦查人员以外的警察、办案人员都无从知悉；其次，秘密侦查获取的信息通常不得作为证据使用，而只能作为引导其他取证行为的办案线索；最后，秘密侦查的办案人员还要承受着合法与非法的质疑，法律上没有明文授权，仅仅依照部门规章、政策行事，执法人员自然心里没底，加之具体的界限不明，秘密侦查执法人员本身就处于一种合法与非法的边界地带。秘密侦查在我国所面临的上述困境并非偶然，其产生于中华人民共和国创建时期的特殊历史阶段，其间主要服务于军事斗争、敌我斗争与阶级斗争，从而客观上要求具备高度保密的特点，即便今天秘密侦查的适用对象已经向刑事犯罪侦查转变，但这种高度保密的特点并未因此而改变。[①] 而且，由于秘密侦查在我国牵涉了太多的政治因素，因而也被认为具有高度的敏感性。

当然，即便承认任何事物的存在都有一定的合理性，但也要注意，合理性有时只是相对的，或者说在特定时期内是合理的。随着现代法治的逐步建立，刑事诉讼的现代化与制度化必然会进一步发展出更为科学、合理的证据规则，秘密侦查现存状况必然要作出相应的调整。关于秘密侦查过于“敏感”的看法，笔者个人认为这是一个无须回避反而应当坦诚对待、据理力争的问题。任何一个主权国家对于国家安全、政治稳定都有权而且应当用尽各种手段加以维护，以人权卫士自称的美国，也少不了对每年 1 800 亿次的全球电话通话监听其中的 1/10。这里有一个处理策略的问题值得注意，国家安全事务、政治稳定事务本身与刑事司法事务是具有天壤之别的领域，虽然同样是使用秘密侦查，但应当依据不同的法律规范，对于涉及敏感事项的秘密侦查单独授权、条件宽泛是符合国际惯例的，但对于一国刑事司法制度而言，刑事程序中的秘密侦查手段则要体现法治要求与人权准则。实现二者的分立是秘密侦查走向合法化的必要前提也是必经之路。

（三）规则之辩——技术侦查规则之完善

秘密侦查的合法化是因应社会发展客观情势的必然趋势，其合法化进程值得肯定。但问题在于授权侦查机关有权采用技术侦查、秘密侦查措施的同

---

① 参见程雷：《秘密侦查立法宏观问题研究》，载《政法论坛》，2011（5）。

时，如果不能有效地对其加以规制，那么无疑将使侦查机关如虎添翼，而被追诉人则会处于非常不利的境地。2012 年修改后的刑事诉讼法增加“技术侦查措施”作为单独的一节，对技术侦查措施的适用范围、批准手续、有效期限、延长程序、执行程序、技术侦查获取材料的用途限制、隐匿身份侦查、控制下交付以及技术侦查措施收集的材料用作证据的特别规定等问题悉数作了规定。综观这些具体规定，笔者认为，除了上文已经提及的技术侦查与秘密侦查的术语的使用与界定，仍然有以下三项重点问题值得进一步深入讨论与审慎研究。

首先，技术侦查措施的范围应当回应实践需求。技术侦查适用案件的范围应秉持“宽严相济”的原则，充分回应实践需求。现有法律规定在规定技术侦查适用范围时遵循了两项标准，一是重罪原则，二是立案后方可适用。前者是秘密侦查法治化的基本原则之一，明确这一点值得肯定，但同时也应当考虑到侦查实践中的可操作性与例外情况。笼统地讲“严重犯罪”，其适用极易流于形式，应当采用个案罪名加刑期的方式加以细化规定，防止实践中严重犯罪的范围最终异化为“领导说严重就严重”的滥用情形。在严格适用范围的同时，也应当充分考虑到实践中部分特殊的轻罪案件适用技侦手段的迫切必要性。这些特殊的轻罪案件主要是指在当地具有重大社会影响、群众广泛关注的案件，此类案件一旦处理失误，极易引发群体性事件、社会动荡。还有部分案件，以手机等通信设备为侵财犯罪的对象或者作案工具，侦破此类犯罪必然要适用技侦手段，与犯罪的严重程度无关。在表述重罪原则的过程中，对上述两项例外应当加以考虑。此外，“立案”作为适用技侦手段的时间起点体现了严格适用的规制精神，然而也应当考虑到在危害国家安全与恐怖犯罪案件中，立案前开展前瞻性侦查或者调查的重要作用，毕竟在这两大类案件中，预防犯罪比事后的打击犯罪更具价值。立法者应当意识到，“立案后”这一时间点的规定必然将技侦手段的适用人为地划分为侦查取证手段与立案前的情报搜集手段两大阶段或者说两大类型，二者同时并存且相互关联。

其次，在技术侦查措施所取得的证据的效力问题上应当坚持“最后使用”原则。现行刑事诉讼法中明确肯定秘密侦查获取的材料可以用作证据，这一规定解决了长期以来困扰秘密侦查实践的证据转化难题与困境，具有进步意义。然而，“可以使用”不应当是全部使用，应当强调秘密侦查所获材料用作证据时坚持最后使用原则，即能不用尽量不用，以避免或者推迟侦查手段的方法与过程曝光所引发的消极后果，包括反侦查手段、危及侦查人员人身安全等，同时也可以避免增加巨额的财政支出以用于改造数据库与技术设备以满足证据存储、使用的需要。实际上，证据取向的技侦手段的使用从来都是一种例外情形，只有在毒品犯罪等极其特殊的案件类型中、其他证据种类极其有限时，技侦材料才不得不用作证据，而这样的案件在实践中属于凤毛麟角，绝大多数案件中，技侦手段的使用主要是获取指导侦查进行的各种线索，而非搜集定案根据。

最后，技术侦查措施的审批程序应当加以明确。审批程序是侦查权控制的重要内容，现行刑事诉讼法对技术侦查的审批程序基本上没有规定，因为仅仅规定“经过严格的审批手续”过于宏观，对实践没有任何的约束力，这种状况不利于秘密侦查法治化，应当加以弥补。没有审批程序的保护，秘密侦查的立法就会异化为单纯的授权立法，这种单向度的立法取向如果不加以适度控制，带来的必将是对公民隐私权的严重挑战。实际上，技侦手段在实践中要经历四级内部审批机制，不可谓“不严格”，这里的问题是，应当在法律中将现有的做法明确规定下来，彻底破除长期的技术神秘主义倾向，从而实现程序的公开、透明，体现对秘密侦查手段控权与授权的平衡。

二、常规侦查措施的规制和新发展

（一）常规侦查措施与技术侦查措施之间的关系

常规侦查措施与技术侦查措施并非并列适用的关系，前者具有适用上的优先性。在技术侦查措施的适用方面，笔者认为应当严格遵循“最后手段”的原则，即只有当常规侦查措施不能或者无法发挥作用的时候才能适用技术侦查手段。究其原因，主要有以下几点：

首先，从制度所承载的价值的角度，技术侦查措施无疑“一半是天使，一半是魔鬼”。技术侦查措施虽然能够在查获犯罪嫌疑人、获取证据线索及证据方面给予侦查效能极大的支持，但因其采取诱惑、欺骗、秘密取证等手段，这就给国家权力行为打上了不诚信、不光彩的印记。此外，在采用引诱手段实施的秘密侦查中，侦查人员本身往往也成为犯罪活动的直接或间接参加者，而这种为了追诉犯罪不择手段的做法往往让人难以接受甚至嗤之以鼻，技术侦查措施运用的越多，国家形象也会随之大打折扣。

其次，从司法投入和产出的角度，技术侦查虽然具备上述执法成本相对低廉等优点，但姑且不说技术设备的购置和更新需要大量的司法成本的投入，从产出来看，技术侦查所获取的证据的使用较常规侦查措施受到的限制更多。2012 年刑事诉讼法修改之前，根据 2000 年《公安部关于技术侦察工作的规定》，通过技术侦查获取的证据材料不能直接作为证据使用，也不能在法庭上出示，而只能作为侦查取证的线索，通过适用刑事诉讼法规定的侦查措施将其转化为法定的证据形式，才能作为证据使用。① 虽然修改后的刑事诉讼法中明确赋予技术侦查措施所收集的材料以证据资格，规定其“可以作为证据使用”，但同时也作了“可以由审判人员在庭外对证据进行核实”的特别规定。

最后，从可能产生的副作用的角度，技术侦查措施的运用面临着较多的风险。这种风险来自方方面面，既包括强大的技术手段可能对犯罪嫌疑人、被告人甚至是非涉案人员隐私的不当干预，也包括采用乔装型秘密侦查一旦身份暴露可能对侦查人员的人身安全带来的威胁。另外，采用线人、卧底等方式进行秘密侦查的，由于处于一种非正常的生活状态，侦查人员的心理压力也可想而知。除此以外，还有学者认为秘密侦查会带来损害公正审判权、其“秘密”状态导致传统的程序监控机制与外来监督机制失效等风险。②

① 参见朱孝清：《试论技术侦查在职务犯罪侦查中的适用》，载《国家检察官学院学报》，2004 (1)。
② 参见程雷：《秘密侦查蕴藏的争议和风险分析》，载《江苏警官学院学报》，2008 (9)。

（二）侦查讯问的规制与发展

由于我国刑事司法实践一贯重视口供、由供到证的侦查取证模式盛行、侦查讯问程序不尽完善等原因，侦查讯问程序历来是发生刑讯逼供等非法取证行为，犯罪嫌疑人、被告人权利保护不利的重灾区。加之随着社会发展、犯罪日益复杂，有关侦查讯问的部分规定已然不适应侦查实践的需求。作为回应，2012 年刑事诉讼法再修改时就采取了以规制侦查讯问行为为主，同时兼顾特殊情况下延长讯问时间的客观需要的做法。

修改后的刑事诉讼法力图通过以下几种手段达到对侦查讯问的规制：

首先，就讯问的地点，根据修改后的《刑事诉讼法》第 83 条及第 91 条以及第 116 条第 2 款的规定，拘留、逮捕后应当立即将被拘留人、被逮捕人送看守所羁押，而犯罪嫌疑人被送交看守所羁押后，侦查人员对其进行讯问，应当在看守所内进行。这样一来就彻底切断了刑讯逼供等非法讯问行为发生的空间条件。根据以往的研究，刑讯逼供等非法讯问行为多发生在办案机关自己的讯问场所内。过去的刑事诉讼法中仅规定了不需要逮捕、拘留的人的讯问地点，对于羁押的犯罪嫌疑人的讯问地点则没有明确规定。而根据当时有效的《公安执法细则》，讯问已被羁押的犯罪嫌疑人原则上应当在看守所的讯问室进行。但事实证明，这种原则性的规定并未对侦查讯问起到很好的规制作用，侦查实践中提外审、突审现象仍较为普遍，而在看守所讯问室以外的地方进行的讯问中发生刑讯逼供等非法讯问的可能性也随之大大增加。相较于在侦查机关讯问室进行的讯问，在看守所讯问室内的讯问则要相对规范，特别是以 2009 年“躲猫猫”事件为分水岭，近些年来看守所内的管理水平、文明程度以及在押人员的权利保障等均取得了前所未有的巨大的进步。根据修改后的刑事诉讼法的规定，一旦犯罪嫌疑人被羁押则讯问必须在看守所内进行，这样便将过去讯问被羁押的犯罪嫌疑人原则上应当在看守所的讯问室进行的规定留下的口子彻底堵死，从而起到防范刑讯逼供等非法讯问的效果。

其次，修改后的刑事诉讼法赋予律师以辩护人的法律地位介入侦查程序的权利，同时关于辩护律师会见权、通信权、阅卷权等新规定对保障犯罪嫌疑人辩护权以及其他合法权利乃至规范侦查讯问行为均有重要作用。1996年刑事诉讼法修改以后，辩护律师介入诉讼的时间提前至侦查阶段，但由于法律未赋予律师以辩护人的法律地位，因而，其只能在有限的范围内为犯罪嫌疑人提供法律帮助。而根据修改后的刑事诉讼法，犯罪嫌疑人自被侦查机关第一次讯问或者采取强制措施之日起，有权委托辩护人，且在侦查期间只能委托律师作为辩护人。相应的，为保障侦查期间犯罪嫌疑人的辩护权的行使，法律还强加给侦查机关以告知的义务，即侦查机关在第一次讯问犯罪嫌疑人或者对犯罪嫌疑人采取强制措施的时候，应当告知其有权委托辩护人。同时，法律还简化了会见的手续，规定辩护律师会见时不被监听，扩大了阅卷的范围，上述种种保障辩护权行使的新举措均能在一定程度上规制侦查讯问权力的行使。

再次，修改后的刑事诉讼法规定了侦查讯问时的录音、录像制度，以对侦查讯问形成一种事中控制。考察法治先行国家的刑事诉讼规则，对侦查讯问行为的控制多采取事前审查与事后审查相结合，同时辅之以事中控制的方式。所谓事前审查即指司法审查，也称令状主义；事后审查即非法证据的排除；事中控制则多采用讯问时录音、录像以及讯问时律师在场的方式。而相较于讯问时律师在场，讯问时录音、录像更易被接受，因而其适用也更为普遍。录音、录像制度运用于侦查讯问过程的价值主要体现在两个方面：其一，录音、录像监督并规范了警察的侦查讯问行为，有利于防止刑讯逼供等非法讯问的发生；其二，录音、录像有固定和保全庭前自白的功能。① 除此以外，与讯问笔录相比，录音、录像既增强了记录的准确性又提高了讯问的效率；既能够保障犯罪嫌疑人的合法权益，同时对侦查人员也能够起到保护的作用。② 正因如此，西方国家普遍实行讯问时录音、录像制度。③ 而此次刑事诉讼

① 参见陈永生：《论侦查讯问录音录像制度的保障机制》，载《当代法学》，2009（4）；徐美君：《侦查讯问录音录像制度研究》，载《中国刑事法杂志》，2003（6）。

② 参见徐美君：《侦查讯问录音录像制度研究》，载《中国刑事法杂志》，2003（6）。

③ 参见黄豹：《侦查构造论》，355页，北京，中国人民公安大学出版社，2006；徐美君：《侦查讯问录音录像制度研究》，载《中国刑事法杂志》，2003（6）。

法修改增加讯问时录音、录像的规定也是对多年来司法实践尤其是检察实践中两录制度试点的成功经验的肯定。①

最后，规定非法证据排除规则，倒逼侦查讯问程序以达到规范讯问行为的目的。1979 年和 1996 年刑事诉讼法中都原则规定了严禁刑讯逼供和以威胁、引诱、欺骗等非法方法获取证据，但未确立相应的排除规则和排除程序。此次修法参考了前期中央司法体制改革的成果，吸收了两院三部颁布的两个证据规定，界定了非法证据排除的范围以及排除的程序等内容，从而在法律上搭建了我国非法证据排除的制度框架，确立了严格排除言词证据、裁量排除实物证据的发展方向。根据新法，采用刑讯逼供等非法方法收集的犯罪嫌疑人、被告人供述必须予以排除，且对非法证据的排除并不仅限于法庭审理阶段，而是贯穿侦查、审查起诉和审判各个诉讼阶段。这种事后控制机制直指犯罪嫌疑人、被告人供述，从个案的角度来看其最直接的作用在于排除了采取刑讯逼供等非法方法获取的口供，而从整个刑事诉讼制度的角度，非法证据排除规则无疑为侦查讯问行为划定了一条警戒线，使其不敢越雷池半步。

上述新规定对侦查讯问行为的规制更多是出于规范侦查行为、保护犯罪嫌疑人合法权利的目的，同时客观上也能起到保护侦查人员的效果，这也在很大程度上反映了我国刑事诉讼立法的巨大进步。但同时也应当看到，这些规定本身并非

---

① 讯问时录音、录像制度首先在浙江省人民检察院得以推行，从 2000 年始至 2004 年，该院采取循序渐进的策略，首先将讯问时录音录像适用于反贪污贿赂案件，之后其适用范围逐步扩大到重大案件以及所有的案件，并在 2004 年建立起了在省、市两级检察院以及部分基层检察院试行在提请批捕、移送审查起诉时随案移送同步录音录像的制度。随后，讯问时录音、录像制度相继在四川、甘肃、江苏、湖北等地推行开来。2005 年，最高人民检察院发文要求全国检察机关逐步试行自侦案件讯问全程录音录像制度。同年 11 月 1 日，最高人民检察院第十一届检委会第四十三次会议审议通过了《人民检察院讯问职务犯罪嫌疑人实行全程同步录音录像的规定（试行）》，将这一制度予以规范化。这个规定与之后的《人民检察院讯问职务犯罪嫌疑人实行全程同步录音录像技术规范》一同对讯问时全程录音、录像的适用范围、适用的时间及地点、相关技术要求以及录音、录像的保管与适用等问题作出了明确的规定。与检察机关的积极探索的态度相比，公安机关对讯问时录音、录像制度的探索相对比较缓慢，2006 年公安部刑侦局负责人在新闻发布会上答记者问时，提到公安部对讯问时录音、录像制度的态度是"全力推动，对命案和涉黑案件全程录音录像"（参见黄豹：《侦查构造论》，357 页，北京，中国人民公安大学出版社，2006）。2010 年，郑州市人民检察院、郑州市公安局联合签署了《公安机关讯问犯罪嫌疑人实行全程同步录音录像的规定（试行）》，规定公安机关首次讯问（重）死刑案件犯罪嫌疑人应实行全程同步录音、录像。

尽善尽美，也还有较多需要改进和完善的地方，并且这些规定能够在司法实践中得到多大程度的实现尚有待观察。以侦查阶段辩护律师的诉讼权利为例，修改后的刑事诉讼法赋予辩护律师在侦查阶段以辩护人的法律地位，这是否就意味着其享有了辩护人的所有辩护权利？又如讯问时录音、录像制度，如何保证录音、录像的完整性，避免打时不录、录时不打的现象？再如非法证据排除，如何理解采用刑讯逼供等非法方法中的“等”字直接关系非法证据排除的范围。这些问题如不能得以很好的解决，那么通过上述规则规范侦查讯问行为、保障犯罪嫌疑人合法权利的法律效果肯定会大打折扣。

当然，在对侦查讯问进行规制的同时，考虑到现实犯罪情况的复杂性以及以往的司法实践中为争取讯问时间所采取的一些做法已经不宜再用①，修改后的刑事诉讼法对侦查讯问行为也进行了一定程度的“松绑”，比如延长了传唤、拘传的时间，将案情特别重大、复杂，需要采取拘留、逮捕措施情况下的传唤、拘传的时间延长至 24 小时。

（三）其他常规侦查措施的规制与发展

与对侦查讯问所作的一系列调整不同，修改后的刑事诉讼法对于其他侦查行为的调整幅度则相对较小，这些调整主要体现在以下几个方面：

第一，在“勘验、检查”一节中增加强制采样的相关规定。强制提取被害人、犯罪嫌疑人的各种生物样本和信息的做法在侦查实践中早已有之，但是强制采样这一可能干预相关人员的人身和隐私权利的侦查行为却长期游离于我国刑事诉讼法的调整范围之外，这对相关人员的权利保护极为不利。修改后的《刑事诉讼法》第 130 条第 1 款规定，“可以提取指纹信息，采集血液、尿样等生物样

① 这里主要是指过去为解决拘传后讯问时间不足的问题而采用留置盘问这种行政强制措施以争取讯问时间的情况。留置盘问也叫继续盘问，是我国法律规定的一种行政强制措施。为缓解拘传后讯问时间不足的问题，长期以来，留置盘问被大量运用于侦查实践，起到侦查后讯问的效果。对于经留置盘问发现有犯罪嫌疑的再行立案侦查，在一定程度上缓解了拘传后讯问时间不足的问题。然而，自 2004 年公安部通过《公安机关适用继续盘问的规定》之后，留置盘问的适用逐渐减少。一方面该规定明确了错误适用留置盘问的惩戒，使公安机关和民警轻易不敢碰触；另一方面，该规定所确定的执行留置盘问的手续非常复杂，民警为避免麻烦也尽量少地适用留置盘问。这样一来，更加凸显了拘传后讯问时间不足的问题。

本”，从而将强制采样纳入“人身检查”的规则中加以调整。当然，当前的规定仍过于原则和简单，在未来规则完善的过程中对于强制采样的执行程序、执行主体、生物样本及指纹等信息的使用、封存和销毁等均应作出明确规定。

第二，扩大了查封、扣押的客体范围。随着经济社会与市场经济的发展，债券、股票、基金等金融产品日益成为金融市场的重要价值表现形式。查封、扣押的客体范围也应与时俱进地予以扩展，此次刑事诉讼法因应经济社会的这一新发展，将上述新型财产表现形式纳入查封、扣押的范围内，体现了刑事诉讼法规范日益精细化的发展趋势。

第三，鉴定制度进一步完善。鉴定制度的完善主要体现在两个方面：一是删除了原刑事诉讼法中关于“对人身伤害的医学鉴定有争议需要重新鉴定或者对精神病的医学鉴定，由省级人民政府指定的医院进行”的规定，解除了原刑事诉讼法中对鉴定主体的限制，扩大了鉴定主体的适格范围，当然，鉴定主体的确定仍需根据《关于司法鉴定管理问题的决定》等法律法规加以确定。二是修改鉴定结论为鉴定意见，从而使该种法定证据种类更加契合证据的本质。

第六节　行政执法与刑事司法中证据衔接问题分析

随着 2013 年 11 月《中共中央关于全面深化改革若干重大问题的决定》、2014 年 10 月《中共中央关于全面推进依法治国若干重大问题的决定》等一系列重大改革文件的出台，健全行政执法与刑事司法衔接机制成为司法改革的一项重要内容。

实际上，两法衔接问题最初主要体现为解决行政执法中获取证据如何在刑事司法追诉过程中使用的现象。从最初的争议频起、各执一词，到后来逐渐磨合出现“证据转化”的潜规则，再到后来 2012 年新刑事诉讼法明文规定两法衔接中证据移送等问题，虽然在一定程度上消弭了两法衔接过程中的分歧，但在实务操作层面，由于现有法律法规等条文的模糊性，特别是行政执法活动与刑事司法活动两者本身在性质层面存在诸多差异，两法衔接中的证据问题仍有许多疑问应继续得到解决。有鉴于此，有必要从理论上对该问题进行深入研究。

一、刑诉法修改前后：由“证据转化”的潜规则到“审查后使用”的明规则

（一）刑诉法修改前：“证据转化”潜规则的产生与发展

所谓“证据转化”即由于取证手段、取证主体、证据种类等因素的影响导致某些证据材料形式上不符合法定条件，因而不具备证据能力，最终迫使侦查机关采取一定方式，将其转换为合法证据的活动。由此产生的便是“证据转化规则”①。首先应当指出，在新刑事诉讼法修改之前，并不缺少规范行政机关发现有涉嫌刑事犯罪的案件后将其向刑事司法机关移送的法律性文件，如 2001 年《行政执法机关移送涉嫌犯罪案件的规定》、2001 年《人民检察院办理行政执法机关移送涉嫌犯罪案件的规定》、2006 年《关于在行政执法中及时移送涉嫌犯罪案件的意见》，等等，无不是为了促使行政执法机关与刑事追诉机关在打击犯罪方面配合得当。这些文件的出台对于引导行政机关从事有效收集、固定证据并向有关司法机关移送的配合工作有着积极意义，但仍需指出的是，前述文件所规范的内容，多集中在行政执法的具体业务操作领域，也就是多体现为工作指导，解决的是行政机关在行政执法过程中应当如何注重合程序地收集证据以便于向司法机关移送的问题，而对于行政机关移送的证据如何成功地成为刑事证据并作为定罪量刑的根据等问题，却缺少实质性的解决之道。而这也为司法实践中衍生出“证据转化规则”创造了条件。再加上旧刑诉法未能对这一问题作出明确规定，从而导致立法层面的漏洞，但是司法者却不得不基于追究犯罪、保障人权的宗旨而对此作出回应。

考虑到证据问题是整个刑事诉讼追诉活动运行的核心要素之一，无论有罪抑

① 有关“证据转化规则”，具体内容可参见万毅：《证据“转化”规则批判》，载《政治与法律》，2011 (1)。

或无罪，无论程序合法抑或违法，都必须依靠证据加以证明。而且，刑事犯罪案件的侦破又依赖于社会经济的发展进步，尤其是经济领域犯罪案件频发成为提醒司法机关应当注重与行政执法机关配合的重要一环。“很多刑事案件是由负担有关职责的行政机关，在行政执法或查办案件中依法调查后，再移送刑事侦查机关侦查的。行政机关在调查案件过程中收集的证据材料，如何在刑事诉讼中使用的问题，存在不同认识……如果这些证据材料不能在刑事诉讼中作为证据使用，司法机关查明案件事实就会存在严重困难，对于打击犯罪、保障人权都是不利的。”① 这就不得不将行政机关执法获取相关材料能否在刑事诉讼活动中适用问题摆上台面，成为一个无法回避、亟须解决的问题。

在我国，司法机关展开刑事犯罪案件追诉活动却又不得不面对与行政机关执法活动打交道的境况，是由我国刑法中对刑事犯罪界定既有“质”又有“量”的要求造成的。而很多违法行为未达到刑法追责的犯罪法定要件时，就已经满足行政违法的条件了。而在行政执法过程中，行政机关发现符合刑事追责条件的将案件移送，成为司法机关获取案件的主要来源之一。行政机关在行政执法、查办案件中，倘若是以合法手段取得的证据，在作为行政证据为行政主体作出相应行政行为提供依据（也即具有行政证据的效力）之外，一旦某一行政行为逾越行政违法界限进入刑事违法范畴，两种违法责任出现衔接，刑诉侦查主体就会在办理刑事案件过程中需要对有关材料进行收集、固定。需要指出的是，这种情形只能是预期假设，并不必然发生，两者之间能否实现“跳跃”依赖证据法律规定的衡量。

只不过针对这一情况，原有法律规定并未有明确规定，因此司法实践中逐步演化的“不成文”做法也即“证据转化”形式，基本可以归纳为以下几种：第一种就是直接拿来用，只不过收集、固定主体有变化，这是最为简单、也最为直接的方式；第二种是转化形式采用，将行政相对人的陈述转换成证人证言，将实物证据转化成言词证据、勘验检查笔录等形式，更有甚者有时仅仅是相应材料位置的变动；第三种是作为中介寻找更为明显的证据，依据这一证据所指向的情况进

① 郎胜主编：《中华人民共和国刑事诉讼法修改与适用》，119～120页，北京，新华出版社，2012。

一步做侦查，通过调取证据、询问知情人等手段获得刑事诉讼法所明文认可的证据类型等一系列转化方式。

但是，这种现象所带来的弊端却需要我们深思：（1）这些做法的合法性受到质疑。在刑事诉讼活动中，证明被追诉人的刑事责任相较行政责任、民事责任而言需要更为严格的证明标准、证明责任的分配制度，这就为行政责任中证据转为刑事责任的证据提出了最为核心的责难——如何获得刑事诉讼法所规定的证据能力？由相应司法主体采取自认为便利的方式采信关行政执法证据材料并作为侦查、起诉、审判以致作出有罪裁判的依据，其中难免存在违法嫌疑。（2）在不同地区，或者不同时间段，不同机关在进行“证据转化”时所依赖的标准或者程序等不同，而导致重新搜集的证据有差异，进而产生“同罪不同罚”的状况，直接影响司法的公正。（3）还有一点，之所以强调构建合法、顺畅的两法衔接机制，是因为“由于行政执法多为部门执法，其执法活动本身常常涉及本部门的利益（包括经济利益、政治利益和人情关系等），又有可能使一些超出行政执法范围的犯罪行为因行政执法自身利益的阻拦而未能进入刑事司法程序。行政执法部门因自身利益考虑，通过行政执法程序内部消化犯罪案件的做法，在一定程度上纵容了一些经济犯罪的蔓延，助长了经济犯罪向严重化发展的趋势，影响了社会主义市场经济秩序”①。而诸如此类的“以行代刑”的现象屡禁不止，迫切需要完善行政机关的行政执法活动与司法机关的刑事司法活动之间的衔接机制。

（二）刑诉法修改后：“审查后使用”明规则的制度轮廓

行刑证据的衔接“既要契合行政犯罪的本质和行政责任与刑事责任的归责原则，更应遵循国家权力配置的基本原理及其价值；既要于法有据，更应实践可行”②。于是，如何妥善处理实践中出现的“证据转化”现象并将两法衔接纳入法治轨道上来，成为2012年刑诉法修改过程中的大问题。在讨论“刑诉法修正案”时，有关部门就针对原有行政机关在行政执法、查办案件中取得的各种书证、物证材料如何为刑事诉讼所采纳的问题进行专门商议。全国人大法工委随后

① 王敏远、郭华：《行政执法与刑事司法衔接问题实证研究》，载《国家检察官学院学报》，2009（2）。

② 田宏杰：《行政犯罪的归责程序及其证据转化》，载《北京大学学报》（哲学社会科学版），2014（2）。

发布的“刑诉法修改草案征求意见稿”中第15条规定，“将第四十五条改为第五十一条，增加一款，作为第二款：‘行政机关在行政执法过程中收集的物证、书证等证据材料，经过司法机关核实，可以作为证据使用。’”① 紧接着，2012年3月14日，全国人民代表大会正式通过的新刑事诉讼法对草案进行了修正，具体体现在第52条第2款的规定：“行政机关在行政执法和查办案件过程中收集的物证、书证、视听资料、电子数据等证据材料，在刑事诉讼中可以作为证据使用。”同时，第52条第1款“人民法院、人民检察院和公安机关有权向有关单位和个人收集、调取证据。有关单位和个人应当如实提供证据”，第3款“对涉及国家秘密、商业秘密、个人隐私的证据，应当保密”的规定，可视作对第2款分别在上下级层面上给予保障性规定。一方面，法律肯定了如实向有关部门提供证据并为之提供便利应为每个公民、单位所负的法律义务，否则，就有可能因违法而被追究行政责任乃至刑事责任；另一方面，并不是行政机关所取得的所有材料，刑事诉讼法均一概认可其证据效力。刑事证据由于其本身需要证明的刑事实体责任或者刑事程序责任等具有更高标准的要求。

二、证据衔接问题的多维探讨

（一）理论层面：从法律规定出发探讨规则的适用

2012年《刑事诉讼法》第52条的相应新增内容旨在解决长期存在的“证据转化”潜规则，明确了行政机关收集的相关证据材料在刑事诉讼中可以作为证据使用。理解新法律规定带来的变化，除了应当对“涉及国家秘密、商业秘密、个人隐私的证据”予以保密以外，更需要从法律的基本内涵出发，剖析法学理论界和实务界应当注意的内容。

1. 不同证据类型在适用时坚持区别对待原则

从新《刑事诉讼法》第52条的规定来看，立法机关考虑到不同证据类型在重

① 《刑诉法修正案草案向社会公开征求意见（全文）》，见 http：//news.qq.com/a/20110831/001104_5.htm，2015—02—21。

新获取、易变性等方面的差异，坚持“区别对待”原则来拟定条文。具体而言：

第一，适用的证据的范围不是无限的，是有着严格范围限制的，按照该规定，只有物证、书证、视听资料、电子数据等才能用。

第二，行政机关收集到的言词证据问题。言词证据包括口供、证言、被害人陈述。行政机关执法中言词证据的取得，程序上往往不是非常严格，与实物证据相比，这种证据直接用到法庭上去定罪容易引起质疑，因此第 52 条没有规定。

第三，需要说明的是，勘验检查笔录和鉴定意见在有前提的条件下也可以用。其一，因为勘验、检查笔录也是一种对客观事实的描述、保全和固定，例如现场的照片、绘图等；其二，就鉴定意见而言，由于其本质属于言词证据，但如果出现无法复制、不可替代的特殊情况，经由其他证据材料“补强”，并经法院审查，也可以作为刑事证据。

2. “等”字的立法原意

2012 年《刑事诉讼法》第 52 条第 2 款明确了对于客观性较强且无必要重新取证的实物类行政证据可以直接被引入刑事诉讼当中，从而有利于提高诉讼效率。但必须明确，正如前文所言，对该条文表述作文义解释可以看出，立法者在罗列可以使用的证据种类时将《刑事诉讼法》第 48 条规定的各种证据种类进行了区别对待，物证、书证之后，视听资料、电子数据之前的各种证据种类都予以了忽略，虽然加了“等”字，但“等”不能理解为与物证、书证、视听资料、电子数据四类证据种类本质不同的其他证据种类，四类列举的证据均为实物证据，后面“等”也应当是实物证据。所以行政证据的转化是以实物证据为前提的。显然，对于言词证据特别是证人证言、被害人陈述和犯罪嫌疑人陈述不应列入可以使用的证据范围。

然而，《人民检察院刑事诉讼规则（试行）》突破了立法划定的界限，在第 64 条单独自我授权在自侦案件中对于涉案人员供述或者相关人员的证言、陈述，如确有证据证实涉案人员或者相关人员因路途遥远、死亡、失踪或者丧失作证能力，无法重新收集，但供述、证言或者陈述的来源、收集程序合法，并有其他证据相印证的，可以作为证据使用。这一规定属于明显的越权解释，应当归于无效。况且在司法适用过程中，新公布的最高法解释并没有相应的对应条款，即使人民检察院内部认为这些言词性的行政证据可以用作证据，但最高法解释没有肯定这一做法，审判环节中也很难获得认可。

3. 证据衔接中的审查适用

谈及行政证据与刑事证据衔接的问题，应当注意与非法证据排除规则联系起来。根据新《刑事诉讼法》第54条等条款的规定，在侦查、审查起诉和审判时发现有应当排除的证据的，应当依法予以排除。可见，侦查机关也享有排除非法证据的权力，以防止违法证据在随后作为起诉意见、起诉决定和判决的依据。而在后期的审查起诉阶段尤其是审判阶段，司法工作人员均负有审查的职责。由于行政机关在最初收集相应证据材料的时候，是以解决行政处罚等行政行为的合法性为目的的，虽然书证、物证、视听资料、电子数据可以作为证据使用，但是如果行政机关在收集这些材料时的程序有违法、不当之处，则应当依照刑事诉讼法的规定进行补强或者排除。

根据《最高法解释》第65条之规定，行政机关收集的证据材料尽管可以作为证据使用，但只有经法庭查证属实，且收集程序符合有关法律、行政法规规定的，才可以作为定案的根据。因此，在整个行政机关移送的证据材料被适用过程中，考虑到必须满足“法庭查证属实”的要求，在法院审判阶段，则有可能出现适用证人出庭作证规则等，面对被告人及其辩护人的质疑，或者是提出申请的，法庭有权决定是否要求当时行政执法过程中有关执法主体到庭说明当时执法情况或者对有关证据材料进行说明。这既是保证法院审判时获得准确证据材料的重要方式，也是保护被告人辩护权等诉讼权利和财产权等基本权利的基本手段。

4. 行政执法主体的范围

在刑事诉讼活动中，享有取证权的主体资格是法定的。而在行政执法过程中，根据有关行政法律规定，行政执法主体明显呈现多样性、复杂化等特征。可见，明确行政主体的具体范围，是保证侦查机关与有关行政机关顺畅衔接的基本条件。如何理解新《刑事诉讼法》第52条第2款中承担“行政执法”和“查办案件”的主体，成为解决该问题的关键。概括而言，“‘行政执法’执行行政管理方面的法律、法规赋予的职责。如工商、质检部门履行市场监管职责，证券监督管理机构履行资本市场监管职责。‘查办案件’是指依法调查、处理行政违法、违纪案件。如工商部门查办侵犯知识产权案件，行政监察机关查办行政违法行为”①。同时，结合《最高法解释》第 65 条第 2 款、《高检规则》第 64 条第 4 款的规定，除了有法律明确规定有执法权的行政机关以外，根据法律、法规赋予的职责查处行政违法、违纪案件的组织属于刑诉法规定的行政机关，也即根据法律、行政法规规定行使国家行政管理职权的组织，在行政执法和查办案件过程中收集的证据材料，视为行政机关收集的证据材料。

5. “可以作为证据使用”的内涵

出于节约诉讼资源和提高刑事诉讼效率等方面的考虑，刑事诉讼法明确规定某些证据类型“可以作为证据使用”，实际上是为了减少行政执法机关和刑事侦查机关之间可能发生的重复性工作。有主张通过基于对证据含义理解的复杂多样性，而“可以作为证据使用”也有不同解读的可能性，并认为它实质是赋予行政证据以刑事证据资格。但是，本书认为，所谓“可以作为证据使用”，赋予行政机关收集的证据材料直接作为刑事诉讼证据而使用的资格，是一种形式上的，只是为了不再有侦查机关重复进行取证行为，而这种考量则是基于某几类特殊证据类型不会轻易改变特性等特点而作出的。因此，“本款规定的‘可以作为证据使用’，是指这些证据具有进入刑事诉讼的资格，不需要侦查机关再次履行取证手续。但这些证据能否作为定案的根据，还需要根据本法的其他规定由侦查、检察、审判机关进行审查判断。经审查如果是应当排除的或者不真实的证据，就不能作为定案的根据”②。可见，随后展开的刑事侦查、审查起诉和审判阶段，由各阶段负责机关进行必要的审查工作。

（二）实务层面：行政证据的移送与使用

1. 两法衔接中仓库保管的有关问题

除了理论层面或者立法层面对两法衔接过程中证据使用问题的分析，我们还

①② 郎胜主编：《中华人民共和国刑事诉讼法修改与适用》，120 页，北京，新华出版社，2012。

应当关注行政执法机关将证据移送至刑事司法机关过程中出现的证据保管问题，其中尤以仓库保管为重。而之所以在两法衔接层面讨论证据保管，主要是考虑到行政机关所面对的执法对象和执法环境。有关机关在行政执法过程中发现了犯罪线索，其搜集的证据材料往往数量较多、体积较大，例如在涉及制假、卖假等犯罪案件中，证据移送、保管始终是困扰行政机关、司法机关的难题。据笔者在G市H区的调研，当地行政机关将证据移送至司法机关进行犯罪侦查，仓库保管费用成为办案资金重点支持的领域。据H区公安局分管负责人介绍，其所在单位在仓库保管方面的花费一年一般是40万元左右。而在W市，尽管具体数字并未被明确统计，但公安机关、检察机关和移送案件的行政机关通常会对由谁承担证据保管费用进行协商。可见，尽管证据保管问题并非新问题，但它对两法衔接是否顺畅始终产生影响。究其原因，包括以下方面：（1）如前文述及，行政执法中发现的犯罪多数涉及经济等领域，需要收集、固定的证据材料又多以商品、原材料等为主，数量多、体积大，是其一个特点；（2）但仅有前者并不能成为痼疾，更突出的问题是，从行政机关到公安机关、检察院抑或法院，由于没有与之相应的统一的保管仓库，多是由这些部门各自租赁；（3）没有统一的管理规范，各机关的移送手续不同，致使在证据移送过程中多有转折和过多费用产生。多种因素并存，尤其是有需要长期保管的证据材料的情况，从行政机关收集证据材料开始到移送至刑事司法机关，其中高昂的保管费用、保管流程和保管手续等如何设置切实需要得到有关部门的回应。

正是考虑到此类现象，在调研过程中，有法院的法官提出，按照当地的“土办法”，如果有关证据的数量较多、体积较大，如假药等，则允许行政执法部门依照行政法的有关规定作销毁处理，留取药品、拍照，随后移送至侦查机关时则只需要提交照片、样品（包括对数量的鉴定）等材料即可。但该法官也承认，这种“土办法”是违法的，因为根据刑事诉讼法关于证据的移送与保管的相应规定，对被告人定罪量刑的证据材料是必须在法庭审理过程中移交法院，并经由控辩双方质证的，而如果行政机关提前销毁了这些证据材料，就有毁灭证据之嫌。尽管这种做法是出于节约办案经费和司法资源等考虑，但这种办法仍值得商榷。

2. 司法机关与行政机关的沟通、信息共享情况

与前文所述仓库保管及相应费用高昂等内容相联系的，则是在司法实务中司法机关如何妥善处理与行政机关的关系问题。由于行政执法活动与刑事司法活动在法律依据、活动具体操作规范、相应活动标准等方面有着天然的差异，两种活动主体的隔阂和矛盾在所难免。尤其是在刑事司法活动中，法律为相应机关从事刑事追诉活动设置了较高的法律程序规则和标准，如若达不到这些标准，则往往会被视为程序违法而影响其法律效力，而这是关乎一项刑事追诉是否成功的重要因素，这就迫使侦查机关、司法机关必然高度重视证据材料，以满足客观性、关联性、合法性的法定要求。但行政机关在执法活动和查办案件过程中，相应意识则有所降低。由此，行政机关与司法机关对彼此活动的了解和配合就十分重要。

笔者调研显示，司法机关积极与有关行政机关进行沟通，对其专门进行刑事司法实践规范的讲解和梳理，有利于司法机关与行政机关在两法衔接过程中行动一致、达成共识，减少摩擦。例如，在X市，为了提升刑事司法在食品安全、药品安全等领域的保障效能，检察机关会定期与工商部门、质检部门等机关组织交流会议、联席会议，解释刑事追诉过程中需要后者执法配合时格外注意的证据搜集、固定等问题；又如，在G市，公安机关等则选择典型案例与相应行政机关进行经验交流，其中既包括办案经验与教训的得失，也包括两法衔接中各机关的配合优势或者以后应当注意的地方；再如，在W市，公安机关会与部分行政执法机关建立信息共享机制，遇有重大案件，公安机关可与该机关协商派员指导某些证据的收集、固定、移送等问题，但公安机关派员并不能参与案件的处理，仅仅扮演着提出可供参考的意见的角色。

不得不指出的是，上述地方的做法或者惯例虽然有助于解决个案或者部分案件的证据收集与适用问题，但并不具有普适性，与当地行政机关的配合意愿紧密相连，且这些“土办法”更不能解决立法层面的模糊性与不确定性等问题，况且，前述部分地方的某些做法是否符合既有法律规定也存有疑问。因此，实现司法机关与行政机关对彼此活动的交流与互助，仍有不少问题亟须解决。

三、健全行政执法与刑事司法证据衔接机制的可行思路

（一）顺畅证据材料移送路径

随着2013年全面深化司法改革拉开序幕，深化行政执法体制改革、坚持严格规范公正文明执法成为“深入推进依法行政、加快建设法治政府”的重要目标，同时，对于刑事司法阶段，既要强调健全侦查机关、司法机关各司其职，又要注重建立与行政执法机关在信息共享、案情通报、案件移送等方面的衔接关系，是新一轮司法改革的多维目标。因此，在既有刑事诉讼法及相应司法解释、规则和既有行政规范文件等基础之上，应积极寻求完善立法层面的法律规范，厘清相应法律规定的具体内涵，降低法律适用的模糊性，从而顺畅案件与证据材料移送路径。借助新一轮全面深化司法改革之机，进一步明确并合理界定“两法衔接”中的职权配合、管辖范围等内容。强调检察机关在整个衔接过程中的审查作用和法律监督作用，进而完善刑事立案监督机制。同时，还应当积极构建奖惩机制和追责制度，确保两法衔接纳入法治化轨道。

（二）完善案件移送标准和程序

行政执法机关和刑事侦查机关在具体案件的证据收集等方面的差异，成为影响两法衔接的主要阻碍。因此，如何在具体操作规范层面逐渐摸索形成科学、合理的行政机关与司法机关的案件移送制度，是在认识到现实问题后的必然选择，也为后期在立法层面制定相应法律规范积累实践经验。具体而言，一方面，行政执法机关与司法机关的沟通与配合是构建科学移送制度的基础之一。从前文实践来看，各地也多采取联席会议制度、案件通报制度、提前介入等方式，但并未形成规范有序的制度化方式，因此，在随后的改革阶段，则可以在既有实践做法之上再进一步使之制度化、规范化、细致化；另一方面，行政执法机关由于其执法领域的差异，相应涉案案件类型和处理程序也有较大不同，因此，有必要充分协调两法衔接过程中的证据适用规则与规范，既要从行政执法角度考虑也要照顾刑事司法的需要，特别是案件移送中最终要进入刑事司法程序，因此，在具体案件材料的搜集、固定、移送等阶段，需要以确保刑事司法活动顺利开展为导向，相

应的标准和规范应当首先满足刑事司法的需要，而这必然需要刑事司法机关积极引导行政机关履行相应执法工作中应当注意的事项和特殊要求，但是，也不能要求行政机关查清全部事实后才移送，因此，有必要针对移送的标准和条件进行专门规定，突出侦查机关和行政机关的职能差异。既要避免工作的重复和资源的浪费，又要增加两法衔接阶段的透明度、可行性。

（三）构建信息共享平台

行政执法和刑事司法衔接的信息共享平台，对于提高行政执法效率并打击违法犯罪行为发挥着不可替代的作用。我国各地也有先例，例如2005年上海市就率先运用现代科技手段，依托政务信息网络，共享行政执法案件信息，使行政执法与刑事司法执法工作衔接和协作更加便捷、规范、透明、高效，形成打击和查处破坏市场经济秩序犯罪的组合拳。该信息共享平台的推广应用，也为加强检察机关立案监督，防止和纠正“以罚代刑”提供了保障。① 诸如此类的信息平台建设逐渐发展起来，为相应执法和司法活动密切配合创造了条件。

构建合理的信息共享机制，行政机关与司法机关首先应当在思想上达成统一认识，重视信息共享机制在优化执法与司法资源、提升法律实施权威方面的重要性。其次，信息平台构建的建设应当有明确的建设思路、资金保障、人员操作、职责范围和具体工作程序等内容，并设置相应监督和监管部门的配合等。最后，当然，这一套信息平台的建设，应当在各地方既有成果的基础上，根据不同部门执法或者司法的实际需要，进一步在全国范围内扩展、联结起来，形成有效、迅速的信息互换模式。可见，信息共享平台的建设，其意义重大，但也必然是一项系统工程，需要明确、实用的实施细则和方案来逐步完成、完善。

（四）发挥检察院在证据衔接中的作用

由于行政执法活动的标准与刑事诉讼活动的标准是不同的，因而在涉及两法衔接问题上时，就需要明确检察机关的职能定位，防止不当的证据材料进入影响刑诉活动的进行。而在此过程中，检察机关所发挥的审查作用与检察监督作用就

① 参见《上海推广行政执法与刑事司法信息共享平台》，见 http：//www.jcrb.com/n1/jcrb842/ca415770.htm，2015－03－24。

显得格外重要。

根据《高检规则》第64条之规定，检察院在两法衔接的证据材料移送阶段，发挥着法定审查机关的作用。其审查范围包括两个领域：(1)行政机关在行政执法和查办案件过程中收集的物证、书证、视听资料、电子数据证据材料，且以该机关的名义移送的；(2)行政机关在行政执法和查办案件过程中收集的鉴定意见、勘验、检查笔录。同时，为了保障行政机关在移送相应案件时的合法权益，检察机关还应当履行法律监督者的作用。根据《高检规则》第553条之规定，行政执法机关认为公安机关对其移送的案件应当立案侦查而不立案侦查，向人民检察院提出的，人民检察院应当受理并进行审查。人民检察院接到控告、举报或者发现行政执法机关不移送涉嫌犯罪案件的，应当向行政执法机关提出检察意见，要求其按照管辖规定向公安机关或者人民检察院移送涉嫌犯罪案件。

但是，《高检规则》第64条等条款笼统地以“经人民检察院审查符合法定要求的”为限制性条件作为将这些材料用作证据的前提，缺乏明确的可操作性规范，极易在司法实践中引发困惑，从而造成检察机关审查效能的空洞、无力。如何解决这些模糊性立法规定所带来的难题，在整个两法衔接过程中，检察机关既要发挥审查作用，又要履行身为法律监督者的职能，必然需要制定明确而具有可操作性的工作规范和行为章程，突出其监督效用，发现行政执法领域徇私舞弊等情形，依法进行监督与纠正违法。

第七节　法治视野下看守所的功能及其定位

看守所作为国家刑事羁押机关，在整个国家刑事追诉活动中发挥着不可替代的特殊作用。特别是随着2012年刑事诉讼法的修改，增设一系列新的法制举措，更加强化了看守所制度作为遏制酷刑的一项重要的国家权力控制机制的地位，从而使看守所的人权保障功能更为突出，看守所的重要性也更为彰显。紧接着，自2013年开始启动的新一轮司法改革更为强调法治在社会治理系统中的关键作用，看守所立法工作等进程业已提上日程。在此关键之际，笔者认为，立足于司法改革大背景，有必要从基本理念出发准确梳理与看守所立法等紧密相关的若干问题，特别是看守所的职能与定位方面的困惑和难点，注重与新刑事诉讼法相关条款的配套适用，将看守所制度改革置于整个司法改革大潮流中进行积极构建，这是顺应刑事诉讼法"尊重和保障人权"基本任务之要求的必然选择。

一、从边缘走向核心：看守所在实施新刑诉法中的功能定位

在中国，看守所应当是国家刑事羁押机关，其所羁押的主体主要有三类：一是依法被刑事拘留、逮捕的犯罪嫌疑人、被告人，二是执行前的被核准执行死刑的罪犯，三是被判处拘役的罪犯或者被判处有期徒刑但在交付执行前剩余刑期在3个月以下的罪犯。但是，根据看守所内不同类型的羁押人数的所占比重，可以说我国看守所作为主要未决羁押场所，其在整个刑事诉讼活动中发挥着非常重要的作用。就其配合整个刑事诉讼司法活动的功能而言，它体现出明显的多维性，包括三方面的功能，概括而言即确保刑事诉讼活动顺利进行的基本功能、防卫社会的扩展功能和保障人权的核心功能。实际上，这三个方面的功能决定了看守所在整个刑事诉讼活动中的重要地位。特别是其中的遏制酷刑功能更是形塑了我国看守所作为人权保障前沿阵地的重要地位。这也是我们国家理论界与实务界越来越重视看守所的重要原因。

因此，要想较为全面地了解看守所在整个刑事诉讼法的实施和适用过程中所扮演的角色，就必然要充分理解看守所这一特殊职能部门所具备的法定职能。而且，理解看守所的多维职能，也是为在新一轮司法改革过程中如何准确界定看守所的隶属关系奠定理念与认知基础。

（一）看守所的基本功能：确保刑事诉讼活动顺利进行

看守所的基本功能，或者说国家设置看守所这一特殊机构的最初目的，自然是确保刑事诉讼活动顺利进行的功能，这是由国家作为追究犯罪的主体，为了实现打击犯罪最大化目标的最初动力。而且，随着新刑事诉讼法的实施，从该机构

长期负责羁押有危险性的犯罪嫌疑人、被告人等特殊主体的工作与职责来看，看守所衔接侦查机关、检察机关讯问犯罪嫌疑人、被告人和审判机关审问或者特定刑期的执行等，无不是参与到刑事诉讼活动的各个过程，从侦查、公诉到审判再到执行等环节，看守所保障诉讼活动顺利进行的基本功能得到最大的诠释。

具体而言，保障刑事诉讼活动顺利进行，可以从以下方面来理解：(1) 对于比较重大的犯罪案件，可能判处徒刑以上刑罚且不适宜采取非羁押性强制措施的案件，将犯罪嫌疑人、被告人羁押于看守所，有利于侦查机关充分收集、固定证据，进而为检察机关审查起诉满足公诉条件提供坚实的证据基础。(2) 保障刑事诉讼活动的顺利进行，还包括为了防止犯罪嫌疑人、被告人自杀或者逃脱等而对犯罪嫌疑人、被告人进行羁押的情形，尽管其中有阻止犯罪嫌疑人、被告人自伤、自残或者自杀的人文关怀因素，但考虑到我国刑法等法律规定犯罪嫌疑人、被告人死亡对国家追究犯罪的影响，防止犯罪嫌疑人、被告人自杀等也是为了确保刑事诉讼活动顺利进行的迫切需要，是满足国家刑罚权顺利实现、打击犯罪和维护社会稳定之需求的必经之路。(3) 实际上，看守所作为保障刑事诉讼活动正常进行的国家机关，其作用还体现在保障刑事诉讼活动中辩护人等主体切实履行其辩护职能，依法进行诉讼活动，包括会见、通信等基本诉讼活动均在看守所内进行，必然需要看守所相应配合和安排，并为其提供必要的便利，而这也应当是整个刑事诉讼活动中的基本环节之一。但是，在我国对看守所定位的传统认识中，有关理念似乎在这一方面的认识有所偏颇，因此，在未来的司法改革和看守所立法等过程中，有必要增强这方面的认知和共识。当然，这一方面的诉讼作用也是与看守所应有的尊重和保障人权之核心功能紧密联系在一起的。

（二）看守所的扩展功能：防卫社会

看守所的扩展功能，即防卫功能，是出于避免犯罪嫌疑人、被告人再次实施犯罪，危害国家安全、公共安全或者社会秩序等原因，需要对可能有此种风险的犯罪嫌疑人、被告人进行羁押。而因此被羁押的犯罪嫌疑人、被告人被集中于看守所内，接受相应所内规范、规定的束缚，并使其相对隔离于社会，从而降低乃至有可能消弭将该主体释放到社会中带来的犯罪危险、毁灭罪证危险等。

有关这一方面的认识，可以从我国新刑事诉讼法关于拘留、逮捕等强制措施适用的法定条件来了解。例如，《刑事诉讼法》第79条明确逮捕适用的条件之一即“采取取保候审尚不足以防止发生下列社会危险性的”，并随后列举若干相应情形如可能实施新的犯罪的，有危害国家安全、公共安全或者社会秩序的现实危险的，可能毁灭、伪造证据，干扰证人作证或者串供等进一步解释相关危险性的具体内涵；又如，针对先行拘留措施的适用情形，《刑事诉讼法》第80条亦通过列举方式将立法对危险性的控制意图展现出来，如有毁灭、伪造证据或者串供可能的，有流窜作案、多次作案、结伙作案重大嫌疑或者不讲真实姓名、住址，身份不明的等，无不是在重申看守所在防卫社会方面发挥着的重要作用。

（三）看守所的核心功能：尊重和保障人权

与宪法、新刑事诉讼法等明确“尊重和保障人权”基本条款相适应，看守所所具有的最为基本的也是最为核心的功能是保障人权功能。而该项功能又可以从两方面理解：一方面，该项功能表现为看守所在保障在押人员各项生活处遇方面的作用，是专门针对在押人员的生活保障等所发挥的作用；另一方面，该项功能则主要表现为看守所在防止刑讯逼供，遏制酷刑方面的积极功效，这一方面的功效是与新刑事诉讼法增设的“非法证据排除规则”等条款联系起来的。当然，看守所在发挥尊重和保障人权之核心功能时，除了上述两方面以外，对于保障律师会见权，积极维护犯罪嫌疑人、被告人实现获取法律援助的权利等方面也有着积极影响，而这些方面也得到实证研究的肯定。①

1. 看守所在保障在押人员各项生活处遇方面的作用

看守所是为在押人员提供食物与饮水、住宿和娱乐文化条件、医疗和防疫等各项生活处遇方面的直接场所。它的一项基本任务即对被羁押的犯罪嫌疑人、被告人进行警戒看守，管理教育。但是，长期以来，理论界与实务界对看守所在刑事司法中的功能缺乏足够的充分认识。直到2006年开始，当我们从事看守所中的羁押巡视制度试点探索时，看守所及其法制化课题这一长期被边缘化的领域才

① 具体内容可参见，陈卫东、程雷：《看守所实施新刑事诉讼法实证研究报告》，载《政法论丛》，2014（4）。

开始获得了社会各界以及学术界的关注。[①] 尤其是2009年看守所中发生的一系列非正常死亡事件，进一步将关于看守所问题的讨论推至媒体、公众关注的镁光灯下。2009年也注定将成为我国看守所发展史上最为关键的一年。在决策层的推动下，看守所规范化的改革开始踏上征程并取得了初步的成效。[②] 尤其是开放部分看守所的试点举措，为推动看守所提高在押人员生活待遇等条件提供了契机。看守所向公众开放，使社会公众开始有机会了解、监督看守所。虽然这种“开放”是定期、控制下的开放，但访问者仍然从这种开放中获得耳目一新的印象，原有脑海中的“高墙电网、黑暗阴森”的看守所印象得到了一定程度的改变。特别是有机会到看守所访问的主体对看守所在押人员的饮食起居等方面提出的建议，有助于当地政府部门重视该领域并拨出专款予以整治、提高其待遇水平。

2. 看守所在防止刑讯逼供、遏制酷刑方面的积极功效

传统上认为，看守所对于遏制刑讯逼供不会有太大功效，因为绝大多数被刑讯者是在进入看守所前或者离开看守所期间被刑讯的，仅仅在看守所中遏制刑讯逼供注定难以取得实效。但是，这一观点在新刑诉法实施后的合理性根基基本消失了。因为根据《刑事诉讼法》第83条第2款，公安机关拘留后应当立即将被拘留人送看守所羁押，至迟不得超过24小时；第91条第2款规定，公安机关应当立即将被逮捕人送看守所羁押，从而确保看守所作为唯一合法的讯问场所。这实际上意味着刑事诉讼法赋予了看守所在遏制酷刑和保障辩护权等方面的重任。根据刑事诉讼法的规定，羁押后法定的讯问场所只能是看守所，因而在看守所内对非法取证行为的预防以及证据固定，对于遏制非法取证行为，保障在押人员合法权益具有不可替代的重要价值。[③]

① 参见《羁押场所巡视制度试点：巡视员询问有无刑讯逼供》，见 http：//www. china. com. cn/aboutchina/txt/2009－02/02/content _ 17208310 _ 3. htm，2015－03－25。

② 参见《公安执法规范化改革的“破冰之路”》，见 http：//www. npc. gov. cn/npc/zgrdzz/2013－08/14/content _ 1802890. htm，2014－3－28；《南方日报：以立法固化看守所制度改革成果》，见 http：//opinion. people. com. cn/n/2014/0515/c1003－25020641. html，2015－03－28。

③ 具体内容可参见顾永忠：《论看守所职能的重新定位——以新〈刑事诉讼法〉相关规定为分析背景》，载《当代法学》，2013（4）。

近些年来，我国为打击刑讯逼供，防止冤假错案所做的司法努力越来越多。为使我国反酷刑的法律法规进一步完善，特别是在刑事侦查阶段如何更为有效地遏制、防范侵犯人权现象的出现，就必然需要格外重视看守所这一机构在此方面的重要地位。笔者认为，在增强以及落实各项对看守所的监督机制之后，对于刑讯逼供的遏制而言，看守所可以被逐步发展成为刑讯逼供毒瘤被有效遏制后的“安全港湾”。而这也逐渐得到关于看守所实证研究结论的积极回应。[①]

二、新一轮司法改革背景下看守所的隶属关系

看守所领域有许多重大问题需要加以研究、解决，但其中，看守所的管理体制、隶属关系是最为重要、也是最受关注的一个问题。近年来，理论界与社会各界陆陆续续都在主张，解决看守所问题的唯一出路就是将看守所从公安机关拿出，交由司法行政部门管理，而上述主张的主要理由为，看守所与侦查部门同样隶属于公安机关，极易产生侦查与羁押相互配合，侦羁不分从而侵犯在押人员的基本权利的现象。[②] 说到底，社会各界关注的是侦羁分离的问题，看守所的隶属只是表面问题，解决好侦羁分离的问题，看守所由公安机关管理或者司法行政机关管理就不再成为问题。从当前中国刑事司法发展现状来看，侦羁分离不是看守所立法的现实需要，但从看守所的未来发展着眼，有必要借助当前全面深化司法改革的大潮流，通过试点检验不同试点方案的优与劣，选择最为适合中国国情的看守所隶属体制。

（一）侦羁分离不是看守所立法的现实需要

“刑讯逼供、超期羁押、牢头狱霸、深挖余罪”被认为是现行看守所体制的四大弊端，但究其根源，这是否是“侦羁合一”所带来的必然恶果？由此，如果真的实现了侦羁分离，这些问题又能否被顺利解决等一系列问题，都亟须在看守

① 具体内容可参见陈卫东、程雷：《看守所实施新刑事诉讼法实证研究报告》，载《政法论丛》，2014（4）。

② 具体内容可参见谢佑平：《被羁押者人身危险的制度防范》，载《法学》，2010（7）。

所立法和界定看守所隶属关系过程中得到直接回应。而看守所隶属关系问题，是促使社会各界均高度关注看守所立法起草工作的一项重要原因，而理论界和实务界就看守所立法的体制与定位等主要问题产生了不小的争议。虽然目前看守所立法仍然处于起草的准备环节，并未进入实质立法环节，但就看守所管理体制是否要进行变动，社会各界争议较大。近十年来反复被提及的将看守所从公安机关分离出来交由司法行政机关管理这种观点，目前较为流行。从该种观点提出的历史语境看，在其提出之时不失为解决当时看守所存在问题的一个出路，但伴随着后“躲猫猫”时代的到来，看守所长期存在的侦羁不分、封闭阴暗、在押人员权益保障欠佳等问题随着管理机制的大变革已被逐渐消除或遏制。变革体制就成为成本过高且前景难以准确把握的一种改革建议。

就现阶段看守所的发展变化实践而言，上述四大弊端产生的根源主要在于看守所的职能定位方面不当。我们传统上将看守所看做是侦查的附庸，看守所的功能就在于服务于侦查机关。更有甚者，看守所被赋予了“深挖犯罪”的职能，这也是看守所服务于侦查机关的一种体现。这种职能定位上的非中立化或者附庸化才是导致各种弊端的根源。① 有人认为“侦羁合一”是导致各种问题的根源，笔者认为这种认识只是看到了问题的表象。“侦羁合一”是问题的表象，看守所的非中立化才是问题的实质。看守所的非中立化不仅与“侦羁合一”的机构设置相关，更与自身的职能定位相关。即便实现“侦羁分离”，但只要看守所还将自身视为侦查机关的附庸，看守所的中立化也无从保障，上述问题仍旧无法解决。反之，即便“侦羁合一”，只要看守所的职能转为平等服务诉讼，再辅之以科学、缜密的制度建设，刑讯逼供、超期羁押、深挖余罪等问题也都可以解决，并不是一定要实现“侦羁分离”。这些年看守所在人权保障方面的重大进步足以说明这一点。当然，也有一些问题是看守所管理中的问题，比如牢头狱霸现象，与看守所的管理密切相关，还谈不上属于看守所的体制问题。

结合五年来看守所改革的经验表明，看守所存在的诸多问题主要是管理上的

① 有关看守所被赋予刑事侦查的“深挖”功能，具体内容可参见顾永忠：《论看守所职能的重新定位——以新〈刑事诉讼法〉相关规定为分析背景》，载《当代法学》，2013（4）。

问题，通过强有力的管理机制创新即能够解决，无须进行体制变动。退一步讲，社会各界普遍担心的地方，即看守所中立性不足的许多深层次原因，即使有了体制变动，仍然难以摆脱地方保护主义的干扰。事实上，交给司法行政机关管理的建议并未真正关切到地方司法实践中的核心问题。因此，从当前刑事司法现状来看，侦羁分离不是看守所立法的现实需要。

就其原因与解释，除上述因素以外，还可以考虑以下方面的影响：

第一，看守所中立化是包括公安部在内的社会各界的普遍共识。围绕着看守所职能的中立化，看守所系统近年来提出的平等服务诉讼，就是对原有侦羁不分问题的反思。① 平等服务诉讼理念的提出强调了看守所作为中立的诉讼服务主体平等保障控辩双方的职能行使，而不再是单向配合侦查机构，更不再是打击犯罪的第二战场。这实际在很大程度上也是对传统“深挖”功能的反思和重新认识。因此，围绕着看守所中立化改革，现有的一些制约违法侦查的机制应进一步巩固，同时还应当在考核指标方面彻底禁止将深挖犯罪作为看守所工作的一项要求。

第二，看守所的职能定位应当依据2012年修订后的刑事诉讼法进一步在未来看守所法中加以明确规定。看守所的应然定位是保障刑事诉讼顺利进行的审前羁押机构，通过依法监管犯罪嫌疑人、被告人并保障其合法权益确保刑事诉讼的顺利进行，除此之外看守所无任何其他诉讼职能。可见，安全与文明是看守所履行法定职能的基本目标，看守所法起草过程中的各项制度与规则设计均应紧密围绕看守所的职能定位与基本目标展开，唯有如此，方能把握看守所立法的正确方向。

（二）未来看守所隶属改革的可行性方案

考虑看守所隶属关系这一问题，除了自身国情的因素以外，还应当处理好国际惯例与中国国情之间的关系。比较法上的研究结论的确表明，看守所隶属于警

① 参见《公安部起草首部看守所法职能定位转为平等服务诉讼》，见 http：//www.cnprison.cn/bornwcms/Html/fl_shzx/2014－04/29/4028d117459b68a80145ad8f68dc17de.html，2015－03－27。

察部门的国家极为罕见，多数国家是交由司法部或者法务部进行管理。[①] 然而中国的司法行政部门与西方国家的司法部，在职能、权限、人员力量等许多方面都极为不同，直接将国际惯例拿到中国，其效果值得进一步论证，特别是应考虑到看守所是以县为单位进行设置的，而基层司法行政部门的力量、经验能否承担起比监狱管理更为繁重、复杂的任务，这始终是一个必须充分回应的问题。

基于上述理由，笔者提出以下两种改革方案，供以后的立法参考：

第一，如果由公安机关继续代管，立法中要设置最为严格的侦羁分离制度，确保羁押中立于侦查、起诉与审判。而且，新刑事诉讼法等规定也意图强调看守所区别于侦查机关的相对独立作用，不但加强看守所在保障被羁押人诉讼权利方面的作用，而且提出并强化看守所对办案机关的办案行为特别是侦查行为的监督制约，此外，进一步弱化看守所改造罪犯的职能[②]，为这种方案的适用创造了更为有利的条件。况且，在这方面，公安监管工作中已经开始进行了有益的探索[③]，但力度与实效性还需要进一步加强，特别是面对侦羁分离改革是否影响破案率等问题[④]，如何有效解决并解除疑惑是适用该方案的关键点。

第二，更为彻底一些的改革，是设立相对独立的羁押管理总局，实现编制与体制上的相对独立。这一改革方案动作稍大，但并非不可企及。虽然在人员编制的总量、管理方面实际上变化有限，却可以产生重大的体制性变革。尽管这一方案提高了改革成本，但它可以较为有力地克服司法行政机关所面临的工作机制与工作效能等方面存在缺陷的窘境。[⑤]

---

① 具体内容可参见高一飞、陈琳：《我国看守所的中立化改革》，载《中国刑事法杂志》，2012 (9)。

② 具体分析可参见顾永忠：《论看守所职能的重新定位——以新〈刑事诉讼法〉相关规定为分析背景》，载《当代法学》，2013 (4)。

③ 参见《用理性和信任解读公安监管工作》，见 http：//www.legaldaily.com.cn/bm/content/2010－05/26/content_2155388.htm? node=20737，2015－03－27。

④ 参见《看守所侦羁分离改革影响破案率，推行两年无果》，见 http：//news.eastday.com/c/20101129/u1a5578667.html，2015－03－28。

⑤ 有关这一方案的详细论证，可参见陈卫东、TaruSpronken 主编：《遏制酷刑的三重路径：程序制裁、羁押场所的预防与警察讯问技能的提升》，160～161 页，北京，中国法制出版社，2012。

三、看守所职能与看守所立法

与看守所职能定位及其隶属关系等紧密联系在一起的，是看守所立法的问题。自2012年第十一届全国人民代表大会审议通过《关于修改〈中华人民共和国刑事诉讼法〉的决定》至今，新刑事诉讼法实施已经五年有余，该法的修改工作紧紧围绕惩罚犯罪、保障人权这一基本任务展开，而其实施状况也时刻牵动着法学理论界和实务界的关注。笔者始终认为，新刑事诉讼法得以有效贯彻实施，不但需要新条文能够切实指导司法实务工作人员的工作实践，更需要有与之相配套法律、司法制度的配合、协调，这两者应当并重而行，且必须得到立法部门的高度重视方可。实际上，2012年年初，在即将召开的两会将要审议通过修改后的新刑事诉讼法之际，笔者就曾积极呼吁立法机关、实务部门及社会各界应当尽早开始思考新刑事诉讼法通过后的配套法律的立、修、废这一重大课题。而今，随着看守所法起草工作已经进入全国人大立法计划，而且国务院已经开始牵头起草看守所法[①]，笔者认为，从看守所在整个刑事诉讼进行阶段中发挥重要作用的角度出发，制定看守所法是顺应刑事司法改革的明智之举。

看守所法的制定，核心任务之一即应当明确看守所的法律定位：看守所的应然定位是保障刑事诉讼顺利进行的审前羁押机构，通过依法监管犯罪嫌疑人、被告人并保障其合法权益确保刑事诉讼的顺利进行，除此之外看守所无任何其他诉讼职能。而且，显而易见的是，从新刑事诉讼法修改涉及的内容来看，律师法、监狱法都涉及与新刑事诉讼法衔接的问题，然而笔者认为更为紧迫的任务是抓紧制定看守所法。着眼于党的十八届三中、四中全会强调司法改革、尊重司法规律的基本精神来看，笔者认为，落实中央司法体制和工作机制改革任务的最佳途径，不应是继续对现行看守所条例修修补补，而是应当制定一部法律，理由如下：

---

① 参见《国务院牵头起草看守所法，专家提借鉴联合国标准》，见 http://news.sohu.com/20141125/n406373742.shtml，2015－01－03。

（一）制定看守所法是完善建设有中国特色社会主义法律体系的必然要求

2011年两会上，吴邦国委员长宣布中国特色社会主义法律体系已经形成，但未来完善相关配套法律法规的工作任务依然艰巨。笔者认为，看守所法的制定就是完善法律体系的重要一步。众所周知，看守所是保障刑事诉讼顺利进行的重要场所，既关系着公民基本权利的保障，也关系到刑事诉讼法若干基本制度的贯彻与实施。作为刑事诉讼法的重要配套法律，采取条例的形式予以规范，既不符合立法法的要求，也与中国特色社会主义法律体系的要求相去甚远。观察同为刑事诉讼法配套法律的监狱法，早在二十年前就已经制定，社区矫正法也在紧锣密鼓地进行立法，从保持法律体系均衡、协调的角度来看，再适用一部条例来规范如此重大的法律事务也是不适宜的。

（二）制定看守所法是确保新刑事诉讼法顺利实施的必然要求

新刑事诉讼法修改过程中多处涉及看守所方面的内容，突出强调了看守所在保障诉讼顺利进行方面的应有作用，比如将律师会见的安排机关明确为看守所、要求羁押后讯问必须在看守所进行、重大复杂案件的羁押期限进一步延长、看守所代为执行刑罚的范围进一步缩小。这些新条文对看守所的定位、管理提出了更高的要求，需要通过制定看守所法以法律的形式落实新刑事诉讼法的相关规定，制定配套措施。再维持行政法规的法律位阶，很难与涉及检、法的诉讼活动予以有效衔接，仅修改看守所条例对于许多重大诉讼制度与规范，根本无法涉及，比如驻所检察官的检察监督、在押人员的表现纳入量刑活动、诉讼期限与羁押管理等事项，只能以法律，而不能以国务院行政法规的方式予以规范。

（三）制定看守所法是肯定并推进新时期羁押监管工作的必然要求

制定看守所法是固定、转化近年来公安监管改革成果的最佳途径，也是推进我国在押人员人权保障事业的重要举措。根据笔者近年来对看守所改革的近距离观察，后“躲猫猫”时代的看守所监管工作已经取得了重大进展，一系列创新改革举措的出台与落实极大地提高了看守所管理的规范化水平，提升了在押人员权益的保障水平，探索出诸多有益的改革经验与做法，其中不少改革举措在世界范围内都走在前列。制定看守所法的时机已经成熟，唯有通过立法，才能充分固定、转化实践探索的有益做法，进一步落实宪法“尊重和保障人权”的要求，肯定看守所改革在人权保障事业上创造的“亮点”并继续加以推进。

（四）制定看守所法是解决目前制约看守所科学、规范发展瓶颈的必然要求

我国看守所条例实施24年未作修改，其立法理念、文字表述以及相关规定，已远远落后于当今的法治进程。而且，随着公安部看守所改革逐步走向深入，暴露出许多深层次、体制性的瓶颈问题，主要集中表现在：(1) 看守所条例的法律位阶较低，不符合宪法和立法法的要求，也与看守所的职能以及在人权保障方面的重要地位不符；(2) 看守所条例体现的法律理念落后，看守所条例仍旧体现出较强的有罪推定理念；(3) 看守所职能定位不当，传统上将看守所的职能定位为服务于办案机关，导致看守所的中立性一直受到质疑；(4) 在制度设计方面，缺乏对看守所监督制约机制的建设，对在押人员人身权利、生活处遇和诉讼权利的保障都处于较低的水平，等等。诸如此类的问题都需要在法律层面加以解决，况且很多问题单独依靠公安部门很难协调解决，比如看守所的定位、看守所的财政预算、人员编制，与诉讼机制的衔接等重大问题。从推进看守所管理工作规范化的角度来说，只有从立法层面对看守所的改革予以关注，才能真正在实质层面上取得新进展。

总之，将看守所条例升格为法律最为重要的意义在于符合法治的精神。根据立法法的规定，限制人身自由的各项制度实行“法律保留”原则，即只能由“法律”加以规定。由国务院以“行政法规”的形式加以规定显然是不符合法治精神的，这也与我们当前加强“法治中国”建设的目标是不一致的。因此，将看守所条例升格为法律，契合了法治精神。此外，将看守所条例升格为法律，提升其法律位阶，既摆脱了部门利益的束缚，使各项规定更加科学、合理；也有助于整合整个国家资源，进一步提升对在押人员生活处遇、诉讼权利等方面的保障水平。例如，加强看守所的财政投入显然不是公安部单独就可以决定的，需要不同部门之间的通力合作。

四、看守所的未来发展

从宏观的角度来看，看守所实施新刑事诉讼法的现有成效只是良好的开端，许多间接相关的条款，比如保障民事权利、法律援助等，甚至是看起来与看守所执法无关的条款，比如录音录像、非法证据的固定取证等，都有必要继续研究，进一步拓展看守所在实施刑事诉讼法中的相关功能。

而看守所法的出台应当是众望所归，也是看守所切实履行其职责的基本前提。这是落实宪法和刑事诉讼法“尊重和保障人权”的需要，也与党的十八届三中全会提出的建设“法治中国”的目标相一致。

关于看守所的未来改革，笔者认为应当关注以下几个方面的制度建设：(1) 建立起向社会公众全方位开放的羁押巡视制度，允许公众不定期的、随时访问看守所，这一制度既能增强民众对看守所规范执法的监督，更能帮助看守所以及执法机关向社会传递出积极的信号，赢得社会公众的信心。(2) 实现看守所与侦查部门利益上的有效隔离，取消看守所深挖犯罪的考核指标，将看守所的功能定位为安全、文明监管，保障诉讼程序的顺利进行。在社会改革形势适当时，将看守所从公安机关的管辖下剥离出来，彻底实现看守所的中立化。(3) 在看守所内部监管上，加强科技监管，防范牢头狱霸；在外部监管机制上，在落实驻所检察官监督权的同时，建立起独立医生身体检查制度、在押人员投诉查处机制等外部制约机制。

第五章

辩护权的理论及其完善

第一节　辩护权的基本理论

在刑事诉讼中，存在三种基本的诉讼职能，即审判、控诉和辩护职能。现代刑事诉讼模式遵循诉讼职能分立原理，审判、控诉、辩护三种职能必须分别由法院、检察机关以及被告方分别行使，不允许其中一方行使两种以上的诉讼职能。作为三种基本诉讼职能的承担者，审判机关、控诉机关以及辩护方都是刑事诉讼的主体，承担着通过自己的行为推进刑事诉讼进程的功能。为此，法律必须要赋予三方主体推进诉讼进程的相应手段。具体来说，刑事诉讼中的法院享有刑事审判权，负责对案件进行审理和裁判；检察机关享有控诉权，负责追诉犯罪以及向法院指控犯罪；被告人一方则享有辩护权，针对指控进行反驳和辩解。其中，审判权和控诉权在性质上都属于国家权力，带有国家强制的自然本性。而辩护权则是犯罪嫌疑人、被告人一方享有的权利，不属于国家权力。因此，辩护权与审判权、控诉权分别属于截然不同的领域，它们不是一个层面上的权能，因而不具有同质性，也不具有可比较性。但是，由于刑事诉讼的基本构造是由审判、控诉、辩护三方共同形成的三角形结构，它们同属于现代刑事诉讼的主体，共同推进刑事诉讼的进程和发展。因此，审判权、控诉权以及辩护权之间又具有十分密切的联系。从这个意义上说，对刑事诉讼中审判权、控诉权和辩护权的基本理论问题进行研究就具有十分重要的价值。而从以往的研究成果来看，审判权、公诉权的本质、特性等问题受到了相对较为充分的重视。对于辩护权，学界关注的则往往都是比较具体的问题，比如被告人可以委托辩护人的时间、辩护人应当享有哪些诉讼权利、被告人及其辩护人行使诉讼权利所遇到的障碍、如何保障辩护权的顺利实现，等等。但是，对于辩护权的本质属性、自身特点等方面的基本理论问题，却鲜见有学者进行论及。基础理论研究的薄弱又反过来影响到立法和司法实践对辩护权的设置和具体保障。

理论上对辩护权概念的使用通常有广义和狭义两种。狭义上的辩护权，是指被追诉人针对指控，根据事实以及法律提出自己无罪、罪轻或者减轻、免除刑事责任的材料和意见，反驳指控的内容，为自己的行为进行开脱、解释、辩解等方面的权利。广义上的辩护权，除了包含上述权利之外，还包括由此而扩展的其他权利，比如申诉权、上诉权，有时甚至可将被告人所享有的全部诉讼权利统称为辩护权。笔者认为，辩护权的概念应当在狭义上使用，否则不利于真正认清和把握辩护权的本质、特性等问题。本书对辩护权的研究即从狭义的角度展开。

一、辩护权首先是人的自然权利

辩护权是当代世界各国宪法、刑事诉讼法所普遍确立的一项公民权利，越来越受到人们的关注和重视。可以说，一个国家的法律对辩护权的规定情况，直接体现了该国政府对公民权利的重视程度和保障状况。但是，从本源上说，辩护权首先不是作为法律权利而是作为人的一项自然权利而存在的。它是个人面对追究、指责、压迫的外来力量时，一种本能的辩解、反驳乃至反抗的权利。

从自然的角度说，人作为自然界中唯一有思想的生命体，具有其他生物所不具有的主体意识、思维能力。相应，人也具有独特的人格尊严感。对人的辩护权的承认就是对人的尊严的承认。意大利学者皮科·德拉·米兰多拉曾经说过："人是自己的主人，人的惟一限制就是要消除限制，就是要获得自由，人奋斗的目的就是要使自己成为自由人，自己能选择自己的命运，用自己的双手编制自己的桂冠或是耻辱的锁链。"[①] 奥地利法学家麦斯纳区分了第一级自然法和第二级自然法，认为第一级自然法是绝对的，是"永远不变的无条件的必须履行的自然法"，它最普遍的原则是"尊重每个人的权利，避免不正义"。在这一原则中，特别强调应受尊重的权利是人的生命和身体的完整性。这些权利包括基本的人权，它们是良心的自由、宗教的自由、生命的权利、人格的权利、结婚的权利等。[②] 法国学者马里旦认为，人是个人（Individual）和人（Person）的统一体。个人是从物质引出来的，人则来自于精神，任何文明的基本特征在于尊重人的尊严。人既是一个动物和个体，又不同于一个动物和个体，人以自己的智慧和意志控制自己，通过知识和爱而具有精神上的超越性。这意味着在人的肉体中有一个灵魂，它是一种精神，人格的根源就是这种精神。人的价值、自由和权利都来自自然的神圣秩序。自然法所规定的基本权利是人自然地享有的，是等于并高于成文法及政府之间协议的一种权利，是世俗社会不必授予却必须承认的、普遍有效的权利，也是在任何情况下都不能加以取消或轻视的权利。马里旦认为，人对生存、人身自由以及追求道德生活的完善的权利，属于自然法规定的权利。按照自然法的原则来区分，人权有不能让与的，也有基本上不可让与的。自然人权是以人的本性为依据的，而人的本性当然是任何人都不能丧失的，因而它是不能让与的。但这并不意味着它们天然地拒绝任何限制。人都有一种共同的人性，又是一种赋有智慧的生物。人在行动中了解他在做什么，能决定他所追求的目标。另外，人还拥有一种本性，使他本人符合人的本性所要求的目的。"正是靠着人性的力量，才有这样一种秩序或安排，它们是人的理性所能发现的，并且人的意志为了要使它自己同人类基本的和必然的目的合拍，就一定要按照它们而行动。不

① ［意］加林：《意大利人文主义》，李玉成译，71页以下，北京，三联书店，1998。转引自杨正万：《刑事被害人问题研究》，71页，北京，中国人民公安大学出版社，2002。

② 参见吕世伦主编：《现代西方法学流派》，27页以下，北京，中国大百科全书出版社，2000。

成文法或自然法不外乎是这样”。“在本体论方面，自然法是有关人的行动的理想程序，是合适的和不合适的行动、正当和不正当行动的一条分水岭，它依靠人的本性或本质以及根源于这种本性或本质的不变的必然性”。自然法的规则是以人的本质为依据的，人性的首要目的就是保持存在——作为人这一生存者的存在以及和他本人有关的世界的存在，人作为人具有生存的权利。① 英国学者约翰·菲尼斯提出，权利意味着某种要求，由此而产生一种相互的逻辑关系。权利本身可以分为自然权利和法律权利，自然权利是法律权利的基础。② 洛克明确主张平等、生命、自由和财产是个人的自然权利，而且主张谁的自然权利遭到侵犯，谁就有报复、惩罚与反抗的权利。将自卫、反抗提高到较为突出的位置。卢梭认为，维护人的本性，就是维护人之作为人的资格，就是捍卫天然的权利。③

也就是说，根据自然法学派的理念，人人都享有某些不可变更、不可剥夺、不可侵犯的自然权利，比如人的生命权、人格权、财产权等。我国有学者在阐述格劳秀斯、斯宾诺莎、洛克、伏尔泰、卢梭等一批中世纪末期以来的自然法论者的思想时谈道：“他们毅然地把他们所认定的人之作为人都拥有的平等、自由、自主、自尊、自卫之类的‘本性’宣布为权利。按照他们的逻辑，既然本性乃是自然，那么，本性权利就是自然权利，自然权利就是本性权利，而且，这种权利由于出自‘本性’、出自‘自然’，所以是与生俱来的。既然自然权利是由自然法这个终极的、超验的权威来规定和支配的，那么，自然权利就是超越实在法而存在的，并且是不可剥夺的。既然本性理应为人所共有，而且表现了人之作为人的基本规定，那么，本性的权利就是人所共有的。所以，自然权利或本性权利，就是人权。”④ 西方早期人权思想中比较重要的本性自由观更是强调人的尊严和人的自主性，我国学者指出它包括四个互有联系的方面，“一是人在本性上是利己的、自私的；二是人在本性上是有尊严的；三是人在本性上是理性的，能自我决

---

① 参见吕世伦主编：《现代西方法学流派》，37页，北京，中国大百科全书出版社，2000。

② 参见吕世伦主编：《现代西方法学流派》，57页，北京，中国大百科全书出版社，2000。

③ 参见夏勇：《人权概念起源》，133页，北京，中国政法大学出版社，1992。

④ 夏勇：《人权概念起源》，132页，北京，中国政法大学出版社，1992。

定和选择；四是人在本性上是能够并应该抵抗一切侵辱的”①。基于此，每个人都有权根据自己的本性，去防御和维护自己的这些基本权利，当这些权利遭到外来的侵犯时，作为一个具有自主地位的人，他有权利进行本能的防卫，包括辩解、反驳以及反抗。人的自主性意味着一个人具有意志自由，即他有思维的自由、选择的自由和决定的自由。也就是说，自主的个人是主体而不是客体，依自己的理性和自觉意志来行动，而不是其他主体达到某种目的的工具。康德曾经指出，“任何人都没有权利仅把他人作为实现自己主观目的的工具。每个人都应当永远被视为目的本身”②。自主除了表现在人具有自由的意志之外，还表现在他有说话的自由。“人之为人者，言也”，意思就是指人只有在享有说话的权利、表达的自由时，才可以称得上是具有尊严的人，也才能够称为真正的人。而且，表达自由是人的生理、心理的本能要求和自然反应，承认人的表达自由，就是对人性和人的尊严的肯定与重视。如果人的内在意志自由不能通过表达的方式表现出来，那么就不能认为人是自主的、是具有主体地位的。

人奋斗、追求的动力在于人的自身需要。需要是人类生存的必然要求，是一种客观的必然性。正常的人都具有生物属性和社会属性，有着生物学意义上的基本物质需要和社会学意义上的物质与精神等需要。由于刑事诉讼本身解决的是国家与公民个人之间的冲突，公民个人面临着被国家机器定罪判刑、投入牢狱的危险处境。因而，公民个体出于求生、求自由的本能，他的自然反应便是竭尽全力地维护自己的权益和做人的尊严，也就是针对控告、追诉进行辩解、反驳，对自己的行为进行开脱和解释。对于刑事诉讼中的被追诉者来说，他的基本需要就是不被侦查、起诉、审判以及不被认定有罪、判处刑罚等。这些需要是他作为一个人，作为一个具有正常意识和正常思维的人的本能愿望和需求。而且，出于正常人的求生、求自由的天性，刑事诉讼中的被追诉者不仅会本能地为自己的行为开脱、辩解，对指责和控诉进行反驳，同时他也会自觉地选择辩解、反驳的方式和

① 夏勇：《人权概念起源》，102页，北京，中国政法大学出版社，1992。

② ［美］E. 博登海默：《法理学·法律哲学与法律方法》，邓正来译，77页，北京，中国政法大学出版社，1999。

策略。因为，人的需要与动物需要的根本不同就在于："动物的需要只是对它所依赖的物质、能量、信息要素作出有选择的反应，而人则是对这些依赖的要素进行反应。在这种反应的基础上，制定出思想上的行动计划以及纲领，然后进行有计划、有目的的行动来满足人的需要。"① 一个思维正常的个人在面对外界的追究、指责、控告以及压迫的时候，其自然的本能反应便是对所受到的指责、控告进行辩解、反驳，对所受到的压迫进行反抗等。被追诉者作为正常的个人，与普通人一样具有思想和理性，在刑事诉讼中，他会根据自身的具体情况，自觉地追求自身利益的最大化和最优化，以极力避免被国家追诉、审判和羁押。而承认个人在面对追诉、控告时具有辩解的自然权利，实际上就是承认人是目的而不是工具，就是承认人的自主权、承认人的主体性地位。

在刑事诉讼活动中，对人的尊严、主体地位的承认和尊重还表现在被追诉者在面对不利于自己的指责、指控乃至国家刑事措施的处置时，有权利作为主体参与到诉讼程序之中，并有权对事件发表自己的观点、看法和见解，为自己的行为进行解释和辩论。根据自然正义的观点，尊重个人的尊严及其主体地位，就是要尊重他参与纠纷的解决过程、自主选择活动进程并影响最终裁判结果的参与权利。这种主体性权利是自然法的要求，国家以及社会必须尊重这种权利，不能随便以实现国家利益或者社会整体利益的名义剥夺被追诉者的这种权利，除非具有必要的理由和正当的程序。另外，程序正义还要求，纠纷的双方应平等参与纠纷的处理与解决。据此，作为被追诉者的犯罪嫌疑人、被告人应有权与作为追诉方的国家机关进行平等对话、相互对质，有权针对指控进行辩解、反驳，有权获取关于针对自身指控的相关信息，对一系列的追诉指控活动享有发言权。所以说，人在面对指责、控诉时的辩解、反驳、反抗等行为，是人之作为人的自然反应、本能反应，是人所不可剥夺的基本权利。刑事诉讼中犯罪嫌疑人、被告人的辩护权，首先是一种自然权利，它是被追诉者作为一个人所应当享有的道德权利，是不可或缺而且是不可剥夺的。

---

① 王伟光、郭宝平：《社会利益论》，39页，北京，人民出版社，1988。

二、辩护权是法律化的自然权利

辩护权首先是作为人的一项自然权利而存在的。但是，自然权利与法律权利并不等同，权利也不仅仅局限于法律权利，对此，学界早就有相关的论述。我国有学者提出："权利所具有的最粗浅的含义，是一个人应该或可以从他人、从社会那里获得某种作为或不作为，这是一种可以由道德和习俗来支持的表示应然的正义观念，它表达了一种社会生活原理，不一定要依靠法律来创造和维护。哪里有社会生活秩序，哪里就有权利义务关系。没有法律，权利照样存在。法律权利只是权利的一种存在形式，除此之外，还有道德权利和习惯权利。道德权利表示一种观念的存在，由哲学、宗教里的道德原则来支持。习惯权利则表示一种事实的存在，由约定俗成的实际生活规则来支持。道德权利可以表现为法律权利，习惯权利也可以提升为法律权利，但它们本身是可以不依赖法律而存在的。"① "既有法律意义上的权利与义务，也有道德意义、社会学意义上的权利与义务等"。"在法的形成过程中，经常是把其他意义上的权利与义务确认为法律意义上的权利与义务，得到国家的支持和保障"。"法律上的权利是指法律所允许的权利人为了满足自己的利益而采取的、由其他人的法律义务所保证的法律手段"②。在人类阶级社会中，法律作为调整社会关系的重要规范，具有其他规范所不具有的优点和价值，无论是道德权利还是习惯权利，都必须在被国家法律确认之后，才能获得国家强制力的保障。正如德国学者鲁道夫·施塔姆勒所说的，"法律规则一旦确立，就具有了强制力。不论个别公民是否愿意遵守法律规则，它们都是有约束力的"。"习惯和惯例仅仅是吸引公民去服从它们，它们本身并没有绝对的强制力"。"法律规则包含有一种不可违反的因素。这就意味着，只要这些规则是有效的，那么它们不仅对于那些受制于其的公民，而且对于那些受托制定和颁布它们

① 夏勇：《人权概念起源》，14页，北京，中国政法大学出版社，1992。
② 沈宗灵主编：《法理学》，386页，北京，高等教育出版社，1994。

的人，也具有严格的约束力”[①]。对于这一点，理论上的研究已经颇多，这里无须多言。据此，我们可以得出结论：对于人之作为人所应当享有的、在面对指责、控诉时的辩解、反驳、反抗的自然权利、道德权利，同样也必须在得到国家法律的明确而具体的承认之后，才能成为法律上的权利，继而才能在由法律所设定的刑事诉讼程序中得以贯彻和受到保障，也才能够在具体的刑事诉讼活动中得到具体实现和落实，成为公民、司法者及全体社会必须保障的法定权利。

国家法律制度作为人类社会的一种经验性知识，对如何确认和规定公民所享有的辩护的自然权利，包括辩护权的行使方式、保障制度等，并没有一个固定的、先天的模式，它是在人类社会不断前进的过程中逐步发展和形成的。从自然正义的观念来看，刑事诉讼中的被追诉者有权利为自己辩护，但是在国家法律尚未确立辩护制度之时，这种自然权利处于被抑制、被压制、被扼杀的状态，被追诉者根本没有行使这种自然道德权利的机制、程序和手段，只有在国家法律正式确认这项权利并且确立了该权利的具体内容以及行使该权利的机制、程序之后，辩护权才成为现代意义上的辩护权，具有法律上的强制性。历史发展的实际情况也正是如此，被追诉者所享有的自然辩护权利在国家法律中的确立是从无到有、从少到多、从小到大逐步得以扩大和加强的，是一个循序渐进、不断深入的过程。这实际上就涉及自然法和实证法的关系问题。

关于自然法和实证法的关系，麦斯纳曾经指出，自然法代表了制定实证法的权能，反过来，实证法直接或间接地依赖于自然法，即实证法的效力来自于由自然法代表的法律权能。[②] 马里旦认为，社会是由有人格的人组成的一个整体。人的尊严先于社会。法律必须是一种理性的秩序，自然法是一种神圣理性的秩序。自然法是人权的哲学基础或理性基础。因为规定我们基本义务或为我们指定基本权利的都是自然法。马里旦又认为，人类理性认识自然法的真正方式并不是通过理性知识，不是通过概念判断而得来的明确的知识，而是通过人类本性和倾向得

---

① ［美］E. 博登海默：《法理学·法律哲学与法律方法》，邓正来译，172 页，北京，中国政法大学出版社，1999。

② 参见吕世伦主编：《现代西方法学流派》，29 页，北京，中国大百科全书出版社，2000。

来的知识，是由于人的共同本性而产生的一种模糊不清但又必需的知识。至于实在法，它是指，在特定社会集团中有效的一套法律（习惯法或制定法），它低于自然法，因为它依赖自然法而存在，是自然法的延伸和扩展。就事物的本性来说，自然法是不变的、普遍的。实在法仅在特定社会集团中有效，随着社会条件的变化而变化。同时，人们对自然法的认识是通过人类本性的倾向而来的，而实在法却是通过理性判断而来的。[①] 意大利法律哲学家乔治奥·德尔·韦基奥认为，法律理想就是自然法的观念。自然法是据以评价实在法、衡量其内在正义的标准。尊重人的人格的自主性乃是正义的基础。每个人都可以要求他的同胞不把他只当做一个工具或对象来看待。人类的进化使人们不断地增加对人的自主性的承认，因此也会使自然法得到逐步的实现，并最终获得胜利。[②] 德国学者施塔姆勒也曾经指出，法律理念乃是正义的实现。社会的理想就是实现"一个由具有自由意志的人构成的社会"。施塔姆勒从他的社会理想中推论出了"正当法律"的某些绝对要求，指出，要实现这种社会理想，立法者就必须牢记四条基本原则：一是绝不应当使一个人的意志内容受制于任何他人的专断权力；二是每一项法律要求必须以这样一种方式提出，即承担义务的人仍可以保有其人格尊严；三是不得专断地把法律共同体的成员排除出共同体；四是只有在受法律影响的人可以保有其人格尊严的前提下，法律所授予的控制权力才能被认为是正当的。上述这些被施塔姆勒称为"尊重和参与的原则"，它们的实质意义在于：社会的每一个成员都应当被视作是一种目的本身，而不应当被当做他人主观专断意志的对象。任何人都不得仅仅把他人当做实现自己目的的手段。[③]

虽然自然法学者的一些观点也不无可商榷之处，其思想也存在一定的局限性。但是，其中要求国家法律尊重人的自然权利的思想却显然值得重视。正如德

① 参见吕世伦主编：《现代西方法学流派》，37页以下，北京，中国大百科全书出版社，2000。

② 参见［美］E. 博登海默：《法理学·法律哲学与法律方法》，邓正来译，175页，北京，中国政法大学出版社，1999。

③ 参见［美］E. 博登海默：《法理学·法律哲学与法律方法》，邓正来译，173页，北京，中国政法大学出版社，1999。

国法学家拉德布鲁赫所认为的，为了使法律名副其实，法律就必须满足某些绝对的要求。法律要求对个人自由予以某种承认，而且国家完全否认个人权利的法律是“绝对错误的法律”[①]。国家存在的目的本来就是为自己的国民谋取福利、促进公民的幸福、尊重公民的人的天性和本能、保障人们生活有序、社会稳定等，国家法律需要实现这种目的。“法律不是简单地用来‘定分止争’‘兴功惧暴’，而是作为中人，‘保护两方’，不让任何一方‘遭受不当的损失’或‘不公正地占据优势’。”[②] 所以，从自然法与实在法的关系的角度，国家法律必须尊重和承认个人所享有的自然权利，包括人格尊严、辩护等基本权利。与这一理论相适应，在当今社会，世界各国的法律都对人的主体性地位、对人的尊严、自主性等给予了极大的关注和重视，尤其是一些国际性的公约文件对此有了充分的体现。联合国 1948 年通过的《世界人权宣言》序言的第一句话即为：“鉴于对人类家庭所有成员的固有尊严及其平等的和不移的权利的承认，乃是世界自由、正义与和平的基础。”1966 年通过的《公民权利和政治权利国际公约》对此给予了再次重申，其序言中规定，“考虑到：按照联合国宪章所宣布的原则，对人类家庭所有成员的固有尊严及其平等的和不移的权利的承认，乃是世界自由、正义与和平的基础，确认这些权利是源于人的固有尊严”。该公约第 10 条还规定，“所有被剥夺自由的人应给予人道及尊重其固有的人格尊严的待遇”。上述这些都说明了现代法律对人的尊严、人格等自然权利的承认和尊重。具体到个人针对控诉而产生的辩护权，这些国际性的法律文件也正式予以确认，《公民权利和政治权利国际公约》第 14 条规定，“在判定对他提出的任何刑事指控时，人人完全平等地有资格享受以下的最低限度的保证：……有相当时间和便利准备他的辩护并与他自己选择的律师联络；……出庭受审并亲自替自己辩护或经由他自己所选择的法律援助进行辩护”。

除了自然法的观念要求国家法律必须确认个人的辩护权利之外，刑事诉讼活

---

① ［美］E. 博登海默：《法理学·法律哲学与法律方法》，邓正来译，177 页，北京，中国政法大学出版社，1999。

② 夏勇：《人权概念起源》，32 页，北京，中国政法大学出版社，1992。

动本身的特性也要求法律赋予个人以辩护权。现代刑事诉讼遵从诉讼职能分立原理，刑事诉讼结构必须具备控诉、辩护和审判三方主体。对被告人一方诉讼主体地位的承认，意味着诉讼中的辩护职能不可或缺，否则，三角形的刑事诉讼构造就无法形成。允许犯罪嫌疑人、被告人一方享有诉讼主体的地位，这是对刑事诉讼活动客观规律深刻认识的结果。在刑事诉讼中，被追诉者是有证据证明其涉嫌犯罪且应当追究刑事责任的人。从社会价值取向上分析，刑事诉讼中的被追诉者往往处于公众及舆论的责难之中，认为这种人就是理应受到道德的谴责和法律的制裁，社会主流的价值取向也会认为国家打击犯罪具有公认的正当性。这就造成“被国家指控犯了罪的被告人”与“打击犯罪的国家机关”之间在话语权上就不具有平等性。从统治阶级维护国家安全、社会稳定的角度分析，打击犯罪、震慑犯罪、遏制犯罪并以此维护社会秩序和国家、社会及公民的权益，是国家立法选择的目标追求之一，而且是主要的目标追求，因为统治阶级建立国家、维持其政权存在的首要任务是保证统治秩序的稳定和安全。因此，在道德和法律的双重责难下，对于具有刑事犯罪嫌疑的犯罪嫌疑人、被告人来说，无论是在国家立法中还是在司法实践中，其权益都容易受到忽略、排斥甚至侵害。而且，作为代表国家打击犯罪、惩处犯罪的追诉机关与审判机关，其背后有强大的国家力量作后盾和提供资源，而犯罪嫌疑人、被告人作为单独的个体，在力量上显然不可与国家相提并论，个人实际上是处于受国家强力“压迫”的弱者地位，在这种状态下，被追诉者个人的尊严实际上已经受到了严重的贬损，其自身的利益极容易遭到立法者和司法者以及公众的忽视、压制乃至侵害。在这种诉讼权力与权利的结构模式下，刑事诉讼制度必须注意对被告人利益的关照，应当通过制度性的设计来保障国家权力的适当节制和对被告人权利的适当照顾，强调对起诉、审判等权力的抑制和约束，有效遏制司法权力的扩张、膨胀和滥用，以免被告人在刑事审判中沦落为“待宰的羔羊”。因此，通过法律赋予和确认辩护权的存在，不仅是自然法观念的要求，而且是刑事诉讼职能分立、权力制约等原理的要求。

三、辩护权在本质上是一种积极防御权

在前文部分，笔者对辩护权的含义作了界定，它是指被追诉人针对控诉方提出的指控，根据事实和法律提出自己无罪、罪轻或者减轻、免除本人刑事责任的材料和意见，反驳控诉方对本人构成犯罪的指控，为自己的行为进行开脱、解释、辩解等方面的权利。从这一界定中，可以总结出辩护权的两个方面的内容：一是辩护权是一种防御权；二是辩护权是一种必须通过积极行为来实现的防御权，即属于积极防御权。

一方面，辩护权的行使具有明确的应对性特征，是一种防御权。刑事诉讼中犯罪嫌疑人、被告人的防御性权利，实际上就是他们在面对不利于自己的刑事指控时，为了抵减和消除起诉方的指控效果所享有的权利。在现代刑事诉讼中，被追诉者所享有的防御性诉讼权利包括很多，辩护权无疑是犯罪嫌疑人、被告人最为重要的防御权。因为从刑事诉讼活动的本质来看，它是国家机关针对某一具体的公民个人，具体说是针对犯罪嫌疑人、被告人而发起的一场追诉活动，是社会冲突的表现形式之一，有人甚至将其比喻成是国家和公民之间的一场“战争”。较为完整的刑事诉讼活动的过程一般表现为：代表国家的侦查机关首先以某人涉嫌实施了某种犯罪为由对其进行立案侦查，侦查任务完成之后，如果认为犯罪嫌疑人应当承担刑事责任时，案件移送国家起诉机关进行审查并由其向审判机关提起公诉，指控被告人的行为构成犯罪并请求审判机关对其依法定罪判刑、使其承担应有的法律责任。从这一发展进程来看，在刑事诉讼这场国家与公民个人的“战争”中，国家是刑事追诉的发起者，国家的追诉机关在这场与被追诉者个人的冲突与“战争”中，是这场活动的主导者，处于进攻的地位和态势。犯罪嫌疑人、被告人是由于国家机关的侦查、起诉等行为才被动地进入刑事诉讼活动的轨道之中的。作为刑事诉讼活动中的被追诉者，犯罪嫌疑人、被告人参与刑事诉讼的最大愿望，就是针对国家追诉机关关于其本人有罪的指控，提出自己的看法、解释，为自己的行为进行开脱和辩解，说明自己无罪、罪轻的理由和根据，或者

说明自己应当被减轻、免除处罚的根据和理由。从这一意义上说，犯罪嫌疑人、被告人的辩护权具有明确而具体的应对性，是被动行使的。可以说，没有追诉机关关于其构成犯罪的指控，就不可能产生专门针对指控的申辩和解释，也就不可能存在犯罪嫌疑人、被告人的辩护行为，当然也就不存在被追诉者行使辩护权的问题。辩护行为的被动应对性具有明确的对象、目标和方向，是专门针对控诉方指向本人的犯罪指控时而产生的权利。由于追诉机关的追诉、指控行为在刑事诉讼活动中处于积极、主导的地位，因而，被追诉者由此而产生的辩护行为就完全是防御性的，而不是主动进攻去指控对方构成犯罪。辩护权，这种人的自然权利在本质上是人之作为人的一种本能的防御权。实际上，这是人的一种本能，关于这一点，前文已经作了论述。基于人性中本能的趋利避害反应，个人在其权利遭受侵害以及受到不良影响时，会尽可能地采用条件允许的各种手段去反抗和抵制这种外来的指控，尽量避免其原有的权利遭到削减和受到消极影响。

另一方面，辩护权必须依靠被追诉者的积极行使才能实现，是一种积极防御权。从辩护权含义的理论界定来看，辩护权具有明确的应对性，其直接指向的目标和对象是控诉方指控其构成犯罪的具体内容。针对指控的事项，被追诉者为了对自己的行为进行说明和解释，削弱或者反驳控方的指控，他必须通过自己的一系列积极而主动的活动来实现这一目标。再从我国法律的规定来看，辩护行为的表现形式也是指被追诉者通过提供事实、举出证据以及相应的材料和法律规定，提出自己对相关案情的看法和意见，来表明自己的行为属于无罪、轻罪或者属于应当减轻、免除刑事责任等，借此反驳控诉方对本人构成犯罪的指控，为自己的行为进行开脱、解释、辩解。由此可以看出，被追诉者在行使辩护权时，必须通过自己的积极作为来行使和实现该权利，也就是说，犯罪嫌疑人、被告人在为自己辩解和开脱时，须向有关机关明确地说出自己对案件本身以及相关指控等问题的看法和意见，须向有关机关提出能够支持自己意见和看法的相关事实、相应证据和材料等，而不能是消极不作为。

与辩护这种积极作为的行为相对应，在刑事诉讼中，犯罪嫌疑人、被告人对待控诉方的指控还可能持一种消极不作为的态度，这就是保持沉默。犯罪嫌疑人、被告人对于国家追诉人员的提问，如果保持沉默、拒绝回答相关问题，那么，这种对待指控的态度和方式本身也是一种自我保护、防御外来侵害的方式。在现代社会，许多国家出于保障人权、尊重人性、制约和限制国家权力的目的，赋予刑事诉讼中的犯罪嫌疑人、被告人保持沉默的权利，这就是沉默权。在笔者看来，沉默权是一种消极的防御权，它通过被追诉者的消极不作为而实现；而辩护权恰恰与其相对应，是通过公民个人的积极作为来实现的。它们二者相互补充、相辅相成，是犯罪嫌疑人、被告人防御权利的两个重要方面。

在人类刑事诉讼模式演变的历史进程中，考虑到犯罪嫌疑人、被告人往往由于自身法律知识、文化素养、个人能力、所处的环境、人身自由等因素的影响，其很难通过本人的积极作为来保护自己的权利，也很难提出有根据的理由为自己的行为作出说明、辩解，对控诉方的指控提出利于自己的有根据的看法和意见等。而辩护权恰恰又是应当通过积极作为的方式才能实现的。因此，人类社会创建和发展了辩护制度，即刑事诉讼中的被追诉者既可以自行辩护，又可以委托他人为自己辩护。辩护制度的确立，为犯罪嫌疑人、被告人行使辩护权提供了大量的有利条件和保障措施，这些保障措施在不同的时代、不同的国家有着不同的内容。在现代社会，为了使辩护权这种积极的防御权得以实现，保障被追诉者的权利，国际上公认的辩护制度的最低限度标准具有下列内容：被追诉者有及时得到律师帮助并与律师会见的权利；有获得政府法律援助的权利；辩护人有权查阅、摘抄、复制相关的证据、案卷等案件材料；辩护人有收集、调查相关证据的权利；辩护人有向追诉机关、审判机关表明法律意见的权利；辩护律师有在侦查机关讯问犯罪嫌疑人时的在场权；等等。从上述内容来看，辩护制度中有大量的权利属于辩护人的权利，但是实际上，辩护制度始终是以保障被追诉者行使辩护权为核心的，辩护制度的目的也在于保障犯罪嫌疑人、被告人充分、有效地参与诉讼、行使自己的防御权。我国的辩护制度虽然已经相对较为完整，但是与国际最低标准相比，在某些方面还有待于加强，我们应当把握辩护权的本质，从保障犯罪嫌疑人、被告人便利实现这一积极防御权的角度出发，完善和改革我国的辩护制度，使其体现我国刑事诉讼保障人权的宗旨。

四、辩护权的特性

辩护作为刑事诉讼中的三种基本职能之一，其与控诉、审判具有同等重要的地位。但是，审判权、控诉权在本质上都是国家机关依法享有的、具有强制性的国家权力，在一定程度上具有同质性。而与它们相比较，辩护权则具有截然不同的性质，是一种权利而非权力。根据上文的分析，笔者认为，辩护权作为法律所确认的公民权利，具有以下几方面的特性：

第一，不可剥夺性。辩护首先是人的一种自然权利，在人类社会中，只要我们承认人是目的而不是工具，承认人具有自主性、承认被追诉者的主体地位，那就必须尊重人的尊严、人格以及掌握自己命运的本能，当然也就必须承认他在面对追诉、控告时的言论、表达、辩解、反驳等权利。辩护权是人之作为人的自然权利，是不可剥夺的基本权利。这一点在前文中已有详细阐述。尽管辩护这一自然权利必须经过法律承认和赋予才可能转变为法律意义上的权利并由此受到国家权力的支持和保障，但是这丝毫不意味着一个人的辩护权可以被假借法律的名义予以剥夺。因为从前文有关自然法与实在法关系的讨论中可以知道，国家在制定法律时并非可以随意行为，它必须考虑到许多方面的因素。国家立法应当将社会的任何成员都视为目的本身，而不是国家主观专断意志的对象，立法不应当把个人仅仅当做实现统治目的的手段和工具，不应当剥夺他人的尊严。另外，现代刑事诉讼的三方构造模式也要求辩护权不可被剥夺，否则，控辩审的三角诉讼结构将不复存在，刑事诉讼将变成完全的行政纠问模式，失去诉讼的形态。

不仅立法不能剥夺被追诉者的辩护权，司法机关同样不允许以任何借口对其加以剥夺。在司法实践，要特别注意一些司法机关以种种理由和借口，干预、限制乃至剥夺犯罪嫌疑人、被告人正常行使辩护权的情形，比如，不允许犯罪嫌疑人、被告人为自己辩解、开脱，否则即会被视为“不老实”“百般抵赖”“认罪态度不好”，有些部门甚至在法庭审判过程中禁止被告人及其辩护人的发言或者限制发言时间，而不论其发言内容是否与案件有关。这些做法都是对辩护权的剥夺，是坚决应当杜绝的。

第二，不可转让性。与不可剥夺性相联系的是，辩护权是与个人身份相关的权利，不可以转让。众所周知，民事权利可以分为财产权和人身权，财产权以财产利益为内容，可以在民事主体之间依法转让、继承；人身权则是以人身所体现的利益为内容的、与权利人的人身不可分离的权利，一般不可以转让和继承，比如人格权中的生命、姓名、肖像、名誉等权利和身份权中的婚姻自主权、荣誉权等。虽然辩护权不属于民事权利的范畴，而且它是由法律所赋予和确认的法定权利，但是作为一种直接产生于人的本能、尊严和自主性的自然权利，它与人的身份紧密相连。因此，正如公民的选举权与被选举权也是不可转让的一样，公民的辩护权不像财产权那样可以在法律主体之间相互转让。

需要说明的是，辩护权的不可转让性并不意味着权利享有者不可以将辩护权委托他人行使。相反，为了使辩护权能够得到充分而又完全的保障，现代国家几乎无一例外地建立了辩护制度，其中就包括犯罪嫌疑人、被告人委托他人协助行使辩护权。尽管随着辩护制度和律师制度的逐步发展成熟，刑事诉讼中辩护人已经具有了自己独立的诉讼地位，但是辩护权归根结底还是被追诉人的权利，辩护人只是受委托或者受指派而协助其行使辩护权，不能认为辩护人是辩护权的享有主体。

第三，可以放弃性。作为一项权利，辩护权也具有其他权利的特性，即权利的享有者可以放弃对权利的行使。虽然辩护权作为基本权利不可以被剥夺，也不可以在主体之间相互转让，但是，刑事诉讼中的被追诉者却可以消极对待自己的辩护权利，在诉讼活动中全部或者部分地放弃自己的辩护权。因为辩护权的产生本身就与个人的自主性密切相关，它是以承认和尊重人的自主性理念为存在根据的。所以，个人既可以自主地积极行使这一权利，也可以自主地决定放弃这一权利。

基于此，对于已满18周岁、具有完全民事行为能力的犯罪嫌疑人、被告人来说，当他自主决定放弃行使辩护权，包括放弃自行辩护或者放弃委托他人辩护的权利的时候，他人不能干涉。而根据我国最高人民法院的现行司法解释，对于依照法律规定应当为其指定辩护人的被告人，如果被告人当庭拒绝辩护人为其辩护并且又重新另行委托了辩护人或者法院又为其另行指定了辩护人之后，他在重新开庭中再次当庭拒绝新的辩护人为其辩护的，法院不予准许。[①] 这一规定不仅与权利的可放弃性特点相违背，而且在司法实践中也难以操作，比如，2001 年 4 月在重庆市法院审理张某特大抢劫、杀人集团一案时，主犯张某拒绝委托辩护人并坚持拒绝法院指定的辩护人为其辩护，案件最终也只能在张某没有辩护人的情况下作出了判决。这说明，违背辩护权特性、不尊重辩护权特点的规则在实践中是不具有可行性和可操作性的。

第四，明确的针对性。辩护是与追诉相对的，没有控诉就没有辩护，这一点在前文中已经有所论及。一般认为，辩护是指被追诉人针对指控，根据事实或者法律提出自己无罪、罪轻或者减轻、免除刑事责任的材料和意见，反驳指控的内容，为自己的行为进行开脱、解释、辩解等。可以看出，辩护具有非常明确的针对性，完全是围绕着指控并针对指控内容而展开的。刑事诉讼程序由追诉机关立案侦查开始追诉活动而启动，追诉行为具有主动的进攻性，被追诉者行使辩护权也只是为了应对主动发起的追诉行为。因此，辩护权是被追诉者自我保护的一种防御权、自卫权，具有非常明确的针对性。

据此，当犯罪嫌疑人、被告人及其辩护人的发言、表述与案件无关时，不能认为其在正当行使辩护权，在这种情况下，办案机关可以适时制止他们的发言，以引导诉讼方向、提高诉讼效率。这种情况下对被追诉人及其辩护人发言的打断和制止也不能看作是对其辩护权的剥夺。

第五，积极行使性。正如上文所论述的，刑事辩护是指被追诉人针对指控，提出自己无罪、罪轻或者减轻、免除刑事责任的开脱、解释、辩解、反驳等行为。因此，被追诉者的辩护权，只有通过本人及其委托人提出无罪、罪轻的证据，就指控进行辩解、反驳、论证等的积极行为，才能最终得到真正实现。如果被追诉者在面对控方的追诉、指控时，不是通过自己积极的行为去应对、去行使

① 参见《最高人民法院关于适用〈中华人民共和国刑事诉讼法〉的解释》第 45 条。

自己的辩护权，而是消极不作为，保持沉默，这实际上就是没有进行辩护行为，没有行使辩护权，意味着对辩护权的放弃。因此，辩护权的行使必须通过实施积极的辩护行为才能实现。

第六，易受侵犯性。辩护权是一种权利而非权力，它不具有国家权力的直接强制性质，因而其保障和实现本身就存在一定的困难。而且，权利本身就易遭受具有强制力量的国家权力的侵犯，辩护权又是公民只在面对刑事追诉时才会行使的权利，而被追诉者在人们观念中一般属于“犯罪人”，至少是具有重大犯罪嫌疑的人，因此其往往处于社会舆论的指责之中，首先在道德上就不具有优越性。再加上辩护权直接与控诉权相对抗，容易与控诉权之间产生尖锐的矛盾。作为国家权力的控诉权往往基于打击犯罪、制裁犯罪的道德优越感之上。所以，辩护权极易在打击犯罪的名义之下遭受侵害。

所以，在刑事诉讼立法时，要特别注意国家权力、特别是控诉权、审判权对辩护权的侵害，要通过各种各样的制度和规则来保障辩护权的充分、完全行使。比如，确立无罪推定原则，加大控诉机关的证明责任；又如，可以确立辩护律师讯问在场制度，加强对侦查行为的监督等；再如，可以建立控辩双方的证据开示制度，为被告方准备辩护提供充分的信息等。

结　语

在现代社会中，辩护制度已经成为国家法制建设中一项不可缺少的组成部分，对辩护权的保障也是各国法律的必有内容。由于辩护权是由自然权利逐步进入法律而成为一项法律权利的，因而，法律上对辩护权的设置问题并没有一个统一且固定的标准和模式。但是，这并不意味着对辩护权的法律规定无章可循，可以随意设置；而是必须遵循自然权利的特点和人类在长期经验基础上所总结出的成果，借鉴国际社会的标准设定。

辩护权是公民面对追诉、指控时的辩解、反驳等权利，法律单纯规定这一权利并不能保障它的真正实现，还必须有其他相关的配套制度和配套权利。对此，立法应当从辩护权的自然属性、本质特点等方面出发，完善相关制度和规范的建立。经过长期的探索与磨合，人类社会现在已经形成了关于辩护权的最低限度国际标准，一个法治国家的法律对辩护权的规定起码应当达到国际最低的限度标准。比如，为了保障被追诉者的权益，限制和约束国家权力对辩护权的侵害，应确立无罪推定原则；被追诉者除了有自我辩护的权利之外，还应当有委托他人辩护的权利；被追诉者应当有权在受到指控之后立即委托他人提供法律帮助；对于贫困人员，政府应当为其提供免费且有效的法律援助；辩护人应当有权查阅、摘抄、复制案卷材料，有权会见其当事人，调查取证，等等。我国对辩护权的立法保障，除了应当遵从辩护权的本质特性之外，还应当借鉴和参考有关国际文件所约定的最低限度标准。

第二节　控辩式庭审方式中辩护律师的诉讼权利及其制度保障

一、律师辩护——控辩式庭审的制度基础

伴随着人类的脚步进入21世纪，刑事诉讼在现代化与民主化的道路上已经取得了巨大的发展与长足的进步。作为刑事诉讼现代化与民主化的标志性制度——律师辩护也逐渐走向发达与完善，成为现代刑事诉讼的基石。尤其在当事人主义的控辩式诉讼模式中，律师辩护制度作为刑事司法机之一翼，维持了诉讼的平衡，保障着控辩式诉讼的顺利运行，成为刑事司法系统高效良性运转的重要保证。作为控辩式庭审的制度基础，律师辩护在程序上进而在实质意义上促进了司法公正这一诉讼灵魂的生成与充分发育。

（一）律师辩护是保持控、辩平衡的前提

控辩式庭审方式的重要基础是控辩双方力量的相对平衡。在控辩式诉讼中，公诉制度已日趋成熟，由警察的侦查取证，到检察机关的公诉，检察机关与警察

机构共同构成了强大的控方组合。控方代表国家追诉犯罪的力量大大增强，对于实现国家刑罚权发挥了积极的作用。检控方作为诉讼一方，本身具有被告人不可比拟的优势。与之对立的辩护方，其防御力量的状况，决定了控辩力量的对比乃至刑事诉讼的公正程度。可以说，检侦制度的发达是公诉制度的基础，而律师辩护制度的完善则不仅是充分保障被告人权利的需要，而且是维系控辩之间的平衡实现程序平等进而实现司法公正的前提。

辩护律师作为民间法律力量，是实现指控与被指控平衡的基本力量，是实现控辩式“平等武装”理念的重要保障。被告人可能被剥夺人身自由而又缺乏法律知识，处于十分不利的诉讼地位，故此难以有效地履行辩护职能。没有辩护律师的帮助，将无法充分维护其合法权益。被告人只有获得了律师的有效法律帮助，才可能实现其辩护权，才能针对控方的指控提出充分的辩护意见，充分地对抗指控，实现程序上的平等。很难想象，没有辩护人的帮助，被告人如何能获得公平的审判。律师以其独立的诉讼地位与全面的诉讼权利，弥补了被告人自身诉讼能力的缺陷，大大增强了被告人的防御能力。辩护律师从指控的对立面揭示案情，充分实现了刑事诉讼中的辩护职能。毫无疑问，律师辩护是实现被告人与检控力量平衡的制度保证。

律师辩护成为现代刑事司法制度的基石，而律师帮助权也已成为被告人权利保障的重要内容。现代国家多把律师帮助权作为被告人的一项重要权利规定进法律乃至宪法中。如美国宪法第 6 条修正案规定，被告人享有获得律师帮助为其辩护的权利。而且，控辩式庭审方式的一个重要制度即证据展示等活动也必须依赖辩护人来进行。可以说，没有辩护律师的参与，控辩式庭审就失去了存在的基础，就不成其为真正的控辩式。

律师辩护制度作为控辩式庭审方式的制度基础，其作用的发挥实现了司法的公平。在检察官充分行使控诉职能的情况下，辩护律师的作用发挥得越充分，公正审判越能够实现，这显然是再简单不过的道理，所谓“兼听则明，偏听则暗”不就是揭示出如此明白的常识么？在控辩式体制较为成熟的国家，辩护制度已相当完善。首先，体现为辩护律师的参与率极高。如在日本，1993 年普通一审案件中地方法院聘请辩护人的人数比例为97.1%，其中委托辩护人占34.7%，指定辩护人占63.7%；简易法院聘请辩护人的人数比例为96.9%，其中委托辩护人占15.7%，指定辩护人占81.2%。[①] 可见，在日本，指定辩护占刑事辩护的大部分。[②] 许多国家甚至规定没有辩护律师参与的诉讼程序无效。如在美国，在审判阶段，以及对被告人的指控作答辩时、课刑时，没有切实给予或保障被告人这一权利，则构成对宪法权利的重大侵犯，其后果是自动撤销任何对被告人定罪的判决或重新进行诉讼程序。其次，律师辩护制度的发达，体现在律师充分享有广泛的诉讼权利，在刑事诉讼中能够积极发挥作用。

（二）律师辩护是法官保持中立的前提与实现居中裁判职能的保障

控辩式庭审的另一个根本特征在于作为裁判者的法官（包括陪审团）具有客观、中立的地位，能够保持冷静的态度，实现公正裁判的职能。控辩式庭审中，法官的中立是实现程序公正进而实现司法公正的前提。而法官的中立地位，建立在控辩对抗与控辩平衡的基础之上。法官作为事实的认定者以及法律的适用者，其裁判的质量取决于控辩双方对案件调查的程度。

控辩双方地位的平等、诉讼权利的对等，以及积极的攻防行为，是法官裁判质量的保证。法官也只有在控辩双方分别充分履行控诉职能与辩护职能的情况下才能做到公正审判。法官的中立，建立在控辩双方实力均衡、诉讼双方权利对等的基础上，只有控辩双方"势均力敌"，实现均势，控辩之间才能实现真正的对抗，法官的中立才能实现，法官的消极裁判才能有充分的基础。尤其应当强调与指控同时进行的律师积极辩护活动，使诉讼真相特别是有利辩护的因素被揭示得更为充分，为法官裁判奠定了基础，为案件审理的质量提供了保障。总之，律师辩护制度是控辩式庭审方式的基石，没有发达的律师辩护制度，控辩之间就不能形成富有成效的对抗，法官的中立裁判就无法实现。必须充分认识到，律师辩护制度在维系控辩式庭审的正常运作上发挥了无以替代的作用。

---

① 参见［日］西原春夫主编：《日本刑事法的形成与特色》，李海东等译，447页，北京，中国法律出版社与日本国成文堂联合出版，1997。

② 参见刘立宪、谢鹏程主编：《海外司法改革的走向》，170页，北京，中国方正出版社，2000。

二、我国控辩式庭审方式的改革与辩护律师权利的缺失

我国1996年对刑事诉讼制度的一个重大修改，即是以控审分离、控辩对抗为基点重新构建了刑事审判方式。在新的庭审模式中，法官虽保留了一定的职权，但以控辩双方积极举证与抗辩为根本标志的控辩式无疑成为其根本特征。新庭审方式贯彻控辩举证、质证、辩论原则，辅之以法院补充查证，意在融合当事人主义与职权主义二者之长。一般认为，新庭审方式体现了对诉讼科学与民主性的追求，是我国庭审方式改革的趋势。然而，新庭审方式虽已建立起来，但控、辩、审三方角色尚未能充分发挥作用，尤其是缺乏相应制度的有效保障，使其并未发挥应有的功效。在我国控辩式庭审方式的改革过程中，一个重要、长期的工作是实现控辩之间的平衡与平等对抗。实践中，控辩之间力量严重失衡，辩方的力量相对弱小，无以与控方形成真正的对抗，使控辩式庭审的基础没有真正确立。在立法与司法实践中，强调控辩平衡，不仅是程序公正的需要，也是实现实体公正的需要。

目前，我国刑事案件辩护人的参与率并不高，据统计，仅及三成，这一现状着实令人担忧。它已经在制约着我国控辩式庭审方式改革的顺利进行，对试图通过这一改革实现司法公正的目标构成了极大的威胁。目前，法庭审判中并没有出现精彩的控辩对局，控辩式严重失衡，在一些法庭上，被告人面对的是公诉人的“讯问”，以及法官的补充性“讯问”，其境地之不利可想而知。控辩力量的不对等、不成比例使审判的公正性难以保证。而简易程序的案件，辩护人的参与率更低，虽然公诉人亦未出庭，但由独任法官掌握控方证据而直接面对被告人的审判程序，虽提高了审判效率，但被告人因没有辩护人的帮助导致其辩护权行使得不够充分，亦是不容否认的事实，最终侵害的无疑是司法公正的基础。实现被告人律师帮助权不仅是控辩平衡的需要，其能否实现直接关系到控辩式庭审方式改革的成败，关系到公正审判的实现程度以及法律能否得到不折不扣的贯彻执行；同时也是保障被告人宪法权利的必要措施。面对目前的

局面，我国应积极发展律师辩护制度，并利用多种渠道积极发展、完善法律援助制度，让所有刑事被告人都能享有获得律师帮助的权利，这是控辩式庭审方式得以有效运作的重要基础，是诉讼公正的内在要求，无疑应成为我们的理想与奋斗目标。[①]

只有辩护律师的介入是不够的，辩护律师享有权利范围的大小，辩护律师作用发挥得如何，决定了控辩式庭审方式是否能够顺利运作。因而 2012 年刑事诉讼法的再次修改进一步扩大完善了辩护权，如将辩护起点提前至侦查阶段、完善会见权、扩大阅卷权、扩大法律援助范围、降低律师职业风险并增加阻碍辩护人行使职责的救济渠道，以期实现诉讼的平衡与平等对抗。虽然此次关于辩护制度的修改极具进步意义，然而辩护律师所享有的权利仍然有所缺失，人身自由仍得不到有效保障，诉讼权利仍极易受到侵犯，上述问题仍是制约控辩式庭审正常运行的巨大障碍。

首先，有关会见权的规定仍有解释的必要。2012 年刑事诉讼法关于会见权的修改是不可忽视的亮点，很大程度上解决了会见难题。例如，第一，简化了会见程序，辩护律师凭借律师执业证书、律师事务所证明和委托书或者法律援助公函（以下简称“三证”）即可要求会见犯罪嫌疑人、被告人。第二，保证了会见的及时性，看守所应当及时安排会见，至迟不得超过 48 小时。第三，扩大了律师会见交流范围，自案件移送审查之日起，辩护律师可以向犯罪嫌疑人核实有关证据。第四，扩大了会见权的适用对象——被监视居住的犯罪嫌疑人、被告人。

---

① 我国控辩式庭审方式的确立，呼唤尽快完善法律援助制度。尽管我国宪法和刑事诉讼法未明确规定被指控人享有获得律师帮助的权利，但随着我国法治水平的提高以及公民权利保护意识的增强，嫌疑人、被告人对法律帮助的需求将越来越大。现行《刑事诉讼法》第 34 条规定，对被告人是盲、聋、哑或者未成年人，或者可能被判处死刑而没有委托辩护人的，人民法院应当指定承担法律援助义务的律师为其提供辩护。另外，公诉人出庭公诉的案件，被告人因经济困难或其他原因没有委托辩护人的，人民法院可以指定承担法律援助义务的律师为其提供辩护。而对后者，人民法院极少指定律师辩护。没有律师的帮助，控辩双方的力量悬殊太大，不利于公正审判，控辩式不但不能发挥其应有的功能，还必将损害司法公正的根基。我国的现状，由于律师辩护制度尚不健全，一些司法人员思想上存在偏差，公民个人法律意识的欠缺以及经济承受能力较弱等原因，刑事辩护制度远远没有发挥应有的作用，而这又必然制约控辩式庭审方式改革的顺利进行。

然而，仍有许多有关会见权的问题尚待明确和解释。例如会见权的权利归属，是属于辩护律师抑或犯罪嫌疑人？我国立法以“及时会见”为原则，为什么允许“至迟不得超过48小时”的暂缓会见？我国以“特别重大贿赂犯罪”作为限制会见的前提是否具有正当性？侦查阶段会见交流的范围具体包括什么，是否包括核实证据？如何救济遭受不当限制或剥夺的限制权？如何激活通信权？这些问题是2012年刑事诉讼法修改后留给我们尚待回应的问题，也是司法实践中会遇到的问题。

其次，难以实现的调查取证权。律师调查取证难是我国刑事诉讼中始终存在的一个问题。这里有立法上的原因。《刑事诉讼法》第41条规定，辩护律师经证人或者其他有关单位和个人同意，可以向他们收集与本案有关的材料，也可以申请人民检察院、人民法院收集、调取证据，或者申请人民法院通知证人出庭作证。辩护律师经人民检察院或者人民法院许可，并且经被害人或者其近亲属、被害人提供的证人同意，可以向他们收集与本案有关的材料。立法虽然赋予律师调查取证的权利，但其中的某些规定实际上严重限制了律师调查取证的权利。表现在：第一，律师在侦查阶段是否有调查取证的权利在解读上存在争议。具体而言，《刑事诉讼法》第36条规定，辩护律师在侦查期间可以为犯罪嫌疑人提供法律帮助；代理申诉、控告；申请变更强制措施；向侦查机关了解犯罪嫌疑人涉嫌的罪名和案件有关情况，提出意见。这里并没有提及律师的调查取证权，律师能否行使《刑事诉讼法》第41条所规定的律师调查取证的权利在理论和实践上存在争议。第二，辩护律师调查取证的权利难以得到真正贯彻。虽然辩护律师可以调查取证，但是证人如果不同意作证，律师实际上就收集不到证据；尤其对被害人方面提供的证人，不仅要经被害人或者其近亲属、被害人提供的证人同意，还要经过检察院和法院的许可，这给律师调查取证实际上增加了更多的限制和制约，也给被调查人拒绝律师的调查提供了法律依据。因此，刑事诉讼法中的规定存在很大的问题，使律师的调查取证权犹如空中楼阁、水中之月。刑事诉讼法没有规定证人不作证的法律后果，而且许多公民都认为作证的义务只是对国家司法机关的，如果公安机关、检察机关或者法院来调查取证，可以予以配合，至于律师就不同。此外，律师调查取证存在风险。律师一旦收集到与侦查机关相反的证据时，还有可能被侦查机关或者检察机关以伪证或者妨害证据罪而被羁押甚至判刑，面临随时可能出现的职业风险，这使辩护律师在侦查阶段调查取证顾虑重重，侦查阶段往往在取证方面无所作为，导致辩护证据不能及时收集，影响了辩护质量。

再次，申请人民检察院、人民法院收集、调取证据，申请人民法院通知证人出庭作证的权利未得到充分尊重。由于律师调查权受到限制，有重要影响的证据律师取证有困难的，可以申请法院、检察院收集、调取证据。但是申请取证权未能帮助辩护律师充分取证。律师的申请取证往往很难受到尊重。特别是向检察机关申请取证时，检察机关则多不积极。辩护律师申请法庭通知证人出庭，有时法庭未能予以足够尊重，以至于剥夺了辩护方的辩护权。

复次，法庭审判阶段，律师的权利受限且不为法庭所尊重。参加法庭调查、法庭辩论，是辩护律师发挥作用的重要形式。在法庭审判中，辩护律师有权提出证据，对控方证据进行质证、对证人进行反询问，以及与控方进行辩论。但是在某些司法人员头脑中，律师在刑事诉讼中不过是替被告人逃避罪责，而且有的司法人员认为，你律师看到的，我同样看到了，你律师没有看到的，我也看到了。因此对律师有轻视心理，认为律师在诉讼中起不了什么作用，导致个别情况下司法人员对律师的权利及人格尊严的不尊重。①

最后，辩护律师的人身自由权面临严重威胁。由于律师在侦查阶段的无所作为以及调查取证受限太多，已大大制约了其作用的发挥。而由于检察院所谓法律监督者的身份以及其强大的职权又使控辩双方力量严重失衡。检察机关逮

---

① 1997年1月10日，太原市中级人民法院对山西省高级人民法院发回重审的“2·26”大要案进行公开重新审理，并对被告人王某刚的补侦余罪进行审理。进入辩论程序后，首先由王某刚的第一辩护人李律师发表辩护词，然后由王某刚的第二辩护人刘律师进行第二轮答辩，刘律师在答辩发言中，被审判长三次打断发言，最后令其停止发言。接着，审判长翻开案卷宣读针对刘律师答辩意见的有关证词，形成审判人员与辩护律师的辩论。当审判长宣读完证词，问第一辩护人李律师是否还有辩护意见时，李律师针对审判长不让刘律师把话讲完一事说：“有，律师出于职责需要，就是要把事实辩清楚、辩明白，辩护意见只能用语言来表达，不让讲话，怎能发表意见……”话犹未了，审判长即指使法警：“把她轰出去!”李律师立即被两名法警强行逐出法庭。李律师因直言被轰出法庭，剥夺了律师的辩护权与法庭辩论权。

捕的批准与决定权使得其能够以所谓“伪证罪”等诸多罪名陷辩护律师于囹圄之中。公诉人在法庭上不能“战胜”辩护律师——其证据经不起考验，一旦遇到辩护方的挑战，便难以保持冷静的心态，不是以平等的诉讼手段而是以强权对付对手，具体表现为将刚迈出法院的律师甚至当庭即将律师以“问话”的名义强行带至检察院然后逮捕。律师的人身自由得不到保障，庭审言论豁免权没有确立起来，这使辩护律师面临严重的执业风险，稍有不慎，可能被追究刑事责任，如此必然导致辩护律师承担的辩护职能严重萎缩，控辩双方无法实现公平的对抗。实践中，律师办理刑事案件的积极性严重受挫，许多律师不愿办理刑事辩护案件，刑事案件的辩护率有降低的趋势，辩护制度受到了损害，面临着严峻的挑战，这和我国正在倡导的法治与民主进程是背道而驰的，必须彻底扭转这种局面。

上述种种问题的存在，使辩护律师的辩护活动难以充分展开，造成律师不愿承担辩护业务，这必将使我国尚未成熟的律师辩护制度严重受挫，也严重制约了控辩式庭审方式功能的发挥。

三、我国辩护律师诉讼权利的完善

总结来看，我国律师辩护制度的问题集中体现在两个方面：一是律师的权利受限太多，阻碍了其应有功能的发挥；二是律师执业得不到应有的法律保障，致使律师不愿承担辩护业务。

完善律师辩护制度，不仅是建立现代民主诉讼制度的需要，也是加强人权保护、建设社会主义法治国家的需要。律师辩护制度是现代刑事诉讼制度的重要组成部分。没有完善的律师辩护制度，就没有现代刑诉制度，就称不上现代法治国家。我们必须站在法治的高度来看待刑事辩护制度特别是律师辩护制度的完善问题，必须抛弃对律师辩护制度的偏见，正确审视这一制度的重大价值。尤其在控辩式庭审方式中，辩护律师的权利，辩护律师作用的发挥，更决定了刑事司法正常运转，实现了刑事诉讼安全与自由的双重价值。为此，应扩大律师参与刑事诉讼的活动范围，赋予律师充分发挥维护作用所需要的权利，并对其权利的行使提供各种保障。从控辩式庭审的需要来看，尤其应强调辩护律师以下权利的实现。

（一）辩护律师在侦查阶段的介入与相关权利

律师作为辩护人自始至终全面介入刑事诉讼，是现代大多数国家的通行做法。英美法系国家规定了辩护律师在侦查人员讯问犯罪嫌疑人时的在场权，并给予充分的保障。在美国，辩护律师在侦查程序中享有广泛的申请在场的权利，包括调查、讯问、传讯等阶段，均可申请在场。辩护律师的在场权不能因调查的需要而受到限制。西方国家规定了律师在侦查人员讯问犯罪嫌疑人时的在场权以及会见犯罪嫌疑人的权利，一般对会见次数、会见时间没有限制，并且犯罪嫌疑人与律师享有会见保密的权利，即侦查人员无权听到谈话的内容。在英国，律师可以在任何时候到警署内和犯罪嫌疑人谈话，也可以在电话上私下交谈。律师自侦查开始即可以行使辩护人的职务，不仅有利于充分帮助被指控人行使辩护权，而且对于律师自身有效展开辩护工作也是非常必要和重要的。

我国刑事诉讼法虽然允许律师在侦查阶段介入刑事诉讼，即自侦查机关第一次讯问犯罪嫌疑人后或对其采取强制措施之日起，律师可以以辩护人的身份会见犯罪嫌疑人，但此阶段，律师无权调查取证、无讯问在场权等。无权调查取证则可能使有利于犯罪嫌疑人的证据在侦查阶段遗失，给审判阶段的辩护工作带来困难。为了充分保障犯罪嫌疑人的辩护权，遵照国际普遍做法，立法应赋予辩护律师享有包括侦查机关讯问时的在场权、调查取证权、证据保全申请权等在内的各项权利。这些权利应得到有效保障，必须制定切实的保障制度。

总之，应将辩护制度贯彻于侦查程序。辩护律师在侦查阶段的介入是必要的，不仅是防止侦查机关侵犯犯罪嫌疑人人身自由权利以及诉讼权利的保证，也是及时收集证据，或者申请收集证据，防止侦查机关证据收集的片面性，保证有利于犯罪嫌疑人证据的及时收集，为法庭审判阶段的辩护活动做充分的准备。

（二）完善辩护律师的调查取证权

辩护律师积极行使辩护职能，不仅依靠对控方证据的质证，对有利于被告人的证据的收集也是必要和重要的。为此，应扩大律师取证权，为辩护律师调查取证，充分行使辩护职能奠定基础。与侦查机关侦查取证同时进行的辩护方调查取证是庭审控辩式的要求。现行刑事诉讼法规定，辩护律师可以向证人或者其他有关单位和个人收集与本案有关的材料，但须经其同意；辩护律师可以向被害人或者其近亲属、被害人提供的证人收集与本案有关的材料，但须经其本人同意，并须经人民检察院或者人民法院许可。这就在很大程度上限制了辩护律师的调查取证权。辩护律师的调查取证权可谓"徒有其名、其实难副"，追问起肇因，可归因于调查取证权利与侦查权的悬殊之距，也在于刑事诉讼构造的错位之失。为解决现实之困，我们需要完善调查取证权，如将律师的调查取证申请统归于法院，并对其是否同意的自由裁量予以制约，引入调查令保障申请调查取证权的实现，减少、取消对辩护律师取证的立法歧视与限制，保证其自由地调查取证。

（三）申请证据保全的权利

辩护律师无力收集的证据，有权向法院提出申请，法院应尽快审查取证申请，并作出决定。法院可以设立专门的审查庭负责证据保全的申请，需要对证据收集、固定的，法院应及时采取措施，防止因时间拖延导致证据的损坏、遗失及今后的收集困难。辩护律师在侦查阶段有权向公安机关、检察机关申请证据收集、保全，公安机关、检察机关不及时收集、保全的，辩护律师有权向法院申请。

（四）参加法庭调查与法庭辩护权利的保护

应完善法庭举证、质证的程序，建立对证人、鉴定人、侦查人员的交叉询问机制，对其他证据的质证制度，以及规范的法庭辩论程序。法官应当切实保障辩护律师的辩论权。辩护律师应当遵守法庭秩序，对辩护律师正常的辩护行为，法官应当支持和保护，而不应限制。严禁侵犯辩护律师的执业自由与安全，严禁动辄罪名加身，将辩护律师驱逐出庭甚至拘留、逮捕、随意追究法律责任。

（五）辩护律师人身自由与执业权利的保护

辩护律师的人身自由以及执业自由是其行使辩护职责的前提。为此，应确立律师言论豁免权。其基本含义是，法律赋予律师在向委托人提供法律意见或者在法庭上陈述、辩护时，其发表的言论不受法律追究的权利。如果法律上规定律师的言论豁免权，并且给予确实的保证，可以说将在很大程度上避免上述执业风险问题。联合国《关于律师作用的基本原则》肯定了律师的言论豁免权，其第 20 条规定："律师对于其书面或口头辩护时所发表的有关言论或作为职责任务出现于某一法院、法庭或其他法律或行政当局之前所发表的有关言论，应享有民事和刑事豁免权。"很多国家均已确认了律师的这一权利。1996 年之前我国的律师法及相关法律对律师是否享有豁免权并未做明确的规定。2012 年修订的《律师法》第 37 条第 2 款第一句规定："律师在法庭上发表的代理、辩护意见不受法律追究。"首次明确规定了律师在法庭上具有的言论豁免权。我们必须注意的是，律师虽然享有言论豁免权，但是这种豁免权也不是毫无限制的。辩护律师不得滥用这项权利。因而，第 37 条第 2 款第二句进一步规定："但是，发表危害国家安全、恶意诽谤他人、严重扰乱法庭秩序的言论除外。"立法通过合理限制确保豁免权的正当行使，不仅能够保障律师独立行使各项诉讼权利、履行职责，并且能够保障诉讼进程和司法公正。然而，根据《关于律师作用的基本原则》第 20 条的规定，很显然律师的豁免权也包括庭审阶段，因而我国立法应将律师豁免权延伸至包括庭审前的诉讼阶段。

四、若干相关制度的改革与完善

（一）推行公诉人当事人化

伴随我国控辩式庭审方式的改革，检察机关的诉讼地位必须重构。我们认为，庭审控辩式的改革必然要求控辩双方的当事人化。检察机关作为控诉职能的承担者，追诉犯罪是其重要使命，其控诉倾向是不言而喻的。当然，这丝毫没有降低对其公正性的要求，即检察机关的追诉应是公正进行的。但是不能以对其公正性的要求而否认其追诉的本能，更不能就以此认为检察机关可以保持中立超然的地位从而可能具有监督法庭审判的条件了。根据心理学的规律，一个主体是不可能同时承担诉讼一方与监督者双重角色的。

在控辩式庭审中，检察方不应优越于辩护方，而应坚持平等武装原则。否则，诉讼地位的不平等必将损害控辩式庭审的基础，并从根本上动摇司法公正的根基。我国控辩式庭审方式改革，必须确立控辩双方诉讼地位平等、诉讼权利对等原则。为此，需要重新梳理控、辩、审三方关系，必须贯彻控审分离、控辩平衡、审判中立。有人认为检察机关的追诉职能与监督职能可以分工行使，公诉人在法庭审判中承担追诉犯罪的职能，法律监督职能可以由其他内设部门行使。这种设想难以成立。其一，检察机关的一体化关系以及检察机关的上命下从体制，使这种设计无以实现其理论预期，因为内设部门的独立性是不存在的；其二，在诉讼三方之外再设立一个监督者，这一形态实在不伦不类，其内在合理性与公正性是不存在的。必须指出，刑事司法的正常运作及公正的实现还须借助于自身结构的科学架构，这一结构应是控审分离、控辩平衡、审判中立，控、辩、审三种职能的严格区分以及充分实现。

在控辩式庭审方式改革过程中，将检察官（公诉人）定位为与辩护方地位平等的一方当事人，确立法院在刑事诉讼中的中心地位是构建科学诉讼模式、实现诉讼公正的前提和根本保证，是控辩式庭审方式的内在要求。将公诉人作为诉讼一方当事人，绝不是降低其诉讼地位，而恰恰是正确处理了控辩式庭审方式中其与辩护方的诉讼关系。

（二）切实尊重律师的辩护意见，充分保护辩护律师的执业权利

控辩式庭审方式改革的一个前提条件是控、审实现根本的分离，而法官作为裁判者，公正是其裁判工作的灵魂，为此法官应居于客观、中立无偏的地位，对于辩护律师绝不应怀有偏见甚至歧视。控辩地位平等是控辩式庭审的基础。辩护律师作为辩护职能的重要承担者，依法独立行使辩护权，履行辩护职能，是保持控辩平衡，控辩式庭审方式之所以成为控辩式的基石。这是因为没有具有专门法律知识与辩护经验的律师的参与，控辩双方的真正充分的控辩是无法形成的。法官必须彻底摆脱追诉倾向，视控辩双方为平等的当事人，平等对待控辩双方，同等听取双方的意见，这是其公正裁判的要求，是控辩式庭审的根本保证，是司法公正的前提。

而法官对律师的偏见在一定程度上存在，对律师的程序权利不予重视，如公诉人因需要补充侦查而申请延期审理的，法官必定允许，而辩护律师提出申请重新鉴定、通知新的证人出庭以及调取新的物证时，法官则时有限制，这种对控辩

双方不能同等对待的做法，在一定程度上限制、剥夺了被告人的辩护权。[①] 这里有法官传统纠问心理定势沿袭的原因，有并未充分认识到律师辩护对于庭审的积极意义的原因。

法官必须适应控辩式庭审方式改革趋势，彻底摆脱追诉倾向，以客观、中立的裁判者身份对待控辩双方，实现控辩双方的平等参与，确保审判公正。法官应当认识到，控辩双方作用的充分发挥，也就意味着其裁判准确性的提高。律师作为辩护职能的主要承担者，在参与刑事诉讼的同时，必须保证能够充分发挥其应有的作用。为此，必须赋予辩护律师与检察官同等的程序权利，保证辩护律师享有最基本的权利，否则就无法真正发挥其应有的作用，辩护制度也必将流于形式或徒有虚名。辩护律师的程序性权利主要是指在法庭上提出证人、证据，申请通知新的证人到庭，调取新的物证，申请重新鉴定或者勘验，以及向控方证人进行反询问，对控方证据进行对质，以及与检察官平等辩论的权利。法官应当保证控辩的平等，实现控辩双方程序权利的对等。

（三）完善律师管理制度，加强律师自律

在司法实践中，辩护律师违反职业道德与执业纪律乃至从事非法行为妨害司法的现象是存在的。必须规范律师的执业行为，对律师违法取证，行为失当进行必要的惩戒。对影响司法的行为进行惩戒，是保障律师辩护制度正常发展的需要，是保障司法公正的前提。

如何规范辩护律师的执业行为涉及律师管理体制的问题。必须指出的是，1997 年修改刑法时增加的第 306 条的规定，内容之一即是，辩护人伪证罪。律师辩护制度是为了保障司法公平、公正而设立的，它是法制建设民主化的充分体

① 《最高人民法院关于适用〈中华人民共和国刑事诉讼法〉的解释》第 223 条即规定，审判期间，公诉人发现案件需要补充侦查，建议延期审理的，合议庭应当同意，但建议延期审理不得超过两次。该《解释》第 222 条则规定，法庭审理过程中，当事人及其辩护人、诉讼代理人申请通知新的证人到庭、调取新的证据、重新鉴定或者勘验，不仅应当提供证人的姓名、证据的存放地点，说明所要证明的案件事实，要求重新鉴定或者勘验的理由，还须由审判人员根据具体情况，以是否可能影响案件事实认定决定是否同意该申请。法官保留并行使一定的职权，是防止诉讼拖延，实现诉讼效率的必要条件，但问题是，法庭对控辩双方不同的态度，以及当法庭拒绝辩护方申请的理由不能令人信服时，其公正性无疑会受到怀疑。

现。在刑法中直接以辩护人为主体，专门作出依法追究其“伪证罪”这样的法律规定，势必妨碍律师辩护制度作用的发挥，在司法实践中也容易被某些执法人员当做职业报复的根据。总之，刑法第306条有违辩护制度的宗旨，阻碍了律师事业的发展，长此以往，人们会对辩护制度失去信心，必然破坏律师制度的健康发展。笔者认为，应当废除《刑法》第306条关于律师伪证罪的规定。

当然，对于律师违反执业纪律、妨害司法的行为，也应加强纪律惩戒。我们认为，应逐步实现律师的行业管理，对律师的惩戒应由律师协会或者法院予以惩戒，真正实现律师行业的高度自治。为此，应完善律师管理体制，实现律师的自我管理、自我约束、自我规范。

至于如何确保律师依法自由执业，一方面应赋予律师履行职务应当享有的权利，另一方面应严格律师惩戒制度。但律师惩戒绝不应由检察机关进行。目前，应强化律师行业管理以及司法行政机关的控制。也要规范律师管理，实现律师自律。律师作为非官方的力量，是对抗公权、维护私权的重要力量，是实现法治的重要一极，是不可缺少的。但我国律师制度的历史不长，律师真正充分发挥作用，还需要假以时日。司法统一考试制度的实行，以及今后司法研修制度、司法职业道德的养成与维持，对于实现沟通检察官、法官、律师之间的关系，达成相互之间的谅解与互信具有重要意义，对于控辩式庭审中正确处理三方关系具有积极作用。

第三节　在押犯罪嫌疑人的会见权
——以《刑事诉讼法》第37条为中心

2012年3月14日，第十一届全国人民代表大会第五次会议通过的《关于修改刑事诉讼法的决定》对1996年刑事诉讼法进行了大幅度修改①，而这其中有关辩护权及其相关制度的修改或新增条文达至25条之多，内容涉及辩护人的定位、

① 2012年修订后的《刑事诉讼法》相较于1996年的《刑事诉讼法》而言，增加了66个新条文、修改了90个原有条文、删除了1个旧条文，条文总数由225个增加到了290个。

介入诉讼的起点、会见权、阅卷权以及法律援助等诸多方面。而在众多所修改的条文中，第 37 条有关会见权的增修是不可忽视的亮点，可以在很大程度上解决困扰我国刑事辩护由来已久的难题。具体而言，会见权的修改有以下四个方面的进步：第一，简化了律师会见程序，对于一般在押犯罪嫌疑人、被告人的会见，辩护律师凭借律师执业证书、律师事务所证明和委托书或者法律援助公函即可要求会见犯罪嫌疑人、被告人。第二，保证了律师会见的及时性，看守所应当及时安排会见，至迟不得超过 48 小时。第三，扩大了律师会见交流范围，自案件移送审查之日起，辩护律师可以向犯罪嫌疑人核实有关证据。第四，扩大了律师会见权的适用对象——被监视居住的犯罪嫌疑人、被告人。

从上文所述四个方面，第 37 条为保障律师会见权所作贡献不容置疑。然而，第 37 条是否能对会见权所有的问题予以回应，是否刑事诉讼法对于此项权利的规定已臻于完美，而没有解释的空间和必要呢？笔者却持保留态度，其原因就在于，第 37 条对下述四个问题的解释仍留有空白，而这种空白仍需要刑事诉讼法学界运用法解释方法进一步厘清条文之含义，阐明条文之适用，防范条文之滥用，从而真正实现立法意图。具体问题如下：其一，会见权归属于被追诉人抑或其辩护律师？其二，我国立法以“及时会见”为原则，那为什么允许“至迟不超过 48 小时”的暂缓会见？我国以三类特殊犯罪作为限制会见的前提背后的立法考虑为何，其限制手段是否正当？其三，侦查阶段会见交流的范围具体包括什么，如何理解监听，如何理解通信权？其四，如何救济遭受到不当限制或剥夺的会见权？对于上述四个问题，笔者在下文将区分为会见权之权利归属、会见权行使之原则与例外、会见权交流之范围与方式以及侵害会见权之救济四个部分一一予以回应。

一、会见权之权利归属

新《刑事诉讼法》第 37 条一改之前刑事诉讼法将会见权和阅卷权规定于一个条文的惯例，而将会见权单独抽离成为一个条文予以规定。同时，鉴于新刑事诉讼法已将犯罪嫌疑人在侦查期间可以聘请律师提供法律帮助修改为委托律师作为辩护人，因此，第37条第1款第一句才可以将辩护律师于各个阶段同在押犯罪嫌疑人、被告人会见和通信问题予以统一表述，而于第二句区分表述了辩护律师和其他辩护人在会见在押犯罪嫌疑人、被告人程序上的差异。① 实质上，第37条第1款仅仅是对旧条文拆分和整合式的形式修改，看起来似乎并没有值得深入分析的必要。然而笔者对于此款条文却颇想深入探讨，以回应第一个疑问：会见权究竟是谁的权利？

会见权之权利归属之所以作为探讨会见权的首要问题的原因是，权利的归属与会见权相关问题的立法基点的确立休戚相关。例如，会见权归属于被追诉人抑或辩护律师直接决定限制会见权是以辩护权还是以律师的执业权利为出发点，直接关乎侵害会见权的法律后果及救济途径。因此不得不对会见权之权利归属予以首先回应。

对第37条的条文予以细化分析，我们不难发现，该条文的主语是“辩护律师”，其条文中所使用“可以”一词明确了该条文是授权性法律规范，权利所指涉的对象是“在押的犯罪嫌疑人、被告人”，若单从语义分析来看，会见的权利主体是辩护律师和辩护人。然而，立法原意真是如此吗？如若依此逻辑，是否可以做如下推断，作为会见权权利主体的律师可以随意放弃权利？具体而言，如若在押犯罪嫌疑人、被告人提出会见律师的要求，作为权利行使者的律师可以拒绝会见吗？难道在押犯罪嫌疑人、被告人获得律师帮助或者会见律师，必须以律师行使会见权为前提？难道在会见权的行使方面，律师为权利的主导者，而在押犯罪嫌疑人、被告人却沦为消极等待者？这显然违背辩护权的本质以及立法原意，

① 在2012年《刑事诉讼法》修改之前，律师在侦查阶段并不具备辩护人的身份，因而并不能在侦查阶段行使会见权和阅卷权。1996年《刑事诉讼法》在第36条对审查起诉阶段和审判阶段的会见权分别以两款予以规定。第36条第1款规定：辩护律师自人民检察院对案件审查起诉之日起，可以查阅、摘抄、复制本案的诉讼文书、技术性鉴定材料，可以同在押的犯罪嫌疑人会见和通信。其他辩护人经人民检察院许可，也可以查阅、摘抄、复制上述材料，同在押的犯罪嫌疑人会见和通信。第36条第2款规定：辩护律师自人民法院受理案件之日起，可以查阅、摘抄、复制本案所指控的犯罪事实的材料，可以同在押的被告人会见和通信。其他辩护人经人民法院许可，也可以查阅、摘抄、复制上述材料，同在押的被告人会见和通信。

因此，我们必须回答的问题是，会见权的主体究竟是辩护律师还是在押的被追诉人？抑或为双方所共同享有？

鉴于会见权是辩护权的重要组成部分，因而探讨会见权之权利归属争议，我们不可回避地应从辩护权谈起。从辩护权的本源来看，辩护权首先作为人的一项自然权利而存在，是个人面对追究、指责、压迫的外来力量时，一种本能的辩解、反驳乃至反抗的权利。然而自然状态下的辩护权利唯有在国家法律正式的确认下才成为现代意义上的辩护权，具有法律上的强制性，成为法律化的自然权利。[①] 在国际公约和许多国家的宪法中，辩护权直接规定为被追诉人的宪法基本权利，我国也概莫能外。《宪法》第 125 条规定："被告人有权获得辩护"。虽然仅有 9 个字，我们却可以从中解读出丰富的内涵。首先，有权获得辩护的主体是被告人，对于此处的"被告人"当然应解释为"犯罪嫌疑人和被告人"，其次，从"有权获得辩护"[②] 可知，宪法不仅仅强调的是被追诉人自行辩护的权利，尤其强调的是获得他人（尤指律师）帮助的权利。而之所以强调获得律师帮助的权利，并非否定了被追诉人的辩护权，而是为了使辩护权得以实质、有效的行使，以弥补被追诉人与国家专业的追诉机关于信息、知识、资源等诸多方面的落差，借助具有法律专业知识的"非当局者"律师予以协助，实现实质的控辩对抗及公平审判。据此，我国刑事诉讼法规定[③]，犯罪嫌疑人自被侦查机关第一次讯问或采取强制措施之日起，侦查机关有义务告知其委托辩护人的权利，被追诉人有权随时委托辩护人，在特定的案件或情况下，法院、检察院和公安机关应通知法律

① 参见陈卫东：《程序正义之路》，第一卷，375～384 页，北京，法律出版社，2005。

② 从文义解释来看，所强调的是"有权获得辩护"中的"获得"二字，而不是"有权辩护"，两者的区别在于：前者不仅仅包括被告人的自行辩护，更着重强调的是获得律师帮助辩护的权利，反观后者，则强调被追诉人的自行辩护。而历史解释可以证成文义解释。1954 年宪法初稿写的是"被告人有辩护权"，后来修改为"被告人有权获得辩护"，刘少奇在当时的制宪讨论中指出，"保证被告人获得辩护实行起来是有困难的，但不能因有困难，这项权利就不要了。有的人不会讲话，到了法院说不清楚，要求法院找个人能把他要说的话说清楚，是不是给他找？不一定是律师"。由此可见"有权获得辩护"强调的重点在于他人帮助辩护的权利。参见全国人大常委会办公厅研究政治组编著：《中国宪法精释》，277～278 页，北京，中国法制出版社，1996。

③ 参见 2012 年《刑事诉讼法》第 33 条第 1 款、第 2 款，第 34 条。

援助机构指派律师为其提供辩护。通过刑事诉讼法相关条文规定可知，被追诉人有权获得律师帮助权的第一步即是辩护人的选任，而此项权利，除强制辩护以外，选任的自由掌握在被追诉人手中，甚至对于辩护人的拒绝或更换同样是被追诉人的自由。无论从宪法权利的赋予与保障抑或依据刑事诉讼法具体规定律师行使辩护权的权源，辩护权的享有者是被追诉人这一点毋庸置疑。对于律师而言，他只是因受委托或指派而具有了辩护人的身份，进而基于辩护人的身份而为法律赋予其具体的辩护权利。辩护权衍生下的具体权利之一——会见权，亦应如此。

在笔者看来，会见权享有者首先是在押的被追诉人，其次才是律师，具体体现为两种权利行使的方式，被追诉人要求会见律师的权利以及律师要求会见犯罪嫌疑人的权利。在这样的前提下，前文所提出的疑问迎刃而解，当在押被追诉人要求会见律师之时，律师不得拒绝会见，同时，看守所或办案机关有通知律师并安排会见的义务。相较于律师的会见权，被追诉人的会见权是第一位的，而律师的会见权是第二位的，其会见权的行使是为了更好地帮助被追人会见权的实现，以真正实现宪法所规定的"有权获得辩护"。笔者以为，我国刑事诉讼法之所以于第37条直接将"辩护律师"作为主体作出规定，只是一种立法技术的选择，而非立法原意的彰显。厘清会见权之权利归属，实际上，已为会见权行使之限制的解释并侵害会见权之救济的设计打下了坚实的基础。

二、会见权行使之原则与例外

被追诉人与辩护律师的会见权，是为使人身自由受到拘束的被追诉人得到律师帮助的最重要的基本权利之一，同时也是《宪法》第125条规定的辩护权于宪法层次保障的需要，原则上应给予最大程度的尊重——自由、不受干扰地会见。然而会见权的行使不仅涉及有效辩护的保障问题，而且又涉不同利益与目的之间的冲突，例如会见权与侦查权、看守所管理秩序，刑事程序保全等目的之间的冲突，而上述冲突是限制自由会见权原因之所在。然而，什么是会见权行使的原则？而又在什么情形下对会见的限制才是允许的，即在什么情形下"原则之例外”具有正当性？哪些限制手段是合乎比例的，如何形成“限制之限制”？这些问题是限制会见权行使的立法考虑和本书探讨的重点。

（一）会见权行使的立法演进

我国审前阶段会见权的行使，因时推移，经历了从完全禁止到多重限制，再到自由会见，至今特殊限制的曲折过程。1979 年刑事诉讼法只赋予了被告人在审判阶段会见律师的权利，其原因在于被追诉人只有在审判阶段才可以委托辩护人为其辩护。可以这样说，1979 年至 1996 年这段时期内，我国审前阶段在押的犯罪嫌疑人是不享有会见权的，审前阶段的会见是被完全禁止的，可谓犯罪嫌疑人“完全禁止会见”阶段。

1996 年刑事诉讼法将委托辩护人的时间提前到审查起诉阶段，并规定犯罪嫌疑人在侦查阶段可以聘请律师为其提供法律帮助。与此相对应的是，赋予了在押犯罪嫌疑人在审查起诉阶段会见辩护律师的权利，甚至在侦查阶段，在押的犯罪嫌疑人可以会见非辩护人身份的律师。但是对于“涉及国家秘密的案件”必须经由侦查机关批准才可会见。同时，侦查机关根据案件情况和需要，可以派员在场监听会见。此阶段，为“多重限制”阶段，即“有例外的批准会见，有根据的监听会见”。1996 年之后的司法实践表明，立法上会见权的扩张竟最终成为司法上的难题，律师会见批准制由例外变成了通例，律师会见派员在场成为会见的必备程序，实践中的操作方式使犯罪嫌疑人与律师之间的秘密交流、充分沟通难以实现，实际上限制、架空了会见权，这不仅与刑事诉讼法设计会见权的初衷相距甚远，且严重地侵害了宪法所保障的被追诉人的辩护权。

广为诟病的会见难题借 2007 年《律师法》修改之契机，终于迎来了“飞跃式”的变革，《律师法》第 33 条规定，“犯罪嫌疑人被侦查机关第一次讯问或者采取强制措施之日起，受委托的律师凭律师执业证书、律师事务所证明和委托书或者法律援助公函，有权会见犯罪嫌疑人、被告人并了解有关案件情况。律师会见犯罪嫌疑人、被告人，不被监听”。据此，会见权的限制藩篱彻底为《律师法》所拆除，无论任何案件，只要受委托的律师“三证”齐全，就可以实时、且在不受干预的情况下会见犯罪嫌疑人。在此立法下，对于被追诉人而言，是“自由会见”阶段。然而，《律师法》单方面的进步在实践中却频频碰壁，侦查机关多以未修订的《刑事诉讼法》为挡箭牌，仍然遵循旧例，会见权并未因立法上的“飞跃”而真正得以确立。

直到2012年《刑事诉讼法》吸收了《律师法》关于“三证”齐全即可安排会见以及会见不被监听的规定，会见权才得以在一定程度上被解放。然而，《刑事诉讼法》同时增加对于“危害国家安全犯罪、恐怖活动犯罪、特别重大贿赂犯罪案件，在侦查期间辩护律师会见在押的犯罪嫌疑人，应当经侦查机关许可”的规定。这实际上仍然针对三类犯罪的特殊性而对会见权的行使予以限制，所以笔者称现阶段为对会见权的“特殊限制”。

（二）会见原则：“至迟不得超过48小时”的及时会见

2012年《刑事诉讼法》第37条第2款和第3款分别规定了被追诉人及辩护律师行使会见权的原则与例外。在原则上，第2款规定，“辩护律师持律师执业证书、律师事务所证明和委托书或者法律援助公函要求会见在押的犯罪嫌疑人、被告人的，看守所应当及时安排会见，至迟不得超过四十八小时”，相较于1996年《刑事诉讼法》第96条的规定，“律师会见在押的犯罪嫌疑人，侦查机关根据案件情况和需要可以派员在场。涉及国家秘密的案件，律师会见在押的犯罪嫌疑人，应当经侦查机关批准”，最明显的变化是安排会见的主体不同。2012年刑事诉讼法安排会见的主体是看守所，而1996年刑事诉讼法安排会见的主体则是侦查机关。看似主体的简单变动，实则暗含了安排会见制度的性质的转变。1996年刑事诉讼法的安排会见制度中侦查机关对是否可以会见，于什么时间内安排会见，会见是否派员在场具有决定权，被追诉人的会见权是在侦查权的扩张下受到限制，侦查权优先于会见权是当时立法考虑的价值偏向选择的结果，这也是实践中原则与例外主客易位的根源。但是，2012年刑事诉讼法则扭转了这一偏向，由看守所直接安排会见，实质上是对安排会见制度的性质的改变。第2款中的看守所只是专门的刑事羁押机关，没有任何权力禁止或限制会见，律师只需凭借“三证”即可直接到看守所要求会见，相对于被追诉人和辩护律师的会见权而言，看守所安排会见是义务和职责而非权力。而出示“三证”要求，在性质上更类似于报备，而不意味着看守所有同意与否的权力。

笔者之所以肯定安排会见不是看守所的权力而是义务，第 2 款后半句“看守所应当及时安排会见，至迟不得超过四十八小时”的规定也可证成。问题是，为什么立法在及时安排会见的原则下，又例外规定了允许“四十八小时”暂缓会见？在笔者看来，立法者主要是考虑到以下两方面的因素：其一，看守所设备之局限。[①] 看守所受制于空间、资源的有限性等条件不可能让被追诉人得以随时会见辩护人，因此其会见的时间、空间和方式必然会受看守所的客观环境所限。例如经调研发现，自 2012 年刑事诉讼法颁布以来，为保障律师会见的顺利展开，全国看守所纷纷加强硬件设施的建设，然而仍然存在律师会见室数量严重短缺的情况[②]，当会见场所不足等特殊情况出现之时，必然不能要求及时会见。其二，物理之限定。[③] 假设当律师主张会见之时恰逢侦查活动在进行中，如将看守所的犯罪嫌疑人提往搜查、勘验、检查现场，或犯罪嫌疑人正在接受侦查机关的讯问，此时，是因侦查进行而出现的“物理限定”，即犯罪嫌疑人不可能在同一时间既配合侦讯又接受会见，为保障侦查程序顺利进行，无法及时安排律师会见。

然而，由上述第二考虑因素“物理之限定”而引发的一个问题是：当侦查时间与会见时间存在冲突之时，我国立法上选择为保障侦查顺利进行，而暂缓会见是否具有正当性？事实上，这种立法倾向同时可见于《刑事诉讼法》第 33 条，“犯罪嫌疑人自侦查机关第一次讯问或者采取强制措施之日起，有权委托辩护人”，在我国刑事诉讼法未规定辩护律师在场权的情况下，第 33 条实质上暗含着这样的信息：会见只能发生在第一次讯问之后，而这很有可能陷被告于不利的境地。具体而言，大多数犯罪嫌疑人在第一次讯问前并未有聘请辩护

---

① 当然看守所也受制于不可抗力，例如停电或者突发事件，如越狱等情况，但是，这种特殊状况因不具备普遍性非本书讨论重点。

② 参见陈卫东、程雷：《看守所实施新刑事诉讼法相关问题研究报告》，载《政法论丛》，2014 (4)。

③ “物理限定说”：嫌疑人正受讯问中、或现场勘查、勘验等需到场之情形，因事实上嫌疑人身体之利用，于物理上无法接见之情形。参见［日］平野龙一：《刑事诉讼法》，105 页，东京，有斐阁，1958。转引自李明鸿：《我国刑事诉诉讼法接见制定草案评析——以日本法与人权公约为中心》，载陈运财主编：《刑事司法与国际人权公约学术研讨会实录》，219 页，台北，东海大学法律学院，2010。

律师的可能，遑论会见辩护律师，向他咨询、商议自己的处境及相关权利的机会。此时，侦查机关很有可能利用犯罪嫌疑人惶恐、无知等缺乏防御的状态而获取不利于犯罪嫌疑人的供述。所以，笔者对这种偏向于侦查权优先的立法设计同样存在质疑。

毋庸置疑，侦查阶段可谓权利与权力冲突最为剧烈的场域，从第一次讯问或采取强制措施之始，会见权与侦查权开始第一次交锋。试想，对于因拘留、逮捕、监视居住等强制措施的处分而失去人身自由的犯罪嫌疑人而言，会见辩护律师是获得律师帮助的前提和核心，旨在以律师专业知识，教导被追诉人如何应对侦查机关的讯问和保护自己的合法权益。然而，不能忽视的是，在刑事诉讼程序中，除保障人权之外，发现真实和惩罚犯罪同样不可偏废，而侦查的顺利进行是发现真实和惩罚犯罪的基础前提。据此，会见权虽有宪法保障的原则优先，却并非享有绝对的优先，因此，如何调和会见权和侦查权的冲突是侦查阶段的重要议题。

而这项冲突议题并不独自存在于我们国家，因此，我们可以从类似于我国刑事诉讼制度或辩护制度的域外制度中寻求答案。正如林钰雄教授所言，比较法是培养问题意识的活水源泉。透过比较，国内法可能因此重视从来不被重视的问题，或者知悉本来没有解决对策的对策。① 日本《刑事诉讼法》第 39 条第 3 项所确定的“指定接见制度”与我国的“安排会见制度”具有相似性，且大法庭对判例中有关侦查权与会见权冲突及调和的论理，一方面为我国立法选择提出一种可参考的解释，另一方面也为我国会见权的完善提供一定借鉴。

日本《刑事诉讼法》第 39 条第 1 项和第 3 项分别规定：“人身自由受拘禁的被告或犯罪嫌疑人，得于无其他人在场的情况下接见辩护人或得选任辩护人之委托将为辩护之人，以及收受信或物品”；“检察官、检察事务官或司法警察人员，于提起公诉前因侦查必要，得就第 1 项之接见或收受指定时日、场所及时间。但该项指定，不得对于犯罪嫌疑人防御准备之权利有不当之限制。”日本《刑事诉

① 参见林钰雄：《刑事程序与国际人权（二）》，157～158 页，台北，元照出版有限公司，2012。

讼法》第39条第1项规定赋予了被追诉人实时会见犯罪嫌疑人的权利，此为原则。复又在第3项提出了在不妨碍犯罪嫌疑人正当防御权下，为侦查之必要，可暂缓会见时间而另行指定会见时间、地点，此为例外。

但是何为“侦查之必要”，我们需要寻求相关判例，以求阐明。1999年日本最高法院的“安藤判决”[①] 为调和侦查利益与会见权提供了代表性启示。大法庭表示，“因刑罚权的发动或是为了刑罚权发动而行使之侦查权为国家之权能，宪法将其视为当然的前提，犯罪嫌疑人和辩护人间接见交流权随宪法而生之权利，亦不具有绝对优先于刑罚权或侦查权的性质。为了侦查权的行使，也产生讯问人身自由受拘束的犯罪嫌疑人的必要，宪法也没有否定此种讯问的必要，故必须加以调整的是接见交流权的行使和侦查权行使之合理界限”。说明会见权是原则优先而并非绝对的权利，可因刑罚权或侦查利益而受到限制。最高法院大法庭继续阐明，“侦查机关与辩护人提出与嫌疑人接见之声请时，原则上应赋予随时接见之机会；第39条第3项所谓的‘侦查之必要’，限于如让犯罪嫌疑人接见即会因侦查的中断而造成显著的障碍的情况，在具备上述要件而为指定接见的情况下，应解释为侦查机关必须尽可能和辩护人为协议而尽速地指定接见时日、且采取让犯罪嫌疑人可以和辩护人为防御准备的措施”[②]。以上判决的法律推演和法意权衡可以作为诠释上文在暂缓安排会见所遇到的第二个因素。

其后，2000年“内田判决”可为我国会见权的完善提供先行的参考。日本最高法院的“内田判决”除重申上述“安藤判决”要旨外，首度宣示拘捕后第一次接见的重要性，对于第一次接见所为之指定之限制要件采取更严格的解释，特别强调：“犯罪嫌疑人受逮捕和辩护人的第一次会面，对于身体受拘束

① 案件中律师A、B欲会见因恐吓未遂、羁押在警署留置室的犯罪嫌疑人，但前后9次遭到管理留置室的警察的拒绝，同时被要求经检察官批准，并提出载有准予会见时间的档。因此，律师以会见犯罪嫌疑人的权益受侵害，而依国家赔偿法对于福岛县及中央政府提出损害赔偿诉讼。参见《从大法官释字六百五十四号解释论“接见交通权”——兼评刑事诉讼法第三十四条增修草案》，载《月旦法学杂志》，2011(5)。

② 日本最大判平成11年（1999）3月24日，民集，53卷3号，第514页。

之嫌疑人而言，是选任辩护人最重要的目的之一，同时，是获得之后受侦查机关讯问最初机会，再者，快速地进行接见对犯罪嫌疑人防御上的准备来说更是特别的重要。”[①] 笔者认为，日本特别保障在押犯罪嫌疑人的第一次会见，确实可为我国会见权的完善所借鉴，在我国刑事诉讼法并未规定侦讯时辩护人在场权的现行立法下，侦讯前的会见，对于确保讯问程序合法性，防止刑讯逼供，保障犯罪嫌疑人程序与实体权利以及陈述的真实性而言，都具有重要的意义。因此，笔者建议，在第一次讯问与会见发生冲突之时，立法应将会见权优位于侦查权予以考虑。我国立法应规定如果犯罪嫌疑人在第一次讯问之时，提出会见律师的要求，侦查机关应即刻停止讯问，为其安排会见，以期在第一次讯问之前通过与辩护律师的会见而获得实质有效的法律帮助。

对于我国《刑事诉讼法》第 37 条第 2 款会见权的原则性规定，笔者总结如下：我国会见以辩护律师“三证”齐全、及时会见为原则，在考虑：(1) 看守所设备之局限，以及 (2) 物理之限定两种因素下，才允许看守所暂缓安排会见。然而犯罪嫌疑人、被告之委任辩护律师接见，乃宪法保障基本人权的重要一环，故不得禁止，仅能就接见时段调整，或接见时间有所限缩。[②] 在此考虑下，仅允许在会见时间上有所宽延，但至迟不得超过 48 小时。笔者同时建议，为保障在押被追诉人的初次会见，第一次会见应优先于第一次讯问，不得予以暂缓。

(三) 会见例外：以三类犯罪为前提的许可会见

在自由会见的原则下，因“物理之限定”而暂缓安排会见的正当性都需经过严格拷问，对于《刑事诉讼法》第 37 条第 3 款所规定的会见例外，我们更需要从立法的背后寻求正当的理由，才有启动限制的余地。那么需要探讨的是以下三个问题：三类犯罪性质具有何种独特性，可以成为侦查机关干预会见权的正当理由？侦查机关是许可会见的妥适主体吗？限制的手段又是否符合比例原则呢？

---

① 日本最大判平成 12 年 (2000) 6 月 13 日，民集，54 卷 2 号，第 1635 页。

② 参见林裕顺：《基本人权与司法改革》，18 页，台北，新学林出版股份有限公司，2010。

综合笔者所整理的文献[①]，对于侦查期间限制会见权的理由，大体可归纳为以下两点：其一是为了监所管理秩序[②]，其二是为保全刑事程序，亦即防止会见权的滥用。[③] 不过，在立法例上，也有不按照上述的想法，而是把所要调查的“可罚行为事实的特殊性”作为限制辩护人及其报告交流权的前提，譬如被告涉嫌“建立恐怖组织”（德国《刑法》第129a条），即可因此对其辩护人的交流权加以限制（德国《刑事诉讼法》第148II条）。[④] 这种理由同样为欧洲人权法院所肯定，欧洲人权法院于2001年裁判的Erdem v. Germany案件[⑤]，是关涉恐怖活动犯罪中会见权的限制，法院最后一致决定德国并未违反《欧洲人权公约》第8条[⑥]规定，在一定程度上肯定了以“可罚行为事实的特殊性”作为限制会见权的一种理由，但其胜诉的根本原因在于德国立法为会见限制所设置的担保措施符合比例原则，此问题后文将加以详述。

据此，将“可罚行为事实的特殊性”作为限制会见权的立法选择有域外判例可循，有理论可供支撑。我国立法者在2012年刑事诉讼法修改中，同样是从维

---

① 参见陈学权：《侦查期间合理限制律师会见权研究》，载《现代法学》，2011（9）；陈运财：《释字第六五四号解释与自由沟通权》，载《月旦法学杂志》，2010（5）；林钰雄：《在押被告与律师接见通信之权利—欧洲法与我国法发展之比较与评析》，载《台湾本土法学杂志》，2008（1）；吴俊毅：《辩护人与被告交流权之探讨——透过接见以及使用书信方式的情形》，载《月旦法学杂志》，2006（10）；蔡秋明：《被告之羁押期间与在押被告之律师通讯权——欧洲人权法院Erdemv. Germany案判决评介》，载《台湾本土法学杂志》，2005（6）。

② 监所为顺利达成羁押被追诉人的任务，有维持秩序、防止在押人员脱逃、自杀以及保障所有在押人员安全的任务，因此必要时应对被追诉人及辩护人的会见采取检查、防范措施。

③ 刑事程序保全，防止权利滥用是指为防止滥用会见权毁灭、伪造证据，干扰证人作证等妨害刑事诉讼程序顺利进行而为的限制。

④ 参见吴俊毅：《辩护人与被告交流权之探讨——透过接见以及使用书信方式的情形》，载《月旦法学杂志》，2006（10）。

⑤ 具体案件可参见蔡秋明：《被告之羁押期间与在押被告之律师通讯权——欧洲人权法院Erdemv. Germany案判决评介》，载《台湾本土法学杂志》，2005（6）。

⑥ Article8 - right to respect for private and family life Everyone has the right to respect for his private and family life，his hone and his correspondence. There shall be nointerference by a public authority with the exercise of this right except such as is in accordance with the law and is necessary in ademocratic society in the interests of national security，public safety or the economic well—being of the country，for the prevention of disorder or crime，for the protection of health or morals，or for the protection of the rights and freedoms of others.

护国家安全、公共安全的实际情况考虑，将危害国家安全犯罪、恐怖活动犯罪、特别重大贿赂犯罪此三类特殊犯罪，作为限制会见权的特殊案件类型。[①] 但是这里存在的一个疑问是：如果立法的着眼点是提升国家核心利益案件犯罪控制的能力，为什么将贿赂犯罪纳入限制会见权的范围之内。因此，如何解读“特别重大贿赂犯罪”是探寻立法原意的关键。

“特别重大贿赂犯罪”其界定在实体刑法中无迹可循，而是2012年刑事诉讼法创设的法律用语。《人民检察院刑事诉讼规则（试行）》对其界定如下：有下列情形之一的，属于特别重大贿赂犯罪：（1）涉嫌贿赂犯罪数额在50万元以上，犯罪情节恶劣的；（2）有重大社会影响的；（3）涉及国家重大利益的。根据高检规则的解释，因特别重大贿赂犯罪案件性质特殊、后果严重、社会影响重大及所侵害法益属于国家重大利益，就将其作为一种特殊犯罪与危害国家安全犯罪、恐怖活动犯罪相提并论，从而限制会见权的行使，那么，是否说明中级人民法院所管辖的案件[②]都可以作为特殊犯罪来限定会见权呢？这种解释难以支撑起限制会见权的正当性。因此，笔者仍需回归刑事诉讼法本身来寻求立法原意。

研究2012年刑事诉讼法我们很容易发现，新刑事诉讼法对几类特殊犯罪都作了特别的程序规定，比如第73条所规定的指定居所监视居住的适用对象与第37条限制律师会见权的三类特殊犯罪相一致；第20条规定的中级人民法院管辖的案件范围与第83条拘留后以有碍侦查为由不通知家属的案件范围均为危害国家安全犯罪与恐怖活动犯罪两类；此外，第62条证人保护的案件范围、第148条技术侦查适用的案件范围中均有危害国家安全犯罪与恐怖活动犯罪的表述。分析这几类特殊犯罪及其具体的特别规定，我们会发现下述两个特征：其一，多数“特别规定”对诉讼参与人，尤其是犯罪嫌疑人的权利有所限制，且办案机关具有相当的自由裁量权。其二，除了审判管辖外，“特别规定”均适用于侦查阶段，

---

① 参见郎胜主编：《中华人民共和国刑事诉讼法释义》，73页，北京，法律出版社，2012。

② 《刑事诉讼法》第20条规定，中级人民法院管辖下列第一审刑事案件：（1）危害国家安全、恐怖活动案件；（2）可能判处无期徒刑、死刑案件。

且多数仅适用于侦查阶段。[①] 以上两个特征向我们揭示，无论是所处阶段，还是权利的限缩或权力的扩张，其都是为了侦查的顺利进行，终究回归到了前文所述保障刑事程序、防止权力滥用这一基础的立法考虑。

而《公安机关办理刑事案件程序规定》（以下简称“《公安部规定》”）第 49 条第 4、5 款[②]将“有碍侦查”直接作为不可以许可会见的理由表明了限制会见权的目的。《公安部规定》第 49 条第 4 款和第 5 款规定，公安机关不许可会见的，应当书面通知辩护律师，并说明理由。有碍侦查或者可能泄露国家秘密的情形消失后，公安机关应当许可会见。有下列情形之一的，属于本条规定的“有碍侦查”：(1) 可能毁灭、伪造证据，干扰证人作证或者串供的；(2) 可能引起犯罪嫌疑人自残、自杀或者逃跑的；(3) 可能引起同案犯逃避、妨碍侦查的；(4) 犯罪嫌疑人的家属与犯罪有牵连的。之所以用“有碍侦查”限制会见权，其原因就在于侦查机关担心辩护律师在行使会见权之时，可能逾越会见权所要达到的目的范围界限而踏入无关领域，妨碍刑事程序顺利进行，例如说服犯罪嫌疑人毁灭、伪造证据，教唆犯罪嫌疑人自杀或逃亡等，将导致取证、侦破更加困难。

然而，这种看似合理的限制在逻辑上是有相当问题的。因为我国《刑事诉讼法》第 79 条所规定的应当予以逮捕的社会危险性情形是“（三）可能毁灭、伪造证据，干扰证人作证或者串供的”以及“（五）企图自杀或者逃跑的”，与“有碍侦查”情形第 1、2 项是同一理由。若犯罪嫌疑人已经因为某个理由被羁押以防止其所为有碍侦查的行为，那么为什么要以相同的理由进一步限缩他的会见权呢?《公安部规定》所列的情形第 3、4 项的假设前提即是推定律师极有可能滥用会见权而帮助同案犯及其与犯罪有牵连的家属为有碍侦查的行为，这种将例外视为常态，以“推定不法”为出发点的限制会见权，而放大侦查权的立法，无异于

---

① 参见张品泽：《恐怖活动犯罪“特别规定”评析》，载《国家检察官学院学报》，2013 (7)。

② 《公安部规定》第 49 条第 4 款和第 5 款规定，“公安机关不许可会见的，应当书面通知辩护律师，并说明理由。有碍侦查或者可能泄露国家秘密的情形消失后，公安机关应当许可会见”。“有下列情形之一的，属于本条规定的‘有碍侦查’：（一）可能毁灭、伪造证据，干扰证人作证或者串供的；（二）可能引起犯罪嫌疑人自残、自杀或者逃跑的；（三）可能引起同案犯逃避、妨碍侦查的；（四）犯罪嫌疑人的家属与犯罪有牵连的。”

“杀鸡取卵”，严重侵害被追诉人的辩护权，动摇司法制度的基础。其实退一步讲，即使辩护律师从事违法行为，我们也可以依据《刑事诉讼法》第 42 条规定追究其违法责任并将其排除于正在进行的刑事程序之外，并建议或为犯罪嫌疑人重新选任辩护人，而非在立法上选择限缩被追诉人的会见权。

我国刑事诉讼法及其相关司法解释对“特别重大贿赂犯罪”等特殊犯罪的“特别规定”的立法设计正可为德国学者 Jackobs 提出的“敌人刑法”① 所诠释，因为“敌人刑法”运用于刑事程序，主要有三种方式：一是将轻罪与特定的重罪进行分类，强调特定重罪的高风险性，再对重罪嫌疑人的诉讼权利进行特别的限制；二是从功利主义立场出发，优先考虑侦查、追诉机关的相关利益，对恐怖犯罪、有组织的黑社会犯罪、重大的暴力犯罪等犯罪类型以限制其律师帮助权、人身自由、隐私权等来提升侦查的效能；三是肯定“两部刑事诉讼法”的现实必要性，在同一部刑事诉讼法典中根据案件类型的不同而分别立法。② 而之所以与“敌人刑法”理念不谋而合，与我国相应的政治立场（维稳、反恐、反腐）与立法过程中的功利主义倾向（保障侦查顺利进行，维护看守所管理秩序）息息相关。

在“敌人刑法”的理念影响下的立法设计存在侵害宪法上所保障的基本权利的风险，其对基本权的限制的正当性必须经受拷问。然而为什么 Erdem 案可以在欧洲人权法院成功抗辩？其真正的原因在于德国立法为权利的限制所设置的担保措施经受住了比例原则的检验。其一，对于限制前提，德国刑事诉讼法精确地将“特殊可罚行为事实”限定为涉嫌恐怖组织的犯罪，因此并无滥用扩张到其他类型犯罪的危险；其二，在限制手段方面，对于通信与接受物采用中立法官审查原则，该法官不仅与案件无涉，且负有保密义务。德国法为限制基本权所设置的

① “敌人刑法”是相对市民刑法而言的，是指将特定的危险犯罪人作为刑事立法与司法上的“危险源”对待，敌人刑法意味着“有缺陷的安定”，即以是否具备理性与人格为准将犯罪行为人进行分类，再从立法、司法上区别对待，敌人刑法与市民刑法共同构成“一个世界的两个端点”。参见［德］雅各布斯：《市民刑法与敌人刑法》，徐育安译，载《刑事法基础与界限——洪福增教授纪念专辑》，17～18 页，台北，学林出版有限公司，2003。

② 参见陈珊珊：《“敌人刑法”思潮影响下的刑事诉讼法修改》，载《东方法学》，2012（4）。

层层关卡，形成了有效的“限制之限制”机制，使对会见权的限制得以符合比例原则。反观我国刑事诉讼法，首先，对于限制的前提，即三类特殊犯罪之一的“特别重大贿赂犯罪”界定不明。如若采取高检规则的解释，在实践中极易出现滥用的可能。因为对贿赂金额表述为“涉嫌贿赂犯罪数额在五十万元以上”，“涉嫌”二字有极强的流动性，只要声称贿赂金额为 50 万元以上，均属于涉嫌，这无疑扩大了“特别重大贿赂犯罪”的范围，很有可能加剧侦查随意性而严重侵害犯罪嫌疑人的会见权。其次，检讨我国限制的决定主体，立法中规定许可与否的主体为负担追诉义务的侦查机关，这就意味着侦查机关很难以中立的角度审核许可理由以及作出是否许可会见的决定。最后，刑事诉讼法并没有对限制会见加以明确的期间限制，很有可能导致会见权的限制沦为会见权的剥夺。

对于我国会见权行使的例外规定，无论是限制理由的正当性、限制决定的主体的妥适性以及限制手段的合比例性都有待商榷。值得庆幸的是，鉴于《刑事诉讼法》第 37 条第 3 款相关用语规定的模糊性和抽象性，为解释留下了可挽回的空间，诸如《高检规则》对期日加以了规定，第 46 条第 3 款规定，“对于特别重大贿赂犯罪案件，人民检察院在侦查终结前应当许可辩护律师会见犯罪嫌疑人”，起码保证了侦查终结前的会见权的实现，值得肯定。然而，《公安部规定》却没有对限制加以期日上的限制，只是笼统地规定有碍侦查的情形消失后，公安机关应当许可会见，这种解释为侦查机关的侦查提供了便利，却为犯罪嫌疑人的会见权的实现留下了风险。因此，笔者建议对于会见权的限制必须加以限制而非扩大化的解释，即以“限制之限制”保障会见权所受的干预能合乎比例。

三、会见交流之范围与方式

我国《刑事诉讼法》第 37 条第 4 款第 1 句规定：辩护律师会见在押的犯罪嫌疑人、被告人，可以了解案件有关情况，提供法律咨询等；自案件移送审查起诉之日起，可以向犯罪嫌疑人、被告人核实有关证据。此条文关涉的交流范围具体包括：其一，了解案件情况，主要是辩护律师从被追诉人处获取案件有关信息，如听取犯罪嫌疑人、被告人对案件的陈述和辩解，以此形成对案件性质的初判。其二，提供法律咨询，主要是辩护律师向被追诉人提供信息，帮助犯罪嫌疑人了解自己在法律上的处境，如向犯罪嫌疑人介绍与被控罪名相关的法律规定以及所享有的各项诉讼权利。此外，掌握犯罪嫌疑人、被告人所处的程序境地，询问相关权利是否受到侵害，是否有代理申诉、控告的请求。其三，核实证据，这项交流内容始于审查起诉之后，辩护律师可以对阅卷以及调查取证之后获得的有关材料向犯罪嫌疑人、被告人进行核实，以确定证据材料的可靠性。

无论是通过会见以发现侦控机关的侵权行为，并提出控告、申诉，以程序辩护对抗侦控机关的追诉行为；抑或通过了解案情、核实证据为实体辩护做准备，都是为了保障在押被追诉人与其辩护律师的交流的范围，以充分交流实现有效的辩护。然而，程序与实体辩护的实现程度仰仗于被追诉人与其辩护律师的信赖关系，因为辩护关系，是一种特殊的信赖关系，欠缺特殊信赖的担保，辩护人制度也会大打折扣。① 为使信赖关系完全发挥，以下两个需求为必备：其一，被追诉人不用害怕因他先前对辩护人所述内容而后遭受到不利益。其二，被追诉人与其辩护律师不用担心，在双方思想交流的过程中受到来自公权力的干扰。对于第一点需求主要关涉辩护律师的密匿特权，非本书讨论范围，在此不做赘述。而第二点需求则是会见权的立法基点，允许追诉人与辩护人建立一个秘密的领域，被追诉人与其辩护律师可以在秘密的领域中自由进行有关案件情况的交流，公权力对于在这个空间所进行的信息交流必须加以尊重，在空间的形态上，这个秘密的领域可能是“三度空间”上的构成，也可能是透过“媒介”，例如，纸质书信、电子书信、电话、视频通话等方式。② 我国《刑事诉讼法》第 37 条第 4 款第 2 句新增规定的立法基点与此相契合，明确“辩护律师会见犯罪嫌疑人、被告人时不被监听”。这里所指不被监听，包括有关机关不得派员在场，不得通过任何方式监

① 参见林钰雄：《刑事程序与国际人权（二）》，130 页，台北，元照出版有限公司，2012。

② 参见吴俊毅：《辩护人论》，149～152 页，台北，正典出版文化有限公司，2009。

听律师会见时的谈话内容，也不得对律师会见进行秘密录音。[①] 而实务界对于律师不被监听的规定给予了积极的回应，各看守所均对律师会见室进行了必要的改造，拆除或关闭了录音设备及监控设备的音频传输功能，确保律师与在押人员的交流不被监听和录音。[②]

这里需要明确的一个问题是：如何理解监听？不被监听的规定，是否意味着可以允许监看，即在看得见而听不到的地点派员在场？S v. Switzerland 是欧洲人权法院关于在押被告与律师会见权的代表性案例，确定了“监看而不与闻原则”[③]。这项原则是在考虑到监所管理秩序的情况下而采取一定的防护措施，以避免律师借会见机会而传递违禁物品，属于“行为监视”，而非“内容监视”，具备正当化的理由。“监看而不与闻原则”也为我国实务界的常态，自 2012 年刑事诉讼法实施以来，基本上不存在派员在场监听情况，但是律师的会见室经过改造仍保留视频监控功能而只是取消音频监控功能，同时仍存在看守所监管民警在场的情况，这种安排并非为了听取犯罪嫌疑人、被告人与辩护律师的谈话，其主要目的在于降低会见风险，防止律师借会见之机为在押人员传递违禁物品，影响监管安全。但是在实践中应注意避免近距离监看，影响在押人员与律师之间自由、秘密的交流。

明确“三度空间”的“监看而不与闻”的交流原则之后，我们有必要探讨第二种交流方式——“媒介”交流。这就涉及了第 37 条另一项重要的权利——通信权。通信权与会见权一样，旨在保护在押被追诉人与辩护律师之间自由、秘密的沟通、交流。然而我国立法仅将通信权与会见权并列规定于《刑事诉讼法》第 37 条第 1 款和第 5 款，却没有对该项权利的行使加以任何具体的规定，所以在我国，通信权是一项“有待激活的权利”。随着信息时代的到来，电子技术、网络技术普及应用，通过电子邮件、音频视频的信息交流相较于纸质书信而言更加便

① 参见郎胜主编：《中华人民共和国刑事诉讼法释义》，76 页，北京，法律出版社，2012。

② 参见陈卫东、程雷：《看守所实施新刑事诉讼法相关问题研究报告》，载《政法论丛》，2014（4）。

③ ECHR，Sv. Switzerland，1991，Series Ano. 220，48：“Interviews between the prisoner and his legal adviser maybe within sight but not within hearing，either director in direct，of a police or institution official.”

利，因此宜对“通信权”采用扩大解释的方法，扩大其内涵，将电子网络媒介的交流方式囊括其中。虽然在押犯罪嫌疑人、被告人不能像自由人一样，随时以手机或网络等通信方式与外界沟通，但是看守所却可以固定的电话、电脑设备为在押被追诉人与辩护律师的交流提供便利，并且以电话和网络视频音频沟通，更避免了律师会见或以邮寄纸质信件而夹带违禁物品的可能，因此在未来的实务中，通信权在扩大解释下，确实为可解冻的一项重要权利。如果仅就以纸质信件形式实现通信权而言，关涉另一个问题，看守所如何在不拆看信件的情况下防止信件内附加违禁物品？欧洲人权法院以 Campbell and Fell v. U. K[1] 判例，确立的“开拆而不阅览”原则，即监所人员以在被追诉人面前当场开拆信件，检查信件的方式，防止阅览信件内容，保障书信交流的自由及秘密。这种方式值得我国实务界在实践中予以借鉴。

四、侵害会见权之救济

所谓实质有效之辩护，不仅要求接受法律援助机会的增加及辩护活动内容的扩张，亦应包括当辩护权受到国家机关违法或不当侵害，例如，违反权利告知规定，不当限制被告与辩护人接见、通信等情形，应有一定的制衡及救济机制，始能有效担保此项权利的实践。[2] 这即所谓“有权利即有救济原则”。如对上文会见权不当限制进行总结，我们可以将侦查机关侵害会见权的行使方式归纳如下：其一，违法推延或剥夺会见权的行使，导致被追诉人与辩护律师及时交流受阻或未能实现交流；其二，利用限制手段（如监听会见、拆看信件）使被追诉人与其辩护律师不能自由、秘密地进行交流或获取交流信息为侦控机关所用。由此可能导致以下三种侵害后果：一是不能或不能及时会见而导致防御准备不充分；二是在会见权被剥夺情况下作出不利于己的供述；三是将取得交流内容用作证据为控诉做准备。首先，对于后两种侵害后果的救济，以非法证据排除最为适宜。然而

① ECHR，Campbell and Fell v. U. K，1984，SeriesAno. 80.

② 参见陈运财：《释字第六五四号解释与自由沟通权》，载《月旦法学杂志》，2011（5）。

我国对供述的排除范围仅限于采用刑讯逼供等非法方法所取得的供述，因而笔者建议拓宽非法证据排除规则的适用范围，将侵害辩护权所取得供述纳入排除范围。然而，非法证据排除仅仅是一种事后救济的选择，当会见权遭受侵害之时，最为重要的是权利的迅速恢复，以便律师有充足的时间做辩护准备。因此，辩护律师可以依据我国《刑事诉讼法》第 47 条规定[①]，对侦查机关阻碍会见权行使的违法行为向同级或上一级人民检察院申诉或控告，以快速地恢复会见权。然而，问题是第 47 条虽然规定，对申诉或者控告及时进行审查，但是检察院审查之后的处理却是“情况属实的，通知有关机关予以纠正”。“通知纠正”的措辞明显不具有强制力，如果有关机关不服从，受侵害的权利恢复问题仍然无法解决。因此，笔者建议可以将“通知纠正”在解释中界定为“应当纠正”，以更为有效地救济受侵害的会见权。

五、结语

当犯罪嫌疑人被剥夺自由，隔绝于外界，心理彷徨而资讯匮乏，急需律师的帮助以抚慰心灵、获取资讯并准备防御时，会见权是被追诉人获得律师帮助权的前提性权利，也是防止侦查违法及审判公正的必要性权利，其重要性自不待言。2012 刑事诉讼法有关会见权的增修是不可忽视的亮点，然而仍留有许多有待解释的问题。对《刑事诉讼法》第 37 条逐个条款依次予以规范分析，并在寻求立法考量的过程中引入日本与德国的相关判例，寻求具有可供参考的理论与解决之道，检讨反思我国立法设计，并最终解释以下四个问题：

第一，会见权享有者首先是在押的被追诉人，其次才是辩护律师。

第二，我国以及时会见为原则，但在考虑到“看守所设备之局限”与“物理之限定”这两种因素的情况下，允许不超过 48 小时的暂缓会见，并建议保障第

① 《刑事诉讼法》第 47 条规定：辩护人、诉讼代理人认为公安机关、人民检察院、人民法院及其工作人员阻碍其依法行使诉讼权利的，有权向同级或者上一级人民检察院申诉或者控告。人民检察院对申诉或者控告应当及时进行审查，情况属实的，通知有关机关予以纠正。

一次会见优先于第一次讯问。而对于会见例外所提出的三类特殊犯罪，若以国家核心利益为着眼点，虽然能够以“可罚性事实特殊性”来解释危害国家安全犯罪与恐怖活动犯罪作为会见例外的理由，却很难将“特别重大贿赂犯罪”作同一解释。笔者对刑事诉讼法所有涵盖特殊犯罪的特别规定进行总结后发现，限制会见权的理由仍可归纳为“有碍侦查”，而此项理由却因为我国立法具化“有碍侦查”情形的逻辑偏差、限制许可决定主体欠缺妥适性及限制手段失比例性而不具有正当性。据此，笔者建议以“限制之限制”方式，即以司法解释将会见例外限定在合乎比例的限度内。

第三，为保障在押犯罪嫌疑人与辩护律师可以就案件相关的信息实现充分、自由、秘密的交流，我们必须将两者之间的信赖关系发挥完全，而方式就是为交流设置不受公权力干预的秘密领域，其一就是在监所所设立的“监看而不与闻”的“三度空间”内进行会见交流；其二就是在监管人员秉持“拆开而不阅览”原则下进行通信交流，并对通信作多种“媒介”的扩大解释。

第四，通过扩大非法证据排除规则的适用范围以排除限制会见权所取得的不法供述，实现事后救济；通过明确人民检察院审核权利受侵害之后的申诉与抗告规定，以实现权利的迅速恢复。

第四节　阅卷权的保障与我国证据开示制度的建立

一、我国刑事诉讼法关于阅卷权保障的立法演进

阅卷权是辩方所享有的最为重要的权利之一，依此权利，辩方于诉讼过程中可以查阅、摘抄、复制案卷，从而在审判前获悉充分的资信，从而保障在审判阶段辩护权的有效实现。基于阅卷权对于辩方的重要性，我国1979年所颁行的刑事诉讼法就有关乎此项权利的规定，被告人有权在开庭7日以前收到人民检察院的起诉书副本，并被告知可以委托辩护人，或在必要时指定辩护人；辩护律师可

以查阅本案材料，了解案情。[①] 根据 1979 年刑事诉讼法的规定，辩护律师在法院开庭审判 7 日前才能行使阅卷权。虽然受时间所限，不能保障辩护律师对案卷进行全面的研究以形成完备的辩护，但是鉴于检察院起诉时移送法院的案卷材料囊括了侦查、起诉期间收集的全部证据材料，辩护律师基本能够掌握所有证据及案件情况。因此，在 1996 年之前，辩护律师的阅卷并没有被当做一个难题进入实务界与理论界的视野。

为构建“抗辩式”的庭审模式，1996 年刑事诉讼法的一项重要变革即将 1979 年刑事诉讼法规定的案卷材料移送范围由“全案”移送改为“证人名单”“证据目录”和“主要证据复印件、照片”的移送，而对于其他证据材料，则由控方当庭出示，接受辩方的质证。新的庭审方式贯彻控辩举证、质证、辩论原则，辅之以法院补充查证，意在融合当事人主义与职权主义两者之长[②]，其变革的主要目的是防止法官庭前预断，充分发挥庭审作用，并赋予法庭以“抗辩式”色彩。为了保障辩方有充分力量与控方展开平等对抗，1996 年刑事诉讼法提前了律师和其他辩护人参与刑事诉讼的时间，并且增加规定了辩护律师在审查起诉和审判阶段均有调查取证以及申请检察院、法院收集、调取证据的权利。然而，立法者却忽视了至关重要的一个问题：案卷移送范围的大幅度缩小，虽然在一定程度上可避免法官的先入为主，但却大大限制了辩方的阅卷权。依据 1996 年《刑事诉讼法》第 36 条规定，在审查起诉阶段，律师可以查阅的范围是本案的诉讼文书和技术性鉴定资料。在审判阶段，律师可以查阅本案所指控的犯罪事实材料。而根据第 150 条的规定，公诉机关提供的案卷材料只包括起诉书和证据目录、证人名单和主要证据复印件或者照片。在实践运行中，阅卷范围则进一步受限，控方往往只提供证据的目录，例如只有证人名单没有证人证言，主要证据只

① 参见 1979 年《刑事诉讼法》第 29 条和第 110 条。第 29 条规定，辩护律师可以查阅本案材料，了解案情，可以同在押的被告人会见和通信；其他的辩护人经过人民法院许可，也可以了解案情，同在押的被告人会见和通信。第 110 条第 2 款第 2 项规定，将人民检察院的起诉书副本至迟在开庭 7 日以前送达被告人，并且告知被告人可以委托辩护人，或者在必要时为被告人指定辩护人。

② 参见陈卫东：《控辩式庭审方式中辩护律师的诉讼权利及其制度保障》，载《程序正义之路》，第 1 卷，428 页，北京，法律出版社，2005。

提供有罪或罪重的证据，而没有无罪或罪轻的证据材料。① 开庭前，辩护律师对于诸多跟案情相关的证据材料都无法查阅，控辩双方在证据知悉上的极度失衡，导致辩方很难在庭前形成有效的辩护意见；庭审中，如控方当庭出示一些未向法院移送的证据，辩护人也无法对这些“突袭证据”进行有效的质证和辩论。律师“阅卷难”问题由此而产生，庭审自然而然地变成了控方上演的独角戏，最终导致1996刑事诉讼法所追求的“抗辩式”审判方式仅仅流于形式。

针对1996年刑事诉讼法修改而带来的上述问题，2012年刑事诉讼法恢复了庭前移送案卷制度，并规定“辩护律师自人民检察院对案件审查起诉之日起，可以查阅、摘抄、复制本案的案卷材料”，与1996年刑事诉讼法所规定的阅卷权相比，阅卷范围明显扩大，且不再作审查起诉阶段和审判阶段的阅卷区分，这样的修改使在诉讼中一度失衡的控辩力量得以矫正，辩方可以通过审查起诉阶段和审判阶段的全面阅卷而保障其证据知悉权，在庭审中进行充分的举证、质证和辩论，使其相对控方不再处于完全无保障的弱势地位。

然而，2012年刑事诉讼法关于阅卷权的完善是否为有关阅卷权的讨论画上了休止符呢？答案显然是否定的。在实际操作中，仍有许多有关阅卷权的问题尚待解决。诸如当辩护人发现有利于犯罪嫌疑人或被告人的证据未能入卷，应该如何实现其权利？被告人又是否享有阅卷权且如何实现其阅卷权呢？阅卷的范围是否包括同步讯问的录音录像和技侦收集的证据材料？同时需要注意的是，2012年刑事诉讼法确立了辩护人向追诉机关展示三类特殊证据的义务②，

① 实践中之所以大范围出现控方“隐瞒证据”的做法，源于1999年1月18日施行的《人民检察院刑事诉讼规则》第283条的规定，人民检察院针对具体案件移送起诉时，“主要证据”的范围由办案人员根据本条规定的范围和各个证据在具体案件中的实际证明作用加以确定。[主要证据是对认定犯罪构成要件的事实起主要作用，对案件定罪量刑有重要影响的证据。主要证据包括：(1) 起诉书中涉及的各种证据种类中的主要证据；(2) 多个同种类证据中被确定为“主要证据”的；(3) 作为法定量刑情节的自首、立功、累犯、中止、未遂、正当防卫的证据。] 对于主要证据为书证、证人证言笔录、被害人陈述笔录、被告人供述与辩解笔录或者勘验、检查笔录的，可以只复印其中与证明被告人构成犯罪有关的部分，鉴定书可以只复印鉴定结论部分。

② 2012年《刑事诉讼法》第40条规定：辩护人收集的有关犯罪嫌疑人不在犯罪现场、未达到刑事责任年龄、属于依法不负刑事责任的精神病人的证据，应当及时告知公安机关、人民检察院。

如果辩护人对其所掌握的三类无罪证据不交给公安机关或检察机关，又承担什么法律后果？对于此类问题都是进一步探讨阅卷权所需要解决的。英美法系和大陆法系根据其诉讼模式的不同，分别为我们提供了两类进一步完善阅卷权可供参考的制度，其一为英美法系采用的证据开示制度，其二为大陆法系国家实行的阅卷制度。在两者中，哪一条路径对我国更具有参考价值，则是我们下文需要探讨的问题。

二、证据开示制度的比较优势与我国的选择

（一）证据开示制度的比较优势

对于阅卷权的保障，由于诉讼模式的不同，英美法系国家采用的是证据开示制度，而大陆法系国家实行的是阅卷制度。尽管阅卷制度与证据开示制度在保障辩方证据知悉权方面具有异曲同工之妙，但基于完全不同的诉讼模式而选择的两种制度却具有本质的区别：

首先，二者的宗旨不同。英美法系的证据开示是在控辩双方知悉证据的同时限制法官庭前知悉证据，而大陆法系的阅卷机制是法官全面知悉证据从而准备主持庭审，辩方附带知悉证据准备辩护。

其次，证据开示制度的开示是双向的，具有控辩双方互惠交换的意味，而阅卷制度仅仅是控方单向的无对价地向辩方开示证据。在阅卷制度下，一是法官要主导庭审，必须庭前阅卷，庭上同步看卷，否则职权主义的庭审模式将无法运行；二是辩方在诉讼结构中影响力较低，享有单方知悉证据的“特权”。

通过对证据开示制度与阅卷制度的比较可以发现，证据开示制度有以下几个方面的优势：

第一，可以防止法官庭前预断。证据开示是诉讼的控辩双方为了更好地为庭审做准备而开示证据；而大陆法系国家的阅卷制度其目的在于更好地便利于法官庭前阅卷，为庭审做准备，这无法防止法官庭前预断，违背了公正审判的要求。

第二，证据披露的充分性。阅卷制度之下，证据披露是单方面的，辩方通常并不需要向控方开示证据，而证据开示制度不仅开示了控方的证据，也开示了辩

方的证据。这有利于控辩双方都能全面地审视案件的证据材料，特别是有助于控方了解辩方的证据，防止诉讼突袭或者提起没有必要的诉讼。

（二）我国构建证据开示制度的必要性

在我国的制度语境下，我们认为，证据开示制度是保障我国辩方知悉权的应然选择，理由如下：

首先，我国1996年修订的刑事诉讼法对刑事诉讼制度进行了全面的修改，明确划分控、辩、审三方职能，削弱了法官的司法调查权，扩大了控辩双方对法庭审理的主导权和控制权，开始逐步确立带有“抗辩式”色彩的审判方式。我国刑事诉讼改革方向从职权主义诉讼向当事人主义诉讼迈进。2012年“尊重和保障人权”写入新刑事诉讼法，并以一系列具体制度予以保障，愈加体现了“抗辩式”审判模式所具有的对被追诉人人权的呵护，对被追诉者主体地位的正确认识，对民主价值的体悟、世界诉讼格局与国际准则的影响，使我们没有理由不坚持向“抗辩式”庭审模式，当事人主义改革的方向，没有理由走回头路。

其次，2012年的刑事诉讼法进一步完善了辩护制度，保障律师执业权利，扩大了法律援助范围，在考虑到辩方的调查取证能力在此基础上将不断加强的情况下，增加规定了辩方对三类特殊证据向控方及时开示的义务，无不印证着我国对控辩平等的追求，无不预示着我国行进于抗辩式改革的途中。

再次，大陆法系阅卷制度运行的一个重要前提是存在一个客观公正的检察官署。我们国家于立法上规定检察人员和侦查人员必须依照法定程序收集能够证实犯罪嫌疑人、被告人无罪或者罪轻的各种证据。但我们不得不承认，实践中，中国的检察官角色与美国的检察官角色更为接近，他们更注意寻找证据以证明被告人有罪。因此，在以上制度语境下，我们选择证据开示制度无可争辩。

此外，虽然不具有决定性却极具借鉴意义的理由是，意大利、日本这两个先行走上混合式发展道路的国家一直是我国刑事诉讼改革路途中的参照体，从这两个国家由阅卷制度转向证据开示制度的立法经验，也可知在我国，选择证据开示制度更适合于保障辩方的阅卷权。

三、我国的证据开示制度的构建设想

（一）证据开示制度的主体分析

证据开示的主体是指在证据开示过程中，承担开示义务，享有证据知悉权者。据此，辩方和控方自然是证据开示的两大主体。具体而言，控方主体毫无疑问是指检察官，而辩方主体除当然包含律师之外，是否也包括其他辩护人和无辩护人的被告人？同时我们还需要回答的是，法官是否应当介入证据开示程序，如果应当介入，又以何种身份介入证据开示程序？

1. 无律师辩护的被告人是否属于证据开示的辩方主体

证据开示的操作由于涉及控辩双方的协商与对抗，而且对于辩方准备辩护意义重大，具体操作过程中也具有较强的技术色彩，因而实行证据开示制度的国家，一般都要求证据开示必须有律师参与，甚至主要的参与者就是辩护律师。然而，囿于我国刑事辩护率较低、法律援助的范围狭窄等国情因素，这一通行的参与主体的条件常常无法满足，无律师辩护的被告人如何进行证据开示是在中国建立证据开示制度时不能回避的问题之一。

在我国，无辩护律师的被告人具体可分为两种情况，一是有其他辩护人的被告人；二是自我辩护的被告人。对于第一种情况，我国《刑事诉讼法》第 38 条规定，“辩护律师自人民检察院对案件审查起诉之日起，可以查阅、摘抄、复制本案的案卷材料。其他辩护人经人民法院、人民检察院许可，也可以查阅、摘抄、复制上述材料”，可见，其他辩护人同样具有阅卷权，只不过考虑到其他辩护人缺乏统一司法行政部门的监督、指导，因而对其阅卷权的形式做了一定的限制，而这种限制只有在让其他辩护人阅卷可能造成串供或其他妨碍诉讼的情况下才有必要。而对诉讼程序的正常进行没有妨碍的，人民检察院、人民法院应当许可其他辩护人具有等同于律师的阅卷权。基于此，其他辩护人的地位基本等同于律师，这就决定了其他辩护人同样可以代表被告参加证据开示。

而对于第二种情况，自行辩护的被告人是否属于证据开示的主体，以及如何进行证据开示则是不得不认真对待的一个问题。在现实状况下，没有辩护人的被告人，在开庭前唯一能够看到的材料就是起诉书，而起诉书的制作，仅仅停留在对证据种类、名称的简略列举，对证据的具体内容鲜有提及。我们暂且勿论被告人是否具备证据意识，任何被告人面对这样的起诉书，即使有异议，也只能针对指控而提出。试想，对证据具体内容一无所知的被告人，在庭审上所作的自行辩护，只能是空口无凭的争辩，何谈对控方提出的证据进行有效的质证，何谈形成有组织的证据对抗，又如何能为法官所采纳，其后果必然是对被告人辩护权以及庭审实质化的巨大威胁。从法理角度而言，阅卷权是被告人当然之权利，是知情权和质证权的前提，获得律师的法律帮助，仅仅是被告人能获得更为有效辩护的一种保障，而不能以此作为限制被告人权利行使的条件，否则，不仅违背法的平等保护原则，更是将被告人权利与律师权利之从属本末倒置。所以，无辩护人的被告人当然也是证据开示的主体。

然而，将无律师辩护的被告人作为证据开示的主体的话，也面临着两个问题：一是被告人法律知识、证据意识的匮乏使证据开示的作用很难发挥出来；二是在开示全部证据细节情况下，如何防范翻供、串供乃至毁灭、伪造证据等妨碍司法顺利进行的各种风险。[①] 考虑到上述两方面的因素，我们的解决对策是由检察机关根据侦查卷宗制作详细的证据目录，而且对于主要证据必须在证据目录中表明证明对象与证据的关键内容。人民法院在向被告人送达起诉书副本时可以同时向被告人送达该证据目录，通过证据目录中表明的证据来源、证明对象来间接地达到证据开示的目的。同时，如果被告人提出全面阅卷，为了避免被告人毁灭、伪造证据，我们可采用技术性手段复制与案件有关的证据，例如将案卷以电子形式呈现给被告人。

2. 法官是否应当介入证据开示程序

从我国向“抗辩式”庭审改革的方向来看，为了防止庭审虚化，保持判案法官的客观中立，避免形成预断，强调判案法官不得介入证据开示制度似乎具

① 其实对于第二个问题，侦查机关不免有杞人忧天之嫌，按照我国现行刑事诉讼法的规定，辩护人只能在审查起诉阶段阅卷，所以被告人也当然在此阶段才能享有阅卷权。而此阶段，侦查活动已经结束，证据已然固定。如果证据确实、充分呈现于案卷中，被告人很难通过翻供而妨碍司法顺利进行。

有当然的合理性。然而，这并不意味着判案法官以外的法官在证据开示制度中不能发挥应有的作用。众所周知，没有保障的权利等同于没有权利，缺乏争议裁决和救济机制的证据开示制度也难以有效运行，证据知悉权的实现必然大打折扣。因此，法院作为超脱于控辩双方中立的第三方，虽然不宜作为证据开示的主体，但是其可以基于诉讼指挥权和裁决权作出一系列保障证据开示顺利进行以及实现证据知悉权的决定，如在庭前会议中，可以由非判案法官主持正式的证据开示，以及对控辩双方开示所发生的争议进行裁决；又如，在正式的庭审过程中对违反开示义务的一方采取相应的惩罚措施，而对另一方予以适当的救济。

（二）证据开示制度的范围界定

在界定证据开示范围之前，我们先需要探讨我国所建立的证据开示制度应当选择单向开示还是双向开示。我们认为，选择双向开示更符合现代证据开示制度的发展趋势及我国的立法基础和实践发展。首先，现代刑事诉讼不仅关注司法公正，而且关注司法效率，为了提高庭审质量和诉讼效率，当前一些国家都在对证据开示制度不断进行着改革，比如英国、美国改革的一个共同的趋势就是逐步规定辩方也负有向控方开示证据的义务。其次，我国《刑事诉讼法》第 40 条规定了辩方向控方开示犯罪嫌疑人不在犯罪现场、未达到刑事责任年龄、属于依法不负刑事责任的精神病人的证据。说明我国已为双向开示确立了立法基础。最后，新刑事诉讼法新增的一系列保障律师辩护权的规定，将会保障律师收集证据的能力在未来不断加强。所以，我们认为，在当下的时代背景下，为了确保司法公正和审判效率，控方和辩方都负有向对方开示相应证据的义务。

但是我们必须强调的是，双向开示仅仅表明控辩双方都有开示的义务，并不意味着双方开示义务的等同，而开示义务是否对等则是决定证据开示范围的前提问题。我们主张，控方相对于辩方应承担更多的开示义务，即我国证据开示应为双向的不对等开示。而之所以实行这种“形式上不对等”的证据开示制度，实际上是对控辩双方“实质对等”和“平等武装”的追求，其具体原因可归纳为以下三点：其一，我们暂且不论没有律师为其提供帮助的被追诉人无法与控方相对抗的必然事实，即使那些有律师代为辩护的辩方，由于其调查取证在时间上的滞后性、调查取证能力的有限性，其势必无法与拥有专门从事侦查活动的警察力量以及各种强制侦查权的控方相比拟，因而控辩双方调查取证能力的差距决定了我国应采取不对等开示。其二，我国虽然确立了犯罪嫌疑人、被告人不得强迫自证其罪的权利，但是此权利又受到"如实陈述义务"的绑架，因此控方掌握大量犯罪嫌疑人、被告人的供述作为证据显然不是问题。在辩方已然向控方提供了最关键言辞证据的前提下，要求控方承担更多开示义务为应有之义。其三，根据我国《刑事诉讼法》第 2 条，我国刑诉法的任务不仅要惩罚犯罪分子，同时也要保障无罪的人不受刑事追究，这就决定了代表国家行使控诉权的检察官不仅具有"一方当事人"的身份，同时具有"公益代表人"的身份，其不仅仅有追诉犯罪的义务，同时承担客观公正的执法任务。因此，我国刑事诉讼法的双重任务以及检察官的双重身份决定了控方相对于辩方应承担更多开示义务。

综上，根据双向不对等开示原则，应当区分辩方和控方，确定不同的证据开示范围：

1. 控方开示的范围

首先，法定开示的范围是指凡是在庭审上应用的证据，控方就应当事先开示，这也属于强制开示的范围。根据我国《刑事诉讼法》第 38 条，辩护律师自人民检察院对案件审查起诉之日起，可以查阅、摘抄、复制本案的案卷材料。因为控方庭审出示的大部分证据已然包含于案卷当中，构建我国证据开示制度可以将辩方的阅卷范围作为控方开示的范围。需要注意的是，这里阅卷和我们前文所述的大陆法系的阅卷制度中的阅卷是不同层次的概念，这里的阅卷仅仅是实现证据开示的具体形式，而以阅卷形式进行的开示是最为自由，也是范围最大的开示，这在美国证据开示制度中是最为彻底的一种开示机制，称为 Open file。从第 38 条规定可知，辩护人的阅卷范围是本案的案卷材料，即侦查机关移送人民检察院和人民检察院移送人民法院的案卷中的各种材料，包括其中的证明犯罪嫌疑人、被告人是否有罪、犯罪情节轻重的所有证据材料、诉讼文书等。[①]

其次，请求开示的范围是指不准备在法庭上应用的相关证据，依辩方申请，控方开示的范围。虽然阅卷是一种最大范围的证据开示形式，但是控方开示的证据不应局限于案卷，换言之，不应受限于庭审中出示的证据，还应该包括虽然庭审中不准备应用的证据，但经辩方指明要求开示的证据。在实践中，辩护人在会见犯罪嫌疑人、被告人，阅卷和对案件调查过程中，均有可能发现侦查机关、人民检察院收集的无罪或者罪轻的证据因为未被采信或者其他原因没有随案移送，根据《刑事诉讼法》第39条规定，辩方有权申请人民检察院、人民法院调取上述证据。对于此类证据，辩方当然可以要求控方开示。

再次，辩方证据开示的例外。当证据涉及国家秘密以及对其他案件侦查可能造成明显损害的证据，例如，技侦证据的开示可能暴露侦查秘密，可以不向辩方开示。这是检察官在国家利益与被告人的程序利益进行价值权衡过程中产生的限制。[②] 但是需要注意的是，证据是否涉及国家秘密或是否对其他案件的侦查可能造成明显的损害，最终的判断主体是法院。若控方认为证据存在不应该开示的情况，应当向法院请求豁免，由法院作出是否开示的裁定。若法院裁定不予开示，应当标明密级，单独成卷。

最后，对于控方开示的范围，还有几类特殊证据需要进一步讨论。(1) 案卷中所涉及证人证言是否全部需要向辩方开示。这也是理论界关于证据开示争论最多的一个问题，其争论的焦点在于开示证人证言及证人姓名、住址，是否辩方会对控方证人施压影响，导致证人证言的改变，同时是否会影响证人安全。一些国家明确规定证人向控方或者辩方所做的陈述不属于向对方强制开示的范围。[③] 这种规定一方面可以保证控辩双方中的一方证人不会被对方在开庭前利用某种方式

---

① 参见郎胜主编：《中华人民共和国刑事诉讼法释义》，77～78页，北京，法律出版社，2012。

② 参见宋英辉、魏晓娜：《证据开示制度的法理与构建》，载《中国刑事法杂志》，2001 (4)。

③ 如《美国联邦刑事诉讼法》第16条规定：除法律特别规定的以外，由政府证人或者预取的政府方证人向控诉方所做的陈述不属于政府放披露范围的咨讯；由政府方或者辩护方证人、或者预期的政府方或辩护方证人对被告人、被告人的律师或代理人所做的陈述不属于被告方透露的资讯。

改变作证内容，另一方面，这些国家法庭审理采取直接言辞原则。证人证言作为定案依据只能是在法庭上经过双方质证的证人证言，提交书面证言作证仅仅是具有法定理由的例外情形。然而，我国证人的出庭率极低，2012 年刑事诉讼法又恢复了全卷移送主义，法官极有可能依书面证言笔录认定案件事实。在这种情况下，如果控方不向辩方开示己方证人证言，对方就难以进行有效的防御准备。因此，我们主张控方拟不出庭的证人证言，必须向辩方开示，并且在对此类证人证言有异议的情况下，必须要求控方证人出庭陈述，接受控辩双方质证，才能作为定案依据。同时，不能忽视特殊案件的证人保护问题，对于需要采取保护措施的证人，可以在案卷中只开示其证词而不开示其真实姓名、住址和工作单位等个人信息。（2）讯问录音录像是否向辩方开示。2012 年《刑事诉讼法》增设了讯问过程中的录音录像制度①，该制度的引入不仅具有保全、固定犯罪嫌疑人供述的作用，更具有规范侦查行为，保障被追诉人权利的作用。与此同时，该制度所衍生的录音录像资料是否属于法定证据，是否应当随案全部移送②，是否属于控方向辩方开示的范围，则是我们于本篇需要思考的问题。讨论这个问题的前置性问题是需要明确同步全程录音录像是否具有独立的证据资格，如果其具备独立的证据资格，才具有讨论其是否可供开示的必要；如果仅将它认为是监督讯问的一种

---

① 2005 年最高人民检察院发布《人民检察院讯问职务犯罪嫌疑人实行全程同步录音录像的规定（试行）》，明确提出了在全国推行讯问职务犯罪嫌疑人同步录音录像的“三步走”计划。2006 年 12 月 4 日，最高人民检察院办公厅印发《人民检察院讯问职务犯罪嫌疑人实行全程同步录音录像技术工作流程（试行）》和《人民检察院讯问职务犯罪嫌疑人实行全程同步录音录像系统建设规范（试行）》，对讯问犯罪嫌疑人进行同步录音录像进行具体的流程规范，至 2007 年 10 月 1 日，全国检察机关办理职务犯罪案件，已基本实现讯问犯罪嫌疑人的全程同步录音录像。所以，2012 年的《刑事诉讼法》是在法律层面上确立了该项制度。《刑事诉讼法》第 121 条规定：侦查人员在讯问犯罪嫌疑人的时候，可以对讯问过程进行录音或者录像；对于可能判处无期徒刑、死刑的案件或者其他重大犯罪案件，应当对讯问过程进行录音或者录像。录音或者录像应当全程进行，保持完整性。

② 自 2005 年逐步推行录音录像制度以来，在实践中经常出现侦查部门不移送录音录像或只部分选择移送不利于被追诉人录音录像的问题，因此，在修法过程中，针对录音录像问题，有意见认为，新刑事诉讼法应当明确录音带或录像带应当随案移送。遗憾的是，立法机关最终回避了这一问题。在全国人大法工委起草的修正案讨论稿中曾规定，录音录像应当同时制作两份，一份随案移送，一份存档备查，统一保管。该规定经过后续讨论、部门协调后，在 2011 年 8 月份提交全国人大常委会第 22 次会议审议修正案（草案）中被删除。参见陈卫东主编：《2012 刑事诉讼法修改条文理解与适用》，229 页，北京，中国法制出版社，2012。

手段[1]，录音录像资料自然不被涵盖于开示范围之内。我们认为，录音录像制度有两个功能：其一，保全、固定犯罪嫌疑人供述和辩解的作用；其二，规范侦查行为，防止刑讯逼供，保障被追诉人权利的作用。从这两个功能出发，在录音录像制度第一功能下的录音录像资料等同于讯问笔录——同样是固定犯罪嫌疑人、被告人辩解和供述的方式，相较于讯问笔录，却更有优势——具备信息的多元性、记载内容全面性以及再现效果逼真性等优点。[2] 所以，作为保全、固定犯罪嫌疑人供述和辩解下的录音录像资料具备独立的证据资格，与犯罪嫌疑人的供述和辩解没有区别。而在录音录像制度第二功能下的录音录像资料则是记录侦查机关在讯问过程中是否有违法甚至犯罪事实的资料，等同于视听资料，同样具备独立的证据资格。因此，作为法定证据的录音录像制度当然要随案全部移送并向辩方开示。(3) 技侦证据是否属于控方开示范围。2012 年刑事诉讼法虽然并没有规定技术侦查证据是否应该附卷，但是《六部委规定》第 20 条对此问题予以规定，“采取技术侦查措施的材料作为证据使用的，批准采取技术侦查措施的法律文书应当附卷，辩护律师可以依法查阅、摘抄、复制，在审判过程中可以向法庭出示”，可见，技术侦查材料属于控方向辩方开示的范围。但是鉴于技侦证据的特殊性，当技侦证据可能危及特定人员的人身安全、涉及国家秘密或者公开后可能暴露侦查秘密或者严重损害商业秘密、个人隐私的，控方首先应采取相应保护措施和技术方法以保障不暴露相关人员身份的方式向辩方开示证据。

2. 辩方开示证据的范围

首先，辩护律师在庭审中提出的所有证据，原则上应当向控方开示。其一，有关犯罪嫌疑人、被告人无罪证据的开示，而无罪证据不仅仅局限于《刑事诉讼

① 最高人民检察院在推行之初曾经作出四个“有利于”的概括：(1) 有利于固定关键证据；(2) 有利于防止嫌疑人翻供和诬告办案干警；(3) 有利于通过再现审讯过程，从中研究寻找新的案件突破口；(4) 有利于总结经验教训，通过实战案例加强对干警的培训。从这四个“有利于”的内容可以看出，同步录音录像是一种监督讯问的手段，它本身不是证据，它是防止刑讯逼供，同时防止嫌疑人翻供或诬告干警的，但它本身不是用来证明案件真实情况的，因此它并非证据。参见郑高健：《被告人翻供案件证据认定的基本思路》，载《甘肃社会科学》，2009 (1)。

② 参见陈永生：《论侦查讯问录音录像制度的保障机制》，载《当代法学》，2009 (4)。

法》第40条所规定的犯罪嫌疑人不在犯罪现场、未达到刑事责任年龄，属于依法不负刑事责任的精神病人的证据，同时也包括其他不具备所指控的犯罪构成的证据。其二，有关法定量刑情节和酌定量刑情节的证据。

其次，辩护律师会见犯罪嫌疑人、被告人的笔录的开示问题。我们认为，会见笔录时辩护律师的工作成果是他与当事人交流的记录，其中可能包含有律师与当事人之间的秘密、特别是其中可能包含对犯罪嫌疑人、被告人不利的证据。同时，根据2012年刑事诉讼法新增规定，辩护律师会见犯罪嫌疑人、被告人时不被监听。当辩护律师与犯罪嫌疑人、被告人的会谈内容严格保密的情形下，证据开示范围包括辩护律师的会见笔录显然不合适。

最后，辩护律师是否应将本方的辩护意见及理由开示给控方问题。支持者认为，由于控方已经将载有明确的指控犯罪事实和公诉意见以及相应推理根据的起诉书提供给辩方，作为一种对等，辩方也应当将辩护意见和理由开示给控方。然而，我们对此持反对意见，证据开示的基本内容应当是证据方面的信息，而对于律师根据案件事实、证据以及法律和自己的理论知识、逻辑推理能力等形成有关工作成果，如辩护意见等，是不能包含于强制开示范围内的。当然，辩方有权利在审查起诉阶段即向检察院提交辩护意见，也有权利在开庭之前就把法庭辩护词出示给控方，但这只是权利不是义务。

（三）证据开示制度的程序构建

1. 起诉前：自由开示

证据开示的程序关乎证据开示的启动、时间、地点、主持者等问题。从保障辩方知悉权的角度而言，证据开示是一个持续的过程，在庭审前的各个阶段都可能发生，因此，为了更清晰地分析这个问题，我们有必要分阶段来讨论。在侦查阶段，对于关键性的侦查行为的进行及其产生的证据，辩方就应当有权知悉。以羁押决定作出为例，当控方作出该项决定之时必须依靠一定的证据，辩方可以通过这些起诉前的程序附带性地知悉证据，辩方也可以通过“听取辩护意见”制度向对方开示自己的证据，因此侦查阶段的开示具有附随性特点，往往附随于羁押等程序。而在审查起诉阶段，辩护律师可以到人民检察院设置的专门场所查阅、摘抄、复制本案的案卷材料，这一阶段的证据开示也并不需要拘泥于特定的形式，需要程式化的启动时间、地点、主持者等，而应该以控辩双方自行协商的非正式方式开始，即启动依辩方申请，开示时间由公诉部门及时安排确定，开示过程中并不需要特定的主持者，控方向辩方开示的形式即为阅卷，而辩方可以就目前掌握的证据向控方开示。

还需要注意的是，自由开示也分为两种不同的情况：第一种情况是有辩护人参加下的证据开示。在此情况下，允许辩护人对相关证据以阅卷的方式知悉，其后及时会见被告人，向被告人开示和核实相关证据，并与控方在约定的时间内将自己一方应当开示的证据开示给辩方。① 第二种情况是无辩护人的证据开示。如上文所述，检察院所移送的证据目录应是涵盖全部证据的详尽证据目录。法院在向被告人送达起诉书副本时，一并向被告人送达证据目录，听取被告人对起诉证据的大致意见。

2. 起诉后：正式的开示程序

尽管我们承认证据开示是一个连续性的过程，但是证据开示的正式程序则是在起诉之后，法庭审判准备程序之前。这主要是因为证据开示的本质功能有二：一是防止庭审证据突袭，保障辩方证据知悉权进而实现公平审判；二是司法管理的需要，也就是说为庭审的集中进行做准备。但这两种本质功能都蕴含着一个基本的前提，就是审判的进行，如果连案件是否需要起诉、庭审是否需要进行都没有确定，进行正式的证据开示程序的必要性值得怀疑。基于以上考虑，证据开示的正式程序在起诉之后，审判准备程序前进行。

正式的证据开示，我们认为可以设置于庭前会议当中，2012 年《刑事诉讼

---

① 2012 年 11 月 22 日颁布的《人民检察院刑事诉讼规则（试行）》第 49 条规定：辩护律师或者经过许可的其他辩护人到人民检察院查阅、摘抄、复制本案的案卷材料，由案件管理部门及时安排，由公诉部门提供案卷材料。因公诉部门工作等原因无法及时安排的，应当向辩护人说明，并安排辩护人自即日起 3 个工作日以内阅卷，公诉部门应当予以配合。查阅、摘抄、复制案卷材料，应当在人民检察院设置的专门场所进行。必要时，人民检察院可以派员在场协助。辩护人复制案卷材料可以采取复印、拍照等方式，人民检察院只收取必需的工本费用。对于承办法律援助案件的辩护律师复制必要的案卷材料的费用，人民检察院应当根据具体情况予以减收或者免收。明确规定了人民检察院负责辩护人阅卷的时间、地点、工作部门以及阅卷方式。

法》第182条第2款初步构建了具有中国特色的庭前会议制度。将证据开示制度设置于庭前会议程序当中不仅是因为庭前会议制度的公正和效率价值与证据开示制度的价值追求相一致，更重要的是，庭前会议的功能之一——资信功能与证据开示制度设置相契合。所谓资信功能，一般是指为保障控辩双方的诉讼对抗武器的平等，保障辩护方可以查阅控方的全部案卷和证据，包括对被告人有利和不利的证据的功能。[①] 我国庭前会议为公诉审查到案件开庭审理的衔接提供了一个程序平台，在这个程序平台上可以装置很多的制度机制，因此，结合第182条第2款的兜底条款“与审判相关的问题”可以将证据开示制度涵盖其中。由此，有关起诉之后正式的证据开示的启动、时间、地点、主持者、开示内容等问题都可以依据庭前会议的程序设置迎刃而解。根据刑事诉讼法规定，审判人员可以召集公诉人、当事人和辩护人、诉讼代理人启动庭前会议，开示时间即为庭前会议当天，开示地点为人民法院。关于庭前会议主持者，根据现行规定为审判人员，但是从长远来看，为了避免庭前审理法官对案件形成预断，我们认为对“审判人员”亦应作扩大解释，即由立案法官来负责主持庭前会议。[②] 关于开示的内容，由于在审查起诉阶段，通过非正式开示，辩方能够获得大部分的证据材料，所以这里控方对辩方的开示主要集中于起诉之后所搜集的新证据的开示，以及依据辩方申请开示的未在案卷中记录的证据；而对于辩方而言，主要向控方开示将在庭审中出示的证据，尤其是有关犯罪嫌疑人不在犯罪现场、未达到刑事责任年龄、属于依法不负刑事责任的精神病人的证据。值得我们注意的是，将证据开示设置于庭前会议中还有两个重要的作用：其一，更好地发挥庭前会议争点整理功能。在审判人员的主持下，通过控辩双方证据开示，整理出无异议或者重复的事实，明确控辩双方争执的焦点，从而能方便庭审主要围绕争执点进行审理。其二，促进起诉前证据开示争议的解决。起诉前的证据开示，以双方协商一致为前提，如果双方就证据开示的范围、时间等问题未能达成一致的意见，对于这些争议，法院无权在侦查阶段和审查起诉阶段进行有关解决争议的司法审查，但是在庭前会

①② 参见陈卫东、杜磊：《庭前会议制度的规范建构与制度适用——兼评〈刑事诉讼法〉第182条第22款之规定》，载《浙江社会科学》，2012（11）。

议中可以由审判人员进行裁断。

（四）证据开示制度的救济措施

推行证据开示制度后，司法机关必须面临的问题是，如果控辩某一方在法庭上提交了事先没有开示的证据，应当如何处理？这里所谈到的问题就是违反开示义务的不利后果或救济办法。刑事案件毕竟与民事案件不同，它关系到公民的人身自由乃至宝贵的生命，在证据的取舍方面必须慎之又慎。况且，控方或者辩方事先未能开示证据的原因多种多样，如果仅仅因为某个证据提交的时间的早晚而冤枉无辜或者放纵罪犯，势必会影响到司法机关对犯罪的打击和对人权的保障，也会影响到司法的权威性。例如，对于被告人事实上无辜的案件，如果因为辩护律师未能及时开示被告人无罪的证据而将被告人定罪判刑，这种结果无论如何也不能称其是公正的。所以，简单地规定凡是未经开示的证据不得在法庭上出示和使用，不一定能带来积极的效果。

考察其他实行证据开示制度的国家的制度，对未能及时开示的证据也并不是一概予以排除，而是根据不同情形而作不同的处理。比如《美国联邦刑事诉讼规则》第 16 条规定，在诉讼期间，如果法庭注意到某当事人未按照规则要求行事，则可以命令该当事人进行证据透露或者检查，也可以同意诉讼延期，或者禁止未透露证据出示，也可以根据情况签署其他适当的命令。法庭可以限定证据透露或者检查的时间、地点和方式，也可以规定适当的期限和条件。借鉴这些做法，我国在建立证据开示制度时，对违反证据开示义务的行为，可以规定下述救济和制裁措施：法庭可以命令违反义务的一方继续向对方开示证据；法庭可以批准诉讼一方基于另一方违反开示义务而提出延期审理申请；此外，对于特别情形，法庭可以禁止未经开示的证据在法庭上出示或使用。

四、证据开示制度有效运行的配套机制

1996 年刑诉法所追求的“抗辩式”庭审方式改革之所以失败，其所犯的致命错误就是只单单以“主要证据复印件移送制度”废止了“全案移送制度”，而

忽略了相应保障机制的构建，致使新建立的“主要证据复印件移送制度”不仅没能解决“老问题”——庭审虚化，反而又因制度而惹出“新麻烦”——阅卷难。为了避免这种顾此失彼的制度构建，我国证据开示制度需要一系列制度与其支撑和配合，但是受篇幅所限，我们只就其中比较重要的制度进行简要论述。我们认为，要使上文所论述、构建的证据开示制度有效运行，至少应着力完善以下两项制度：一是法律援助制度；二是证人保护制度。

（一）完善法律援助制度

在前文我们谈到实行证据开示制度的国家，一般都要求证据开示必须有律师参与，然而我国刑事辩护率低则是构建证据开示制度不可回避的问题。虽然在证据开示制度主体分析部分，我们已经为没有辩护人的被告人设想了保障其阅卷权实现及证据知悉的方法，但是我们不得不承认，面对具有较强技术色彩的证据开示制度，被告人很难有效实现其权利，法庭审判仍会流于形式。因此，提高刑事辩护率是亟待解决的问题，而法律援助制度必然是解决该问题的不二之选。2012年刑事诉讼法应扩大了法律援助的范围[①]，然而仍没有达到《公民权利和政治权利国际公约》所要求的最低标准[②]，更无法与法治发达国家相提并论。其原因除了受制于现行立法规定外，还受制于我国法律援助经费的不足以及法律援助经费的不合理分配。因此，我国需要在保障 2012 年刑诉法法律援助制度有效运行的基础上，根据实践情况进一步适当扩张法律援助范围，如将法律援助范围扩充至适用于普通程序的一审案件；不断加大法律援助的财政支持，提高刑事辩护率，使犯罪嫌疑人能在辩护律师的帮助下，有效地开示证据。

---

① 1996 年刑事诉讼法中强制辩护的对象仅限于盲、聋哑人、未成年人以及可能被判处死刑案件中的被告人。而在 2012 年刑事诉讼法中，新增加了“尚未完全丧失辨认或控制自己行为能力的精神病人”与“可能判处无期徒刑的犯罪嫌疑人、被告人”为必须接受法律援助的群体。同时增加申请法律援助的规定，“犯罪嫌疑人、被告人因经济困难或者其他原因没有委托辩护人的，本人及其近亲属可以向法律援助机构提出申请。对符合法律援助条件的，法律援助机构应当指派律师为其提供辩护”。

② 《公民权利和政治权利国际公约》第 14 条规定，在判定对他提出的任何刑事指控时，人人完全平等地有资格享受以下的最低限度的保证：出席受审并亲自替自己辩护或经由他自己所选择的法律援助进行辩护；如果他没有法律援助，要通知他享有这种权利；在司法利益有此需要的案件中，为他指定法律援助，而在他没有足够能力偿付法律援助的案件中，不要他自己付费。

（二）完善证人保护制度

在现实情况下，很有可能出现因证据开示而使控辩双方干扰证人作证的情况，因而在缺乏对证人提供有效保护的前提下，证据开示的范围必然受到极大的限制，通过证据开示程序解决控辩双方的案情沟通问题也很难收到应有的效果。[①] 因此，证人保护制度一直是各国构建证据开示制度时必须同时予以构建的配套制度。2012 年我国刑事诉讼法新增了证人保护制度[②]，确立了证人保护的范围、保护证人所采取的具体措施以及证人请求保护的申请权。新增的规定至少可以保障在开庭审理前对一方当事人申请证据开示范围中有关证人的个人信息开示予以适当限制；公权力机关可以根据特定案件或依申请对证人予以保护，等等。通过以上措施可以将证据开示制度可能产生的弊端减少到最低，而不是绝对地限制证据开示的范围，以此保障证据开示制度的有效运行。

第五节 辩护律师调查取证权的现实与实现

1996 年刑事诉讼法是我国刑事诉讼从职权主义诉讼模式向当事人主义诉讼模式转换的尝试，集中体现于“抗辩式”庭审模式的改革，而为实现庭审中控辩双方平等而有效的对抗，就必须保障双方具备平等对抗的“力量”，因此，1996 年刑事诉讼法同时赋予了律师审前会见权、阅卷权，增设了调查取证权。令人始料未及的是，权利扩张所带来的是权利实现的受阻，制约辩护制度发展的三大难

① 参见孙长永：《探索正当程序——比较刑事诉讼法专论》，429 页，北京，中国法制出版社，2005。

② 《刑事诉讼法》第 62 条规定：“对于危害国家安全犯罪、恐怖活动犯罪、黑社会性质的组织犯罪、毒品犯罪等案件，证人、鉴定人、被害人因在诉讼中作证，本人或者其近亲属的人身安全面临危险的，人民法院、人民检察院和公安机关应当采取以下一项或者多项保护措施：（一）不公开真实姓名、住址和工作单位等个人信息；（二）采取不暴露外貌、真实声音等出庭作证措施；（三）禁止特定的人员接触证人、鉴定人、被害人及其近亲属；（四）对人身和住宅采取专门性保护措施；（五）其他必要的保护措施。证人、鉴定人、被害人认为因在诉讼中作证，本人或者其近亲属的人身安全面临危险的，可以向人民法院、人民检察院、公安机关请求予以保护。人民法院、人民检察院、公安机关依法采取保护措施，有关单位和个人应当配合。”

题——“会见难”“阅卷难”“调查取证难”，都是相应权利扩张后的意外结果。2012 年刑事诉讼法再次修订为解决辩护权的各项难题带来了曙光，“会见难”“阅卷难”问题在立法层面上都得以有效解决，然而有关律师调查取证权的实质内容却是原封未动地保留了 1996 年刑事诉讼法的规定。[①] 因此，相对于“会见难”和“阅卷难”而言，“调查取证难”才是真正制约中国刑事辩护制度发展的瓶颈，因为司法实际上是运用证据的舞台，多数案件首先不是“法律纠纷”，而是“事实纠纷”[②]，如若此瓶颈无法突破，辩护律师仅凭阅卷和会见发现有利于犯罪嫌疑人、被告人的证据或追诉机关所掌握证据中的矛盾点和不合理之处，却无调查取证权去核实这些证据或者获悉新的证据材料，那么律师在庭审中仅凭其三寸不烂之舌，也终是“巧妇难为无米之炊”，面对控方的指控也只能是螳臂当车而已。鉴于此，下文试图对中国调查取证权的现实进行反思，发现其症结的肇因，由此为中国调查取证权的实现寻找新的进路。

一、辩护律师调查取证权的现状及其反思

（一）侦查阶段调查取证权的模糊立法

2012 年《刑事诉讼法》第 33 条明确了侦查阶段律师“辩护人”的身份，但是关于侦查阶段律师身份的争论不仅仅是“形式”或“名分”上的，其本质是侦查阶段律师应当享有哪些权利之争。[③] 在此层面上而言，接踵而来的另一个争议焦点即是具有“辩护人”身份的律师在侦查阶段是否可以行使调查取证权。

结合 2012 年《刑事诉讼法》第 33 条第 1 款规定，“犯罪嫌疑人自被侦查机

① 虽然 2012 年《刑事诉讼法》以第 33 条赋予了侦查阶段律师以“辩护人”地位，以 42 条规定，在一定程度上降低了律师职业（执业）风险，但是从第 41 条有关调查取证权的规定来看，调查取证在实质意义上却没有改变。

② 刘品新：《我国辩护律师调查取证的问题分析——兼论我国应构建平衡的调查取证制度》，载陈卫东主编：《“3R”视角下的律师法制建设——中美“律师辩护职能与司法公正”研讨会论文集》，424 页，北京，中国检察出版社，2004。

③ 参见汪海燕、胡广平：《辩护律师侦查阶段有无调查取证权辨析——以法律解释学为视角》，载《法学杂志》，2013（11）。

关第一次讯问或采取强制措施之日起，有权委托辩护人；在侦查期间，只能委托律师作为辩护人”和第 41 条的规定，“辩护律师经证人或者其他有关单位和个人同意，可以向它们收集与本案有关的材料，辩护律师经人民检察院或者人民法院许可，并且经被害人或者其近亲属、被害人提供的证人同意，可以向他们收集与本案有关的材料”。我们可以根据文义解释当然推定辩护律师在侦查阶段具有调查取证权。但问题是，2012 年《刑事诉讼法》第 36 条所规定的辩护律师在侦查阶段有权行使的各项权利却没有明确提及调查取证权，第 36 条究竟是对辩护律师在侦查阶段所有权利的完全列举还是不完全的列举？对这一矛盾的解读，使辩护律师是否在侦查阶段享有调查取证权这个问题得到进一步探讨。

当文义解释出现矛盾之时，我们可以透过体系解释之方法，明确其立法原意。当我们将律师在侦查阶段是否具有调查取证权纳入整个刑事诉讼法体系内去考虑，就会发现，如果否定其调查取证权，则将使一些与调查取证密切相关的新增规定形同虚设，例如新增于辩护制度章节的第 40 条确立了辩护律师向被追诉方开示三类特殊证据的义务，即“辩护人收集的有关犯罪嫌疑人不在犯罪现场、未达到刑事责任年龄、属于依法不负刑事责任的精神病人的证据，应当及时告知公安机关、人民检察院”，从本条的辩护人收集证据对象为“有关犯罪嫌疑人三类特殊证据”以及告知对象“公安机关、人民检察院”的表述来看，本条适用于辩护人在侦查阶段和审查起诉阶段，同时，如果律师在侦查阶段没有调查取证权，又如何能获悉这三类特殊的证据，又何谈告知追诉机关？再如，我国新刑事诉讼法所增加规定“听取辩护律师意见”制度，特别需要关注的是第 159 条案件审查终结前听取律师意见的规定，这些意见除了包括侦查程序方面的意见，当然也不排除实体方面的意见，例如犯罪嫌疑人是否有罪以及罪行轻重的意见等。而这些意见的提出不可能无可依据，必然需要证据的支持，才可为侦查机关所接受，如果没有侦查阶段的调查取证权，提出辩护意见的制度如何实现？更具有说服力的是 2012 年《刑事诉讼法》新增的第 86 条第 2 款的规定：“人民检察院审查批准逮捕，可以询问证人等诉讼参与人，听取辩护律师的意见；辩护律师提出要求的，应当听取辩护律师的意见。”而结合《刑事诉讼法》第 79 条有关逮捕条件的规定，逮捕必须同时具备三个条件：一证据条件；二罪行条件；三社会危险性条件。公安机关提请检察院逮捕或者人民检察院、人民法院决定逮捕的都必须符合以上三个条件，才能逮捕。同理可推，辩护律师提出不应该予以逮捕的辩护意见，当然需要证据材料的支撑，否则必然不被采纳。综上所述，综观刑事诉讼法体系，我们可知，如果不赋予律师在侦查阶段调查取证权，上述各项制度将最终沦为虚设法条，而这必然是与立法原意相悖的。因此，2012 年《刑事诉讼法》第 36 条有关辩护律师在侦查期间所从事活动的列举并非完全列举，换言之，《刑事诉讼法》第 36 条与第 41 条之间是并列关系，而非包容关系[①]，应当将第 41 条所规定的调查取证权当然解释为侦查阶段律师所享有的一项权利。一言以蔽之，在立法层面上，律师已经走出被 1996 年刑事诉讼法所置于的尴尬境地，而在侦查阶段具有了名正言顺的调查取证权。

（二）调查取证权的实践难题

在为侦查阶段律师调查取证权正名之后，我们发现这一调查取证权根据法律现行规定却很难实现，原因很简单，2012 年《刑事诉讼法》第 41 条有关辩护律师调查取证收集证据的规定是对 1996 年《刑事诉讼法》第 37 条原封不动的沿用，即“辩护律师经证人或者其他有关单位和个人同意，可以向他们收集与本案有关的材料，也可以申请人民检察院、人民法院收集、调取证据，或者申请人民法院通知证人出庭作证。辩护律师经人民检察院或者人民法院许可，并且经被害人或者其近亲属、被害人提供的证人同意，可以向他们收集与本案有关的证据”。因而过去所存在的难题势必也将成为今日的问题，而调查取证之所以难，可归因为以下两方面：

1. 障碍重重的调查取证

律师有权自行调查取证和申请调查取证，然而法律却为这两种权利设置了多重障碍。就自行调查取证而言，刑事诉讼法明确规定辩护律师自行取证以征得证人或其他有关单位和个人的同意为前提。而实践中，立法层面的限制即刻具化为

① 参见万毅：《“曲意释法”现象批判——以刑事辩护制度为中心的分析》，载《政法论坛》，2013 (3)。

现实中的障碍，由于传统诉讼文化观念影响及证人保障制度不完善，我国一般民众都不愿涉入诉讼当中，尤其为与国家公权力机关对立的犯罪嫌疑人、被告人一方作证更是顾虑良多；根据一些实证调研的结果，辩护律师向一些公安机关、工商行政部门、房地产管理部门等国家机构进行的调查取证活动，几乎普遍遭到拒绝；辩护律师向银行、电信、邮局、医院、物业等非政府职能部门申请调查取证的，也经常遇到困难[①]，律师对此无可奈何。向普通证人取证尚且如此，向被害人及其提供的证人取证则是难上加难。根据刑事诉讼法规定，对被害人或者其近亲属、被害人提供的证人收集证据的第一前提是需要经过人民检察院或者人民法院许可，然而现行法律及司法解释对人民检察院、人民法院在什么情况下许可或在什么情况下不予许可并没有规定，可见，权限完全由人民检察院和人民法院主观把握，这种限制本身就体现了控辩双方极端的不平等。

当自行调查陷入绝境之时，律师转而可以申请人民检察院、人民法院调查。《刑事诉讼法》第41条第1款规定，律师“也可以申请人民检察院、人民法院收集、调取证据，或者申请人民法院通知证人出庭作证”，此项规定可以理解为对自行调查的一种补充。然而该规定也仅仅是停留在立法层面上一厢情愿的制度设计。在实践中，辩护律师向对立面的检察机关申请调查取证，遭到拒绝是可想而知的，而向法院申请调查取证也很难实现，因为法院若同意辩护律师的申请，法律程序即应亲自实施调查取证活动，在中国审判人力不足、财力不足的现状下，法院同样很难支持辩护律师的要求。

2. 防不胜防的调查风险

如果说《刑事诉讼法》第41条为调查取证所设置的重重阻碍，使辩护律师怠于取证的话，那么《刑事诉讼法》第42条规定及《刑法》第306条所规定的律师伪证罪，则使辩护律师畏于取证，因为在取证道路上不仅有难以克服的种种障碍，更有防不胜防的陷阱隐于其中。

不可否认，2012年《刑事诉讼法》第42条规定相比1996年刑事诉讼法确实

---

① 参见陈瑞华：《辩护律师调查取证的三种模式》，载《法商研究》，2014（1）。

能够在一定程度上降低辩护律师的职业风险。例如将原主语“辩护律师和其他辩护人”代之以“辩护人或者其他任何人”等。而更具有实际意义的则是下述两方面的修改：其一，不再将威胁、引诱证人改变证人证言作为追究对象。其二，侦查涉案辩护人的异地管辖制度和及时通知律协或者律所的规定。上述修改力图通过引入回避原则遏制侦查办案机关对辩护律师的职业（执业）报复；通过及时通知律所或律协，能够使涉案辩护人及时获得帮助，也在一定程度上降低了公权力进行职业报复的可能性。

但是，降低风险并不意味着风险的消除，以上修改只不过缩小了陷阱的口径，提供了救济的可能而已，只要《刑法》第306条不废止，就难以消除客观存在的律师职业风险。在司法实践中，尽管以“妨害作证”行为追诉的大部分律师并没有被定罪，但是侦控机关利用此追诉行为使律师被剥夺人身自由而无法正常执业实际上达到了侦控机关以此罪名报复律师的目的。面对风险难防的调查取证活动，律师又岂能不畏惧。而以上种种立法限制和司法实践中的障碍和风险，使律师调查取证权陷于尴尬的境地。

二、律师调查取证难的成因分析

（一）权力与权利的不对等性

审前程序作为公诉案件审判程序的基础性阶段，也是国家权力与个人权利对抗与冲突尖锐的地方，因而其权力与权利的配置直接关乎后续审判公正之基础，关乎一国刑事诉讼法保障人权与惩罚犯罪目的之实现。在审前阶段，与律师调查取证权相对应的正是我国侦查人员的侦查权。实质上，侦查人员的侦查权与辩护律师的调查取证权具有同向性，都致力于获取证据进而发现真相，然而两者又具有不可避免的偏颇性与对抗性，因为一方代行国家之追诉权，虽秉持保障人权之目的却仍以惩罚犯罪为己任，而另一方却以维护被追诉方合法权利，免于不当追诉为职责。因此审前阶段的侦查权与调查取证权利就是在彼此的对抗中共同前行，如果彼此的对抗达致一种平衡，则可以最有效地达致目标。正如英国法官戴维林男爵曾经指出的：“获得真相的最好办法是，让各方寻找能够证实真相的各种事实，然后双方展示它们所获得的所有材料……两个带有偏见的寻找者从田地的两端开始寻找，他们漏掉的东西比一个无私的寻找者从地中间开始寻找所要漏掉的东西少得多。”① 但事实上，两者之间由于主体权限性质的不同，却具有了截然不同的区分，在中国审前阶段，两者的差距尤为明显：

首先是侦查权的强制性与调查取证权利的非强制性。侦查人员的侦查权，体现为国家意志，代行国家之权力，以国家机关为依托，以强制手段为后盾，因此权力型调查取证必然具有强制性。具体体现为调查手段的强制性，我国刑事诉讼法为保障公安机关和人民检察院及时、有效办理刑事案件，赋予了侦查人员各种调查手段，如讯问犯罪嫌疑人、询问证人和被害人、勘验、检查、实验、搜查、鉴定、技术侦查等，而更为重要的是，以上侦查手段都可以采用强制性措施予以保障。与此相反，辩护律师的调查取证权，是典型的权利型调查取证，体现的是个人的意志，是犯罪嫌疑人、被告人诉讼权利的延伸，只依靠私人的力量，手段有限且不具有强制性，基本上仅限于询问证人、被害人或者其亲属，当被调查对象不予配合，也没有强制措施予以保障，唯一可供凭借的救济是可以申请也可以申请人民检察院、人民法院收集、调取证据，而此救济在上文所述现实制约下也很难实现。以询问证人为例，根据刑诉法规定，“人民法院、人民检察院和公安机关有权向有关单位和个人收集、调取证据。有关单位和个人应当如实提供证据”，而“辩护律师经证人或者其他有关单位和个人同意，可以向他们收集与本案有关的材料”；“侦查人员询问证人，可以在现场进行，也可以到证人所在单位、住所或者证人提出的地点进行，在必要的时候，可以通知证人到人民检察院或者公安机关提供证言”，相对于侦查人员询问证人地点的多种选择，辩护律师仅仅能在证人同意的地点进行走访询问。由此可见，强制性的调查取证权力与非强制性的调查取证权利的巨大差异。

其次是侦查权的主动性与调查取证权利的被动性。侦查权的主动性是指虽然侦查行为的发动是对犯罪行为的响应，但它并不取决于公民包括受害者的意愿

① 转引自［英］麦克·麦考韦利：《对抗制的价值和审前刑事诉讼程序》，载英国文化委员会编：《英国法律周专辑——中英法律介绍》，120 页，北京，法律出版社，1999。

(涉及轻微犯罪的自诉案件除外)，而是由依法享有侦查权的国家机关依职权积极动作。[①] 同时，由于公诉案件中被告人有罪的举证责任由控方承担，自然就决定了其收集、调取证据的积极性，否则将承担败诉的风险。然而，律师调查取证权利启动的前提是犯罪嫌疑人的委托或者法律援助机构的指派，因为只有在律师成为辩护人取得辩护权之后才能拥有法律上规定的调查取证权，并且其在收集证据过程中必须以证人、被害人的意愿为前提，因而相对于积极主动的调查取证权力，律师的调查取证权具有被动性。

再次是侦查权的优先性与调查取证权利的滞后性。侦查权于取证行为的优先性取决于诉讼活动运行的客观规律，即除自诉案件之外，刑事诉讼活动始发于侦查机关。具体而言，一旦侦查机关发现或者接到报案、举报、控告犯罪事实或犯罪嫌疑人，应当迅速审查，对于需要追究刑事责任的犯罪事实，立案侦查。相较而言，律师最早可以介入诉讼的时间是在侦查机关第一次讯问或采取强制措施之日起，其调查取证必然远远落后于侦查取证。同时，对于侦查权而言，时间的不可逆反决定了及时行动的关键性作用，以效率为取向是侦查工作的必然。[②] 法国著名侦查学家爱德蒙·费加尔曾说："侦查工作的头几个小时，其重要性是不可估量的，因为失掉了时间，就等于蒸发了真理。"[③] 侦查权的优先性不仅决定于诉讼活动运行的客观规律，同时出于证明责任和侦查利益的必然需求。一方面，侦查机关取证义务根源于其无可推卸的证明责任，侦查机关必须及时寻找、发现并固定证据以证明犯罪事实。另一方面，为确保侦查活动的有效进行，防止不当干预而造成的证据损毁或灭失，侦查机关必须对其自身以外主体的介入进行一定的限制，而在时间上的限制决定了侦查权的优先性而律师调查取证权的滞后性。

最后是侦查权的全面性与调查取证权利的片面性。我国《刑事诉讼法》第113条规定，"公安机关对已经立案的刑事案件，应当进行侦查，收集、调取犯罪嫌疑人有罪或者无罪、罪轻或者罪重的证据材料"。依此规定，我国侦查人员

---

① 参见龙宗智：《侦查程序中的人权保障》，载《中外法学》，2001 (4)。

② 参见谢佑平：《从治权到维权：我国刑事诉讼构造之重构》，载《江海学刊》，2007 (3)。

③ ［苏］拉·别尔金：《刑事侦查学随笔》，李瑞勤译，69页，北京，群众出版社，1986。

具有客观义务，公正全面调查取证，既要收集能够证明犯罪嫌疑人有罪的证据，也要收集和调取证明犯罪嫌疑人无罪或者罪轻的各种证据。而辩护律师调查取证相对具有片面性，《刑事诉讼法》第35条规定，“辩护人的责任是根据事实和法律，提出犯罪嫌疑人、被告人无罪、罪轻或者减轻、免除其刑事责任的材料和意见”。因此，辩护律师所收集、调取的证据只要有利于犯罪嫌疑人即可。

通观权力与权利两者相较，其强弱之势立显，审前阶段的证据调查着重依赖于侦查权而轻视辩护律师的调查取证权是自然而然的选择，而在发现真相的行进之路上，无法与调查取证权力形成对抗的调查取证权利的生存空间愈加狭窄，力量愈发薄弱，而失衡的对抗结果，很有可能使侦查机关的侦查权成长成为脱缰之野马，侵蚀的是被追诉人的权利，更为严重的后果，则可能是与真相和公正的偏离甚至背道而驰。

（二）诉讼构造的错位

如果说调查取证权相对于侦查权的弱势因权利和权力属性的天然差异而不可避免，那么我国审前诉讼构造的错位却人为地加剧了这种失衡，使辩护律师的调查取证权愈加难以寻找到实现和发挥作用的空间。这里我们先明确几个前提性的概念，即刑事诉讼构造及其下属概念“横向构造”和“纵向构造”。刑事诉讼构造为刑事诉讼理论的基本范畴之一，刑事诉讼构造的理论起源于西方[①]，而我国则是在日本刑事诉讼构造理论的基础上，构建了相关的刑诉构造理论。[②] 刑事诉讼构造又可区分为“横向构造”和“纵向构造”[③]，前者是指控诉、辩护和裁判

---

① 欧洲学者埃斯曼19世纪八九十年代就将刑事诉讼制度区分为三种基本类型，20世纪50年代，美国的卡尔·陆威林就突出了内部者结构模式与外部者结构模式。1964年，美国刑法学家赫伯特·帕卡提出了“刑事程序两个模式”理论，1974年美国法社会学家戈德斯坦提出了控诉和纠问两个传统模式理论。参见黄豹：《刑事诉讼构造的研究起源及概念辨析》，载《中南民族大学学报（人文社会科学版）》，2006（6）。

② 我国最早研究刑事诉讼构造的专著为李心鉴的《刑事诉讼构造论》，该学者以日本学者的研究为基础，对刑事诉讼构造进行概括和归纳。其后出现了更多从不同方位、角度对诉讼构造进行的研究，包括徐友军的《比较刑事程序结构》、左卫民的《价值与结构——刑事程序的双重分析》、马贵翔的《刑事诉讼的理想结构与现实结构》和《刑事诉讼构造的效率分析》、梁玉霞的博士论文《论刑事诉讼方式的正当性》及汪海燕的博士论文《刑事诉讼模式的演进》，等等。

③ 陈瑞华：《刑事诉讼前沿问题》，326页，北京，中国人民大学出版社，2005。

三方在各主要诉讼阶段中的法律关系，可以说在刑事诉讼的任何一个阶段，都存在三者的关系，构成相应的格局，所以“横向构造”所强调的是控、辩、裁三方的相互制约。后者则是指三方在整个刑事诉讼流程中的法律关系和地位，审前程序与审判程序之间的关系理应被纳入“纵向构造”的视野，所以“纵向构造”强调的则是程序之间的相互制约，尤其是审判程序对审前程序的制约作用。从诉讼构造的角度而言，调查取证权难以实现根源于“横向构造”与“纵向构造”的双重错位。

1.“横向构造”的对接错位

在1996年刑事诉讼法修改之前，中国刑事诉讼立法与司法都基本秉持着一种单一的犯罪控制工具主义法律观，其具体表现为超职权主义统领着审前程序和审判程序，因此无论是审前抑或审判阶段的“横向构造”中，被追诉者未获得主体地位，辩方被视为站在国家权力对立面的“异己力量”，而控诉方却具备强大的追诉力量，裁判方拥有积极的调查权，两方共同完成实施国家刑法、惩罚犯罪、维护社会稳定的任务，因此，1996年之前并没有形成控、辩、裁三方相互作用的诉讼构造。

1996年刑事诉讼法对1979年刑事诉讼作了较大规模的修改，修改后的刑事诉讼法对“横向构造”中审判阶段的改革尤为引人注目，在庭审中借鉴了当事人主义诉讼制度的合理因素。新的庭审方式贯彻控辩举证、质证、辩论原则，辅之以法院补充查证，意在融合当事人主义与职权主义两者之长①，其变革的主要目的是为防止法官庭前预断，充分发挥庭审作用，并赋予法庭以“抗辩式”色彩，基本形成了审判中立，控辩双方平等的“三角”诉讼构造。然而，此项“诉讼构造”的变革并没有延伸至审前阶段，审前阶段仍然保持着缺乏中立裁判者的双方对抗的“线性”格局。由于中立的裁判者的缺位，当辩方权利的实现受阻需要寻求救济之时，却只能向公安机关、检察机关寻求帮助，那么不可避免就会出现一

① 参见陈卫东：《控辩式庭审方式中辩护律师的诉讼权利及其制度保障》，载《程序正义之路》，第1卷，418页，北京，法律出版社，2005。

种局面：当原告充当法官[①]，辩护权的实现必将有大打折扣的风险。因此我国审前程序与审判程序成了“双方”结构与“三角”结构的对接，实践证明此种对接并不成功，突出的表现是，1996 年刑事诉讼法所赋予律师的三种“权利”最终演化成三种“难题”，当审前阶段无法形成有效对抗的情况下，当取证变得难为之时，庭审过程中的举证、质证则只能沦为“空中楼阁，水中明月”，可形见而不可实达，最终导致 1996 年庭审改革仅仅流于形式。

可惜的是，2012 年刑事诉讼法虽然通过完善会见权、扩大阅卷范围基本解决了“会见难”和“阅卷难”的难题，一定程度地强化了辩方在审前阶段的对抗性，然而无论是通过会见还是阅卷所获悉的证据，也只能是在控方已收集的证据基础上的一种“以子之矛、攻子之盾”的消极辩护，远远不可能与享有充分调查取证权所主动获悉的证据，所进行的积极辩护相提并论，而更至关重要的是，在审前阶段“线性”构造的控辩双方拉力战中，由于没有公正的裁判方的立足之地，辩方的调查取证权很难得到救济。因此，只要不改变审前阶段的“线性”诉讼构造，审判阶段的“三角”构造也很难稳定而牢固地建立。

2. “纵向构造”的中心错位

规范我国公、检、法三机关之间相互关系的一项基本原则“分工负责、互相配合、互相制约”自 1979 年由刑事诉讼法确立以来，经 1982 年修宪上升为宪法条款，此后历经刑事诉讼法两次修改都未有任何变动。此项基本原则同时也确立了我国刑事诉讼的“分工、配合、制约”的刑事诉讼“纵向构造”。相对于“横向构造”的变革而言，我国学界对这一“纵向构造”诟病更多，有学者将其称为“流水作业”式的诉讼构造[②]，还有学者很形象地把这种构造比喻成做饭、端饭、

① “如果原告本身就是法官，那只有上帝才能充当辩护人”。［德］拉德布鲁赫：《法学导论》，米建、朱林译，121 页，北京，中国大百科全书出版社，1997。

② 中国的刑事诉讼在纵向上可以说具有一种“流水作业”式的构造。公安、检察和裁判机构在这三种环节上分别进行流水作业式的操作，它们可以被看作刑事诉讼这一流水线的三个主要的“操作员”，通过前后接力、互相配合和互相补充的活动，共同致力于实现刑事诉讼的任务。参见陈瑞华：《刑事诉讼前沿问题》，333 页，北京，中国人民大学出版社，2005。

吃饭的关系。[①] 之所以对“纵向构造”作这样的比喻，皆源于本来“分工、配合、制约”的诉讼构造演化为“共同配合”的流水作业，完全违背了“纵向构造”的应有内涵——审判程序对审前程序的制约作用，反而将构造的中心前移到“侦查”阶段，导致我们国家“以侦查为中心”的诉讼格局，同时，这样的诉讼构造，也阻隔了侦查与法院的连接，难以形成司法对侦查的有效控制。其结果即是审前阶段缺少中立的司法裁判机构，侦查机关的侦查权进一步扩大，而辩护律师的调查取证权利进一步弱化；审判阶段的司法裁判职能因而更加依赖于侦查机关凭借强大侦查权所获取的各种证据，而辩护律师的调查取证作用早已消弭于无形。

三、实现律师调查取证权的进路

国家权力与个人权利的悬殊对比，使律师调查取证权利的实现面临危险，而在相应诉讼构造未能妥善协调权力与权利的差异和弥补立法之不足的情况下，必然使危险成为现实。以肇因为伊始，探寻实现调查取证权的路径，我们可知，调查取证权利难以实现的肇因之一是权力与权利之间的不对等性，解决办法在于强化权利和制约权力；肇因之二是诉讼构造错位之失，对此症之药方在于重构审前之“横向构造”并纠错于“纵向构造”。

（一）律师调查取证权的强化

1. 强化律师调查取证权

2012年刑事诉讼法的实施现状向我们表明，“调查难”问题仅靠立法赋予律师调查取证权是不足以解决的，权利型调查取证的天然弱势，使其实现只能依靠被调查取证人的配合，而缺乏救济和保障的调查取证申请权也只能寄希望于人民检察院和人民法院的自律。因此我们解决问题的关键在于提供可供权利实现的保障和救济以及对公权力的制约与制衡，否则再多新设的权利也只会沦落成为“徒

① 参见陈卫东：《程序正义之路》，第1卷，508页，北京，法律出版社，2005。

有其名、其实难副”的权利符号。

许多学者将自行调查取证难实现归咎于刑事诉讼法所规定的被调查人的同意机制[①]，而希望矫正的方向参照现行《律师法》第35条第2款的规定，“律师自行调查取证的，凭律师执业证书和律师事务所证明，可以向有关单位或者个人调查与承办法律事务有关的情况”，据此规定，律师向证人、被害人等有关单位和个人进行调查取证时，已经不需要事先取得本人同意，也不需要事先向人民检察院或者人民法院提出书面申请并取得同意。[②] 但这并不能从根本上解决问题。前文已述，律师的调查取证权利，由于其权利属性而不具强制力，其本身不可能以强制力实现自我救济。更为重要的是，我们是否能以同为权利属性的律师的调查取证权来剥夺或限制证人或被害人的拒证权呢？从各国的刑事诉讼法来看，证人有向法官作证的义务，而并没有向律师作证的义务，即使警察一般也不能强迫知情人提供案件的情况。普通的民众虽有“道德义务”，却没有这样做的“法律义务”[③]。所以，我们认为删除“经有关单位或个人同意”仅仅是立法技术上的一种变通，防止的是以明示的条款暗示被调查取证人以此条款为由拒绝向律师提供有关证据。但事实上却并没有改变律师自行调查取证需要被调查取证人同意的前提。既然不能改变权利的天然属性，我们莫不如将目光调转于申请调查取证权的实现，探寻如何使律师调查取证的申请对司法机关有一定的约束力，在司法机关不作为情况下，律师可以选择何种救济途径，以及是否可以引进其他制度保障律师申请调查取证权更为有效率地实现等问题。对此，我们认为可以从以下几个方面着手：

首先，将律师的调查取证申请统归于人民法院。我国刑事诉讼法规定律师可以向人民检察院申请调查取证并不符合诉讼规律，因为实践中，由于诉讼利益的

---

① 参见管宇：《刑事审前程序律师辩护》，246页，北京，法律出版社，2008；汪海燕、胡广平：《辩护律师侦查阶段有无调查取证权辨析——以法律解释学为视角》，载《法学杂志》，2013（11）。

② 参见管宇：《刑事审前程序律师辩护》，246页，北京，法律出版社，2008。

③ ［英］麦高伟：《英国刑事诉讼导言》，载《英国刑事诉讼法（选编）》，中国政法大学刑事法律研究中心编译，15页，北京，中国政法大学出版社，2001。

冲突，检察机关作为追诉的一方，不应该享有此权力，否则有违“控辩平衡”原则。[①] 当调查取证统归于人民法院决定之时，也表明中立的第三方可以介入审前阶段，平衡控辩之间的失衡，同样可以使审前阶段的“双向”构造得以纠正。

其次，对人民法院作出是否同意调查取证的自由裁量权予以制约。我国刑事诉讼法及相关司法解释并没有具体规定申请调查取证应满足怎样的条件，法院应当同意并实施派员亲自调查取证，也没有对拒绝调查取证申请的情形予以规定，更没有规定律师遭遇拒绝之后可凭借的救济途径。[②] 德国《刑事诉讼法》第244条明确了法院拒绝查证申请的具体情形：只有因为事实明显，无收集证据的必要；要求查明的事实对于裁判没有意义或者已经查明；证据毫不适当或者不可收集；提出申请是为了拖延诉讼；对于应当证明的、对被告人有利的重大主张，可将主张的事实作为真实事实来处理的时候，才允许拒绝查证申请。德国的做法值得我国借鉴，我国也应对拒绝律师调查取证申请的情形给予明确的规定，制约人民法院裁量权。同时，为保障律师的调查取证权及时实现，不仅需要对人民法院决定是否同意的时间进行限制[③]，同时需要对人民法院亲自派员调查取证的期间进行明确规范，以避免实践中，虽然同意调查取证，但采用拖延等手段妨碍律师调查取证权的实现。此外，无论是不同意以及复议之后不同意的决定都应当以书面形式作出，并且说明拒绝的理由。更为重要的是，赋予律师必要的权利救济。具体而言，法律应规定允许律师对不予同意决定向法院或上一级法院申请复议的权利。律师有证据证明人民法院无正当理由拒绝调取证据，而致使有利于被告人的证据没有呈现于法庭的，可以允许以一审法院“违反法律规定的诉讼程序，可

① 参见陈卫东等：《辩护律师诉讼权利保障和证据开示问题调研报告》，载陈卫东主编：《“3R”视角下的律师法制建设——中美“律师辩护职能与司法公正”研讨会论文集》，北京，中国检察出版社，2004。

② 《最高人民法院关于适用〈中华人民共和国刑事诉讼法〉的解释》第51条规定，辩护律师向证人或者有关单位、个人收集、调取与本案相关的证据材料，因证人或者有关单位、个人不同意，申请人民法院收集、调取，或者申请通知证人出庭作证，人民法院认为确有必要的，应当同意。在这里只笼统地规定了“认为确有必要的”，赋予法院的自由裁量过于宽泛，导致实践中，人民法院可以对律师的申请以各种借口拒绝甚至置之不理。

③ 《最高法解释》第53条第2款规定：对辩护律师的申请，人民法院应当在5日内作出是否准许、同意的决定，并通知申请人；决定不准许、不同意的，应当说明理由。

能影响公正审判”为由，提起上诉；二审法院认为一审法院的行为确实存在违反法定程序情形的，应当撤销原判，发回重审，并责令一审法院调取相关证据。

最后，引入调查令制度以保障申请调查取证权的实现。我们不得不考虑的现实因素是，法院之所以经常拒绝律师调查取证权的申请，很大一部分原因是法院亲自调查取证会占用大量的司法资源，面临巨大的工作压力。为解决此问题，我们可以尝试引入调查令制度。调查令制度最初兴起于民事诉讼，同样也是为了解决民事诉讼中调查取证难的问题，上海市自1996年开始在第一中级法院试行调查令制度，并于2001年在全市法院民事诉讼中推广。① 从民事诉讼的实践情况来看，一些对律师调查普遍存在抵制态度的单位，如银行、证券公司、工商行政机关、房地产管理部门、公安机关等，对律师持调查令所进行的调查逐渐开始进行配合了。② 因此，有学者建议在刑事诉讼中引入此项调查模式，将有助于弥补自行调查和申请调查的双重遗憾，使辩护律师的调查取证在获得法院强力支持的同时又不至于使法院承受更多调查取证负担。③ 实质上，调查令是律师向法院申请调查取证，法院审查同意调取证据之后，不采取亲自调取证据的方式，而是通过发布调查令授权律师向有关单位和个人调查取证。但问题是，调查令的引入却没有为立法机关所采纳，《六部委规定》第8条规定，“对于辩护律师申请人民检察院、人民法院收集、调取证据，人民检察院、人民法院认为需要调查取证的，应当由人民检察院、人民法院收集、调取证据，不得向律师签发准许调查决定书，让律师收集、调取证据”，而之所以有此禁止性规定，主要是考虑到“查明案件事实、收集能够证实犯罪嫌疑人、被告人有罪或者无罪、犯罪情节轻重的各种证据，正确定罪量刑，是审判机关、检察机关和侦查机关的法定职责和职权，有关机关也无权将法律授予的调查权转授律师行使”④。实际上，法院授予律师以调查令并非将调查权转授给律师，而是以调查令保障律师调查取证权的实现，其行

---

① 参见乔宪志主编：《中国证据制度与司法运用》，148页，北京，法律出版社，2002。

② 参见蒋安杰：《确立调查令制度建议引热议》，载《法制日报》，2012—06—21，第5版。

③ 参见陈瑞华：《辩护律师调查取证的三种模式》，载《法商研究》，2014（1）。

④ 王尚新主编：《〈最高人民法院、最高人民检察院、公安部、国家安全部、司法部、全国人大常委会法制工作委员会关于实施刑事诉讼法若干问题的规定〉解读》，43页，北京，中国法制出版社，2013。

使并不具有强制力，同样需要被调查人的配合。实践中，被调查人之所以普遍采取配合态度，是鉴于此调查令因以法院名义发布，具有一定的威慑作用，而并非强制作用。在明确调查令性质的前提下，我们认为调查令确实不失为我国未来辩护律师调查取证的发展方向。

2. 废除《刑法》第 306 条

联合国《关于律师作用的基本原则》第 16 条规定，各国政府应确保律师能够履行其所有职责而不受到恫吓、妨碍或者不适当的干涉；不会由于其按照公认的专业职责、准则和道德规范所采取的任何行动而受到或者被威胁会受到起诉或者行政、经济或者其他制裁。然而，我国律师在调查取证之时，头顶却悬着一把“恫吓、妨碍、威胁”他们的达摩克利斯之剑，这就是《刑法》第 306 条。律师界和学术界都极力主张废除这一条款，其理由可归纳如下：

首先，犯罪主体的歧视性。1996 年刑事诉讼法允许律师提前介入侦查阶段，为防止律师妨碍侦查活动的进行，故于立法上设置了以辩护律师为主体的毁灭、伪造证据的一项罪名，但取证主体仅仅限于律师吗，违法取证的群体也只限于律师吗？实则不然，侦控机关人员接触证人的机会远远多于律师，凭借国家权力他们也更具备“毁灭、伪造、妨碍作证”的可能，而他们所实施的违法取证行为对查明案件事实真相的妨碍更是远超于律师之所为[①]，然而为什么却只将第 306 条伪证罪的矛头直指辩护律师呢？

其次，罪状表述的模糊性。根据《刑法》第 306 条，律师伪证罪包括以下三种行为：一是毁灭、伪造证据；二是帮助当事人毁灭、伪造证据；三是威胁、引诱证人违背事实改变证言或者作伪证。在上述三种行为中，“威胁、引诱证人违背事实改变证言或者作伪证”这一罪状表述极不确定：其一，这里的“违背事实改变证言”如何认定，在实践中，证人证言主观性极强，因记忆等原因模糊而出

---

① 在佘某林案中，曾见过佘某林“亡妻”张某玉的姚岭村村民倪某平等人为佘案出具了证明张某玉没有死亡的“良心证明”，然而，这份“良心证明”没有等来侦查机关的核实，反而为这些在“良心证明”上签字的证人们带来了厄运。签字的几个村民倪某平、倪某海、聂某清都被公安机关带进看守所关押，逼迫他们承认“良心证明”是假的，这正是来自侦查机关暴力威胁证人的鲜活力证。参见《湖北“杀妻”案有罪推定全记录》，载《温州瞭望》，2005－05。

现反复实属常情，根本不宜以此作为考虑标准。其二，又如何证明和认定“作伪证”呢？如果无法证明这一前提，如何认定律师触犯伪证罪？其三，如若证人对侦控机关所作证言为不实，而后对辩护律师所作为实，是否由侦控机关认定？或是又可以由谁来判断？其四，对于作伪证的证人的责任无人追究，却只追究律师责任，是否又有违公平呢？其五，如果律师未曾以利益诱惑，而只是以诱导性发问为之，是否可认定为“引诱”呢？犯罪构成要件如此不清晰的一项罪状，却成为司法机关追究律师责任最常使用的条款，这可能正是源于规定的模糊性给司法人员留下了较大的操作空间。

最后，混淆了违反职业伦理行为与犯罪行为之间的界限。《刑事诉讼法》第42条所规定的禁止行为不能成为入罪的前提条件，只能是对律师执业行为的一种规范。如果把这种伦理规范直接转化为入罪条件，必须要有几个前置性的限制条件：第一，情节严重；第二，造成严重后果；第三，社会影响巨大。没有这几个前置条件，直接把一个违反职业伦理的行为变成一个犯罪行为，这无疑扩大了打击面。[①] 根据上述理由，我们建议应该取消《刑法》第306条的规定，而对个别律师违法取证，妨碍司法的行为如何防范的问题，我们认为，对于有上述行为的律师，应当由当地的司法行政机关对律师的行为先行调查，如属违法行为，应由司法行政机关对律师的违法犯罪行为进行行政处罚或由律师协会根据律师行业规则进行惩戒；如属违法行为，为防止“职业报复”，则根据2012年《刑事诉讼法》第42条，移交辩护律师所承办案件以外的侦查机关办理，所适用的法律依据应当同其他任何参加刑事诉讼或者与刑事诉讼有关的人（包括侦控机关人员）相同——《刑法》第307条[②]，因为第307实则已经包含第306条的内容。废除《刑法》第306的规定，卸下律师头顶上的达摩克利斯之剑，律师才能有效行进于取证之路，而不是视取证为畏途，唯有如此，才能更有力地捍卫犯罪嫌疑人

① 参见田文昌、陈瑞华：《刑事辩护的中国经验——田文昌、陈瑞华对话录》（增订本），323页，北京，北京汇林印务有限公司，2013。

② 《刑法》第307条规定：以暴力、威胁、贿买等方式阻止证人作证或者指示他人作伪证的，处3年以下有期徒刑或者拘役；情节严重的，处3年以上7年以下有期徒刑。帮助当事人毁灭、伪造证据，情节严重的，处3年以下有期徒刑或者拘役。司法工作人员犯前两款罪的，从重处罚。

和被告人的合法权益。

（二）重塑与调整诉讼构造

权利的实现不仅依赖于其被赋予的权利内涵和量度，更离不开其所处的诉讼构造，否则，囿于诉讼构造的不合理，无论其权利设计得如何完美，都会失去其作用的空间和土壤。因为完美的权利在错位的构造中终究难以抵牾和制约国家权力，最终将沦落成为没有指涉对象的权利符号。律师的调查取证权亦是如此，因而重构与纠正我国的诉讼构造对律师调查取证权的实现尤为重要。

1. 重塑“横向构造”

根据上文所述，我国审前阶段呈控辩各占一端的“线性”结构，然而受制于辩方权利相对于控方权力先天弱势及后天不足，在“线性”结构两端的控辩双方却并没有形成平等的双方对抗。然而，从应然意义上而言，审前阶段作为刑事诉讼的重要阶段，其构造同样需要符合诉讼的本质属性，需要一个中立的裁判者在控辩双方之间，尤其是在失衡之时，予以裁决。否则，在刑事审前程序中，代表国家权力的侦控方和代表公民权的辩护方的严重对抗所产生的纠纷就不可能得到公正的解决，诉讼的特征在这里将失去它存在的基础，其结果就变成一种弱肉强食式的猎捕行为。[①] 基于此理念，现代各国无论是英美法系抑或大陆法系国家都引入了司法审查机制，将侦查权置于司法权的控制之下，在审前引入司法审查使侦控方和辩护方得以维持相对的平衡，这不仅是基于对人权的保障，也是基于诉讼构造的合理构建，目的是实现审前程序的诉讼化和法治化。

在我国，应当在“线性”构造的基础上，构筑“三角”构造，在审前阶段引入中立的司法官。一方面，该司法官负责强制性侦查行为的适用申请，并据此签发令状，以规范侦查行为，保护犯罪嫌疑人的权利；另一方面，司法官接受辩方关于非法侦查行为的申诉，并听取控辩双方意见并作出侦查行为是否违法、所获取的证据是否应当予以排除等裁决。在此种意义上，司法权在审前阶段更类似于一种潜在的保护力量，当侦查权有干预公民权利和自由可能或必然之时，司法权

① 参见陈卫东：《程序正义之路》，第1卷，106页，北京，法律出版社，2005。

由“幕后”走向“前台”介入，以司法权作为控制侦查权的最终后盾，避免因侦查权过于膨胀而导致的辩护权萎缩的情况，拓宽辩方调查取证权行使的空间，以稳固构建中立裁判参与下控辩双方平等交涉的“三角”格局，以期实现庭审的实质化。

2. 调整“纵向结构”

“分工负责、互相配合、互相制约”原则虽一直为学者所诟病，然而在现今宪法规定难以变动的情况下，我们很难超脱宪法去废除此项原则，所以最有效且直接的做法就是在尊重此项原则的基础上，对公检法三机关的纵向关系进行调整，从诉讼阶段主义向审判中心主义转变。换而言之，实现从描述办案次序的“公检法”到符合宪法原义的“法检公”的转变，强化审判的中心地位，使侦查成为审判进行的准备活动，起诉是开启审判程序的活动，执行是落实审判结果的活动。[①] 对此，我们首先需要弱化公安机关通过侦查案卷对法院审判的制约作用，强调庭审中的直接言辞原则，其次强化法院对公安机关的制约关系，这就需要重塑横向构造，在审前阶段引入中立的司法官，同时需要进一步完善非法证据排除规则，以求遏制非法取证行为。

四、结语

在任何发达社会的法律制度中，人们所期盼的不再是一种形式上的权利，而是一种有效的权利，即所有人皆可接近之权利。[②] 然而，在中国，辩护律师的调查取证权可谓就是这样一种“难以触及”的“书本上”的权利，而为了解决此困境，我们需要做的不仅仅是拓展权利的内涵和向度，更重要的是重塑和调整诉讼构造，为权利的实现提供空间和土壤，这即是本书为调查取证权的实现提供的设想和建言。

---

① 参见张建伟：《审判中心主义的实质与表象》，载《人民法院报》，2014－06－20。

② 参见［意］莫诺·卡佩莱帝：《当事人基本程序保障权与未来的民事诉讼》，徐昕译，50页，北京，法律出版社，2000。

第六章

刑事诉讼中其他诉讼主体权利

第一节　刑事被害人权利研究新视野

被害人，是指其人身、财产及其他合法权益受到犯罪行为侵害的人。从有犯罪开始，被害人这一主体就已经存在。在国家和法律产生之前，被害人对于犯罪人的处分权是极大的。而随着国家权力的出现，国家机关垄断了武力，被害人在遭到犯罪侵害时只能寻求国家机关的帮助，而不再能够进行私力报复。犯罪行为的定位也从侵害个人权益转向了侵害国家与社会的法益，对犯罪人进行的审判与刑罚也都由国家机关统一进行。时代的发展逐步将犯罪人与被害人之间的纠纷变成了犯罪人与国家之间的纠纷，也就不自觉地将本属于当事人一方的被害人在刑事诉讼程序中的角色弱化，使其仅作为证人出现在刑事诉讼程序之中。后来，随着人权保障运动的深入，人们逐渐意识到了对被告人权利的保护远远大于对被害人权利的关注所导致的不公正，被害人权利的研究才又逐步复兴起来。

一、被害人权利的理论分析

（一）刑事司法理念与被害人参与诉讼模式

在之前各国的刑事诉讼实践中，被害人的地位一直不被重视，一般仅处于控方证人的地位，对于刑事诉讼的影响作用有限。刑事犯罪一般都被认定为犯罪分子对国家法益的侵害，而刑事诉讼也就相应地被认为是国家对犯罪的追诉活动，是控辩双方的对抗性活动。自 20 世纪 60 年代开始，在美国兴起了正当程序的革命浪潮，美国学者帕克将其背后的价值归纳为刑事诉讼的两种模式[①]——犯罪控制模式和正当程序模式：前者重在控制犯罪，其核心价值为效率，帕克认为在犯罪控制模式下："为了成功运作，模式必须产生较高逮捕率和较高有罪判决率，并且必须在处理的案件数量非常大而且处理资源非常有限的情况下产生。因此，必须额外重视速度与终局性。而速度取决于非正式性与一致性，终局性有赖于将提出质疑的机会降到最小。程序绝不能是无法推动案件进展的拘泥的仪式。"[②]所以，高效率侦破案件并起诉审判才是刑事诉讼的价值所在，而不能设置烦琐的程序阻碍效率的实现。后者重在设置正当程序保障被告人的权利，其核心价值是被告人至上，帕克认为在正当程序模式下："程序的目标是至少在对事实上有罪者进行判决的同等程度上，保护事实上的无辜者。这有点像工业技术中的质量控制：对偏离标准的容忍度，随着符合产品最终用途的标准的重要性不同而不同。正当程序模式就像一个将相当投入投向质量控制的工厂，这必然会减少数量产出。"[③] 也就是在这种模式下，更注重对于被告人权利的保护，因此会设置大量的程序来妨碍国家追诉的进行，以保障被告人的权利不会受到不应有的侵害，但

① 参见［美］赫伯特·L. 帕克：《刑事诉讼的两种模式》梁根林译，载虞平、郭志媛编译：《争鸣与思辨：刑事诉讼模式经典论文选择》，3～50 页，北京，北京大学出版社，2013。

② 虞平、郭志媛编译：《争鸣与思辨：刑事诉讼模式经典论文选择》，10 页，北京，北京大学出版社，2013。

③ 虞平、郭志媛编译：《争鸣与思辨：刑事诉讼模式经典论文选择》，13 页，北京，北京大学出版社，2013。

同时也就会减少法律上认定有罪者的产出。帕克以这两种模式作为刑事诉讼活动的两个极端价值取向，认为不会存在多于这两种模式的其他模式存在。

该理论在当时学界引起了很大的反响，也相应出现了一些反思与批判。其中，贝洛夫就提出了刑事诉讼还存在第三种模式——被害人参与模式[①]，由于帕克没有预见到被害人会正式地参与到法律中来，所以依据帕克的理论，被害人参与到刑事诉讼活动之中并对程序与实体都有不同程度的影响既不能够归纳为犯罪控制模式，也不能归纳为正当程序模式，这在帕克的理论中是无法解释的。因为在帕克的理论中，刑事诉讼活动仅仅是国家与被告人之间的对抗式活动，并不存在第三方价值，而随着社会的发展，人们渐渐意识到被害人权利保障的重要性，从而在刑事诉讼活动中也赋予了被害人之主体地位与权利，这就使帕克原有的解释在这一部分失灵了，所以贝洛夫认为只有引入第三种模式——被害人参与模式，才能够解释这一价值，其核心为被害人至上。贝洛夫认为："被害人模式若想成为一种有用的模式，必须存在法律上的如下共识，即被害人角色背后必须存在一种真正的、有意义的价值。如今这一法律上的共识是存在的，体现在现代50个州和联邦政府的法律中都规定了刑事被害人的参与权，也体现在一直持续至今的被害人参与刑事诉讼的历史传统。然而，由于被害人参与并不依赖犯罪控制和正当程序模式中所蕴含的价值，这两种模式对于理解被害人参与并无用处。"所以这一理论并不是对帕克的两种模式的取代，而是对其理论的补充。因此，被害人至上这一价值也就与效率价值和被告人至上价值一样存在于刑事诉讼的各个阶段并互相制衡。贝洛夫通过分析三种价值理论在报案、侦查犯罪、起诉程序、庭审、量刑、上诉这六个刑事诉讼阶段的适用展现了被害人至上价值的独特性与有用性。故若要完整地描述刑事诉讼的各种模式，被害人参与模式是必不可少的。

（二）程序正义的要求是被害人权利的基础

程序正义理念一般认为是对被告人权利保障的理论基础，但仔细分析其根

---

① 参见［美］道格拉斯·埃文·贝洛夫：《刑事诉讼的第三种模式：被害人参与模式》，郭志媛译，载虞平、郭志媛编译：《争鸣与思辨：刑事诉讼模式经典论文选择》，190～216页，北京，北京大学出版社，2013。

源，可以发现，其同样也是被害人权利保障的根基。程序正义理念的古典表述在英国是“自然正义”。“自然正义”原则是英国法治的核心，也是程序正义理念的最早体现，该原则有两项基本要求：（1）任何人均不得担任自己的诉讼案件的法官；（2）法官在制作裁判时应当听取双方当事人的陈述。第二项要求又称为“两造听证”原则，即法官必须要在充分听取与判决结果有利害关系的双方的意见之上作出裁决，否则其裁决就不具有合乎正义性，从而也就不具有法律效力。[①] 根据这第二项规定我们可以看出，法官必须要在与裁判结果密切相关的双方当事人充分表达意见的基础之上才能产生公正的判决。在刑事诉讼中，其最原始的双方当事人应是被害人与被告人，虽然现在由国家追诉权代替了被害人的起诉，但是被害人的意见与看法感受却是国家追诉机关所无法代替的。所以，在刑事诉讼中，法官要形成公正的裁决，也一定要听取与裁决结果有利害关系的被害人的意见，只有这样才能保证所认定的事实更接近于客观事实，所裁决的结果更符合正义的要求。而在此之前，由于被告人权利保障不足，我们更关注被告人程序参与权的保障，忽视了受到犯罪侵害的被害人的此项权利。

被害人作为刑事案件的受害方，由于国家的出现而将追诉权让渡给国家，但并不代表国家可以完全理解和代表被害人的利益。我们为了防止国家在刑事诉讼程序中对被告人的恣意妄为而设置了正当程序来保障被告人的利益，同样，也应该为了防止追诉机关对被害人诉求的忽视而设置一定的程序来保障被害人正当权利的实现。使其在国家审判权之下，与国家追诉机关、被告人享有对话权利，实现对国家权力的有效制约，防止国家权力的恣意妄为。

程序正义具有其独立于实体正义的自身价值，程序是个人与国家对话的纽带，是个人权利实现的基本途径与方式，也是个人对国家权力制约的有效手段。通过设置正当的法律程序，可以使个人与国家进行平等的交涉与对话，从而保障最终结果的正当性。正如谚语所言：正义不仅要得到实现，而且要以人们看得见的方式得到实现。而程序正义的价值也正在于此，即通过人们看得见的程序设

① 参见陈瑞华：《程序正义论纲》，载《诉讼法论丛》，1998（1）。

置，保障当事人的程序参与权，从而实现正义的结果。但由于我们之前一直忽视了本应作为当事人一方的被害人的程序性权利，很多诉讼结果的产生并没有被害人的参与，甚至某些被害人会因为刑事程序的不当设置而遭受到“二次伤害”，这无疑是非正义的。有学者将程序正义理念的内涵归纳为以下三点：“1. 未经正当程序，不得对当事人的权利进行克减；2. 对当事人的权利处分必须依法进行，同时其权利的实现必须有程序保障；3. 当当事人权利受到非法侵害——尤其是受到来自于公权力的侵害时，必须为其提供必要的法律渠道进行救济。”① 以上三点很好地归纳了程序正义对当事人权利保护的要求，而本应作为当事人之一的被害人自然也应该受到以上的保护。因此，我们在立法时，应当考虑到作为当事人之一的被害人的权利及其保障制度的构建与完善。

（三）被害人的诉讼地位

现代的刑事诉讼更多地表现为被告人利益、被害人利益与国家利益之间的平衡，故欲了解被害人在刑事诉讼中的诉讼地位，必须先分析被害人在其中与其他权利主体的关系。公诉机关与被告人在之前一直是作为刑事诉讼的双方来对待，那么是否需要引入被害人作为另一当事人主体，则要看被害人是否有不同于公诉机关与被告人的独立的诉求与作用，换句话说，被害人参与诉讼并在诉讼中有独立的地位是否更有利于正义的实现。

1. 被害人与公诉机关

犯罪行为一般被认为具有双重属性，即对社会法益的侵害以及对被害人个人法益的侵害，之所以由国家统一进行追诉，是由于我们认为个人法益也是社会法益的一部分。但实际上，实践告诉我们，国家追诉机关的诉求与被害人的诉求是不完全一致的，被害人对最终法院的判决不理解或不满意的情况时有发生，这是因为国家追诉机关的目的重在惩罚犯罪、保障被告人人权，而没有真正关注被害人的愿望（包括复仇愿望②、获得经济赔偿的愿望等）。这种矛盾一般会出现在

① 张剑秋：《刑事被害人权利问题研究》，40页，中国政法大学博士学位论文，2005。

② 关于“复仇愿望”的理解，可以参见李奋飞：《刑事被害人的权利保护——以复仇愿望的实现为中心》，载《政法论坛》，2013（5）。

以下几种情况中：第一，被告人为真正犯罪人时，由于国家追诉机关工作人员的种种原因导致无法定罪（如关键证据因非法取得而被排除），被害人不得不接受由国家机关的过错而导致的苦果。第二，被害人由于与被告人是亲友等特殊关系而可能不希望对被告人进行惩罚或者希望比追诉机关的惩罚轻一些；或者被害人对被告人深恶痛绝，认为追诉机关的惩罚请求远远不能满足其复仇的愿望。第三，被害人因为犯罪行为常常会遭受到物质或精神的损失，除了与国家追诉机关惩罚犯罪的目标一致外，还需要经济的赔偿，而经济赔偿的多少往往也会影响被害人复仇愿望的增强或减弱。在上述三种情况下，如果在诉讼程序中完全排除掉被害人的参与与影响，那么被害人很有可能会对法院的最终判决产生不满，法院的威信也会因此下降，因为国家没能通过垄断追诉权更好地保障被害人的利益，反倒在某些情况下侵害了被害人的权益。所以为了更好地实现正义的结果，必须让被害人参与到诉讼中来，赋予其相应的诉讼权利与地位，使之成为诉讼中的当事人，行使自己的权利。

2. 被害人与被告人

被害人与被告人本是对抗的双方，由于国家的介入，变成了国家与被告人的对抗，或者说是国家对被告人犯罪行为的追诉与惩罚。但是随着社会的发展，人们渐渐发现其实刑事诉讼程序不一定都是对抗性的程序，也不应以对抗为最终目的，而应该关注缓解纠纷，恢复社会秩序，通过恢复性司法让被告人获得被害人的谅解，以助其早日回归社会。这种新型的司法理念不自觉地将被害人纳入刑事诉讼体系中来，并使其发挥了极其重要的作用。被害人通过参与诉讼程序，一方面可以更加理解国家追诉机关的种种行为（如裁量性的不起诉），另一方面通过与被告人的和解满足其自身的经济赔偿需求；被告方也可以借此表达自己的悔意获得被害人的谅解，从而减轻刑事处罚；而国家追诉机关也可以因为被告人的认罪而减轻追诉负担，提高追诉效率。其实归结起来，被害人与被告人虽是对抗的双方，但同样也是矛盾解决的双方，所谓“解铃还须系铃人”，被害人作为当事人参与到刑事诉讼程序中来，不仅可以满足其自身的需求，还有利于社会秩序的真正恢复。

英国在司法改革报告白皮书中写道："本国的人民希望有一个有利于实现公正的刑事司法制度。他们认为犯罪的被害人应当成为这一制度的核心。"[①] 通过以上的分析我们可以看出，被害人参与刑事诉讼程序不仅有其不同于追诉机关的独立愿望，而且因其与被告人的特殊关系而能够更好地实现解决纠纷、恢复社会秩序的作用。故将被害人纳入刑事诉讼程序中来，并赋予其当事人的主体地位是符合正义的要求的。

二、联合国关于被害人权利保障的基本原则

（一）《为罪行和滥用权力行为受害者取得公理的基本原则宣言》[②] 的相关内容

为更好地保障受害者的权利，联合国大会 1985 年 11 月 29 日第 40/34 号决议通过了《为罪行和滥用权力行为受害者取得公理的基本原则宣言》（以下简称《宣言》），以文书的形式确立了保障受害者权利的基本原则。该《宣言》分为 A、B 两部分共 21 条，A 部分 17 条规定的是罪行受害者，B 部分 4 条规定的是滥用权力行为受害者。

1. 罪行受害者

在罪行受害者部分，"受害者"的定义为"个人或整体受到伤害包括身心损伤、感情痛苦、经济损失或基本权利的重大损害的人"（《宣言》第 1 条），其视情况也包括"直接受害者的直系亲属或其受扶养人以及出面干预以援助遭难的受害者或防止受害情况而蒙受损害的人"，而不论加害方是否已经进入刑事诉讼程序（《宣言》第 2 条）。针对此部分的受害人规定了四项原则：取得公理和公平待遇、赔偿、补偿、援助。

（1）取得公理和公平待遇

本部分首先明确规定了受害者的申诉权以及其所受损害迅速获得补救的权利

---

① 最高人民检察院法律政策研究室（编译）：《所有人的正义——英国司法改革报告》，1 页，北京，中国检察出版社，2003。

② 该部分所引述的《为罪行和滥用权力行为受害者取得公理的基本原则宣言》为中文版本，来源于联合国官网，http：//www.un.org/zh/documents/view_doc.asp? symbol=A/RES/40/34。

（《宣言》第 4 条），接着为救济提供了正规与非正规两种程序，使受害者能够迅速、公平、省钱、方便地获得补救，并有权获得如何寻求补救权利的告知（《宣言》第 5 条）。

第 6、7 条分别详细规定了对两种程序的要求：若受害人通过正规的司法和行政程序寻求救济，则必须让受害者了解案件的相关情况（《宣言》第 6 条 a 款）、适当诉讼阶段申诉其观点和关切事项（《宣言》第 6 条 b 款）、获得适当的援助（《宣言》第 6 条 c 款）、获得隐私保护和证人的安全保护（《宣言》第 6 条 d 款）、及时获得赔偿（《宣言》第 6 条 e 款）；第 7 条则规定了非正规的解决争端办法，包括调解、仲裁、常理公道或地方惯例等来进行协调补救。

（2）赔偿

这一部分主要规定的是赔偿的内容及主体，第 8 条规定："罪犯或应对其行为负责的第三方应视情况向受害者、他们的家属或受养人作出公平的赔偿。这种赔偿应包括归还财产、赔偿伤害或损失、偿还因受害情况产生的费用、提供服务和恢复权利。"可见，《宣言》中认定的赔偿主体不仅包括罪犯，还包括了应负责任的第三方。并且赔偿的内容与方式也比较广泛灵活。

第 9 条规定："各国政府应审查它们的惯例、规章和法律，以保证除其他刑事处分外，还应将赔偿作为刑事案件的一种可能判刑。"也就是将赔偿作为一种判刑的选择，从而更好地保障受害者获得赔偿的权利实现。

第 10、11 条则是规定在破坏环境案件和政府官员犯罪案件中的特殊情况下的赔偿内容与主体情况。

（3）补偿

《宣言》第 12 条规定了受害者在无法得到充分赔偿时，国家应对部分特殊受害者提供补偿，包括"受严重罪行造成的重大身体伤害或身心健康损害的受害者"（《宣言》第 12 条 a 款）和"由于这种受害情况致使受害者死亡或身心残障，其家属、特别是受养人"（《宣言》第 12 条 b 款）两种，并鼓励设立基金来予以保障（《宣言》第 13 条）。

（4）援助

《宣言》第14条赋予了受害者从政府、自愿机构、社区及地方途径获得必要的物质、医疗、心理及社会援助的权利，并在第15条规定了受害者对这些权利的知悉权和使用权。为保障受害者获得更好的援助，《宣言》第16条规定，“应对警察、司法、医疗保健、社会服务及其他有关人员进行培训”，使其认识和了解受害者的需要，并在提供服务和援助时，注意具有特殊需要的受害者（《宣言》第17条）。

2. 滥用权力行为受害者

这部分的“受害者”定义与上面的不同，指的是“个人或整体受到伤害包括身心损伤、感情痛苦、经济损失或基本权利的重大损害的人，这种伤害是由于尚未构成触犯国家刑事法律但违反有关人权的国际公认规范的行为或不行为所造成”。《宣言》对于此部分尚没有具体规定，只是在第19条说明“各国应考虑将禁止滥用权力并为这类滥用权力受害者提供补救措施的规定纳入国家法律准则。这类补救措施应特别包括赔偿和（或）补偿以及必要的物质、医疗、心理及社会援助和支持。”

《宣言》所确立的原则，进一步促进了世界各国针对被害人权利的立法与完善，并在各国保护被害人的实践中变为现实。我国也应尽快加强和完善对被害人权利保障的立法与实践。

（二）《关于在涉及罪行的儿童被害人和证人的事项上取得公理的准则》[①] 对特殊群体的保护

《关于在涉及罪行的儿童被害人和证人的事项上取得公理的准则》（以下简称《准则》）是联合国经济及社会理事会在2005年作出的决议，该《准则》为涉及罪行的儿童被害人和证人取得公理（《准则》第1条），其中“儿童被害人和证人”的定义为“18岁以下的儿童和青少年，他们是犯罪的被害人或罪行的证人，而不论他们在犯罪或者在对被指控的罪犯或罪犯团伙的起诉中所起的作用”（《准则》

① 该部分所引述的《关于在涉及罪行的儿童被害人和证人的事项上取得公理的准则》为中文版本，来源于联合国官网，http：//www.un.org/chinese/documents/ecosoc/2005/r2005－20.pdf。

第9条)。他们具体享有的权利包括“受到有尊严和有同情心的对待的权利”(《准则》第10～14条)、“免受歧视的权利”(《准则》第15～18条)、“获知权”(《准则》第19～20)、“表达意见和关切的权利”(《准则》第21条)、“获得有效援助的权利”(《准则》第22～25条)、“隐私权”(《准则》第26～28条)、“在司法过程中免受痛苦的权利”(《准则》第29～31条)、“安全受保护的权利”(《准则》第32～34条)、“获得赔偿的权利”(《准则》第35～37条)、“要求采取特别防范措施的权利”(《准则》第38～39条)。

与上文分析的普通受害者不同，针对类似于儿童等特殊的被害人群体，还应施以特殊的关注，与此相类似的还有涉众型犯罪的被害人群体权利的保护、女性被害人在特殊案件中的权利保护，等等。该《准则》对于我国完善未成年人刑事案件的诉讼程序有很大的借鉴与指导意义。

三、我国被害人权利的立法及完善

(一) 我国刑事被害人权利立法现状

被害人，是指其人身、财产及其他合法权益受到犯罪行为侵害的人。在我国，被害人因其参与的刑事诉讼方式不同而可能会具有三种身份：在自诉案件中为自诉人，在刑事附带民事案件中为原告人，而在公诉案件中则为承担部分控诉职能的诉讼参与人。但无论哪种身份，被害人都是该案件的当事人，享有普通当事人的主体权利，并履行相应的义务。

2012年新《刑事诉讼法》修改完善了被害人的部分权利，我国被害人在刑事诉讼中的权利主要有：(1) 对犯罪的控告权：在立案阶段赋予了被害人以控告权，并进一步规定了控告人的安全保障权与保密权；(2) 对不予立案决定的救济权：即向原决定机关申请复议，或请求人民检察院行使立案监督权；(3) 对侦查机关用作证据的鉴定意见的知情权与异议权；(4) 申请回避权；(5) 有权委托代理人参加诉讼；(6) 审查起诉中的意见表达：指人民检察院在审查起诉时，应当听取被害人及其诉讼代理人的意见，并记录在案。被害人及其诉讼代理人提出的书面意见应当附卷； (7) 对人民检察院不起诉决定的申诉权和直接起诉权；

(8) 对于一些案件有当事人和解权；(9) 审判阶段的诉讼参与权（被害人拥有获得通知开庭权，当庭陈述意见权，发问的权利，申请证人、鉴定人出庭权，参与辩论权等)；(10) 请求检察机关抗诉权和对生效裁判的申诉权；(11) 提起自诉及附带民事诉讼的权利。

（二）我国被害人权利立法存在的问题

从1996年刑事诉讼法第一次赋予我国刑事被害人当事人的地位以来，被害人的权利在我国依旧没能得到足够的重视，虽然2012年刑事诉讼法对被害人的权利保障有所增强，但相对于被告人的权利保障而言，被害人在我国的权利及保障亟待重视。结合立法情况与联合国关于被害人权利保障的基本原则，被害人权利在我国存在的问题主要有：

1. 审前程序中的立法问题

首先是立案阶段。《刑事诉讼法》第108条第3款规定："公安机关、人民检察院或者人民法院对于报案、控告、举报，都应当接受。"若公安机关或者人民检察院决定不予立案时，被害人依据法律规定可以申请复议，对于公安机关的不予立案决定还可以申请检察院行使立案监督权，或者可以向法院提起自诉。但是若公安机关、人民检察院因为某些非合理理由不予立案，被害人寄希望于自行起诉到法院时，我国的法律对被害人自诉的权利保障是不足的。《刑事诉讼法》规定的自诉案件第三类为："被害人有证据证明对被告人侵犯自己人身、财产权利的行为应当依法追究刑事责任，而公安机关或者人民检察院不予追究被告人刑事责任的案件。"通常，这意味着此时被害人自诉的条件是拿到公检机关的不立案决定书，而在基于非合理理由决定的情况下，被害人是很难拿到书面文件的，也就无法提起自诉。并且，依据我国的法律规定，公检机关对立案的裁量权是很大的，《刑事诉讼法》第107条规定："公安机关或者人民检察院发现犯罪事实或者犯罪嫌疑人，应当按照管辖范围，立案侦查。"那么是否有犯罪事实或者犯罪嫌疑人就完全由其决定，在这一点上对被害人并没有足够的救济权。

其次是侦查阶段。由于我国还秉持着发现实质真实的司法理念，所以会忽略发现真实过程中可能对被害人造成的“二次伤害”，比如对于特殊案件中的被害人（如性犯罪案件）反复询问其案发经过，让其反复回忆惨痛的经历。与此类似的还有媒体舆论的肆意报道可能导致对被害人的伤害等。我国的立法对被害人的此项权利还没有规定。

最后是审查起诉阶段。虽制度设计上有被害人的意见表达权和相应的救济途径，但实践中，还是主要由检察院决定。并且在决定不起诉后，被害人可以提起申诉或者自诉。而被害人提起自诉的，人民法院受理之后，法律规定人民检察院应当将有关案件材料移送人民法院，但是被害人是否有权阅读这些材料法律却没有规定。“在司法实践中，司法机关往往以法律没有明确规定为由拒绝自诉案件的被害人查阅案卷材料，使被害人难以知悉完整的案件情况。”[①] 如果检察机关或者法院因为法律没有规定而不允许被害人阅读这些材料的话，对被害人是很不利的。因为法律已经明确规定自诉案件的举证责任在于被害人，而没有阅卷权的被害人是很难自己重新收集证据举证的。那么在这种情况下，被害人的诉讼代理人是否可以像被告人的辩护人那样在审查起诉阶段享有全面的阅卷权呢？《刑事诉讼法》第 44 条规定：“公诉案件的被害人及其法定代理人或者近亲属，附带民事诉讼的当事人及其法定代理人，自案件移送审查起诉之日起，有权委托诉讼代理人。”《人民检察院刑事诉讼规则（试行）》第 56 条规定：“经人民检察院许可，诉讼代理人查阅、摘抄、复制本案的案卷材料的，参照本规则第四十七条至第四十九条的规定办理。”也就是说，被害人的诉讼代理人只能在审查起诉期间介入程序当中，并且没有当然的阅卷权，而是需要许可。“在司法实践中，需要许可才能阅卷的规定，往往就意味着在一般情况下诉讼代理人的阅卷请求将很难获得同意。”[②] 这样，不同于辩护人可以全面查阅审查起诉阶段的案卷材料，被害人对于侦查阶段获得的材料以及用于审查起诉的材料可能都不得知晓，因为这些材料的获得都要依赖于检察机关的许可。在检察机关不许可的情况下，法律也没有规定被害人有何种的救济权。

①② 陈为钢、肖亮：《新刑诉法保障被害人权益若干问题研究》，载《东方法学》，2013（2）。

2. 审判程序中的立法问题

被害人在我国刑事诉讼审判阶段的诉讼参与权是很广泛的，包括获得通知开庭权，当庭陈述意见权，发问的权利，申请证人、鉴定人出庭权，参与辩论权等。如此充分地参与到诉讼程序之中，可以体现其当事人的主体地位，但是作为当事人的被害人却没有刑事部分判决的上诉救济权，只能申请检察机关抗诉，决定权完全在检察机关，这与被害人的当事人地位是不相符合的。

同时，刑事附带民事诉讼案件的范围也比较狭窄，直接影响了被害人获得经济赔偿权利的实现。《刑事诉讼法》第 99 条规定："被害人由于被告人的犯罪行为而遭受物质损失的，在刑事诉讼过程中，有权提起附带民事诉讼。"2013 年《最高院解释》第 138 条规定："被害人因人身权利受到犯罪侵犯或者财物被犯罪分子毁坏而遭受物质损失的，有权在刑事诉讼过程中提起附带民事诉讼。"也就将其限定在了人身权利犯罪和类似毁坏财物罪之类的犯罪中，对于日益增多的经济类型犯罪，被害人是无法提起附带民事诉讼而得到经济赔偿的，尤其在涉众型经济犯罪案件中，由于涉及被犯罪侵害的被害人人数众多，若不保证其经济损失得到适当赔偿，也不利于社会秩序的稳定。

3. 救济程序中的立法问题

《刑事诉讼法》第 241 条规定："当事人及其法定代理人、近亲属，对已经发生法律效力的判决、裁定，可以向人民法院或者人民检察院提出申诉，但是不能停止判决、裁定的执行。"也就是说，是否启动审判监督程序纠正错案，权利主体在于人民法院与人民检察院，而作为当事人的被害人对于不公正的判决仅有申诉的权利，若人民法院与人民检察院不启动审判监督程序，被害人则没有其他的救济途径。

4. 特别程序中的立法问题

（1）未成年人刑事案件诉讼程序

如上文引述《关于在涉及罪行的儿童被害人和证人的事项上取得公理的准则》，我国也开始重视特殊群体在程序适用上的特殊性，《刑事诉讼法》新增的"特别程序编"中的第一章规定了未成年人的刑事案件诉讼程序，这无疑是一个巨大的进步。但是这章内容的规定多是保障未成年犯罪嫌疑人、被告人的权利特殊性，对于未成年被害人的权利仅仅在第270条第5款中规定了一句话："询问未成年被害人、证人，适用第一款、第二款、第三款的规定。"也就是仅仅对询问问题做了与未成年犯罪嫌疑人、被告人一样的规定，而对其他程序阶段则没有规定，并且没有考虑到被害人与犯罪嫌疑人、被告人的不同之处。比如讯问犯罪嫌疑人、被告人不会出现"二次伤害"的情况，而对于被害人则有可能，尤其在未成年被害人遭受性犯罪侵害时，反复询问其受害过程对其造成的"二次伤害"可能要比成年人更严重。

（2）公诉案件当事人和解程序

当事人和解程序是《刑事诉讼法》新增"特别程序编"中的第二章，更好地保障了被害人获得经济赔偿的权利，但是也有一定的不足。《刑事诉讼法》第277条规定，"因民间纠纷引起，涉嫌刑法分则第四章、第五章规定的犯罪案件，可能判处三年有期徒刑以下刑罚的"和"除渎职犯罪以外的可能判处七年有期徒刑以下刑罚的过失犯罪案件"的当事人双方可以和解，这一范围过于狭窄，也就是涉嫌第四章、第五章规定的可能判处3年有期徒刑以上刑罚的案件都是不可以和解的，那么第五章中规定的严重的经济犯罪案件当事人就无法和解，被害人如上文分析在财产型犯罪中不能通过提起附带民事诉讼来获得赔偿，若也不承认和解的效力，则被害人在遭受严重犯罪侵害的情况下反而无法得到赔偿，这是不合理的。

（三）完善我国被害人权利保障的建议

结合上文分析的我国被害人权利保障出现的问题，下文将对应地从四个方面提出完善我国的被害人权利保障的建议，使其更符合被害人的当事人主体地位，发挥其主体作用，从而实现公平正义。

1. 审前程序

首先，在立案阶段完善不予立案时被害人的救济途径。例如，可以要求公检机关对被害人送达"收到报案"的书面文件，不管最终是否立案，只要被害人报案，就必须有这一文件作为被害人已经寻求公检机关帮助的证据。并且，对于长期不做是否立案决定的情况，被害人可以据此向法院寻求司法救济，或者由法院向公检机关发出通知要求其限期作出是否立案的决定，或者可以直接据此赋予被害人自诉的权利。

其次，在侦查阶段要从立法上确立被害人免受“二次伤害”的权利。虽然可能有人担心此项权利会导致破案难度的增大或者效率的降低，但是被害人往往是最希望尽快破案的，在其可能的范围内，被害人必将竭尽全力配合公检机关，所以并不会因此而降低破案的效率；并且刑事诉讼法的价值并不只有效率，被害人的权益也应充分考虑进来。以此来规范公检机关以更适当的方式去破案，是对公权力可能的恣意侵犯被害人权益的限制。并且，应将被害人的这一权利适用到整个刑事诉讼程序过程之中。

最后，在审查起诉阶段应当确立法律援助制度。要保障被害人与其他当事人一样能够同等地行使权利，避免因为不懂法而影响其权利的实现；在侦查阶段和审查起诉阶段赋予被害人对程序的知情权，并明确被害人及其诉讼代理人的阅卷权，以更好地保障在检察机关作出不起诉决定时，被害人可以享有提起自诉的权利。

2. 审判程序

如前文所述，被害人参与刑事诉讼，一方面为了“复仇”愿望的实现，另一方面为了获得经济的赔偿或补偿。那么，为了更好地实现其当事人的主体地位，保障其“复仇”愿望的合法实现，应当赋予被害人独立的刑事部分上诉权，以避免现行法律中检察院符合标准却因为种种原因不抗诉的情形。对于无法获得经济赔偿的被害人，可以尝试建立其在暴力犯罪而导致的死亡、重伤案件中的国家补偿权；并且，应当适度扩大刑事附带民事诉讼的案件范围，更好地保障被害人获得合理经济赔偿。

3. 救济程序

建立刑事错案的发现机制与刑事错案的纠正机制分开的刑事错案救济机制，可以借鉴两大法系不同的刑事错案救济经验，使错案救济由个案化、偶然化向制度化、长效化转变①；建立社会援助体系，用社会的力量去帮助被害人从因犯罪

① 参见陈卫东：《刑事错案：由个案救济走向制度救济》，载《检察日报》，2013－05－09。

行为而导致的混乱中早日恢复到正常的生活轨道之上。

4. 特别程序

（1）未成年人刑事案件诉讼程序

应加入未成年被害人的权利规定，借鉴参考《关于在涉及罪行的儿童被害人和证人的事项上取得公理的准则》的相关规定，从立法上充分保障未成年被害人这一特殊群体的权利，并将其与未成年犯罪嫌疑人、被告人的规定适当分开，加以区分。

（2）公诉案件的当事人和解程序

扩大当事人和解程序的适用范围，将非暴力财产型犯罪纳入进来，对于轻微的（例如可能判处3年以下有期徒刑的案件）案件，在被告人积极赔偿的情况下可以赋予检察机关酌定不起诉的权利；对于严重的犯罪案件，可以视赔偿情况予以适当减轻处罚，而非目前的从轻处罚。这样才能更大限度地激发犯罪嫌疑人、被告人的赔偿热情，更好地保障被害人获得赔偿权利的实现。

第二节　从物到人——我国刑事证人制度的完善

证据制度是刑事诉讼制度的重要组成部分，也是确保刑事案件质量的重要保障。“打官司就是打证据”，刑事诉讼程序围绕着证据的搜集、运用来认定案件事实而不断进行。在证据环节出了差错，如采用了错误的搜集方法、适用了不当的证据规则等，会更容易产生错案，影响案件质量。在我国刑事诉讼程序中，即使近年来已有不少司法解释进行规范，但总体上仍显粗疏。2012年《刑事诉讼法》修改，对证据制度的调整是全方位的。

在涉及证据制度的修改内容中，对证人制度的调整共有五处，即《刑事诉讼法》第57条（侦查人员或其他人员出庭说明情况）、第62条（证人保护措施）、第63条（证人补助）、第187条（证人、警察、鉴定人出庭规则）、188条（证人强制出庭及免证）。这五条均为新增加的条款，足见立法机关希望通过完善法律解决刑事审判中证人作证环节中出现的各种问题的决心。证据制度中，关于证据类别，证明标准、证明责任等的规定，主要是确定一种静态的、客观的规则。而证人是诉讼活动的重要参与人，是动态的，具有极大的主观性，要求法律制度从人的思维与行为规律的角度进行考虑，制定出科学的证人参与刑事诉讼的规范。以往对证人参与刑事诉讼的规则制定过粗，与实践脱节，致使证人不愿作证、不敢作证，影响了刑事诉讼活动的进行。证人在刑事诉讼活动中充分发挥作用，有利于使我国一直追求的对抗制诉讼程序改造有条件真正成立，保障被告人的质证权，也有利于法庭了解案件事实，作出正确裁判。刑事诉讼法对证人制度的修改标志着我国刑事证人作证制度的初步建立，“证人制度”的规范化、制度化建构取得重大进步。

一、证人出庭制度的完善

（一）证人出庭作证的范围确定

1996 年《刑事诉讼法》第 47 条规定证人证言必须经过公诉人、被害人和被告人等多方的讯问，质证后，才能作为定案依据。虽然从“讯问”一词可以理解出证人应到场的意思，但法律文本的含糊使庭审的质证基本集中在书面证人证言上。在最高人民法院就 1996 年《刑事诉讼法》所做的司法解释第 141 条中，明确“证人应当出庭作证”，一并列举了可以不出庭的例外情形。遗憾的是，除此以外无论是在实体上还是在程序上，均没有更具体的规定来保障这一制度的实施。证人不出庭，导致证人庭前陈述在庭审中被大量直接使用，不仅使法官希望通过证人出庭来审查判断证人证言的有效性和证明力的目的无法实现，也使立法者希望增强法庭抗辩性、防范庭审形式化的预期落空。[①] 2012 年《刑事诉讼法》修改专门针对此问题作了一系列的调整，其中第 187 条第 1 款首先就明确了证人应当出庭作证的案件范围。

---

① 参见陈卫东：《让证人走向法庭——刑事案件证人出庭作证制度研究》，载《山东警察学院学报》，2007（2）。

证人应当以出庭的方式作证，需要满足三个条件：第一，公诉人、当事人或者辩护人对证人证言有异议。证人出庭作证的一个重要价值是满足控辩双方质证权的实现，辨别虚假和不准确的证言。如果控辩双方对证言的内容都表示认可，那么证人出庭作证的必要性就没有了。第二，证人证言对案件定罪量刑有重大影响。设置这一条件考虑了我国司法资源的有限性和民众对作证的态度。没有哪一个国家具备让所有刑事证人全部出庭的司法资源，我国的情况尤为突出。一方面，证人一旦出庭，就涉及庭审时间、证人保护、出庭补偿等一系列问题，一味追求出庭率对司法资源的要求很高。另一方面，受传统文化影响，人民群众一般“厌诉”，存在怕麻烦、怕报复、怕“伤和气”的心理，阻碍其参加作证。集中有限的资源，使能够帮助查明案件中存在争议的关键问题的证人出庭，是相对合理的，也是更具有现实性的解决办法。所谓对“定罪量刑有重大影响”，包括直接目击案件的发生，或是案件主要甚至唯一的证人，这既包括单独影响定罪、量刑，也包括既影响定罪，也影响量刑。[①] 第三，人民法院认为证人有必要出庭作证的。对证人是否有必要出庭，法院综合全案的整体情况，有最终的决定权。

除此之外，对于因患严重疾病、行动极不方便、居所远离开庭地点且交通极为不便以及身处国外短期无法回国等基于客观原因确实无法出庭的情况，最高人民法院通过司法解释做了例外规定。随着现代科技的发展，对于因客观原因无法出庭的人，可以通过视频等方式作证。这里的视频作证，应当理解为采用远程即时通信手段作证，而非通过播放事先录制的视频文件。

（二）证人强制出庭制度的确立

对于应当出庭而无正当理由拒不出庭作证的证人，法院可以强制其到庭，并采取一定的惩戒手段。《刑事诉讼法》第 188 条确立了证人强制出庭作证制度。在以往，虽然法律要求证人出庭作证，但是因为没有对证人无正当理由拒绝出庭作证的强制措施和法律责任的规定，导致控辩双方和法院难以强制其到庭，这也

① 参见郎胜：《〈中华人民共和国刑事诉讼法〉修改与适用》，335 页，北京，新华出版社，2012。

是证人出庭率低的一大原因。证人强制出庭制度的确立，一方面，可以促使证人尽到自己的出庭义务，树立法律的权威性和严肃性。另一方面，法律强制证人出庭作证也可以帮助证人走出因为担心破坏“熟人关系”“面子问题”而不方便出庭的困境。此时，证人可以说自己并非主动作证，而是法律强制其到庭而“不得不”为之。

采用强制手段使证人出庭作证，应当遵循一定的顺序。首先，证人应当具有《刑事诉讼法》第187条所设定的出庭必要性，由法院通知其出庭。其次，证人不是被告人的配偶、父母、子女。再次，该证人不具备无法出庭作证的客观原因或正当理由。经过此三项步骤后，人民法院院长可以签发强制证人出庭令，由法警强制其到庭。

除强制证人到庭外，人民法院还可以根据证人不配合履行出庭作证义务的程度，采取训诫或拘留。不履行出庭作证义务的情形包括无正当理由拒绝出庭和出庭后拒绝作证。虽然法律授权法院采取更加严厉的手段以提高证人出庭率，但在实践中，法院应当谨慎使用这些手段。导致证人不愿出庭作证的原因较多，既有主观原因也有客观原因，法院及控辩双方都应当相互配合，多做证人的思想工作，落实证人作证的保障措施，打消其顾虑，鼓励证人出庭作证。

《刑事诉讼法》第188条第1款在规定人民法院可以强制证人出庭作证的同时，首次明确被告人的配偶、父母、子女可以免予强制到庭。设立该例外规定的理由是：“由于其身份，不宜对其强制到庭。强制配偶、父母、子女在法庭上对被告人进行指证，不利于家庭关系的维系和社会和谐的构建。”① 需要注意的是，法律免除的不是这三类人作证的义务，而仅仅是在庭审阶段免予出庭。例如在薄熙来案中，薄熙来虽然多次要求薄谷开来出庭作证，但基于本条的规定，薄谷开来自己若不愿出庭，法庭不可强制其出庭，而只是通过播放其作证的录像来提供证明。

---

① 郎胜：《〈中华人民共和国刑事诉讼法〉修改与适用》，337页，北京，新华出版社，2012。

二、鉴定人出庭制度的完善

证人不出庭、出庭率低，一直是我国刑事诉讼活动实践中的严重问题。鉴定人作为广义上的证人之一，也存在这样的问题。鉴定人作为鉴定意见的制作者，应当出庭就其鉴定意见接受质证。鉴定人不出庭导致鉴定意见不得不在庭审中被大量直接使用，使法官希望通过鉴定人出庭作证来审查判断鉴定意见的有效性和证明力的目的无法实现，也使立法者希望增强法庭抗辩性、防范庭审形式化的预期落空。对这一经过长期实践而严重暴露的问题，新刑诉法明确了鉴定人必须出庭作证的情形和不出庭的程序性后果。

鉴定人应当出庭作证的范围是：公诉人、当事人或者辩护人、诉讼代理人对鉴定意见有异议，人民法院认为鉴定人有必要出庭的。不同于证人必须出庭作证的条件，鉴定人出庭不要求鉴定意见对案件定罪量刑有重大影响，而是只要控辩双方对鉴定意见有异议，人民法院认为有必要的，鉴定人就应当履行出庭作证的义务。刑诉法的规定与民诉法也有所不同。刑事诉讼中，人民法院以控辩双方对鉴定意见有异议为前提，最终决定鉴定人是否需要出庭。民事诉讼中，只要当事人对鉴定意见有异议，鉴定人就应当出庭作证；当事人没有异议，但法庭认为有必要的，鉴定人也应当出庭。刑事诉讼法对鉴定人出庭条件的规定，兼顾了诉讼公正与诉讼效率的要求。法律赋予人民法院在此问题上的裁量权，也是对我国长期以来刑事诉讼传统的必要尊重。

义务的履行需要有责任来督促。新刑诉法首次对鉴定人不出庭作证明确规定了法律后果。经人民法院通知，鉴定人拒不出庭作证的，鉴定意见不得作为定案的根据。这是一种程序性的制裁。这一规定的思路类似以排除非法证据遏制非法取证手段。通过不予认可鉴定意见的方式，使提供鉴定意见支持自己观点的一方，敦促鉴定人出庭质证，从而确保鉴定意见的可靠性。

新刑诉法对证人应出庭而不出庭规定了强制到庭、训诫直至拘留的内容，但除对鉴定人拒绝出庭会致鉴定意见不被采用外，新刑诉法并未对鉴定人有类似规定。当鉴定人没有正当理由而拒不出庭作证的，由人民法院向司法行政机关或者有关部门通报情况。根据全国人大常委会《关于司法鉴定管理问题的决定》（以下简称“《司法鉴定决定》”）第13条，经人民法院依法通知，鉴定人拒绝出庭作证的，由省级人民政府司法行政部门给予停止从事司法鉴定业务3个月以上、1年以下的处罚；情节严重的，撤销登记。

刑事诉讼法在对鉴定人出庭制度的修改上，增加了程序性制裁的内容，这应当是证人出庭制度发展的方向。但与此同时，《刑事诉讼法》第63条增加了证人作证的补助与保障条款，同样需要出庭作证的鉴定人，没有被列入其中。目前司法鉴定人收取的费用只是因为鉴定人向委托人提供了鉴定服务，这是鉴定人就其付出的劳动，所消耗的人力物力而收取的合法报酬。这一部分费用并未将出庭所需费用包含在内。

三、侦查人员出庭说明情况与作证

根据刑事诉讼的一般要求，凡是知道案件情况的人，除非生理上、精神上有缺陷或者年幼，不能辨别是非、不能正确表达的外，都具备成为刑事诉讼程序中证人的资格。在刑事诉讼中，案件情况不仅包括案件实体的部分，也包括程序性的事实。在通常的语境中，我们往往把证人仅限于对实体性事实了解的人，忽略了知晓程序性事实的证人，而最容易接触到程序性事实的人就是侦查人员。在长期的实践中，一般公民出庭作证的寥寥，更妄谈受“官本位”思想影响的侦查人员到法庭作证。随着刑事法治的不断进步，为了在程序上解决庭审虚化，在实体上预防错案和冤案的发生，这些目标都推动着证人制度的变化。侦查人员出庭作证成为刑事诉讼法完善证人制度的一个亮点。《刑事诉讼法》第57条和第187条，分别就侦查人员出庭对证据收集合法性程序性事实以及执行职务时目击犯罪情况的实体性事实进行作证做了规定。

《刑事诉讼法》第57条规定：“现有证据材料不能证明证据收集的合法性的，人民检察院可以提请人民法院通知有关侦查人员或者其他人员出庭说明情况；人民法院可以通知有关侦查人员或者其他人员出庭说明情况。有关侦查人员或者其他人员也可以要求出庭说明情况。经人民法院通知，有关人员应当出庭。”作为非法证据排除规则的一部分，这一条吸收了2010年《关于办理刑事案件排除非法证据若干问题的规定》第7条的内容。对于证据合法性的事实，公诉方负有证明责任。在证明方式上，以被告人供述为例，以往最常见的情形是，被告人主张受到刑讯逼供，而侦查机关往往会提供书面的“情况说明”予以回应。这种“情况说明”往往只要形式完整就很难被推翻，实际上刑讯的手段多样而隐蔽，仅凭一份“情况说明”显然不足以证明合法性。若讯问人员出庭，接受法庭的询问和被告人的质证，显然有助于便捷、有效地查明证据取得是否合法。除讯问人员之外，只要是参与和了解证据收集情况的人，在必要时都有出庭作证的义务，诸如提取物证的侦查人员、看守所的民警、搜查时的见证人等。需要注意，侦查人员出庭作证并非证明证据合法性的首要手段。所谓“现有证据材料不能证明”是指公诉人在向法庭提供讯问笔录、讯问的录音录像、看守所体检记录、搜查笔录、勘查笔录等材料后，仍然对证据合法性存有疑问。

《刑事诉讼法》第57条在表述上，对侦查人员出庭参与证据合法性调查，使用了“说明情况”这一短语，而非“作证”。据此，有观点认为，侦查人员出庭说明情况不属于证人出庭作证。主要理由是，侦查人员是代表侦查机关继续行使追诉任务的职务行为而非个人行为，作出的说明不是证人证言。① 笔者认为，这种认识错误地理解了非法证据排除制度的功能。非法证据排除程序在庭审中，与法庭调查、法庭辩论等庭审程序相对独立，目的是查明证据收集是否合法，是对程序性事实的调查，体现刑事诉讼程序的独立价值。侦查人员对证据取得情况的说明，是对“证据取得是否合法”这一待证事实提供证据，他就是广义上的证人。侦查人员提供证言后，还需要接受被告人的质证，才能完成其作为证人的工作。

《刑事诉讼法》第187条第2款对警察作为目击证人出庭作证作了规定。这一条款区别于第57条，主体限定为警察，身份就是证人，应当遵循证人作证规

---

① 参见朱小华：《侦查人员出庭说明情况不属于证人出庭作证》，载《人民检察》，2013（16）。

则，享有相应的权利，履行相应的义务。

侦查人员出庭作证，是一个新生事物，对侦查机关和检察机关的工作提出了新的要求。要落实好这项制度，需要有相应的配套措施。首先，侦查人员要增强自身的职业素养。一是非法证据排除程序的运行，督促侦查人员依法行使侦查权，依法运用侦查手段。二是要做好出庭作证的心理和能力上的准备。有实务工作者通过对侦查人员出庭情况的调查发现，侦查人员出庭作证不能够清晰、明确，难以达到让裁判者了解案发时情况的效果，甚至成了证据链中的“薄弱环节”①。侦查机关面对新的情况，应当增加对侦查人员在出庭作证方面的培训。其次，在配套制度上应当对侦查人员作证采取相应的职业保障。侦查人员作证时具有证人的身份，在有关涉黑犯罪、危害国家安全犯罪、严重暴力犯罪等案件时，会更容易面临人身安全方面的危险，应当同等适用证人保护的相关规定。在对采用技术侦查手段获取的证据进行质证时，依照《刑事诉讼法》第 152 条的规定，对包括侦查人员在内的有关人员采取不暴露身份、技术方法等保护措施。同时，只要侦查人员在法庭上如实作证，即使作证的内容产生了对公诉方、侦查机关不利的效果，所在单位也不得对其进行“打击报复”。即使是涉及其本人违法取证的行为，追究责任的出发点也应当是取证行为，而不是作证行为。

四、证人作证保障制度的完善

（一）证人保护的方式方法

证人保护措施的采取，人民法院、人民检察院和公安机关可以根据其掌握的案件具体情况，依职权主动采取。同时，法律赋予了证人、鉴定人、被害人及其近亲属因作证而面临人身危险需要保护的“申请权”。

《刑事诉讼法》第 62 条确定了可以采取证人保护措施的范围。在被保护主体上，包括因在诉讼中作证而面临人身安全威胁的证人、鉴定人、被害人及其近亲

① 马兰、周博：《证人席上的警察——司法实践中侦查人员出庭作证的调查与研究》，载《法治论坛》，2014（2）。

属。这里的诉讼中，既包括审判阶段，也包括侦查和审查起诉阶段。可以采取特别保护措施的案件范围是危害国家安全犯罪、恐怖活动犯罪、黑社会性质的组织犯罪、毒品犯罪等案件。法律所明定的这几类案件，都是社会危害性大，犯罪手段恶劣，证人、被害人、鉴定人容易受到打击报复的情况。但我们可以从日常生活中感知到，涉及暴力犯罪和职务犯罪的案件中，证人受到打击报复的风险也极大。因此，司法机关在决定是否采取保护措施时，不仅应当认罪名，更要看实质，用好法条中的“等”字。立法者关于“等案件”的解读是，“如果其社会危害性和证人、鉴定人、被害人面临的危险与上述四种犯罪相当的，也可以采取特别保护措施”，将适用的条件与特定犯罪的危害性挂钩，这种方式并不科学。[①]在刑事诉讼中，证人等可能面临的危险来源是不确定的，这取决于因证人作证而利益受损一方的态度，而无论罪名如何。这种危险可能来自犯罪嫌疑人、被告人的同伙、亲属，也可能因为证人作出了有利于嫌疑人、被告人的证言而来自控方。因此，证人等在寻求保护时，负有保护责任的机关应从其面临的危险这一要素进行考虑。当然，由于保护措施的实施会消耗大量的司法资源，法律如此规定或许也是出于对实际情况的“妥协”，但这种趋势和发展方向应当得到充分的肯定。

在保护手段上，主要包括：不公开真实姓名、住址和工作单位等个人信息；采取不暴露外貌、真实声音等出庭作证措施；禁止特定的人员接触证人、被害人及其近亲属；对人身和住宅采取专门性保护措施等其他必要保护措施。法律首次明确列举保护方式，使证人保护制度有了可操作性，是证人制度的一项重大进步。保护措施随着实践的情况会不断地发展。在实施这些特别保护措施时，需要协调好与被告人基本诉讼权利保障的关系。例如在对证人采取隐匿身份信息，不暴露外貌等方式后，仍应保证被告人的“知悉权”“诉讼在场权”“对质权”等。[②] 在未来进一步完善时，可能需要借鉴域外的经验，不断丰富保护手段，例如为证人提供变更身份、提供安置住所等方式。

---

① 参见郎胜：《〈中华人民共和国刑事诉讼法〉修改与适用》，137页，北京，新华出版社，2012。

② 参见何挺：《证人保护与被告人基本权利的冲突与权衡》，载《中国刑事法杂志》，2007（3）。

（二）证人补偿

《刑事诉讼法》第 63 条首次明确了证人的补偿问题，规定“证人因履行作证义务而支出的交通、住宿、就餐等费用，应当给予补助”。补助资金的来源，由同级政府财政进行保证，列入司法机关业务经费。证人作证是履行其对国家的义务，通过其行为履行。因为作证行为而对证人造成的损失，理应由国家进行弥补。同时，证人所在的单位不得因为其作证而克扣其福利待遇。这体现了单位支持证人作证，配合司法机关办案的责任。需要注意，法律所规定的应当补偿的范围，并不限于出庭作证，而是证人在诉讼的各个阶段因作证而支出的费用，都应当由该阶段的办案机关进行补助。

证人补偿制度涉及财政资金的动用，补多少，怎么补等实际操作的问题可能会成为适用的难题。可以明确的是，给予证人作证资金补助的性质是补偿而非报酬。补偿应当根据证人的实际支出予以适当的补助，考虑交通费、住宿费、就餐费等。由于我国各地经济发展水平不同，证人出庭作证的成本也因人而异，要求法律或司法解释制定一个客观标准是不现实的。即使办案机关根据当地的人均收入水平而制定的补偿标准，也会常常面临证人来自外地，而无法足额补偿的情况。这些客观存在的现象，我们应当有充分的心理预估。证人作证并不是图这份补助，应当客观看待补偿制度的作用，它代表的是司法制度对证人行为的尊重。

五、其他问题

（一）不出庭证人的证言效力问题

《刑事诉讼法》在证人制度上的完善，直接针对的就是我国长期以来存在的证人出庭率低的现象。一方面明确证人应当出庭作证的案件范围，另一方面赋予法院强制证人出庭和惩戒的权力，督促证人出庭作证。在配套措施上，通过建立证人保护制度打消证人“怕报复”的心理；通过明确证人作证期间待遇不受影响，支付的费用应有补助，解除证人在经济上的后顾之忧。应该说，这些措施都是有利于提高证人出庭率的。但遗憾的是，法律对未出庭作证证人的证言能否排除，并没有明确规定，需要由法官根据案件的具体情况，结合其他证据确定。

这一遗憾，使证人不出庭作证缺乏程序上的后果，容易导致为了确保证人出庭的整个制度的实际效果无法达到。可以类比的情形就是为了遏制刑讯逼供而出台的一系列非法证据排除规则。我国刑事诉讼法历来都立场鲜明地严格禁止刑讯逼供，但因缺乏具有可操作性的制度约束和配套措施，刑讯逼供现象实际上并未得到遏制。遏制刑讯逼供的方法可以是通过资金投入，进行全程录音录像，建设讯问室的“硬隔离”，也可以是通过法律严格规范讯问时间、地点、方式等。但最釜底抽薪的做法就是直接排除采用非法手段获取的口供，而不论其实体上是否真实，使侦查人员没有再“刑讯逼供”的“动力”。如果应当出庭的证人不出庭接受询问，其书面证言无法成为定罪量刑的依据，那毫无疑问会促使提请证人出庭的一方要么积极敦促证人出庭，要么就必须重新制定诉讼或辩护的策略。虽然证人出庭率低的原因有很多，但在刑事司法实践中，负有举证责任的公诉方在证人出庭作证问题上采取消极态度，大量使用书面证言，使被告人无法有效质证，行使辩护权，确是一个常见问题。若不出庭证人的证言无法被采纳，毫无疑问对于公诉方的这种做法将形成巨大的影响。

同样是有关出庭的问题，鉴定人拒不出庭作证的，鉴定意见不得作为定案的根据。对证人未做同样的要求，可能是考虑到司法实践中出于打击犯罪的价值偏向，防止重大犯罪的被告人因为指控证据不足而逃避制裁而选择的妥协。可能建立完全的书面证言排除制度，乃至于“毒树之果”制度需要一个过程，但通过证人出庭作证贯彻直接言词这一基本诉讼原则的前进方向不应当放弃，前进的脚步不能停滞。在现阶段仍然采用书面证言的情况下，人民法院应当做到对书面证言的严格审查。对未出庭作证证人的书面证言，应当听取出庭检察人员、被告人及其辩护人的意见，并结合其他证据综合判断。未出庭作证证人的书面证言出现矛盾，不能排除矛盾且无其他证据印证的，不能作为定案的根据。

（二）出庭作证豁免问题

《刑事诉讼法》第188条规定，作为强制出庭作证制度的例外情况，被告人的配偶、父母、子女不得被强制出庭作证。这一条款出台后，各界纷纷以“亲亲相隐”制度的回归加以评价，乃至推广到“作证义务豁免权”的话题。但仔细研读，却让人有些许失望之情。

这一条款的确反映了法律制定中人性化的一面，注重对被告人及其家属情感的关怀，避免了亲属间在法庭上当面“大义灭亲”的尴尬场面。有人认为，这体现了社会价值取向的转变，不再将“国家利益”“社会利益”看成是高于一切的东西，而更倾向于保护家庭。① 遗憾的是，这种美好看法忽视了法条中“出庭”二字。我国传统文化中的“亲亲相隐”或是现代法律语境中的“亲属免证权”，其核心价值是不得强制亲属间作不利于对方的陈述，这是出于维持人们正常伦理道德观的考虑。而《刑事诉讼法》第188条只是规定不得强制亲属出庭作证，而并非可以不作证。被告人的亲属，如果知晓案件事实，具有认知和判断能力，那么其所具有的证人身份，仍然要求他在侦查和起诉阶段作证，哪怕是其证言对被告人不利。这显然是延续了国家与社会利益至上，以查明事实为重的价值取向。

不得强制被告人的特定亲属出庭作证的本意，是为了避免亲属所做的不利指证，对被告人的家庭关系产生不利影响。显然，这是针对公诉方申请证人出庭的情况。只要证人本人不愿意出庭，被告人无论如何也无法让其出庭“对质”。这显然可能对被告人“质证权”和“辩护权”的行使带来困难。对于被告人来讲，当庭质证或许能够从中得到对自己有利的信息。在这一问题上，保护家庭关系的价值重要性应当低于被告人诉讼权利保障的重要性。关键证人可以不出庭接受多方的询问，客观上是对公诉方有利的，这也从另一个侧面反映出本条依然强调的是国家和社会利益至上。

如果说第188条避免亲属间当庭对质还体现了“亲亲相隐”文化的部分内涵的话，那关于“作证义务豁免权”的期待则是完全没有的。正如前文所述，本条免除的是出庭义务而非作证义务。另外，从未来发展的角度看，若要树立“作证义务豁免权”，那么权利的主体也应当大幅度扩大，不仅应包括近亲属，也应考虑基于职务上保密义务而享有作证义务豁免权的人，例如医生、律师、宗教人士等。

---

① 参见张洁：《亲亲相隐与大义灭亲——谈我国现行刑事诉讼法的修改与传统文化的关系》，载《湖北职业技术学院学报》，2012（1）。

（三）同案犯的证人资格

由于共同犯罪案件的数量不断上升，在审判共同犯罪中难免会遇到同案被告人能否作为本案证人的问题，即同案被告人是否具有证人资格。笔者认为，分析同案被告人有无证人资格，应当具体问题具体分析，区别对待，主要可以分为以下三种情况：

一是具有共犯关系的同案被告人。这是最为常见的情况，笔者认为这种情形下的被告人和证人在刑事诉讼中具有完全不同的诉讼地位，享有并承担不同的权利和义务，担负不同的法律后果，故不具有证人资格。首先，在这种案件中，共同犯罪人有共同的犯罪故意，共同的犯罪行为，在刑事诉讼中都处于被控告的地位。如果人为地将一部分被告人的交代作为“被告人供述”，一部分作为“证人证言”，显然不妥。其次，同案被告人是案件的当事人，而证人则是诉讼当事人以外的诉讼参与人，二者权利义务不同。最明显的体现是，证人必须如实陈述，否则将构成伪证罪。但被告人虽“应当如实回答”，但不如实并没有负面的法律后果。坦白从宽，抗拒不应从严，已经成为共识。再次，如果一个被告人作为证人，证明其他被告人有罪，实际上也是在证明自己有罪。这是把证明责任转嫁给了被告人。

二是不具有共犯关系，但在犯罪中具有牵连关系的同案被告人。典型的情形包括窝藏、包庇犯罪和共同犯甲罪的同伙单独实施了乙罪。此时，对于窝藏、包庇罪的被告人和犯甲罪的被告人，在陈述其没有实施的犯罪时，同案被告人之间不存在直接的利害关系，也没有间接证明自己有罪，因此具有证人资格，其陈述属于证人证言。

三是虽有共犯关系，但已分离审判或先行结案的同案被告人。“同案被告”顾名思义就是同时被控、同时受审，已分离审理的共同犯罪人参加其他被告案件的诉讼活动已与被告地位相分离，享有并承担证人的权利和义务。

着眼未来，在“不得强迫任何人证实自己有罪”条款进入刑诉法，而“如实回答”继续有效的情况下，面对犯罪形式日趋复杂化的现状，为了有效打击贪腐、涉黑、涉恐犯罪，我们需要考虑带有豁免的污点证人制度的实践可能性。一些重大疑难案件的犯罪人，亲自参与犯罪行为，掌握关键性证据，对全面深入打击犯罪可能有极大帮助。如何利用这些信息，现行的自首和立功制度，只能解决揭发他罪的情形。对于共同犯罪中的同案犯罪人，污点证人制度或能够激励其成为"控方证人"，帮助打击犯罪。

（四）刑事见证人参与问题

刑事见证人是在勘验、检查、搜查、扣押、辨认等侦查阶段，对侦查人员实施的侦查行为进行见证的人。这是由《刑事诉讼法》及其相关司法解释所明确法定的。刑事见证人对特定刑事诉讼活动中的诉讼行为的过程进行观察、监督和证明。观察是见证人对侦查人员进行取证的手段和过程进行亲身的经历。监督并非指见证人有权对侦查人员的取证行为"提出意见"，而是通过其不具有侦查机关职务的中立身份，打破侦查中完全的封闭性，降低侦查人员在具有打击犯罪的倾向性心态下，滥用侦查手段的风险。见证人的证明作用体现在两个方面：一是见证人依法在相应的侦查笔录中签字，确认参与了该侦查活动以及侦查活动依法进行；二是在法庭庭审中，当证据来源合法性存疑时，向法庭说明情况。

过去，见证人的对侦查活动的证明作用，通常结束于在笔录上签字。现在，随着刑事诉讼程序对程序性制裁措施的强化，尤其是非法证据排除规则的应用，见证人证明侦查合法性的第二种方式的重要性凸显。《刑事诉讼法》第 54 条要求，收集物证、书证不符合法定程序，可能严重影响司法公正的，若不能补正或者作出合理解释，应当予以排除。公诉机关负有对证据收集合法性加以证明的责任。当侦查笔录存在争议时，公诉人可以建议合议庭通知侦查人员和见证人出庭陈述有关的情况。

需要注意的问题有两个：其一，见证人应属于《刑事诉讼法》第 106 条中的"诉讼参与人"之一。诉讼参与人，是在刑事诉讼中，除了参加诉讼的国家机关工作人员以外的，依法参加诉讼，享有一定权利、承担一定义务的公民和单位。[①] 见证人参加见证活动，发挥见证作用都于法有据。一方面，他享有亲自到

---

① 参见王新清、甄贞、高通：《刑事诉讼法》，5 版，17 页，北京，中国人民大学出版社，2014。

场见证侦查活动，在笔录上签字以及要求出庭说明情况的权利；另一方面，他承担着对侦查活动进行说明的义务。在选任上，《最高院解释》第67条排除了行使勘验、检查、搜查、扣押等刑事诉讼职权的公安、司法机关的工作人员或者其聘用的人员成为见证人的资格。其二，应当明确见证人应比照证人，确定其出庭规则。“见证人”是不是“证人”的疑问，与前文所述侦查人员出庭“说明情况”是不是“作证”在实质上是一样的。看问题的角度不同影响着答案的内容。在此问题上，认识的关键是我们如何看待程序审，它是不是庭审的一部分？程序性事实是不是“案件事实”？具体而言，非法证据排除程序在庭审中是独立的，还是相对独立的？笔者认为，这些问题应当做肯定的回答。证据是作出实体裁判的依据，对证据合法性进行调查，体现程序的独立价值，这是我国刑事诉讼制度，人权保障制度的发展方向。承认程序性事实后，再看见证人，他通过见证活动了解事实情况，起到证明作用，具有不可替代性，这都使其与证人无异。虽然在诉讼法上，我们仍然以实体事实作为确定证人资格的标准，但在实践中，见证人和侦查人员的“作证”都应当比照证人规则进行完善。

第三节 刑事诉讼法中鉴定人的诉讼权利

司法鉴定是指在诉讼活动中，鉴定人运用科学技术或者专门知识对诉讼涉及的专门性问题进行鉴别和判断，并提供鉴定意见的活动。随着时代的不断发展，证据的表现形式不断丰富，案件中的专门问题多种多样，涉及众多学科领域。俗话讲“打官司就是打证据”，司法鉴定通过科学的手段，解读证据中的内容，为法官查明案件事实，合理定罪量刑，起到极其重要的帮助作用。鉴定人作为鉴定活动的主角，在诉讼中的作用也越来越突出，在实践中暴露出来的问题也越来越多。《刑事诉讼法》在2012年经历了重大修订，对与鉴定相关的规则进行了完善，对鉴定人在诉讼程序中的活动做了进一步的规范。新《刑事诉讼法》将证据种类中的“鉴定结论”修改为“鉴定意见”，明确了鉴定人出庭作证的情形，将鉴定人纳入特别保护措施范围内，建立了“有专门知识的人”辅助诉讼的制度。

一、鉴定人的诉讼地位

根据《刑事诉讼法》第106条的规定，鉴定人是刑事诉讼参与人之一。鉴定人不是当事人，而是同法定代理人、诉讼代理人、辩护人、证人、翻译人员等一样，与案件没有直接利害关系的诉讼程序参与人。鉴定人不承担独立的诉讼职能，其参与诉讼是起辅助查明案情的作用。《刑事诉讼法》第144条规定，“为了查明案情，需要解决案件中某些专门性问题的时候，应当指派、聘请有专门知识的人进行鉴定”。

在西方国家，主要是英美法系国家，证据立法和理论均把鉴定人看做证人，把鉴定意见看做证人证言，即“专家证人”和“意见证据”。在这些国家的法律体系中，鉴定人只是专家证人的一种。只要是具有某一方面的专业知识，能够为法庭和陪审团就存在争议的专业知识答疑解惑，提供帮助的人都是专家。例如，从事多年教育工作的老师可以在涉及教育教学的案件中担任专家证人，有长期驾驶经验的司机可以对涉及交通事实发表专业意见。换句话说，在这些国家，对专家证人的界定是按照知识类型来界定，而不局限于某一项技能。这些专家证人接受一方当事人的委托，出庭作证，在地位上与一般证人没有区别。其证言的效力也并不像我国所使用的鉴定意见有那么大的影响力。英美法系国家采取这样的模式，主要与其对抗制的诉讼模式有关。控辩双方在地位平等的情况下，各自选取专家证人，为其提供诉讼上的帮助。法官在此保持消极地中立，通过处于对立面的双方当事人之间的相互制约，充分发挥诉讼程序的作用，达到揭示案件事实的目的。

在大陆法系国家中，鉴定人一般被认为是法官的辅助人。在法国，司法鉴定人是根据法官的指令对需要运用专业技术知识并通过复杂的调查才能查证的事实提出意见的专业技术人员。[1] 德国学者将鉴定人看做是根据法官的委托，就专门问题提出带有经验性的报告，或者对法院提供的材料运用其专门知识来帮助法院进行认识活动的人。[2] 在这种理念下，法官有权指定、聘请鉴定人。同时，要求鉴定人必须保持中立，有回避的义务。这种鉴定人制度源于大陆法系国家"职权主义"诉讼模式。法官在诉讼活动中是积极发现真相的主体。当他在遇到受自身知识所限而无法判断的问题时，就需要寻求鉴定人的帮助，辅助其发现事实真相。此时的鉴定人不受控辩双方的影响，中立地进行鉴定工作，鉴定意见具有较强的公正性和权威性。但弊端是，辩护方无法参与鉴定程序，难以对鉴定意见进行有效质证。法官一旦出错，不易及时发现。

我国的鉴定人制度偏向于大陆法系传统，将证人与鉴定人区别开来。无论是鉴定人与证人，鉴定意见与证人证言，都存在重要的区别。主要表现在：

（1）证人是由案件本身决定的，因此具有不可选择性和不可替代性。鉴定人则是在案件发生后由公安、司法机关根据需要指派或聘请的，既可以选择，也可以更换和替代，必要时还可以组织重新鉴定或补充鉴定。

（2）证人提供证人证言，是向有关机关和人员陈述自己所了解的案件事实。鉴定人事先并不了解案件事实，而是对案件中某些专门问题进行分析研究后提出判断性意见，从而对案件事实起证明作用。如果鉴定人事先了解有关案件的事实情况，就应当做证人，而不能做鉴定人。

（3）证人作证不需要具备专门知识，只要能够辨别是非，能够正确表达，就可以做证人，而鉴定人必须具备有关的专门知识和技能。

（4）只要是了解案件情况的人，依法都有作证的义务，都可以充当证人，证人不存在回避的问题。鉴定人则不同，如果与本案或本案当事人有利害关系或其他法定情况，便应当回避，不能接受指派或聘请做鉴定人。

（5）鉴定人为了提供科学的结论，可以要求了解有关案情或阅览有关案卷材料，几个鉴定人共同鉴定时，可以互相讨论，共同写出鉴定结论。证人则不能要

---

① 参见徐景和：《司法鉴定制度改革探索》，18～19页，北京，中国检察出版社，2006。

② 参见樊崇义：《司法鉴定法律知识导读》，254页，北京，法律出版社，2001。

求了解案情，而且法律明确规定询问证人应当个别进行，证人之间不能互相讨论，以免相互影响，导致证言失实。①

二、鉴定人的权利和义务概述

鉴定人是受到司法机关的聘请或指定后，凭借自己的专门知识和技能对案件事实中的某个专门性问题作出书面鉴定意见的诉讼参与人。司法鉴定人作为具有专业技术的群体，既接受司法行政部门的管理，在诉讼中又受诉讼制度的约束。因此，司法鉴定人的权利义务可以分为执业权利义务和诉讼权利义务两种。

司法鉴定人的执业权利是指司法鉴定人执业过程中所应享有的与鉴定活动有关的权利。这些权利被法定于全国人民代表大会常务委员会《关于司法鉴定管理问题的决定》和司法部《司法鉴定人登记管理办法》等法律规章中。

《司法鉴定人登记管理办法》第 21 条赋予鉴定人的权利包括：（1）了解、查阅鉴定所需情况和资料，询问当事人、证人。（2）要求委托人无偿提供鉴材和样本。（3）从事必需的鉴定活动。（4）拒绝接受不合法、不具备鉴定条件或者超出登记的执业类别的鉴定委托。（5）拒绝解决、回答与鉴定无关的问题。（6）保留不同意见的权利。（7）接受岗前培训教育的权利。（8）获得合法报酬的权利。《办法》第 22 条则列举了九项司法鉴定人应当履行的义务。

在刑事诉讼程序中，为保证鉴定人能够作出科学的鉴定意见，法律赋予鉴定人以下诉讼权利：（1）有权查阅与鉴定事项有关的案卷材料；必要时，经侦查人员、审判人员的同意，可以参加勘验与检查。（2）在同一专门性问题有两个以上的鉴定人鉴定时，可以共同作出一个鉴定意见，也可以分别作出各自的鉴定意见。（3）鉴定人认为因在诉讼中作证，本人及其近亲属的人身安全面临危险的，可以向公安司法机关请求予以保护。

鉴定人在享有诉讼权利的同时，也应承担一定的诉讼义务：回避的义务；鉴

① 参见陈卫东：《刑事诉讼法》，130 页，北京，中国人民大学出版社，2012。

定人有义务出席法庭，回答有关人员就鉴定意见依法提出问题；鉴定人必须客观、全面地反映鉴定的过程和结果，不得隐瞒或者编造虚假情况，故意提供虚假鉴定意见的，应当负法律责任。①

三、2012 年刑事诉讼法对鉴定人权利义务的完善

（一）鉴定人出庭作证的义务

根据直接言词原则的要求，证据应当接受质证之后，才能作为认定事实、定罪量刑的依据。鉴定意见作为证据的一种，也必须遵循这一原则的要求。鉴定人作为鉴定意见的制作者，应当出庭就其鉴定意见接受质证。但证人不出庭、出庭率低，一直是我国刑事诉讼活动实践中的严重问题。鉴定人作为广义上的证人之一，也存在这样的问题。②

1979 年刑事诉讼法规制下的审判程序是典型的书面审程序。由于实行书面裁判主义和相应的卷宗移送制度，审判的依据基本来自侦查机关提供的口供和其他书面证据材料，无须鉴定人、证人等出庭作证。在 1996 年刑诉法实施以后，我国的刑事审判模式具备了初步的控辩式特征。1996 年《刑事诉讼法》第 156 条规定，公诉人、当事人和辩护人、诉讼代理人经审判长许可，可以对证人、鉴定人发问。由此可知，鉴定人在庭审中有出庭接受询问的义务。《最高院解释》第 144 条更加明确地规定，鉴定人应当出庭作证。2005 年全国人大常委会颁布的《司法鉴定决定》对鉴定人出庭问题作了进一步规定："在诉讼中，当事人对鉴定意见有异议，经人民法院依法通知，鉴定人应当出庭作证"，并规定，"经人民法院依法通知，拒绝出庭作证的"，依法予以处罚。可以说，鉴定人出庭作证义务是有法可依的。

为何鉴定人依旧怠于出庭，有学者认为，鉴定人出庭作证的诉讼价值得到了认可，但是我们却没有认识到鉴定人出庭作证需要一个设计科学、配置合理的制

① 参见王新清：《刑事诉讼法》，65 页，北京，中国人民大学出版社，2013。
② 参见陈卫东、张军：《刑事诉讼法新制度讲义》，106 页，北京，人民法院出版社，2012。

度来保障。1996年刑事诉讼法及其解释并没有在实体上和程序上作出进一步的规定来保障鉴定人出庭作证的实施。这就造成在司法实践中，应当出庭作证的鉴定人并不受这一规定的约束，并不履行出庭作证的义务。鉴定人的诉讼地位、出庭作证后的质证权、出庭作证后的收费权等问题未得以明确，都是问题的症结之一。[①] 其中最核心的是，应当出庭的鉴定人不出庭作证不用承担任何法律责任。这使鉴定人出庭作证制度形同虚设。

鉴定人不出庭导致鉴定意见不得不在庭审中被大量直接使用，使法官希望通过鉴定人出庭作证来审查判断鉴定意见的有效性和证明力的目的无法实现，也使立法者希望增强法庭抗辩性、防范庭审形式化的预期落空。对这一经过长期实践而严重暴露的问题，新刑诉法对证人、鉴定人出庭作证制度作出了大幅修改。

新刑诉法明确了鉴定人必须出庭作证的情形。鉴定人应当出庭作证的范围是：公诉人、当事人或者辩护人、诉讼代理人对鉴定意见有异议，人民法院认为鉴定人有必要出庭的。不同于证人必须出庭作证的条件，鉴定人出庭不要求鉴定意见对案件定罪量刑有重大影响，而是只要控辩双方对鉴定意见有异议，人民法院认为有必要的，鉴定人就应当履行出庭作证的义务。刑诉法的规定与民诉法也有所不同。刑事诉讼中，人民法院以控辩双方对鉴定意见有异议为前提，最终决定鉴定人是否需要出庭。民事诉讼中，只要当事人对鉴定意见有异议，鉴定人就应当出庭作证；当事人没有异议，但法庭认为有必要的，鉴定人也应当出庭。刑事诉讼法对鉴定人出庭条件的规定，兼顾了诉讼公正与诉讼效率的要求。法律赋予人民法院在此问题上的裁量权，也是对我国长期以来刑事诉讼传统的必要尊重。

义务的履行需要有责任来督促。新刑诉法首次对鉴定人不出庭作证明确地规定了法律后果。经人民法院通知，鉴定人拒不出庭作证的，鉴定意见不得作为定案的根据。这是一种程序性的制裁。这一规定的思路类似以排除非法证据遏制非法取证手段。通过不予认可鉴定意见的方式，使提供鉴定意见支持自己观点的一

---

① 参见李学军：《鉴定人出庭作证难的症结分析》，载《中国人民大学学报》，2012（3）。

方，敦促鉴定人出庭质证，从而确保鉴定意见的可靠性。

新刑诉法对证人应出庭而不出庭规定了强制到庭、训诫直至拘留的内容，但除对鉴定人拒绝出庭致鉴定意见不被采用外，并未对鉴定人有类似规定。在刑事诉讼法草案第二次审议稿以前，在此问题上对鉴定人和证人是相同的。全国人大法律委员会副主任委员李适时在解释二审稿时对此进行了说明："对于鉴定人不依法履行出庭作证义务的行为，全国人大常委会关于司法鉴定管理问题的决定已对此明确规定了法律责任，刑事诉讼法就不再另行规定。"当鉴定人没有正当理由而拒不出庭作证的，由人民法院向司法行政机关或者有关部门通报情况。根据《司法鉴定决定》第 13 条规定，经人民法院依法通知，鉴定人拒绝出庭作证的，由省级人民政府司法行政部门给予停止从事司法鉴定业务 3 个月以上、1 年以下的处罚；情节严重的，撤销登记。

经过这样的修改之后，鉴定人出庭问题在义务和责任方面得到了完善。鉴定人出庭质证问题是鉴定人参与刑事诉讼的核心问题，完善该制度还涉及鉴定人受保护权等其他问题。

（二）受保护权

鉴定人出具鉴定意见，帮助查明案件事实。在许多案件中，鉴定意见中有关 DNA、人身、物证的内容会对案件走向起到重要作用。当鉴定意见对一方明显不利时，鉴定人就有可能会面临打击报复的危险。尤其是在鉴定人需要出庭作证后，这样的风险增加了。国家有义务为其提供足够的保护，避免鉴定人因惧怕打击报复，而作出违心的陈述，影响程序公正和实体公正的实现。新刑诉法完善了对证人权利的保障，建立起比 1996 年刑事诉讼法更为完善的证人保护制度。鉴定人明确地被纳入了国家特殊保护的范畴。

《刑事诉讼法》第 62 条规定的特殊保护措施共有五种，包括不公开真实姓名、住址和工作单位等个人信息；采取不暴露外貌、真实声音等出庭作证措施；禁止特定人员与之接触；对人身和住宅采取专门性保护措施等。"其他必要的保护措施"作为兜底条款，使鉴定人及其近亲属获得国家保护的这项权利在实践中更加具有可操作性。

鉴定人如果认为因在诉讼中作证，本人或者近亲属的人身安全面临危险的，可以向司法机关提出予以保护的申请。这一规定赋予了鉴定人请求保护的申请权。司法机关经过审查，认为确有必要采取保护措施的，可以采取一种或多种保护措施。当然，司法机关在发现存在危险时，也可以依职权主动采取保护措施。

（三）“有专门知识的人”制度的确立

鉴定人出庭接受询问的目的，是帮助法官更加充分地了解鉴定意见的合法性、真实性、科学性，体现直接言词原则，实现当事人对质权。因此，鉴定人出庭作证不仅具有形式上的意义，也具有实体上的意义。但在诉讼实践中，鉴定人在履行了出庭作证的义务后，实际作证的效果却不尽如人意。因为在面对极其专业的鉴定意见时，无论是公诉人、被告人、辩护人，还是法官，都不一定了解涉及鉴定的科学原理、方法、手段、检验结果及其评价等，也就无法向鉴定人提出有针对性的问题。这样一来，鉴定人出庭就成了走过场，达不到质证的效果。鉴定人亦会感觉其无法通过质证的方式为自己的鉴定意见树立权威，进而说服裁判者采信其鉴定意见。鉴定人的出庭积极性必然受到打击。有学者将此概括为鉴定人应当享有的“受质权”[①]。所谓“受质权”，是指鉴定人应法院通知出庭作证时，有权利要求鉴定意见的不利方真正质疑鉴定意见之实质及核心内容，也就是围绕针对专门性问题的鉴定技术、原理、方法等展开交锋。

从举证责任理论的角度看，承担举证责任的一方不能提出有力证据时，将会承担因举证不能而导致的诉讼上的不利结果。在“受质权”理论中，鉴定人要求对方提出实质性问题的这一权利，实现起来既无必要性，也难有可行性，但这确实反映出我们司法实践中的现实问题。在刑事诉讼活动中，鉴定属于侦查行为的一部分，只有侦查机关才能启动鉴定活动，犯罪嫌疑人、被告人只能在鉴定完成后申请补充鉴定或重新鉴定，可以说，鉴定活动是由侦查机关主导的。在庭审中，如果被告方因为缺乏专门知识，无法对鉴定意见提出有实质性的意见，就只能接受鉴定意见中所表达的观点，不能充分行使辩护权。如果法官不能理解和甄

① 李学军：《新诉讼法规制下的鉴定制度评析》，载《中国司法鉴定》，2012（6）。

别鉴定意见，可能会出现实体裁判权“旁落”到专业技术人员的情况，并且不利于查明案件真相，容易形成错案。

新刑事诉讼法确立“有专门知识的人”制度，针对鉴定意见给予法官和控辩双方当事人一定的专业协助。《刑事诉讼法》第192条第2款规定，公诉人、当事人和辩护人、诉讼代理人可以申请法庭通知有专门知识的人出庭，就鉴定人作出的鉴定意见提出意见。这一称谓早在2002年时便在《最高人民法院关于民事诉讼证据的若干规定》和《最高人民法院关于行政诉讼证据若干问题的规定》中出现。刑事诉讼活动一直缺乏一部类似的证据方面的法律法规或许是“有专门知识的人”姗姗来迟的原因之一。

“有专门知识的人”参与刑事诉讼可以起到多种作用。首先，从对方当事人的角度，对鉴定意见的内容进行质疑，削弱乃至否定鉴定意见的证明力。提交鉴定意见的一方可以利用有专门知识的人进一步解释鉴定意见的内容，增强鉴定意见的证明力，促使法官采纳鉴定意见。其次，有专门知识的人出庭，由其根据专业知识，发现鉴定中存在的问题，可以为法官甄别鉴定意见、作出科学的判断、提高内心的确信提供参考，以保证案件的公正审理。再次，这一制度在客观上能够加强鉴定人的责任意识，对鉴定意见的产生起到正面促进作用，增强鉴定意见的科学性。最后，这能在一定程度上减少重复鉴定的发生，节约诉讼资源，提高审判工作效率。①

“有专门知识的人”这一制度的确立，是刑事诉讼法的一项进步。但这仅仅一条的规定，遗留了不少需要进一步完善的地方。其中最主要的一项是，有专门知识的人在刑事诉讼中的地位如何。《刑事诉讼法》第106条关于诉讼参与人的规定，并没有“有专门知识的人”的位置。而从有专门知识的人在诉讼中的实际活动来看，他有权参与刑事庭审，可以对鉴定意见发表自己的看法，能够对刑事诉讼的进行产生影响，客观上帮助了诉讼的进行，就应当属于诉讼参与人的范畴。这一问题，可以考虑在将来通过司法解释的方式进行补充。

---

① 参见郎胜：《中华人民共和国刑事诉讼法修改与适用》，344页，北京，新华出版社，2012。

与诉讼地位相关的一个问题是，有专门知识的人就鉴定意见提出自己的看法，应当保持中立客观还是代表申请其出庭一方的利益。仅从法条上看，可以得出不同的理解。其一，公诉人或当事人自行寻找有专门知识的人辅助其进行诉讼，申请法庭允许其出庭。在这种情况下，有专门知识的人由控诉一方委派，费用由控诉一方承担，理应代表该方的立场。在立场上不应该也无法苛求其保持中立。但有专门知识的人不得故意歪曲事实，误导法官。这种违反职业道德的行为一旦发生，应当根据行为的严重程度追究其相应的责任。其二，公诉人或当事人并非自行寻找有专门知识的人，而是在有需要时，向法院进行申请，由法院在一定范围内选派有专门知识的人，就鉴定意见进行解读，提出意见。这种情况下的有专门知识的人，当然应当保持客观和中立。这两种模式各有各的优势，在刑事诉讼法及司法解释均未明确采取何种方式的情况下，笔者认为，司法实践中可以根据具体情况进行尝试。

“有专门知识的人”这一制度在刑事诉讼中尚属于新鲜事物，需要通过司法实践的检验，并逐步完善。从积极的意义上看，这种“有专门知识的人”协助当事人就专业方面的问题对鉴定人进行询问，同时又有法官在法律上的指导，保障鉴定意见的客观性与科学性，共同协助法官认定涉及专门性问题的案件事实，促进了法庭质证质量和效率的提高，促进了程序正义和实体正义的实现。与此同时，新制度是否经得住实践检验的疑问也存在。[①] 有专门知识的人出庭对鉴定意见提出自己的看法，内容主要是针对已有鉴定意见的质疑，仅仅是提出问题而不必回答问题。法官听取有专门知识的人之陈述后，能够了解现有鉴定意见可能存在的瑕疵，但到底应该如何认定鉴定意见的结论，法官可能再次陷入迷茫之中。这或许能够减少法官偏听一方鉴定人之言所带来的错判，但并不能保证对鉴定意见的正确判断。另外，鉴定作为一项专业性极强的工作，尤其是涉及人身伤害的鉴定非常复杂，不同的专业人士可能会产生不同的结论，且并不一定都是错误的。当鉴定人和有专门知识的人交锋后，各自观点的不同会再次凸显鉴定意见中

① 参见章礼明：《评专家辅助人制度的诉讼功能——借助新〈刑事诉讼法〉实施之后司法首例的分析》，载《河北法学》，2014（3）。

的矛盾，进而引发“重复鉴定”。这就会使制度设计者所希望达到的节约诉讼资源、提高诉讼效率的愿望落空。虽然法院在此问题上具有决定权，但如何拿捏是否允许再次鉴定的尺度，将会非常考验法官的个人能力。

（四）出庭收费权

为了提高证人出庭率，新《刑事诉讼法》第63条增加了证人作证的补助与保障条款。该条规定证人因履行作证义务而支出的费用，应当予以补助，所在单位不得克扣工资、奖金及其他福利待遇。而同样需要出庭作证的鉴定人，没有被列入其中。

关于鉴定人收取费用的权利，早已有法律明定。《司法鉴定决定》第15条规定，司法鉴定的收费项目和收费标准由国务院司法行政部门商国务院价格主管部门确定。据此颁布施行的《司法鉴定收费管理办法》对鉴定收费根据不同的项目制定了详细的标准。对于鉴定人出庭作证所应收取的作证费，并没有支持。该《办法》第13条仅写明司法鉴定人出庭作证发生的交通费、住宿费和误工费不属于司法鉴定收费范围，由人民法院按照国家规定标准代为收取后交付司法鉴定机构，但并没有后续法律文件写明是什么标准，向谁收取。

毫无疑问，鉴定人出庭作证应当有专门的收费或者补贴。目前司法鉴定人收取的费用只是因为鉴定人向委托人提供了鉴定服务，就专门性的问题进行了鉴别、判断并出具了鉴定意见书。这是鉴定人就其付出的劳动，所消耗的人力物力而收取的合法报酬。这一部分费用并未将出庭所需费用包含在内。一来这本不在收费办法所列之中，二来并非所有诉讼中都需要鉴定人出庭作证，不可能提前预收作证的费用。但是当鉴定人花费了时间精力，出席了法庭作证活动，就应当有权利就其提供的智力服务，消耗的时间而获得相应的报酬。

由于我国刑事诉讼制度一直将鉴定认定为侦查手段之一，侦查机关掌握着鉴定的启动权，鉴定机构也通常是由侦查机关内设的，因而，鉴定的费用实际上已经由国家承担。国家在侦查机关中设立鉴定机构，购买设备仪器，支付人员工资，可以被认为其已经负担了包括出庭作证费在内的费用。

对于具有专门知识的人出庭发表意见，目前看来，只能由聘请一方承担费用。正如前文所言，接受一方委托收费的具有专门知识的人，其发表的意见难免会带有倾向性。

四、结语

犯罪手段的日益复杂，侦查技术的不断进步，这两者一个是“魔”，一个是“道”，处于持续的竞争环境之中。司法鉴定活动在查明事实的过程中扮演着越来越重要的角色，也就需要更加科学的规则，使其发挥最佳的效果。作为鉴定活动的核心，鉴定人既需要充分的空间施展其才华，也需要制度的设计以预防风险。虽然 2012 年两大诉讼法修订都对鉴定制度进行了完善，但仍然存在不足，需要我们结合司法实践，多部门间相互协调沟通，进一步加以完善。

第四节　违法所得没收特别程序中的利害关系人

刑事诉讼法的重要任务之一是惩罚犯罪。在刑事诉讼中，侦查机关为保证未来判决的顺利执行，除约束或剥夺犯罪嫌疑人的人身自由外，还会查封、扣押相关的财物和文件，同时追缴犯罪嫌疑人所有的赃款赃物，尤其对于贪利型犯罪，限制犯罪嫌疑人的人身权利和财产权利具有同等重要的意义。但我国《刑事诉讼法》自 1979 年实施以来，就带有强烈的“重人轻物”的特点，突出表现为：刑事诉讼法中与罚没犯罪嫌疑人、被告人财产、财物有关的条文规定较少。随着中国经济社会的快速发展，刑事司法实践中出现了很多新情况和新变化，这些简单的条文规定已经很难回应公众对打击贪污腐败的呼声，也无法满足国家打击暴力恐怖活动的需要。[1]

---

① 参见陈卫东：《论新〈刑事诉讼法〉中的判决前财产没收程序》，载《法学论坛》，2012 (3)。

有鉴于此，2012年修订的《刑事诉讼法》，在"特别程序"一章增设了"犯罪嫌疑人、被告人逃匿、死亡案件违法所得的没收程序"。由于该程序具有高度的前瞻性，尚未经过司法实践的检验，在修改过程中和颁布后都引起了学界和实务界的热烈讨论。[①] 多数的研究着眼于从检察机关、人民法院的角度入手，而对没收程序的另一个重要参与者——"利害关系人"研究较少。笔者认为，违法所得没收程序对公民私有财产权具有重大影响，必须有完善的程序保障才能防止其滥用。违法所得没收程序虽然注重追求诉讼效率，但毕竟不是行政程序，而是要接受司法审查，不能片面重视申请没收一方的单方作用，依赖检察官的专业素养和客观义务保障程序的合法运行。要给予权利可能受到影响的利害关系人充分的参与权，与检察官形成对抗，由兼听则明的法官依法进行判断，才能准确理解和适用该程序。

一、"利害关系人"的诉讼地位

利害关系人是《刑事诉讼法》修正之后伴随着"违法所得没收程序"而产生的新角色。对于利害关系人的角色定位，法律并没有明确。《刑事诉讼法》第106条在此次修订中没有任何变化，对"当事人"和"诉讼参与人"的概念进行了阐明，"利害关系人"既不属于"当事人"，也不属于"诉讼参与人"的范围。利害关系人在刑事诉讼中缺乏定位，毫无疑问将影响其作用的正确发挥。厘清利害关系人与当事人、诉讼参与人的关系，在刑事诉讼中的地位如何，是进一步探

---

① 自新刑事诉讼法实施以来，各地司法机关已经开始适用"违法所得没收程序"。江西省上饶市、广东省中山市、浙江省温州市的检察机关分别就潜逃国外的贪污罪犯罪嫌疑人、已死亡贪污罪犯罪嫌疑人和已死亡非法集资罪犯罪嫌疑人的案件向人民法院提出了没收违法所得申请。特别需要指出的是，温州市检察院对非法集资犯罪案件适用违法所得没收程序，违反了刑事诉讼法对没收程序适用范围的规定。案件情况参见最高人民法院网站：《江西省上饶市中级人民法院公告》，http：//www.court.gov.cn/qwfb/fygg/201303/t20130311_182620.htm；检察日报网站：《广东中山：首次申请没收涉贪案违法所得》，http：//newspaper.jcrb.com/html/2013－04/18/content_126657.htm；法制网：《温州市检察院提出浙江省首例没收违法所得申请》，http：//www.legaldaily.com.cn/index/content/2014－02/08/content_5255603.htm？node＝20908。

讨利害关系人在诉讼中作用的前提。

“诉讼参与人”与“当事人”是包含与被包含的关系。通常，我们按照诉讼参与人的诉讼地位不同，将诉讼参与人分为当事人和其他诉讼参与人两类。诉讼参与人中，与案件的结局有着直接利害关系，对刑事诉讼进程发挥着较大影响作用，在诉讼中分别处于控诉或者辩护地位的是当事人。[①] 具体来说，当事人包括被害人、自诉人、犯罪嫌疑人、被告人、附带民事诉讼的原告人和被告人。这些主体的共同特征是，他们与案件的结果有着直接的利害关系，其实体权益因为诉讼的进行而处于不稳定的状态。当事人在诉讼过程中，拥有范围较广的诉讼权利，可以通过行使这些权利对诉讼的过程和解决起到比其他诉讼参与人更有力的影响。

“其他诉讼参与人”包括法定代理人、诉讼代理人、辩护人、证人、鉴定人和翻译人员。这一类诉讼参与人与案件的结果没有直接的利害关系，虽然在刑事诉讼中也享有一定的权利并承担义务，但并不会对诉讼启动、进行、结束发挥重大的程序性作用。他们参与诉讼的主要目的或者是协助一方当事人进行诉讼（如法定代理人、诉讼代理人、辩护人），或者为诉讼提供证据材料（如证人、鉴定人），或者为诉讼的顺利进行提供帮助（如翻译人员）。这些诉讼参与人不具有独立的诉讼职能。

违法所得没收程序中的利害关系人，因对被申请没收的财产主张所有权，根据人民法院的公告，申请参加诉讼。利害关系人可以委托诉讼代理人。在庭审中，他可以发表意见、出示证据，并进行质证，发表辩论意见。对于裁判结果，利害关系人享有上诉权和抗诉权。

从利害关系人依法可以从事的诉讼行为上看，其诉讼权利是较为广泛的；从实体上看，利害关系人的参与可以对案件产生重大的影响，诉讼结果与其有直接的利害关系。这些特点都与当事人在刑事诉讼中的特点类似。利害关系人在庭审中可以举证质证、进行辩论，发表意见，进行上诉、抗诉，体现出其在诉讼中的

① 参见宋英辉：《刑事诉讼法》，56页，北京，中国人民大学出版社，2011。

独立性。他参与诉讼，并非是为了使诉讼活动顺利进行而提供帮助。因此，笔者认为利害关系人的性质可以归类于诉讼参与人中的当事人，享有当事人的诉讼地位，享有相应的权利、承担相应的义务。

二、参与诉讼的利害关系人之范围

违法所得没收程序中，对“被申请没收的财产”范围的界定是“依照刑法规定应当追缴的违法所得及其他涉案财产”。《最高人民法院关于适用〈中华人民共和国刑事诉讼法〉的解释》第509条明确为“实施犯罪行为所取得的财物及其孳息，以及被告人非法持有的违禁品、供犯罪所用的本人财物”。因此，只要与上述财产有法律上利害关系的人都应当是违法所得没收程序的参与人。《刑事诉讼法》及《最高法解释》所列举的主体有两类：犯罪嫌疑人、被害人的近亲属与对申请没收的财产主张所有权的其他利害关系人。

犯罪嫌疑人、被告人的近亲属是指其夫、妻、父、母、子、女、同胞兄弟姊妹等。对犯罪嫌疑人、被告人的近亲属而言，他们可能是犯罪嫌疑人、被告人财产的共同所有人或继承人。被申请的财产若被没收，将会直接影响其所有权或继承权的行使。近亲属以外的与被申请没收财产有法律上利害关系人的人，也具有参加没收程序的资格。《最高法解释》第513条将“法律上的利害关系”限定为主张所有权，例如用作实施犯罪的财物系嫌疑人借用或窃取的。该财产的所有人可以在没收程序中，主张返还财产。

（一）近亲属利害关系人参与诉讼的必要性

从文义上讲，一切与被申请没收财产有法律上利害关系者，均是利害关系人。那么，《刑事诉讼法》第281条第2款是否可以直接写作“利害关系人有权申请参加诉讼，也可以委托诉讼代理人参加诉讼”？即，在此特别区分近亲属与其他利害关系人应当具有特殊的理由。

从法律规范上看，近亲属与其他利害关系人最明显的区别，体现在参与诉讼的方式上。非近亲属利害关系人必须提供申请没收的财产系其所有的证据方能申请参加诉讼。利害关系人提供有关所有权的证据材料，用以证明其与被申请没收之财产确有利害关系，参加诉讼由此具有必要性与正当性。近亲属利害关系人则只需提出其与犯罪嫌疑人、被告人关系的证明材料，即可参加诉讼。为何近亲属因其自然身份而天然地具有参加没收程序的必要性和正当性？形式上的区别理应意味着实质上的不同。

既然近亲属不必提供与财产有关的材料即可参加诉讼，那么作为利害关系人之一，就应当有除财产所有权外的利益蕴含其中，以保证参与这一诉讼程序是有必要的。从法庭审理的内容中看，《最高法解释》第515条所规定的法庭调查内容主要是两项，一是嫌疑人是否实施了相关犯罪且无法到案，二是申请没收的财产是否应当追缴。检察员先出示有关证据后，由利害关系人发表意见，出示证据，并且质证。简言之，一项针对犯罪事实，一项针对涉案财产。利害关系人发表的意见，应当与法庭调查的范围相符。对于除近亲属以外的利害关系人，由于其参与诉讼的理由是对涉案财产主张所有权，因而在法庭上也只能针对财产问题发表意见，举证质证，参与辩论。对于近亲属，如果对财产不主张权利，那么发表意见的内容就只剩下针对犯罪事实的部分。

违法所得没收程序是独立于被追诉人刑事责任判定的对物的处置程序。近亲属作为与嫌疑人、被告人有着最密切联系的群体，在没收程序中除了为自己的利益（主张财产权利）代言外，还可以为其亲人的行为进行“说明”，从而使其参与违法所得没收程序具有意义。这种参与活动在内容上，与行使“辩护权”有相似之处。即使近亲属不主张财产归自己所有，但能够通过自己掌握的信息，向法庭解释财产的来源，还可以向法庭解释涉案亲属的犯罪行为，帮助法庭了解案件的相关情况。这并非行使辩护权，因为辩护权的权利主体只属于犯罪嫌疑人、被告人。即使是辩护律师，也是在犯罪嫌疑人、被告人的授权下帮助其进行辩护。在特别没收程序中，犯罪嫌疑人、被告人不能到案或已死亡，其辩护权既无法亲自行使也未授权他人代为行使。近亲属在没收程序中，对于犯罪事实和行为的说明，也就不是替犯罪嫌疑人、被告人辩护。在客观效果上，近亲属参与没收程序确实可能达到代表犯罪嫌疑人、被告人说明情况的效果。

在实践中，尤其是对于外逃的贪污腐败案件犯罪嫌疑人、被告人，侦查机关找不到人或者明知其在某地却无法追捕到案，但嫌疑人的近亲属却往往能掌握其动态。给予近亲属参与权，也可以使侦查机关、追诉机关由此了解嫌疑人的相关情况和主张，建立一个沟通的渠道。这对于解决外逃贪官的遗留问题，促使其归案是有价值的。另外，没收程序对于犯罪嫌疑人、被告人亲属的参与条件要求较低。按照司法机关的解释，近亲属即使未对申请没收的财产提出异议，也不为犯罪嫌疑人、被告人的犯罪行为提出意见，只是为了跟踪了解诉讼情况而参加诉讼的，人民法院也应当开庭审理，只是审理的过程可以适当简化。①

由是观之，在特别没收程序参与人中，对近亲属在“利害关系”上的范围设定，实际上是相当宽松的。这种“利害关系”既可以表现为对财产权利的主张，还可以表现为对可能影响其犯罪亲属财产处理、罪行认定的的关注，甚至是仅仅基于亲情关系的了解案情。② 通过给予近亲属这样的参与方式，从某种程度上，能够对没收程序中嫌疑人、被告人缺席的正义失衡状态进行“再平衡”。

（二）其他利害关系人参加诉讼的必要性

相比于近亲属有如此简便的参与诉讼方式，其他利害关系人仅能凭借对被申请没收的财产“主张所有权”的理由，才能参加财产没收程序的条件是否过于严格？主张所有权，是对财产权属最强烈的主张，所有权利害关系人参加诉讼的必要性不必赘述。然而，法律上的利害关系不仅包括以所有权为代表的物权，至少还应包括债权。对被申请没收的财产享有债权的利害关系人，是否可以申请参与没收程序？有观点认为，没收程序适用的财产范围是应当追缴的，被告人实施犯罪行为所取得的财物及其孳息，以及非法持有的违禁品、供犯罪所用的本人财物。这些财产在性质上不属于被告人合法所有，本应上缴国库或者返还被害人，

---

① 参见江必新：《最高人民法院关于适用〈中华人民共和国刑事诉讼法〉的解释理解与适用》，435页，北京，中国法制出版社，2013。

② 在江西省上饶市中级人民法院2013年3月11日就李某波案发出的公告中，关于利害关系人申请参加诉讼的内容中表述为“犯罪嫌疑人李某波的近亲属和其他利害关系人对上述财产主张所有权的，……”这一表述从文义上看，将近亲属申请参加诉讼的范围也限制为必须主张所有权，与司法解释制定者的理解不同。

不能用以偿还被告人所负债务，故对犯罪嫌疑人、被告人享有正当债权的人参加诉讼并无实际意义。因此，不应允许其参加特别程序。

笔者认为这一观点的逻辑值得推敲。“债权利害关系人无参加没收程序的必要”这一观点是用结果来反推过程，事先假定了“涉案财产一定是属于应当追缴的”这一前提，从而否定债权利害关系人的参与必要性。在没收程序裁判作出以前，申请没收之财产，除违禁品外，也应依据“无罪推定”的原则，视为犯罪嫌疑人、被告人的合法财产。对犯罪嫌疑人、被告人享有债权的利害关系人，固然不能直接对申请没收的财产主张所有权，但犯罪嫌疑人、被告人所拥有的财产，使其债权的实现具有可能性。嫌疑人的财产如果被没收，将会导致其偿债能力下降，影响的是债权人所享有债权的实现能力。债权利害关系人并不了解债务人财产的来源，其关注的重点并非债务人是否涉嫌犯罪，而是自己的债权能否实现。而一旦债务人的财产被法院裁定没收，其债权实现的难度上升，债权人自身的利益也必然受到影响。从这一角度看，债权人是当然的重大利害关系人。债权人出于实现其债权的目的，主观上希望保持债务人的偿债能力，客观上会促使其试图参与财产没收程序，与申请没收人进行对抗。为了达到这个目的，债权人也有提供证据、发表意见的动力。若能使法院驳回财产没收申请，客观上也保障了自身的利益。

债权利害关系人在此情形下的作用与不主张财产权利的近亲属相似，即既不认为申请没收的财产属于自己所有，也不认可这是应当被没收的财产，客观上都在维护因故无法到场的犯罪嫌疑人、被告人的利益。但在现行没收程序的制度设计中，近亲属以外的利害关系人并没有发出此项诉求的空间。

在现有制度框架下，债权利害关系人若要参与其中，似乎只能以了解案件事实的证人身份出庭，就相关犯罪行为和财产问题进行说明。检察院与近亲属在法庭审判中可以举证质证，可以通过要求证人出庭或出示证人证言的方式，支持自己的观点。但是，在没有近亲属或所有权利害关系人申请参加诉讼的情况下，人民法院可以不开庭审理案件，诉讼结构中只有裁判者与申请人，没有他人可以有机会参与违法所得没收程序。“兼听则明，偏信则暗”，这可能会导致财产没收的裁决产生错误。允许债权利害关系人参加，可以增加一个听证的机会。

（三）利害关系人范围的扩展

作为刑事诉讼的一部分，没收程序虽然有其产生的特殊背景，但仍应尽最大可能地遵循“正当程序”原则，维护缺席犯罪嫌疑人、被告人的利益。为了达到这个目的，应当尽量使所有了解案件事实与财产问题的人都有机会参与到没收程序中来。鉴于近亲属在此程序中的特殊作用，确有必要与其他利害关系人进行区分对待。其他的利害关系人，笔者认为可以借鉴民事诉讼中“第三人”的概念，加以区分。

民事诉讼法中的“第三人”，是指对于已经开始的诉讼，以该诉讼的原、被告为被告提出独立的诉讼请求，或者由该诉讼中的原告或被告引进后主张独立的利益，或者为了自己的利益，辅助该诉讼一方当事人进行辩论的诉讼参加人。[①] 根据第三人对争议的诉讼标的是否具有独立请求权，民事诉讼中的第三人分为有独立请求权的第三人和无独立请求权的第三人。

有独立请求权的第三人对未决案件诉讼标的的全部或一部提出独立的诉讼请求，而无独立请求权的第三人则对当事人双方的诉讼标的没有独立请求权，但是案件处理结果与其有法律上的利害关系。这里“法律上的利害关系”与“独立的请求权”也是一个被包含与包含的关系。但民事诉讼中的“独立请求权”范围比刑事特别没收程序中利害关系人的范围要大得多，既有物权也有债权。无独立请求权的第三人所主张的“利害关系”是一种更为间接的利害关系，如代位权与撤销权诉讼中的相关利益。

在违法所得没收程序中，也可以勾勒出类似的结构。违法所得没收程序是一项以申请没收的财产为诉讼标的的特别程序，参加诉讼的双方本应为检察机关和犯罪嫌疑人、被告人。但由于嫌疑人、被告人因故无法参加诉讼，而成为只有提出没收申请的原告方的“对物之诉”。诉讼双方以外与诉讼标的有利害关系的人，则为刑事特别没收程序的“第三人”。其中，对申请没收的财物主张所有权的，

① 参见江伟、肖建国：《民事诉讼法》，136页，北京，中国人民大学出版社，2011。

类比“有独立请求权的第三人”，可以称为“所有权利害关系人”。他既不同意申请人要求没收财产的要求，也不认为财产应归属犯罪嫌疑人、被告人，而是为了争取自己的财产所有权而参加诉讼。主张债权的利害关系人，类比“无独立请求权的第三人”。债权利害关系人参加诉讼的原因是没收财产可能导致其债权难以实现，因此裁判结果与其有法律上的利害关系。其参加诉讼的目的则是希望通过向法庭提供证据，发表意见，防止犯罪嫌疑人、被告人的财产被没收。客观上看，债权利害关系人参加诉讼，起到了辅助犯罪嫌疑人、被告人维护财产利益的作用。

所有权利害关系人与债权利害关系人参与权的具体内容因其主张的权利内容不同，参与诉讼目的不同，应有所区别。所有权利害关系人要力争拿回自己的财产，而债权利害关系人则需力争财产不被没收。因此，所有权利害关系人在审理过程中，应当围绕“申请没收的财产是否应当追缴”发表意见，并且提出自己系拟追缴财产的所有权人的证据。债权利害关系人，可以就犯罪嫌疑人、被告人是否实施了相关犯罪行为以及为除主张自己所有权外的其他主张提供证据，发表意见。若一起案件中同时存在所有权利害关系人和债权利害关系人，那么债权利害关系人还可能会与主张所有权的利害关系人进行对抗，以保留犯罪嫌疑人、被告人的财产供偿债之用。

三、利害关系人程序参与权的保障

违法所得没收程序所针对的直接对象是无法到案的犯罪嫌疑人、被告人的涉案财产。由于犯罪嫌疑人、被告人无法到案，他们无法对涉案财产进行说明和甄别，因而，侦查机关只能依照自身的判断对财产采取相应的措施。这种单向的措施难免会导致对非涉案财产的不当处理。对于利害关系人而言，涉案财产可能由于出借、出租等原因，并非由其直接控制或了解使用情况。加之侦查阶段相对的保密性，利害关系人完全可能对其财产受犯罪行为的牵连而毫不知情。为了保障利害关系人的财产权，在没收程序进行之前，应通知潜在的权利人参与财产没收程序。

（一）域外经验：美国民事没收程序中的告知

美国的民事没收程序是一种"对物诉讼"行为。民事没收不以定罪为前提，执法部门只需提供民事上的"优势证据"，证明有关财物"构成、起源或者来自于直接或间接通过犯罪取得的收益"，无须达到刑事上"排除合理怀疑"的标准，即可对其财物进行扣押、冻结或没收。[①] 这种没收方式对执法机关来讲，简便易行，注重办案效率。当然，提高效率的代价是限制了公民的抗辩机会，容易损害公民的财产权。美国2000年通过的《民事没收改革法》中，对民事没收的各个环节都加强了程序性保障。

其中在告知程序中，法律要求执法机关应以政府的名义，在扣押财产后及时向利害关系方（interested parties）发出书面告知，最晚不超过扣押后的60日。如果案件由州政府或州级执法部门移交至联邦机构，则书面告知应在扣押后90日内发出。在财产扣押后，可能会发生无法确认相关方的身份或利益是否存在的情形。如果在没收决定作出前，利害关系方得以确认，则应在确认后60日内向其发出书面告知。[②] 如果执法机关或法院有理由相信发出书面告知可能会危害他人人身安全、被告知人可能逃避诉讼、损毁证据、干扰证人或其他导致妨害诉讼行为的发生，则可以延长发出告知的期限。[③]

上述程序性事项的目的在于尽最大可能保障利害关系方的知情权和程序参与权，避免民事没收沦为执法机关的工具。为了强调这一权利告知程序的重要性，法律对执法机关违反此程序的做法，还规定了程序性制裁措施。如果政府没有在法定期限内向被扣押财产人发出书面告知，就必须立即解除扣押，并且不得再次就该财产提起民事没收程序。[④]

利害关系方可以在规定期限内向法院书面提出对财产的权利主张。提出主张

---

① 参见何帆：《刑事没收研究——国际法与比较法的视角》，76页，北京，法律出版社，2007。

② 18U. S. C. § 983（a）（1）（A）.

③ 18U. S. C. § 983（a）（1）（D）.

④ 18U. S. C. § 983（a）（1）（F）.

的截止期限一般不早于告知书寄出后第35天。利害关系方所提出的权利主张书，在内容上至少应包括对所主张财物内容的确认，所主张的利益以及承诺若做假主张愿受到伪证罪的惩罚。[①] 政府一般应于90天内，针对利害关系方提出的权利主张进行回应。如政府没有按期回应，或提出包含没收财产内容的刑事程序，则必须立即停止扣押行为，且不能再次对该财产提起民事没收程序。

（二）我国违法所得没收程序中的告知

根据《刑事诉讼法》的规定，违法所得没收程序中保障利害关系人行使参与权的方法是，人民法院在受理人民检察院提交的没收违法所得申请后，向社会公开发出期间不少于6个月的公告，提醒与被申请没收财产有法律上利害关系的人申报权利，参加诉讼。利害关系人在公告期间内，向人民法院提出参加违法所得没收程序的申请。

1. 人民法院公告与直接告知

刑事诉讼法吸纳了民事诉讼程序中的公告送达制度，即只要公告期间届满，无论利害关系人是否真正知悉公告的内容，在法律上也视为其已知悉，人民法院也就履行了法律规定的告知义务。传统的公告方法是在全国公开发行的报纸上，并在人民法院公告栏张贴发布。这些传统的公告方式，虽然在一定程度上达到了“广而告之”的效果，但随着时代的发展，人口流动性的增强，并不足以实质性地达到效果。对此，《最高法解释》也要求在必要时，可以在犯罪地、居住地、不动产所在地张贴、发布。除此之外，人民法院还应当充分利用现代新兴传播手段，在官方网站、官方微博等新媒体上进行发布，以充分维护公民的财产权。

《最高法解释》第512条第3款规定，人民法院已经掌握犯罪嫌疑人、被告人的近亲属和其他利害关系人的联系方式的，应当采取电话、传真、邮件等方式直接告知其公告内容，并记录在案。可以看出，告知的内容并非直接通知其参加诉讼，而是告知其公告的内容。法院所知悉的利害关系人，只是法院认为可能存在利害关系的人，至于是否确有利害关系，是否主张权利由被告知人自行决定。

---

① 18U. S. C. §983（a）（2）（C）.

2. 利害关系人的查明

人民法院掌握利害关系人的相关信息主要依靠侦查机关（包括公安机关和检察院的侦查部门）和检察机关对利害关系人的情况进行查明。侦查机关在侦查案件事实过程中，对于涉案财产来龙去脉的调查可能会涉及与财产有关的主体的信息。另外，在侦查活动中，侦查机关对涉案财产拟采取查封、扣押措施时，也需要查明这些财产是否属第三人所有等事实。侦查机关当然是利害关系人的查明主体。

检察机关作为没收财产的申请人，负有向法庭举证证明相关财产系涉案财产且应当没收的义务。检察机关承担举证责任的主要形式是向法院提交没收违法所得申请书。根据《人民检察院刑事诉讼规则（试行）》第526条的规定，申请书中的主要内容应有犯罪嫌疑人、被告人近亲属和其他利害关系人的姓名、住址、联系方式及其要求等情况。对于公安机关移送的没收违法所得意见书，检察机关查明的内容包括相关利害关系人的情况，必要时还可以自行调查。因此，检察机关也是负有查明利害关系人义务的主体。

3. 利害关系人申请参加

近亲属作为利害关系人向法院申请参加诉讼的，只需提供身份证明材料即可。近亲属外的其他利害关系人，需提供与申请没收财产有利害关系的证据。所有权利害关系人应当提供申请没收的财产系其所有的证据材料。人民法院在审查利害关系人的证据材料时，应当只作程序性审查。利害关系人可以亲自参加诉讼，也可以委托诉讼代理人代为参加诉讼。

若由于种种原因，利害关系人未能在公告期内申请参加诉讼，也不能仅仅因公告期限届满就否认其参与诉讼的权利。公告的期间与民事诉讼中的除斥期间或者诉讼时效有本质区别。这里的“公告期间”并不产生权利消灭或丧失胜诉权的法律效果。并且，若未能及时参与没收程序，对所有权人来讲其财产权受到了完全的侵犯。这种应当受到保护的权利价值，显然超过了为了保证诉讼效率而设定期间的价值。另外，《刑事诉讼法》第283条规定，“没收犯罪嫌疑人、被告人财产确有错误的，应当予以返还、赔偿”。在诉讼过程中，有利害关系人提出权利主张和证据，申请参加诉讼的，若仅因其已过公告期就置之不理，势必会导致日后需要再进行纠正，不利于诉讼经济和效率。《最高法解释》第513条第2款虽然从督促利害关系人及时行使权利的角度规定利害关系人应当在公告期间提出申请，但在本条第3款中规定，只要“能够合理说明原因，并提供证明申请没收的财产系其所有的证据材料的，人民法院应当准许”参加诉讼。若在裁定已经作出之后，利害关系人才知晓其合法所有的财产被没收的，应当依据《刑事诉讼法》第283条的规定，通过审判监督程序进行纠正。

（三）审前准备程序的参与

违法所得没收程序的启动时间，至少应是人民检察院向人民法院提交违法所得没收申请时。利害关系人要想参与到诉讼中，则要等到人民法院接受其参加诉讼的申请之后。在违法所得没收程序启动之前，侦查机关和检察机关的刑事诉讼程序一直在持续进行。公安机关在向人民检察院提出没收违法所得的意见之前，应当对犯罪嫌疑人、被告人的违法所得和涉案财产进行公开调查，主要调查和明确逃匿死亡犯罪嫌疑人、被告人现有的财产，区分其个人财产与家庭财产和共有财产的界限，评估股票债券汇票等证券的价值。到提出申请时，检察机关应当已经对这些信息有了较为完整的掌握，从而对即将开始的违法所得没收程序有了准备。但对于利害关系人而言，可能在看到人民法院发出的公告后，才了解到与其有利害关系的财产可能被没收。利害关系人在准备诉讼的过程中，可能面临时间紧迫、信息不足等问题，这影响到利害关系人在诉讼程序中实质性参与权的实现。笔者认为，一方面，人民法院在批准利害关系人参与违法所得没收程序的申请后，应当保障利害关系人进行诉讼准备的时间和手段。另一方面，在侦查机关和检察机关的涉案财产调查过程中，应当听取利害关系人的意见，必要时，应当允许利害关系人参与查封、扣押、冻结的全过程。财产调查的结果要向利害关系人公开，这样，有助于其知悉财产没收的范围、种类和数量，并做好应诉的准备。

（四）没收程序的法律援助

特别没收程序中，利害关系人参与诉讼程序的目的是，与试图对其主张权利的财产申请没收的检察机关进行对抗，力求保全自己的财产。这种对抗可能成功，也可能失败。失败的后果是财产利益的损失，对于利害关系人的生活会产生重大的不利影响。因此，应当为利害关系人充分从事捍卫自身利益的活动提供客观条件上的保障。对利害关系人来说，与其进行对抗的是以国家公权力为支持的检察机关，双方在调查取证的能力上通常是不平等的。基于“平等武装”的理念，当利害关系人因自身条件所限，面临着无法充分行使特别没收程序中的实质性参与权时，国家应当为其提供帮助。若利害关系人因为自身能力所限，无法聘请律师为其提供帮助，使他在面临自身财产受到没收危险的时刻，只能无奈接受败诉的后果，这无疑是不正义的。新《刑事诉讼法》第 34 条对法律援助的范围作了修改，将“犯罪嫌疑人”纳入了可以进行法律援助的对象。但对于违法所得没收程序的利害关系人能否在需要帮助时获得法律援助，法律并没有规定。即使是从民事诉讼制度的方向考察，根据国务院 2003 年颁布的《法律援助条例》第 10 条的规定，利害关系人对财产提出权利主张的情形也无获得法律援助的可能。[①]

美国 2000 年通过的《民事没收程序改革法》中就这一问题有专门的制度性安排。首先，对于因经济困难无力聘请律师的权利主张人，如果他在与此相关的刑事诉讼活动中已经得到了指定律师提供的法律援助，则法院可以同意该律师同时为其代理民事没收程序中的事务。但法院应当考察该权利主张人是否确与被申请没收的财产有利害关系，是否是出于善意而非干扰诉讼的目的。其次，若被申请没收的财产是该经济困难的权利主张人的主要居所，则只要权利主张人申请，法院就应当为其指定律师提供法律援助。[②]

从保障公民合法财产权利的角度看，对于违法所得没收程序中利害关系人进行法律援助是具备必要性的。公民不应当为了维护自己的合法权利反而遭受损

① 《法律援助条例》第 10 条规定的可以申请民事法律援助的情形是：依法请求国家赔偿；给予社会保险待遇或最低生活保障待遇；发给抚恤金、救济金；给付赡养费、抚养费、扶养费；支付劳动报酬；主张见义勇为民事权益。在此考虑民事诉讼的原因是，学界目前对违法所得没收程序的性质仍存在争议。但从目前的法律规定看，无论其属于民事诉讼还是刑事诉讼，利害关系人均无法在困难时获得法律援助。

② 18U. S. C. § 983 (b).

失。利害关系人是被动参与到这一耗费资源的诉讼活动中的。从另一个角度讲，检察机关错误地启动没收程序，导致利害关系人不得不为此耗费时间和金钱。国家应对此承担相应的帮助义务。在民事诉讼法和刑事诉讼法均修订完成之后，司法部于 2013 年 4 月发布了《关于进一步推进法律援助工作的意见》。《意见》指出，要扩大法律援助覆盖面，及时调整法律援助补充事项的范围，加快建立法律援助范围和标准的动态调整机制，依法维护犯罪嫌疑人、被告人等的诉讼权利。可以看出，《意见》对法律援助的事项和对象都做了开放性的解读，我国可以根据经济社会的发展状况，将对利害关系人的法律援助适时纳入法律援助服务的范围中。

四、利害关系人在没收程序中的证明问题

《最高法解释》第 515 条对没收程序开庭审理的细节参照公诉案件一审程序、民事诉讼一审程序及行政案件听证程序设计，确定法庭审理的主要内容是“犯罪嫌疑人、被告人是否实施了贪污贿赂犯罪、恐怖活动犯罪等重大犯罪并已经通缉一年不能到案，或者是否已经死亡”和“申请没收的财产是否依法应当追缴”。利害关系人在没收程序中的实体性参与，体现为围绕法庭审理的这两项主要内容发表意见、举证质证以及进行辩论，核心是举证质证。

（一）举证责任

刑事诉讼法并没有对特别没收程序的举证责任作出明确规定。《刑事诉讼法》第 49 条明确在公诉案件中，由人民检察院承担证明被告人有罪的责任，这也是我国刑事司法实践的一贯做法。法律没有明确规定人民检察院在特别程序中的举证责任。特别程序仍是刑事诉讼程序的组成部分，只不过与公诉案件普通程序相比，各个特别程序在适用主体、审理对象和审理方式等方面各有不同，但这并不否认人民检察院所需承担的举证责任，《刑事诉讼法》第 49 条当然地适用于特别程序。《人民检察院刑事诉讼规则（试行）》第 535 条明确了检察院在没收程序中的举证责任，换言之，利害关系人不承担举证责任。

有观点认为，在特定情况下，可以直接推定某财物是犯罪行为所得的，可以将举证责任倒置给利害关系人来承担，即利害关系人也应当在一定条件下承担举证责任。① 此种说法的理由是贪污贿赂犯罪、恐怖主义犯罪具有较大的隐蔽性，完全由检察机关承担举证责任非常困难，基于公平性、刑事政策以及举证方便性的考虑，倒置举证责任具有合理性。笔者认为，该观点的不妥之处在于弄错了举证责任倒置的对象。诚然，完全由检察机关承担的举证责任分配方式可能不利于追缴违法所得，是否可以考虑举证责任倒置是一个有待探讨的问题。但此处需要探讨的问题为是否需要使犯罪嫌疑人、被告人承担一部分举证责任，而与利害关系人无关。利害关系人因与申请没收财产的处理存在利害关系而参加诉讼，为自己争取利益，并非嫌疑人、被告人的"代言人"，更不是涉嫌犯罪行为的实施者，不能也不应当知道涉案财产的合法性来源情况。要求利害关系人承担属于嫌疑人、被告人的举证责任，显然不当。

（二）证明对象

犯罪嫌疑人、被告人的近亲属和其他利害关系人参加没收程序，不是代替不能到案的嫌疑人、被告人行使辩护权，也不是对案件的事情情况作为证人提供证据，而是针对申请没收的财产提出自己的主张并辅之以相关证据。抛开近亲属的特殊亲情关系利益，《刑事诉讼法》及其相关司法解释所允许的主张是对被申请没收的财产享有所有权。主张所有权成为对抗没收申请的抗辩理由是毋庸置疑的，问题在于是否仅主张"合法所有"就能对抗没收申请。

刑事案件中的违法所得可能以多种不同的形式存在。《联合国反腐败公约》第 31 条第 4 款、第 5 款、第 6 款列举了三种主要的形式，包括"转化的违法所得"，即将直接犯罪所得转化为其他财产，如用赃款购买不动产；"混合的违法所得"，即将违法所得与合法所得相混合；"利益收益所得"，即由犯罪所得转变或混合而成的财产产生新的收益。这三种由违法所得演变而来的财产，均属于《联合国反腐败公约》要求没收的财产，但其存在形式都可以表现为合法所有，使利

① 参见薛万庆：《检察机关在违法所得特别没收程序中的举证责任》，载《河南教育学院学报》，2013 (6)。

害关系人可以主张所有权。如果仅要求利害关系人提供“财产系其所有的证据材料”，就容易让这部分涉案财产免于被没收。另外，利害关系人还可能处于如下两种情形中，其一是自己所有的财物被他人作犯罪之用，其二是他人犯罪所用物品或收益成为自己的财物。这两种情况下，利害关系人都对被申请没收的财物享有物权。至于这种物权是否能够对抗没收，则应分情况考虑。在我国违法所得没收程序中，只笼统表明了所有权，未对此作区分。

涉及第三人财产保护的问题在美国民事没收程序中也同样存在。在美国法律中，这种第三人对抗政府财产没收的行为被称作“无辜物主抗辩”（Innocent Owner Defense）[①]。这是指“针对物主（如不动产或金钱之所有者）主张因他人在使用其财产时的错误行为或疏忽而导致该财产被没收，但物主并不知情或并未同意的情形”[②]。

“无辜物主抗辩”适用的基本条件是，首先，物主需要证明在犯罪行为发生时已经取得了物权，即前文所述“自己所有的财物被他人作犯罪之用”的情形。其次，物主主张对于导致财产没收的犯罪行为的发生不知情，或尽管知道犯罪行为发生，但已经尽一切合理的手段进行了阻止。对于后者，法律要求无辜拥有者及时地向执法机关报告不法行为即将或已经发生，并且对不法行为进行了及时或善意的制止，包括在与执法机关商量后采取合理措施阻止不法行为实施。[③] 由此可见，这一规定对“无辜物主”规定了较高的义务标准，即物主必须采取了积极的手段阻止他人对财物的不法使用。

对于在与财产有关的犯罪行为发生之后才取得物权的情形，“无辜物主抗辩”的适用条件有所不同。首先，主张人必须是善意的购买人或出让人（a bona fide purchaser or seller），并且已经支付或收取合理对价。其次，主张人不知道或有合理理由相信该财产不存在因犯罪行为而被没收的可能。[④] 如果满足上述条件，

---

① 关于“无辜物主抗辩”的由来及发展情况，可以参见初殿清、练虹怡：《美国“无辜物主抗辩”近观》，载《北京航空航天大学学报》（哲学社会科学版），2014（2）。

② ［美］Bryan A Garner：《布莱克法律词典》，9版，483页，北京，WEST出版社，2009。

③ 18U. S. C. §983（d）（2）.

④ 18U. S. C. §983（d）（3）.

法院应当认定“无辜物主抗辩”有效，从而阻却执法机关的没收行为。需要说明的是，如果标的物是违禁品，如毒品、走私货物，则物主不得主张该项抗辩。

美国民事没收程序中的“无辜物主抗辩”，区分第三人与涉案财物的不同关系、不同原因，对处理的方式进行了区分。这对于在财产没收程序中保障第三人的利益有着重要的作用，可以作为我国违法所得没收程序完善利害关系人权利保护的参考。

现行制度中只笼统要求证明所有权即可抗辩没收的方式，是不完善的。人民法院在审理时还应当调查被申请没收财产的来源，是否与犯罪行为存在牵连关系。侦查机关和检察机关在调查涉案财产时，也应对此进行重点调查。对利害关系人而言，向法院提出所有权属证明也就不足以对抗没收申请，还必须提出证据证明财产来源的合法性。若被申请没收的财产经查明确属违法所得，但利害关系人主张因善意取得而享有合法所有权，也应当提供证据证明其在接受转让时不知或不应知道该财产是违法所得，并且支付了合理的对价。

（三）证明标准

《最高法解释》第516条规定，人民法院经审理认为“案件事实清楚，证据确实、充分”的，才能裁定没收。这与《刑事诉讼法》第53条保持一致。这既是我国刑事诉讼程序的一贯传统，也符合程序正义的一般要求。但这一证明标准针对的是检察院，若同样适用于利害关系人的主张，就显得过于严苛。利害关系人在没收程序中主张财产所有权，虽然是在刑事程序中提出，但对于利害关系人来讲，其追求保护的是民事财产权利，更类似民事诉讼。利害关系人对被申请没收的财产提出权利主张，负有举证责任，证明标准达到民事诉讼的优势证据标准即可。

后　记

权力与权利是贯穿整个刑事诉讼过程的两根主线，侦查权、检察权、审判权是国家权力，当事人、诉讼参与人及其法定代理人、辩护人、代理人行使的是公民个人的权利，一定意义上，刑事诉讼就是国家权力与公民个人权利的交织、制约与平衡。从刑事立法到刑事司法，权力与权利的配置与运行，代表的就是一个国家的刑事法治水平和人权保障水平。我国自 20 世纪 70 年代末，伴随着刑事诉讼法的制定以及 1996 年、2012 年的两次修改，一个不争的事实是国家整体的法治水平、人权保障水平不断提升，刑事立法与司法的发展趋势朝着进一步限缩国家权力、扩大公民权利的方向推进，期间进行的几轮司法改革亦不断推动这一趋势的强化。在此背景下，如何进一步深化对刑事诉讼中的权力与权利的研究，特别是在司法改革日愈关注这一问题的情形下，愈显迫切和必要。研究必须坚持以问题为导向，立足于刑事诉讼权力与权利规范层面与实践层面存在的不足，着眼于当下正在进行的司法改革的举措，提出切实可行的解决对策。

近些年来，我陆续在有关报纸杂志发表了一些文字，此前在法律出版社出版的《程序正义之路》一书中也曾经探讨过相关问题，但都分散而不系统，在今天看来，当时的资料已显过时，与快速发展的司法实践不相适应。经过 2016 年和 2017 年两年的构思与写作，《中国刑事诉讼权能的变革与发展》一书呈现在大家面前。

图书在版编目（CIP）数据

中国刑事诉讼权能的变革与发展 / 陈卫东著. —北京：中国人民大学出版社，2018.1
（中国当代法学家文库. 陈卫东法学研究系列）
ISBN 978-7-300-25288-9

Ⅰ.①中… Ⅱ.①陈… Ⅲ.①刑事诉讼法—研究—中国 Ⅳ.①D925.204

中国版本图书馆 CIP 数据核字（2017）第 314651 号

“十三五”国家重点出版物出版规划项目
中国当代法学家文库·陈卫东法学研究系列
中国刑事诉讼权能的变革与发展
陈卫东 著
Zhongguo Xingshi Susong Quanneng de Biange yu Fazhan

出版发行	中国人民大学出版社		
社　　址	北京中关村大街 31 号	**邮政编码**	100080
电　　话	010－62511242（总编室）		010－62511770（质管部）
	010－82501766（邮购部）		010－62514148（门市部）
	010－62515195（发行公司）		010－62515275（盗版举报）
网　　址	http://www.crup.com.cn		
	http://www.ttrnet.com（人大教研网）		
经　　销	新华书店		
印　　刷	北京七色印务有限公司		
规　　格	170 mm×228 mm　16 开本	**版　　次**	2018 年 1 月第 1 版
印　　张	34 插页 3	**印　　次**	2018 年 1 月第 1 次印刷
字　　数	436 000	**定　　价**	99.80 元